本报告得到部市共建项目的资助

教育部哲学社会科学系列发展报告

2022
中国财政发展报告

中国财政基本法研究

上海财经大学中国公共财政研究院

主编 丛树海

Report on China's Fiscal Development 2022

Research on the Basic Law of China's Finance

上海财经大学出版社

图书在版编目(CIP)数据

2022中国财政发展报告:中国财政基本法研究/丛树海主编.—上海:上海财经大学出版社,2022.11
(教育部哲学社会科学系列发展报告)
ISBN 978-7-5642-4074-5/F・4074

Ⅰ.①2… Ⅱ.①丛… Ⅲ.①财政政策-研究报告-中国-2022 Ⅳ.①F812.0

中国版本图书馆CIP数据核字(2022)第195825号

□ 责任编辑　温　涌
□ 封面设计　贺加贝

2022中国财政发展报告
中国财政基本法研究
上海财经大学中国公共财政研究院
主编　丛树海

上海财经大学出版社出版发行
(上海市中山北一路369号　邮编200083)
网　　址:http://www.sufep.com
电子邮箱:webmaster@sufep.com
全国新华书店经销
江苏苏中印刷有限公司印刷装订
2022年11月第1版　2022年11月第1次印刷

710mm×960mm　1/16　43印张(插页:2)　682千字
定价:198.00元

《中国财政发展报告》学术委员会

主　任：丛树海
委　员：蒋　洪　胡怡建　刘小兵
　　　　刘小川　朱为群　范子英

《2022中国财政发展报告》编写组

主　编：丛树海
成　员：（以负责章节的先后顺序为序）

刘　伟	徐　静	郑　睿	宗庆庆
王百川	袁紫夕	张志杰	罗千喜
朱佳仪	刘小川	刘詠贺	温娇秀
单飞跃	邓　然	范子英	张静堃
郭长林	朱为群	曾　淇	严旭阳
朱雨萱	高佳妮	徐　薇	王烨钦
张惊云	胡丽萍	金丹燕	高玉馨
羊超群	江佳帆	曾军平	汪　冲
邓淑莲	孙　硕	刘潋滟	李　鑫
丛树海	徐曙娜	郭野也	彭胜男
梁瀚予	刘小兵	汪殊逸	

目 录

总论 ·· 1

第1章 2021年宏观经济运行 ·· 16
1.1 2021年生产活动运行状况 ·· 16
1.2 2021年收入分配活动运行状况 ·· 26
1.3 2021年消费活动运行状况 ·· 34
1.4 2021年积累活动运行状况 ·· 41
1.5 2021年我国对外经济活动运行状况 ·· 50
1.6 2022年宏观经济走势分析 ·· 55

第2章 2021年中国财政收入分析 ·· 60
2.1 2020年财政收入决算回顾 ·· 60
2.2 2021年财政收入总量分析 ·· 64
2.3 2021年财政收入结构分析 ·· 68
2.4 2021年国债发行分析 ·· 76
2.5 2021年地方政府债券发行分析 ·· 78
2.6 2021年财政收入预期分析 ·· 83

第3章 2021年中国财政支出分析 ·· 86
3.1 2020年财政支出决算回顾 ·· 86
3.2 2021年财政支出预算安排 ·· 98

3.3 2021年公共财政支出规模分析 ·············· 106
3.4 2021年公共财政支出结构分析 ·············· 111
3.5 2021年财政支出重点项目分析 ·············· 113
3.6 财政支出总结与展望 ·············· 118
3.7 本章小结 ·············· 122

第4章 中国财政经济运行计量分析 ·············· 123
4.1 概述 ·············· 123
4.2 经济模型构建的基本思路和方法 ·············· 124
4.3 数据来源及主要变量的描述统计分析 ·············· 124
4.4 中国财政计量经济模型的设定 ·············· 126
4.5 中国财政税收计量经济模型运行结果分析 ·············· 128

第5章 中国财政法治的历史与现状 ·············· 143
5.1 财政法治历史回顾 ·············· 143
5.2 综合性财政法规概述 ·············· 151
5.3 专项性财政法规概述 ·············· 153
5.4 财政法治建设的经验与问题 ·············· 163
5.5 本章小结 ·············· 167

第6章 财政立法的国际比较 ·············· 169
6.1 各国财政立法的概况 ·············· 169
6.2 各国财政法律规定的财政事项 ·············· 172
6.3 各国财政法律对我国财政法立法的启示 ·············· 188

第7章 财政相关法律及其关系 ·············· 193
7.1 我国现行财政法律结构体系的总体特点 ·············· 193
7.2 我国现行主要财政法律之间的相互关系 ·············· 197

7.3 财政基本法在我国财政法律体系中的地位与功能 …………… 210

第 8 章 财政基本法的法律框架与宗旨性条款 …………… 215
8.1 财政基本法的基本原则 ………………………………… 215
8.2 财政基本法的功能 ……………………………………… 220
8.3 财政基本法的覆盖范围 ………………………………… 227
8.4 财政基本法的法定准则 ………………………………… 233

第 9 章 财政支出立法研究 …………… 239
9.1 财政支出的界定 ………………………………………… 239
9.2 财政购买性支出 ………………………………………… 268
9.3 财政转移性支出 ………………………………………… 292
9.4 政府债务相关支出 ……………………………………… 319
9.5 财政支出绩效评价 ……………………………………… 343
9.6 本章小结 ………………………………………………… 372

第 10 章 财政收入立法研究 …………… 374
10.1 财政收入的概念界定 …………………………………… 374
10.2 税收收入 ………………………………………………… 377
10.3 公共收费收入 …………………………………………… 389
10.4 公共产权收入 …………………………………………… 408
10.5 公共信托收入 …………………………………………… 418
10.6 公共处罚收入 …………………………………………… 427
10.7 本章小结 ………………………………………………… 437

第 11 章 公共资产立法研究 …………… 441
11.1 导言 ……………………………………………………… 441
11.2 公共资产立法分析基础 ………………………………… 442

11.3 公共资产立法的普遍性条款 …… 445
11.4 行政事业性公共资产 …… 449
11.5 经营性公共资产 …… 452
11.6 资源性公共资产 …… 456
11.7 本章小结 …… 461

第 12 章 公共债务立法研究 …… 463
12.1 公共债务立法研究范畴 …… 463
12.2 债务发行 …… 469
12.3 债务使用 …… 486
12.4 债务偿还 …… 507
12.5 本章小结 …… 516

第 13 章 政府间财政关系 …… 518
13.1 政府间财政关系及其立法的重要性 …… 518
13.2 政府间财政收入划分立法 …… 523
13.3 政府间财政支出划分立法 …… 535
13.4 政府间转移支付立法 …… 550
13.5 本章小结 …… 564

第 14 章 财政组织和机构 …… 567
14.1 财政收入与财政支出的组织和机构 …… 567
14.2 财政收支机构"一体化"与"分设制" …… 575
14.3 财政支出机构"一体化"与"分设制" …… 579
14.4 财政资金管理机构（国库制度） …… 587
14.5 财政监督与被监督 …… 590
14.6 本章小结 …… 600

第 15 章　财政管理 ·· 602
15.1　导论 ·· 602
15.2　预算体系 ·· 603
15.3　预算程序 ·· 609
15.4　中期预算 ·· 617
15.5　国库管理制度 ·· 629
15.6　本章小结 ·· 643

第 16 章　财政监督 ·· 645
16.1　财政监督概述 ·· 645
16.2　国际立法经验 ·· 648
16.3　我国财政监督沿革 ···································· 653
16.4　我国立法现状 ·· 656
16.5　财政监督立法建议 ···································· 662

参考文献 ·· 665

后记 ·· 678

总　论

党的十八大以来,党中央明确提出全面依法治国,并将其纳入"四个全面"战略布局予以有力推进。党的十八届四中全会专门进行研究,作出关于全面推进依法治国若干重大问题的决定。① 全会提出,"全面推进依法治国,总目标是建设中国特色社会主义法治体系,建设社会主义法治国家"。全会强调,"法律是治国之重器,良法是善治之前提。建设中国特色社会主义法治体系,必须坚持立法先行,发挥立法的引领和推动作用,抓住提高立法质量这个关键。要恪守以民为本、立法为民理念,贯彻社会主义核心价值观,使每一项立法都符合宪法精神、反映人民意志、得到人民拥护"。习近平总书记在党的十八届四中全会第一次全体会议上关于中央政治局工作的报告中指出,"立善法于天下,则天下治;立善法于一国,则一国治"。

党的十九大召开后,党中央组建中央全面依法治国委员会,从全局和战略高度对全面依法治国作出一系列重大决策部署,推动我国社会主义法治建设发生历史性变革、取得历史性成就,全面依法治国实践取得重大进展。

2020 年 11 月 16 日至 17 日,习近平总书记在中央全面依法治国工作会议上强调,依法治国是坚持和发展中国特色社会主义的本质要求和重要保障,是实现国家治理体系和治理能力现代化的必然要求。我们要实现经济发展、政治清明、文化昌盛、社会公正、生态良好,必须更好地发挥法治引领和规范作用。

2021 年初,中共中央印发《法治中国建设规划(2020—2025 年)》(以下简称《法治规划》)并发出通知,要求各地区各部门结合实际认真贯彻落实。法律是治国之重器,法治是国家治理体系和治理能力的重要依托。《法治规划》指出,

---

① 十八届四中全会《中共中央关于全面推进依法治国若干重大问题的决定》。

"法治是人类文明进步的重要标志,是治国理政的基本方式,是中国共产党和中国人民的不懈追求。法治兴则国兴,法治强则国强"。

新中国成立后,我国财政法治化经历了一个曲折发展的过程。在计划经济背景下,我国的各项财政活动主要是按照中央高度集权的行政管理体系进行的,虽然颁布了部分政府规章,但其主流仍然是以行政命令为主导,其财政法治的状况仍处在初级阶段。

改革开放以来,我国财政法治有了突飞猛进的发展。在财政收入领域,建立了较为完善的税收与非税法规制度;在财政支出方面,建立了"收支两条线"的管理机制,完成了政府采购立法,初步形成了较为规范的转移支付制度;在财政管理方面,建立了符合我国国情的"分税制"管理体制,形成了较为规范的国库管理制度,逐步完善了国有资产管理模式。全国人大在财税立法方面,以《预算法》为核心,出台了有关预算管理、税收管理、政府债务管理、国有资产管理等一系列法律与管理规定,取得了历史上的重大突破。

据初步统计,我国现行的财税法规共计约 21 695 部,其中法律类 113 部,占比 0.52%。行政类规章包括地方与部门规章、司法解释、行业规定等,占比高达 90% 以上。中央层级颁布的、现行有效的财政类法规共计 224 部,其中法律类 86 部(包括人大常委会决议),占比 38.4%;中央层级颁布的、现行有效的税收类法规共计 197 部,其中法律类 18 部,占比 9.1%。虽然我国有关财税领域的法律法规数量巨大,但在实践中也存在一些问题。主要包括:财政类法律过少,财政类规章数远远多于法律数,显示其规范性不足;各财税法规之间的关联性与衔接不够严密,系统性不够。在法律与规章之间、中央法规与中央部门法规之间、地方法规与地方部门规章之间、中央与地方的相关法规之间、地方上下级法规之间,庞杂的财税法规尚未形成一个条理清晰的法律体系,缺少一部统领性的财政基本法。

总体来看,财政法治化建设虽然有了很大的进步,但距离党中央要求的法治化国家建设目标还有差距。主要表现在:第一,立法层次亟待提高,目前我国的大多数财政法规是由部门设立的,其立法层次偏低,不利于现代国家治理的需求,因此亟待加强全国人大在财政领域的立法力度;第二,立法体系有待完善,虽然我国现行的财政法规数量众多,无论是在财政综合层面还是在财政各专业领域,均缺失统领性、基础性法规,因此很有必要尽快建立系统性的财政法规体系;第三,立法与执法需要相对分离,由于我国大量存在财政立法与执法的高度融合现象,严重影响财政法治的公平、公正和规范,致使财政法治化的效果弱化,因此需要将财政立法与执法的功能加以区分,并在组织层面上赋权;第四,执法力度有待强化,目前我国在财政执法力度上的弱化倾向较为严重,鲜有严格依法处置的情况,显然不利于财政法治良性环境的建立。

根据对瑞士、意大利、印度、韩国、日本、南非、新西兰、法国、匈牙利、美国、澳大利亚、巴西、加拿大、俄罗斯、丹麦、阿根廷、德国、以色列、英国19个国家的财政基本法立法情况统计后发现,除英国外,其余18个国家对财政重大问题都在国家根本大法《宪法》中作出规定,且都有综合性法律,其中有6个国家设有专门的财政基本法系统地阐述财政基本问题。应该说,财政基本法秉承《宪法》的立法宗旨和基本要求,对各项财政专项法律的内容规定基本原则,提供引导性的法条,对财政法治建设具有不可替代的先导意义。

财政法治的基本问题包括立法宗旨、立法依据、立法原则、适用范畴与权责范围等内容。立法宗旨应明确为何立法,立法依据阐明财政法的立法依据,立法原则是说明财政行为、财政标准的基本原则,适用范畴是说明财政法的适用范畴及其效力,权责范围则明确财政所涉各主客体的基本法律责任。

财政法律之间关系梳理中所反映的财政法治问题,与财政领域纲领性法律规范的缺失有着密切关系。当前财政法律体系在财政法定、财政管理、财政监督上存在的问题与不足,反过来说明了制定财政基本法的重要性以及财政基本法中应当重点调整的领域。财政基本法承载着多重使命:一是在确立我国财政基本体制的基础上,满足财政法定实质化的基本要求;二是在总揽和协调财政法律制度全局的基础上,弥补分散立法模式财政立法的欠缺和漏洞;三是在《宪法》及宪法相关法、财政基本法和各单行财政法对财政根本制度、基本制度和具体制度分别进行规范的基础上,使《预算法》《税收征收管理法》等单行法回归到专门法的应有位置。因此,在维持宪法体例与内容稳定的前提下,基于当前财政单行法律立法进程迟滞的现状,制定专门的财政基本法,以集中统一的立法形式对财政基本体制、基本原则、基本制度予以明确,是财政法治化过程中的一条较为稳妥的路径。这不仅是巩固当前我国财政体制改革成果的需要,更是补齐财政法律体系短板、解决基本规则供给不足、规范财政组织制度和程序运行、深入推进新时代财政法治建设的必要之举。

完善的财政法律体系是现代财政制度建设的应有之义,也是一项系统工程,而制定财政基本法又是当前分步推进财政立法的关键所在。财政基本法围绕我国财政运行中的共通性、原则性、重大性和基本性问题进行专门立法，用以矫正分散立法的内生弊端，统领、约束、指导、协调各类财政法律法规。财政基本法作为一部全面性、综合性和统一性的财政法律，其所具备的统领功能、衔接功能和解释功能，能够确保财政法律体系在整体上具备结构的完整系统性和内在的有机联系性，奠定了该法在整个财政法律体系中的核心地位。制定财政基本法不只是立法技术层面的改造和创设，更是契合于现代财政法治逻辑的立法定位和立法理念的升级。财政立法的基本法化路径，遵循的是一种法定化而非法典化模式，在锁定财政根本原则和财政基本制度的同时，能够保持财政法律体系的开放性、回应性和发展性，更好地适应经济社会生活的动态变化。

"全面依法治国"要求构建全方位、全覆盖的法规体系，面对纵横交错的社会经济行为，因此需要形成一套层次分明的法规体系。财政基本法是政府收入、支出、资产、负债等一切行为的基本准则，是贯彻党的依法治国要求的基本保障，也是一切财税法律法规的立法依据，既明晰了各主体的权责边界，也为相关的政府行为提供了理论根据。

财政基本法可以有效规范政府与市场、各级政府层级之间、各不同职能部门之间的财政边界，是一部财政的"基本法"，其他一切财政法律法规是财政基本法的细化和扩展。因此，财政基本法首先就需要贯彻民主和法治的原则。《中华人民共和国宪法》规定："中华人民共和国是工人阶级领导的、以工农联盟为基础的人民民主专政的社会主义国家。"民主是一切法律制定和实施的基础，财政关乎全部人民的生活福祉，更需要贯彻民主的原则。财政制度安排必须保障人民当家做主，所有财政制度要从根本上体现人民的意志和人民的主体地位。

财政基本法要协调政府与公众的关系，同时，其所制定的收支条款也要公平地协调公众与公众之间的财政利益关系。相比于分散的市场决策过程，财政是通过集中过程决定的。为保证这一政治过程可以持续运转，财政活动需要满足公平公正原则。为了保障人民能够有效进行相应管理和监督，法律需要坚持公开透明原则。同时，为保证政府与公众利益的一致，财政基本法应坚持财政效率原则，因此，注重绩效也是我国现代财政制度建设的现实趋向。

在我国现有财税法律中，尚须加强对财政活动必要性的规定，如果一项财政活动缺乏必要性，这样的财政活动应该属于限制范畴。须加强对财政活动边界的规定，当某项财政活动落地时，如果该项财政活动的边界模糊不清，财政活动与经济社会之间的关系就会出现错位。

党的十八届三中全会指出,让市场在资源配置中起决定性作用,同时要更好地发挥政府作用。财政基本法须以此为核心,对政府和市场的关系进行规范。十八届三中全会通过的《中共中央关于全面深化改革若干重大问题的决定》指出,财政是国家治理的基础和重要支柱,其中维护市场统一是科学的财税体制的职能之一。财政基本法在尊重市场的前提下,需要强调政府和市场的关系并不是对立的,政府与市场之间可以相辅相成、相互促进、互为补充。政府是一个重要的市场主体,同时可以通过制度建设充分调动市场活力。财政基本法既要坚持市场在资源配置中的决定性作用,政府活动范围要有界,又要使政府行为能够进一步完善市场机制,促进全国统一大市场建设,在尊重市场规律的基础上,运用财税政策引导市场预期和投资方向,推动有效市场和有为政府更好地结合。

财政基本法对立法机构与政府间关系的规定,其核心在于:立法机关与政府之间是决定与执行的关系,全面落实财政法定原则,坚持法无授权不可为;立法机关与政府之间是监督与被监督的关系,强化人大对财政事项的监督作用。强化人大对财政监督的严肃性,财政资金运动的各个环节和全部过程均须置于法律监督和工作监督之下,坚持全口径审查监督。同时要提升监督水平,推进"内行监督";立法机关与政府之间,既相对独立又互相合作,立法机关要站在全体人民的角度,超脱于行政机关的影响,其立法宗旨是为了全体人民,以及社会和经济的长期、健康和可持续的发展,因此一些立法原则会相对较为独立,也会对政府的权力和边界进行约束;行政机构对实际事务和具体运行的了解比立法机关更详尽、更具体,为保证一些超前和超高标准的立法落地并执行,立法机构需要与政府机关进行合作,增加对实际情况的了解。

对于公众之间的利益协调,财政基本法应当把握以下两个要点:一是财政负担和受益的公平性。对于能力或收入相同的个人,应当课征相同负担的税收。财政利益应当在公众间公平分享,基本公共服务应当实现均等化,公共产品在公众间进行公平分配,在必要时可以对弱势群体予以照顾。二是机会均等。在政府债券的发行、政府采购等活动中,应坚持非歧视原则,保障公众的机会均等。

收付实现制以货币实际收付的时间作为核算的标准来确定本期收入和支出,核算方式相对便捷,易于反映资金的来源、流动及余额等信息,基本满足了国家对预算收支管理的需要。同时，收付实现制基础也符合传统意义上政府管理的特点，因此收付实现制可以简单有效地反映政府收支状况，基本反映了公共部门主体承担的受托责任。权责发生制可以真实反映政府资产耗费和负债累积情况，提供相应的成本信息，便于政府管理者更重视财政效率，优化长期决策。因此，对于资产负债而言，应当引进权责发生制。财政基本法对于政府资产负债的权责发生制基础的规定，应注重把握：进一步细化资产负债确认入账具体操作细则，完善政府财务会计核算制度；为保证会计信息的可比性，可以在具体准则的制定、具体要素的确认计量上参考企业会计准则；明确管理责任，建立有效的信息支撑和数据互联互通系统，以保证资产负债表编制的准确性与及时性。

财政支出是政府在一定时期内为实现相关职能，由财政部门按照其所编制的预算，依法向职能部门以及其他经济、政治和社会活动的参与主体拨付的资金。政府职能是产生财政支出的依据，资金是财政支出的表现形式，列支财政支出需要以预算安排和相应的法律法规作为依据，财政支出的对象是相关职能部门，以及经济、社会和政治活动的相关参与主体。按照经济性质的分类标准对财政支出进行划分，即从整体上将财政支出分为购买性支出和转移性支出。同时，因政府债务与政府支出具有紧密关系，故将与政府债务相关的支出纳入财政支出立法的分析框架。

通过对各类财政支出立法的现状和各国经验进行梳理，能够得出以下具有共同性的问题：第一，从对财政支出的各类立法情况看，虽然一些财政支出具有相关的法律制度进行规范，但也有一些支出缺乏法律层面的制度规范，仅受到条例等规章制度的约束，立法层级有待提高。第二，在构建一部高层级的财政法律过程中，如何处理好立法机构和财政部门的关系十分重要。财政资金的具体支出方向最终由财政部门进行安排，在这一过程中，有效处理财政部门和各主管部门关系是财政资金有效使用的重要保障。因此，在最高立法机构制定高层级财政法律的过程中，需要有机地将财政部门在日常活动中遇到的可操作性问题进行梳理、提升并最终形成法律条文，高层级财政法律必将是立法机构与财政部门共同努力、相互协作的结晶。第三，在构建高层级财政法律过程中，处理好央地财政关系是有关财政立法的关键内容。在中央财政支出中，很大一部分是对地方财政的转移性支出，在这部分支出中，支出原则、支出标准以及对支出绩效的评估均构成此类支出的重要环节。尽管在这一过程中，财政部门对此进行了一定程度的规范,但提高对这类支出进行规范的层级、增强其稳定性、明确其可能发生变化的依据和规则、在强化此类支出透明度方面作出实质性的规范,无疑对于形成良性、稳定和有序的政府关系具有重要的意义和作用。

财政收入是政府获取的全部经济资源。从现实的角度看,财政收入就是由各级政府及其所属部门和单位通过征收、募集和接受捐赠三种基本方式获取的财政资金。

按照政府取得财政收入的合理依据,可将其划分为税收收入、公共收费收入、公共产权收入、公共信托收入和公共处罚收入五种基本类型。其中,税收收入是指政府依据其所提供普遍性公共服务而取得的收入,在我国包括中央税、地方税和中央与地方共享税三大类;公共收费收入是指政府依据其所提供特殊性公共服务而取得的收入,在我国包括各种行政事业收费和政府性基金收入;公共产权收入是指政府依据其拥有或控制的公共产权而取得的收入,在我国包括国有资源有偿使用收入、国有资产有偿使用收入和国有资本经营收入三大类;公共信托收入是指政府依据其拥有的公共信任而取得的收入,在我国包括公债收入、社会保险费收入、住房公积金收入、彩票公益金收入、捐赠收入和政府间转移收入;公共处罚收入是指政府依据所拥有的统治权威而对违法违规者强制获取的收入,在我国包括罚款收入、没收违法所得和没收非法财物等。

不同的财政收入采取不同的获取方式。税收、公共收费收入、公共产权收入和公共处罚收入采取征收的方式,公债收入、社会保险费收入、住房公积金收入和彩票公益金收入等公共信托收入采用募集方式,政府间转移收入等其他公共信托收入采取接受捐赠的方式。

为使立法者、执法者、司法者和守法者对立法意图具有清晰、一致的认识,并有利于法律的制定和良好执行,在设置财政收入项目时,必须首先在法律中声明其正当目的。除一般征收目的的税收外,其他财政收入类型都应在法律中明确表述其征收目的。实践情况表明,我国大部分财政收入有征收目的的法律法规条文表述。对于征收目的缺失的财政收入相关法律,应在今后的法律修正时予以补充。

财政收入的取得涉及不同主体间的经济利益,需要相应的原则加以规范和指导。一般来说,财政收入的法律原则主要遵循公平和效率两大基本原则。这两大原则在不同领域或不同层面会有不同的体现或要求。在税收领域:对于税基宽广的税收,应主要体现效率原则,以尽量减少对经济和社会生活的干扰,充分发挥市场机制在资源配置方面的决定性作用,同时对需要照顾的方面制定税收优惠以体现公平原则;对于具有特殊调节目的和范围的税收,应主要体现公平原则并兼顾效率原则;对于公共产权、公共收费和公共信托收入,则主要按"谁受益,谁负担"的原则;而对于公共处罚收入,则主要体现"过罚相当"的基本原则。实际情况表明,我国税收收入普遍缺乏立法原则的法律表述,导致不同税种的功能定位不清、重复或者冲突,损害了税收制度的整体效率和公平性。在非税收入领域,立法原则模糊不清的情况也不同程度地存在。在今后的财政收入立法中,需要特别加强立法原则的法律表述,以发挥其在法律制定和实施中的统领性指导作用。

财政收入立法中将会涉及不同政府部门之间的权限配置,具体包括不同层级的立法机关、同级立法机关与行政机关之间,同级行政机关之间以及上下级行政机关之间,在征收主体、缴纳主体、计算依据和标准、收入归属和用途限制等立法要素方面的决定权、调整权、执行权、监督权等相关权限的配置。财政收入的权限配置,不仅涉及政府部门内部之间的分工与合作,也关系到缴纳主体的行动选择和利益安排,直接影响相关法律法规制度的运行质量。现实表明,在我国税收领域,由全国人大常委会完成大部分税种的立法程序,地方层面的立法机关只有很小的税收调整权,国家税务系统和海关系统在税收政策制定和税款征收方面分工明确,也有部门协同工作机制,中央和地方政府之间具有明确的收入分享规则,但缺乏法律依据,省以下地方政府的税收收入分享规则尚未纳入法治化轨道,难以从公开渠道获得具体信息。

在我国财政收入法律法规中,具有不同程度的"立法空白"。目前,尚有 5 个税种未完成全国人大立法程序;有 24 项公共收费项目既没有法律依据,也没有法规依据;14 项公共产权收入均无法律及法规依据,且有半数收入无相关规章规定;公债收入和彩票公益金收入缺乏相关法律,即便是社会保险费收入由《社会保险法》以专章形式进行法律规制,但主要是笼统的原则性条款,很多内容表述为"按照国家规定执行",而这些"国家规定"却没有以行政法规的形式明确。虽然这种权限下放具有一定的合理性,但这属于立法授权的范畴,应该受到严格的立法程序制约。2015 年修订的《立法法》对法律授权在目的、范围、时间、程序等方面都进行了明确的规范,但在财政收入的法律授权方面尚须得到更好的体现和落实,需要加强和完善。

财政收入的计算依据和标准直接涉及收入数额,属于核心法律要素,因此必须确立基本原则,然后在基本原则下制定具体的操作标准。原则上,财政收入的计算依据和标准必须符合实体规则公平和程序规则法定两项基本原则,在操作层面要做到清晰明确和公开透明,以确保制度设计合理和规则运行顺畅,维护收缴主体各方的正当权益。对于税收收入,应按照支付能力原则确定税基和税率;对于特殊征收目的或特殊征收范围的税收收入和公共收费收入,按照"谁受益,谁负担"和"成本补偿"的原则确定税基税率、收费依据及计费标准;对于因对社会产生危害而征收的矫正性税收、惩罚性收费和公共处罚收入,应按照"谁加害,谁负担"和"过罚相当比例负担"的原则确定税基税率、收费依据及计费标准和处罚标准;对于公共产权收入,应按照"市场原则"由代表公众利益的公共机关通过公开拍卖、听证会等方式确定收入标准和数额,以防止公共资源或资产被不当利用和侵占,堵塞国有资产流失的渠道,确保公众利益最大化;对于公共信托收入,应以"公开透明"为基本原则,定期公布相关收入和支出的详细信息,确保受托主体的正当权益,并防止受托资产被非法和不当侵占。

对于需要通过法律规定和相应的程序授权给地方立法机关或者不同层级的国家行政机关制定财政收入计算依据的实施细则的,应该严格按照《立法法》有关授权的目的、范围、条件和时间等具体要求及其立法精神,对授权作出详细的规定,并确保信息的公开透明,有利于社会监督。

财政收入的归属和分配涉及政府间财政关系,财政收入的使用涉及财政支出,一般不属于财政收入立法范畴,而且与其缴纳或负担主体脱离了直接的利益关联,但是,由于财政收入的归属和分配涉及政府系统内部不同的征收主体,财政收入的使用决定了财政资金的支出方向,从财政立法的角度看仍然值得高度重视。这是因为,财政收入的目的就是要通过支出满足各种公共需要,最终服务于社会公众,因此将收入的征收与其分配和使用隔离开来,不仅没有充分的理论依据,而且不利于确保财政收入立法的正当性,特别是对于具有特殊征收目的的财政收入而言,保持收支紧密关联具有根本性意义。现实情况表明,我国财政收入的归属和分配存在"立法空白",而特定收入与限定财政支出范围之间则存在"收支立法脱钩"现象,需要通过加强和完善相关法律从根本上解决这些问题,不断推进我国财政法治建设进程,提升我国财政法治建设水平。

公共资产立法需要明确强调政府对于公共资产的所有权。公共资产是指各级国家机关及其所属的企事业单位、社会团体按照法律规定支配、使用的资产,包括行政事业性公共资产、经营性公共资产与资源性公共资产。公共资产的管理应该按照统一规划与分类管理相结合的思路：一方面，行政事业性公共资产、经营性公共资产与资源性资产应该分开管理，由不同的部门具体负责；另一方面，在分类管理基础上，各类公共资产要纳入统一的管理规划，需要将资产管理的结果进行汇总。

公共资产立法需要就管理各大类资产的责任单位做出明确规定。具体来说，行政事业性公共资产由财政部门统一管理，由各预算部门具体负责；经营性公共资产由国资委具体负责管理；而资源性资产则由自然资源部具体负责。公共资产立法需要就公共资产的运作规范做出明确的法律规定。其中，在实体规范上，各类资产的运作需要遵循相关的法律规范，受相关的法律规范的约束。而在程序规范上，一般公共资产的主体变更、用途改变、资产转让等处置，由同级政府依法决定；重大资产的处置需要报经同级人民代表大会常务委员会审批。公共资产立法需要就有关公共资产运行结果的报告制度做出明确规定。财政基本法应该明确规定：各责任单位应当编制所负责的公共资产的资产负债表；各级政府应当汇总行政机关、事业单位与社会团体的资产负债表，并在此基础上编制本级政府的资产负债表。

公共资产立法需要就公共资产运行的监督机制做出法律规定。具体来说，各责任单位与各级政府所编制的资产负债表需要向同级人民代表大会常务委员会报告并接受同级人民代表大会常务委员会与同级人民代表大会的审查、监督。经人大审查通过后的资产负债表需要及时向社会公开。

公共债务是指国家机关、企事业单位和社会组织等以各种形式举借的，或者是以收支缺口表现的、政府负有责任的债务。公共债务可分为政府性债务（政府偿还责任债务、政府担保责任债务和政府可能承担救助责任的债务）、其他国家机关与组织的债务，以及以社会保障收支缺口为代表的"隐性债务"。公共债务立法研究需要在公共债务的层次和范围基础上，准确把握政府需要承担相应责任的边界。目前，除政府偿还责任债务、政府担保责任债务中的责任边界和法律关系较为明晰外，大量公共债务中的政府责任边界并不明晰，构成了公共债务立法的重点。

在债务发行方面，当前中国公共债务规模较大，举债主体较多，债务种类繁多，部分债务举借不规范、不科学。一些企业举借的债务，存在"大而不能倒"的倒逼行为。医院高校、村委会等事业单位和基层组织的债务问题和社保基金收支缺口中，政府责任的体现不够明晰、缺乏长效机制。而且，各地在化债过程中表现出较大的差异,化债方式和政府责任体现程度不一,缺乏科学的依据和统一的标准。总体来看,公共债务"扩张—化债—扩张"的预算软约束现象和财政风险未得到根本治理。为此,需要在举债主体、举债权限、举债方式、债务规模和种类方面,建立明确的约束。

在债务使用中,分类型、分地区、分方法构建债务风险评估与预警体系。既需要建立流量风险评估指标体系,也需要结合中国国情,建立基于公共资产负债的存量评估指标体系。债务风险防控中,需要设立公共债务上限,并明确中央政府对地方政府债务的原则。在确定公共债务规模上限的基础上,针对不同重点行业领域,建立债务风险分类防控体系。针对不同重点行业领域中的存量救助责任债务,政府责任的体现应当有所差异。需要明确重点行业领域,如"城投债"、国有经营性公路企业债务、公立医院高校债务,明确社会保障基金收支缺口中的政府责任,厘清政府的债务责任边界,打破"财政幻觉"。

在债务偿还方面,明确规定公共资产、资源等形式的偿还资金来源,同时发挥长期偿债基金的作用,为企事业单位和组织提供信用保障和增信,体现政府的有限责任。须明确规定,必要时需要实施财政债务重组。建立财政惩罚机制,将现有责任范围、追究机制响应、责任追究程度的规定上升到基本法层面。

政府间财政关系即财政管理体制,是指同一国家内不同层级政府间以及同层级政府间财政资源的分配原则、办法等调节机制的总和。政府间财政关系包括纵向财政关系和横向财政关系两种。政府间财政关系的核心内容是政府间事权与支出责任的划分和财权与财力的配置以及建立规范的政府间转移支付制度。政府间财政关系是现代财政制度的重要组成部分,在建立现代财政制度过程中,政府间财政关系的法治化建设必不可少。当前,除《预算法》外,我国政府间财政关系的处理依据主要是"通知""决定"等党和政府的指导性文件,内容比较笼统,法律层次较低,缺少对政府间财政行为的外部规范、约束和监督。基于宪法秩序,从法律上构建政府间财政关系、实现政府间财政关系的法制化,是落实宪法基本精神、建设现代财政制度的必然要求。

我国政府间财政收入划分存在收入立法不足、立法权集中于中央、地方政府财权、财力相对于事权而言严重不足等问题,应按照各级政府职能、税种的功能和特点、事权与财权财力相匹配以及效率和公平原则划分政府间收入。非税收入在政府间的划分也应实行法定原则。对非税收入项目的设立、收费标准、收费期限以及在政府间划分的方法和比例,应由立法机关通过法律做出规定。

我国目前存在政府间财政支出划分立法层次低、政府间支出职责不清、省以下事权和支出责任划分不规范、政府间事权和支出责任不匹配等问题。政府间事权与支出责任立法应按照受益范围、效率、技术，以及事权、支出责任与财权、财力相匹配的原则，合理划分政府间事权和支出责任。

我国政府间转移支付包括中央和地方政府间、地方上下级政府间的纵向转移支付以及无行政隶属关系的地方政府间的横向转移支付。

纵向转移支付的形式主要包括一般转移支付、共同事权转移支付和专项转移支付。政府间纵向转移支付应以一般性转移支付和共同事权转移支付为主，以专项转移支付作为补充。政府间横向转移支付的形式和分配方法，则由转移支付提供方政府和接受方政府协商确定。在政府间纵向转移支付制度的运作过程中，上级政府需要履行的责任包括：通过转移支付向下级政府转移财力，实现基本公共服务均等化，弥补因政府间收入划分机制而导致的地方收支缺口；在预算编制过程中及时告知转移支付资金分配金额指标的信息；在预算执行过程中及时足额向下级政府拨付转移支付资金；对下级政府转移支付资金的使用绩效进行考察评估。下级政府应履行的责任包括：贯彻上级政府的施政目标、合规高效地分配和使用转移支付资金；将转移支付的分配使用信息全面、及时地向上级政府进行报告；接受上级政府对于转移支付资金分配的合理性、转移支付资金使用的合规性和有效性进行质询和评估。政府间转移支付的项目目标内容、实施周期、年度资金分配方案、绩效目标和评价指标应面向社会公众公开，并接受立法机关和社会的监督。

财政组织和机构在财政立法中的各种关系主要包括：收入机构与支出机构的组织设置，预算编制机构与预算执行机构的组织设置，一般支出执行机构与政府采购机构的组织设置，财政资金管理中的国库体制和财政账户与结算制度，以及财政监督与被监督机构之间的关系。

收支机构分设，财政部统管收入政策，海关总署、国家税务总局分理关税、税收和非税收入的管理体制，有利于财政部门整体理财，同时不为具体征管事务所累。预算编制与执行统设财政部门，保证了财政部门统一理财，有利于将宏观财政调控、预算平衡、收支管理一体化。同时，从财政部门"预算、收入、支出"三大基本功能看，有必要进一步提升预算地位，将现有预算司升格为"国家预算局"，继续由财政部管理。作为公共预算支出的重要内容，政府采购在国务院政府采购领导小组的领导下，在财政部设置由各主要相关部门共同组成的

"采购办公室"体制,较好地体现支出管理与公共采购的关系,有利于提高管理效率。国库作为财政资金收纳、储存、支付和保管的重要之地,应当坚持由央行"代理国库制",并利用央行与商业银行的密切关系,由央行根据实际情况实行"再代理",从而构建国库事实上的"两级代理制"。同时,为保证财政资金的安全有效,有必要坚持和完善"国库集中收付账户"管理模式。在财政监督与被监督的关系方面,上级财政监督指导下级财政,尤其是中央财政对属地财政的监督,事关中央收入保障、中央重大支出项目落实,派驻各地监管局业已形成规范。审计监督遵从国务院指令,重点审查和监督预算执行和决算。人民代表大会审查和批准预决算,常委会重点监督预算执行情况,人大预工委司职对财政预决算审查和执行情况的日常监督。社会监督在现代社会发展中越来越重要,财政部门须尊重事物发展规律,不断加大财政信息公开程度,增强财政信息透明度,持续提升财政治理能力。

预算管理主要包括预算体系、预算程序、中期预算、国库管理制度。目前,我国没有明确具体的预算收支范围和预算资金的主体。一般认为政府的预算文件不仅应该体现政府的全部收入支出、债务收入、税收支出等隐性收支,还应该包括预算外基金和社会保险基金收支和公共企业的准财政活动。所以我国的财政基本法中应该明确预算涵盖的范围;同时,应明确政府部门、公共法人机构为预算资金的主体。我国政府预算体系整体性不够,预算分类的不完善以及预算层次的不合理不利于宏观财政政策执行、债务的控制,也不利于代际公平。财政基本法应当明确,我国的政府预算是由正式预算和补充预算组成:正式预算包括政府公共预算和社会保障预算;补充预算包括准财政报告、按流动性分类的预算等。

传统的预算模式下的预算程序与全面预算绩效管理下的预算程序有很大不同,我国目前正处于从传统预算模式向全面预算绩效管理模式转变。投入预算模式下的整套预算程序只要求对合规性负责,从而降低资金使用效率,将绩效管理纳入预算各阶段,可以有效提高财政管理效率,财政基本法应明确全方位预算绩效管理理念,将绩效管理嵌入预算的各个阶段。

中期预算是战略管理目标的具体化,通过中期预算可以将战略目标分解成短期目标,从而使战略计划能够具体落实,使战略目标得到保障。在财政基本法中,应明确结合国家和本级政府的战略管理,特别是"五年规划"的目标和任务,编制滚动的三年期中期财政规划,规范好年度预算和中期预算的关系。跨年度预算平衡机制是中期预算的一个表现,两者相辅相成。五年计划要求的财政政策往往通过跨年度平衡机制进行逆周期调整来实现。所以财政基本法应明确:跨年度预算平衡必须与国家战略、国家财政政策和五年计划相配合。各级政府通过预算稳定调节基金实现跨年度预算平衡。

完善国库管理制度,首先应该完善国库资金的范围,我们建议在财政基本法中须明确纳入国库管理的具体资金范围。相较于发达国家而言,我国的国库集中收付制度在立法上存在立法层级不高、约束力较弱、法律规范不够系统全面等诸多问题。财政基本法应明确国库资金实行国库集中收缴和集中支付制度,取消收入过渡户,不允许国库资金坐收坐支。设定库底目标余额进行国库现金管理可以在维系国库资金日常支付的同时,减少闲置资金的浪费,从而在保障安全性的同时,最大限度地实现现金管理收益。

依法治国是国家治理的根本之道,也是我国新一轮深化改革的基本理念。我国各项社会经济运行都应以法律为依据,所有的行政与民事行为也必须以法律为准绳。对财政进行立法契合坚持全面依法治国的治国理念,财政监督作为覆盖国家财政活动的各个方面和各个环节的重要组成部分,也应对其进行法制化规范。

我国当前财政监督主体及其监督职权过于分散,需要以立法明确划分职责、理顺关系。此外,从法律效力渊源和法律表现形式看,我国当前有关财政监督的立法、效力层次和权威性不高。国家最高权力机关制定的法律不多,主要是行政法规、部门规章或地方性法规和规章。其中有些规定互相矛盾,甚至同国家有关法律不一致。

我国财政监督的基本原则和各项基本法律制度,应由国家最高权力机关制定为法律。立法机关分别制定的预算法、税法、国有资产法和国有企业法等基本法律中,应进一步加强有关财政监督规定,并在这些基本法律的基础上,颁布各有关财政领域的专门财政监督法律。对于财政监督中发现的问题,特别是各种违法行为,其法律后果和制裁方式以及处理程序也需要在立法体系中加以完善,从而健全我国的财政监督法律体系。

以财政监督约束各项财政行为,需要在立法层面明确财政监督的内容,合理设计财政监督的流程和程序,细化财政监督的手段,从而做到在国家财政活动的各个方面和各个环节实现全流程的财政监督。应从法律层面规定财政监督的内容为财政运行的各个环节,从而为全过程的财政监督提供法律依据。对于流程和程序的设计，可以对财政监督的主体行为进行约束和规范，立法层面对于流程规定的明晰，可以使得财政监督的每个具体环节都有章可循。对于财政监督手段的细化，即从立法角度对财政监督执法进行保障，提高财政监督工作的效率。此外，对财政监督的具体内容进行立法规范时，应充分考虑社会经济的发展。随着数字信息化和全球化的冲击，财政活动的形式也变得更加多样化。作为财政体制的重要组成部分，财政监督体系也势必面临信息化等现代化趋势的影响。在立法层面，应该对财政监督的内容和方式进行不断革新，建立更具效率的财政监督体系。

受传统财政管理和监督方式的影响，对于财政资金的安全以及财政运行过程合规性的关注更为财政监督重视，而对于财政效率则有所忽视。随着我国各级财政部门越来越重视绩效管理，对财政效率监督也逐渐被人们重视。对财政效率监督包含两方面内容：一是对财政运行效率的监督；二是对财政监督自身的绩效评价。在立法层面上，应在财政安全性和合规性的基础上，对财政资金的筹集、分配、管理和使用的绩效进行关注，制定明确合理的目标，通过科学的绩效监督方法，对财政全过程及其运行的结果进行客观公正的约束及反馈。而对于财政监督自身的绩效评价，需要设计一套合理有效的财政监督绩效评价机制，并按照信息公开的方法，对绩效评价结果、目标实现情况和处理处罚决定等内容进行公开。

我国现行的财政监督法律体系下，更多地注重对公共部门内各个财政监督执法主体进行财政监督的约束和规范，而对于社会公众监督财政活动的提及并不多。社会监督作为国家监督体系的重要组成部分，是推进国家治理现代化的重要力量，社会监督的参与能够有效促进财政的高效运转，理应在立法层面对财政的社会监督予以保障。财政的社会监督需要本着公开、透明的原则，切实保障公民对于财政预决算及运行过程的知情权和监督权，进而更好地保障财政资金的"取之于民，用之于民"。在立法层面，除涉密信息外，财政信息应该最大限度地向社会公众公开，同时对社会监督的机制和渠道予以立法保障。通过立法对社会监督进行强化，从而提升财政的整体效率，更加合理、高效地使用财政资金。

第1章 2021年宏观经济运行

1.1 2021年生产活动运行状况

1.1.1 经济持续稳定恢复,下行压力不容忽视

2021年,全球经济从新冠肺炎疫情重创后的深度衰退中缓慢复苏,而我国率先走出疫情对经济社会的巨大冲击,经济恢复走在世界前列。与此同时,我国积极应对复杂严峻的国际环境和疫情、洪涝灾害等多重挑战,在保持经济运行在合理区间的同时,加大改革开放力度,加快推进经济结构调整和实现新发展理念下的经济高质量增长。

2021年,我国国内生产总值达114.4万亿元,按不变价格计算,比上年增长8.1%,实现了年初制定的全年增长6%以上的预定目标,也略高于国际金融机构和经济组织预测的8%增长水平。以2019年为基数,两年平均增长速度为5.1%。分季度来看,第一、二、三、四季度GDP实际同比增长率分别为18.3%、7.9%、4.9%、4.0%,呈现出明显的"前高后低"走势。第一季度GDP同比增长18.3%,增长速度过快,主要原因是2020年第一季度受疫情影响基数较低,因此同比增长最快在意料之中。自第二季度起,经济复苏进程有所放缓。第三、四季度和2020年同期相比,增速明显下降,低于两年5.1%的平均增长速度。由于新冠肺炎疫情的反复、极端天气的出现、大宗商品价格的高涨、宏观经济政策的快速常态化等各种复杂因素的影响,全球经济复苏再添变数,未来面临需求收缩、供给冲击和预期转弱三重压力,中国宏观经济下行压力依然存在,且仍有很大不确定性(见图1—1)。

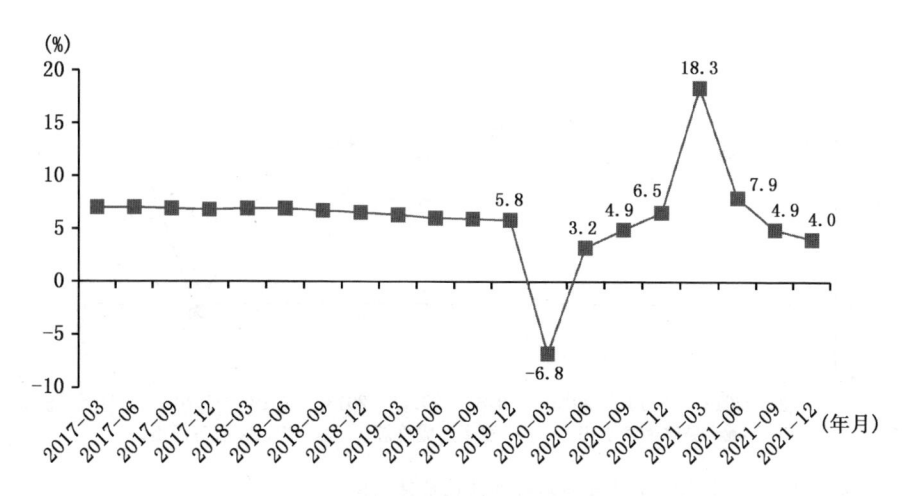

资料来源：根据国家统计局网站数据计算整理而得。

图1—1 2017—2021年GDP季度同比增长率趋势图

1.1.2 消费和出口成为拉动经济增长主力，投资拉动作用明显减弱

从三大需求对GDP增长的拉动来看，2021年最终消费支出、资本形成总额、货物和服务净出口分别拉动经济增长5.3、1.1、1.7个百分点（见图1—2）。但与2020年经济增长主要依靠投资拉动不同，2021年的经济增长中消费和净出口发挥了主要作用。2021年，最终消费支出对GDP增长的贡献率为65.4%，与2020年的−6.8%相比增加幅度显著，成为拉动国内经济增长的主力；资本形成总额对GDP增长的贡献率为13.7%，与2020年的81.5%相比呈现明显下降的态势；货物和服务净出口对GDP增长的贡献率为20.9%，与2020年的25.3%相比差距不大，对经济增长的贡献趋于稳定（见图1—3）。

从消费来看，随着国内大循环主体作用增强、扩大内需战略深入实施，国内循环对经济发展的带动作用明显增强。2021年社会消费品零售总额为440 823亿元，比上年增加12.5%，两年平均增速为3.9%。2021年全年基本生活消费增势较好，限额以上单位饮料类、粮油食品类商品零售额比上年分别增长20.4%、10.8%。升级类消费需求持续释放，限额以上单位文化办公用品类、金银珠宝类、化妆品类和通信器材类等消费升级商品零售额分别增长18.8%、29.8%、14.0%和14.6%。受疫情影响，居民减少出行，居家线上消费需求明显增长，全年全国网上零售额130 884亿元，比上年增长14.1%。

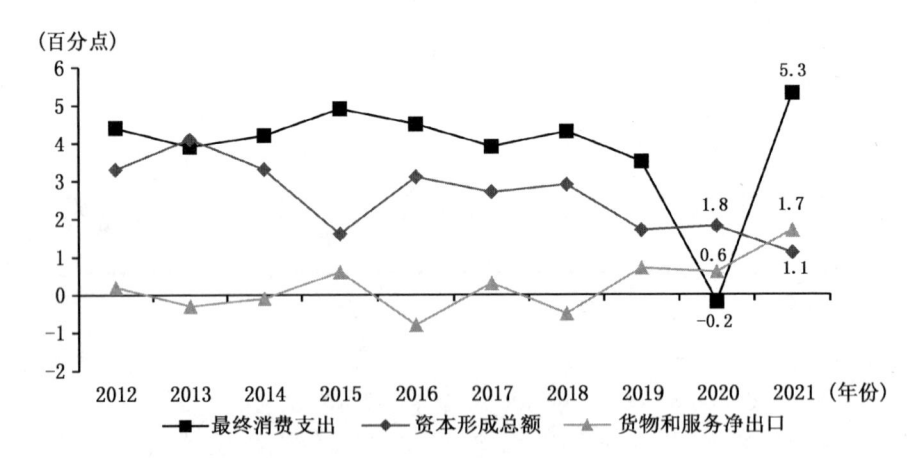

资料来源：根据国家统计局网站数据计算整理而得。

图1—2 2012—2021年三大需求对GDP增长的拉动

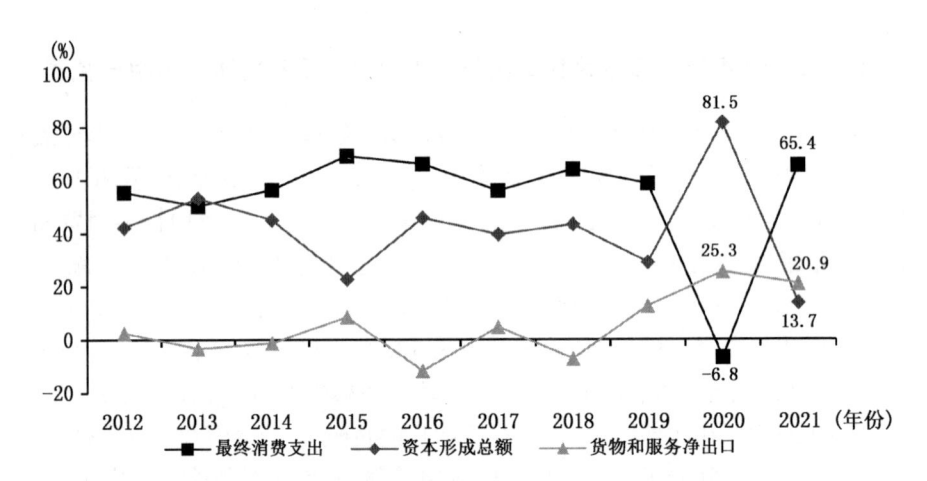

资料来源：根据国家统计局网站数据计算整理而得。

图1—3 2012—2021年三大需求对GDP增长贡献率

从投资来看，固定资产投资在专项债发行后置、隐性债务风险防范化解、房地产调控趋严、疫情反复、能耗双控及上游价格上行供给冲击、下游内需收缩、市场预期转弱等多因素的共同作用下，呈现有效投资需求不足的特点。2021年全社会固定资产（不含农户）投资额为544 547亿元，比上年增长4.9%，大幅低于同期GDP增速8.1%;民间固定资产(不含农户)投资额为307 659亿元,比上年增长7.0%,占全社会固定资产(不含农户)投资额比重为77.0%。分产业看,第一、二、三产业投资分别为14 275亿元、167 395亿元和362 877亿元,同比增长率分别为9.1%、11.3%和2.1%。高技术产业投资比上年增长17.1%,比全部投资增速高12.2个百分点,带动作用明显。

从净出口来看,2021年,我国年度进出口规模达到6.05万亿美元,首次突破6万亿美元关口,达到历史高点。全年货物进出口总额391 009亿元,比上年增长21.4%。其中,出口217 348亿元,增长21.2%;进口173 661亿元,增长21.5%。贸易顺差为43 687亿元。出口方面,受益于人民币汇率升值1.7%,2021年出口商品价格上涨,价格上涨贡献超过50%。出口商品由消费品往中间品和资本品方向转化,机电类和高新技术产品出口增速显著,这与全球疫情严重的情况下发达国家受困于原材料成本上升、新兴市场受制于疫情复工困难有关。进口速度增长主要源自能源和初级产品的价格上涨,从结构上看,能源类进口强劲,芯片进口放缓,粮食和大豆的进口增长一枝独秀,进口金额同比增长率分别高达40.8%和62.8%。

1.1.3 三次产业加快恢复步伐,但增加值增速逐季递减

2021年第一产业增加值为83 085.5亿元,比上年增长7.1%,相较2020年增加了4.1个百分点,占GDP的比重为7.3%,在内部结构中占比有所下降,主要是由于经济恢复,第二、三产业增加值增长较快;第二产业增加值为450 904.5亿元,比上年增长8.2%,占GDP的比重达到39.4%,较上年上升1.6个百分点,说明工业生产正在逐步恢复、稳定增长;第三产业增加值为609 679.7亿元,比上年增长8.2%,占GDP的比重达到53.3%,较上年下降1.2个百分点(见图1—4)。"二升三降"的主要原因为,由于出口增长拉动,工业受疫情的影响比服务业更轻、恢复更快。分季度来看,一季度三次产业累计同比增长率分别为8.1%、15.6%和24.4%,达到近年最高增速水平,主要原因是上年同期基数较低,之后二季度至四季度增速加快回落(见图1—5)。

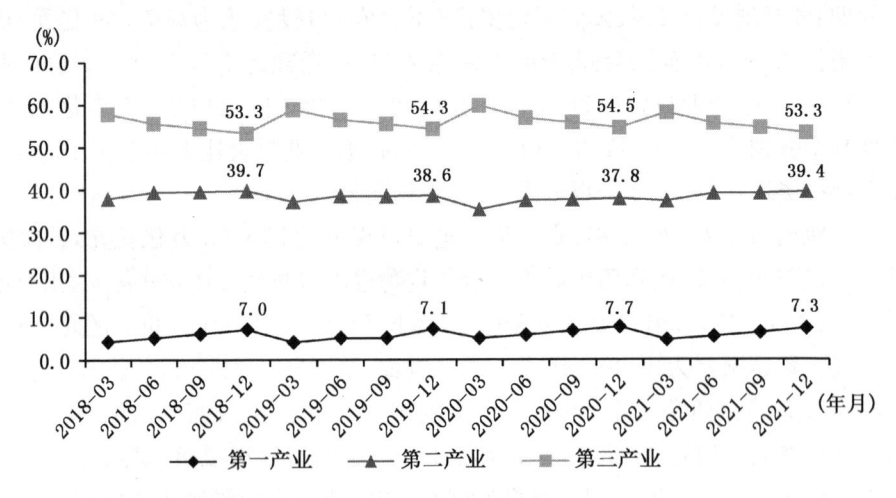

资料来源:根据国家统计局网站数据计算整理而得。

图 1-4 三次产业累计增加值占 GDP 的比重

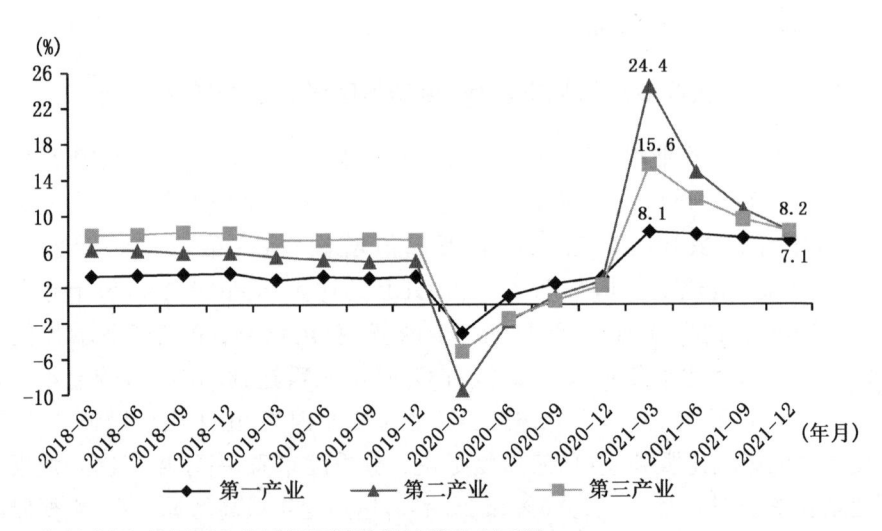

资料来源:根据国家统计局网站数据计算整理而得。

图 1-5 三次产业季度累计增加值同比增长率

1.1.4 工业企业效益提升明显,部分增长较快

2021年,全国规模以上工业增加值比上年增长 9.6%,比上年提高 6.8 个

百分点;全国规模以上工业企业营业收入增长19.4%,比上年提高18.6个百分点。生产和销售有序恢复,为利润增长提供了有力支撑,2021年全国规模以上工业企业实现利润总额87 092.1亿元,比上年增长34.3%。分季度看,一至四季度利润同比分别增长137.3%、36.0%、14.3%、12.3%,呈现"前高后低、先快后慢"的走势。这主要是由于2020年受疫情严重冲击影响,一季度利润基数较低所造成的(见图1-6)。

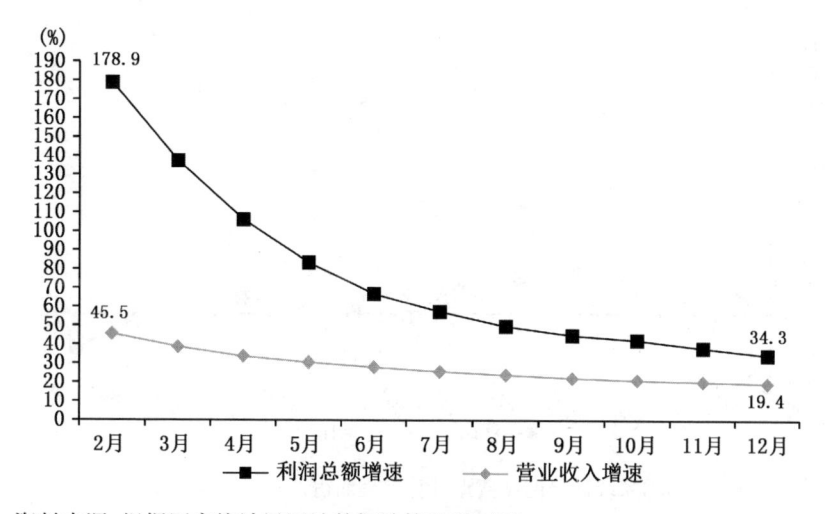

图1-6 2021年规上工业企业各月累计利润总额与营业收入同比增速

资料来源:根据国家统计局网站数据计算整理而得。

分行业看,2021年,在41个工业大类行业中,有32个行业利润较上年增长,占78%,行业增长面较上年扩大14.6个百分点。部分行业利润实现较快增长,有6个行业利润增长超过1倍,有18个行业利润实现两位数增长。分门类看,2021年,高技术制造业引领作用较为突出,较上年增长48.4%,两年平均增长31.4%,增速分别高于规模以上工业平均水平14.1和13.2个百分点,展现出较强的发展活力。在大宗商品价格上涨带动下,上游采矿、原材料制造业利润较上年分别增长190.7%、70.8%,对利润增长拉动作用较强;中下游的装备制造业、消费品制造业利润较上年分别增长16.3%、24.6%,利润均实现较快增长。

1.1.5 工业生产者价格指数(PPI)涨幅冲高回落

PPI呈现先升后降的发展态势。2021年,PPI由2020年下降1.8%转为上涨8.1%。分月看,受国际大宗商品价格走高叠加对比基数走低影响,1—5月份,PPI同比涨幅由1.7%快速扩大至9.0%;6—8月份,PPI涨势趋缓,涨幅在8.8%—9.5%间波动;9月份后,受部分能源和原材料供应偏紧影响,PPI涨幅再次扩大,10月份达13.5%;随着各项保供稳价政策措施不断落实,年末PPI涨幅高位回落,12月份回落至10.3%,比全年最高点回落3.2个百分点(见图1—7)。

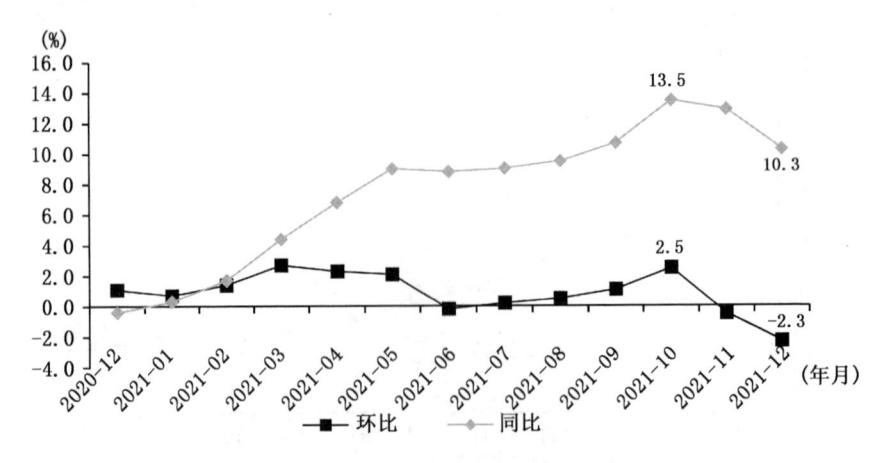

资料来源:根据国家统计局网站数据计算整理而得。

图1—7　工业生产者价格指数涨跌幅

从结构上来看,生产资料价格上涨是带动PPI上涨的主要因素。2021年,生产资料价格由2020年下降2.7%转为上涨10.7%,影响PPI上涨约7.97个百分点,超过总涨幅的98%。其中,采掘工业价格上涨34.4%,原材料工业价格上涨15.8%,加工工业价格上涨6.6%。生活资料价格上涨0.4%,涨幅比上年回落0.1个百分点,影响PPI上涨约0.09个百分点,整体较为平稳。

输入性因素助推PPI上涨。2021年以来,国际大宗商品需求恢复快于供给,加之流动性宽裕等因素影响,国际市场原油、有色金属、天然气等价格走高,推升国内相关行业出厂价格,带动PPI上涨。石油和天然气开采业、石油煤炭及其他燃料加工业、化学原料和化学制品制造业、化学纤维制造业等石油相关行业全年平均涨幅在16.1%—38.7%之间,有色金属冶炼和压延加工业价格上涨22.7%,燃气生产和供应业价格上涨5.1%,上述行业合计影响PPI上涨约3.95个百分点,占总涨幅的五成。

1.1.6 采购经理人指数(PMI)稳中有升,非制造业恢复步伐加快

2021年各月制造业采购经理人指数趋于平稳,指数在49%－52%的区间内小幅度波动,均值为50.5%,比上年上升0.6个百分点;非制造业商务活动指数各月均值为52.9%,比上年上升0.3个百分点;整体上看,综合PMI产出指数保持平稳,各月均值为52.4%,比上年上升0.3个百分点。从各月趋势上看,三大指数均位于扩张区间,表明中国经济总体保持恢复态势,景气水平平稳回升(见图1－8)。

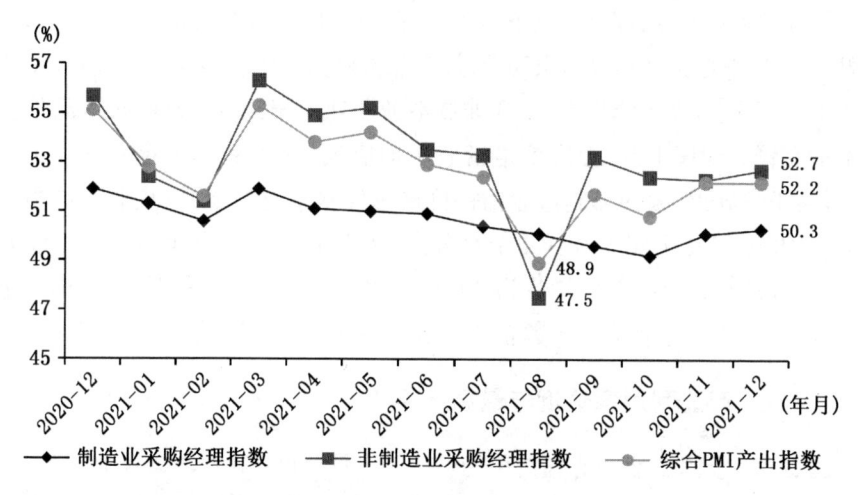

资料来源:根据国家统计局网站数据计算整理而得。

图1－8 制造业、非制造业及综合PMI指数走势图

制造业PMI指数方面,从企业规模看,大、中型企业运行总体稳定。2021年大型企业PMI年均值为51.4%,高于上年0.7个百分点,且全年12个月均高于制造业总体水平,大型企业稳定运行,对制造业稳步扩张形成有力支撑;中型企业PMI年均值为50.6%,高于上年1.0个百分点,与制造业总体水平基本持平,走势较为平稳;小型企业PMI年均值为48.6%,低于制造业总体水平1.9个百分点,位于收缩区间,复苏进程明显滞后。从分类指数看,在构成制造业PMI的5个分类指数中,生产指数和新订单指数高于临界点,原材料库存指数、从业人员指数和供应商配送时间指数均低于临界点。生产指数年均值为51.6%,比上年上升0.1个百分点,且高于临界点,表明制造业生产保持扩张;新订单指数年均值为50.8%,比上年上升0.6个百分点,表明制造业市场需求

继续改善;原材料库存指数年均值为48.1%,比上年上升1.3个百分点,表明制造业主要原材料库存量降幅明显收窄;从业人员指数年均值为49.1%,比上年上升1.1个百分点,表明制造业企业用工景气度有所回升;供应商配送时间指数年均值为48.3%,比上年上升0.1个百分点,表明制造业原材料供应商交货时间较上年小幅缩短。

非制造业商务活动指数方面,2021年各月中除了8月份在临界点水平以下,呈现出明显的V形下降趋势,其他月份均高于临界点,表明非制造业恢复步伐加快。从分类指数看,新订单指数年均值为49.5%,比上年下降0.4个百分点,低于临界点,表明非制造业市场需求回落;投入品价格指数年均值为54.0%,比上年上升2.4个百分点,高于临界点,表明非制造业企业用于经营活动的投入品价格总体水平有较大幅度上升;销售价格指数年均值为50.9%,比上年上升2.1个百分点,高于临界点,表明非制造业销售价格总体水平有所上升;从业人员指数年均值为48.1%,比上年上升0.4个百分点,表明非制造业企业用工景气度有所改善;业务活动预期指数年均值为60.1%,比上年上升0.7个百分点,仍位于较高景气区间,表明非制造业多数企业对近期市场恢复保持信心。

1.1.7 产能利用率达近年最高水平

2021年,全国工业产能利用率为77.5%,较2020年上升3.0个百分点,较2019年提高0.9个百分点,为近年来的最高水平。分季度看,一至四季度全国工业产能利用率分别为77.2%、78.4%、77.1%和77.4%,比上年同期分别上升9.9、4.0、0.4和3.0个百分点。分产业看,2021年,采矿业产能利用率为76.2%,比上年上升4.0个百分点;制造业产能利用率为77.8%,上升2.9个百分点;电力、热力、燃气及水的生产供应业产能利用率为75.0%,上升3.5个百分点。从细分行业看,化纤、石油加工、通用设备、电气机械等行业产能利用率均达80%以上,而其他行业产能利用率都在70%—80%之间。

1.1.8 新动能持续激发,支撑作用强劲

装备制造业生产稳中有升。2021年,装备制造业增加值比上年增长12.9%,高于全部规上工业平均水平3.3个百分点,对全部规上工业增长贡献率达45.0%,有力地支撑了工业增长稳步回升。从行业看,多数行业呈现两位数增长,金属制品业、电气机械和器材制造业、计算机通信和其他电子设备制造

业两年平均增速均达两位数,且明显高于2019年水平。从产品看,新能源汽车比上年增长145.6%,产量各月均保持成倍增长;工业机器人、太阳能电池、微型计算机设备等主要产品实现较快增长,增速分别为44.9%、42.1%、22.3%。

高技术制造业保持快速增长。2021年,高技术制造业增加值比上年增长18.2%,高于全部规上工业平均水平8.6个百分点,对规上工业增长的贡献率为28.6%,从2020年11月份以来,连续14个月保持两位数增长。分行业看,医药制造业、电子及通信设备制造业、计算机及办公设备制造业增加值分别增长24.8%、18.3%、18.0%。分产品看,3D打印设备、智能手表、集成电路分别增长37.5%、37.0%、33.3%。

服务业新动能持续激发,新业态蓬勃发展。2021年,信息传输、软件和信息技术服务业,金融业增加值比上年分别增长17.2%和4.8%,合计拉动服务业增加值提高1.9个百分点,两年平均分别增长17.7%和5.3%。5G、人工智能、虚拟现实等前沿技术在实践中与更多服务业场景加速融合,新需求、新模式、新场景不断涌现,助力商品消费提档升级和服务消费提质扩容。

产业融合持续深化。新一代信息技术拓展数字化转型空间,制造业与服务业持续融合、互促共进。2021年,生产性服务业商务活动指数年均值位于55%以上较高景气区间。1—11月份,规模以上供应链管理服务企业营业收入同比增长46.3%,增速快于规模以上服务业企业25.6个百分点。工信部数据显示,工业软件发展迅速,1—11月份,工业软件产品收入同比增长20.1%,比上年同期加快7.6个百分点,占软件产品收入比重达9.7%,比上年同期提高0.6个百分点。

重点服务业领域发展势头良好。2021年,高技术服务业固定资产投资比上年增长7.9%,高出全部服务业固定资产投资5.8个百分点;两年平均增长8.5%,高出全部服务业固定资产投资5.8个百分点。2021年,高技术服务业实际使用外资同比增长19.2%。1—11月份,规模以上高技术服务业、科技服务业和战略性新兴服务业企业营业收入同比分别增长17.6%、18.1%和17.7%;两年平均分别增长14.8%、14.5%和13.1%,分别快于规模以上服务业企业两年平均增速4.0、3.7和2.3个百分点。

1.1.9 工业生产稳定增长,小微企业逐步恢复

工业生产稳定增长。2021年,全国规模以上工业增加值比上年增长9.6%,增速较2020年提高6.8个百分点;两年平均增长6.1%,增速接近正常年份平均

水平。分季度看,在高基数和散发疫情、芯片短缺等因素影响下,同比增速前高后低。但四季度两年平均增长 5.5%,较三季度两年平均增速加快 0.2 个百分点;10月、11月、12月当月增速分别达到 3.5%、3.8%、4.3%,生产逐月回升;两年平均增速分别为 5.2%、5.4%、5.8%,生产保持稳定恢复态势。2021 年,工业 41 个大类行业中,39 个行业比上年增长,增长面达 95.1%;36 个行业增加值较 2019 年增长,增长面达 87.8%。在统计的 612 种工业产品中,450 种产品产量同比增长,占 73.5%;409 种产品产量较 2019 年增长,占 66.8%。

小微企业生产总体延续稳定复苏的良好态势。据小微企业问卷调查显示,2021 年四季度,生产经营状况良好和一般的小微企业占被调查企业的比例合计达到 81.7%,比上年同期提高 3.9 个百分点。其中,生产经营状况良好的比例为 26.5%,比上年同期提高 7.4 个百分点,显示小微企业生产经营明显恢复。各项帮扶政策相继出台,有力支撑小微企业生产经营保持稳定。调查结果显示,2021 年四季度,享受税收政策优惠的小微企业占比为 62.3%,连续两个季度保持在六成左右。

1.1.10 幸福产业发展迅速,聚焦民生期盼

幸福产业快速发展。"银发经济"迎来加速期,适老技术和产品不断开发,养老服务量增质升,产品供给和服务模式不断创新,在帮助老年人提高生活品质的同时,也成为提振消费的亮点。1—11月份,规模以上居民服务业、卫生和社会工作企业营业收入同比分别增长 20.7%和 18.0%;其中,家庭服务、医院营业收入同比分别增长 18.2%和 17.1%。数字化赋能文化产业,个性化、多样化、品质化文化产品不断涌现;北京冬奥会引燃冰雪运动热情,冰雪产业发展明显提速,调查显示,全国冰雪运动参与人数达 3.46 亿人,居民参与率达 24.6%。1—11月份,规模以上文化、体育和娱乐业企业营业收入同比增长 23.8%,增速高于规模以上服务业企业 3.1 个百分点。

1.2 2021 年收入分配活动运行状况

1.2.1 居民收入增长与经济增长基本同步,城乡居民收入差距加速缩小

2021 年,全国居民人均可支配收入 35 128 元,比上年名义增长 9.1%。扣

除价格因素后,全国居民人均可支配收入实际增长8.1%,高于人均国内生产总值增速,居民收入增长与经济增长基本同步。全国居民人均可支配收入在上年基数较低的情况下保持稳步增长,两年平均名义增长6.9%,实际增长5.1%。

农村居民收入增长快于城镇居民,城乡居民收入差距加速缩小。按常住地分,城镇居民人均可支配收入47 412元,名义增长8.2%,扣除价格因素,实际增长7.1%,比上年提升5.9个百分点;农村居民人均可支配收入18 931元,名义增长10.5%,扣除价格因素,实际增长9.7%,名义增速和实际增速分别高于城镇居民2.3和2.6个百分点(见图1—9)。从城乡差距的绝对额来看,二者之间的差额不断增加,从2014年的18 355元增加到2021年的28 481元;但是从二者之间的倍差来看,城乡居民收入比由2013年的2.75下降到2020年的2.50。从动态增速来看,农村居民人均可支配收入同比增速连续多年均高于城镇居民的人均可支配收入增速(见图1—10)。

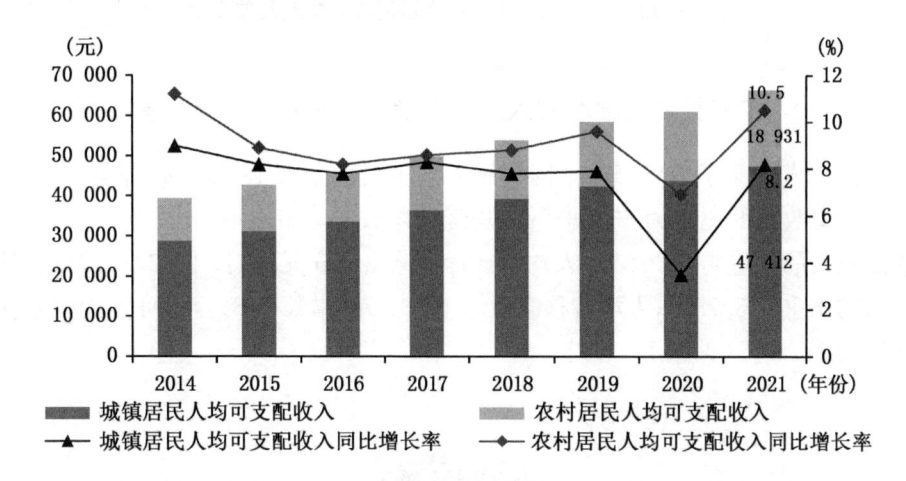

注:从2013年起,国家统计局开展城乡一体化住户收支与生活状况调查,2013年及以后数据来源于此项调查。与2013年前的分城镇和农村住户调查的调查范围、调查方法、指标口径有所不同。

资料来源:根据国家统计局网站数据计算整理而得。

图1—9 2014—2021年城乡居民可支配收入及其增速

资料来源：根据国家统计局网站数据计算整理而得。

图 1—10　2014—2021 年城乡居民收入差距及其变化

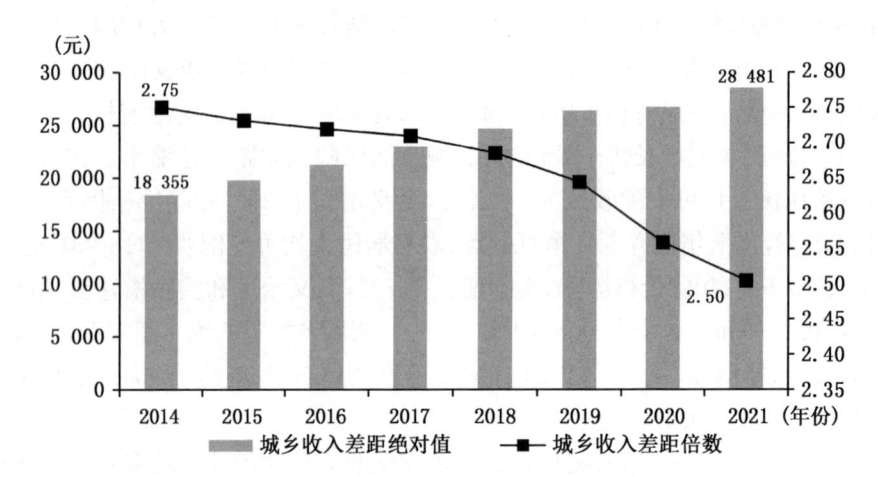

1.2.2　工资性和转移净收入的稳定增长为收入增长奠定基础

按收入来源分，2021 年，全国居民人均工资性收入 19 629 元，增长 9.6%，占可支配收入的比重为 55.88%；人均经营净收入 5 893 元，增长 11.0%，占可支配收入的比重为 16.78%；人均财产净收入 3 075 元，增长 10.2%，占可支配收入的比重为 8.75%；人均转移净收入 6 531 元，增长 5.8%，占可支配收入的比重为 18.59%（见图 1—11）。

资料来源：根据国家统计局网站数据计算整理而得。

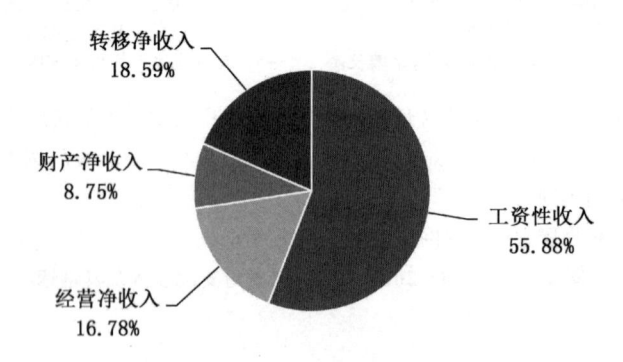

图 1—11　2021 年全国居民收入结构

分城乡看,城镇居民人均工资性收入增长8.0%,两年平均增长5.5%,主要是各地加大稳岗扩岗激励力度,促进城镇新增就业不断增加,城镇调查失业率稳中有降,有力推动城镇居民工资收入继续增长。随着疫情防控常态化,城镇居民经营活动恢复增长态势,2021年城镇居民人均经营净收入5 382元,两年平均增长5.4%,两年平均增速比前三季度提高1.0个百分点。从收入结构来看,城镇居民的收入主要来源于工资性收入和转移净收入,其中工资性收入占比在60%以上,但是呈现逐年递减的趋势;转移性收入在2021年较上年占比有所回落,为17.92%(见图1-12)。

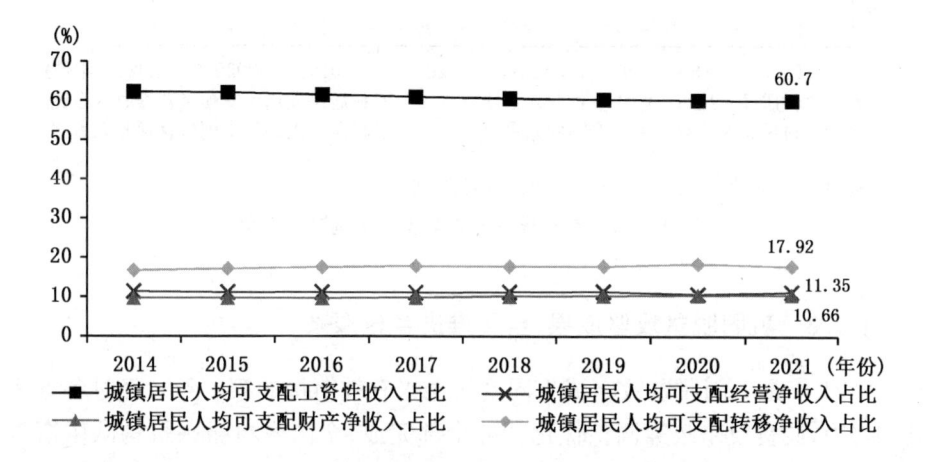

资料来源:根据国家统计局网站数据计算整理而得。

图1-12 城镇居民可支配收入结构及其变化

农村居民人均工资性收入增长14.1%,两年平均增长9.9%。据全国农民工监测调查,2021年全国农民工总量达到29 251万人。2021年农民工月均收入4 432元,两年平均增长5.8%,带动农村居民工资性收入稳定增长。经营净收入恢复增长态势。在全国粮食产量再创新高、生猪价格企稳、部分农牧产品价格较好等有利因素的拉动下,全年农村居民人均经营净收入增长8.0%,比前三季度提高1.3个百分点。农村居民的收入主要来自工资性收入和经营净收入,且在2014年后工资性收入开始超过经营性收入的占比,成为农村居民可支配收入中占比最高的收入来源(见图1-13)。

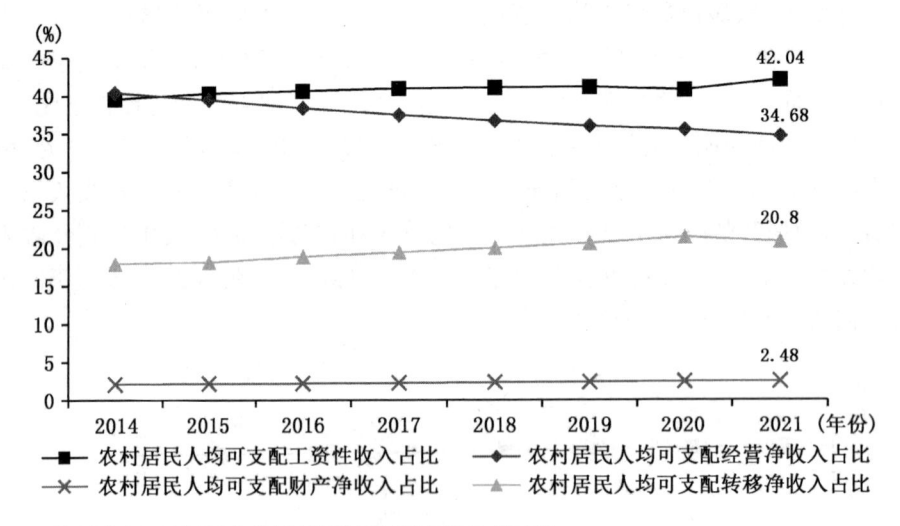

资料来源：根据国家统计局网站数据计算整理而得。

图1—13 农村居民可支配收入结构及其变化

1.2.3 巩固脱贫攻坚成果，全面推进乡村振兴

2021年是巩固脱贫攻坚成果同乡村振兴有效衔接的第一年。经过各方面共同努力，脱贫攻坚政策调整优化任务全部完成，全国乡村振兴机构队伍衔接平稳过渡，脱贫攻坚成果得到巩固拓展，全面推进乡村振兴实现良好开局。据建档立卡脱贫人口监测数据，脱贫人口收入持续增长，2021年人均纯收入预计超过1.25万元，比上年增加1 790元以上，增长16.5%以上。各地加快健全防止返贫动态监测和帮扶机制，优化监测指标体系，定期调度通报。超八成的脱贫县完成特色产业发展规划编制，脱贫地区特色产业稳步发展壮大。截至2021年12月底，全国脱贫人口务工规模达到3 145万人，超年度目标任务近126万人，是全年目标任务的104.17%，超额完成任务。中央财政衔接推进乡村振兴补助资金投入1 561亿元，比上年增加100亿元。全年新增发放脱贫人口小额信贷650.4亿元，支持155.7万户发展生产。确定160个国家乡村振兴重点帮扶县，并出台多方面倾斜支持政策。8个东部省(市)结对帮扶西部10个省(区、市)，东部已向协作地区投入财政援助资金228.7亿元，互派干部和专业技术人员2.3万人。

1.2.4 就业形势保持稳定,就业结构稳步改善

2021年末,全国就业人员74 652万人,比上年末减少412万人。其中,城镇就业人员46 773万人,比上年末增加502万人;农村就业人员27 879万人,比上年末减少914万人。整体就业人员减少,但城镇就业人员增加,城乡就业结构随新型城镇化的推进在稳步改善(见图1—14)。

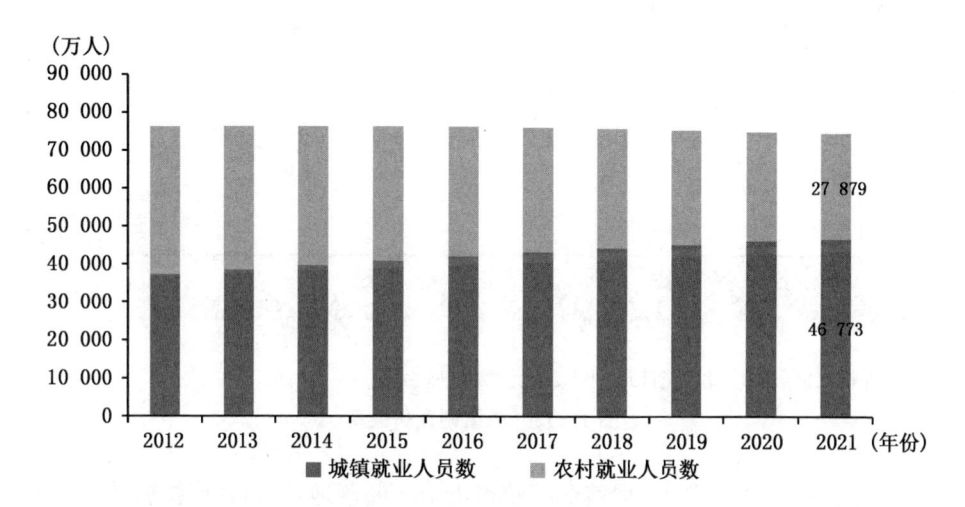

资料来源:根据国家统计局网站数据计算整理而得。

图1—14 城乡就业人员数量

2021年末,全年城镇调查失业率均值为5.1%,低于5.5%左右的预期宏观调控目标。具体来看,国民经济继续恢复,城镇调查失业率总体保持稳定。一季度,受春节因素和部分地区散发疫情影响,城镇调查失业率水平相对较高,2月份升至年内高点5.5%,节后随着企业生产经营稳定恢复,失业率逐步回落。二季度,城镇调查失业率保持在5.0%-5.1%的区间内。三季度,受毕业季和局部地区疫情汛情影响,失业率有所波动,随着毕业生陆续入职以及疫情汛情影响减弱,9月份城镇调查失业率回落至4.9%。四季度,调查失业率保持在4.9%-5.1%的区间内。11月份以后,农业就业人员受天气转冷影响而减少,建筑业、制造业、住宿餐饮业、互联网、教育等行业也出现较多离职人员,但交通运输业、批发零售业、商务服务业、居民服务业等行业就业人员有所增加,并且由于临近春节,部分离职人员暂时不愿寻找工作而退出劳动力市场,从而使失

业率略有上升。12月份,城镇调查失业率为5.1%,环比上升0.1个百分点,比上年同期低0.1个百分点(见图1—15)。

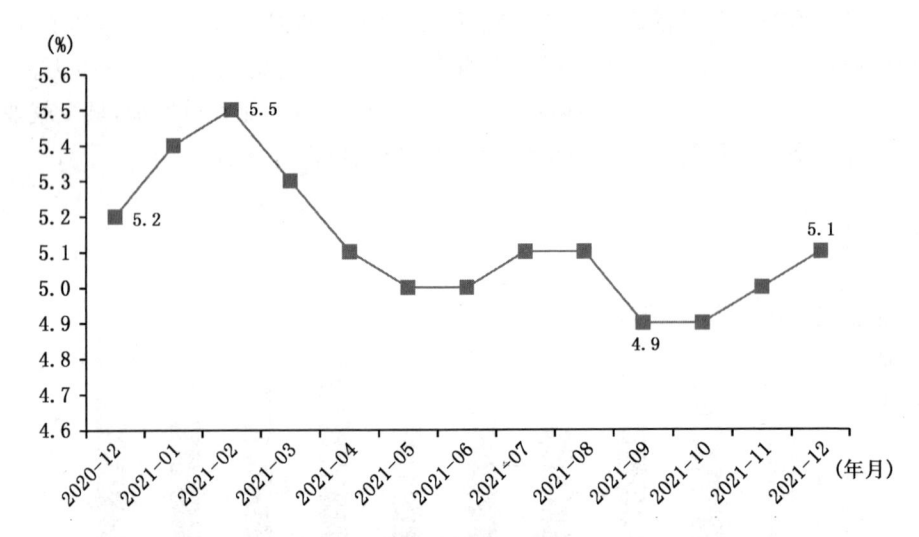

资料来源:根据国家统计局网站数据计算整理而得。

图1—15 城镇调查失业率

2021年,各项稳就业、促就业的政策措施不断落地,减负稳岗扩就业政策延续实施,全方位就业服务持续发力,《"十四五"就业促进规划》《"十四五"职业技能培训规划》等纲领性文件先后出台,为稳定就业大局、提升劳动者技能和重点群体就业提供了有力保障。2021年下半年,25—59岁就业主体人群失业率一直稳定在4.5%以下,且低于上年同期水平。农民工就业形势不断改善。春节后,外来农业户籍人口失业率连续回落,至12月份,外来农业户籍人口失业率为4.6%,低于全国水平0.5个百分点。2021年末,全国农民工规模达到29 251万人,比上年末增加691万人,已恢复至2019年同期水平。高校毕业生就业形势总体稳定。6—7月,由于高校毕业生集中求职,16—24岁青年失业率明显上升。9月份以后,随着毕业生工作落实,青年失业率逐步下降。12月份,16—24岁青年失业率为14.3%,与上月持平。

1.2.5 财政收入增速高位回落,减税降费继续落实

2021年,全国一般公共预算收入202 539亿元,比上年提高19 644亿元,同比增长10.7%。其中,中央一般公共预算收入91 462亿元,同比增长10.5%;

地方一般公共预算本级收入111 077亿元,同比增长10.9%。全国一般公共预算收入中的税收收入172 731亿元,同比增长11.9%;非税收入29 808亿元,同比增长4.2%(见图1—16)。

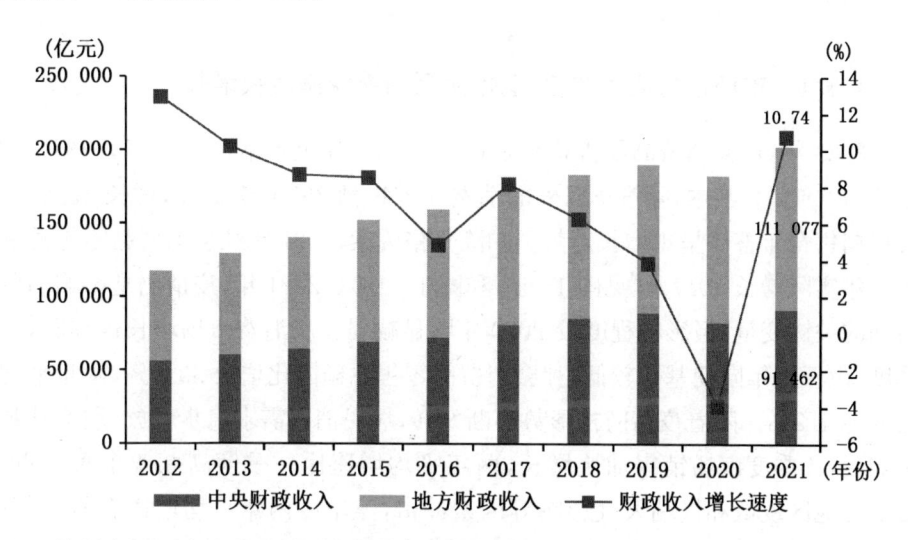

图1—16 国家财政收入总量及同比增速

资料来源:根据国家统计局网站数据计算整理而得。

分季度看,财政收入增速逐季下降。2021年一、二季度,全国一般公共预算收入增幅分别为24.2%和19.5%,前三季度累计全国一般公共预算收入为164 020亿元,同比增长16.3%,比2019年同期增长8.9%,符合预期,财政收入恢复性增长态势总体平稳。9月份全国一般公共预算收入同比下降2.1%,主要是受上年同期一次性收入抬高基数等影响,也与部分经济指标增幅回落相关,扣除一次性因素后增长4%。四季度全国一般公共预算收入为38 519亿元,同比下降8.1%。

2021年,在疫情慢慢好转的情况下,经济逐渐恢复,国家的减税降费政策继续有效落实。在"十三五"期间累计减税降费超过7.6万亿元基础上,2021年又新增减税降费超1万亿元,特别是三季度以来,为缓解企业资金困难和经营压力,允许企业提前享受前三季度研发费用加计扣除等政策,帮助企业特别是中小微企业、个体工商户缓解困难、更好发展,留住青山、赢得未来,实现"放水养鱼""水多鱼多"的良性循环。

1.3 2021年消费活动运行状况

1.3.1 市场销售逐季改善,基本生活消费继续较快增长

2021年,社会消费品零售总额440 823亿元,比上年增长12.5%,两年平均增速为3.9%。其中,除汽车以外的消费品零售额397 037亿元,增长12.9%,市场销售全年整体呈现增长态势。扣除价格因素,2021年社会消费品零售总额比上年实际增长10.7%(见图1—17和图1—18)。2021年,疫情仍是影响消费活动的关键变量,但影响程度较2020年明显减弱。从消费市场增长进程看,一季度,由于上年同期基数较低,社会消费品零售总额同比增长33.9%,两年平均增速为4.2%。随着疫情防控形势不断好转,居民消费需求稳步释放,剔除基数影响后,二季度市场销售加快增长,两年平均增速比一季度高0.4个百分点。受部分地区疫情和极端天气影响等因素冲击,三季度两年平均增速有所回落;四季度消费市场继续恢复,社会消费品零售总额两年平均增长4%,比三季度高1个百分点。商品零售额增长趋势与社会消费品零售总额增长情况类似,一季度累计增长幅度最大,达到30.4%,随后趋于平稳。

资料来源:根据国家统计局网站数据计算整理而得。

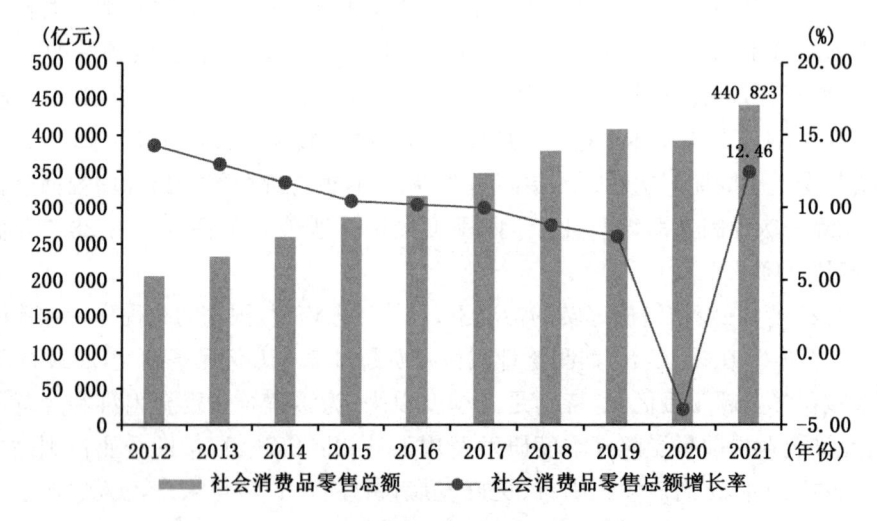

图1—17 社会消费品零售总额及增长率变化趋势

图 1-18　2021 年月度社会消费品零售总额累计值及增速

资料来源:根据国家统计局网站数据计算整理而得。

按经营地统计,城镇消费品零售额 381 558.4 亿元,较上年同期增长 12.5%;乡村消费品零售额 59 264.8 亿元,增长 12.1%。城乡社会消费品零售总额仍呈现出显著差异(见图 1-19)。

资料来源:根据国家统计局网站数据计算整理而得。

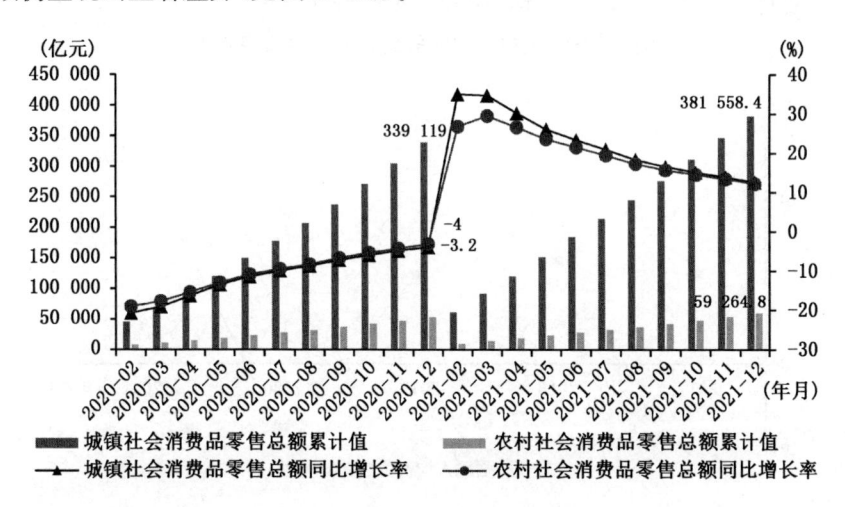

图 1-19　城镇和农村社会消费品零售总额及增速

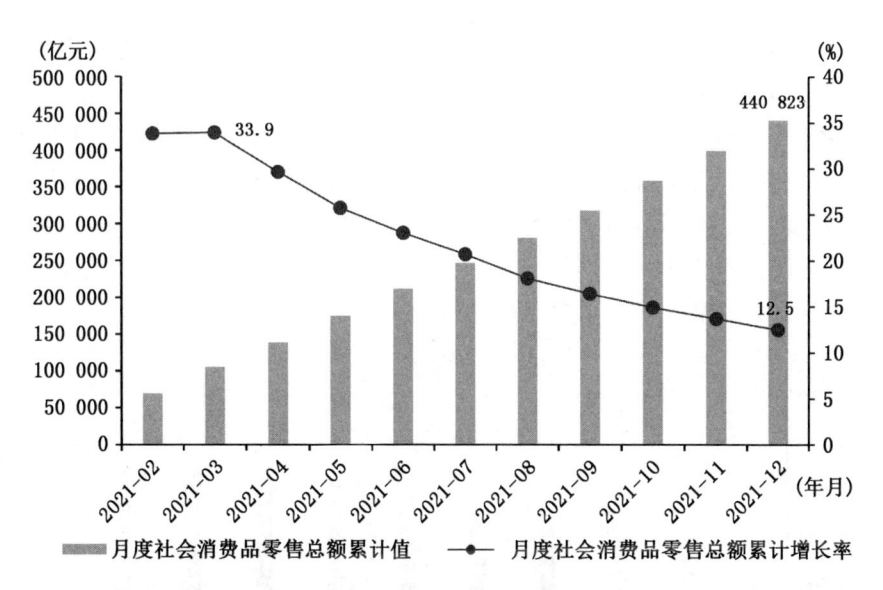

2021年，全国居民人均消费支出24 100元，在上年较低的基数上名义增长13.6%；扣除价格因素，实际增长12.6%。与2019年相比，全国居民人均消费支出两年平均名义增长5.7%，实际增长4.0%。分城乡看，城镇居民人均消费支出30 307元，名义增长12.2%，扣除价格因素，实际增长11.1%；农村居民人均消费支出15 916元，名义增长16.1%，扣除价格因素，实际增长15.3%。农村居民人均消费支出增速恢复程度好于城镇居民，名义增速和实际增速分别高于城镇居民3.9和4.2个百分点(见图1—20、图1—21)。

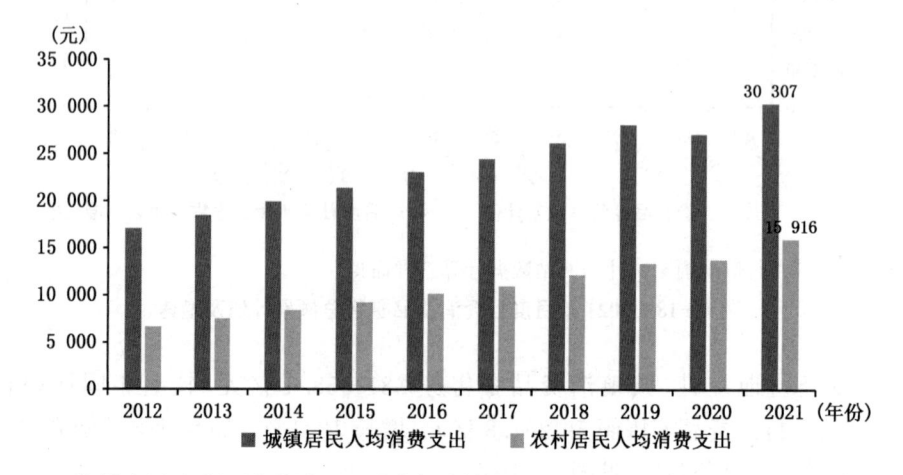

资料来源：根据国家统计局网站数据计算整理而得。

图1—20　城镇与农村居民家庭人均消费支出

资料来源：根据国家统计局网站数据计算整理而得。

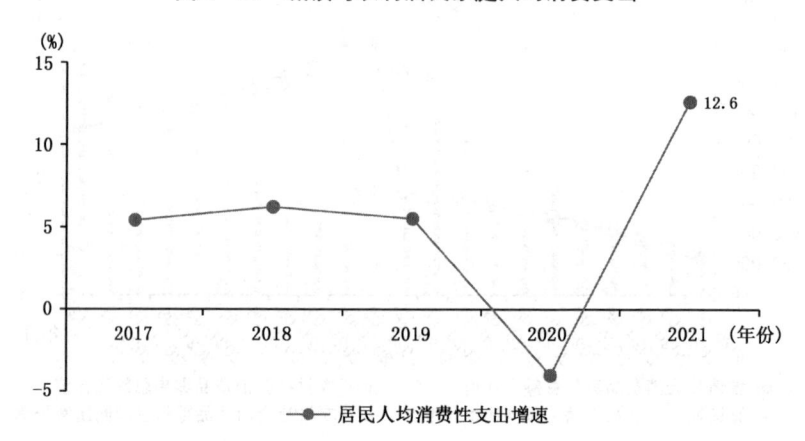

图1—21　居民人均消费性支出增速

从消费结构来看，2021年，全国居民人均食品烟酒支出两年平均增长8.6%，高于全部消费支出两年平均增速2.9个百分点，高于2019年增速0.6个百分点。保供稳价政策落实力度不断加大，市场食品供应充足，居民食品消费量继续稳步增长。人均居住支出5 641元，增长8.2%，占人均消费支出的比重为23.4%；人均生活用品及服务支出1 423元，增长12.9%，占人均消费支出的比重为5.9%；人均交通通信支出3 156元，增长6.9%，占人均消费支出的比重为13.1%；人均教育文化娱乐支出2 599元，增长27.9%，占人均消费支出的比重为10.8%；人均医疗保健支出2 115元，增长14.8%，占人均消费支出的比重为8.8%；人均其他用品及服务支出569元，增长23.2%，占人均消费支出的比重为2.4%。全国居民人均生活用品及服务支出两年平均增长5.4%，超过2019年增速0.6个百分点。人均衣着支出和居住支出继续稳定增长，两年平均增速分别为3.0%和5.6%（见图1－22）。

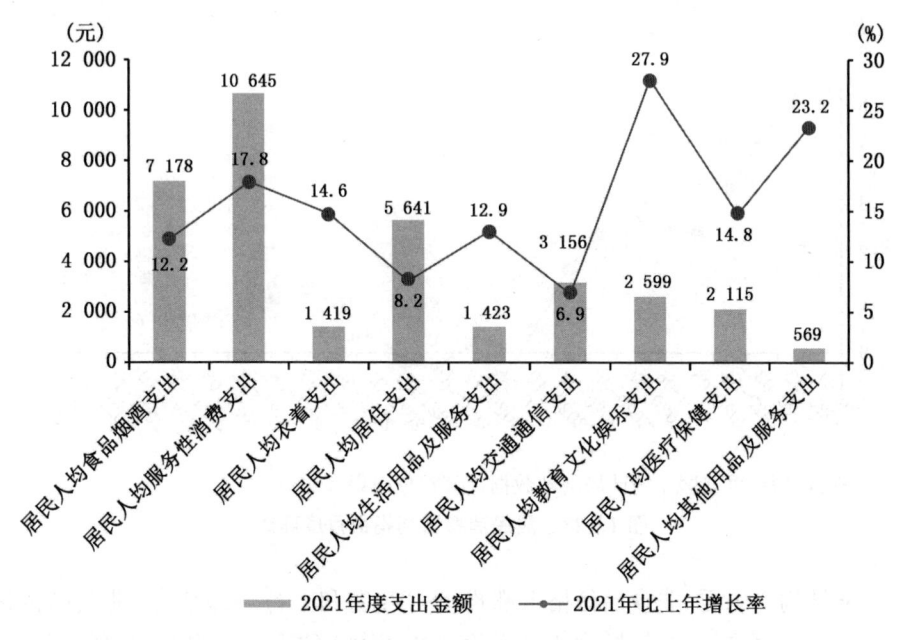

资料来源：根据国家统计局网站数据计算整理而得。

图1－22 2021年全国居民各类人均消费支出及增长率

1.3.2 消费领域价格涨幅回落,全年物价走势基本平稳

从月度数据来看,CPI上涨较为温和。2021年,CPI上涨0.9%,涨幅比上年回落1.6个百分点,总体运行在合理区间。分月看,前两个月受上年同期基数较高影响,CPI同比下降;随着高基数效应逐渐减弱,3月份同比由降转涨,5月份涨至1.3%;6月份起,在猪肉等价格下降带动下,涨幅逐月回落,9月份回落至0.7%;10月份,受特殊天气、上游价格持续上涨及低基期等因素叠加影响,CPI同比涨幅再次回升,11月份上涨2.3%;12月份回落至1.5%。CPI月度趋势总体维持动态平稳,主要原因如下:一是猪肉下行周期开启,对CPI同比的压制作用较大;二是疫情反复持续扰动服务业修复,非食品中非交通运输价格回升幅度尚不及2020年;三是工业品尤其是油价上涨对CPI的传导作用增强,部分抵消了前两者带来的回落压力(见图1—23)。

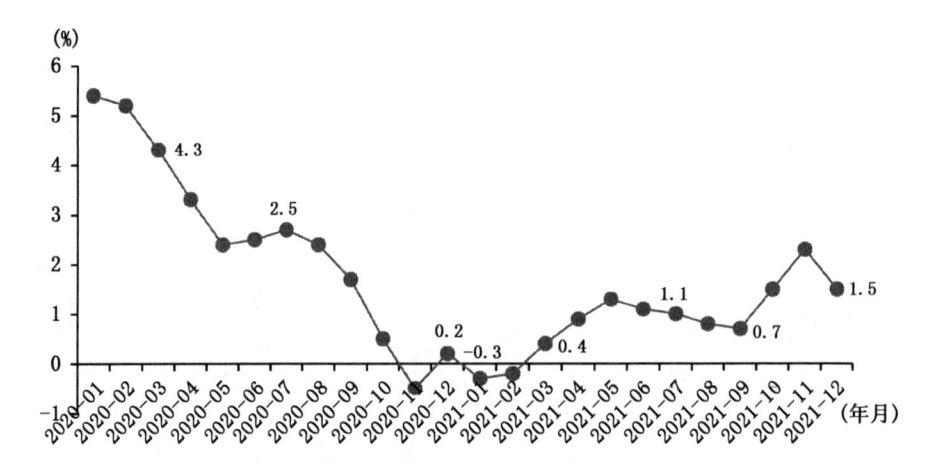

资料来源:根据国家统计局网站数据计算整理而得。

图1—23 居民消费价格指数月度环比

从结构上来看,非食品价格上涨推动CPI温和上行。2021年,非食品价格上涨1.4%,涨幅比上年扩大1.0个百分点,影响CPI上涨约1.17个百分点。受国际原油等大宗商品价格上涨影响,能源价格由上年下降5.4%转为上涨8.3%,影响CPI上涨约0.56个百分点,是带动工业消费品价格上涨的主要因素;由于市场需求恢复和原材料价格上涨,台式计算机、电视机、住房装潢材料、空调和家具等价格均有不同程度上涨,涨幅在1.1%—2.2%的区间内。服务消

费继续恢复,价格上涨0.9%,涨幅比上年高0.3个百分点,影响CPI上涨约0.36个百分点。食品价格下降减缓CPI上涨幅度。2021年,食品价格由上年上涨10.6%转为下降1.4%,影响CPI下降约0.26个百分点,主要是猪肉价格由涨转降带动(见图1—24)。扣除食品和能源价格的核心CPI保持稳定,全年上涨0.8%,涨幅与上年相同。

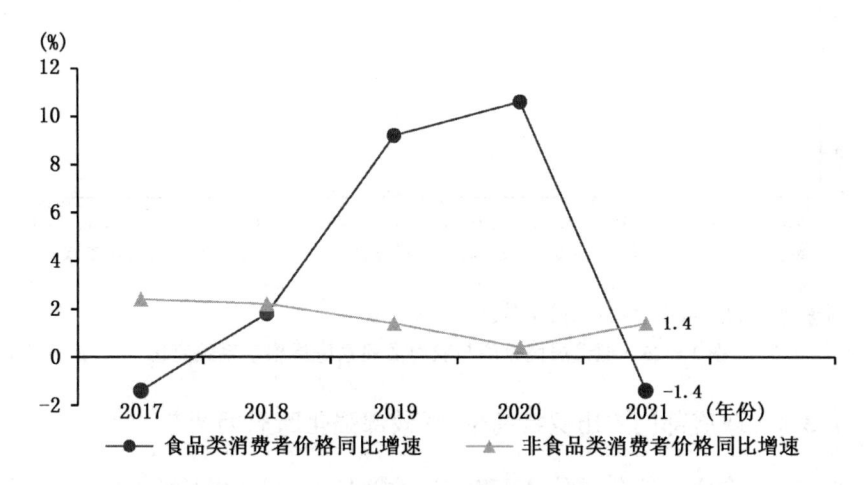

资料来源:根据国家统计局网站数据计算整理而得。

图1—24 食品价格和非食品价格同比增速

1.3.3 恩格尔系数总体呈下降趋势

2021年,全国居民恩格尔系数为29.8%,较上年下降0.4个百分点;其中,城镇居民恩格尔系数为28.6%,农村居民恩格尔系数为32.7%。随着疫情较2020年得到相对稳定的控制,2021年居民恩格尔系数恢复下降态势,城乡居民生活水平较去年有所改善,虽然仍未恢复至以前年度水平,但较上年同期有较好改善。同时,2021年恩格尔系数下降是我国全面建成小康社会、实现第一个一百年奋斗目标的重要体现。随着消费升级、居民收入水平提升,近十年来城乡居民生活差距在逐步缩小,其中2021年的农村居民恩格尔系数比10年前降低3.2个百分点,城镇居民恩格尔系数比10年前降低3.4个百分点,体现出城乡居民收入水平不断提升、城乡收入差距收窄的态势(见图1—25)。

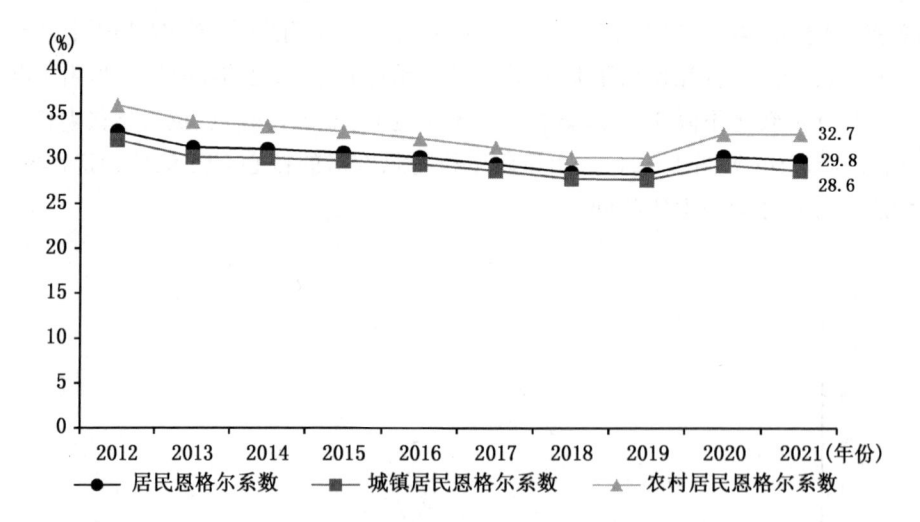

资料来源：根据国家统计局网站数据计算整理而得。

图 1-25　城镇居民家庭与农村居民家庭恩格尔系数变化

1.3.4　政府部门支出保持高位，财政部强化跨周期调节

2021年，全国一般公共预算支出246 322亿元，同比增长0.3%。其中，中央一般公共预算本级支出35 050亿元，同比下降0.1%；地方一般公共预算支出211 272亿元，同比增长0.3%。近10年间，财政支出总量不断增加，地方财政支出增加快于中央财政支出。但从财政支出的增长速度来看，财政支出的增速除2015年突然增大到15.87%，其他年份均有下降的趋势，从2012年15.29%的增速下降到2021年0.26%的增速，表明政府不断加强对财政支出的控制力度（见图1-26）。

财政部强化跨周期调节，加大资金统筹力度，保持必要的财政支出规模，新增地方政府专项债券3.65万亿元。新增减税降费约1.1万亿元，助力企业纾困发展。推动财政资金直达机制常态化并扩大范围，2.8万亿元资金直达基层、惠企利民。同时，本级支出继续负增长，节省资金用于增强地方民生财力保障。坚持政府过紧日子，民生保障有力有效。各级政府带头过紧日子，从严控制一般性支出，加强"三公"经费管理，努力降低行政运行成本。同时基层"三保"等重点领域支出得到有力保障，全国教育支出3.76万亿元，比上年增长3.5%；社会保障和就业支出3.39万亿元，比上年增长3.4%；卫生健康支出1.92万亿元，在2020年疫情防控高基数增长的基础上，2021年继续保持较高强度，支出

规模与上年基本持平。

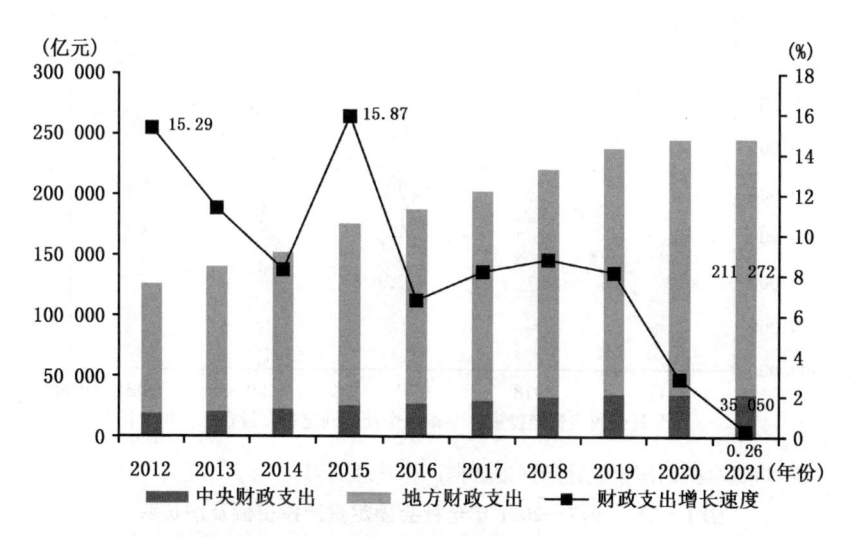

图1—26 国家财政支出总量及同比增速

资料来源:根据国家统计局网站数据计算整理而得。

1.4 2021年积累活动运行状况

1.4.1 全社会投资增速持续回升,民间投资稳中向好

2021年,全社会固定资产投资额为552 884亿元,比上年增长4.9%;全社会固定资产(不含农户)投资额为544 547亿元,比上年增长4.9%(见图1—27)。其中,民间固定资产(不含农户)投资额为307 659亿元,比上年增长7.0%。

从结构来看,基建投资同比增长0.4%,近两年平均增长1.8%,低于固定资产投资整体增速;房地产投资同比增长4.4%,成为固定资产增长的拖累项,但由于上年投资增速较高,近两年平均增速5.7%,仍高于固定资产投资近两年平均增速。2021年下半年,房地产行业不利事项频出,地产投资呈下行趋势:"三道红线"全面实施、贷款集中度考核落地,地产行业融资端面对更加严格和规范的管理;多地房地产调控措施升级,房地产税改革试点临近导致居民对未来房价走势的预期不明朗,房地产销售显著降温,投资需求被显著压制;房地产

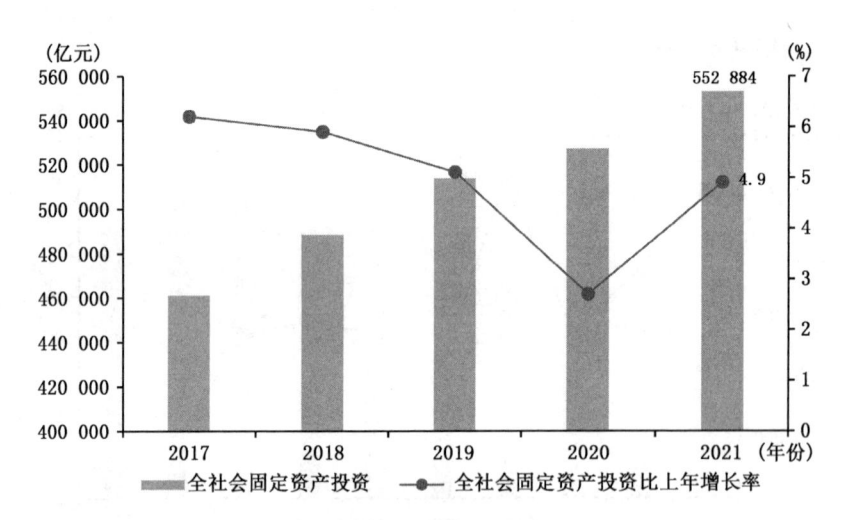

图1—27　2017—2021年全社会固定资产投资额及增长率

资料来源：根据国家统计局网站数据计算整理而得。

个案信用风险事件频发打破市场对房地产行业的预期，房地产信用一定程度收缩。制造业投资在出口和利润增速较快带动下，实现了较快增长。全年制造业投资同比增长13.7%，制造业两年平均增速持续攀升，成为拉动固定资产投资增长的重要力量（见图1—28）。

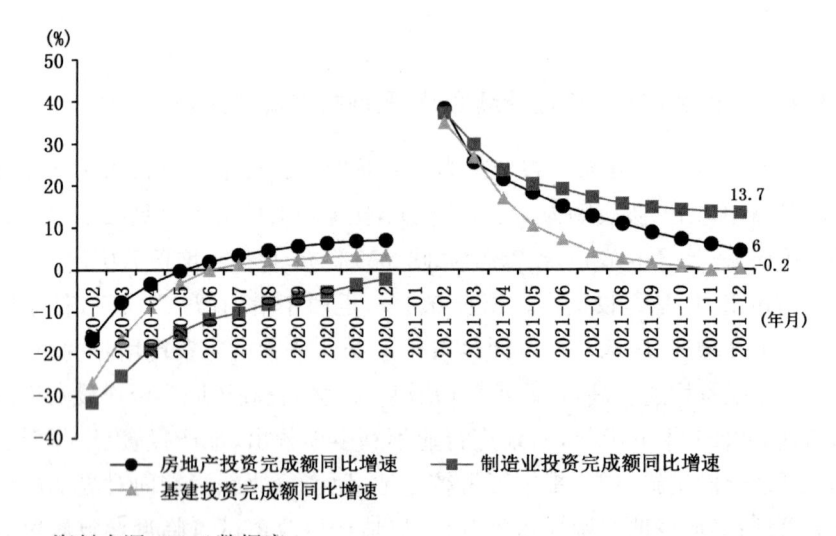

资料来源：Wind数据库。

图1—28　2020—2021年月度房地产、基建、制造业投资完成额同比增速

从月度数据来看,由于疫情得到控制,经济持续向好,房地产行业拉动2021年一季度固定资产(不含农户)投资额累计增长率实现极高增长,2月份及3月份累计增长率均超过25%。至2021年年中,固定资产投资额增长率滑落至12.6%,增幅比第一季度收窄13%。下半年,受到房地产行业政策收紧、基建投资不景气等因素影响,增长率持续回落至4.9%(见图1—29)。

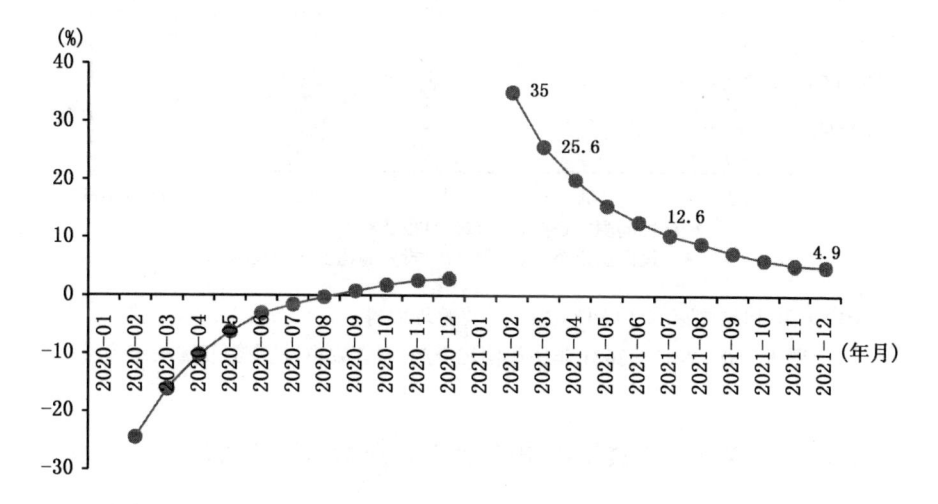

资料来源:根据国家统计局网站数据计算整理而得。

图1—29　2020—2021年月度固定资产(不含农户)投资额累计增长率

2021年,民间固定资产(不含农户)投资额比上年增长7.0%;两年平均增长3.8%。其中,分行业看,教育行业民间投资增长24.9%,制造业民间投资增长14.7%,基础设施民间投资增长12.0%,农、林、牧、渔业民间投资增长9.9%;分地区看,东部地区投资比上年增长6.4%,中部地区投资增长10.2%,西部地区投资增长3.9%,东北地区投资增长5.7%(见图1—30)。

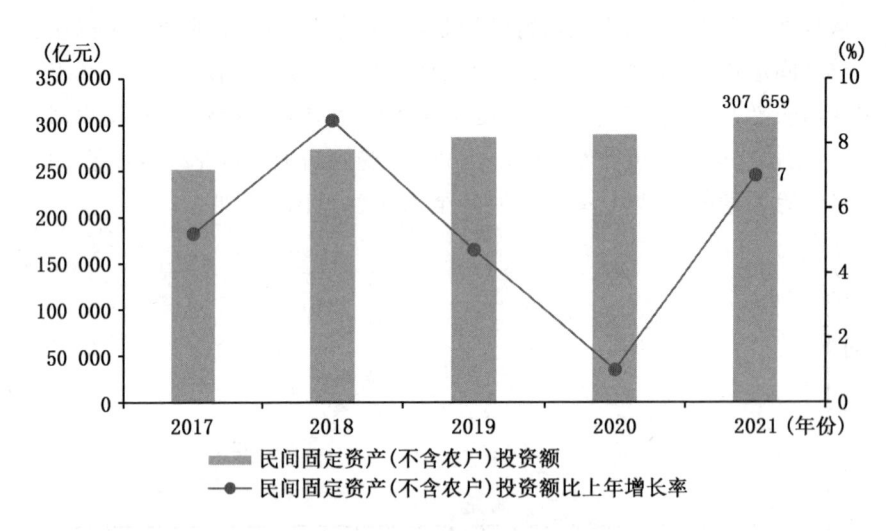

资料来源:根据国家统计局网站数据计算整理而得。

图 1-30 2017-2021 年民间固定资产(不含农户)投资额及增长率

1.4.2 三次产业投资持续增长,第二产业增速快速回升

分产业看,2021年第一产业固定资产投资14 275亿元,比上年增长9.1%;第二产业投资167 395亿元,增长11.3%;第三产业投资362 877亿元,增长2.1%(见图1-31)。第二产业中,工业投资比上年增长11.4%。其中,采矿业投资增长10.9%,制造业投资增长13.5%,电力、热力、燃气及水生产和供应业投资增长1.1%,制造业投资的韧性仍然存在。究其原因,一方面,受疫情影响,发展中国家经济体恢复进程快慢不一,部分传统供应国受疫情牵制,为我国第二产业产品出口提供了一定的有利条件;另一方面,从制造业主要行业分项来看,高新技术制造业在制造业投资累计完成额同比增速排名靠前,可见在原材料成本大幅提升的背景下,相关制造行业设备更新以及技术改造的需求迫切,高技术制造业对制造业投资的整体拉动明显。第三产业中,基础设施投资(不含电力、热力、燃气及水生产和供应业)比上年增长0.4%。其中,水利管理业投资增长1.3%,公共设施管理业投资下降1.3%,道路运输业投资下降1.2%,铁路运输业投资下降1.8%。交运仓储行业投资政策放缓对基础设施投资增速拖累明显,基础设施投资增速偏低或受地方政府专项债发行进度不达预期的影响。

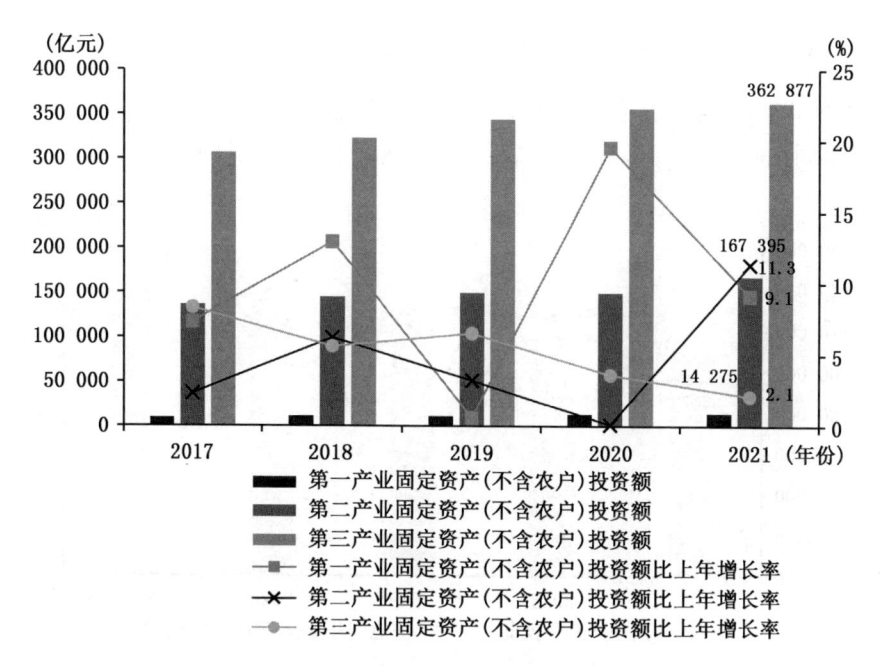

资料来源:根据国家统计局网站数据计算整理而得。

图 1—31　2017—2021 年三大产业固定资产投资额及增长率

1.4.3　高技术产业投资带动作用明显

新产业新业态新模式正加速成长。2021年,高技术产业投资比上年增长17.1%,比全部投资增速高12.2个百分点,拉动全部投资增长1.2个百分点。高技术制造业投资增长22.2%,比制造业投资增速高8.7个百分点,增加值比2020年度增长18.2%,占规模以上工业增加值的比重为15.1%,拉动制造业投资增长4.5个百分点。其中,电子及通信设备制造业投资增长25.8%,航空、航天器及设备制造业投资增长24.1%,医疗仪器设备及仪器仪表制造业投资增长22.6%,计算机及办公设备制造业投资增长21.1%。高技术服务业投资增长7.9%,比服务业投资增速高5.8个百分点,拉动服务业投资增长0.3个百分点。其中,电子商务服务业投资增长60.3%,研发设计服务业投资增长16.7%,科技成果转化服务投资增长16.0%,检验检测服务业投资增长12.8%。

1.4.4 房地产整体投资仍呈增长态势

2021年,房地产开发投资147 602亿元,较2020年度增长4.4%,增长幅度较上年同期收窄2.6%,在政策高压下仍呈现增长态势(见图1—32)。

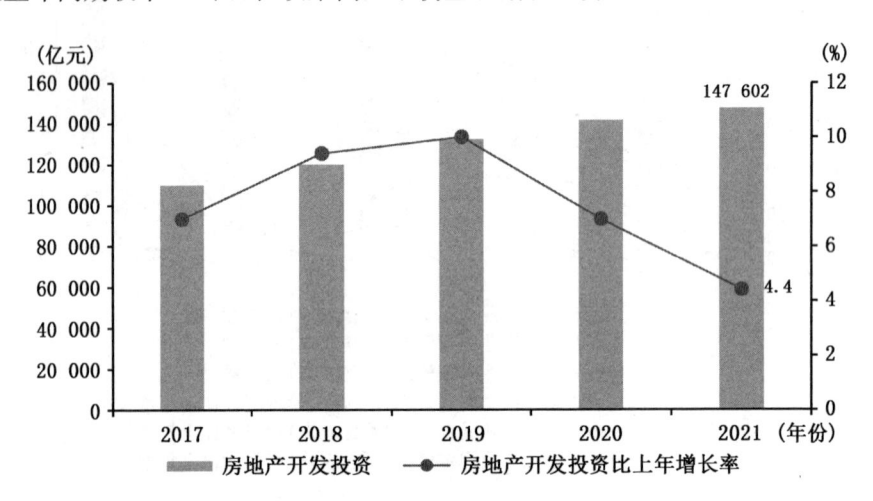

资料来源:根据国家统计局网站数据计算整理而得。

图1—32　2017—2021年房地产开发投资额与增长率

从供给端看,2021年,东部地区房地产开发投资77 695亿元,比上年增长4.2%;中部地区投资31 161亿元,增长8.2%;西部地区投资33 368亿元,增长2.2%;东北地区投资5 378亿元,下降0.8%。房地产开发企业房屋施工面积975 387万平方米,比上年增长5.2%。其中,住宅施工面积690 319万平方米,增长5.3%。房屋新开工面积198 895万平方米,下降11.4%。房屋竣工面积101 412万平方米,增长11.2%。房地产开发企业土地购置面积21 590万平方米,比上年下降15.5%;土地成交价款17 756亿元,增长2.8%。

从需求端看,2021年,商品房销售面积179 433万平方米,比上年增长1.9%,比2019年增长4.6%,两年平均增长2.3%。其中,住宅销售面积比上年增长1.1%,办公楼销售面积增长1.2%,商业营业用房销售面积下降2.6%。商品房销售额181 930亿元,增长4.8%;比2019年增长13.9%,两年平均增长6.7%。其中,住宅销售额比上年增长5.3%,办公楼销售额下降6.9%,商业营业用房销售额下降2.0%。从地区销售面积和销售额来看,2021年东部地区分别比上年增长2.7%和8.0%;中部地区分别增长5.4%和6.4%;西部地区分别下降1.7%和2.8%;东北地区分别下降6.4%和10.3%。

1.4.5 债市股市增长稳定,筹资规模持续扩大

2021年,债券市场规模稳定增长,国债收益率整体震荡下行;债券市场高水平对外开放稳步推进,投资者结构进一步多元化;货币市场交易量持续增加,银行间衍生品市场成交量保持增长;股票市场主要股指上涨,两市成交金额增长明显。

2021年,债券市场共发行各类债券61.9万亿元,较2020年增长8.0%。其中银行间债券市场发行债券53.1万亿元,同比增长9.2%。交易所市场发行8.7万亿元,同比增长1.0%。2021年,国债发行6.7万亿元,地方政府债券发行7.5万亿元,金融债券发行9.6万亿元,公司信用类债券发行14.8万亿元,信贷资产支持证券发行8 815.3亿元,同业存单发行21.8万亿元。全年各类主体通过沪深交易所发行债券(包括公司债、可转债、可交换债、政策性金融债、地方政府债和企业资产支持证券)筹资86 553亿元,比上年增加1 776亿元。年内债券市场收益率整体下行,其中,10年期国债收益率在2.77%—3.28%的区间内波动下行。中债指数波动增长,截至2021年末,中债新综合净价指数收于101.3094点,较上年末上升1.5%。债券市场运行平稳,债券发行量小幅增长,主要债券收益率下行,回购市场利率保持平稳,中债净价指数波动上行。境外机构连续增持,持债规模大幅增长,全球通主渠道地位不断夯实。

2021年末,上证指数收于3 639.8点,较2020年末上涨166.7点,涨幅为4.8%;深证成指收于14 857.4点,较2020年末上涨386.7点,涨幅为2.7%。两市全年成交额258.0万亿元,同比增长24.7%。股票市场整体规模916 088亿元,仍占据证券市场主心骨的地位。全年沪深交易所A股累计筹资16 743亿元,较2020年增长8.6%,沪深交易所首次公开发行上市A股481只,筹资5 351亿元,比上年增长12.8%,其中科创板股票162只,筹资2 029亿元;沪深交易所A股再融资(包括公开增发、定向增发、配股、优先股、可转债转股)11 391亿元,增幅为6.7%。北京证券交易所公开发行股票11只,筹资21亿元。全国中小企业股份转让系统挂牌公司6 932家,全年挂牌公司累计股票筹资260亿元。

1.4.6 量化宽松的货币政策,宏观杠杆率快速攀升

2021年,我国实行稳健的货币政策,保持货币流动性合理、充裕,推动综合融资成本稳中有降,加大对国民经济重点领域和薄弱环节的支持力度,把握住了内部均衡和外部均衡的平衡。总体来看,2021年货币政策体现了灵活精准、合理适度的要求,前瞻性、稳定性、针对性、有效性、自主性进一步提升,主要金融指标在2020年高基数基础上继续保持有力增长,金融对实体经济支持力度稳固。

2021年末,广义货币供应量(M2)余额238.3万亿元,比上年末增长9.0%;狭义货币供应量(M1)余额64.7万亿元,增长3.5%;流通中货币(M0)余额9.1万亿元,增长7.7%(见图1—33)。

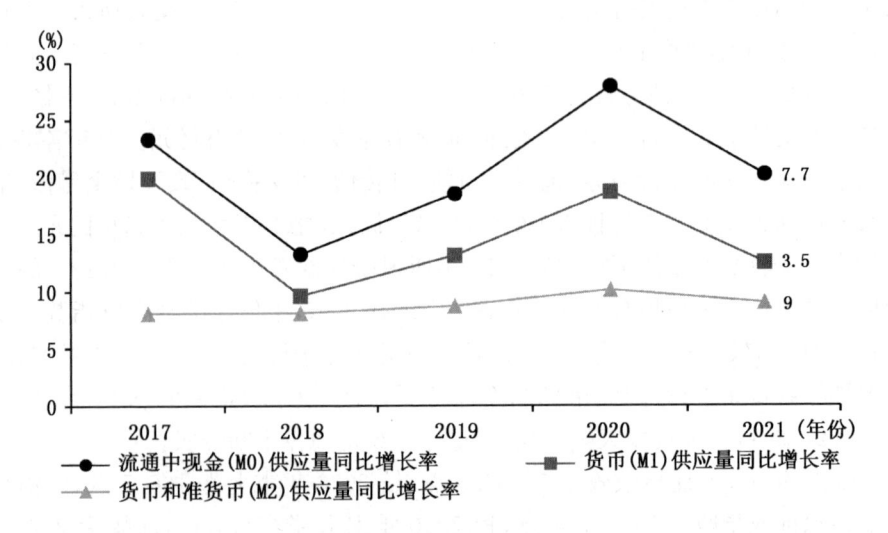

资料来源:根据国家统计局网站数据计算整理而得。

图1—33　2017—2021年货币供应量年度同比增速变化

受疫情冲击,2020—2021年间,宏观杠杆率共上行17.3个百分点,其中2020年上行23.6个百分点,2021年下降6.3个百分点(见图1—34)。2021年,宏观杠杆率的大幅降低是疫情期间应急性的宏观经济政策的初步消化。首先,2020年疫情的冲击给2021年名义增长带来明显的低基数环境,对宏观杠杆率的下降较为有利;其次,疫情对经济的影响是一个逐步衰减的过程,2021年多数国家的经济增长出现了较好的修复,这同样会带来宏观杠杆率的下降。相较而言,我国控制疫情速度较快,在疫情期间财政货币政策并未过度放宽,前期控制较好的宏观杠杆率给2022年的稳增长政策创造了一定的空间。

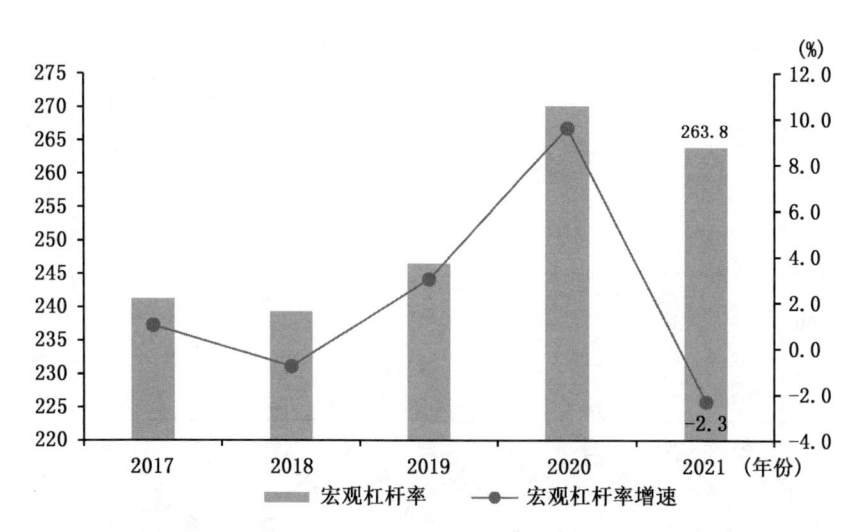

资料来源:根据国家金融与发展实验室(NIFD)网站数据计算整理而得。

图 1—34 2017—2021 年我国宏观杠杆率及其增速情况

1.4.7 融资端政策持续发力,政府债、企业债拉动作用显著

如图 1—35 所示,2021 年末,社会融资规模存量为 314.13 万亿元,同比增长 10.3%。其中,占比最高的为对实体经济发放的人民币贷款,其余额为 191.54 万亿元,占比为 61%。从增速来看,降幅最大的为信托贷款,其余额同比下降 31.3%。增幅最大的贷款核销,同比增长 19.5%;其次为政府债券,其余额同比增长 15.2%。政府债和企业债是主要的拉动力量。政府债发行速度仍然较快,对社会融资起到一定支撑作用。同时,受永煤等信用违约事件爆发的影响,2020 年 11 月和 12 月企业债发行量大幅下滑,造成基数相对较低,从而使本年度企业债券融资同比增速保持在较高水平。

人民币贷款仍为社会融资的主心骨,但增长幅度较上年同期收窄 1.6%,增幅不达预期,实体融资需求较弱。企业端企业信贷需求难以快速改善,企业中长期贷款同比增长较少,企业贷款总体需求依然偏弱。居民端居民信贷需求仍未显著修复,国内散点疫情持续反复导致消费端恢复承压;受房地产市场持续下行影响,虽然央行持续释放房地产相关融资维稳信号,房贷利率出现下行,放款周期缩短,但年末居民中长期贷款未能延续上年同期的同比多增势头,反映出购房者大多仍保持观望态度。

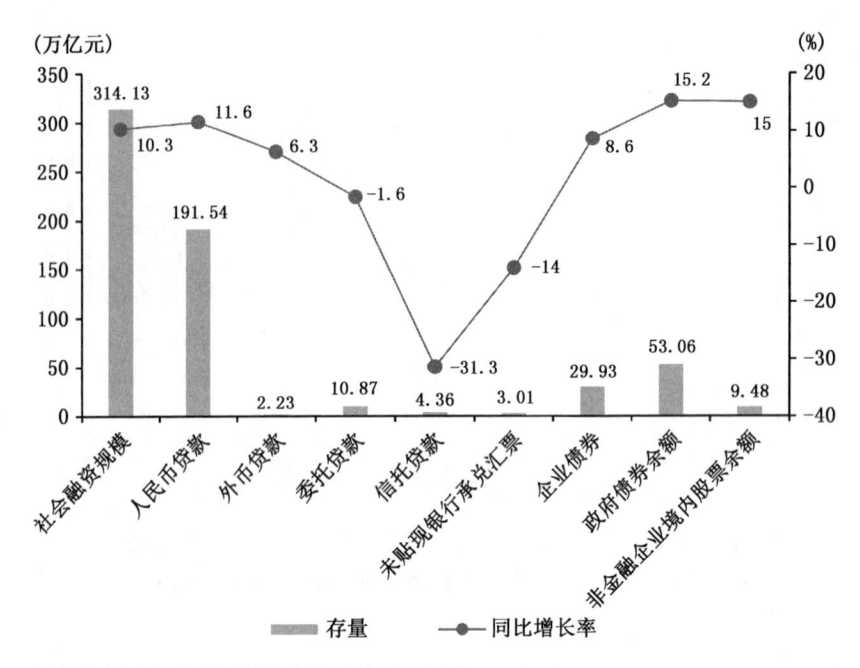

资料来源：根据中国人民银行数据整理而得。

图 1—35　2021 年我国社会融资存量及增速情况

1.5　2021 年我国对外经济活动运行状况

1.5.1　货物贸易规模份额创新高，贸易结构持续优化

2021 年，我国经济高质量发展取得新成效，主要经济指标保持较快增长，国内生产和消费需求回升，同时全球经济复苏提振外需，我国外贸进出口较快增长，规模创新高。据海关统计，2021 年，我国进出口总额 6.05 万亿美元，较 2020 年增长 30%，年内跨越 5 万亿美元、6 万亿美元两大台阶。按照世界贸易组织对 2021 年全球货物贸易 10.8% 的增长预测，中国货物贸易在全球市场的份额预计达到 15%，较 2020 年提升 2 个百分点，占比创历史新高，贸易大国地位进一步巩固。

2021 年，全年货物进出口总额 39.1 万亿元，比上年增长 21.4%。其中，出口 21.7 万亿元，增长 21.2%；进口 17.4 万亿元，增长 21.5%（见图 1—36）。货

物进出口顺差4.4万亿元,比上年增加0.7万亿元。对"一带一路"沿线国家进出口总额11.6万亿元,比上年增长23.6%。其中,出口6.6万亿元,增长21.5%;进口5万亿元,增长26.4%。

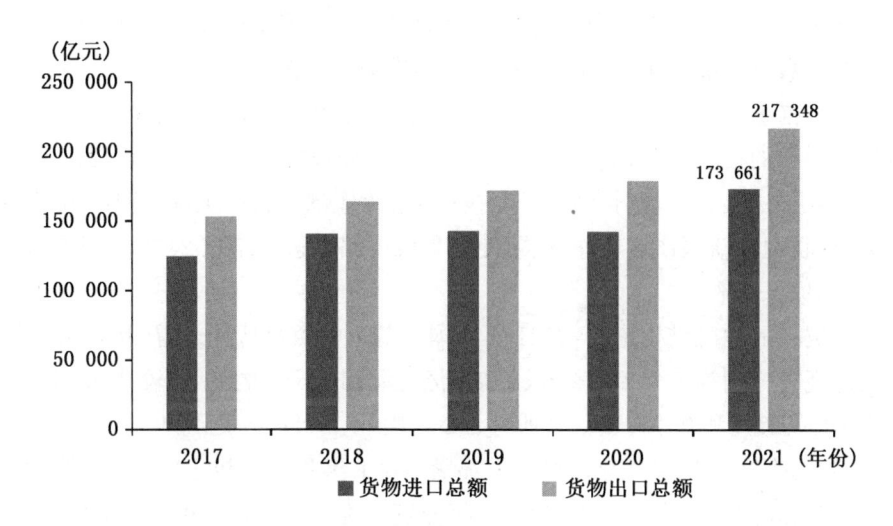

资料来源:根据国家统计局数据整理而得。

图1—36 2017—2021年我国货物进出口总额

2021年,我国一般贸易进出口总额3.72万亿美元,较2020年增长34%,高出整体进出口增速近4个百分点;加工贸易进出口总额1.32万亿美元,增长19%。随着国内产业转型升级,近年来一般贸易在进出口总额中的占比持续提升,加工贸易在进出口中的占比逐年下降,对外贸易结构优化成效显著。

民营企业进出口更加活跃。2021年,民营企业进出口总额28 650亿美元,较2020年增长36%,占全部进出口总额的比重为47%,占比相较于2020年提高2个百分点;外商投资企业货物进出口总额21 717亿美元,占36%;国有企业货物进出口总额9 190亿美元,占15%。从差额看,2021年,国有企业进出口逆差3 811亿美元;外商投资企业、民营企业进出口顺差分别为1 343亿美元和9 055亿美元,对货物贸易顺差增长的贡献度分别为44%和133%。

1.5.2 进出口规模持续扩大,服务贸易规模实现较快增长

2021年,我国高附加值产品出口表现突出,高新技术产品出口合计9 796亿美元,较2020年增长26%,约占我国出口总值的三成;机电产品出口19 857

亿美元，增长29%，占出口总值的59%，对我国出口贡献显著。计算机、手机、家电产品等传统重点产品出口稳定增长；电动汽车、锂电池、光伏等新能源产品出口保持较快增长，其中锂离子蓄电池出口284亿美元，增长78%。

在进口方面，2021年我国进口数量指数月均上升8%，以人民币计价的进口价格指数月均上升12%，量价齐升，共同推动进口规模快速增长。一方面，大宗商品价格上涨使得铁矿砂和原油进口金额较2020年分别增长49%和44%，对进口增长的贡献度分别为11%和13%，是拉动我国进口上升的重要因素；另一方面，机电产品进口增长20%，其中全球芯片短缺及价格上涨，叠加5G、智能汽车、物联网等新兴产业快速发展，使得集成电路的进口增长24%，占我国机电产品进口的38%。

从贸易的地区结构来看，2021年我国对前三大贸易伙伴东盟、欧盟、美国的进出口规模分别为8 782亿美元、8 281亿美元和7 556亿美元，较2020年分别扩大28%、27%和29%；顺差分别为892亿美元、2 084亿美元和3 966亿美元。同时，我国企业开拓多元化市场成效显著，2021年我国对拉丁美洲、非洲及"一带一路"沿线国家进出口规模较2020年分别上涨43%、36%和33%，均高于整体，对外开放保持高昂态势，贸易伙伴多元化拓展成效进一步显现。

2021年，我国服务贸易收支总额为7 768亿美元，较2020年增长27%，收支规模总体恢复至疫情前2019年水平；服务贸易与货物贸易总额的比例为13%，与2020年基本持平。从贸易差额角度看，由于我国疫情控制较好，加工制造业较快恢复，我国货物贸易差额全年保持在较高水平（见图1—37）。从主要项目看，受我国出口率先恢复、出口航线运力增强以及国际运费上涨等因素影响，运输服务收支规模达2 751亿美元，增长82%，规模和增幅均居服务贸易各项之首；其他商业服务收支规模1 400亿美元，超过旅行服务成为第二大项。

1.5.3 对外投资平稳向好，来华投资创历史新高，双向收益整体稳定

2021年，我国国际收支口径的直接投资净流入2 059亿美元，较2020年增长1.1倍。对外全行业直接投资9 366.9亿元人民币，同比增长2.2%（折合1 451.9亿美元，同比增长9.2%）。其中，我国境内投资者共对全球166个国家和地区的6 349家境外企业进行非金融类直接投资，累计投资7 331.5亿元人民币，同比下降3.5%（折合1 136.4亿美元，同比增长3.2%）。疫情背景下，市场主体对外直接投资总体保持平稳有序。

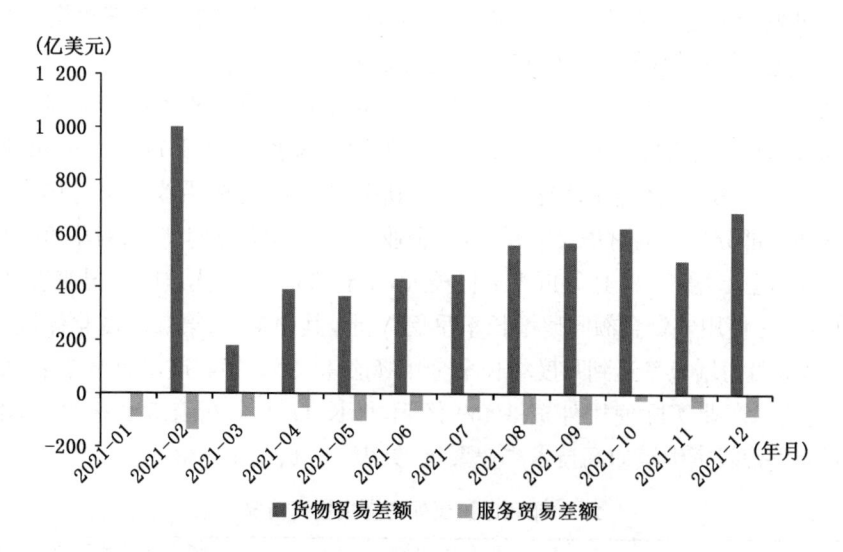

资料来源：根据商务部网站数据整理而得。

图1—37 2021年月度我国服务及贸易差额变化

从投资形式看，2021年对外直接投资以对外股权投资为主、对境外关联企业贷款为辅。一是对外股权投资992亿美元，较2020年下降26%；二是对境外关联公司贷款净流出288亿美元，增长51%，其中，上半年和下半年分别净流出123亿美元和165亿美元，境内主体对境外关联公司贷款保持平稳。分部门看，非金融部门是我国对外直接投资的主体，金融部门对外直接投资增长较快。非金融部门对外直接投资910亿美元，较2020年下降30%；金融部门对外直接投资370亿美元，增长56%，对境外子公司的注资和利润再投资均有所增长。

2021年，来华直接投资3 340亿美元，较2020年增长32%。我国经济发展前景广阔、疫情防控卓有成效、对外开放不断扩大、营商环境持续优化，对境外长期资本形成较强吸引力。根据联合国贸发会议报告，2021年我国为全球第二大外资流入国。从投资形式看，来华股权投资和吸收关联企业贷款均有增长：来华股权投资净流入2 772亿美元，较2020年增长26%；吸收境外关联公司贷款568亿美元，增长76%。从投资流向看，超九成来华直接投资投向我国非金融部门。我国非金融部门吸收来华直接投资3 105亿美元，较2020年增长32%，外商投资质量不断提升。其中，租赁和商务服务业吸收资金最多，占比24%；信息传输、软件和信息技术服务业其次，占比22%，较2020年增加5个百分点;批发和零售业占比15%。相较而言,金融部门吸收来华直接投资规模较低(235亿美元),但增速较高(37%),主要是吸收资本金投资。

2021年全年,我国接受外商直接投资(不含银行、证券、保险领域)新设立企业47 643家,比上年增长23.5%。实际使用外商直接投资金额11 494亿元,增长14.9%,折1 734.8亿美元,增长20.2%。其中,"一带一路"沿线国家对华直接投资(含通过部分自由港对华投资)新设立企业5 336家,增长24.3%;对华直接投资金额743亿元,增长29.4%,折112亿美元,增长36.0%。从月度情况来看,2021年月度实际使用外资金额同比增长率呈倒V形,其中第一、第二季度整体波动幅度较大,3月份增长率达到月度增长率全年峰值43.8%,年底逐步收窄至20.2%。全年高技术产业实际使用外资3 469亿元,增长17.1%,折合522亿美元,增长22.1%,外商投资继续向高技术产业聚集(见表1—1、图1—38)。

表1—1　　　　　　　2021年我国接受外商直接投资情况

地区	外商直接投资(不含银行、证券、保险领域)				高技术产业实际使用外资	
	新设立企业数(家)	同比增长(%)	总额(亿美元)	同比增长(%)	总额(亿美元)	同比增长(%)
全球	47 643	23.5	1 734.8	20.2	522	22.1
"一带一路"沿线国家	5 336	24.3	112	36.0	—	—

资料来源:根据国家统计局网站数据计算整理而得。

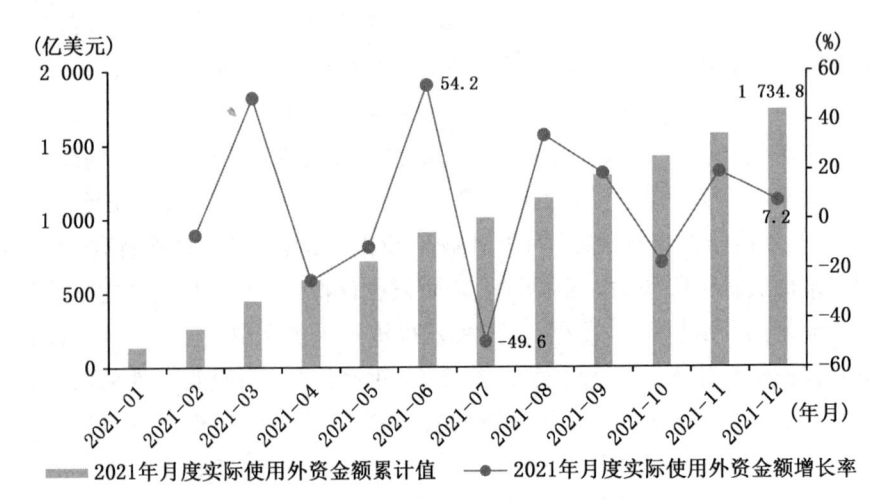

资料来源:根据商务部网站数据整理而得。

图1—38　2021年月度实际使用外资金额累计值

从收益角度看,在来华投资方面,2021年,我国经济保持恢复发展,疫情防控成果持续巩固,外商投资利润实现较快增长,全年各类来华投资收益合计4 174亿美元,较2020年增长20%,总体收益率约为6.0%。在对外投资收益方面,外部经济复苏仍在继续,但势头受到疫情反复的拖累,全年各类对外投资收益合计2 536亿美元,增长11%,总体收益率约为2.8%。收益率差异主要体现了我国经济基本面的领先优势。

1.5.4 对外资产负债结构稳健,对外金融资产继续增长

2021年末,我国对外金融资产93 243亿美元,较2020年末增长5%;对外负债73 410亿美元,增长11%;对外净资产为19 833亿美元,我国对外资产负债结构稳健。对外金融资产和负债规模稳步上升,是我国涉外经济高质量发展的结果,也体现了贸易投资自由化便利化政策的积极成效。

2021年末,我国对外金融资产中,国际储备资产余额为34 269亿美元,较2020年末增长2%,储备资产占我国对外金融资产的比重为37%,占比下降1.1个百分点,但规模仍位列我对外金融资产首位。直接投资资产25 819亿美元,占对外金融资产的比重为28%,占比下降1.4个百分点;证券投资资产9 797亿美元,占对外金融资产的比重为11%,占比提高0.3个百分点;金融衍生工具资产154亿美元,占对外金融资产的比重为0.2%;存贷款等其他投资资产23 205亿美元,占对外金融资产的比重为25%,占比提高2.2个百分点。

1.6 2022年宏观经济走势分析

2021年,中国巩固疫情防控和经济复苏成果卓然,在全球主要经济体复苏中列于前端。上半年,中国经济实现较强劲的增长,为完成全年预期目标打下了坚实的基础,GDP规模相对美国的比重由疫情前的2/3大幅跃升至3/4,中美不平衡的博弈格局有望进一步打破。进入下半年以来,中国宏观经济运行出现了一些新的重要变化,经济结构持续优化,但是整体景气度有所下降。这对宏观政策力度和精准度的把握提出了更高的要求。

综合来看,2022年,在宏观经济政策再定位、协调体系再调整以及"十四五"规划全面落实等因素的作用下,我国宏观经济的下行压力仍然存在,但会得到

一定程度的缓解。我国经济长期向好的基本面没有改变,机遇和挑战并存;机遇更具有战略性和可塑性,挑战更具有复杂性和全局性。

1.6.1 协调好疫情防控和经济发展的关系

新冠病毒仍在蔓延,疫情反弹持续影响供应链修复,全球经济复苏不确定性加大。2022年,疫情仍复杂多变、没有明显拐点,"要始终坚持人民至上、生命至上,坚持科学精准、动态清零,尽快遏制疫情扩散蔓延势头"。应该将各项防控工作抓紧抓实抓细,处理好政府防控疫情与市场调节经济的关系,既要防控疫情,又要尽最大可能使消费和生产服务正常运行。

1.6.2 政策推动型投资成为稳增长的关键

在适度超前开展基础设施投资和"十四五"规划重大工程项目逐步落地的情况下,作为拉动经济增长的重要抓手,2022年,基建投资增速将得以提升。房地产投资方面,在"房住不炒"和继续稳妥实施房地产长效机制的背景下,各地政府可能根据当地的房地产市场实际情况,更多采取"因城施策"的政策促进房地产投资的稳定。制造业投资方面,在"十四五"规划和"双循环"发展战略对制造业尤其是先进制造业提出的更高要求下,政策上有利于制造业投资增长,但随着国际需求环境逐步改变,制造业产能利用率提高的动能可能会有所减弱,叠加上年基数的影响,制造业投资可能仍有较高增速,但增速呈现出前高后低的局面。总的来说,2022年,我国投资或将呈现基建投资增速上升、房地产投资维持低位增长、制造业投资仍较活跃但前高后低的局面,政策推动型投资将成为稳增长的关键。

1.6.3 通胀温和上升,消费恢复仍不确定

一方面,受疫情影响,服务消费价格上涨的动力不足;另一方面,前期工业品价格上涨的压力会逐步向下游工业消费品传导。同时,猪肉价格在下半年可能有所抬升,但快速上涨的可能性不大。综合判断,2022年全年CPI涨幅会超过上年,但仍处在相对温和的区间内。随着海外实物消费增速的减弱以及国际大宗商品价格已经处于高位等因素的影响,叠加国内会继续增强资源生产保障能力,2022年PPI将逐步回落,但受翘尾因素影响,一季度同比增速仍将维持在相对高位,下半年则有可能落入负增长区间。

就业和收入水平稳定,有利于消费平稳回升。但疫情仍存在较大不确定性,疫情的零星散发可能影响整个国家的消费。消费者消费意愿总体偏低,还没有恢复到疫情前水平。央行的城镇储户调查结果显示,目前居民选择"更多储蓄"的占比仍远高于2010—2019年的平均水平。居民部门杠杆率仍然较高,消费信贷受到制约,对消费形成挤出效应。在居民收入与经济增长基本同步的情况下,居民的财产性收入和工资性收入差距有所扩大,抑制了低收入群体的消费。

1.6.4 出口在回落过程中仍然保持韧性

在疫情暴发后的两年,我国出口取得了超预期增长,但随着发达国家宽松政策退出以及国内促进内需扩张政策的实施,净出口对经济增长的拉动作用可能会有所减弱。2020年和2021年,中国外贸出口顺差分别达到5 239.9亿美元、6 764.3亿美元,年增长率分别为24.4%、29.1%,两年复合增长率为26.7%;对GDP增长的贡献率分别达到25.3%、20.9%,超过了1998年以来的任何其他年份。

从外部需求来看,新冠肺炎疫情后的外需变化与全球金融危机时期较为接近,但与金融危机时期不同的是,由于疫情造成的供应替代效应而导致我国出口市场份额高于前期水平,随着疫情逐步常态化,预期我国出口市场份额将逐步回归正常,届时出口增速变化主要由外需决定,进而与全球金融危机时期呈现一定的类似性。根据需求指标,即PMI新订单与PMI产成品存货之差,我国需求指标于2021年4月见顶,之后缓慢下行,发达经济体于6月见顶,之后逐步下行。这些变化都与2009年金融危机后的走势非常接近。2022年,随着上年外贸净出口基数的提高以及发达国家宽松政策的退出,我国净出口对经济增长的拉动作用可能会出现回落,但依然保持韧性。

1.6.5 财政收入压力仍然较大,财政支出扩张态势未变

2021年财政收入形势较好,是相对于2020年较低基数而言的。事实上,2021年财政收入增长在下半年承受较大压力。财政收入增速逐季递减,9月一般公共预算收入甚至负增长。在国内外经济形势依然复杂的背景下,在2021年财政收入恢复增长的基础上,2022年财政收入可能保持较低增速,收入压力较大。而且,政府性基金收入与房地产市场关系密切。房地产市场繁荣,土地

出让收入就相应增加。2022年房地产市场很可能继续承压,土地出让收入增长相应面临较大挑战,这将直接影响地方政府的可支配财力,进而对地方债风险产生影响。

2022年,随着人口老龄化的加速,财政补贴社会保险基金的支出将进一步增加;要实现"碳达峰、碳中和"目标,意味着财政要在较长一段时期内安排相应的资金;加大污染整治力度,打好治污攻坚战,在不少领域都需要财政资金支持;而疫情防控仍需较多财政资金投入。同时,一些改革措施的落实也会要求相应的财政支出。例如,为顺利实现义务教育阶段民办学校转公办的目标,所需要的财政配套支出规模不会小;核心技术的攻坚不能仅仅依靠市场力量,财政对科技自立自强的支持、对基础研究的投入在新发展阶段具有特别的意义。从这些方面可以预计,2022年财政支出的扩张态势很难改变。

1.6.6 人口结构向发达经济体收敛,持续提高劳动力素质

从经济发展的内生逻辑看,当一国经济从摆脱贫困,进入中高收入阶段,并向着发达经济体过渡时,面临的是人口转变,即随着收入的提高,人口出生率下降,预期寿命上升,人口老龄化,人口转变几乎是由一个国家经济发展水平和富裕程度内生决定。我国正处于从中高收入迈向高收入的发展阶段,"人口红利"逐步消失,2014年开始劳动力供给负增长,继续压低劳动报酬维系国际大循环不可持续,因此提升广义人力资本和自主创新能力已经是必然的选择。

未来,我国需要更大规模的"社会投资",投资于年轻人的普惠教育、医疗、体育等,不断提升社会服务的供给能力,加快提高劳动力受教育年限,通过提高劳动力素质速度抵消劳动数量下降速度。随着技术变革速度的加快,在提高新进入劳动力市场年轻人素质的同时,也要落实全民终生学习的制度,以提高存量劳动力的素质。

1.6.7 改善收入和财富分配格局,扎实推进共同富裕

近年来,为了应对经济下行,我国继续调整国民收入分配结构。立足新发展阶段,改善收入分配格局,既是构建新发展格局、保持经济高质量发展的内在要求,又是落实共享发展的新发展理念的具体体现,还是提高经济发展的平衡性和协调性、防范化解重大金融风险的必然选择。

大量地创造财富,合理地分配财富,是实现共同富裕的两个必要步骤。进

入新时代,我国社会主要矛盾已经转化为人民日益增长的美好生活需要和不平衡、不充分的发展之间的矛盾。城乡、区域、行业、群体之间不合理的收入差距是这种不平衡的表现,是阻碍实现共同富裕的重要方面。缩小不合理的收入差距,就要协调推进初次分配、再分配、三次分配的收入分配改革,推动更多低收入人群迈入中等收入行列。从当前的经济社会发展和收入分配形势来看,我国的收入和财富差距在最近几年仍然可能维持在高位,但是政府一直在做出努力,未来我国的收入和财富分配格局将进一步改善,共同富裕也将持续得到扎实推进。

第 2 章 2021 年中国财政收入分析

2.1 2020 年财政收入决算回顾

2020 年是新中国历史上极不平凡的一年。面对严峻复杂的国际形势、艰巨繁重的国内改革发展稳定任务,特别是新冠肺炎疫情的严重冲击,以习近平同志为核心的党中央统揽全局,保持战略定力,准确判断形势,精心谋划部署,果断采取行动,付出艰苦努力,及时作出统筹疫情防控和经济社会发展的重大决策。各地区各部门坚持以习近平新时代中国特色社会主义思想为指导,全面贯彻党的十九大和十九届二中、三中、四中、五中全会精神,按照党中央、国务院决策部署,沉着冷静应对风险挑战,坚持高质量发展方向不动摇,严格执行十三届全国人大三次会议审查批准的预算,统筹疫情防控和经济社会发展,扎实做好"六稳"工作、全面落实"六保"任务,我国经济运行逐季改善、逐步恢复常态,在全球主要经济体中唯一实现经济正增长,脱贫攻坚战取得全面胜利,决胜全面建成小康社会取得决定性成就,交出一份人民满意、世界瞩目、可以载入史册的答卷。

2.1.1 2020 年财政收入决算

2020 年,全国公共财政收入 182 913.88 元,比 2019 年同口径下降 3.9%。其中,中央财政收入 82 770.72 亿元,完成预算的 100.0%,比 2019 年同口径下降 7.3%,加上年初从中央预算稳定调节基金以及中央政府性基金预算、中央国有资本经营预算调入 8 880.0 亿元,收入总量为 91 650.72 亿元。2020 年末,中央财政国债余额 208 905.87 亿元,控制在年度预算限额 213 008.35 亿元以内。地方本级收入 100 143.16 亿元,加上中央对地方税收返还和转移支付 83 217.93 亿元,地方一般公共预算收入总量为 183 361.09 亿元,增长 4.5%。

2020年,全国政府性基金收入93 491.26亿元,增长10.6%。其中,中央政府性基金收入3 561.62亿元,为预算的98.6%,与上年相比减少1.8%。地方政府性基金本级收入89 929.64亿元,增长11.7%。其中,国有土地使用权出让收入82 098.02亿元,增长16.2%。加上中央政府性基金转移支付7 725.25亿元,地方政府性基金收入为97 654.89亿元。

2020年,全国国有资本经营收入4 774.55亿元,比上年度增加20.2%。其中,中央国有资本经营收入1 785.61亿元,为预算的105.6%,较上年度增加9.1%,加上2019年结转收入144.09亿元,收入总量为1 929.70亿元。地方国有资本经营收入2 988.94亿元,为预算收入的153.5%,较上年度增加28.0%,中央对地方国有资本经营转移支付65.37亿元,收入总量为3 054.31亿元,与上年度相比增加24.3%。

2.1.2 2020年财政收入特点

如表2—1和图2—1、图2—2所示,2020年财政收入的完成情况有以下特点:

(1)从收入总量来看,财政收入增长速度有所回升。2020年,全国公共财政收入182 914亿元,比2019年相比名义减少3.9%,为近10年来全国公共财政收入的首次下降,从表2—1和图2—1可以看出,近10年来这一增幅下降趋势明显,自2011年连续下降5年后,2018年之后又出现持续性回落;从回落幅度来看,近3年来,2018年、2020年回落幅度高于GDP名义增长率,2019年,财政收入和GDP增长率回落幅度相当,而财政收入占GDP的比重持续下降。

(2)从中央与地方财政收入的比重关系来看,近10年来,中央财政收入的名义增长率首次跌落为负值,为−7.3%,降低11.8个百分点,且为近10年的最低值;而地方财政收入名义增长率自2012年起持续降低,2018年首次回升到7%、2019年再次大幅度回落至3.2%后,2020年也首次跌落至负值,为−0.9%,是近10年最低水平。中央财政收入的占比较2019年下降1.66个百分点,为近10年的较低值,地方财政收入的占比较2019年上升1.66个百分点,达到近10年的最高值,为54.75%。

(3)从收入结构来看,来源于税收收入的比例保持在较高水平。税收收入在财政收入中所占比重在2016年下降到最低点81.68%,2017—2018年持续回升,2018年达到85.30%,2019年下降至83.0%,2020年又回升至84.4%,结合前文,2020年财政收入出现负增长的原因一部分可能为中央和地方税收收入的减少。

表 2—1　2010—2020 年财政收入及增长状况

年份	财政收入(亿元)	财政收入名义增长率(%)	GDP名义增长率(%)	财政收入占GDP比重(%)	中央财政收入 收入(亿元)	中央财政收入 名义增长率(%)	中央财政收入 占收入比(%)	地方财政收入 收入(亿元)	地方财政收入 名义增长率(%)	地方财政收入 占收入比(%)	税收收入(亿元)	税收/财政收入(%)
2010	83 080	21.3	18.2	20.2	42 470	18.2	51.12	40 610	24.6	48.88	73 202	88.1
2011	103 740	24.9	18.4	21.3	51 306	20.8	49.46	52 434	29.1	50.54	89 720	86.5
2012	117 254	13.0	10.4	21.8	56 175	9.5	47.91	61 078	16.5	52.09	100 614	85.8
2013	129 143	10.1	10.1	21.8	60 174	7.1	46.59	68 969	12.9	53.41	110 531	85.6
2014	140 370	8.7	8.5	21.8	64 493	7.2	45.95	75 877	10.0	54.05	119 175	84.9
2015	152 269	8.5	7.0	22.1	69 267	7.4	45.49	83 002	9.3	54.51	124 922	82.0
2016	159 605	4.8	8.4	21.4	72 366	4.5	45.34	87 239	5.1	54.66	130 361	81.7
2017	172 593	8.1	11.5	20.7	81 123	12.1	47.00	91 469	4.8	53.00	144 370	83.6
2018	183 360	6.2	10.5	19.9	85 456	5.3	46.61	97 903	7.0	53.39	156 403	85.3
2019	190 390	3.8	7.3	19.3	89 309	4.5	46.91	101 081	3.2	53.09	158 000	83.0
2020	182 914	−3.9	2.7	18.0	82 771	−7.3	45.25	100 143	−0.9	54.75	154 312	84.4

注：①中央财政收入与地方财政收入均指本级政府收入，未包括中央对地方的税收返还和转移支付。②为保证与当年财政收支状况统一口径，GDP 名义增长率未经过价格指数调整，以当年价格计算。③由于营改增等其他政策的影响，中央财政收入和地方财政收入的名义增长率可能与同口径增长率不相等。

资料来源：根据《2021 年中国统计年鉴》以及财政部和统计局网站相关资料汇总计算整理。

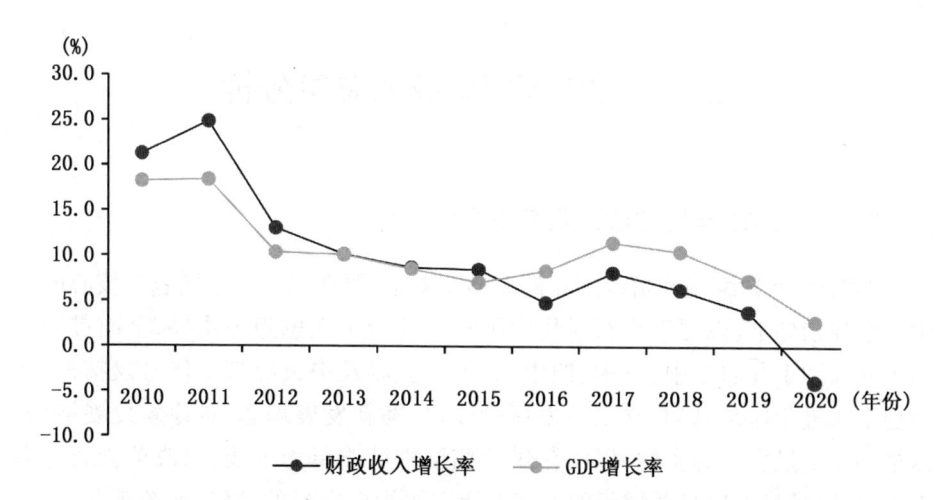

注：此处的财政收入增长率和GDP增长率同为未经过价格指数调整的名义增长率。
资料来源：根据《2021年中国统计年鉴》和财政部网站相关资料汇总计算整理。

图2—1 2010—2020年财政收入增长率及GDP增长率比较

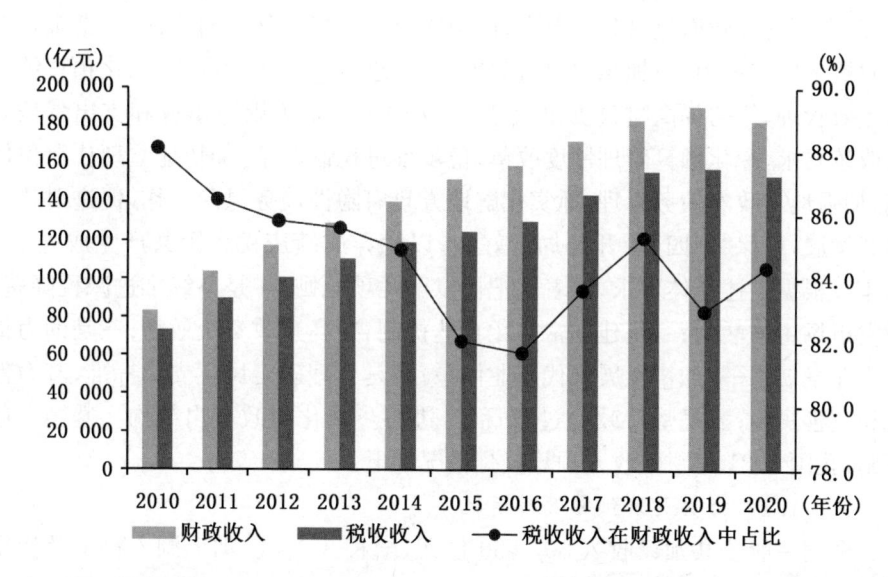

资料来源：根据《2021年中国统计年鉴》和财政部网站相关资料汇总计算整理。

图2—2 2010—2020年税收收入在财政收入中占比

2.2 2021年财政收入总量分析

2.2.1 2021年财政收入预算安排情况[①]

2021年预算编制和财政工作的总体要求是:要在以习近平同志为核心的党中央坚强领导下,以习近平新时代中国特色社会主义思想为指导,全面贯彻党的十九大和十九届二中、三中、四中、五中全会以及中央经济工作会议精神,坚持稳中求进工作总基调,立足新发展阶段,贯彻新发展理念,构建新发展格局,以推动高质量发展为主题,以深化供给侧结构性改革为主线,以改革创新为根本动力,以满足人民日益增长的美好生活需要为根本目的,坚持系统观念,巩固拓展疫情防控和经济社会发展成果,更好地统筹发展和安全,扎实做好"六稳"工作、全面落实"六保"任务,积极的财政政策要提质增效、更可持续,努力保持经济运行在合理区间;加大优化支出结构力度,坚持艰苦奋斗、勤俭节约、精打细算,全面落实政府过紧日子要求,增强国家重大战略任务财力保障,把宝贵的财政资金用在刀刃上;加强财政资源统筹,推进财政支出标准化,强化预算约束和绩效管理,努力提高财政支出效率;落实中央与地方财政事权和支出责任划分改革要求,深化预算管理制度改革,稳步推进税制改革,加快建立现代财税体制;加强地方政府债务管理,抓实化解地方政府隐性债务风险工作,促进财政可持续发展,确保"十四五"开好局起好步,以优异成绩庆祝中国共产党成立100周年。根据上述总体要求,要着重把握以下几项原则:一是持续推进减税降费,激发市场主体活力;二是建立常态化直达机制,提高财政资金效率;三是助力提升产业发展水平,加快发展现代产业体系;四是合理确定民生支出标准,着力保障和改善民生;五是坚持政府过紧日子,进一步优化财政支出结构。遵循上述原则,我国2021年财政收入预算安排情况如下:

2.2.1.1 公共财政预算安排情况

全国一般公共预算收入197 650亿元,增长8.1%。加上调入资金及使用结转结余16 770亿元,收入总量为214 420亿元。从中央财政预算来看,中央

[①] 资料来源:中央人民政府门户网站,《关于2020年中央和地方预算执行情况与2021年中央和地方预算草案的报告》。

一般公共预算收入 89 450 亿元,比 2020 年执行数增长 8.1%。加上从中央预算稳定调节基金调入 950 亿元,从中央政府性基金预算、中央国有资本经营预算调入 985 亿元,收入总量为 91 385 亿元。地方一般公共预算本级收入为 108 200 亿元,增长 8.1%。加上中央对地方转移支付收入 83 370 亿元、地方财政调入资金及使用结转结余 14 835 亿元,收入总量为 206 405 亿元。地方一般公共预算支出 214 605 亿元,增长 1.9%。地方财政赤字 8 200 亿元,通过发行地方政府一般债券弥补。

2021 年中央财政主要收入项目指标安排如下[①]:

国内增值税 31 600 亿元,预算数为上年执行数的 111.5%;国内消费税 13 305 亿元,预算数为上年执行数的 110.6%;进口货物增值税、消费税 16 060 亿元,预算数为上年执行数的 110.5%;企业所得税 25 620 亿元,预算数为上年执行数的 110.2%;个人所得税 7 900 亿元,预算数为上年执行数的 113.8%;出口货物退增值税、消费税 15 500 亿元,预算数为上年执行数的 113.7%;关税 2 750 亿元,预算数为上年执行数的 107.2%;非税收入 2 000 亿元,预算数为上年执行数的 63.9%。

中央对地方税收返还和转移支付安排情况:中央对地方转移支付 83 370 亿元,比 2020 年略有增加,剔除特殊转移支付后实际增长 7.8%。其中,一般性转移支付 75 018.34 亿元,增长 7.8%;专项转移支付 8 351.66 亿元,增长 7.5%。在一般性转移支付中,均衡性转移支付 19 087 亿元,增长 11.0%,主要用于缓解地方减收增支压力;共同财政事权转移支付 34 159.04 亿元,增长 6.1%,主要是支持地方落实教育、养老、医保等领域共同财政事权有关政策,促进基本公共服务均等化;老少边穷地区转移支付 3 027.16 亿元,增长 8.5%;基本养老金转移支付 8 889.23 亿元,增长 12.7%;城乡居民医疗保险转移支付 3 733.99 亿元,增长 7.7%。中央对地方税收返还及固定补助 11 520.43 亿元,比 2020 年执行数增加 1.5%。

2.2.1.2 政府性基金预算安排情况

中央政府性基金收入 3 820.85 亿元,增长 7.3%。加上上年结转收入 240.12 亿元,收入总量为 4 060.97 亿元。地方政府性基金本级收入 90 705.77 亿元,增长 0.9%,其中,国有土地使用权出让收入 84 143 亿元,与上年基本持

---

① 资料来源:中华人民共和国财政部网站,《2021 年中央公共财政收入预算表》。

平。加上中央政府性基金预算对地方转移支付收入734.11亿元、地方政府专项债务收入36 500亿元,地方政府性基金收入总量为127 939.88亿元。汇总中央和地方预算,全国政府性基金收入94 526.62亿元,增长1.1%。加上上年结转收入240.12亿元和地方政府专项债务收入36 500亿元,全国政府性基金收入总量为131 266.74亿元。

2.2.1.3 国有资本经营预算安排情况

2021年,中央国有资本经营预算收入1 751.91亿元,下降1.9%。加上上年结转收入413.14亿元,收入总量为2 165.05亿元。对地方转移支付101.52亿元,为上年执行数的55.3%。向一般公共预算调出984亿元,增加406.5亿元,增长70.4%。主要是将上年结转收入400亿元专项调入一般公共预算。地方国有资本经营预算本级收入2 125.14亿元,下降29%,主要是2020年受疫情等因素影响,地方国有企业利润下降较多。加上中央国有资本经营预算对地方转移支付收入101.52亿元、上年结转收入319.5亿元,收入总量为2 546.16亿元,提高15.2%。汇总中央和地方预算,全国国有资本经营预算收入3 877.05亿元,下降18.9%。加上上年结转收入732.64亿元,收入总量为4 609.69亿元。

2.2.1.4 社会保险基金预算

根据机关事业单位养老保险改革进展,2018年开始编制中央和地方机关事业单位基本养老保险基金预算,社会保险基金预算首次按中央预算和地方预算分别编制。

2021年,中央社会保险基金预算收入1 550.73亿元,增长120%。其中,保险费收入876.43亿元,财政补贴收入639.41亿元。地方社会保险基金收入87 630.02亿元,增长22.7%,其中,保险费收入62 314.92亿元,财政补贴收入22 102.34亿元。2021年,中央社会保险基金收支增长较多,主要中央机关事业单位实施准备期清算工作。汇总中央和地方预算,全国社会保险基金收入89 180.75亿元,增长23.7%;其中,保险费收入63 191.35亿元,财政补贴收入22 741.75亿元。

2.2.2 2021年财政收入实际执行情况

2021年,中央和地方预算执行情况较好。

2.2.2.1 公共财政收入情况

2021年,全国一般公共预算收入202 538.88亿元,为预算的102.5%,比

2020年增长10.7%。其中,中央一般公共预算收入91 461.8亿元,为预算的102.2%,比2020年增长10.5%;地方一般公共预算本级收入111 077.08亿元,比2020年同口径增长10.9%。

2.2.2.2 政府性基金收入情况

2021年,全国政府性基金收入98 023.71亿元,为预算的103.7%,增长4.8%。其中,中央政府性基金收入4 087.71亿元,为预算的107%,增长14.8%,主要是彩票公益金等增加较多;地方政府性基金本级收入93 936亿元,增长4.5%,其中,国有土地使用权出让收入87 051亿元,同比增长3.5%。

2.2.2.3 国有资本经营收入情况

2021年,全国国有资本经营预算收入5 179.55亿元,为预算的133.6%,增长8.5%。其中,中央国有资本经营预算收入2 006.92亿元,为预算的114.6%,增长12.4%;地方国有资本经营预算本级收入3 172.63亿元,增长6.1%。

2.2.2.4 社会保险基金收入情况

2021年,全国社会保险基金收入94 734.74亿元,为预算的106.2%,增长24.9%,其中,保险费收入66 816.64亿元,增长35.7%,主要是阶段性减免社会保险费政策在2020年底到期后恢复征收,财政补贴收入23 248亿元。

2.2.3 2021年财政收入总体趋势

2021年,影响我国财税收入的财税政策和重点财政工作主要包括:增强财税政策的针对性有效性,推动经济运行保持在合理区间;加大民生投入,基本民生保障有力有效;支持做好农业农村工作,推进落实区域协调发展战略;加强生态环境保护,全面绿色转型取得新进展;防范化解隐性债务风险,完善地方政府债务管理;深入推进财税体制改革,财政管理监督进一步加强。

总的来看,2021年预算执行情况较好,财政改革发展各项工作取得新的进展,为我国经济社会持续健康发展提供了重要支撑。这是以习近平同志为核心的党中央坚强领导的结果,是习近平新时代中国特色社会主义思想科学指引的结果,是全国人大、全国政协以及代表委员监督指导的结果,是各地区各部门和全国各族人民共同努力的结果。2021年是党和国家历史上具有里程碑意义的一年。以习近平同志为核心的党中央团结带领全党全国各族人民隆重庆祝中国共产党成立一百周年,胜利召开党的十九届六中全会、制定党的第三个历史决议,如期打赢脱贫攻坚战,如期全面建成小康社会、实现第一个百年奋斗目标,开启全面建设社会主义现代化国家、向第二个百年奋斗目标进军的新征程。面对复杂严峻的国内外形势和诸多风险挑战,在以习近平同志为核心的党中央坚强领导下,各地区各部门坚持以习近平新时代中国特色社会主义思想为指导,深入贯彻党的十九大和十九届历次全会精神,坚决落实党中央、国务院决策部署,严格执行十三届全国人大四次会议审查批准的预算,统筹疫情防控和经济社会发展,扎实做好"六稳"工作、全面落实"六保"任务,有效应对各种风险挑战,构建新发展格局迈出新步伐,高质量发展取得新成效,国家战略科技力量加快壮大,产业链韧性得到提升,改革开放向纵深推进,民生保障有力有效,生态文明建设持续推进,社会大局保持稳定,实现"十四五"良好开局。

2.3　2021 年财政收入结构分析

2.3.1　财政收入的月度结构分析

总体来看,2021 年财政收入增幅比上年同期明显回升。2021 年 1—12 月累计,全国财政收入 202 539 亿元,为预算的 102.5%,比 2020 年同口径增长 10.7%。具体月度增长情况如表 2—2 和图 2—3 所示。

表 2—2　　　　　2021 年 1—12 月全国财政收入及其增长　　　　单位:亿元

月份	2021 年 全国财政收入	2021 年 中央财政收入	2021 年 地方财政收入	2020 年 全国财政收入	同期增长额	同期增长率（%）
1—2	41 805	20 458	21 347	35 232	6 573	18.66
3	15 310	6 444	8 866	10 752	4 558	42.39
4	20 893	9 755	11 138	16 149	4 744	29.38
5	18 446	9 078	9 368	15 539	2 907	18.71
6	20 662	8 889	11 773	18 504	2 158	11.66
7	20 600	10 034	10 566	18 549	2 051	11.06
8	12 372	5 809	6 563	12 043	329	2.73

续表

月份	2021年 全国财政收入	2021年 中央财政收入	2021年 地方财政收入	2020年 全国财政收入	同期增长额	同期增长率（%）
9	13 932	6 059	7 873	14 234	−302	−2.12
10	17 506	8 139	9 367	17 531	−25	−0.14
11	9 726	3 727	5 999	10 956	−1 230	−11.23
12	11 287	3 070	8 217	13 406	−2 119	−15.81
小计	202 539	91 462	111 077	182 895	19 644	10.74

注：2020年12月和2021年12月的财政收入数据根据全年总额倒推计算得出。
资料来源：根据中国财政部网站有关数据整理编制。

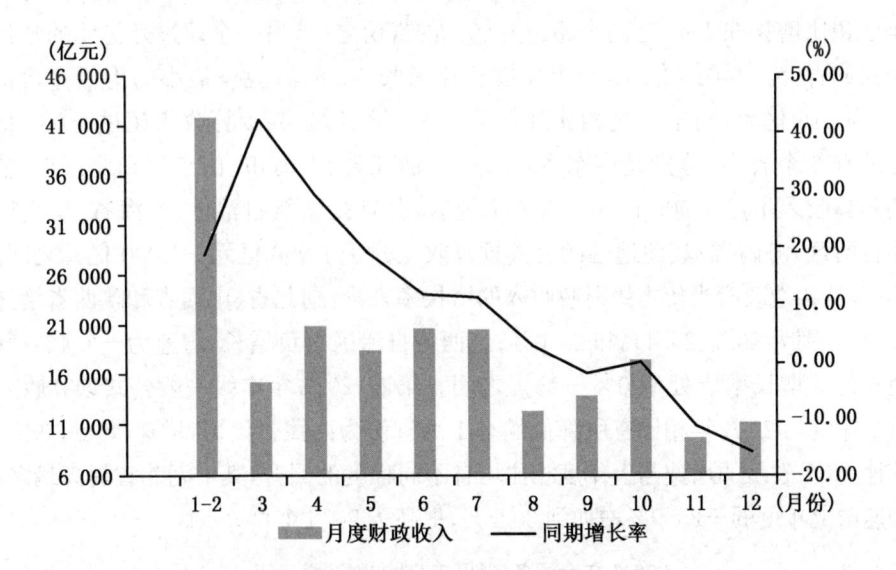

资料来源：根据中国财政部网站有关数据整理编制。

图 2—3　2021 年 1—12 月全国财政收入同比增长情况

在月度增长结构方面，2021 年各月全国财政收入较上年同期呈现先增后减的增长态势，其中 1—8 月财政收入同比增长率为正，在 3 月份达到当年峰值 42.39%；9—12 月较上年同期均为负增长，其中 11—12 月份较去年同期同比增长率均低于−10%，分别为−11.23% 和−15.81%。

2.3.2 财政收入的省际结构分析

2021年,全国一般公共预算收入202 538.88亿元,为预算的102.5%,比2020年增长10.7%。其中,中央一般公共预算收入91 461.8亿元,为预算的102.2%,增长10.5%;地方一般公共预算本级收入111 077.08亿元,增长10.9%。

从全国各地方政府的财政收入来看,2021年的增长情况相比2020年有所上升,绝大多数省份当年财政收入的增幅都较2020年的增长率有不同程度的增加。表2—3显示了各地区本级公共财政收入的完成情况和增长率。2021年各省区的公共预算收入完成情况有以下几个基本特点:第一,从各地方政府2021年公共预算收入的数量来看,规模最大的为广东省,为14 103亿元,与上年度相比增长9.1%,是两个超过万亿元的省份之一,另一个超过万亿元的省份为江苏省,为10 015亿元,与上年度相比增长10.6%;规模最小的为西藏自治区,为216亿元,与上年度相比降低2.4%。第二,公共预算收入超过5 000亿元的有6个省市,分别是广东省、江苏省、浙江省、上海市、山东省和北京市;公共预算收入不足1 000亿元的有4个地区,分别是西藏自治区、青海省、宁夏回族自治区、海南省;其他地区的公共预算收入介于1 000亿元—4 000亿元之间。第三,从各地政府当年本级财政收入的增长率来看,湖北省、山西省和陕西省增速最快,分别为30.7、23.4%和23.0%;仅西藏自治区为负增长,增速为-2.4%;其他省份的增长率皆处于0%—15%之间。第四,2021年本级一般公共预算收入增长速度与2020年相比有所降低的有1个省份为西藏自治区,增速降低1.9%;其他30个省份的增速与上年度相比均有不同程度的回升,其中湖北省提高最多,增速由上年度的-25.9%增加到30.7%,提高了56.6个百分点。

表2—3　　　　　　　2021年全国各省(区市)地方财政情况表

序号	省份	本级公共财政收入(亿元)	2021年增长率(%)	2020年增长率(%)	占全国地方财政收入总额的比例(%)
1	北京市	5 932	8.2	-5.7	5.3
2	天津市	2 141	11.3	-20.2	1.9
3	河北省	4 168	8.9	2.3	3.8
4	山西省	2 835	23.4	-2.2	2.6
5	内蒙古自治区	2 350	14.6	-0.4	2.1

续表

序号	省份	本级公共财政收入(亿元)	2021年增长率(%)	2020年增长率(%)	占全国地方财政收入总额的比例(%)
6	辽宁省	2 765	4.1	0.1	2.5
7	吉林省	1 144	5.4	−2.9	1.0
8	黑龙江省	1 301	12.8	−8.7	1.2
9	上海市	7 772	10.3	−1.7	7.0
10	江苏省	10 015	10.6	2.9	9.0
11	浙江省	8 263	14.0	2.8	7.4
12	安徽省	3 498	8.8	1.0	3.1
13	福建省	3 383	9.9	0.9	3.0
14	江西省	2 812	12.2	0.8	2.5
15	山东省	7 285	11.0	0.5	6.6
16	河南省	4 347	4.3	2.8	3.9
17	湖北省	3 283	30.7	−25.9	3.0
18	湖南省	3 251	8.0	0.1	2.9
19	广东省	14 103	9.1	2.1	12.7
20	广西壮族自治区	1 800	4.8	−5.2	1.6
21	海南省	921	12.9	0.2	0.8
22	重庆市	2 286	9.1	−1.9	2.1
23	四川省	4 773	12.0	4.6	4.3
24	贵州省	1 970	10.2	1.1	1.8
25	云南省	2 278	7.6	2.1	2.1
26	西藏自治区	216	−2.4	−0.5	0.2
27	陕西省	2 775	22.9	−1.3	2.5
28	甘肃省	1 002	14.6	2.8	0.9
29	青海省	329	10.3	5.6	0.3
30	宁夏回族自治区	460	9.7	−1.0	0.4
31	新疆维吾尔自治区	1619	9.6	−6.4	1.5
	全国	111 075	10.9	−0.9	100.0

资料来源：中经网。

2.3.3 财政收入的类型结构分析

从 2011 年初开始,我国正式按照改革后的预算管理制度实施,将原预算外资金(不含教育收费)全部纳入预算管理,但当年因为各省市的实际执行结果有所不同,只有部分省区做到了将预算外资金全部纳入预算管理。从 2012 年开始,要求在全国范围内做到全部财政收支纳入预算盘子,预算外资金正式成为历史。

2.3.3.1 全口径财政收入中 4 类收入构成比例分析

2014 年 8 月,第十二届全国人大常委会第十次会议表决通过了全国人大常委会关于修改《预算法》的决定,新《预算法》自 2016 年 1 月 1 日起施行。新《预算法》第 5 条规定,预算包括一般公共预算、政府性基金预算、国有资本经营预算、社会保险基金预算。一般公共预算、政府性基金预算、国有资本经营预算、社会保险基金预算应当保持完整、独立。政府性基金预算、国有资本经营预算、社会保险基金预算应当与一般公共预算相衔接。

2017 年 3 月,财政部和中国人民银行发布《关于修订 2017 年政府收支分类科目的通知》,从 2017 年 1 月 1 日起,将新增建设用地土地有偿使用费、南水北调工程基金、烟草企业上缴专项收入这 3 项基金调整转列一般公共预算并统筹使用。

2021 年 4 类财政收入的占比情况如图 2—4 所示。与上年度相比,一般公共预算收入占比继续降低,由 2020 年的 51.8% 下降为 50.6%,社会保险基金收入占比下降 3.2 个百分点,政府性基金预算收入下降 2.0 个百分点。

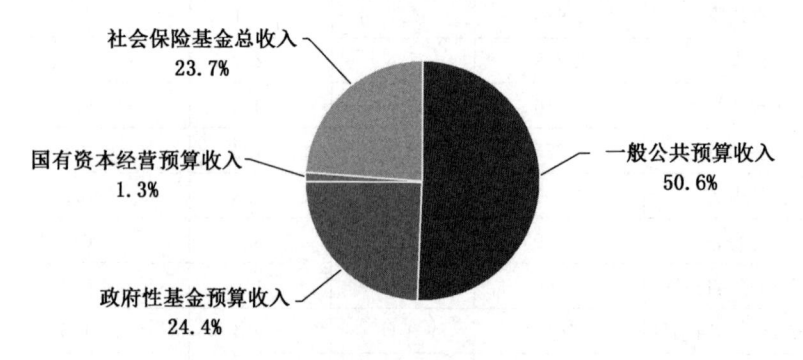

资料来源:根据财政部公告整理得出。

图 2—4　2021 年全口径财政收入中四类收入构成比例

2.3.3.2 公共财政收入中税收收入构成结构分析

2021年,全国公共财政预算收入202 538.88亿元。其中,税收收入172 730.47亿元,占比为85.3%,与上年度相比上升0.9个百分点;非税收入29 808.41亿元,占比为14.7%。从收入增速上来看,2021年1—12月累计,全国公共财政收入同比上升10.7%;其中,税收收入同比上升11.9%,非税收入同比上升4.3%。

2021年税收收入增长的主要特点有:

(1)税收总收入增速与上年度相比有所回升,且为近10年的较高增速。2011—2021年全国税收收入增长率如图2-5所示。

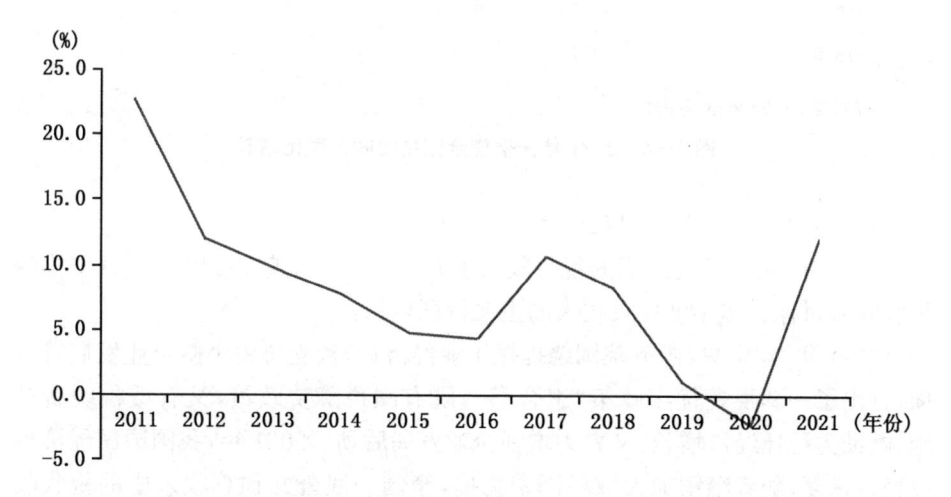

资料来源:根据财政部公告整理得出。

图2-5 2011—2021年全国税收收入增长率

(2)分季度来看,税收收入较上年同期先增后减,且增速逐渐下降,前三季度都实现了同比增长,第四季度较上年同比有所下降。

(3)分税种看,2021年各税种的收入规模大多有所上升,增速较高的税种为证券交易印花税、出口货物退增值税和消费税、资源税、印花税、个人所得税;收入规模有所下降的税种是车辆购置税、环境保护税、耕地占用税(见表2-4)。另一方面,我国的税制结构依旧呈现出流转税占主体的税制结构模式。2021年,商品(或劳务)占税收收入的比重约为52.4%,占主要地位;财产税占比14.4%;所得税占比32.4%。

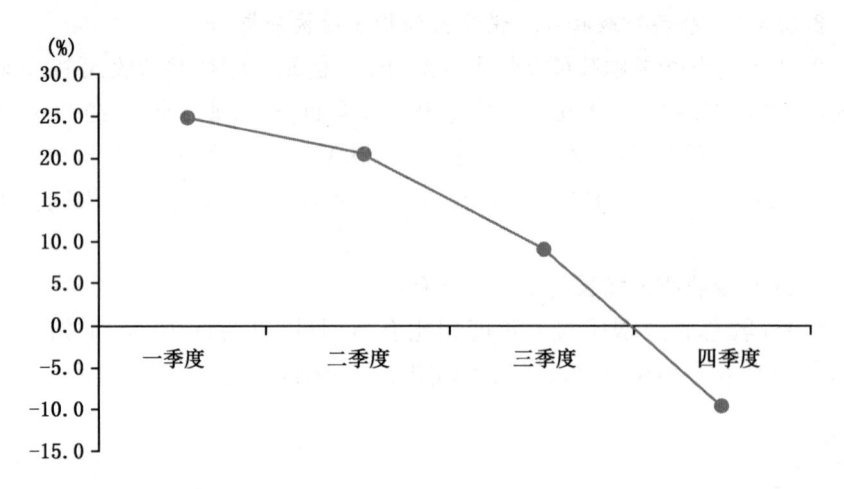

资料来源:财政部公告。

图 2—6　2021 年分季度全国税收收入同比增长

2.3.3.3　2021 年全国税收收入特征分析

2021 年,税务部门组织的税收收入上升 11.9%,圆满完成财政预算安排的税收收入目标。本年度税收收入的主要特征包括:

2021 年,党中央、国务院围绕提振工业经济运行、支持中小微企业发展等方面,打出了一套税费优惠政策"组合拳",既有减税降费政策,又有缓税缓费措施;既助力稳住经济增长,又着力增强企业发展后劲。2021 年,我国国民经济持续稳定恢复,随着继续加大减税降费力度,全国一般公共预算收入中的税收收入占 GDP 比重为 15.1%,比 2020 年略降 0.1 个百分点,比"十二五"末的 2015 年(18.1%)下降 3 个百分点,市场主体税收负担进一步减轻。全年新增减税降费约 1.1 万亿元,政策红利持续释放,有力地支持了国民经济持续稳定恢复。企业提前享受研发费用加计扣除政策等政策优惠,有力地促进了企业创新发展。税务部门整合优化出口退税信息系统,大力推进智慧退税。2021 年,办理出口退税 16 719 亿元,有效缓解了出口企业运费上涨等资金压力。

税务部门征收社保费收入 6.68 万亿元,民生保障作用增强。2021 年,税务部门征收的社会保险费收入完成 66 838 亿元,同时还组织非税收入和其他收入 19 727 亿元,为民生发展提供重要保障。同时,税务部门以税收大数据为驱动,全面推进技术、业务、岗位职责变革,推动智慧税务建设取得突破性进展,进一步提升税收征管服务质效,进一步提升纳税人缴费人满意度。

表 2—4　　2021 年 1—12 月全国税收总收入和主要税种收入

	税种	收入规模（亿元）	同期增长额（亿元）	同期增长率（%）	占总税额的比重（%）
商品（劳务）税	国内增值税	63 519	6 728	11.8	36.8
	国内消费税	13 881	1 853	15.4	8.0
	进口货物增值税、消费税	17 316	2 781	19.1	10.0
	出口货物退增值税、消费税	−18 158	−4 529	33.2	−10.5
	关税	2 806	242	9.4	1.6
	城市维护建设税	5 217	609	13.2	3.0
	资源税	2 288	533	30.4	1.3
	车辆购置税	3 520	−11	−0.3	2.0
	环境保护税	203	−4	−1.9	0.1
	小计	90 592	8 202	10.0	52.4
财产税	契税	7 428	367	5.2	4.3
	证券交易印花税	2 478	704	39.7	1.4
	印花税（证券交易印花税以外）	1 598	285	21.7	0.9
	耕地占用税	1 065	−193	−15.3	0.6
	房产税	3 278	436	15.3	1.9
	城镇土地使用税	2 126	68	3.3	1.2
	土地增值税	6 896	428	6.6	4.0
	小计	24 869	2 095	9.2	14.4
所得税	企业所得税	42 041	5 617	15.4	24.3
	个人所得税	13 993	2 425	21.0	8.1
	小计	56 034	8 042	16.8	32.4
其他税收		1 236	83	7.2	0.7
税收总收入		172 731	18 422	11.9	100.0

资料来源：根据财政部公告整理。

2.4 2021年国债发行分析

2.4.1 2021年我国国债总量规模

比较2021年初公布的本年财政预算数与2020年决算数,可以看出,2021年中央财政总收入的增长率为-0.3%,比上年度提高0.6个百分点;而中央财政总支出的增长率是-0.5%,比上年度降低8.3个百分点。从财政赤字的角度来看,2021年的赤字较2020年减少10 100亿元,比上年减少26.9%;国债余额增长率为15.1%,增幅减少11.7个百分点。

表2—5　　　　　2020年和2021年财政收支及债务数据比较

项目	2020年决算数(亿元)	2021年预算数(亿元)	增长率(%)
中央财政总收入	91 651	91 385	-0.3
中央财政总支出	119 451	118 885	-0.5
中央财政赤字	37 600	27 500	-26.9
中央财政国债余额	208 906	240 508	15.1

注:中央财政总收入包括中央一般公共预算收入、从中央预算稳定调节基金调入收入、从中央政府性基金预算、中央国有资本经营预算调入收入;中央财政总支出包括中央一般公共预算支出(包括本级支出、对地方税收返还和转移支付)和补充中央预算稳定调节基金支出。

资料来源:财政部《关于2020年中央和地方预算执行情况与2021年中央和地方预算草案的报告》。

在国债余额管理制度下,经全国人民代表大会批准,2021年末国债余额限额为240 508亿元。根据2022年初公布的《2021年和2022年中央财政国债余额情况表》,2021年末中央财政债务余额实际数为232 697.29亿元,比预算数少3.2%,与2020年决算数相比增长11.4%。

2.4.2 2021年国债余额结构分析

从国债余额内外债构成来看,2021年末中央财政债务余额中,内债为229 643.71亿元,外债为3 053.58亿元,分别占全部国债余额的98.69%和

1.31%。近5年我国内债与外债占全部国债余额的比例如表2—6所示。

表2—6　　　近5年我国国债余额中内债余额与外债余额所占比例　　　单位：%

年份	2017	2018	2019	2020	2021
内债	99.02	99.07	98.81	98.75	98.69
外债	0.98	0.93	1.19	1.25	1.31

资料来源：《2021年和2022年中央财政国债余额情况表》。

由表2—6可以看出，我国外债在全部债务余额中仅占1%左右，并且占比先降后升。

2.4.3　2021年国债发行品种结构分析

2021年发行国债67 922.28亿元，同比减少2 224.67亿元。其中，储蓄国债3 068.19亿元，同比增加1 298.40亿元；记账式国债64 854.09亿元，同比减少4 283.99亿元（见图2—7）。

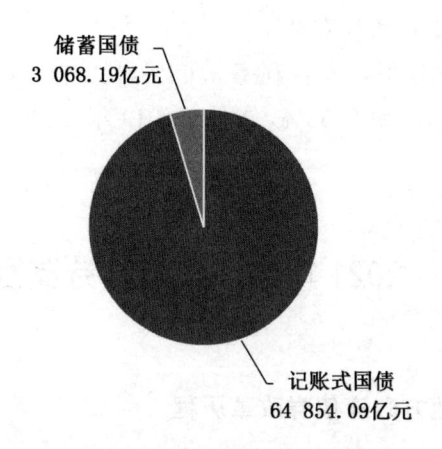

图2—7　2021年国债发行品种结构

2.4.4　2021年国债发行期限结构分析

通常，政府发行的债券具有多种不同的期限，我国的国债也是如此。储蓄国债包括凭证式国债和电子式国债，期限包括3年、5年期，2021年发行18次储蓄国债，包括8次凭证式国债和10次电子式国债，筹资占比分别为35.1%、

64.9%,3 年、5 年期国债占比分别为 50.7%、49.3%;平均发行期限为 3.99 年,比 2020 年延长 0.03 年。记账式国债包括关键期限国债、非关键期限国债,2021 年关键期限国债包括 1 年、2 年、3 年、5 年、7 年和 10 年这 6 个期限品种,非关键期限国债包括 91 天和 182 天短期国债、30 年和 50 年超长期国债。2021 年共发行 175 次记账式国债,包括 96 次关键期限国债、79 次非关键期限国债(含 64 次短期国债),平均发行期限 5.29 年,比 2020 年缩短 1.74 年。

2.4.5　2021 年国债发行利率结构分析

国债是由中央政府发行并以国家财力和国家信誉为保证的债券,是债券市场中信誉最高、安全性最好、风险最小的债券品种。按照市场上收益与风险对等的原则,国债利率在市场利率体系中往往是较低的,并可以作为基准利率供市场参照。不过,目前我国国债主要分为可以上市交易的记账式国债和不可以上市交易的凭证式国债及储蓄国债。记账式国债通过招标方式发行,其利率已经市场化;凭证式国债和储蓄国债由于不流通,因此发行时票面利率由财政部比照银行同期限储蓄存款利率设计。

2021 年,储蓄国债平均发行利率 3.65%,比 2020 年降低 0.23 个百分点。记账式国债平均发行利率 2.58%,分别比 2019 年、2020 年降低 0.34 个百分点和 0.08 个百分点。

2.5　2021 年地方政府债券发行分析

2.5.1　我国地方政府债券改革历程

按照发行主体分类,公债可分为中央政府公债和地方政府公债。中央政府公债一般称为国债,其发行由中央政府决定,公债收入列入中央预算,由中央财政支配,还本付息由中央政府承担。地方政府公债一般称为地方债,由地方政府发行并偿还。考虑到财政风险因素,2015 年以前,我国《预算法》规定禁止地方政府发债。2015 年新《预算法》实施后,正式赋予地方政府发行债券的权力。但在此之前,我国已对地方政府发行债券有过多年的试点尝试。

2015 年 1 月,新《预算法》正式实施。其中,第 35 条规定:经国务院批准的省、自治区、直辖市的预算中必需的建设投资的部分资金,可以在国务院确定的限额内,通过发行地方政府债券举借债务的方式筹措。举借债务的规模,由国务院报全国人民代表大会或者全国人民代表大会常务委员会批准。省、自治区、直辖市依照国务院下达的限额举借的债务,列入本级预算调整方案,报本级人民代表大会常务委员会批准。举借的债务应当有偿还计划和稳定的偿还资金来源,只能用于公益性资本支出,不得用于经常性支出。

2015年12月,财政部发文《关于对地方政府债务实行限额管理的实施意见》,规定对地方政府债务余额实行限额管理。年度地方政府债务限额等于上年地方政府债务限额加上当年新增债务限额(或减去当年调减债务限额),具体分为一般债务限额和专项债务限额。地方政府债务总限额由国务院根据国家宏观经济形势等因素确定,并报全国人民代表大会批准。年度预算执行中,如出现下列特殊情况需要调整地方政府债务新增限额,由国务院提请全国人大常委会审批:当经济下行压力大、需要实施积极财政政策时,适当扩大当年新增债务限额;当经济形势好转、需要实施稳健财政政策或适度从紧财政政策时,适当削减当年新增债务限额或在上年债务限额基础上合理调减限额。

2016年11月9日,财政部印发《地方政府专项债务预算管理办法》和《地方政府一般债务预算管理办法》,对地方政府转向债务和一般债务的筹措方式、使用范围、债务限额和余额、预算编制、预算执行和决算等事项进行了规范。

2017年3月23日,财政部印发《新增地方政府债务限额分配管理暂行办法》,规定新增地方政府一般债务限额、新增地方政府专项债务限额(以下均简称"新增限额")分别按照一般公共预算、政府性基金预算管理方式不同,单独测算。新增限额分配管理应当遵循立足财力水平、防范债务风险、保障融资需求、注重资金效益、公平公开透明的原则。

2017年5月16日,财政部、国土资源部印发《地方政府土地储备专项债券管理办法(试行)》。2017年6月26日,财政部、交通运输部印发《地方政府收费公路专项债券管理办法(试行)》。2017年6月,财政部印发《关于试点发展项目收益与融资自求平衡的地方政府专项债券品种的通知》。2018年3月1日,财政部、住房和城乡建设部印发《试点发行地方政府棚户区改造专项债券管理办法》。多个文件对我国地方政府专项债券的管理办法进行了规定。

2018年8月14日,财政部印发《关于做好地方政府专项债券发行工作的意见》,表明为加快地方政府专项债券(以下简称"专项债券")发行和使用进度,更好地发挥专项债券对稳投资、扩内需、补短板的作用,须做到:加快专项债券发行进度;提升专项债券发行市场化水平;优化债券发行程序;简化债券信息披露流程;加快专项债券资金拨付使用;加强债券信息报送。

2018年7月30日和2018年8月14日,财政部分别印发《地方政府债券公开承销发行业务规程》和《地方政府债券弹性招标发行业务规程》,对地方政府债券的公开承销发行业务和弹性招标发行业务进行了规范。

2018年12月20日,为进一步做好地方政府债务信息公开工作、增强地方政府债务信息透明度、自觉接受监督、防范地方政府债务风险,财政部发布《地方政府债务信息公开办法(试行)》,对地方政府债务信息公开提出了详尽、具体的要求。

2019年6月10日,中共中央办公厅、国务院办公厅印发《关于做好地方政府专项债券发行及项目配套融资工作的通知》,进一步健全地方政府举债融资机制,推进专项债券管理改革,在较大幅度增加专项债券规模的基础上,加强宏观政策协调配合,保持市场流动性合理充裕,做好专项债券发行及项目配套融资工作,促进经济运行在合理区间。

2020年7月27日,财政部印发《关于加快地方政府专项债券发行使用有关工作的通知》,表明贯彻落实国务院常务会议部署,用好地方政府专项债券,加强资金和项目对接、提高资金使用效益,做好"六稳"工作、落实"六保"任务,须做到:合理把握专项债券发行节奏;科学合理确定专项债券期限;优化新增专项债券资金投向;依法、合规地调整新增专项债券用途;严格新增专项债券使用负面清单;加快新增专项债券资金使用进度;依法加大专项债券信息公开力度;健全通报约谈机制和监督机制。

2.5.2　2021年我国地方政府债券总量分析

截至2021年末,全国地方政府债务余额304 700亿元,控制在全国人大批准的限额之内。其中,一般债务137 709亿元,专项债务166 991亿元;政府债券303 078亿元,非政府债券形式存量政府债务1 622亿元。如图2-8所示,2017—2021年,地方政府专项债券和一般债券的余额均持续上升,地方政府的债务负担率变化逐年增加,在2021年达到26.6%的最高值。

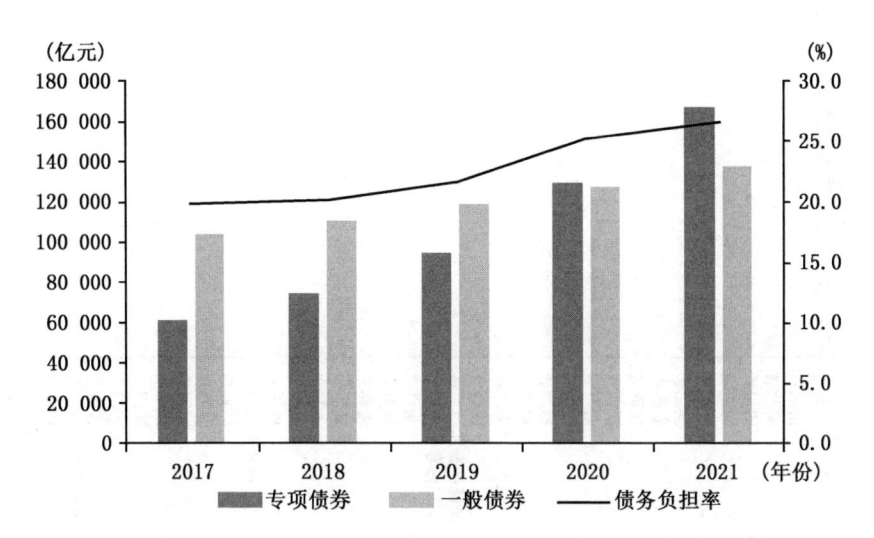

资料来源：财政部公告。

图 2—8 2017—2021 年地方政府债券余额和债务负担率

2.5.3 2021 年我国地方政府债券发行规模分析

2021 年，全国发行地方政府新增债券 43 709 亿元，其中一般债券 7 865 亿元、专项债券 35 844 亿元。2020 年 1—12 月，全国发行地方政府再融资债券 31 189 亿元，其中一般债券 17 804 亿元、专项债券 13 385 亿元。

全国 36 个省、自治区、直辖市、计划单列市及新疆生产建设兵团发行地方政府债券 1 995 只，共计 74 898.30 亿元。其中，一般债券 25 669.18 亿元，专项债券 49 229.12 亿元。按债券性质划分，新增债券 43 709.09 亿元，再融资债券 31 189.21 亿元。

从地区来看，如图 2—9 所示，发行量超过 2 000 亿元的省份有 7 个，从大到小依次为广东、山东、河北、四川、河南、浙江和湖北。其中，广东省的发行量最大，达 3 540.46 亿元；大连市的地方债发行规模最小，仅为 86.00 亿元。

从发行时间来看，2021 年地方债从 3 月份开始发行，全年来看，2021 年地方债主要集中在 5—11 月发行，发行规模占全年的 85.3%（见图 2—10）；而 2019 年地方债主要集中在 1—3 月、5 月和 8—9 月发行，发行规模占全年的 89.1%。

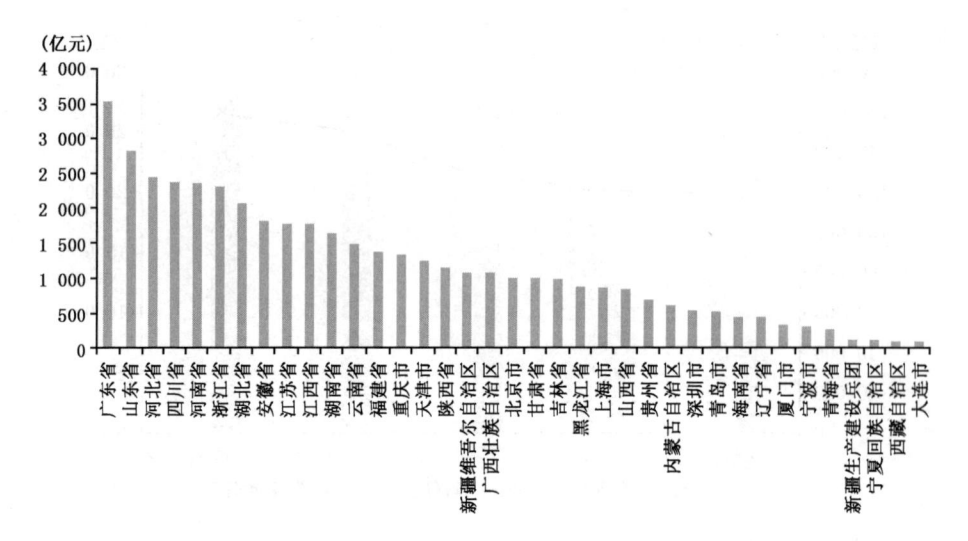

资料来源:财政部公告。

图 2—9　2021 年 1—12 月新增地方政府债券发行规模(分地区)

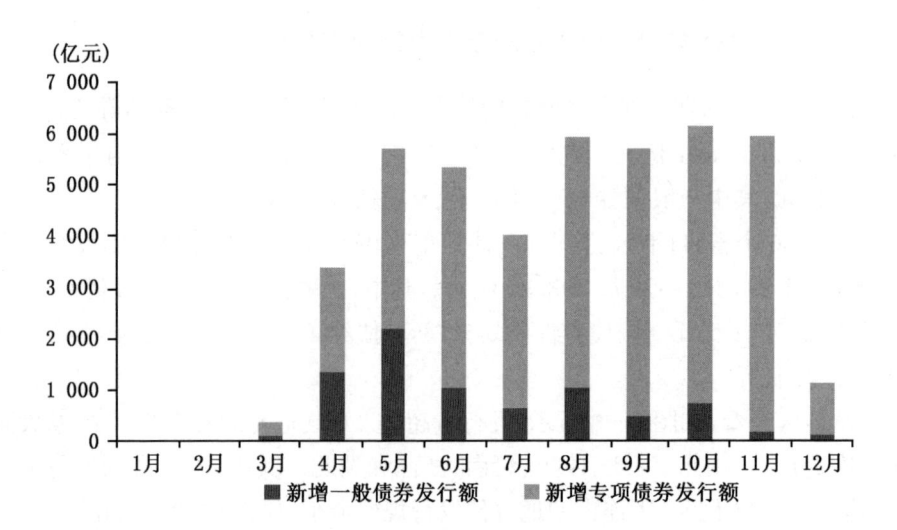

资料来源:财政部公告。

图 2—10　2021 年地方政府债券发行量(分月)

2.5.4 2021年我国地方政府债券期限结构分析

2021年,地方政府债券平均发行期限为11.95年,比2020年减少2.7年。其中,一般债券7.7年,专项债券14.16年。不同期限发行规模如表2—7所示。截至2021年末,地方政府债券剩余平均年限7.8年;其中,一般债券6.3年,专项债券9.0年。

表2—7　　　2021年1—12月地方政府债券发行额(分期限)

期限(年)	1	2	3	5	7	10	15	20	30
发行额(亿元)	268.85	482.79	3 384.61	9 033.91	15 306.77	21 619.74	9 745.68	8 309.51	6 747.04
一般债券(亿元)	28.27	44.29	2 370.18	4 579.54	8 851.41	8 915.21	631.67	52.60	196.00
专项债券(亿元)	239.98	438.50	1 014.43	4 454.37	6 455.36	12 704.54	9 114.01	8 256.91	6 551.04

资料来源:财政部官网。

2.5.5 2021年我国地方政府债券利率结构分析

2021年地方债券地方政府债券平均发行利率为3.36%,同比下降4个基点。其中,一般债券3.26%,专项债券3.41%。分期限看,1年、2年、3年、5年、7年、10年、15年、20年、30年平均发行利率分别为2.63%、2.89%、2.94%、3.05%、3.25%、3.08%、3.41%、3.47%、3.53%。

截至2021年末,地方政府债券平均利率3.51%;其中,一般债券3.51%,专项债券3.51%。

2.6　2021年财政收入预期分析

2.6.1　2021年财政收入总结

回顾2021年财政收入的完成情况,主要有以下特点:

(1)从财政收入总量来看,2021年全国一般公共预算收入202 538.88亿元,比2020年增长10.7%。其中,中央一般公共预算收入91 461.8亿元,为预算的102.2%,比2020年增长10.5%;地方一般公共预算本级收入111 077.08

亿元,比 2020 年同口径增长 10.9%。全国一般公共预算收入中的税收收入 172 730.47 亿元,占比为 85.3%,同比增长 0.9%;非税收入同比下降 0.9%。

(2)从财政收入走势看,2021 年各月全国财政收入较上年同期呈现先增后减的增长态势,其中 1—8 月财政收入同比增长率为正,在 3 月份达到当年峰值 42.39%;9—12 月较上年同期均为负增长,其中 11—12 月份较去年同期同比增长率均低于 −10%,分别为 −11.23% 和 −15.81%。

(3)从全国各地方政府的财政收入来看,2021 年的增长情况相比 2019 年有所回升,绝大多数省份当年财政收入的增幅较 2020 年的增长率有不同程度的增加。第一,从各地方政府 2021 年公共预算收入的数量来看,规模最大的为广东省,与上年度相比增长 9.1%,是两个超过万亿元的省份之一,另一个超过万亿元的省份为江苏省,为 10 015 亿元,与上年度相比增长 10.6%;规模最小的为西藏自治区,与上年度相比降低 2.4%。第二,公共预算收入超过 5 000 亿元的有 6 个省市,分别是广东省、江苏省、浙江省、上海市、山东省和北京市;公共预算收入不足 1 000 亿元的有 4 个地区,分别是西藏自治区、青海省、宁夏回族自治区和海南省。第三,从各地政府当年本级财政收入的增长率来看,湖北省、山西省和陕西省增速最快,分别为 30.7、23.4% 和 23.0%;仅西藏自治区为负增长,增速为 −2.4%;其他省份的增长率皆处于 0%−15% 之间。第四,2021 年本级一般公共预算收入增长速度与 2020 年相比提高最多的地区是湖北省;除西藏自治区外的 30 个省份的增速与上年度相比有所回升。

(4)从财政收入构成比例分析,与上年度相比,一般公共预算占比继续降低,由 2020 年的 51.8% 下降为 50.6%,社会保险基金收入占比下降 3.2 个百分点,政府性基金预算收入下降 2.0 个百分点。税收收入中证券交易印花税、出口货物退增值税和消费税、资源税、印花税、个人所得税的增长率较高。

(5)2021 年末,我国中央财政债务余额实际数为 232 697.29 亿元,比预算数少 3.2%,与 2020 年决算数相比增长 11.4%。2021 年,国债发行总额同比减少 2 224.67 亿元,其中储蓄国债同比增加、记账式国债同比减少。国债平均发行利率有所下降。2021 年,国债余额约为 232 697.29 亿元。

2.6.2　2022 年财政收入预期

当前,全球疫情仍在持续,世界经济复苏动力不足,大宗商品价格高位波动,外部环境更趋复杂严峻和不确定。我国经济发展面临需求收缩、供给冲击、预期转弱三重压力,保持经济平稳运行难度加大,财政收支矛盾仍然突出。从财政收入看,减税降费政策效应持续释放,市场主体的活力和动力有所增强,经济稳定恢复态势不断巩固,为财政收入增长奠定了坚实基础;同时,新的经济下行压力对财政收入增长形成制约,缓解企业生产经营困难需要实施新的减税降费政策,疫情形势变化也会加大财政收入不确定性。

总体来看,2022年财政收支形势依然严峻,必须加强财政资源统筹,有保有压、突出重点,尽力而为、量力而行,科学、合理地编制好预算,切实保障党中央、国务院决策部署落实。既要正视困难,又要坚定信心,我国经济韧性强,长期向好的基本面没有改变,宏观政策有空间、有手段,完全有基础、有条件推动经济社会持续健康发展。

2022年积极的财政政策要提升效能,更加注重精准、可持续。要提升政策效能,按照宏观政策要稳健有效的要求,统筹财政资源,强化预算编制、审核、支出和绩效管理,推进绩效结果与预算安排有机衔接,加强与货币、就业、产业等政策协调。要落实精准要求,聚焦制造业高质量发展、中小微企业减负纾困和科技创新,实施新的减税降费政策,大力改进增值税留抵退税制度;进一步优化财政支出结构,落实过紧日子要求,加强对基本民生的保障、对重点领域的保障、对地方特别是基层的财力保障。要增强可持续性,统筹需要和可能安排财政支出,坚持在发展中保障和改善民生,不好高骛远、吊高胃口,避免超越发展阶段;适当降低赤字率,合理安排债务规模,有效防范化解风险。

综合各方面因素,预计2022年财政收入可能会有所下降。

第 3 章　2021 年中国财政支出分析

3.1　2020 年财政支出决算回顾

2020 年是新中国历史上极不平凡的一年。面对严峻复杂的国际形势、艰巨繁重的国内改革发展稳定任务，特别是新冠肺炎疫情的严重冲击，我国采取稳健的财政政策以应对各种挑战。总体来看，2020 年财政支出预算执行情况较好，财政改革发展各项工作取得积极进展，为经济持续健康发展与社会和谐稳定提供了有力保障。

3.1.1　一般公共支出决算

2020 年，全国一般公共支出 245 679.03 亿元，完成预算的 99.1%，较 2019 年增长 2.9%。[①] 加上补充中央预算稳定调节基金 1 137.22 亿元，支出总量为 246 816.25 亿元。收支总量相抵，赤字 37 600 亿元，与预算持平。

3.1.1.1　中央一般公共支出决算情况

首先，从中央一般公共支出决算的总体情况来看，2020 年中央一般公共支出 118 313.50 亿元，完成预算的 99%，增长 8.1%。其中，中央本级支出 35 095.57 亿元，完成预算的 100.2%，下降 0.1%；对地方转移支付 83 217.93 亿元，完成预算的 99.2%，增长 11.9%。加上补充中央预算稳定调节基金 1 137.22 亿元，支出总量为 119 540.72 亿元。收支总量相抵，中央财政赤字

---

① 在《2021 年中国财政支出分析》部分，如无特别说明，增长都是指相对于上年度的增长。

27 800 亿元，与预算持平。①

其次，从中央一般公共支出决算的具体结构来看（见表3—1），完成预算低于 100% 的支出项目包括外交支出、教育支出、文化旅游体育与传媒支出、社会保障和就业支出、商业服务业等支出、金融支出、住房保障支出、其他支出、一般性转移支付、特殊转移支付 10 项，其他各项支出均完成或超额完成年初预算。在超额完成年初预算的支出项目中，除卫生健康支出、农林水支出、资源勘探工业信息等支出分别超出 26.5%、11.1%、20.6% 以外，其余支出超出预算均不超过 10%。值得注意的是，2020 年中央财政资金对新增财政赤字和抗疫特别国债建立了特殊转移支付机制，特殊转移支付预算 6 050 亿元，决算 5 992.15 亿元。

最后，从中央一般公共支出决算的增长速度来看（见表3—1），2020 年中央一般公共预算支出同比下降的项目包括一般公共服务支出、外交支出、教育支出、科学技术支出、文化旅游体育与传媒支出、社会保障和就业支出、节能环保支出、城乡社区支出、农林水支出、交通运输支出、资源勘探工业信息等支出、商业服务业等支出、金融支出、自然资源海洋气象等支出、灾害防治及应急管理支出、其他支出 16 项，其余各项支出均同比有所增长。其中，增幅超过 20% 的有卫生健康支出、债务付息支出，这两项均与抗击新冠肺炎疫情相关，增幅分别达到 38.4%、21.3%；除此之外，其余各项支出同比增幅均不大。

表3—1　　　　　　2020 年中央一般公共预算支出决算表

项目	预算数（亿元）	决算数（亿元）	决算数/预算数（%）	决算数/上年决算数（%）
一、中央本级支出	35 035.00	35 095.57	100.2	99.9
一般公共服务支出	1 721.76	1 735.21	100.8	87.4
外交支出	543.05	514.07	94.7	83.5
国防支出	12 680.05	12 679.92	100.0	106.6
公共安全支出	1 832.72	1 835.91	100.2	100.9
教育支出	1 699.09	1 673.64	98.5	91.2

---

① 全国一般公共预算支出大于收入的差额＝支出总量－收入总量。其中，支出总量＝全国一般公共预算支出＋补充中央预算稳定调节基金；收入总量＝全国一般公共预算收入＋全国财政使用结转结余及调入资金。

续表

项目	预算数（亿元）	决算数（亿元）	决算数/预算数（%）	决算数/上年决算数（%）
科学技术支出	3 196.51	3 216.48	100.6	91.5
文化旅游体育与传媒支出	268.93	250.24	93.1	81.0
社会保障和就业支出	1 251.78	1 119.98	89.5	90.9
卫生健康支出	271.07	342.78	126.5	138.4
节能环保支出	331.71	344.26	103.8	81.8
城乡社区支出	74.96	77.25	103.1	84.3
农林水支出	453.14	503.32	111.1	94.5
交通运输支出	1 128.70	1 165.93	103.3	82.0
资源勘探工业信息等支出	256.01	308.85	120.6	86.9
商业服务业等支出	51.44	47.16	91.7	57.2
金融支出	736.21	639.05	86.8	67.7
自然资源海洋气象等支出	262.09	262.18	100.0	83.5
住房保障支出	611.80	606.58	99.1	104.2
粮油物资储备支出	1 216.18	1 224.57	100.7	101.7
灾害防治及应急管理支出	426.12	429.82	100.9	92.3
其他支出	572.68	527.21	92.1	83.4
债务付息支出	5 399.43	5 538.95	102.6	121.3
债务发行费用支出	49.57	52.21	105.3	116.0
二、中央对地方转移支付	83 915.00	83 217.93	99.2	111.9
一般性转移支付	70 107.62	69 459.86	99.1	104.0
专项转移支付	7 757.38	7 765.92	100.1	102.7
特殊转移支付	6 050.00	5 992.15	99.0	
三、中央预备费	500.00			
中央一般公共预算支出	119 450.00	118 313.50	99.0	108.1
补充中央预算稳定调节基金		1 137.22		85.6

资料来源：财政部网站。

3.1.1.2 地方一般公共支出决算情况

首先,从地方一般公共支出决算的总体情况来看,2020年地方一般公共支出210 583.46亿元,为预算的99.2%,增长3.4%,收支总量相抵,地方财政赤字9 800亿元,与预算持平。

其次,从地方一般公共支出决算的具体结构来看(见表3—2),除一般公共服务支出、外交支出、公共安全支出、教育支出、科学技术支出、节能环保支出、城乡社区支出、金融支出、援助其他地区支出以外,其余各项支出完成比例均等于或者高于100%。在超额完成预算的各项支出中,除资源勘探信息等支出、商业服务业等支出、自然资源海洋气象等支出、住房保障支出、粮油物资储备支出、灾害防治及应急管理支出、其他支出、债务付息支出、债务发行费用支出的超出幅度分别达到26.7%、31.9%、13.2%、29.9%、30.1%、41.4%、14.3%、10.9%、17.7%以外,其余各项超出幅度均在10%以内。需要说明的是,以上各项支出中包括地方用中央税收返还和转移支付资金安排的支出。

最后,从各主要支出项目的增长速度来看(见表3—2),增长幅度位居前三的分别是灾害防治及应急管理支出、商业服务业等支出、粮油物资储备支出,增长幅度分别达到42.1%、31.5%和28.8%。

表3—2　　　　　　　2020年地方一般公共预算支出决算表

项目	预算数（亿元）	决算数（亿元）	决算数/预算数（%）	决算数/上年决算数（%）
一、一般公共服务支出	18 511.74	18 325.89	99.0	99.8
二、外交支出	2.21	1.37	62.0	64.9
三、国防支出	231.74	238.85	103.1	105.9
四、公共安全支出	12 295.23	12 026.99	97.8	99.7
五、教育支出	35 090.71	34 686.3	98.8	105.2
六、科学技术支出	6 626.19	5 801.86	87.6	97.4
七、文化旅游体育与传媒支出	3 839.89	3 995.34	104.0	105.8
八、社会保障和就业支出	30 928.83	31 448.53	101.7	111.7
九、卫生健康支出	17 620.12	18 873.41	107.1	115.0
十、节能环保支出	7 285.41	5 989.14	82.2	86.4
十一、城乡社区支出	26 137.41	19 868.66	76.0	80.1

续表

项目	预算数（亿元）	决算数（亿元）	决算数/预算数(%)	决算数/上年决算数(%)
十二、农林水支出	23 028.49	23 445.14	101.8	104.8
十三、交通运输支出	10 343.91	11 031.95	106.7	106.1
十四、资源勘探信息等支出	4 546.15	5 758.03	126.7	126.3
十五、商业服务业等支出	1 153.80	1 521.76	131.9	131.5
十六、金融支出	676.07	638.34	94.4	95.0
十七、援助其他地区支出	475.15	448.59	94.4	95.2
十八、自然资源海洋气象等支出	1 830.78	2 071.76	113.2	110.9
十九、住房保障支出	5 002.47	6 499.50	129.9	111.3
二十、粮油物资储备支出	686.19	892.73	130.1	128.8
二十一、灾害防治及应急管理支出	1 068.20	1510.84	141.4	142.1
二十二、其他支出	1 058.67	1 209.97	114.3	108.4
二十三、债务付息支出	3 854.54	4 273.67	110.9	110.3
二十四、债务发行费用支出	21.10	24.84	117.7	120.5
地方一般公共预算支出	212 315.00	210 583.46	99.2	103.4

资料来源：财政部网站。

3.1.2　政府性基金支出决算

2020年，全国政府性基金支出118 057.98亿元，增长28.8%。下面我们分别说明中央与地方政府性基金的支出决算情况。

3.1.2.1　中央政府性基金支出决算情况

2020年，中央政府性基金决算支出10 439.87亿元，完成预算的96.8%；其中，本级支出2 714.62亿元，对地方转移支付7 725.25亿元。支出金额超过300亿元的项目有：铁路建设基金支出513.46亿元，中央特别国债经营基金财务支出632.92亿元，可再生能源电价附加收入安排的支出923.55亿元，抗疫特别国债支出7 000亿元。2020年中央政府性基金支出的具体项目如表3—3所示。

表 3—3　　　　　　　2020 年中央政府性基金支出决算表

项目	预算数（亿元）	决算数（亿元）	决算数/预算数(%)	决算数/上年决算数(%)
一、中央农网还贷资金支出	201.82	180.57	89.5	101.3
中央本级支出	201.82	180.57	89.5	101.3
二、铁路建设基金支出	550.96	513.46	93.2	92.5
中央本级支出	550.96	513.46	93.2	92.5
三、民航发展基金支出	416.83	290.87	69.8	71.4
中央本级支出	128.45	122.59	95.4	101.8
对地方转移支付	288.38	168.28	58.4	58.7
四、港口建设费安排的支出	184.96	76.82	41.5	41.3
中央本级支出	81.79	33.14	40.5	42.5
对地方转移支付	103.17	43.68	42.3	40.4
五、旅游发展基金支出	10.96	5.96	54.4	36.9
中央本级支出	0.87	0.76	87.4	35.3
对地方转移支付	10.09	5.20	51.5	37.1
六、国家电影事业发展专项资金安排的支出	2.97	2.97	100.0	24.3
中央本级支出	2.00	2.00	100.0	80.3
对地方转移支付	0.97	0.97	100.0	10.0
七、国有土地使用权出让金收入安排的支出	53.28	53.28	100.0	107.8
中央本级支出	53.28	53.28	100.0	107.8
八、国有土地收益基金安排的支出	0.02			
中央本级支出	0.02			
九、农业土地开发资金安排的支出	0.07	0.02	28.6	40.0
中央本级支出	0.07	0.02	28.6	40.0
十、中央水库移民扶持基金支出	286.09	286.06	100.0	95.1
中央本级支出	1.21	1.18	97.5	102.6

续表

项目	预算数（亿元）	决算数（亿元）	决算数/预算数（%）	决算数/上年决算数（%）
对地方转移支付	284.88	284.88	100.0	95.1
十一、中央特别国债经营基金财务支出	632.92	632.92	100.0	100.0
中央本级支出	632.92	632.92	100.0	100.0
十二、彩票公益金安排的支出	315.11	298.75	94.8	41.6
中央本级支出	175.11	156.65	89.5	30.0
对地方转移支付	140.00	142.10	101.5	72.9
十三、城市基础设施配套费安排的支出	2.31	0.41	17.7	16.0
中央本级支出	2.31	0.41	17.7	16.0
十四、国家重大水利工程建设基金安排的支出	93.71	93.45	99.7	53.2
中央本级支出	12.47	12.21	97.9	10.5
对地方转移支付	81.24	81.24	100.0	137.4
十五、核电站乏燃料处理处置基金支出	35.48	10.39	29.3	128.3
中央本级支出	35.48	10.39	29.3	128.3
十六、可再生能源电价附加收入安排的支出	923.55	923.55	100.0	107.5
中央本级支出	838.65	838.65	100.0	107.8
对地方转移支付	84.90	84.90	100.0	104.7
十七、船舶油污损害赔偿基金支出	2.18	0.35	16.1	205.9
中央本级支出	2.18	0.35	16.1	205.9
十八、废弃电器电子产品处理基金支出	25.64	24.22	94.5	69.5
中央本级支出	25.64	24.22	94.5	69.5
十九、彩票发行和销售机构业务费安排的支出	49.65	45.42	91.5	108.7

续表

项目	预算数（亿元）	决算数（亿元）	决算数/预算数（%）	决算数/上年决算数（%）
中央本级支出	35.65	31.42	88.1	105.5
对地方转移支付	14.00	14.00	100.0	116.7
二十、污水处理费安排的支出	0.44	0.40	90.9	48.2
中央本级支出	0.44	0.40	90.9	48.2
二十一、抗疫特别国债支出	7 000.00	7 000.00	100.0	
中央本级支出		100.00		
对地方转移支付	7 000.00	6 900.00	98.6	
中央政府性基金支出	10 788.95	10 439.87	96.8	249.8
政府性基金预算调出资金	3 002.50	3 002.50	100.0	
抗疫特别国债调入一般公共预算	3 000.00	3 000.00	100.0	
新疆兵团政府性基金调入一般公共预算	2.50	2.50	100.0	

资料来源：财政部网站。

3.1.2.2　地方政府性基金支出决算情况

2020年，地方政府性基金决算支出115 343.36亿元，增长30.3%。其中，支出额超过1 000亿元的有：国有土地使用权出让金收入安排的支出74 176.43亿元，国有土地收益基金安排的支出1 310.74亿元，城市基础设施配套费安排的支出2 061.16亿元，车辆通行费安排的支出3 017.81亿元，抗疫特别国债支出5 657.64亿元，其他政府性基金支出26 720.03亿元。2020年，地方政府性基金支出的具体情况如表3—4所示。

表3—4　　　　　　　　2020年地方政府性基金支出决算表

项目	预算数（亿元）	决算数（亿元）	决算数/预算数（%）	决算数/上年决算数（%）
一、地方农网还贷资金支出	50.78	37.85	74.5	93.9
二、民航发展基金支出	288.38	164.34	57.0	57.7
三、海南省高等级公路车辆通行附加费安排的支出	36.54	19.72	54.0	46.0

续表

项目	预算数（亿元）	决算数（亿元）	决算数/预算数(%)	决算数/上年决算数(%)
四、港口建设费安排的支出	153.43	66.93	43.6	49.8
五、旅游发展基金支出	10.09	7.47	74.0	51.6
六、国家电影事业发展专项资金安排的支出	7.27	9.06	124.6	36.2
七、国有土地使用权出让金收入安排的支出	97 759.06	74 176.43	75.9	99.8
八、国有土地收益基金安排的支出	2 008.90	1 310.74	65.2	97.0
九、农业土地开发资金安排的支出	179.46	65.00	36.2	75.5
十、中央水库移民扶持基金支出	284.88	287.88	101.1	100.8
十一、彩票公益金安排的支出	467.29	580.68	124.3	80.0
十二、城市基础设施配套费安排的支出	2 970.86	2 061.16	69.4	113.5
十三、地方水库移民扶持基金支出	58.30	31.52	54.1	103.1
十四、国家重大水利工程建设基金安排的支出	150.45	114.95	76.4	81.7
十五、车辆通行费安排的支出	3 638.68	3 017.81	82.9	102.3
十六、可再生能源电价附加收入安排的支出	84.90	84.91	100.0	105.0
十七、彩票发行和销售机构业务费安排的支出	99.42	121.92	122.6	83.9
十八、污水处理费安排的支出	714.88	807.32	112.9	146.5
十九、抗疫特别国债支出	7 000.00	5 657.64	80.8	
二十、其他政府性基金支出	7 378.70	26 720.03	362.1	484.7
地方政府性基金支出	123 342.30	115 343.40	93.5	130.3
收入大于支出		19 811.53		136.5

资料来源：财政部网站。

3.1.3 国有资本经营支出决算

2020年,全国国有资本经营支出2 556.21亿元,增长11.4%。下面我们分别说明中央与地方国有资本经营支出决算情况。

3.1.3.1 中央国有资本经营支出决算情况

2020年,中央国有资本经营决算支出939.06亿元,完成预算的74.6%,同比下降15.3%,其中,本级支出873.69亿元,对地方转移支付65.37亿元。调入一般公共预算577.5亿元,结转下年支出413.14亿元。具体情况如表3—5所示。

表3—5　　　　　2020年中央国有资本经营支出决算表

项目	预算数（亿元）	决算数（亿元）	决算数/预算数（%）	决算数/上年决算数（%）
一、国有资本经营预算补充社保基金支出	0.45	0.21	46.7	48.8
中央本级支出	0.45	0.21	46.7	48.8
二、解决历史遗留问题及改革成本支出	181.95	209.82	115.3	34.4
中央本级支出	121.34	144.45	119.0	29.7
对地方转移支付	60.61	65.37	107.9	53.5
三、国有企业资本金注入	586.26	463.27	79.0	128.2
中央本级支出	586.26	463.27	79.0	128.2
四、国有企业政策性补贴	86.16	113.59	131.8	135.8
中央本级支出	86.16	113.59	131.8	135.8
五、金融国有资本经营预算支出	140.00	140.00	100.0	403.0
中央本级支出	140.00	140.00	100.0	403.0
六、其他国有资本经营预算支出	263.39	12.17	4.6	62.6
中央本级支出	263.39	12.17	4.6	62.6
中央国有资本经营支出	1 258.21	939.06	74.6	84.7
国有资本经营预算调出资金	577.50	577.50	100.0	148.2
结转下年支出		413.14		286.7

资料来源:财政部网站。

3.1.3.2 地方国有资本经营支出决算情况

2020年,地方国有资本经营预算支出1 682.52亿元,同比增长28.5%。细分来看,超出预算数最多的项目是其他国有资本经营预算支出,超出幅度达到66%。此外,金融国有资本经营预算支出仅完成预算的33.1%。具体情况如表3—6所示。

表3—6　　　　　　　2020年地方国有资本经营支出决算

项目	预算数（亿元）	决算数（亿元）	决算数/预算数（%）	决算数/上年决算数（%）
一、解决历史遗留问题及改革成本支出	267.53	154.19	57.6	60.9
二、国有企业资本金注入	751.17	936.90	124.7	125.1
三、国有企业政策性补贴	73.19	117.93	161.1	202.1
四、金融国有资本经营预算支出	50.21	16.60	33.1	331.3
五、其他国有资本经营预算支出	275.22	456.90	166.0	187.7
地方国有资本经营支出	1 417.32	1 682.52	118.7	128.5
国有资本经营预算调出资金	792.57	1 339.42	169.0	125.3
结转下年支出		32.37		40.2

资料来源:财政部网站。

3.1.4　社会保险基金决算

2020年,全国社会保险基金支出78 372.17亿元,增长4.9%。下面我们分别说明中央与地方社会保险基金支出决算情况。

3.1.4.1　中央社会保险基金支出决算情况

2020年,中央社会保险基金支出707.13亿元,加上安排给地方的基本养老保险中央调剂基金支出7 370.05亿元与补助下级支出500亿元,支出总量为8 577.18亿元。其中,机关事业单位基本养老保险基金支出少于预算最为明显,决算数仅为预算数的31%。具体情况如表3—7所示。

表 3—7　　　　　　　　2020 年中央社会保险基金支出决算表

项目	预算数（亿元）	决算数（亿元）	决算数/预算数(%)	决算数/上年决算数(%)
一、企业职工基本养老保险基金支出	343.14	337.32	98.3	105.1
二、城乡居民基本养老保险基金支出	0.49	0.47	95.9	120.5
三、机关事业单位基本养老保险基金支出	993.62	307.83	31.0	110.9
四、职工基本医疗保险基金支出	53.94	46.91	87.0	93.4
五、城乡居民基本医疗保险基金支出	8.83	7.16	81.1	87.3
六、工伤保险基金支出	2.78	2.52	90.6	102.4
七、失业保险基金支出	5.02	4.92	98.0	136.7
中央社会保险基金支出小计	1 407.82	707.13	50.2	106.6
其中：社会保险待遇支出	1 400.90	700.45	50.0	107.2
中央调剂基金支出	7 399.72	7 399.72	100.0	117.4
扣除安排给中央单位的中央调剂基金	29.67	29.67	100.0	101.6
安排给地方的中央调剂基金支出	7 370.05	7 370.05	100.0	117.5
补助下级支出		500.00		
中央社会保险基金支出合计	8 777.87	8 577.18	97.7	123.6

资料来源：财政部网站。

3.1.4.2　地方社会保险基金支出决算情况

2020 年，地方社会保险基金支出 77 665.04 亿元，加上基本养老保险中央调剂基金支出 7 379.55 亿元，支出总量为 85 044.59 亿元。其中，失业保险基金支出增长幅度最大，同比增长 64.3%。具体情况如表 3—8 所示。

表 3—8　　　　　　　　2020 年地方社会保险基金支出决算表

项目	预算数（亿元）	决算数（亿元）	决算数/预算数（%）	决算数/上年决算数（%）
一、企业职工基本养老保险基金支出	37 915.98	37 363.5	98.5	108.6
二、城乡居民基本养老保险基金支出	3360.36	3 390.39	100.9	107.7
三、机关事业单位基本养老保险基金支出	13 594.55	13 040.74	95.9	94.8
四、职工基本医疗保险基金支出	13 811.84	12 693.56	91.9	102.0
五、城乡居民基本医疗保险基金支出	8 867.97	8 264.53	93.2	100.0
六、工伤保险基金支出	897.72	807.74	90.0	101.2
七、失业保险基金支出	2 427.87	2 104.58	86.7	164.3
地方社会保险基金支出小计	80 876.29	77 665.04	96.0	104.8
其中：社会保险待遇支出	78 140.98	74 956.68	95.9	103.7
中央调剂资金支出	7 379.55	7 379.55	100.0	117.5
地方社会保险基金支出合计	88 255.84	85 044.59	96.4	105.8

资料来源：财政部网站。

3.2　2021 年财政支出预算安排

2021 年 3 月 5 日，在第十三届全国人民代表大会第四次会议上，财政部发布了《关于 2020 年中央和地方预算执行情况与 2021 年中央和地方预算草案的报告》，该报告对 2021 年一般公共预算、政府性基金预算、国有资本经营预算以及社会保险基金预算的安排情况进行了说明，下面我们对其支出安排情况做简要分析。

3.2.1　一般公共支出预算安排情况

2021 年，全国一般公共支出预算 250 120 亿元（含中央预备费 500 亿元），比上年执行数(扣除地方使用结转结余及调入资金)增长1.8%。赤字35 700亿元,比2020年减少1 900亿元。下面我们将分别说明中央与地方一般公共支出预算安排情况。

3.2.1.1 中央一般公共支出预算安排情况

从中央一般公共支出预算的总体情况来看,2021年中央一般公共支出预算118 885亿元,增长0.4%。其中,中央本级支出35 015亿元,下降0.2%;对地方转移支付83 370亿元,剔除特殊转移支付后增长7.8%;中央预备费500亿元,与2020年预算持平。收支总量相抵,中央财政赤字27 500亿元,比2020年减少300亿元。

从中央一般公共支出预算的具体结构来看,2021年预算数比上年执行数增长最快的项目主要有国防支出、债务付息支出、一般性转移支付与专项转移支付,增长幅度分别达到6.8%、8.3%、7.8%与7.5%;2021年预算数比上年执行数下降较快的项目主要有卫生健康支出、节能环保支出、交通运输支出与商业服务业等支出,下降幅度分别达到33.90%、33.60%、37.20%与25.10%。具体情况如表3—9所示。

表3—9　　　　　　　　2021年中央一般公共预算支出预算表

项目	2020年执行数（亿元）	2021年预算数（亿元）	预算数/上年执行数（%）
一、中央本级支出	35 072.20	35 015.00	99.80
一般公共服务支出	1 711.93	1 470.25	85.90
外交支出	514.06	504.14	98.10
国防支出	12 691.68	13 553.43	106.80
公共安全支出	1 837.19	1 850.92	100.70
教育支出	1 663.21	1 663.44	100.00
科学技术支出	3 226.80	3 227.10	100.00
文化旅游体育与传媒支出	250.24	188.52	75.30
社会保障和就业支出	1 133.06	964.69	85.10
卫生健康支出	342.69	226.40	66.10
节能环保支出	344.26	228.60	66.40
城乡社区支出	77.25	70.06	90.70

续表

项目	2020年执行数（亿元）	2021年预算数（亿元）	预算数/上年执行数（%）
农林水支出	480.69	407.65	84.80
交通运输支出	1165.93	732.67	62.80
资源勘探工业信息等支出	308.56	246.75	80.00
商业服务业等支出	47.16	35.31	74.90
金融支出	639.04	641.87	100.40
自然资源海洋气象等支出	262.19	203.81	77.70
住房保障支出	603.49	627.03	103.90
粮油物资储备支出	1 224.57	1 224.73	100.00
灾害防治及应急管理支出	429.83	401.95	93.50
其他支出	527.21	494.81	93.90
债务付息支出	5 538.95	5 998.24	108.30
债务发行费用支出	52.21	52.63	100.80
二、中央对地方转移支付	83 338.67	83 370.00	100.00
一般性转移支付	69 580.60	75 018.34	107.80
专项转移支付	7 765.92	8 351.66	107.50
特殊转移支付	5 992.15		
三、中央预备费		500.00	
中央一般公共预算支出	118 410.87	118 885.00	100.40
补充中央预算稳定调节基金	1 040.21		

资料来源：财政部网站。

3.2.1.2 地方一般公共支出预算安排情况

2021年，地方一般公共支出预算214 605亿元，增长1.9%。地方财政赤字8 200亿元，比2020年减少1 600亿元，通过发行地方政府一般债券弥补。需要说明的是，地方预算由地方各级人民政府编制，报同级人民代表大会批准，相关汇总数据并未在《关于2020年中央和地方预算执行情况与2021年中央和地方预算草案的报告》中列示，因而限于数据的可得性，本报告中未列示地方支出预算安排的详细科目数据。

3.2.2 政府性基金支出预算安排情况

2021年,汇总中央和地方预算,全国政府性基金预算支出131 265.74亿元,增长11.2%。中央政府性基金支出和地方政府性基金支出的预算安排情况分别如下。

3.2.2.1 中央政府性基金支出预算安排情况

2021年,中央政府性基金预算支出4 059.97亿元,其中,中央本级支出3 325.86亿元;对地方转移支付734.11亿元,调入一般公共预算1亿元。从各项目的增长速度来看,增长最快的是船舶油污损害赔偿基金支出,增长幅度高达448.6%;其次是核电站乏燃料处理处置基金支出与国家电影事业发展专项资金安排的支出,增长幅度分别达到336.7%、251.9%,这主要是上年基数较小所致。此外,增长幅度较大的项目还包括城市基础设施配套费安排的支出与彩票公益金安排的支出,增长幅度分别为122%和79%。具体情况如表3-10所示。

表3-10　　　　　　　　2021年中央政府性基金支出预算表

项目	2020年执行数（亿元）	2021年预算数（亿元）	预算数/上年执行数（%）
一、中央农网还贷资金支出	180.57	216.65	120.0
中央本级支出	180.57	216.65	120.0
二、铁路建设基金支出	513.46	536.45	104.5
中央本级支出	513.46	536.45	104.5
三、民航发展基金支出	290.87	326.24	112.2
中央本级支出	122.59	143.13	116.8
对地方转移支付	168.28	183.11	108.8
四、旅游发展基金支出	5.96	2.91	48.8
中央本级支出	0.76	0.75	98.7
对地方转移支付	5.20	2.16	41.5
五、国家电影事业发展专项资金安排的支出	2.97	10.45	351.9
中央本级支出	2.00	6.82	341.0

续表

项目	2020年执行数（亿元）	2021年预算数（亿元）	预算数/上年执行数（%）
对地方转移支付	0.97	3.63	374.2
六、国有土地使用权出让金收入安排的支出	53.28	61.68	115.8
中央本级支出	53.28	61.68	115.8
七、国有土地收益基金安排的支出	0.01		
中央本级支出	0.01		
八、农业土地开发资金安排的支出	0.02		
中央本级支出	0.02		
九、中央水库移民扶持基金支出	286.06	315.94	110.4
中央本级支出	1.18	1.25	105.9
对地方转移支付	284.88	314.69	110.5
十、中央特别国债经营基金财务支出	632.92	632.92	100.0
中央本级支出	632.92	632.92	100.0
十一、彩票公益金安排的支出	298.75	534.64	179.0
中央本级支出	156.65	480.45	306.7
对地方转移支付	142.10	54.19	38.1
十二、城市基础设施配套费安排的支出	0.41	0.91	222.0
中央本级支出	0.41	0.91	222.0
十三、国家重大水利工程建设基金安排的支出	93.45	126.61	135.5
中央本级支出	12.21	16.67	136.5
对地方转移支付	81.24	109.94	135.3
十四、核电站乏燃料处理处置基金支出	10.39	45.37	436.7

续表

项目	2020年执行数（亿元）	2021年预算数（亿元）	预算数/上年执行数（％）
中央本级支出	10.39	45.37	436.7
十五、可再生能源电价附加收入安排的支出	923.55	890.67	96.4
中央本级支出	838.65	836.03	99.7
对地方转移支付	84.90	54.64	64.4
十六、船舶油污损害赔偿基金支出	0.35	1.92	548.6
中央本级支出	0.35	1.92	548.6
十七、废弃电器电子产品处理基金支出	24.22	30.76	127.0
中央本级支出	24.22	30.76	127.0
十八、彩票发行和销售机构业务费安排的支出	45.42	43.58	95.9
中央本级支出	31.42	31.83	101.3
对地方转移支付	14.00	11.75	83.9
十九、污水处理费安排的支出	0.40	0.38	95.0
中央本级支出	0.40	0.38	95.0
二十、抗疫特别国债支出	7 000.00		
中央本级支出	100.00		
对地方转移支付	6 900.00		
二十一、抗疫特别国债财务基金支出		277.35	
中央本级支出		277.35	
二十二、其他政府性基金支出	76.81	4.54	5.9
中央本级支出	33.13	4.54	13.7
对地方转移支付	43.68		
中央政府性基金支出	10 439.87	4 059.97	38.9
政府性基金预算调出资金	3 002.50	1.00	

续表

项目	2020年执行数（亿元）	2021年预算数（亿元）	预算数/上年执行数（％）
抗疫特别国债收入调入一般公共预算	3 000.00		
新疆兵团政府性基金调入一般公共预算	2.50	1.00	40.0

资料来源：财政部网站。

3.2.2.2 地方政府性基金支出预算安排情况

2021年，地方政府性基金预算支出127 939.88亿元，增长11％。需要说明的是，地方预算由地方各级人民政府编制，报同级人民代表大会批准，相关汇总数据并未在《关于2020年中央和地方预算执行情况与2021年中央和地方预算草案的报告》中列示，因而限于数据的可得性，本报告中未列示地方支出预算安排的详细科目数据。

3.2.3 国有资本经营支出预算安排情况

2021年，中央国有资本经营预算支出1 181.05亿元，增长25.8％。地方国有资本经营预算支出1 568.32亿元，下降6.1％。汇总中央和地方预算，全国国有资本经营预算支出2 647.85亿元，增长4.1％。

表3—11列示了2021年中央国有资本经营支出预算安排情况的相关数据。可以发现，预算数较上年执行数增长幅度最大的项目为国有企业资本金注入，增长幅度达到26.6％。最后，限于数据可得性，本报告中未列示地方国有资本经营支出的详细汇总数据。

表3—11　　　　　2021年中央国有资本经营支出预算表

项目	2020年执行数（亿元）	2021年预算数（亿元）	预算数/上年执行数（％）
一、国有资本经营预算补充社保基金支出	0.21	0.20	95.2
中央本级支出	0.21	0.20	95.2
二、解决历史遗留问题及改革成本支出	209.82	147.80	70.4
中央本级支出	144.45	46.28	32.0

续表

项目	2020年执行数（亿元）	2021年预算数（亿元）	预算数/上年执行数（%）
对地方转移支付	65.37	101.52	155.3
三、国有企业资本金注入	603.27	764.02	126.6
中央本级支出	603.27	764.02	126.6
四、国有企业政策性补贴	113.59	100.20	88.2
中央本级支出	113.59	100.20	88.2
五、其他国有资本经营预算支出	12.17	168.83	
中央本级支出	12.17	168.83	
中央国有资本经营支出	939.06	1 181.05	125.8
国有资本经营预算调出资金	577.50	984.00	170.4
结转下年支出	413.14		

资料来源：财政部网站。

3.2.4 社会保险基金预算安排情况

全国社会保险基金预算按险种分别编制，包括基本养老保险基金（含企业职工基本养老保险、城乡居民基本养老保险）、基本医疗保险基金（含城镇职工基本医疗保险、城镇居民基本医疗保险和新型农村合作医疗）、工伤保险基金、失业保险基金、生育保险基金等社会保险基金。汇总中央和地方预算，2021年，全国社会保险基金支出 86 412.68 亿元，增长 9.6%。其中，中央社会保险基金支出预算 1 579.12 亿元，加上安排给地方的基本养老保险中央调剂基金支出 8 293 亿元，支出总量为 9 872.12 亿元。具体情况如表 3—12 所示。另外，限于数据可得性，本报告中未列示地方社会保险基金支出的详细汇总数据。

表 3—12　　　　2021 年中央社会保险基金支出预算表

项目	2020年执行数（亿元）	2021年预算数（亿元）	预算数/上年执行数（%）
一、企业职工基本养老保险基金支出	336.76	365.04	108.4
二、城乡居民基本养老保险基金支出	0.47	0.52	110.6

续表

项目	2020年执行数（亿元）	2021年预算数（亿元）	预算数/上年执行数（%）
三、机关事业单位基本养老保险基金支出	307.89	1 146.42	372.3
四、职工基本医疗保险基金支出	47.92	51.90	108.3
五、城乡居民基本医疗保险基金支出	7.57	8.47	111.9
六、工伤保险基金支出	2.55	2.91	114.1
七、失业保险基金支出	5.26	3.86	73.4
中央社会保险基金支出小计	708.42	1 579.12	222.9
其中：社会保险待遇支出	701.83	1 573.64	224.2
中央调剂基金支出	7 399.72	8 326.00	112.5
扣除安排给中央单位的中央调剂基金	29.67	33.00	111.2
安排给地方的中央调剂基金支出	7 370.05	8 293.00	112.5
补助下级支出	500.00		
中央社会保险基金支出合计	8 578.47	9 872.12	115.1

资料来源：财政部网站。

3.3 2021年公共财政支出规模分析

3.3.1 预算完成情况

在预算完成方面(见表3—13)，2021年1—12月份全国一般公共预算累计支出246 321.5亿元，完成预算的98.5%，增长0.3%。分中央和地方看，中央一般公共预算支出117 265.9亿元，完成预算的98.6%，下降1%，其中，本级支出35 049.96亿元，完成预算的100.1%，下降0.1%；对地方转移支付82 215.94亿元，完成预算的98.6%，下降1.3%。地方一般公共预算支出211 271.54亿元，增长0.4%。

表 3—13　　　　　　　　　2021 年全国一般公共预算支出情况

类别		预算数		预算执行数	
		金额（亿元）	较2020年执行数增长（%）	金额（亿元）	较2020年执行数增长（%）
全国一般公共支出	总额	250 120.00	1.8	246 321.50	0.3
	全国赤字	35 700.00	−5.1	35 700.00	−5.1
中央一般公共支出	总额	118 885.00	0.4	117 265.90	−1.0
	本级支出	35 015.00	−0.2	35 049.96	−0.1
	对地方的税收返还和转移支付	83 370.00	0.1	82 215.94	−1.3
	中央赤字	27 500.00	−1.1	27 500.00	−1.1
地方一般公共支出	总额	214 605.00	2.0	211 271.54	0.4
	地方赤字	8 200.00	−16.3	8 200.00	−16.3

资料来源：财政部网站。

3.3.2　公共财政支出与收入关系分析

从全年来看（见表 3—14），2021 年全年累计全国一般公共预算支出 246 321.50 亿元，同比增长 0.3%。中央财政加大对地方转移支付力度，全年下达对地方转移支付 82 215.94 亿元，较上年降低 1.3%。与之相对比，全国同期公共财政收入 202 538.88 亿元，同比增长 10.7%。主要原因在于，2021 年国内疫情已基本可控，未出现大规模的扩散现象，疫情对经济的冲击显著降低，非税收入与税收收入均实现同比大幅增长，经济持续稳定恢复和价格上涨等因素拉动公共财政收入增长。例如，国内增值税收入 63 519 亿元，同比增长 11.8%；国内消费税 13 881 亿元，同比增长 15.4%；企业所得税 42 041 亿元，同比增长 15.4%；进口货物增值税、消费税 17 316 亿元，同比增长 19.1%。

通过收支差额对比可以发现，2021 年收支差额回落，有一半的月份收入小于支出，全国一般公共预算支出全年累计超出全国一般公共预算收入 43 783 亿元，较 2020 年减少 18 910 亿元。

表 3—14 2021 年 1—12 月财政支出与收入关系分析

月份	全国一般公共预算支出 金额（亿元）	全国一般公共预算支出 同比增长（%）	全国一般公共预算收入 金额（亿元）	全国一般公共预算收入 同比增长（%）	收支差额（亿元）
1—2	35 733	10.5	41 805	−9.9	6 072
3	22 970	0.2	15 310	42.4	−7 660
4	17 693	−3.4	20 893	29.4	3 200
5	17 157	2.8	18 446	18.7	1 289
6	28 123	7.6	20 662	11.7	−7 461
7	16 252	−4.9	20 600	11.1	4 348
8	17 443	6.2	12 372	2.7	−5 071
9	23 922	−5.3	13 932	−2.1	−9 990
10	14 668	2.9	17 506	−0.1	2 838
11	19 963	8.5	9 726	−11.2	−10 237
12	32 398	−14.2	11 287	−15.8	−21 111
1—12 月累计	246 322	0.3	202 539	10.7	−43 783

注：收支差额根据当月财政收入减去支出得到。

资料来源：财政部网站。

从 2008—2021 年财政支出增长率与收入增长率的关系来看（见图 3—1），受全球金融危机影响，2008—2009 年，一方面，我国财政收入增长率急剧下降；另一方面，国家为应对危机实施积极的财政政策，使财政支出增幅居于高位。2010—2011 年，财政收入大幅回升，收入增长率超过支出增长率；2011—2017 年，除公共财政支出增长率在 2015 年和 2017 年有短期回升之外，公共财政收入和支出均基本呈下滑趋势。其间受宏观经济多种因素影响，尤其是政府扩大营改增试点范围等政策的影响，在减轻企业负担的同时，对财政形成减收。伴随着财政收入的放缓，财政支出增长率也有一定程度的降低。2018 年，在大力实施减税降费背景下，公共财政收入下降幅度不大，超年初预算 0.1% 完成执行，2019 年中央提出减税降费 2 万亿目标，全年公共财政收入增长 3.8%，创近 10 年最低点。2020 年，受新冠肺炎疫情影响，国内经济增长有所放缓，主要税收入与非税收入均出现下滑，导致公共财政收入首次出现负向增长；与此同时，公共财政支出增速也有所放缓,同比增长 2.8%,较 2019 年下降 5.3 个百分点。2021 年,新冠肺炎疫情对国内经济影响减弱,税收收入与非税收入实现大幅回升,全国公共财政收入增长率超过 10%,全国财政收入同比增长 10.3%,实现恢复性增长,财政支出同比增长 0.3%,重点领域支出得到有力保障,财政支出结构优化,政府带头过紧日子,加大民生保障投入。

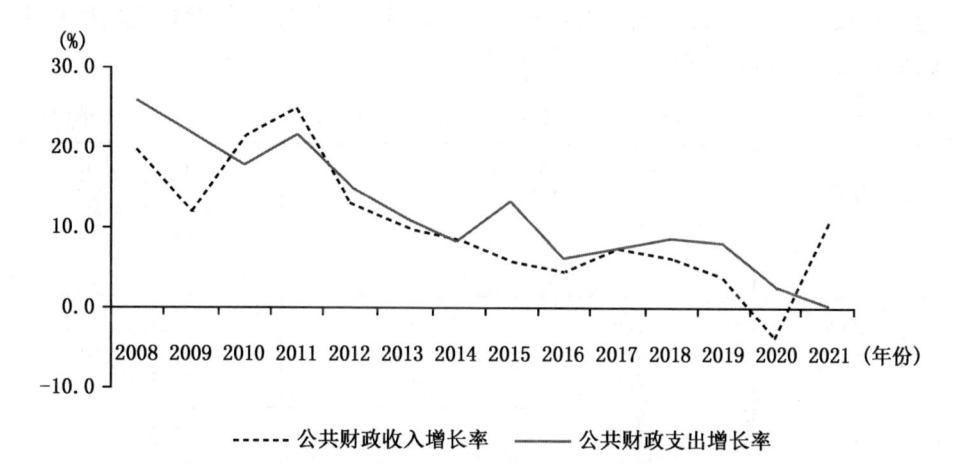

图 3-1　2008-2021 年公共财政收入增长率与支出增长率

3.3.3　公共财政支出与 GDP 关系分析

表 3-15 反映了我国 2008-2021 年公共财政支出、GDP 增长率与公共财政支出占 GDP 的比重情况。从中可以看出:

第一,我国公共财政支出增长率受到经济增长状况的影响。当经济增长趋缓时,财政支出增长率相应下降,但财政支出增长率的下降存在 1-2 期的滞后,并且下降幅度要远低于 GDP 的下降情况。相反,当 GDP 增长率上升时,财政支出的增速立即回升。

第二,除 2016 年和 2021 年外,我国公共财政支出增长率均超过 GDP 增长率。这主要是因为:当经济增长速度放缓时,政府往往趋向于采用扩张性政策以刺激经济,因此在经济增长放缓时,财政支出的增长速度反而提高;当经济增长速度提高时,由于财政刚性,财政支出的增速即使下降,也不会有大幅度的降低,同时由于棘轮效应的存在,在经济增长较快时,财政支出也无法大幅度下降,从而使得在绝大多数年份,公共财政支出的增长速度都超过 GDP 的增长速度。

第三,2008—2016年,公共财政支出占GDP比重不断提高,基本呈逐年增加态势,公共财政支出占GDP的比重由不足20%一度上升到25%以上。2017—2020年,公共财政支出占GDP比重整体呈现下降趋势,但总体数值变化不到1个百分点。2021年,公共财政支出占GDP比重下降明显,主要原因是上年经济速度增长放缓对2021年财政支出存在滞后效应,导致2021年财政支出增长率较低,从而导致财政支出占GDP比重下降。

表3—15　　　　2008—2021年公共财政支出与GDP的关系　　　　单位:%

年份	增长率 公共财政支出	增长率 GDP	公共财政支出占GDP比重
2008	25.7	9.7	19.6
2009	21.9	9.2	21.9
2010	17.8	10.5	21.8
2011	21.6	9.3	22.4
2012	15.3	7.7	23.4
2013	11.3	7.7	23.6
2014	8.3	7.4	23.7
2015	13.2	6.9	25.6
2016	6.3	6.7	25.4
2017	7.6	6.9	24.7
2018	8.7	6.7	24.5
2019	8.1	6.1	24.1
2020	2.8	2.3	24.2
2021	0.3	8.1	21.5

资料来源:财政部网站和国家统计局网站,并经计算得到。

3.4 2021年公共财政支出结构分析

3.4.1 公共财政支出的月度结构

2021年1—12月份全国一般公共预算支出执行情况如表3—16所示。2021年，全国一般公共预算支出246 321.50亿元，比2020年增加734亿元，增长0.3%。

表3—16　　　2021年1—12月全国一般公共预算支出及增长情况

月份	全国一般公共预算支出（亿元）	比上年同期增加额（亿元）	同比增长（%）	所占比重（%）
1—2	35 733	3 383	10.5	14.51
3	22 970	36	0.2	9.33
4	17 693	－619	－3.4	7.18
5	17 157	472	2.8	6.97
6	28 123	1 993	7.6	11.42
7	16 252	－836	－4.9	6.60
8	17 443	1 017	6.2	7.08
9	23 922	－1 338	－5.3	9.71
10	14 668	414	2.9	5.95
11	19 963	1 556	8.5	8.10
12	32 398	－5 344	－14.2	13.15
1—12月累计	246 322	734	0.3	100.00

资料来源：财政部网站。

分季度来看，第一、二、三及四季度的支出数额分别为58 703亿元、62 973亿元、57 617亿元和67 029亿元。从各月支出情况来看，每季度最后一个月的支出都比前两个月的支出要大，即在3月份、6月份、9月份与12月份都有较大的支出，这4个月的支出所占的比重都是当季最高的，这反映了各预算单位在季末"突击花钱"的现象仍然存在。2021年12月份支出数额为32 398亿元，占全年总支出的比重为 13.15%,这一比例相比上年有所下降,回落到 2018 年、2019 年的水平。这表明,年末"突击花钱"的现象相比于 2020 年有所减弱,主要原因可能是,各级将减税降费政策执行到年末,"吃准"了全年财政收入之后,再量入为出地执行支出项目。

3.4.2 公共财政支出的上下级结构分析

表 3—17 反映了我国 2001—2021 年中央本级和地方财政的支出数额及比重情况。从中可以看出,无论是中央本级还是地方,财政支出的数额都逐年递增,中央本级财政支出数额由 2001 年的 5 768 亿元增加至 2021 年的 35 050 亿元;同期地方财政支出数额由 13 135 亿元增加到 211 272 亿元。但从中央和地方财政支出占总支出比例来看,2001—2011 年,中央本级财政支出占比持续下降,由 2001 年的 30.5% 下降到 2011 年的 15.2%,而地方财政支出比例在 2001—2011 年期间逐年增加,由 69.5% 增加到 84.8%;到 2012 年之后,两项指标都趋于稳定。就这一财政支出结构而言,联系财政收入由中央政府占据较大的比例,说明中央对于地方的转移支付的力度很大,且有不断提升的趋势。中央转移支付力度的加大,一方面有利于促进地方之间的平衡;另一方面也说明中央对财政收入的控制能力不断加强,即"分税制"以来财政的"集权"程度反而不断加强了,这对于地方积极性的提升存在一定的不利影响。

表 3—17　　　　　　　　中央本级和地方财政支出数额及比重

年份	绝对数(亿元)			比重(%)	
	全国	中央本级	地方	中央本级	地方
2001	18 903	5 768	13 135	30.5	69.5
2002	22 053	6 772	15 281	30.7	69.3
2003	24 650	7 420	17 230	30.1	69.9
2004	28 487	7 894	20 593	27.7	72.3
2005	33 930	8 776	25 154	25.9	74.1
2006	40 423	9 991	30 431	24.7	75.3
2007	49 781	11 442	38 339	23.0	77.0
2008	62 593	13 344	49 248	21.3	78.7

续表

年份	绝对数(亿元)			比重(%)	
	全国	中央本级	地方	中央本级	地方
2009	76 300	15 256	61 044	20.0	80.0
2010	89 874	15 990	73 884	17.8	82.2
2011	108 930	16 514	92 416	15.2	84.8
2012	125 712	18 765	106 947	14.9	85.1
2013	139 744	20 472	119 272	14.7	85.4
2014	151 662	22 570	129 092	14.9	85.1
2015	175 768	25 549	150 219	14.5	85.5
2016	187 841	27 404	160 437	14.6	85.4
2017	203 330	29 859	173 471	14.7	85.3
2018	220 906	32 708	188 198	14.8	85.2
2019	238 874	35 115	203 759	14.7	85.3
2020	245 588	35 096	210 492	14.3	85.7
2021	246 322	35 050	211 272	14.2	85.8

资料来源:财政部网站和《中国财政年鉴》,并经计算得到。

3.5 2021年财政支出重点项目分析

2021年,全国一般公共预算支出246 322亿元,同比增长0.3%。其中,中央一般公共预算本级支出35 050亿元,同比下降0.1%;地方一般公共预算支出211 272亿元,同比增长0.3%。主要支出科目方面,教育支出37 621亿元,同比增长3.5%;科学技术支出9 677亿元,同比增长7.2%;文化旅游体育与传媒支出3 986亿元,同比下降6.1%;社会保障和就业支出33 867亿元,同比增长3.4%;卫生健康支出19 205亿元,同比下降0.1%;节能环保支出5 536亿元,同比下降12.6%;城乡社区支出19 450亿元,同比下降2.5%;农林水支出22 146亿元,同比下降7.5%;交通运输支出11 445亿元,同比下降6.2%;债务付息支出10 456亿元,同比增长6.6%。

综合考虑各项支出的数额大小以及增长情况，本节我们选取了教育支出、社会保障和就业支出、卫生健康支出、住房保障支出、文化旅游体育与传媒支出、农林水支出与国防支出作为重点项目进行分析。

3.5.1 教育支出

教育投入是支撑国家长远发展的基础性、战略性投资，是教育事业的物质基础，把教育摆在突出位置予以重点保障是公共财政的重要职能。2017—2021年，全国一般公共预算教育支出分别约为 3.02 万亿元、3.22 万亿元、3.48 万亿元、3.64 万亿元、3.76 万亿元，呈现逐年增长趋势，我国财政在教育支出方面始终保持较大力度和规模。2021 年，在全国一般公共预算支出中，教育支出占比高达 15.3%，居各项支出之首。各地方要按规定履行教育领域财政事权的责任，充分调动地方因地制宜发展区域内教育事业的积极性和主动性。各地区、各有关部门要切实加强组织领导，确保财政教育投入持续稳定增长，全面实施预算绩效管理，优化支出结构，着力提高教育领域资金使用效益，合理划分省以下教育领域财政事权和支出责任。自 2012 年起，国家财政性教育经费支出已连续 10 年占国内生产总值 4% 以上。2021 年，用于教育的全国财政支出为 37 621 亿元，同比增长 3.5%。

2021 年的教育支出主要用于推动教育高质量发展，巩固并完善城乡统一、重在农村的义务教育经费保障机制。主要包括：①提高农村义务教育学生营养膳食补助标准，3 700 多万学生受益。②改善职业院校办学条件，支持超额完成高职扩招三年行动目标。③推动高等教育内涵式发展，中央高校经费支出向高层次人才培养和基础研究倾斜。④国家助学贷款每人每年最高额度增加 4 000 元，惠及 500 多万在校生。⑤中央财政学生资助补助经费支出增长 14.7%，3 400 多万人次受益。

3.5.2 社会保障和就业支出

社会保障是保障和改善民生、维护社会公平、增进人民福祉的基本制度保障。党的十八大以来，我国社会保障体系建设进入快车道，建成了世界上规模最大的社会保障体系。截至 2021 年底，全国基本养老、失业、工伤保险参保人数分别为 10.3 亿人、2.3 亿人、2.8 亿人，同比分别增加 3 007 万人、1 268 万人、1 521 万人。2021 年，我国社会保障制度改革迈出新步伐，社会保障水平稳步提升,社保基金投资运营和监管稳步开展,社保经办能力进一步提升。

2021年,全国财政安排社会保障和就业支出33 867亿元,同比增长3.4%。资金的使用方向主要有:①退休人员基本养老金提高4.5%左右。企业职工基本养老保险基金中央调剂比例提高至4.5%。②城乡居民基本医疗保险、基本公共卫生服务经费人均财政补助标准分别提高到每人每年580元、79元。把更多常见病等门诊费用纳入医保报销范围,住院费用跨省直接结算率达到60%。③低收入家庭重病重残人员纳入低保范围,做好困难群众帮扶救助。④优抚对象抚恤和生活补助标准提高10%左右。安排资金向老党员发放一次性生活补助金。

3.5.3 卫生健康支出

人民生命安全和身体健康是人类发展进步的前提。《中华人民共和国国民经济和社会发展第十四个五年规划和2035年远景目标纲要》提出,把保障人民健康放在优先发展的战略位置,全面推进健康中国建设,坚持预防为主的方针,为人民提供全方位全周期健康服务。自2009年4月启动医改工作以来,各级财政部门优化财政支出结构,不断加大卫生健康投入,为医改的成功推进提供了强有力的资金保障。通过政策创新和相应的制度安排,确保了医改的顺利实施。各地财政部门切实发挥财政职能作用,持续增加医疗卫生事业投入,守护人民群众健康。

2009—2021年,我国医疗卫生体制改革与制度创新进展迅猛,我国医疗卫生事业得到快速发展,国家财政对卫生健康的投入不断增加,2009—2021年占财政支出的比例从4.4%提高到9%,全国财政卫生健康支出预算安排自2014年首破万亿元大关后,继续保持增长。2021年,全国财政继续加大在医疗卫生方面的支出,比如居民医保、基本公共卫生服务经费人均财政补助标准分别提高到每人每年580元和79元。

3.5.4 住房保障支出

努力让更多的人特别是低收入群体"居者有其屋"是我们党和国家的住房政策,各地财政部门从公租房、老旧小区、棚改工程、保障性租赁住房等多维度发力,形成"住有所居""住有宜居""居有所安"同步推进的住房保障格局。自2020年末中央经济工作会议提出"高度重视保障性租赁住房建设"以来,国家有关部门迅速出台配套支持政策,各地积极细化落实措施,保障性租赁住房建设进程加速推进。2021年,全国财政住房保障支出主要用于支持各地新开工改造城镇老旧小区5.6万个等方面。

值得一提的是,为规范中央财政城镇保障性安居工程专项资金的使用和管理,提高资金使用效益,财政部、住房和城乡建设部决定从2014年开始,将中央补助廉租住房保障专项资金、中央补助公共租赁住房专项资金和中央补助城市棚户区改造专项资金,归并为中央财政城镇保障性安居工程专项资金。2022年初,财政部与住房和城乡建设部共同发布《中央财政城镇保障性安居工程补助资金管理办法》,该办法进一步规范了中央财政城镇保障性安居工程补助资金管理,同时规定了补助资金支持范围,包括租赁住房保障、城镇老旧小区改造、城市棚户区改造。

3.5.5 文化旅游体育与传媒支出

文化充分发挥引领风尚、教育人民、服务社会、推动发展的作用,文化和旅游发展为全面建成小康社会提供强有力的支撑。"十三五"期间,现代公共文化服务体系"四梁八柱"的制度框架基本建立,覆盖城乡的公共文化设施网络更加健全。文化事业和文化产业成为满足人民美好生活需要、推动高质量发展的重要支撑,在党和国家工作全局中的地位和作用愈加突出。

2021年,文化旅游体育与传媒投入仍维持高位水平,全国财政安排文化旅游体育与传媒支出3 986亿元,同比下降6.1%,资金主要用于完善公共文化服务体系建设,包括推动实施公共数字文化建设、广播电视户户通、戏曲公益性演出等项目,5万余个博物馆、图书馆等向社会免费开放。支持开展全民健身活动和重大体育赛事,强化国家队经费保障,做好东京奥运会和残奥会备战参赛工作,大力支持举办北京冬奥会和冬残奥会等。

3.5.6 农林水支出

重农固本是安民之基,任何时候都不能忽视农业、忘记农民、淡漠农村,坚持把解决好"三农"问题作为全党工作重中之重。2021年的"中央一号"文件连续第18年聚焦"三农"。财政部门始终把支持解决好"三农"问题作为财政工作的重中之重,要全力支持做好新时代"三农"工作,准确把握"三农"工作科学方法论,不断提高做好财政支持"三农"工作的能力和水平,不断完善财政支持"三农"工作体制机制,着力解决脱贫攻坚、农民增收、农村民生保障和人居环境改善等"三农"领域的重点难点堵点问题,着力构建完善财政支持实施乡村振兴战略的政策体系和体制机制,增强工作实效,推动"三农"工作迈上新台阶、开创新局面。具体来说,主要有以下几个方面:

第一,坚持农业农村优先发展,持续加大财政投入力度。要始终坚持农业农村优先发展的总方针,尽力而为、量力而行,进一步健全投入保障制度,创新投融资机制,拓宽资金筹措渠道,推动形成财政优先保障、金融重点倾斜、社会积极参与的多元投入格局。

第二,坚持立足国内、保证自给的方针,支持农业高质量发展。要积极发挥财政职能作用,继续把保障国家粮食安全作为头等大事,强化对重点农产品、畜牧产品生产的支持,推动提高我国农业综合效益和竞争力,实现由农业大国向农业强国转变。

第三,坚持生态优先、绿色发展导向,支持推动乡村生态振兴。要自觉践行绿色发展理念,加强农业农村污染治理和生态环境保护,让良好生态成为乡村振兴支撑点。

第四,坚持保障和改善农村民生,大力支持城乡基本公共服务均等化。要继续把支持城乡基本公共服务均等化作为财政政策的重要着力点,持续加大财政投入力度,为促进城乡融合发展提供坚实保障。

第五,坚持走乡村善治之路,推动建立健全现代乡村社会治理体系。要大力支持做好乡村社会治理各项工作,推动乡村治理创新,让农村既充满活力又和谐有序。

第六,坚持精准扶贫精准脱贫基本方略,全力支持打赢脱贫攻坚战。要全面落实好《中共中央 国务院关于打赢脱贫攻坚战三年行动的指导意见》,确保2020年如期打赢脱贫攻坚战,并加强脱贫攻坚任务完成后与乡村振兴战略的衔接。

2021年,中央财政用于"三农"的支出安排合计22 146亿元,同比下降7.5%,主要用于:一是稳定帮扶政策。中央财政衔接推进乡村振兴补助资金继续增加,对160个国家乡村振兴重点帮扶县加大支持力度。在832个脱贫县,延续实施涉农资金统筹整合试点政策。加强农村低收入人口常态化帮扶,切实防止规模性返贫。二是支持保障国家粮食安全。实施新一轮农机购置补贴政策。三是应对农资价格上涨等影响,对种粮农民一次性发放200亿元补贴。大幅增加制种大县奖励资金,支持开展全国农作物种质资源普查,提升种业全链条发展水平。在 13 个粮食主产省份 60% 的产粮大县开展三大粮食作物完全成本保险和种植收入保险,政策性农业保险为 1.88 亿户次农户提供风险保障。四是支持新建 50 个国家现代农业产业园、50 个优势特色产业集群和 298 个农业产业强镇;支持落实区域重大战略;等等。

3.5.7 国防支出

2021 年,中央预算安排国防支出 13 557.58 亿元,比上年执行数增长 6.8%,完成预算的 100%。我国始终着眼于国家安全与发展需要,依据国家经济发展水平和国防需求,合理确定国防费规模结构,力争实现国防建设与经济建设协调发展。我国国防费的增长,是与国家经济和财政支出同步的协调增长。近年来增长的国防费主要用于以下 5 个方面:一是适应国家经济社会发展,提高和改善官兵生活福利待遇,落实军队人员工资收入定期增长机制,持续改善基层部队工作、训练和生活保障条件;二是加大武器装备建设投入,淘汰更新部分落后装备,升级改造部分老旧装备,研发采购航空母舰、作战飞机、导弹、主战坦克等新式武器装备,稳步提高武器装备现代化水平;三是深化国防和军队改革,保障军队领导指挥体制、部队规模结构和力量编成、军事政策制度等重大改革;四是保障实战化训练,保障战略训练、战区联合训练、军兵种部队训练等,加强模拟化、网络化、对抗性训练条件建设;五是保障多样化军事任务,保障国际维和、护航、人道主义救援、抢险救灾等行动。

3.6 财政支出总结与展望

3.6.1 2021 年财政支出总结

2021 年是党和国家历史上具有里程碑意义的一年。面对复杂严峻的国内外形势和诸多风险挑战,以习近平同志为核心的党中央团结带领全国各族人民砥砺奋进,各项事业取得新的重大成就。各地区各部门以习近平新时代中国特色社会主义思想为指导,深入贯彻党的十九大和十九届历次全会精神,坚决落实党中央、国务院决策部署,严格执行十三届全国人大四次会议审查批准的预算,扎实做好"六稳"工作、全面落实"六保"任务,有效应对各种风险挑战,我国经济发展和疫情防控保持全球领先地位,构建新发展格局迈出新步伐,高质量发展取得新成效,实现"十四五"良好开局。中央和地方预算执行情况较好。全年财政支出运行主要呈现以下特点:

一是财政收入完成预算。2021年,全国一般公共预算收入20.25万亿元,与2012年的11.73万亿元相比,接近翻一番。具体来看,2021年收入比上年增长10.7%,与2019年相比增长6.4%,完成收入预算。其中,中央一般公共预算收入9.15万亿元,比上年增长10.5%;地方一般公共预算本级收入11.1万亿元,比上年增长10.9%。中央和地方均有一定超收,主要是经济恢复性增长,再加上工业生产者出厂价格指数涨幅较高等因素拉动。

二是财政支出控制在人大批准的预算以内。全国一般公共预算支出24.63万亿元,同比增长0.3%。其中,中央一般公共预算本级支出3.5万亿元,比上年下降0.1%;地方一般公共预算支出21.13万亿元,比上年增长0.3%。

三是减税降费政策有效落实。财政部坚持把减税降费作为深化供给侧结构性改革的关键之举,精准实施减税降费,突出支持制造业升级和中小微企业及个体工商户。在"十三五"期间累计减税降费超过7.6万亿元基础上,2021年又新增减税降费超1万亿元;特别是三季度以来,为缓解企业资金困难和经营压力,允许企业提前享受前三季度研发费用加计扣除等政策,帮助企业特别是中小微企业、个体工商户缓解困难、更好发展,留住青山、赢得未来,实现"放水养鱼""水多鱼多"的良性循环。

四是强化跨周期调节,促进经济持续稳定恢复。按照党中央、国务院决策部署,强化跨周期调节,根据经济运行情况把握债券发行力度和节奏,总体上前慢后快。第一季度经济恢复态势较好,适当放缓总体发行节奏;下半年面对新的经济下行压力,加快地方债券特别是专项债券发行使用,地方新增专项债券发行超过全年发行额的七成;第四季度专项债券安排的支出约占全年支出总额的五成,带动扩大有效投资,促进经济运行在合理区间。

五是坚持政府过紧日子,民生保障有力有效。各级政府带头过紧日子,从严控制一般性支出,加强"三公"经费管理,努力降低行政运行成本。同时基层"三保"等重点领域支出得到有力保障,全国教育支出3.76万亿元,比上年增长3.5%;社会保障和就业支出3.39万亿元,比上年增长3.4%;卫生健康支出1.92万亿元,在2020年疫情防控高基数增长的基础上(上年增长了15.3%),2021年继续保持较高强度,支出规模与上年基本持平。

六是直达资金效能继续提升,惠企利民精准有效。财政部门实施常态化财政资金直达机制并扩大范围,全年中央财政共下达直达资金预算指标2.8万亿元,各地累计实现实际支出2.67万亿元,占中央财政已下达的95%,为地方落实惠企利民政策和做好"六稳""六保"工作提供更大的财力保障。

同时,预算执行和财政工作中还存在一些困难和问题。主要是:一些地方特别是市县财政收支矛盾突出,"三保"支出压力加大。有的地方减税降费助企纾困政策未有效落实,乱罚款、乱收费、乱摊派现象禁而未绝。部分地方专项债券项目储备不足,债券资金闲置,投向领域不合规。新增隐性债务情况仍然存在,有的地方政府债务负担较重,部分地方偿债压力较大。部分预算编制还不够精准细化,预算执行严肃性需要进一步增强。一些项目绩效目标设定不科学,绩效自评不够客观,资金使用效率有待提高。一些地方违规兴建楼堂馆所、一些企业财务造假等现象时有发生,财经纪律和财会监督需要进一步强化。有的地方和部门关于过紧日子的相关措施还没有落实到位。

3.6.2　2022年财政支出展望

2022年是继往开来、接续奋斗的一年,中国共产党第二十次全国代表大会将于2022年下半年在北京召开,党的二十大是我们党在进入全面建设社会主义现代化国家、向第二个百年奋斗目标进军新征程的重要时刻召开的一次十分重要的代表大会,是党和国家政治生活中的一件大事。同时,地缘政治冲突使国际局势更加复杂,我国经济面临需求萎缩、供给冲击和预期转弱三重压力,我国宏观政策应更好地统筹发展和安全,扎实做好"六稳"工作、全面落实"六保"任务,加快形成国内国际双循环新发展格局。

总体来看,2022年财政收支形势依然严峻,必须加强财政资源统筹。积极的财政政策要提质增效,提高财政收支可持续性,继续深化财税改革。一是提高财政收支赤字透明度,从四本账综合收支赤字评估财政政策的宏观效应;二是优化财政支出结构;三是优化政府债务管理;四是完善社会保险制度;五是完善减税降费的制度建设;六是积极防控地方政府潜在债务风险。我们预计2022年的财政支出安排将具有如下特征:

第一,全国一般公共预算支出上涨,财政收入继续增长,赤字水平相比上年有所下调。2021年,新冠肺炎疫情在全国范围内影响可控,经济增长实现8.1%的增速,全国一般公共预算收入202 538.88亿元,比2020年增长

10.7%。2021年新冠肺炎疫情带来的影响已经减弱,预计2022年我国受疫情的影响会进一步减弱,市场主体的活力和动力有所增强,经济稳定恢复态势不断巩固,为财政收入增长奠定坚实的基础。与此同时,从财政支出来看,逆周期调节需要财政支出保持更大力度,各领域对财政资金需求很大:支持产业升级、落实创新驱动、突破"卡脖子"技术封锁、推进产业链供应链现代化、大力推进扩大内需促进消费、支持生态文明建设、推进乡村振兴、实现城乡区域经济协同发展、提升公共卫生服务水平、保障改善民生等方面都需要财政资金的进一步投入。综合来看,我们预计2022年国内公共财政赤字可能会有所减少。

第二,财政政策要加大减负纾困力度,增强市场主体活力。坚持阶段性措施和制度性安排相结合,减税与退税并举。2021年全年新增减税降费超过1万亿元,并对制造业中小微企业、煤电和供热企业实施阶段性缓缴税费,提高小规模纳税人增值税起征点、小微企业所得税优惠、扩大先进制造业增值税留抵退税政策适用范围,取消、免征或降低部分政府性基金和行政事业性收费。2022年,经济仍然存在下行压力,经济面临需求萎缩、供给冲击和预期转弱三重压力。财政政策预计会扩大退税减税规模,增大增值税留抵退税力度;深化税制改革,降低企业所得税,切实缓解企业资金压力。

第三,坚持党政机关过紧日子,建设节约型机关、节约型社会。中央各部门带头过紧日子,重点保障刚性支出、急需支出,从严控制一般性支出,强化"三公"经费预算管理,努力降低行政运行成本。2020—2021年期间,中央本级"三公"经费预算累计下降36%。同时,加强对"三公"经费支出事项必要性、合理性的审核,强化"三公"经费执行管理。地方各级政府也将从严从紧,把更多财政资源腾出来,用于改善基本民生和支持市场主体发展,切实做到节用为民。各地将健全财政支出约束机制,盘活财政存量资金和闲置资产,推进行政事业单位资产共享共用,不断完善过紧日子的制度体系,加强落实情况评估。预计2022年,中央部门支出能够实现下降。

第四,增加中央对地方转移支付规模,推动财力下沉,支持基层做好"三保"工作。2021年,财政部加大转移支付力度,并积极向中西部地区倾斜、向基层倾斜。2022年,预计将进一步增加中央对地方转移支付,特别是一般性转移支付规模,向困难地区和欠发达地区倾斜。2021年以来,财政部不折不扣地落实有关要求,构建过紧日子长效机制。同时,把基层"三保"作为预算管理的重中之重,在较大幅度增加中央对地方财力支持的基础上,强化地方责任落实,加大财力下沉力度,切实兜牢兜实基层"三保"底线。2022年,预计将进一步支持基层落实"助企纾困"政策和保基本民生、保工资、保运转,最大限度地下沉省级财政财力,完善常态化财政资金直达机制,进一步扩大范围,推动资金快速精准下达和使用。

3.7 本章小结

本章在对2020年财政支出进行回顾的基础上,对2021年我国财政支出预算安排的基本情况进行了全面分析。一方面,基于财政支出规模角度,重点关注公共财政支出与收入的关系和公共财政支出与GDP的关系,不仅局限于对当年的数据内涵的解读,更注重沿纵向时间轴的趋势分析;另一方面,基于财政支出结构角度,从月度结构、中央与地方上下级结构等多方面对2021年财政支出加以系统阐释,对2021年财政支出重点项目进行了逐一分析。最后,对2022年财政支出做出了展望。

第 4 章　中国财政经济运行计量分析

4.1　概　述

本章采用计量经济模型,对中国财政经济体系进行分析和评价。虽然由于时间序列数据的不连续、统计口径的不完全一致以及宏观经济变量的时间滞后性等,使得建立一个完整的财政经济计量模型体系存在着相当大的困难,但我们仍尝试构建计量模型,力图反映出我国财政经济体系主要变量的运动轨迹、变化规律以及它们之间的相互影响关系。

财政的良好运转在国民经济体系和社会发展中作用巨大。财政是实现国家宏观调控的重要手段之一,对实现资源的优化配置起着重要作用。国家通过对财政收支数量和方向的控制,有利于实现社会总需求和总供给的平衡及结构的优化,保证国民经济的持续、快速和健康发展。同时,财政也可以有力地促进科学、教育、文化、卫生事业的发展。此外,财政还可以通过税收和社会保障支出,对社会分配进行广泛的调节。可以说,财政问题渗透到一国经济和社会发展的方方面面,处理和分析财政问题仅仅从定性的角度去分析和理解是不充分的,往往还需要结合现实数据,从定量的角度进行探究和讨论,从而全面把握财政问题。从计量角度连续地对财政体系进行建模分析,可以宏观地描述和预测财政经济体系主要变量的未来取值、范围和趋势,从总体上把握我国财政经济体系的运行规律,为相关财税政策的制定提供理论依据。

在建模的设计中,为便于事后对预测精度进行分析,我们基本保证所选择的预测指标与同名的官方统计指标具有相同的统计口径,在此基础上尽可能准确地确定中国财政计量经济模型的变量。在模型结构设定和行为方程设计上,尽可能地遵循中国财政和经济体系运行的客观过程和实际结构。在建模方法上,除了传统的最小二乘之外,本章还运用时间序列的协整理论分析。如果数据是平稳的,则采用传统的最小二乘法;如果数据是单位根过程,则采用协整估计和等价的误差纠正估计。

本章的第二部分简要介绍基本的建模思路、方法和数据,第三部分简要介绍数据来源和统计描述,第四部分展示计量分析结果。

4.2 经济模型构建的基本思路和方法

一般而言,构建经济系统模型遵循两种思路:一种是基于机理(或者理论)的分析,在经济学理论的指导下,运用数理分析方法,对经济系统中关键因素之间所满足的守恒律或者因果关系予以描述,用意刻画各种因素之间的关联以及相互影响机制,从而反映出经济系统的运行状态;另一种是基于数据(或计量)的分析,主要利用经济系统中关键因素的时间数据或者空间数据,通过时间序列或者面板数据分析等计量工具,描述各个因素之间的相关性和因果律,从而反映经济系统中的关键指标或变量在时间、空间上的变化规律及其相互影响。目前,这两种建模思路有相互融合的趋势,或者说,仅仅依靠机理分析或者数据分析,都不能全面、客观地揭示出经济系统的复杂运行机制。

在计量的方法选取上,考虑到时间序列的伪回归以及经济惯性,本文采用如下方式处理:

为降低数据的波动性,采取对变量的水平值取对数并适当加以差分以消除趋势,运用 ADF 检验法对时间序列进行变量平稳性检验。对平稳序列的处理,采用普通最小二乘法估计;而对非平稳序列的处理,采用线性协整估计,并给出其误差纠正形式。

4.3 数据来源及主要变量的描述统计分析

需要说明的是,由于我国对 2007 年度财政支出分类科目进行了大规模的调整,与 2011 年的发展报告一样,在财政支出的计量分析模型中,本文采用 2007 年以后的月度数据进行分析,并且在财政计量分析模型中不包含预算外的收入和支出方程。此外,本文的计量建模和数据分析采用 STATA 16 软件,数据来源为中国经济信息网统计数据库(详见表 4—1)。

表 4—1　　　　　　　　　　　数据来源说明

数据名称(单位:亿元)	数据来源
财政总收入年度数据(1979—2021)	中经网统计数据库
税收总收入年度数据(1979—2021)	中经网统计数据库
中央财政收入年度数据(1979—2021)	中经网统计数据库
地方财政收入年度数据(1979—2021)	中经网统计数据库
国内生产总值年度数据(1979—2021)	中经网统计数据库
第二产业增加值年度数据(1980—2021)	中经网统计数据库
第三产业增加值年度数据(1980—2021)	中经网统计数据库
工业增加值年度数据(1985—2021)	中经网统计数据库
增值税收入年度数据(1985—2021)	中经网统计数据库
营业税收入年度数据(1985—2016)	中经网统计数据库
关税收入年度数据(1980—2021)	中经网统计数据库
进口总额年度数据(1980—2021)	中经网统计数据库
社会消费品零售总额年度数据(1985—2021)	中经网统计数据库
财政总支出年度数据(1979—2021)	中经网统计数据库
中央财政支出年度数据(1979—2021)	中经网统计数据库
地方财政支出年度数据(1979—2021)	中经网统计数据库
一般公共服务支出月度数据(2007.1—2018.12)	中经网统计数据库
教育支出月度数据(2007.1—2022.6)	中经网统计数据库
科学技术支出月度数据(2007.1—2022.6)	中经网统计数据库
社会保障支出月度数据(2007.1—2022.6)	中经网统计数据库
环境保护支出月度数据(2007.1—2022.6)	中经网统计数据库
卫生健康支出月度数据(2007.1—2022.6)	中经网统计数据库
城乡社区事务支出月度数据(2007.1—2022.6)	中经网统计数据库
农林水事务支出月度数据(2007.1—2022.6)	中经网统计数据库
交通运输支出月度数据(2007.1—2022.6)	中经网统计数据库

对表 4—1 中的几个主要变量，特别是 GDP 和财政总收入、财政总支出数据，我们分别进行拟合。我国改革开放以来经济持续增长，相应的财政收入和支出也呈现持续增长，这可以从图 4—1 的简单散点图中看出。而要准确估计财政收入、财政支出与 GDP 等主要变量之间的关系，则需要进一步的计量实证分析。

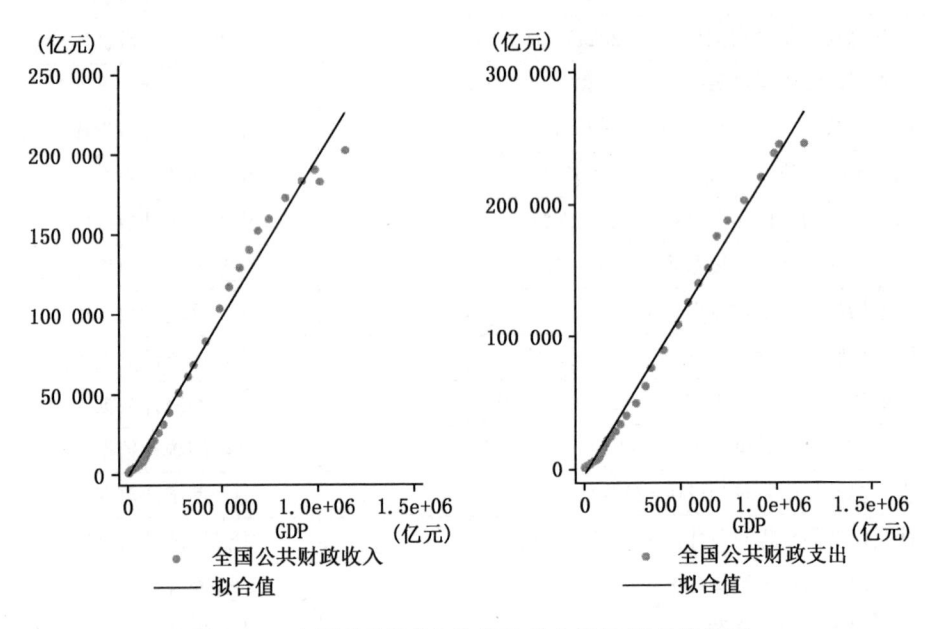

图 4—1 全国财政总收入和财政总支出与 GDP 的关系

4.4 中国财政计量经济模型的设定

4.4.1 财政收入计量经济模型

财政收入计量经济模型包括总量模型和收入增长模型。

4.4.1.1 收入总量模型中设计有 4 个方程

(1)财政总收入和税收总收入之间的关系方程；财政总收入增量和税收总收入增量之间的关系方程。

(2)税收总收入与国内生产总值之间的关系方程；税收总收入增量与国内生产总值增量之间的关系方程。

(3)增值税收入和工业总产值增量之间的关系方程；增值税收入和最终消费之间的关系方程。

(4)关税收入与进口总额之间的关系方程。

4.4.1.2 收入增长模型中设计有4个方程

(1)中央财政收入增长率与地方财政收入增长率对财政总收入增长率的贡献作用分析方程；

(2)税收总收入增长率与国内生产总值增长率之间的关系方程；

(3)财政收入增长率与第二产业增加值及第三产业增加值之和的增长率之间的关系方程；

(4)财政收入增长率与营业税收入增长率、增值税收入增长率之间的关系方程。

4.4.2 财政支出计量经济模型

财政支出计量经济模型包括支出总量模型和支出增长模型

4.4.2.1 支出总量模型中设计有10个方程

(1)财政总支出与财政总收入、国内生产总值之间的关系方程；

(2)一般公共服务支出与财政收入的关系方程；

(3)教育支出与财政收入的关系方程；

(4)科学技术支出与财政收入的关系方程；

(5)社会保障和就业支出与财政收入的关系方程；

(6)环境保护支出与财政收入方程；

(7)卫生健康支出与财政收入方程；

(8)城乡社区事务支出与财政收入方程；

(9)农林水事务支出与财政收入方程；

(10)交通运输支出与财政收入方程。

4.4.2.2 支出增长模型中设计有2个方程

(1)中央财政支出增长率与地方财政支出增长率对财政总支出增长率的贡献作用分析方程；

(2)一般公共服务支出增长率、教育支出增长率、社会保障和就业支出增长率和环境保护支出增长率对财政支出增长率的贡献作用分析方程。

4.4.3 经济增长及其构成因素模型中设计有 4 个方程

(1)国内生产总值增量与总消费规模增量、全社会固定资产总投资规模增量和进出口差额增量之间的关系方程;

(2)财政决算支出增长率滞后量对国内生产总值增长率的贡献作用分析方程;

(3)第一产业增加值增长率、第二产业增加值增长率和第三产业增加值增长率对国内生产总值增长率的贡献作用分析方程;

(4)工业总产值增加率和建筑业增加值增长率对第二产业增加值增长率的贡献作用分析方程。

4.5 中国财政税收计量经济模型运行结果分析

4.5.1 财政收入计量经济模型运行结果分析

4.5.1.1 收入总量模型运行结果分析

(1)财政总收入与税收总收入的关系方程

当样本取值为 1979—2021 年时,首先进行财政总收入$[\ln rev_t = \ln(rev_t)]$与税收总收入$[\ln tax_t = \ln(tax_t)]$的平稳性单位根检验,其 ADF 统计量分别为 -1.118 和 -0.976,而差分后的财政正总收入$(\Delta \ln rev_t = \ln rev_t - \ln rev_{t-1})$和税收总收入$[\Delta \ln tax_t = \ln tax_t - \ln tax_{t-1}]$的 ADF 统计量分别为 -3.160 和 -5.553,都在 1% 水平上通过平稳性检验[1],可知财政总收入与税收总收入均为一阶单整时间序列。要考察二者是否具有共同方式变动,也就是说是否具有协整关系,还需要进行协整关系检验,这里采用 Johansen(1995)[2]的协整检验,

---

[1] 单位根 ADF 检验的原假设为序列是单位根过程,拒绝原假设则意味着无法认定原序列具有单位根。相应的 ADF 统计量,1% 水平显著的临界值为 -2.426,5% 水平显著的临界值为 -1.685,10% 水平显著的临界值为 -1.304。下面几个变量的单位根检验临界值都与此相同。

[2] Johansen, S.（1995）. *Likelihood-Based Inference in Cointegrated Vector Autoregressive Models*. Oxford: Oxford University.

其统计量值为 1.480,在 5% 水平上通过显著检验,也即两者之间存在协整关系。接下来估计这两者之间的协整方程,这里采用 Johansen(1995)的极大似然法(MLE)来估计其协整关系。

① 财政总收入 $[\ln rev_t = \ln(rev_t)]$ 与税收总收入 $[\ln tax_t = \ln(tax_t)]$ 之间的协整关系方程

协整估计式为:

$$\widehat{\ln rev_t} = \underset{(-5.57)}{-0.303} + \underset{(37.33)}{1.038 \ln tax_t}$$

按照年度数据测算,就长期而言,财政总收入对税收总收入的弹性为 1.038,这表明税收总收入每增加 1%,会使得财政总收入平均增加约 1.038%,全国财政收入超收增长。对此的一个解释是,税收的增加意味着税基扩大,进而也会使得非税收入增加,比如一些政府基金,且这些非税收入增长更快。

② 财政总收入增量 $(\Delta \ln rev_t)$ 与税收总收入增量滞后一期 $(\Delta \ln tax_{t-1})$ 之间的关系方程

$$\widehat{\Delta \ln rev_t} = \underset{(2.20)}{0.041} + \underset{(0.84)}{0.034 ecm_{t-1}} - \underset{(-2.06)}{0.180 \Delta \ln tax_{t-1}} + \underset{(5.42)}{0.861 \Delta \ln rev_{t-1}}$$

上述方程的估计采用的是 Johansen(1995)的误差修正方法,误差修正项 ecm_{t-1} 的系数反映了对短期偏离长期均衡路径的调整力度,其系数为 0.034,表明税收收入增长与财政收入增长具有同步性,税收收入的增长会带动财政总收入的增长。

(2) 税收总收入与国内生产总值之间的关系方程

当样本取值范围为 1979—2021 年时,首先对国内生产总值 $[\ln gdp_t = \ln(gdp_{it})]$ 进行平稳性单位根检验,其 ADF 统计量为 0.295,而国内生产总值的一阶差分 $(\Delta \ln gdp_t = \ln gdp_{it} - \ln gdp_{it-1})$ 单位根 ADF 检验统计量为 -2.787,这显示国内生产总值 $[\ln gdp_t = \ln(gdp_{it})]$ 为一阶单整变量。由上文的检验得知,税收总收入 $(\ln tax_t)$ 也为一阶单整变量,接下来考察它们之间是否具有协整关系。首先进行 Johansen(1995)的协整检验,检验统计量为 2.605 5,这显示二者之具有显著的协整关系(5%水平),接下来可以放心进行协整估计。

① 税收总收入 $(\ln tax_t)$ 与国内生产总值 $[\ln gdp_t = \ln(gdp_{it})]$ 之间的关系方程

$$\widehat{\ln tax_t} = \underset{(-3.86)}{-2.047} + \underset{(19.51)}{1.045 \ln gdp_t}$$

模型的运行结果是:税收总收入除按自身惯性规律运行外,显著依赖于国民经济的发展。按照年度数据测算,税收总收入对国内生产总值的长期弹性约为 1.045,这意味着国内生产总值每增加 1%,税收总收入平均增加 1.045%,说明税收总收入与国内生产总值的增长并非同步,经济体所承受的税收负担增加幅度仍然略快于国民经济的增幅。税收超 GDP 增长将不利于经济增长,比如说,企业盈利水平越高,所得税增收的幅度越大,净收益增加幅度相对减少;同样在这种情况下,个人所得税的增收也会降低劳动者的收益增幅。长此以往,将不利于经济的持续发展。这说明我国的税制结构需要进一步调整,给经济体创造一个良好的发展空间。

②税收总收入增量($\Delta \ln tax_t$)与国内生产总值增量滞后一期($\Delta \ln gdp_{t-1}$)之间的关系方程

$$\widehat{\Delta \ln tax_t} = 0.007 - 0.151\ 5 ecm_{t-1} + 0.507\ 3\Delta \ln gdp_{t-1} + 0.041\ 3\Delta \ln tax_{t-1}$$
$$\quad (0.13) \quad (-1.53) \quad\quad\quad (1.44) \quad\quad\quad\quad (0.23)$$

上述误差纠正方程实证分析的结果是:误差修正项 ecm_{t-1} 的系数-0.151 5 反映了对短期偏离长期均衡路径的调整力度,即当短期波动偏离长期均衡时,将以 0.151 5 的调整力度把非均衡状态拉回到均衡状态,且平均每年对上年的调整幅度大约为 15.15%。

(3)增值税收入相关的几个方程

当样本取值为 1985—2021 年时,首先进行增值税收入[$\ln vat_t = \ln(vat_s)$]与工业增加值[$\ln ivi_t = \ln(increased\ value\ of\ industry_t)$]的平稳性单位根检验,其 ADF 统计量分别为-1.485 和-0.459,而差分后的增值税收入($\Delta \ln vat_t = \ln vat_t - \ln vat_{t-1}$)和工业增加值($\Delta \ln ivi_t = \ln ivi_t - \ln ivi_{t-1}$)的 ADF 统计量分别为-4.564 和-2.683,通过平稳性检验,可知增值税收入与工业总产值增加值增量均为一阶单整时间序列。而要考察二者是否具有共同方式变动,即是否具有协整关系,还需要进行协整关系检验,这里继续采用 Johansen(1995)的协整检验,其统计量值为 9.680,在 5%水平上通过显著检验,也即两者之间存在协整关系。

①增值税收入[$\ln vat_t = \ln(vat_s)$]与工业增加值[$\ln ivi_t = \ln(increased\ value\ of\ industry_t)$]之间的关系方程

$$\widehat{\ln vat_t} = -4.919\ 0 + 1.258\ 0\ln ivi_t$$
$$\quad (-4.26) \quad (29.32)$$

模型的运行结果是:增值税收入对工业增加值的弹性为 1.258 0。建模过程中发现,增值税与工业增加值的回归系数在 1% 水平上显著,这表明增值税增长快于工业增加值的增长,对此的一个解释是诸如税收制度、征管水平、经济结构的变化,以及经济和税收在计算、统计口径上的差异等,使得增值税税收收入增长过快。

②增值税税收收入增量($\Delta \ln vat_t$)与工业增加值增量滞后一期($\Delta \ln ivi_{t-1}$)之间的关系方程

$$\widehat{\Delta \ln vat_t} = \underset{(-0.09)}{-0.004\ 8} \underset{(-2.23)}{-0.415\ 7ecm_{t-1}} + \underset{(1.99)}{0.894\ 4\Delta \ln ivi_{t-1}} + \underset{(0.47)}{0.104\ 7\Delta \ln vat_{t-1}}$$

误差纠正模型实证分析的结果是:误差修正项 ecm_{t-1} 的系数反映了对短期偏离长期均衡路径的调整力度,其系数为 $-0.415\ 7$,当短期波动偏离长期均衡时,将以 0.415 7 的调整力度把非均衡状态拉回到均衡状态,且平均每年对上年的调整幅度大约为 41.57%。

由于我国税制改革的逐步实施,增值税已由生产型转变为消费型,为此建立了模型②,研究最终消费对增值税收入的长期影响。

当样本取值范围为 1985—2021 年时,首先进行最终消费[$\ln fvc_t = \ln(final\ value\ of\ consumption_t)$]的平稳性单位根检验,其 ADF 统计量为 -0.309;而差分后的最终消费($\ln fvc_t = \ln fvc_t - \ln fvc_{t-1}$)和 ADF 统计量则为 -3.003。可知最终消费 $\ln fvc_t$ 为一阶单整时间序列,由上文得知增值税 $lnvat_t$ 也为一阶单整序列。要考察二者是否具有共同方式变动,即是否具有协整关系,还需要进行协整关系检验。这里继续采用 Johansen(1995)的协整检验,其统计量值为 5.623 3,在 5% 水平上通过显著检验,也即两者之间存在协整关系。

①增值税收入($lnvat_t$)与最终消费($\ln fvc_t$)之间的关系方程

$$\widehat{\ln vat_t} = \underset{(-3.58)}{-3.416\ 1} + \underset{(9.64)}{1.138\ 3\ln fvc_t}$$

从长期协整关系来看,增值税的最终消费弹性为 1.138 3,这表明增值税收入增长会快于最终消费增长。也就是说,最终消费增长 1%,增值税收入会增长 1.138 3%。

②增值税收入增量($lnvat_t$)与最终消费增量滞后一期($\ln fvc_{t-1}$)之间的关系方程

$$\widehat{\Delta \ln vat_t} = \underset{(-0.08)}{-0.005\ 5} \underset{(-1.83)}{-0.169\ 0ecm_{t-1}} + \underset{(1.31)}{0.676\ 2\Delta \ln fcv_{t-1}} + \underset{(0.62)}{0.121\ 7\Delta \ln vat_{t-1}}$$

误差纠正模型实证分析的结果是：误差修正项 ecm_{t-1} 的系数反映了对短期偏离长期均衡路径的调整力度，其系数为 -0.1690，当短期波动偏离长期均衡时，将以 0.1690 的调整力度把非均衡状态拉回到均衡状态，且平均每年对上年的调整幅度大约为 16.90%。

(4) 关税收入与进口总额之间的关系方程

当样本取值范围为 1980—2021 年时，关税收入 $[\ln dut_t = \ln(duty\ taxation)]$ 与进口总额 $(\ln nim_t)$ 这两个变量首先需要进行平稳性单位根检验，其水平值的 ADF 统计量值分别为 -2.436 和 -0.726，差分值的 ADF 统计量值分别为 -6.250 和 -4.329，显示这两个变量都为一阶单整过程。要考察这二者是否具有共同方式变动，也就是说是否具有协整关系，还需要进行协整关系检验。这里继续采用 Johansen(1995) 的协整检验，其统计量值为 10.0778，在 5% 水平上通过显著检验，也即两者之间存在协整关系。

① 关税收入 $(\ln dut_t)$ 与进口总额 $(\ln nim_t)$ 之间的关系方程

$$\widehat{\ln dut_t} = \underset{(1.79)}{0.4898} + \underset{(11.72)}{0.6513}\ln nim_t$$

模型的运行结果是：关税对税收收入的系数为正值，说明关税收入和税收收入存在同向变化关系，且进口总额每增加 1%，关税收入将增加 0.6513%，关税收入显著依赖于进口总额。

② 关税收入增量 $(\Delta\ln dut_t)$ 与进口总额增量滞后一期 $(\Delta\ln nim_{t-1})$ 之间的关系方程

$$\widehat{\Delta\ln dut_t} = \underset{(0.16)}{0.0122} - \underset{(-1.89)}{0.2704}ecm_{t-1} - \underset{(-0.46)}{0.1221}\Delta\ln nim_{t-1} + \underset{(0.85)}{0.1760}\Delta\ln dut_{t-1}$$

误差纠正模型实证分析的结果是：误差修正项 ecm_{t-1} 的系数反映了对短期偏离长期均衡路径的调整力度，其系数为 -0.2704，当短期波动偏离长期均衡时，将以 0.2704 的调整力度把非均衡状态拉回到均衡状态，且平均每年对上年的调整幅度大约为 27.04%。

4.5.1.2 收入增长模型运行结果分析

(1) 中央财政收入增长率与地方财政收入增长率对财政总收入增长率的贡献作用分析方程

当样本取值范围为 1980—2021 年时，国家财政总收入增长率 ($rtr_t = rate\ of\ total\ revenue\ increased$)、中央财政收入增长率 ($rcr_t = rate\ of\ central\ reve$-

nue increased)和地方财政收入增长率($rlr_t =rate\ of\ local\ revenue\ increased$)需要进行单位根检验。相应的 ADF 统计量分别为-3.263、-6.450和-6.395,这表明这三个变量都是平稳的,因此可以进行普通的最小二乘法回归。

中央财政收入增长率($rcr_t =rate\ of\ central\ revenue\ increased$)与地方财政收入增长率($rlr_t =rate\ of\ local\ revenue\ increased$)对财政总收入增长率($rtr_t =rate\ of\ total\ revenue\ increased$)的贡献作用分析方程是[1]:

$$\widehat{rtr_t} = 0.007\ 9 + 0.211\ 9rcr_t + 0.691\ 2rlr_t + 0.005\ 6d93 - 0.010\ 9d09$$
$$(1.14)\quad (16.07)\qquad (19.22)\qquad (0.66)\qquad (-1.32)$$
$$R^2 = 0.949\ 0 \qquad DW = 1.376\ 8$$

模型的运行结果是:财政总收入增长率对中央财政收入增长率的依存度为 0.211 9。财政总收入增长率对地方收入增长率的依存度为 0.691 2。这说明财政总收入增长率显著地依赖于中央财政收入增长率与地方财政收入增长率。同时,1993 年税改后的虚拟变量回归系数和 2009 年增值税转型虚拟变量的回归系数分别为 0.005 6 和-0.010 9,并且均不显著。

(2)税收总收入增长率与国内生产总值增长率之间的关系方程

当样本取值范围为 1980—2021 年时,需要对税收收入总额增长率和国内生产总值增长率进行平稳型单位根检验。其 ADF 统计量分别为-5.905 和-2.772,可知这两者皆为平稳的过程,因此可以进行普通最小二乘法的回归。

税收总收入增长率($rttr_t$)与国内生产总值增长率($rgdp_t =rate\ of\ GDP\ increased$)之间的关系方程是:

$$\widehat{rttr_t} = -0.004\ 0 + 1.102\ 5rgdp_t$$
$$(-0.07)\quad (3.19)$$
$$R^2 = 0.203\ 1 \qquad DW = 1.932\ 2$$

模型的运行结果是:税收总收入增长率对国内生产总值增长率的依存度为 1.102 5,且在 1% 水平上显著,这说明税收总收入增长率显著地高于国内生产总值增长率。在样本取值区间内,税收总收入的平均增长率为 15.66%,国内生产总值平均增长率为 14.57%,高于国内生产总值平均增长率 1.09 个百分点。值得注意的是,若税收远高于国民收入的增长速度,将会对经济产生一系列负面的影响。我国经济要长期稳定、均衡发展,应推进税制改革,同时注重实行结

---

[1] 式中的 d93 和 d09 分别为 1993 年和 2009 年的时间虚拟变量,以此来表示 1993 年税改和 2009 年开始的增值税转型改革影响。

构性减税,用减税、退税或抵免的方式减轻税收负担,促进企业投资和居民消费,实行积极财政政策,促进国民经济稳健发展,从而对税收形成良性的影响。

(3)财政总收入增长率与第二产业增加值及第三产业增加值之和的增长率之间的关系方程

当样本取值范围为1980—2021年时,考虑第二产业增加值及第三产业增加值之和的增长率之间的关系(rfs_t=rate of increased value of first and second industry)对财政总收入增长率(rtr_t)的贡献程度,首先进行单位根检验。财政总收入增长率和第二产业增加值及第三产业增加值之和的增长率的ADF统计量分别为—3.174和—2.880,这表明二者都为平稳的过程,可以进行普通最小二乘法回归。

财政总收入增长率(rtr_t)与第二产业增加值及第三产业增加值之和(value added first and second industry)的增长率(rfs_t)之间的关系方程为:

$$\widehat{rtr_t} = 0.0484 + 0.5533 rfs_t$$
$$(2.17) \quad (4.29)$$
$$R^2 = 0.3150 \quad DW = 0.6460$$

模型的运行结果是:财政总收入增长率对第二产业增加值及第三产业增加值之和的依存度为0.5533,即第二、三产业增加值之和每增长1%,就会使得财政收入增长0.5533%。这说明第二产业和第三产业增加值对财政总收入的增长贡献具有很重要的作用。

(4)财政总收入增长率与营业税收入增长率、增值税收入增长率之间的关系方程

当样本取值范围为1985—2016年时[①],财政总收入增长率(rtr_t)与营业税收入增长率($rtut_t$)及增值税收入增长率($rvat_t$)的平稳性ADF检验统计量分别为—2.612,—4.413和—5.004,可知这三者都为平稳的,可以进行普通的最小二乘回归,而不必担心会产生伪回归问题。

财政总收入增长率(rtr_t)与营业税收入增长率($rtut_t$)及增值税收入增长率($rvat_t$)之间的关系方程如下:

$$\widehat{rtr_t} = 0.1184 + 0.1651 rtut_t + 0.0465 rvat_t$$
$$(5.67) \quad (2.20) \quad (0.94)$$
$$R^2 = 0.1533 \quad DW = 0.7290$$

---

① 尽管自2016年5月1日起开始全面营改增,但作为过渡,我国2016年的统计数据仍有营业税。

模型的运行结果是：财政总收入增长率对于营业税增长率的依存度为0.165 1，财政总收入增产规律对于增值税增长率的依存度为0.046 5，这说明营业税和增值税的变动对财政收入的影响很大。

4.5.2 财政支出计量经济模型运行结果分析

财政支出计量经济模型结果分析包括财政支出总量分析、财政支出增长分析和经济增长分析三个部分。

4.5.2.1 财政支出总量模型运行结果分析

(1) 财政总支出与财政总收入、国内生产总值之间的关系方程

财政总支出按自身惯性规律运行之外，显著地依赖于财政总收入和国内生产总值。当样本数据取值范围为1979—2021年时，财政总支出的对数值 $[\ln exp_t = \ln(total\ fiscal\ expenditure)]$ 需要进行单位根检验。其ADF统计量为 -2.207，其差分值的ADF统计量为 -2.840，这表明其在1%水平上为一阶单整过程。结合上面的单位根检验结果，得知财政总支出($\ln exp_t$)与财政总收入($\ln rev_t$)和国内生产总值($\ln gdp_t$)都为一阶单整过程，要考察三者是否具有共同方式变动，也就是说是否具有协整关系，还需要进行协整关系检验。这里继续采用Johansen(1995)的协整检验，其统计量值为8.620 8，在5%水平上通过显著检验，也即三者之间存在协整关系。

财政总支出($\ln exp_t$)与财政总收入($\ln rev_t$)、国内生产总值($\ln gdp_t$)之间的协整关系方程是：

$$\widehat{\ln exp_t} = \underset{(-2.78)}{-0.211\ 8} + \underset{(30.66)}{0.841\ 6\ln rev_t} + \underset{(6.24)}{0.177\ 2\ln gdp_t}$$

模型的运行结果是：财政总支出对国内生产总值的弹性为0.177 2，这说明随着经济的增长，财政支出也在增加，经济增长对财政支出的需求为正。财政总支出按自身惯性规律运行之外，对财政收入的弹性为0.841 6，这说明财政收入增加也会导致财政支出增加，财政支出显著地依赖于财政总收入和国内生产总值。

(2) 一般公共服务支出与财政收入的关系方程

当样本数据取值范围为2007年1月—2018年12月时，一般公共服务支出($\ln pe_t$)和财政收入($\ln rev_t$)这两个变量需要进行平稳单位根检验。其ADF统计量分别为 -16.320 和 -10.969，这说明它们都是平稳的，可以进行普通的最小二乘估计。

一般公共服务支出（$\ln pe_t$）与财政收入（$\ln rev_t$）之间的关系方程如下：

$$\widehat{\ln pe_t} = \underset{(3.506)}{1.8438} + \underset{(9.477)}{0.5458 \ln rev_t}$$

$$R^2 = 0.4086 \qquad DW = 2.4304$$

模型估计结果表明政府财政收入每增加1%，相应的一般公共服务则会增加0.5458%，由于公共服务支出在财政支出中的比重较小，这就意味着公共服务的开支不足，需要进一步加大公共服务的支出比重，实现民生财政的转型。

(3)教育支出与财政收入的关系方程

当样本数据取值范围为2007年1月—2022年6月时，教育支出（$\ln fee_t$）的水平值ADF统计量为-12.758，说明其是平稳的，同时财政总收入（$\ln rev$）的水平值ADF统计量为-9.605，说明两者都是平稳的，可以进行普通的最小二乘估计。

教育支出（$\ln fee_t$）与财政收入（$\ln rev_t$）的关系方程如下：

$$\widehat{\ln fee_t} = \underset{(-4.50)}{-2.7284} + \underset{(16.62)}{1.0912 \ln rev_t}$$

$$R^2 = 0.6274 \qquad DW = 2.0503$$

模型的运行结果是：教育经费支出的财政收入弹性为1.0912，这表明财政收入每增加1%，将使得教育支出增加1.0912%。这使得教育支出的增长率略高于财政收入增长率，与这几年国家对教育的财政投入力度加大有关。

(4)科学技术支出与财政收入的关系方程

当样本数据取值范围为2007年1月—2022年6月时，通过平稳性检验，科学技术支出$[\ln fes_t = \ln(fiscal\ expenditure\ of\ science_t)]$的ADF统计量为$-11.508$。这表明其是平稳的变量，结合财政收入（$\ln rev_t$）也为平稳的，所以可以进行普通的最小二乘估计。

科学技术支出$[\ln fes_t = \ln(fiscal\ expenditure\ of\ science_t)]$与财政收入（$lrev_t$）之间的关系方程如下：

$$\widehat{\ln fes_t} = \underset{(37.97)}{7.0299} + \underset{(11.94)}{0.3776 \ln rev_t}$$

$$R^2 = 0.4651 \qquad DW = 1.5219$$

模型估计结果表明，科学技术支出对财政收入的弹性为0.3776，也即政府财政收入每增加1%，将使得科学技术支出增加0.3776%。

(5)社会保障和就业支出与财政收入之间的关系方程

当样本数据取值为2007年1月—2022年6月时,通过平稳性检验,社会保障和就业支出[$\ln fese_t = \ln(fiscal\ expenditure\ of\ social\ security\ and\ employment_t)$]的ADF统计量为$-10.924$,结合财政收入($\ln rev_t$)也为平稳的,可以使用普通最小二乘进行估计。

社会保障和就业支出($\ln fese_t$)与财政收入($\ln rev_t$)的关系方程如下:

$$\widehat{\ln fese_t} = -3.4684 + 1.1461\ln rev_t$$
$$(-5.31) \quad (16.21)$$
$$R^2 = 0.6157 \quad DW = 1.9323$$

模型的运行结果显示,社会保障和就业支出对财政收入的弹性为1.1461,也即财政收入每增加1%,社会保障支出将会增加1.1461%。在国民经济增长过程中,应该逐步增加民生投入,这一比重比较小,需要进一步增加社会保障支出。

(6)环境保护支出与财政收入方程

当样本数据取值范围为2007年1月—2022年6月时,通过平稳性检验,环境保护支出[$\ln feep_t = \ln(fiscal\ expenditure\ of\ environment\ protection_t)$]的ADF统计量为$-9.310$。这说明其是平稳的变量,结合上文的财政收入变量$lrev_t$也是平稳的,那么可以进行最小二乘估计。

环境保护支出($\ln feep_t$)与财政收入($\ln rev_t$)之间的关系方程如下:

$$\widehat{\ln feep_t} = -7.5043 + 1.3973\ln rev_t$$
$$(-7.53) \quad (12.94)$$
$$R^2 = 0.5053 \quad DW = 1.5117$$

上述模型的运行结果显示,环境保护支出对财政收入的弹性为1.3973,这表明财政收入每增加1%,环境保护支出将会增加1.3973%,这说明在经济增长过程中,环保支出投入日益重要。

(7)卫生健康支出与财政收入方程

当样本数据取值范围为2007年1月—2022年6月时,通过平稳性检验,卫生健康支出[$\ln fem_t = \ln(fiscal\ expenditure\ of\ medicine_t)$]的ADF统计量为$-9.681$。这说明其是平稳的变量,结合上文的财政收入变量$lrev_t$也是平稳的,那么可以进行最小二乘估计。

医疗卫生支出($\ln fem_t$)与财政收入($\ln rev_t$)之间的关系方程如下:

$$\widehat{\ln fem_t} = -7.8885 + 1.5524\ln rev_t$$
$$(-9.75) \quad (17.71)$$

$$R^2=0.6565 \quad DW=2.0062$$

上述模型的运行结果显示,卫生健康支出对财政收入的弹性为 1.552 4,这表明财政收入每增加 1%,卫生健康支出将会增加 1.552 4%。这说明在经济增长过程中,卫生健康支出投入日益重要。

(8)城乡社区事务支出与财政收入方程

当样本数据取值范围为 2007 年 1 月—2022 年 6 月时,通过平稳性检验,城乡社区事务支出[$\ln fecr_t=\ln(fiscal\ expenditure\ of\ city\ and\ rural_t)$]的 ADF 统计量为 -13.688。这说明其是平稳的变量,结合上文的财政收入变量 $\ln rev_t$ 也是平稳的,那么可以进行最小二乘估计。

城乡社区事务支出($\ln fecr_t$)与财政收入($\ln rev_t$)之间的关系方程如下:

$$\widehat{\ln fecr_t}=-5.5093+1.3260\ln rev_t$$
$$(-6.28) \quad (13.95)$$
$$R^2=0.5427 \quad DW=2.4638$$

上述模型的运行结果显示城乡社区事务支出对财政收入的弹性为 1.326 0,这表明财政收入每增加 1%,城乡社区事务支出将会增加 1.326 0%。

(9)农林水事务支出与财政收入方程

当样本数据取值范围为 2007 年 1 月—2022 年 6 月时,通过平稳性检验,农林水事务支出[$\ln feafw_t=\ln(fiscal\ expenditure\ of\ agriculture\ forest\ and\ water_t)$]的 ADF 统计量为 -9.113,这说明其是平稳的变量。结合上文的财政收入变量 $\ln rev_t$ 也是平稳的,那么可以进行最小二乘估计。

农林水事务支出($lfeafw_t$)与财政收入($lrev_t$)之间的关系方程如下:

$$\widehat{\ln feafw_t}=-5.4666+1.3282\ln rev_t$$
$$(-7.44) \quad (16.68)$$
$$R^2=0.6290 \quad DW=1.6331$$

上述模型的运行结果显示,农林水事务支出对财政收入的弹性为 1.328 2,这表明财政收入每增加 1%,农林水事务支出将会增加 1.328 2%。

(10)交通运输支出与财政收入方程

当样本数据取值范围为 2007 年 1 月—2022 年 6 月时,通过平稳性检验,交通运输支出[$\ln fet_t=\ln(fiscal\ expenditure\ of\ transportation_t)$]的 ADF 统计量为 -7.560。这说明其是平稳的变量,结合上文的财政收入变量 $\ln rev_t$ 也是平稳的,那么可以进行最小二乘估计。

交通运输支出($\ln fet_t$)与财政收入($\ln rev_t$)之间的关系方程如下:

$$\widehat{\ln fet_t} = -5.537\,4 + 1.283\,3\ln rev_t$$
$$(-6.42)\quad\ (13.73)$$
$$R^2 = 0.534\,7 \qquad DW = 1.560\,3$$

上述模型的运行结果显示，交通运输支出对财政收入的弹性为 1.283 3，这表明财政收入每增加 1%，交通运输支出将会增加 1.283 3%。

4.5.2.2 财政支出增长模型运行结果分析

(1) 中央财政支出增长率与地方财政支出增长率对财政总支出增长率的贡献作用分析方程

当样本取值范围为 1979—2021 年时，首先对中央财政支出增长率（rce_t = rate of increased centural fiscal expenditure）、地方财政支出增长率（rle_t = rate of increased local fiscal expenditure）、财政总支出增长率（rte_t = rate of increased total fiscal expenditure）进行单位根检验，ADF 统计量分别为 -2.781、-4.025 和 -4.085，这表明这三者皆为平稳的，可以进行普通的最小二乘估计。

中央财政支出增长率（rce_t）与地方财政支出增长率（rle_t）对财政总支出增长率（rte_t）的贡献作用分析方程是：

$$\widehat{rte_t} = 0.007\,6 + 0.569\,5 rle_t + 0.398\,5 rce_t$$
$$(1.38)\quad (21.03)\quad\quad (13.12)$$
$$R^2 = 0.948\,3 \qquad DW = 1.298\,1$$

模型的运行结果是：财政总支出增长率对中央、地方财政支出增长率的依存度分别为 0.398 5、0.569 5。进一步计算它们在 1979—2021 年期间内的平均增长率之后，可得到地方财政支出平均增长率为 15.32%，高于中央财政的平均增长率 10.31%。这表明财政总支出增长率显著地依赖于中央财政支出增长率和地方财政支出增长率。

(2) 一般公共服务支出增长率、教育支出增长率、社会保障和就业支出增长率和环境保护支出增长率对财政总支出增长率的贡献作用分析方程

当样本数据取值范围为 2007 年 1 月—2018 年 12 月时，一般公共服务支出增长率、教育支出增长率、社会保障和就业支出增长率、环境保护支出增长率和财政支出增长率都通过了平稳性检验，其 ADF 统计量分别为 -21.955、-20.380、-17.484、-15.678 和 -20.643。这表明这些变量皆为平稳的，可以进行普通的最小二乘法估计。

财政总支出增长率（rte_t）与一般公共服务支出增长率（$rgpe_t$）、教育支出增

长率($rfee_t$)、社会保障和就业支出增长率($rfese_t$)和环境保护支出增长率($rfeep_t$)的回归方程如下：

$$\widehat{rte_t} = -0.015\,6 + 0.184\,5rgpe_t + 0.342\,9rfee_t + 0.098\,9rfese_t + 0.176\,6rfeep_t$$
$$(-1.90) \quad (4.42) \quad\quad (6.44) \quad\quad (3.06) \quad\quad (9.01)$$
$$R^2 = 0.927\,7 \quad\quad DW = 2.526\,2$$

回归结果显示，一般公共服务的增长率对财政总支出增长率的贡献为 0.184 5，教育支出增长率对财政总支出增长率的贡献为 0.342 9，社会保障和就业支出增长率对财政总支出增长率的贡献为 0.098 9，环境保护支出增长率对财政总支出增长率的贡献为 0.176 6。

4.5.2.3 经济增长及其构成因素的运行结果分析

(1) 国内生产总值增量与总消费规模增量、全社会固定资产总投资规模增量和进出口差额增量之间关系的方程

当样本数据取值为 1980—2021 年时，国内生产总值增量($dgdp_t$)与总消费增量(dtc_t)、全社会固定资产总投资增量($difc_t$)和进出口差额增量($dexm_t$)都通过平稳性检验，其 ADF 统计量分别为 -6.697、-1.417、-1.408、-5.033。这表明，上述几个变量皆为平稳过程，因此可以直接使用普通最小二乘法进行估计，其回归方程为：

$$\widehat{dgdp_t} = 243.888\,5 + 0.953\,0dtc_t + 1.046\,1difc_t + 1.252\,4dexm_t$$
$$(0.03) \quad\quad (0.82) \quad\quad (0.71) \quad\quad (0.66)$$
$$R^2 = 0.330\,1 \quad\quad DW = 3$$

从回归方程来看，总消费增量、总投资量以及进出口差额增量有助于国内生产总值增加。

(2) 财政决算支出增长率滞后量对国内生产总值增长率的贡献作用分析方程

当样本数据取值范围为 1979—2021 年时，通过平稳性检验，国内生产总值增长率($rgdp_t$)和财政决算支出增长率滞后量(rte_{t-1})的 ADF 统计量为 -2.765 和 -3.016，皆为平稳过程。国内生产总值增长率($rgdp_t$)和财政决算支出增长率滞后量(rte_{t-1})之间的回归方程如下：

$$\widehat{rgdp_t} = 0.110\,1 + 0.259\,4rte_{t-1}$$
$$(4.67) \quad\quad (1.73)$$
$$R^2 = 0.071\,4 \quad\quad DW = 0.755\,0$$

采取一般线性回归分析得知，财政决算支出增长率滞后量对国内生产总值增长率的贡献为 25.94%。

(3) 第一产业增加值增长率、第二产业增加值增长率和第三产业增加值增长率对国内生产总值增长率的贡献作用分析方程

当样本数据取值范围为 1979—2021 年时,第一产业增加值增长率(rfi_t)、第二产业增加值增长率(rsi_t)和第三产业增加值增长率(rti_t)的 ADF 统计量分别为 −3.803、−2.811 和 −3.396,通过平稳性检验。第一产业增加值增长率(rfi_t)、第二产业增加值增长率(rsi_t)和第三产业增加值增长率(rti_t)对国内生产总值增长率($rgdp_t$)的贡献作用分析方程是:

$$\widehat{rgdp_t} = \underset{(5.06)}{0.0123} + \underset{(11.66)}{0.1959} rfi_t + \underset{(23.98)}{0.4805} rsi_t + \underset{(12.69)}{0.2584} rti_t$$

$$R^2 = 0.9922 \quad DW = 0.9100$$

模型的运行结果是:国内生产总值增长率对第一产业增加值增长率、第二产业增加值增长率和第三产业增加值增长率的依存度分别为 0.1959、0.4805 和 0.2584。这说明国内生产总值增长率显著地依赖于第一产业增加值增长率、第二产业增加值增长率和第三产业增加值增长率,尤其依赖于第二产业的增长率。

(4) 工业总产值增加率和建筑业增加值增长率对第二产业增加值增长率的贡献作用分析方程

当样本取值范围为 1980—2021 年时,工业总产值增长率($ravi_t$)和建筑业增加值增长率($rava_t$)的 ADF 统计量为 −2.898 和 −3.491,通过平稳性检验。工业总产值增长率($ravi_t$)和建筑业增加值增长率($rava_t$)对第二产业增加值增长率(rsi_t)的贡献作用分析方程是:

$$\widehat{rsi_t} = \underset{(1.11)}{0.0006} + \underset{(161.54)}{0.8816} ravi_t + \underset{(26.64)}{0.1129} rava_t$$

$$R^2 = 0.9995 \quad DW = 0.9570$$

模型的运行结果是:第二产业增加值增长率对工业总产值增加率和建筑业增加值增长率的依存度分别为 0.8816 和 0.1129。这说明,第二产业增加值增长率显著地依赖于工业总产值增加率和建筑业增加值增长率。

4.5.3 中国财政及宏观经济主要指标预测

通过对中国财政及经济运行规律与机制的理解和把握,并向有关专家咨询,我们对中国财政及宏观经济主要指标进行短期预测,详见表 4—2。

表 4—2　　　　　　　中国财政及宏观经济主要指标预测　　　　　　单位：亿元

年份	2021	2022	2023
财政总收入	202 539*	194 565.5	215 463.1
税收总收入	172 731*	168 696.5	188 834.8
财政总支出	246 322*	253 261.9	254 018.8
国内生产总值	1 143 669.7*	1 207 685.5	1 268 069.8
国内增值税收入	63 519.12*	57 858.3	64 712.9
中央财政收入	91 461.8*	84 769.7	93 670.3
地方财政收入	111 077.08*	110 029.8	122 066.8
中央财政支出	35 049.96*	35 030.4	34 984.8
地方财政支出	211 271.54*	218 253.4	219 061.2
第一产业增加值	83 085.5*	916 77.9	95 964.0
第二产业增加值	450 904.5*	453 674.3	482 364.2
第三产业增加值	609 679.7*	662 211.7	688 797.7
工业增加值	372 575.3*	367 831.1	437 743.3

注：带*号的数值来自 Wind 数据库。

表 4—2 的预测结果表明，受 2022 年上半年新冠肺炎疫情反复以及俄乌冲突等因素的影响，主要的几个变量，如财政总收入、税收总收入、财政总支出、增值税收入、中央财政收入、地方财政收入、中央财政支出和地方财政支出在 2022 年会有所下降。不过总体来看，由于中国经济的韧劲，经济长期向好的基本面没有改变，国内生产总值仍有望在全年实现 5% 左右的增长目标。2023 年，各项指标也有望进一步转好。当然，未来两三年里，我国经济面临的不确定性和风险都较大，比如疫情不时反弹、房地产企业偿债压力大、地方政府债务攀升以及产业供应链紊乱等，都可能对我国全年经济主要指标带来极大挑战。

第 5 章　中国财政法治的历史与现状

5.1　财政法治历史回顾

5.1.1　新中国成立初期的财政法治(1949—1966 年)

5.1.1.1　相关背景

财政是国家机器正常运转的经济命脉,其职能主要是资源配置、收入分配、经济稳定与发展,因而其对于国家的重要意义是不言而喻的。在当今世界,较为普遍的做法是以法律的形式对财税制度及其活动进行规定。1949 年 9 月 27 日,中国人民政治协商会议第一届全体会议审议并通过具有临时宪法作用的《共同纲领》。其中,在"经济政策"一章中,对财政税收原则、预算制度、财政体制等问题首次做出了相关规定:"关于财政:建立国家预算决算制度,划分中央和地方的财政范围,厉行精简节约,逐步平衡财政收支,积累国家生产资金。"《共同纲领》第四十条规定:"国家的税收政策,应以保障革命战争的供给、照顾生产的恢复和发展及国家建设的需要为原则,简化税制,实行合理负担。"

《共同纲领》第三十三条规定:"中央人民政府应争取早日制定恢复和发展全国公私经济各主要部门的总计划,规定中央和地方在经济建设上分工合作的范围,统一调剂中央各经济部门和地方各经济部门的相互联系。"这一规定的目的主要体现在组织保障方面,即把农林牧渔业、工业、交通、商业、金融、财政等都纳入国家计划;也就是说,把各种经济纳入国家总计划。在当初要做到这一点并不容易,因而"只能边计划、边执行、边修正"。

5.1.1.2　相关立法概况

新中国成立以后,我国的国民经济进入全面恢复阶段,财政经济工作遂摆上重要位置,已成为中共中央的主要议程,其主要目的就是巩固新政权、恢复和发展国民经济。同时,根据《共同纲领》的规定,要求中央人民政府、政务院(1954年成立国务院后,政务院取消)及有关部委加强财税立法工作,因此陆续制定或批准了一批有关财税工作的各种规定。

1950年3月,政务院颁布《关于统一国家财政经济工作的决定》《关于统一管理1950年度财政收支的决定》,其核心内容是把财政收支权集中于中央。根据该规定,公粮(农业税)、关税、盐税、货物税、工商业税、国营企业收入、公债收入等均属于中央收入,一律上缴中央金库。地方财政收入与支出之间没有关联,其财政支出由中央统一审核,逐级拨付。财政管理权限也集中于中央,所有的财政收支科目、收支程序和开支标准,均由中央统一制定。该体制的主要目的是,保证新中国的经济稳定和政局的安定,在很短时间内取得了明显成效。

随着整个经济形势的好转,财政逐步实行"划分收支、分级管理体制"。1951年3月,政务院颁布《关于1951年度财政收支系统划分的决定》,把国家财政分为中央、大行政区和省(市)三级,大行政区以下财政为地方财政、省(市)财政,包括专署及县财政。

1949年12月,财政部编制了新中国第一份中央预算,即《1950年全国财政收支概算草案》,并提请中央人民政府委员会第四次会议审查批准。1949年12月,政务院颁发《关于1949年财政决算及1950年财政预算编制的批示》,明确我国预算实行历年制。1951年8月,政务院公布的《预算决算暂行条例》,对概算、预算、决算的定义,预算决算分类及组成体系,预算编制、核定、执行,决算编制和审定等都作了具体规定。

面对新中国成立初期税制很不统一、十分杂乱的现状,我国对税制进行了改革和调整,初步统一了全国税制。1950年1月27日,政务院审查通过《全国税政实施要则》,接着1月30日发布《关于统一全国税政的决定》。该决定明确以《全国税政实施要则》作为整合与统一全国财政税务的具体方案,并建立各级人民政府及财政税务机关。该方案主要包括三大类内容:

第一,统一开征14种工商税。财政部陆续公布关于印花税、利息所得税、特种消费行为税、使用牌照税、房产税、地产税等税种的条例草案。对于交易税,各地暂用原办法;对于薪给报酬所得税、遗产税,均缓期开征;对于盐税,由盐务机关主管。

第二,调整农业税。1950年5月30日,政务院公布《关于1950年新解放区夏征公粮的决定》，对尚未进行土地改革的新解放区的夏季公粮征收政策作了具体规定，税率由17%降为13%，缩小征税范围，且只对夏收增产部分计征。1950年9月5日，中央人民政府委员会第九次会议通过并发布的《新解放区农业税暂行条例》，对农业收入和农业人口的计算，税率和计征办法，税收调查、征收和减免、奖惩等作了规定。

第三，建立关税制度。1951年5月16日，政务院公布《海关进出口税则》和《海关进出口税则暂行实施条例》，废止了以前所实行的海关进出口税则及有关税则实施的法令章则。

1953年，为解决国营经济与私营经济、工业与商业之间税负不平衡等问题，我国对税制进行了改革。主要内容包括：开征商品流通税，修订货物税和营业税，取消特种消费行为税，取消或停征除牲畜交易税以外的其他交易税。

在1954年《宪法》中，虽然没有对财税作明确规定，但第二十七条规定，全国人大有权审查和批准国家的预算和决算；第五十八条规定，地方各级人大有权审查和批准地方的预算和决算，明确了预算和决算审批制度。

1956年5月，第一届全国人大常委会第三十五次会议审议通过《文化娱乐税条例》。1958年6月，第一届全国人大常委会第九十六次会议通过《农业税条例》。1958年6月5日，第一届全国人大常委会第九十七次会议通过《批准国务院〈关于改进税收管理体制的规定〉的决议》，6月9日国务院公布试行该决定。1958年9月11日，第一届全国人大常委会第101次会议原则批准《工商统一税条例（草案）》，由国务院下达执行。1958年9月13日，国务院发布试行该条例草案，将货物税、商品流通税、营业税和印花税合并简化为工商统一税，所得税从原工商业税中独立出来，征收工商所得税。

总之，在新中国成立初期，我国实行的是统收统支的集权型财政体制，形成了财政大一统的格局，基本缓解了新中国成立初期我国经济秩序的混乱局面，所以说，这种体制也是一种建设型财政体制。

5.1.2 "文化大革命"期间的财政法治(1966—1978年)

5.1.2.1 相关背景

"文化大革命"期间，我国法律体系遭到较为严重的破坏，财政法治体系的建设也处于停滞甚至倒退的状态，如国家预决算报告制度等一些此前持续进行的财政制度在"文化大革命"期间停止执行。税收制度名存实亡，大部分地方税务机构遭到撤并。只是在"文化大革命"后期,对财政法治做了一些调整。

5.1.2.2 相关立法概况

1973年,我国对税制进行了简并,具体情况是:①将原工商统一税及附加、城市房地产税、车船使用牌照税、屠宰税和盐税合并为工商税。②在合并税种的基础上,简化税目和税率。③把一部分税收管理权限下放给地方。这次改革将新中国成立初期建立起来的复合税制简化成单一税制,严重限制了税收杠杆作用的发挥。同年,财政部发布《小型技术措施贷款暂行办法》,用以支持企业深入开展群众性的技术革新活动。

5.1.3 改革开放时期的财政法治(1978—2021年)

5.1.3.1 改革开放初期的财政法治(1978—1993年)

"文化大革命"结束后,我们党和国家的各项工作陆续恢复正常。1979年6月21日,五届全国人大二次会议听取和审议了财政部部长张劲夫《关于1978年国家决算和1979年国家预算草案的报告》,恢复了"文化大革命"期间中断13年的国家预决算报告制度。同时,我国财税法制建设进入恢复和发展的新时期。我国于1982年明确提出"计划经济为主、市场调节为辅"的原则,强调这是"经济体制改革中的一个根本性问题"。1984年10月,中央明确提出我国社会主义计划经济"是在公有制基础上的有计划的商品经济",要进一步"完善税收制度,改革财政体制和金融体制"。

针对过去"统收统支"财政管理体制的弊端,我国开始探索实行"分级包干"(也称"分灶吃饭")等多种形式的财政体制。这是我国财政管理体制的一次重大改革,标志着新中国财政管理体制进入一个新的阶段。根据以上背景,我国制定了一系列财政相关法规。

(1)"分灶吃饭"的财政管理体制

1980年2月,国务院颁布《关于实行"划分收支、分级包干"财政管理体制暂行规定》,明确划分中央和地方财政收支范围,地方以收定支、自求平衡、包干使用。1985年3月,国务院颁布《关于改进"划分收支、分级包干"财政管理体制的通知》,对财政管理体制作了微调和改进。

1984年第二步"利改税"完成后,我国财政收入的形式发生重大改变,即由利税并重变为以税为主。国务院颁布的《关于实行"划分税种、核定收支、分级包干"财政管理体制的通知》中,明确各省(区、市)实行划分税种、核定收支、分级包干体制,以适应国家与企业、中央与地方及部门之间分配关系的最新变化。

这次重大改革,根据财政管理责、权、利相结合的原则,调整并完善了中央与地方之间及中央与民族自治地方之间的财政分配关系,扩大了地方财权,增强了地方的财力,明确了各级财政的权限和责任。

在随后的实践中,我国财政运行中又出现了新问题,主要体现在三个方面:第一,中央财政收入占全国财政收入的比重连续下降,中央财政赤字增加;第二,一些经济发展较快地区的上缴比例过高,不利于调动地方积极性;第三,一些地区财政收入下降,收支矛盾突出。为此,1988年,国务院继续调整"分级包干"体制,允许有些地方实行财政包干。同年7月,国务院发布《关于地方实行财政包干办法的决定》,要求从1988年开始,对全国39个省(区、市)和计划单列市,除广州、西安两市财政关系仍分别与广东、陕西两省联系外,其余37个地区分别实行不同形式的财政包干办法。

(2) 财政收支基本平衡和适度从紧的财政政策

1981年1月,国务院颁布《关于平衡财政收支、严格财政管理的决定》,1985年又发布《关于节减行政经费的通知》,主要目的就是要实现财政收支基本平衡。1982年,党的十二大明确了集中资金进行重点建设的原则。1983年6月,中央进一步提出要集中财力,加强能源、交通等方面的重点建设。为此,中共中央、国务院颁布《关于征集国家能源交通重点建设基金的通知》,同年国务院颁布《关于〈国家能源交通重点建设基金征集办法〉的通知》和国库券条例等,旨在集中资金进行重点建设。

1992年,党的十四大以后,我国经济进入一个新的发展阶段,一方面扭转了1989年和1990年经济低速增长的态势,另一方面经济快速发展,出现了严重的过热态势和通货膨胀。在这种背景下,中央提出要深化金融、投资和财税等体制改革,改进和加强宏观调控,决定实施适度从紧的财政政策。

1993年实施的适度从紧的财政政策,着力点是总量从紧和结构调整。主要内容有:整顿财税秩序,强化税收征管,堵住减免税漏洞,严格控制财政赤字;严格控制社会集团购买力的过快增长;完善税收政策的调控机制;等等。这是改革开放以来我国政府第一次明确将财政政策作为宏观调控的主要工具,实施3年以后取得了明显成效,达到预期目标。

(3) 调整和改革工商税制

1982年12月10日,第五届全国人大五次会议批准的《关于第六个五年计划的报告》中提出,今后3年内,在对价格不作大幅调整的情况下,应该改革税制,加快以税代利的步伐。该报告规定:"这项改革需要分别不同情况,有步骤地进行。对国营大中型企业,要分两步走。"从1983年起,在全国范围内实行利改税的第一步改革,由上缴利润改为"利税并存";从1984年10月1日起,实行利改税的第二步改革,即逐步过渡到完全的"以税代利"。这不仅是财政税收制度的重大改革,也是整个城市经济体制改革的重要组成部分,是搞活经济的关键一步。

1984年9月18日,六届全国人大常委会第七次会议"授权国务院在实施国营企业利改税和改革工商税制的过程中,拟定有关税收条例,以草案形式发布试行",同时还明确"国务院发布试行的以上税收条例草案,不适用于中外合资经营企业和外资企业"。这次授权主要是解决经济体制改革初期国营企业利改税和改革工商税制的问题。决定通过当日,国务院即发布了产品税、增值税、盐税、营业税、资源税、国营企业所得税6个税收条例的试行草案。

1985年4月10日,六届全国人大三次会议做出决定:授权国务院对于有关经济体制改革和对外开放方面的问题,必要时可以根据宪法,在同有关法律和全国人大及其常委会的有关决定的基本原则不相抵触的前提下,制定暂行的规定或条例,颁布实施,并报全国人大常委会备案。经过实践检验,条件成熟时由全国人大或者全国人大常委会制定法律。这次的人大常委会授权,不仅可以适应当前某些实际工作需要,而且可以积累经验,为全国人大和全国人大常委会制定或者补充、修改法律做准备,有利于加快经济立法工作。根据授权决定,国务院及其有关部门制定了大量的规定并予以实施,在经济社会中发挥了很大作用。

(4)建立涉外税收制度

为适应引进外资的实际需要,全国人大及其常委会先后制定《中外合资经营企业所得税法》《个人所得税法》《外国企业所得税法》。1984年,国务院颁布经济特区及14个开放城市对外税收的有关规定。这就初步形成了一套涉外税收制度。在此基础上,1991年4月9日,七届全国人大四次会议审议通过了《外商投资企业和外国企业所得税法》,实现了外商投资企业和外国企业在所得税制度上的统一,标志着我国涉外企业所得税制进一步完善。

1985年3月,国务院颁布了修改后的《进出口关税条例》,补充完善了关税管理,成为新时期稽征关税的法律依据。1987年1月22日,第六届全国人大常委会第十九次会议通过的《海关法》设专章对关税作了规定,进一步明确了我国的关税制度。

(5)改革国家预决算制度

1991年10月21日,国务院颁布《国家预算管理条例》。该条例的颁布实施,对于加强国家预算管理,强化国家预算分配、调控和监督职能,促进经济和社会的稳定发展,发挥了重要作用。

5.1.3.2 深化改革时期的财政法治(1994—2021年)

1992年,我们党和国家进一步明确市场化取向的改革,提出要建立社会主义市场经济体制。1993年3月,第八届全国人大一次会议通过的宪法修正案规定:"国家实行社会主义市场经济。"2003年10月,党的十六届三中全会明确提出要"健全公共财政体制",并将其作为完善社会主义市场经济体制的一项重要任务。2007年,党的十七大强调要深化财税体制改革、完善公共财政体系,建设完善的公共财政体制成为财税体制改革的目标和方向。党的十六大以来,我国按照科学发展观要求,坚持以人为本,进一步优化支出结构,持续加大对公共服务领域的投入,向社会主义新农村建设倾斜,向社会事业发展的薄弱环节倾斜,向困难地区、基层和群众倾斜。在深化改革时期,我国制定了一系列符合公共财政运行规律的财政法规,促进了适应社会主义市场经济发展要求的公共财政体制的建立与完善。

(1)实行分税制

1992年下半年,我国在部分地区实行分税制改革试点,并从1994年起在全国推行,即对各省(区、市)以及计划单列市实行分税制财政管理体制。

国务院于1993年12月15日颁布《关于实行分税制财政管理体制的决定》,其主要内容包括:第一,按照中央与地方政府事权划分,合理确定各级财政的支出范围;第二,根据事权与财权相结合原则,将税种统一划分为中央税、地方税和中央地方共享税;第三,建立中央税收和地方税收体系,分设中央与地方两套税务机构分别征管;第四,科学核定地方收支基数,逐步实行比较规范的中央财政对地方的税收返还以及转移支付制度。

2002年12月26日,国务院批转《〈财政部关于完善省以下财政管理体制有关问题的意见〉及其通知》,调整和完善省以下财政管理体制。总之,分税制财政体制改革规范和稳定了中央与地方的财政分配关系,调动了各方面的积极性,增强了中央政府的宏观调控能力。

(2)改革和完善预算管理制度

1994年3月22日,八届全国人大二次会议审议并通过我国首部《预算法》。该法明确规定实行中央和地方分税制,并且分别对预算管理职权、预算收支范围、预算编制、预算审查和批准、预算执行、预算调整、决算、监督、法律责任等作了规定。这对于强化预算的分配和监督职能、健全国家对预算的管理、加强国家宏观调控、保障经济和社会健康发展,都发挥了重要作用。

2005年2月,财政部、中国人民银行和国家税务总局联合发布《关于进行政府收支分类改革模拟试点的通知》,引入与国际标准比较接近的功能分类和经济分类。

2001年3月,财政部和中国人民银行颁布《财政国库管理制度改革试点方案》,提出现行的国库体制应转向"以国库单一账户为基础、资金缴拨以国库集中支付为主要形式的集中收付制度"。

(3)改革工商税制

1993年12月25日,国务院颁布《批转国家税务总局〈工商税制改革实施方案〉的通知》,明确了工商税制改革的指导思想,建立符合社会主义市场经济的税制体系。此次工商税制改革实施方案的主要内容包括企业所得税、个人所得税、增值税、消费税、营业税、资源税、土地增值税、证券交易税、城乡维护建设税、土地使用税。改革后,工商税税种由原来的32个减少到18个。

1992年9月4日,第七届全国人大常委会第二十七次会议通过《税收征收管理法》。该法的颁布实施有利于加强税收征收管理、保障国家税收收入、保护纳税人的合法权益。

(4)完善与优化税制

2007年3月16日,第十届全国人大五次会议表决通过《企业所得税法》。该法参照国际通行做法,体现了"四个统一",即内资企业、外资企业适用统一的企业所得税法;统一并适当降低企业所得税税率;统一并规范税前扣除办法和标准;统一税收优惠政策,实行"产业优惠为主、区域优惠为辅"的新税收优惠体系。这部法律的颁布施行,对进一步完善我国社会主义市场经济体制、为企业创造公平竞争的税收环境、促进经济增长方式转变和产业结构升级、促进区域经济的协调发展、提高我国利用外资的质量和水平、推动我国税制的现代化建设发挥了重要作用。

2005年12月,第十届全国人大常委会第十九次会议通过关于废止《农业税条例》的决定,朝着城乡税制统一的方向前进了一大步。

(5) 建立政府采购制度

2002年6月29日,第九届全国人大常委会第二十八次会议审议通过《政府采购法》,对政府采购当事人、政府采购方式、政府采购程序、政府采购合同、质疑与投诉、监督检查、法律责任等作了明确规定。

5.2 综合性财政法规概述

5.2.1 宪法与立法法

5.2.1.1 宪法

《中华人民共和国宪法》是国家的根本大法,是治国安邦的总章程,适用于国家全体公民,是特定社会政治经济和思想文化条件综合作用的产物,集中反映各种政治力量的实际对比关系,确认革命胜利成果和现实的民主政治,规定国家的根本任务和根本制度,即社会制度、国家制度的原则和国家政权的组织以及公民的基本权利和义务等内容。我国《宪法》中有关财政问题的相关条款共有8项,涉及预算审批执行与调整、预算管理组织与机构、预算管理内容与权限等方面。

《宪法》第五十六条规定:"中华人民共和国公民有依照法律纳税的义务。"《宪法》第六十二条规定:"全国人民代表大会行使下列职权:审查和批准国家的预算和预算执行情况的报告。"《宪法》第六十七条规定:"全国人民代表大会常务委员会行使下列职权:在全国人民代表大会闭会期间,审查和批准国民经济和社会发展计划、国家预算在执行过程中所必须作的部分调整方案。"《宪法》第八十九条规定:"国务院行使下列职权:编制和执行国民经济和社会发展计划和国家预算。"《宪法》第九十一条规定:"国务院设立审计机关,对国务院各部门和地方各级政府的财政收支,对国家的财政金融机构和企事业组织的财务收支,进行审计监督。"《宪法》第一百零七条规定:"县级以上地方各级人民政府依照法律规定的权限,管理本行政区域内的经济、教育、科学、文化、卫生、体育事业、城乡建设事业和财政、民政、公安、民族事务、司法行政、计划生育等行政工作,发布决定和命令,任免、培训、考核和奖惩行政工作人员。"《宪法》第一百一十七条规定:"民族自治地方的自治机关有管理地方财政的自治权。凡是依照国家财政体制属于民族自治地方的财政收入,都应当由民族自治地方的自治机关自主地安排使用。"《宪法》第一百二十二条规定:"国家从财政、物资、技术等方面帮助各少数民族加速发展经济建设和文化建设事业。"我国《宪法》针对财政的法条主要集中在国家到地方的相关财政管理权限划分以及有关财政预算起草、审查、批准、调整等阶段负责部门的归属,并且针对税收仅涉及公民纳税为法律义务。

《中华人民共和国宪法》有关财政问题规定,是我国财政最基本的财政法制规范。其意义与作用主要体现在:第一,对基本财政权力的规定。从宪法中涉及"财政"概念的法条可以看出,财政基本权力包括五部分,即财政监督权、财政管理权、财政审批权、财政自治权以及发展权,有利于财政权力的充分行使。第二,对财政权力主体的界定。《宪法》规定,关于以上财政基本权力的实施组织主体,分别授予全国人民代表大会、全国人民代表大会常务委员会、国务院、各级地方政府以及各级审计机关,有利于财政权力的相互制约。第三,对"纳税"性质的规定。《宪法》将纳税行为定义为"公民义务",有利于税收制度的强制性和无偿性特征的发挥。

5.2.1.2 立法法

《中华人民共和国立法法》(以下简称《立法法》)是为了规范立法活动、健全国家立法制度、提高立法质量、完善中国特色社会主义法律体系、发挥立法的引领和推动作用、保障和发展社会主义民主、全面推进依法治国、建设社会主义法治国家,根据宪法制定的法律。我国《立法法》有关财政相关条款涉及两个方面。

《立法法》第八条规定:"下列事项只能制定法律:……(六)税种的设立、税率的确定和税收征收管理等税收基本制度;……(九)基本经济制度以及财政、海关、金融和外贸的基本制度。"可见,《立法法》明确规定税收的基本制度必须经过立法才能实施,说明有关财政的基本制度需要建立法律。

税收法定是财税法中的基本原则,不仅有利于规范国家的强制征税权与保护公民财产权益免受非法侵害,而且可以保障国家征税权有法可依、有法必依。《立法法》中有关财政基本制度需要建立法律的规定,也为未来财政法的出台奠定了相关法律依据和准则。

5.2.2 预算法

5.2.2.1 立法背景

《中华人民共和国预算法》是为了规范政府收支行为,强化预算约束,加强对预算的管理和监督,建立健全全面规范、公开透明的预算制度,保障经济社会的健康发展,根据宪法制定的法律。我国第一部《预算法》于1994年3月22日由第八届全国人民代表大会第二次会议通过,并自1995年1月1日起施行。2014年8月31日,第十二届全国人民代表大会常务委员会第十次会议通过《全国人大常委会关于修改〈预算法〉的决定》,决议自2015年1月1日起施行。《预算法》在出台20年后,终于完成了首次修改(以下简称"新《预算法》")。

新《预算法》共分11章101条,这是在深化改革开放背景下的一部具有综合性财政法律,对规范我国财政管理工作有着深远的影响。新《预算法》相对于旧《预算法》,主要有7个方面的重大修改,即预算编制依据更加明晰、预算收入安排规则清晰、预算调整程序和内容细化、预决算审查力度加大、预算监督制度完善、地方债管理规范以及违法责任追究力度加强。新《预算法》还在若干方面有所创新,主要体现在9个方面,即关于预算原则、关于预算模式、关于预算收支范围、关于预算绩效、关于预算公开、关于转移支付制度、关于预算审查主体与内容、关于超收和短收以及关于综合财务报告等。

5.2.2.2 立法意义

新《预算法》的颁布和实行是我国深化财税体制改革、建立现代财政制度的里程碑事件,具有深远的意义。新《预算法》全面贯彻了党的十八大和十八届三中全会精神,充分体现了党中央、国务院确定的财税体制改革总体要求,以及近年来财政改革发展的成功经验,同时也为进一步深化财税改革引领方向,在预算管理诸多方面取得了重大突破。预算法是政府预算领域的基本法律制度,新《预算法》的出台是国家法律制度建设的一项重要成果。

新《预算法》的颁布和实行,对于我国财政管理工作的改进与优化起到基础性指引作用。新《预算法》不仅完善与规范了政府预算体系,建立有关预算公开透明的社会主义民主预算制度,而且通过跨年度预算平衡机制、严格控制债务风险、完善转移支付制度等规定,有利于改进预算控制方式,推进基本公共服务均等化。

5.3 专项性财政法规概述

5.3.1 政府采购法

政府采购制度是公共财政管理的重要内容,也是政府调控经济的有效手段。2002年6月29日,第九届全国人民代表大会常务委员会第二十八次会议通过了《中华人民共和国政府采购法》(以下简称《政府采购法》),自2003年1月1日起施行。2014年8月31日,第十二届全国人民代表大会常务委员会第十次会议通过了《关于修改〈中华人民共和国政府采购法〉的决定》。2014年12月31日,国务院第75次常务会议通过了《中华人民共和国政府采购法实施条例》,自2015年3月1日起施行。2020年12月,为贯彻落实《深化政府采购制度改革方案》有关要求,完善政府采购法律制度,财政部研究起草了《中华人民共和国政府采购法(修订草案征求意见稿)》,并向社会公开征求意见。

《政府采购法》共分9章88条,从政府采购当事人、政府采购方式、政府采购程序、政府采购合同、质疑与投诉、监督检查、法律责任等方面,对政府采购活动及监督管理等事项做出了一系列规定。

《政府采购法》的作用与意义主要包括五个方面:第一,规范政府采购行为。规范政府采购行为是建立我国社会主义市场经济体制和依法行政机制的需要,政府的采购行为不仅对市场和宏观经济运行有着举足轻重的影响,而且是提高依法理财水平的客观要求。第二,提高政府采购资金的使用效益。财政管理不仅要重视预算编制,也要重视支出效率,充分发挥政府采购的积极效应,有利于提高财政资金的使用效益。第三,维护国家和公共利益。政府采购要发挥政府采购的宏观调控作用,为维护国家利益和社会公共利益提供法律依据和保障。第四,维护政府采购当事人的合法权益。基于政府采购当事人之间的平等关系准则,不仅要明确政府采购各当事人的权利、义务和投诉规则,而且要加强监督和制约。第五,促进廉政建设。党的十五届六中全会通过的《中共中央关于加强和改进党的作风建设的决定》中明确提出,推行政府采购制度是党风建设的一项重要内容,从源头上抑制腐败现象的发生,促进廉政建设。

5.3.2 转移支付法规

1994年分税制改革实施以来,财政转移支付制度的确立在提高中央宏观调控能力、促进经济持续快速发展方面起到了非常重要的作用。

2004年10月,十届全国人大常委会立法规划经中共中央批准,提出根据促进经济社会协调发展、城乡协调发展和东中西部协调发展的需要,制定包括财政转移支付法在内的多部法律。2007年6月27日,时任财政部部长金人庆在第十届全国人民代表大会常务委员会第二十八次会议上,受国务院委托,作《国务院关于规范财政转移支付情况的报告》，提出研究建立财政转移支付的法律法规体系，认为目前政府间支出责任划分不清晰，转移支付立法尚需进一步深入研究。作为过渡措施，要抓紧拟订办法，以国务院条例或部门规章的形式发布，增强对专项转移支付管理工作的约束，理顺专项转移支付的决策、协调、分配、监管等工作机制和程序。2007年12月，财政部在规范转移支付专题座谈会上表示已起草了《财政转移支付暂行条例（讨论稿）》，但该条例迄今尚未出台。新《预算法》第16条明确规定国家实行财政转移支付制度，并对财政转移支付制度的原则、目标和分类以及规范管理等基础性问题作了规定。2014年12月，国务院发布《关于改革和完善中央对地方转移支付制度的意见》（国发〔2014〕71号），提出现行中央对地方转移支付制度存在的问题和不足日益凸显，有必要通过深化改革和完善制度，尽快加以解决。2016年12月，在第十二届全国人民代表大会常务委员会第二十五次会议上，时任财政部部长肖捷受国务院委托，作《国务院关于深化财政转移支付制度改革情况的报告》，阐述了我国深化财政转移支付制度改革情况、存在的主要问题和下一步的改革措施。

　　转移支付法规是与分税制的财政管理体制紧密相关的，在现代市场经济条件下，尤其是在我国区域发展严重不均衡的现状下，转移支付制度的法制化建设具有极其重要的理论与现实意义。第一，转移支付作为一种重要的财政手段，在实现财政收入再分配、宏观调控和保障稳定方面具有重要功能，在强化财政职能方面具有重要作用；第二，转移支付制度是解决地方之间财政过度失衡的必由之路，通过依法转移支付进行再分配，增强那些不能有效提供公共物品的地方政府的财力，以实现区域协调发展；第三，通过转移支付制度安排，既可在有关国家统一和安全等政治问题上保证中央政府的权威，又可为地方政府的有效行政提供必要的财力支持，避免因财力不足而带来的履行政府基本管理职能的缺失；第四，转移支付法规与财政领域的其他法律密切相关，必然在保障财政法律体系的实施方面起到重要作用。

5.3.3　税种法规

　　改革开放后，我国逐步开展各税种的立法工作。十八届三中全会后，我国开始加速税收立法进程，并且成果显著。

　　到目前为止，我国18个税种中，12个税种（个人所得税、企业所得税、车船税、环境保护税、烟叶税、船舶吨税、车辆购置税、耕地占用税、资源税、契税、城市维护建设税和印花税)完成立法,6 个税种(增值税、消费税、土地增值税、房产税、城镇土地使用税和关税)仍采取暂行条例方式,其中增值税、消费税和土地增值税 3 个税种已发布立法征求意见稿,即将进入立法程序。

我国较早立法的税种是个人所得税和企业所得税,其他大部分税种的立法时间均较晚。1980 年 9 月 10 日,第五届全国人民代表大会第三次会议将之前制定的《个人收入调节税法》和《个人所得税法》合并,通过了新的《中华人民共和国个人所得税法》。后来经过 7 次修订,现行的《个人所得税税法》是 2018 年 8 月 31 日第十三届全国人民代表大会常务委员会第五次会议通过的。2007 年 3 月 16 日,第十届全国人民代表大会第五次会议将之前制定的《中外合资企业所得税法》《外商投资企业所得税法》《国营企业所得税》《城乡个体工商业户所得税》以及《集体企业所得税》等合并,通过了新的《中华人民共和国企业所得税法》,后来经过两次修订,现行的《企业所得税法》是 2018 年 12 月 29 日第十三届全国人民代表大会常务委员会第七次会议通过的。

2010 年后,我国又先后颁布了 10 部税法,包括《中华人民共和国车船税法》(2011 年 2 月)、《中华人民共和国环境保护税法》(2016 年 12 月)、《中华人民共和国烟叶税法》(2017 年 12 月)、《中华人民共和国船舶吨税法》(2017 年 12 月)、《中华人民共和国车辆购置税法》(2018 年 12 月)、《中华人民共和国耕地占用税法》(2018 年 12 月)、《中华人民共和国资源税法》(2019 年 8 月)、《中华人民共和国契税法》(2020 年 8 月)、《中华人民共和国城市维护建设税法》(2020 年 8 月)、《中华人民共和国印花税法》(2021 年 6 月)。

5.3.4 《税收征收管理法》

5.3.4.1 立法背景

从 1980 年开始,随着社会经济的发展,我国税收征收管理制度不断进行改革,从单一税转为复合税税制,税收征管过程也由"统管"改为征收、管理、检查"三分离"或征收管理与检查"两分离"。1986 年,国务院制定并施行了我国第一部完整独立的税收征收管理法规,即《中华人民共和国税收征收管理暂行条例》(以下简称《税收征管暂行条例》)。《税收征管暂行条例》整合了散落在各法律法规中的有关税收征收程序性规定,并加以补充和完善,规范了税务登记、纳税申报、税款征收等程序,同时初步引入"依法征税"原则。《税收征管暂行条例》在一定程度上遏制了当时税收征管分散、不规范的乱象,初步建立了较为系统的税收征管制度,为《税收征收管理法》的出台奠定了基础。

随着经济的发展,税收收入占国家财政收入的比重越来越大,对国民收入分配的影响与日俱增,形成了以货物和劳务税、所得税为主体,财产税和其他税种相配合的新税制体系,《税收征管暂行条例》已经无法应对当时局势。为了规范税收征管,贯彻落实税收法定原则,1992 年 9 月 4 日第九届全国人民代表大会常务委员会第二十一次会议通过《税收征收管理法》。这是我国第一部对税收征收管理进行统一规范的法律,也是我国第一部税收程序法。《税收征收管理法》是我国经济发展过程中的必然产物,象征着我国税收征管步入法制化的新阶段。

5.3.4.2 立法现状

《税收征收管理法》从税务管理、税款征收、税务检查、法律责任等方面,对税收的征收和管理做出了详细的规定。《税收征收管理法》自 1993 年 1 月 1 日正式施行以来,分别于 1995 年、2001 年、2013 年和 2015 年进行了修订。1995 年第 1 次修订《税收征收管理法》,因为 1994 年分税制改革后,省级以下税务机关分立为国家税务局和地方税务局,在对发票印制的管理上发生了矛盾,所以这次修订只明确了发票印制的管理机关。2001 年对《税收征收管理法》的修订是一次大修,不仅增加了 32 条法律条文,还修改了原来的法条 90 多处。这次修订顺应已经发生巨大转变的社会经济形势、财税管理体制及人民权利意识,着重增加和修订了保护纳税人合法权益的条文,明确了纳税人的合法权利及法律主体地位,平衡了纳税人和税务机关之间的关系。随着信息时代的到来,企业的经营模式愈加复杂,纳税人权利意识进一步增强,传统的税收征收方式难以适应高度信息化的社会方式。为了简化纳税人税务登记流程,2013 年对《税收征收管理法》进行了第 3 次修订,要求税务机关于收到纳税人税务登记申报的当天办理税务登记并送达登记证件。2015 年,为了进一步提高纳税人税务办理效率,《税收征收管理法》的第 4 次修订中直接免除了纳税人在依法办理减税免税时先向税务机关申请、由税务机关审批的步骤。总的来说,《税收征收管理法》自诞生起至每次修订,都以优化税收征管制度、保障纳税人合法权益、平衡纳税人与税务机关关系为出发点,都促进了我国税收法律体系向更加成熟迈进。

《税收征收管理法》对增强我国税收管理力度,推进我国税收征收管理立法的国际化、现代化起到了重要的作用。《税收征收管理法》以规范税收法律关系主体双方权利和义务为其主要内容,确立了征纳双方在税收征管中的基本权利和义务,不仅是纳税人依法履行纳税义务时必须遵守的法律准则,也是税务机关依法行使征税职权和职责时应遵守的行为准则。《税收征收管理法》的制定和颁布对我国加强税收征收管理、规范税收征收和缴纳行为、保障国家税收收入、保护纳税人的合法权益、促进经济和社会发展具有重要意义。

5.3.5 政府债务管理法规

5.3.5.1 立法背景

自新中国成立至今,中国地方政府债务变革历经70多年的发展,已经形成了一套制度框架,即目前以《预算法》为基础,以财政、金融、发展改革等多个政府部门出台的试点办法、指导意见、规章条例等政策法规为支撑的债务管理制度体系。

我国在改革开放之前,主要是比照苏联经济发展模式,在债务管理制度方面具有明显的计划经济特征。新中国成立之初颁布的《1950年东北生产建设折实公债条例》和"一五"计划时期的《经济建设公债条例》,奠定了这一时期债务管理制度的基础。这一时期国债的"品种单一,不具流通性",债务管理制度缺失。地方政府在中央政府政策规定下,尝试发行地方经济建设公债,助力地方建设。在地方政府债务管理实践方面,1958年以后,甘肃、安徽等个别地区也发了一些地方的经济建设公债。

改革开放初期,国务院于1981年1月颁布《中华人民共和国国库券条例》,随后,从1982年至1991年,国务院每年均颁布一项国库券条例,其内容主要包括对发行对象、发行数量、利率、还本付息期限、抵押转让以及相关法律责任等的规定。1992年3月,国务院颁布了具有长期性质的《中华人民共和国国库券条例》,不再发布年度条例。关于地方债,1985年国务院办公厅发布《关于暂不发行地方政府债券的通知》,出于控制国民经济增长速度、防止固定投资增加过猛的目的,明确禁止地方发行债券。但是,此后的实践并未约束地方政府的其他举债行为。1994年,《预算法》颁布出台,首次以法律的形式对地方政府的举债行为进行约束,严禁地方政府发行债券。1995年,《担保法》对政府机关和公益型事业单位的担保行为进行约束。1994年分税制后,中央与地方的事权和支出责任不匹配现象突出,地方政府为弥补财力不足,在缺乏债务制度约束的前提下搞"创新方式",多途径、多方式地借债,造成了很多债务风险隐患。这一时期,地方政府债务管理制度经历了由最初的规定不明确,到对地方政府举债行为进行简单明令禁止的初步发展,地方债务管理的法规制度相对缺乏。

2009年,受全球性金融危机影响,政府推出了一系列"保增长"政策来刺激经济。大规模投资导致地方政府债务规模迅速膨胀。这一时期,随着地方政府债务规模的持续增加,中央针对地方政府的管理政策密集出台,聚焦于以下几个方面:一是清理规范违规融资;二是建立举债自主权;三是债务甄别与化解;四是促进债务制度成熟。

2015年,以新《预算法》的正式实施为"分水岭",地方政府发债权力得到法律形式确认,成为债务管理制度"由堵到疏"转变的标志。该时期,随着地方政府债务规模的增长,债务风险问题引起高度关注。这一时期的地方政府债务管理制度特点体现出对债务风险的关注。

5.3.5.2 立法现状

迄今为止,我国尚未出台有关政府债务管理的综合性专项法律,其管理目前主要依据《预算法》中与政府债务管理相关的条文以及此前出台的相关管理办法。2019年6月,全国人大财经委提出有关地方债务管理的基本要求:第一,要求加强地方政府债券发行管理,合理安排地方政府债券发行节奏;第二,要求做好债务资金募集与项目建设需求之间的有机衔接,进一步提高债务资金的使用效率和效益;第三,要求完善地方政府债务限额管理制度,制定优化债务限额分配办法和标准,合理确定各地政府债务限额;第四,进一步加大政府债务信息公开力度,接受社会监督;第五,要求地方各级人大及其常委会加强对政府举债融资的监督,杜绝在政府预算之外举债融资。

2020年1月,财政部发布《关于"政府债务管理相关法律问题研究"征询意向公告》,提出希望结合中国国情,借鉴国际先进经验,对现行有关政府债务管理政策措施提出优化建议,提出我国政府债务管理法律制度的设计方案及相关文本草案,提升政府债务管理水平、推动政府债务立法。

我国政府债务管理法规的逐步建立,有利于政府债务管理体制机制的建设。根据财政政策逆周期调节的需要以及财政可持续的要求,合理确定政府债务规模,有利于构建管理规范、责任清晰、公开透明、风险可控的地方政府举债融资机制。需要完善地方政府债务风险评估指标体系,加强风险评估预警结果应用。

5.3.6 财政管理体制法规

5.3.6.1 立法背景

1950—1993年,为适应各个时期的社会经济形势,我国财政管理体制的法规制定更替十分频繁。财政收支在中央财政和地方财政之间如何划分,是每次财政管理体制立法所要解决的中心问题。根据现行财政管理体制法规所确定的划分中央财政和地方财政收支范围的办法,可将我国财政管理体制法规的演变划分为统收统支、收入分成、财政包干三个阶段。

第一,统收统支式的财政管理体制。1951年,政务院发布《关于财政收支系统划分的决定》;至1953年前,基本执行的是统收统支的财政管理体制。

第二,收入分成式的财政管理体制。1953年,国务院颁布《关于改进财政管理体制的规定》,我国开始施行以财政收入分成为中心的财政管理体制法。这一时期的财政分成办法虽有分类分成、总额分成、增收分成三种形式,但均偏重于中央财政集权。1978—1979年,我国实行"增收分成,收支挂钩"的财政管理体制,按照核定比例,在中央和地方之间分配。

第三,财政包干式的财政管理体制。1980年,国务院颁布《关于实行"划分收支、分级包干"财政管理体制的暂行规定》,正式全面推行包干式财政管理体制,扩大地方财政权限。1985年,国务院颁布《关于实行"划分税种、核定收支、分级包干"的财政管理体制的规定》,进一步调整财政包干式财政管理体制。

5.3.6.2 立法现状

根据《中华人民共和国预算法》规定,我国现行的财政管理体制的核心是分税制,分税制是指在中央与地方之间以及地方各级之间,以划分各级政府事权为基础、以税收划分为核心,相应明确各级财政收支范围和权限的一种分级财政管理体制。2016年8月16日,国务院颁布《关于推进中央与地方财政事权和支出责任划分改革的指导意见》(以下简称《意见》)。《意见》是国务院根据党的十八大和十八届三中、四中、五中全会提出的建立财政事权和支出责任相适应的制度、适度加强中央事权和支出责任、推进各级政府事权规范化和法律化的要求,就具体推进中央与地方财政事权和支出责任改革提出的指导性意见。这是国务院首次比较系统地提出从政府间公共权力纵向配置角度,推进财税体制改革的重要规定,也是当前和今后一个时期科学、合理、规范地划分各级政府基本公共服务职责的综合性、指导性和纲领性的文件。2022年6月13日,国务院办公厅颁布《关于进一步推进省以下财政体制改革工作的指导意见》,这是对2016年《意见》的进一步推进与细化,对科学处理省以下政府间财政关系,建立健全权责配置更为合理、收入划分更加规范、财力分布相对均衡、基层保障更加有力的省以下财政体制,对我国财政体制的完善和优化都将起到积极的作用。

财政管理体制法规的完善,有利于明确和稳定各级政府间事权与支出责任,有利于调动中央和地方的积极性,有利于提高财政活动的绩效。总之,健全和完善我国财政管理体制的法规体系,对于科学治国、依法治国具有重要的意义。

5.3.7 国有资产管理法规

5.3.7.1 立法背景

我国国有资产法治管理的发展主要可分为以下三个时期:

第一,以"管企业"为主的国有资产管理时期(1949—2003年)。这一时期的国有资产监管又可分为新中国成立后的"条块管理"阶段、改革开放后的国资监管探索阶段、国家成立国有资产管理局后的分级监管阶段以及"多龙治水"阶段。

第二,以"管资产"为主的国有资产管理时期(2003—2013年)。2003年,国资委成立,按规定,国资委不直接干预企业的生产经营活动和投资决策,而是负责管人、管事、管资产,由此开始"政资分开"。通过由"管企业"到"管资产"的过渡,强调国家的出资人职责和所有者权益,政府和企业之间的关系由行政隶属关系逐渐向产权纽带关系转变。

第三,以"管资本"为主的国有资产管理时期(2013年至今)。2013年党的十八届三中全会报告中提出,应当准确界定不同国有企业功能,这一时期国企管理特征是将国有企业分为商业类和公益类,分类推进改革,这也意味着国有企业将进入分类治理的新时代。

2003年3月21日,根据第十届全国人民代表大会第一次会议审议批准的《国务院关于机构设置的通知》(国发〔2003〕8号),成立国务院国有资产监督管理委员会(以下简称"国资委"),属于国务院直属特设机构。由此可以整合此前多个部门的分散职能,提高监管效率。国资委只代表国家履行出资人职责,将经营权交给企业管理者。国资委成立后,围绕出资人的不错位、不缺位、不越位,出台了一系列措施,进行了一系列国有资产管理的改革尝试,包含以下三个阶段:

第一,国有资产调整和国有企业纵深重组阶段。2006年12月,国务院办公厅转发国有资产监督管理委员会的《关于推进国有资本调整和国有企业重组的指导意见》,将国有资本调整和国有企业重组、完善国有资本有进有退、合理流动的机制作为经济体制改革的重大任务,大力推进企业内母子公司重组、企业突出主业的兼并重组、旨在做大做强的重组。这一阶段,推进和完善了电信、电力、民航等行业企业的改革和重组。2007年6月,国务院办公厅转发发改委《关于2007年深化经济体制改革工作的意见》的通知,提出要加快国有经济布局和结构调整,由国资委、财政部牵头,研究提出国有经济布局和结构调整的政策建议,实施关于推进国有资本调整和国有企业重组的指导意见,加快中央企业调整重组的步伐,抓紧解决国有企业历史遗留问题,推进国有企业政策性关闭破产。2010年3月21日,《国务院关于落实〈政府工作报告〉重点工作部门分工的意见》要求,坚定不移推进改革,进一步扩大开放。

第二,助推国有企业走出去和加强境外国有资产管理阶段。2012年5月,国家八部委联合发布《关于加快培育国际合作和竞争新优势指导意见的通知》,以增强"走出去"战略的实施效果。提出要健全对外投资、承包工程的风险防控和监管机制,加强境外中资企业和境外国有资产管理。完善对外投资管理制度,推进对外投资便利化,减少政府核准范围和环节,加强动态监测和事后监管。

第三,国有资产分类监管与分类考核管理阶段。国有企业的双重目标(社会目标和经济目标),即社会效益最大化目标和利润最大化目标之间存在着客观矛盾,若交织在一起,国有企业自身无所适从。西方发达国家普遍对国有企业实行分类管理,实践证明是行之有效的。我国国有企业从职能定位上可以分为商业类和公益类,职能定位不同,监管中对其经营绩效的评价指标在经济目标与非经济目标上也应有所差异,应该与差异化的职能定位相符,分类监管和分类考核。

5.3.7.2 立法现状

我国现行的有关国有资产的现行法规包括经营类、非经营类、金融类和自然资源类国有资产四个方面。

在经营类国有资产领域,初步形成了以《企业国有资产法》和《企业国有资产监督管理暂行条例》为核心的国有资产管理等相关法规,主要解决的是政府层面由什么机构、通过什么程序对国有资产进行管理的问题。关于国有资产管理组织和管理形态,主要由《公司法》和《全民所有制工业企业法》进行规范。

在2017年11月的中央深化改革委员会第一次会议上,审议通过了《关于建立国务院向全国人大常委会报告国有资产管理情况的制度意见》,并于2018

年 1 月正式实施,这标志着我国国有资产管理的法治化进程迈上了一个新的台阶。

在非经营类国有资产领域,主要指行政事业性国有资产管理方面,初步形成以《行政事业性国有资产管理条例》(国务院 2021 年颁布)为中心的非经营性国有资产管理制度。作为我国行政事业性国有资产管理的第一部行政法规,该条例的颁布对于依法加强行政事业性国有资产管理与监督具有重要意义。2018 年 6 月 30 日,中共中央国务院颁布《关于完善国有金融资本管理的指导意见》,明确了国有资本(包括资产)的管理要求。2020 年 5 月,财政部发布《国有金融资本管理条例(征求意见稿)》,对落实 2018 年指导意见提出了具体的实施方案。

5.4 财政法治建设的经验与问题

5.4.1 财政法治的经验总结

我国财政法治的经验可以归纳为两个方面,即法规体系的不断完善以及法治组织与立法程序的逐渐规范。

5.4.1.1 相关法规体系不断完善

综观财政法治的发展历史,我国财政法规建设与时代的发展基本相匹配,明显具有与时俱进的特点。新中国成立初期,战后国家重建、恢复国民经济是当时财政工作的重心,俗称"建设性财政"。1949 年新中国成立后最初的四年当中,通过推出统一财政税务工作、平衡财政收支、稳定物价等一系列政策措施,为国民经济的恢复、政权的巩固以及各方面的治理工作提供了有力的保证,从而实现了国民经济的全面恢复和国家财政状况的根本好转。随后我国开始进入经济建设时期,政务院或国务院出台的财政法规担负起为工业化筹集资金和促进社会主义改造的双重任务。总体来看,新中国成立初期的统收统支集权型财政体制基本是适合中国当时建设发展的一种财政法治形式。"文化大革命"时期,极"左"思潮甚嚣尘上,导致我国经济严重停滞,甚至达到崩溃的边缘,税收基本取消,大批财政法规被视为"管卡压"工具而被取消,财政管理无序。

改革开放初期,我国社会经济百废待兴,在初步引入市场经济机制的背景下,政府出台了大批税收制度,逐步构建了"分级包干"等多种形式的政府间财政管理体制,初步建立起一套符合改革开放实践的财政法规体系。深化改革时期,随着我国社会主义市场经济制度的确定,财政收入制度建设逐步趋向科学、规范,财政支出管理水平日益提高,政府债务逐渐纳入法制化管理框架,构建了相对稳定的"分税制"财政管理体制,并且财政立法的形式与国际接轨程度明显提高,基本建立起具有中国特色且符合国际惯例的公共财政体系。

1994年,我国正式施行分税制财政管理体制,这是新中国财税体制改革的重大转折点,标志着我国初步建立起适应于市场经济的财税体制。在这一阶段,我国遵循法制财政的理念,通过制定各类财政税收法律法规,进一步完善了预算、税收等一系列财政管理相关的制度,为我国经济持续快速的发展奠定了较为坚实的法治基础。

5.4.1.2 相关法治的组织协同与程序规范

自新中国成立70多年来,我国财政法治组织协同与立法程序方面取得了巨大成就,有力推进了现代财政制度建设的进程。新中国成立初期,国家政治协商会议确定了我国财政管理的基本原则,政务院按照大区管理的实际制定了财政管理体制,国务院颁布了一系列税收制度,这对我国战后重建工作起到了较大的保障作用。"文化大革命"时期,虽然我国的财政法治进程受到极大冲击,但是财政管理的各级组织仍然比较健全,基本财政管理工作仍保持运行状态。

1978年改革开放以来,我国财政法治的组织得到逐步完善,财政立法程序日益健全与规范,主要体现在三个方面:第一,建立了交叉协调的财政法治组织体系,包括立法与执法组织体系、中央与地方财政管理组织体系、收入和支出相分离的两条线管理体系等;第二,初步形成财政立法程序的科学与规范化,改变了财政立法由政府部门自行其是,到全国人大立法授权,直至逐步加强和落实全国人大的财政立法权,为最终形成财政的立法权和执行权相对分离打下良好的基础;第三,形成财政立法民主化和财政管理与监督一体化的管理雏形,逐步提高人民参与财政预算制定与管理的程度,通过政府预算公开,鼓励民众监督政府预算的制定与管理。

自1994年1月1日起实行的工商税制改革,是新中国成立以来规模最大、范围最广、内容最深刻的一次税制改革,目的就是要适应建立社会主义市场经济体制的需要。这次工商税制建立了以流转税和所得税为主体,其他税种相配合、多税种、多环节、多层次调节的、具有中国特色的税制体系。

5.4.2 财政法治的问题归纳

我国现行财政法治存在的问题可以归纳为三个方面,即现行法规结构不甚合理、重规轻法现象严重以及法制管理体制不完善。

5.4.2.1 相关法规结构不合理、体系欠优化

一个合理与完善的财政法治体系,其前提是要有一部涵盖财政基本问题的财政基本法。目前我国可以承担此功能的现行法律是《宪法》和《立法法》,可是作为国家根本大法的《宪法》和作为综合立法规范的《立法法》对于财政方面的条款规定数量很少。《宪法》主要对于财政和财政预算权力的划分进行了规定,同时提出公民具有纳税的义务;《立法法》则仅仅在税收相关制度和财政基本制度定义等方面做了原则性规定。总之,这两部法律在财政方面的规定均主要立足于权力制度方面,而没有涉及更加详细明确的财政基本问题。虽然《预算法》中的有些条款涉及一些财政基本问题,比如关于我国财政体制性质,但《预算法》本质上是一部规范政府预算编制的程序法,不可能替代财政基本法。由此可见,欲将财政全面纳入法治轨道、健全我国的财政法律体系,应当尽快制定带有财政基本法性质、统领各项财政法律法规的财政法,以便对财政收入、财政支出、政府资产、政府负债、财政体制和财政监督等重大财政原则问题做出明确规定,让财政活动有法可依。所以设立一部综合性的财政类法律,对于我国当前财政法治工作的开展具有深刻而重要的意义。

我国现有的财政相关法律共有 4 部,即《预算法》《政府采购法》《税收征收管理法》和《企业国有资产法》,可是与之配套的法规缺失,没有形成一套行之有效的法规体系,严重影响到法律的实施与执行效果。《预算法》中规定的有关"分税制财政体制""转移支付制度""政府债务制度"等财政重大问题,均没有相关的法规予以定义与解释。《企业国有资产法》中,仅仅对国有企业的资产管理做出部分界定,而对有关资产转移与买卖、资产作价等问题也没有明确的法规制度规定;更重要的是,针对我国现存的大量非企业国家资产的管理领域,鲜有政府法规的规定。其他法律也存在类似的情况。

5.4.2.2 "法"少"规"多、法治效果欠佳

我国现行的非税种财政法律仅有 4 部,而有关财政的部门规章却不计其数,这些部门规章不仅内容广泛,而且颁发部门众多。从部门规章的内容方面

看，涉及财政体制、转移支付制度、政府债务管理、预算绩效管理、政府资产管理、国库管理制度等，这些均是应纳入财政法治的基本财政问题，迄今却仍在以部门规章的形式执行；从部门规章发布的单位方面看，包括中共中央、国务院、财政部、国家税务总局、国家发改委、人民银行总行等，不仅发布财政规章的部门众多，而且其时效性也必然大打折扣。我国现行的税种法规共计18部，其中法律12部、部门规章6部，值得注意的是，占我国税收收入比重高达60%以上的增值税却至今没有立法，仍然是以部门规章形式执行。

法律比较于部门规章更具有严肃性和规范性，人为干预的概率更小。财政是政府治理的基础，一般而言，有关国家财政管理的基本制度均应通过法律的形式予以颁布与执行，世界上大多数国家概莫能外。目前我国已经进入法制化国家治理的阶段，可见在财政法治领域的"法"少"规"多现象显然不符合法制化国家建设的要求，而且财政规章如此政出多门，必然会影响到财政法治的规范性和有效性，所以亟待将我国财政法治领域的"规治"改变为"法治"。

5.4.2.3 法治管理体制缺失

我国财政法治管理体制的缺失，主要体现在立法权限划分不清晰和立法与执法过于融合两个方面。

根据我国《宪法》规定，全国人民代表大会负责国家的各项法律制定，地方人民代表大会负责地方的各项法律制定。然而，我国财政相关法律立法权的配置，绝大部分的权限集中在全国人大，地方基本没有相关立法权，存在财政立法的"重中央、轻地方"倾向。例如，《预算法》中规定了我国的财政管理体制，即分税制体制，这是由全国人民代表大会及其常务委员会制定和颁布的。可是欲完善分税制立法，还需要在划分各级政府事权（包括地方各级事权）、各级财权管理以及地方转移支付制度等方面进行法定，可是现行的相关财政法律体系中，基本上是对中央立法权限的规定，而鲜见对地方立法权限的规定。关于我国税收立法的相关规定中，有关税种的立法权限，包括税种设置权、税率制定权、税收优惠调整权等，也基本属于中央，甚至法律规定的地方税种、上述具体事项的立法事项，地方各级人大也没有任何权限。这种状况显然不符合财权与支出责任相结合的财政管理原则，也不利于充分调动中央与地方的积极性。

根据法治国家建设的要求以及国际通行惯例的实践，财政法治的基本组织结构框架应当做到立法与执法相对分离，可是我国的财政法治现状却存在着严重的融合情况。在财政收入方面，《增值税暂行条例》（2021年）由国务院颁布，而具体执行者却是国务院下属的国家税务总局;《政府非税收入管理办法》(2016年)由财政部颁布,而具体执行方则是规章发布方。在财政支出方面,国务院发布《关于改革和完善中央对地方转移支付制度的意见》(2015年),而执行方则是国务院所属的财政部;财政部发布《中央对地方专项转移支付管理办法》(2016年),可执行方却是该规章的发布方财政部。国有资产管理是财政管理的重要组成部分,我国国有资产涉及国有企业资产、国有金融资产、行政事业单位资产以及自然资源资产等四类。现行的相关法律仅有1部,即《中华人民共和国企业国有资产法》(2009年),还有一些行政规章,比如财政部颁布的《行政单位国有资产管理暂行办法》(2006年)、《事业单位国有资产管理暂行办法》(2006年)、《金融企业国有资产评估监督管理暂行办法》(2008年)和《金融企业国有资产转让管理暂行办法》(2009年)、国家国资委颁布的《企业国有产权转让管理暂行办法》(2003年)等。我国现行的有关国有资产是按照行政事业单位资产、国有企业资产、金融资产分别归属于财政部、国资委和人民银行进行管理与执法的,其中还存在着一些交叉管理现象。可见,由于国有资产立法的层级较低,其相关领域的立规部门与其执法单位是高度融合的,显然不利于国资管理的法治化要求。

5.5 本章小结

综观历史,我国财政法治化经历了一个曲折发展的过程。1949—1966年,在计划经济的背景下,我国的各项财政活动主要是按照中央高度集权的行政管理体系进行的,虽然颁布了部分政府规章,但其主流仍然是以行政命令为主导,其财政法治的状况处在初级阶段。"文化大革命"的10年间,我国财政法治受到了巨大冲击,不仅相关立法基本停止,而且部分专职执法机构也遭到撤并,严重影响到正常的财政管理工作。1978年改革开放以来,我国的财政法治有了突飞猛进的发展。在财政收入领域,建立了较为完善的税收与非税法规制度,逐步构建了符合我国实际的政府债务体系;在财政支出方面,建立了收支两条线的管理机制,完成了政府采购立法,初步形成了较为规范的转移支付制度;在财政管理方面,建立了符合我国国情的"分税制"管理体制,形成了较为规范的国库管理制度,逐步完善了国有资产管理模式。尤其是在发挥人大财税立法方面,出台了有关预算管理、税收管理、政府债务管理、国有资产管理等一系列法律与管理规定,取得了历史上的重大突破。

时至今日,我国财政法治化建设虽然有了很大的进步,但距离党中央要求的法治化国家建设目标还有较大的差距。主要体现在以下四个方面:第一,立法层次亟待提高。我国目前的大多数财政法规是由部门设立的,其立法层次偏低,不利于现代国家治理的需求,因此亟待加强全国人大在财政领域的立法力度。第二,立法体系有待完善。虽然我国现行的财政法规数量众多,但无论是在财政综合面上还是在财政各专业面领域,均缺失统领性、基础性法规,因此很有必要尽快建立系统性的财政法规体系。第三,立法与执法须相对分离。由于我国大量存在财政立法与执法的高度融合现象,严重影响财政法治的公平、公正和规范,致使财政法治化的效果弱化,因此需要将财政立法与执法的功能加以区分,并在组织层面上赋权。第四,进一步强化执法力度。目前,我国在财政执法力度上的弱化倾向较严重,鲜有严格依法处置的情况,显然不利于财政法治良性环境的建立,所以,必须加强和完善有关财政处罚的法规建设,并且加大对违反相关财政法规的组织和个人的执法力度。

第6章 财政立法的国际比较

财政基本法的作用主要是确定财政的基本原则、组织建制以及运行规律,同时对财政收入、支出、监管以及财政收支划分等事项做出规定,这些内容可见于若干部财政单行法中,也可以合并在同一部法律中。

6.1 各国财政立法的概况

综观世界各国,在财政立法方面,大体可以分成两种情况:一种情况是有专门财政基本法或有相当于财政基本法的法律;另一种情况是没有专门的财政基本法。

6.1.1 有专门的财政基本法或有相当于财政基本法的法律

有些国家有专门的财政基本法或有相当于财政基本法的法律,它们一般是以宪法为依据或原则,然后以一两部财政法律对国家的财政收入、财政支出、预算、决算、国家债务、基金管理、政府财政绩效审计、社会保障等进行规定,这类典型的例子有日本、韩国、匈牙利以及南非等。

日本的财政法律体系非常完善,其《宪法》第七章规定了财政的基本原则,以此为依据,《财政法》对国家财政的预决算制度进行了原则性规定。《财政法》是日本的财经基本法,包括财政总则、预算区分、预算、决算和杂则五章内容。《宪法》第七章和《财政法》形成了日本财政基本法的主体躯干和核心内容。

目前,韩国已形成以《宪法》为基础、以《国家财政法》为核心、以各专门法律为组成部分的一整套财政法律体系,用以指导规范韩国财政活动的整体运行。韩国《宪法》作为国家法律体系的基础,规定了政府财政活动的基本规则。《国家财政法》则对全国财政的相关事项进行规定,包括国家财政管理计划、绩效管理原则、财政信息公开、国家预算、决算、基金管理、国家债务管理、社会保障、财政监督、财政核算与法律责任等内容。

匈牙利基本法（《宪法》）在第17章第36—44条中，集中规定了公共财政基本制度，包括预算、政府债务、国有资产管理以及对于相关执行监督管理机构（包括央行、审计署、财政局）等方面的规定。除了上述规定外，匈牙利基本法中还对公共财政收支的基本制度做了规定，如在预算管理上实行平衡、透明、可持续原则，授予国会起草、通过和执行国家财政法律的权力，明确地方政府财政管理的基本原则，以及对归属于地方政府管理的预算、资产和地方税收方面的规定等。《公共财政法》是匈牙利的财政基本法，它的作用是解释、明确和细化宪法中的有关内容，主要包括总则、中央预算、国家预算的管辖范围及附属性规则、特殊基金预算、地方政府预算、预算机构的功能与管理、各经济机构的公共责任、社会保障预算、资金供给和预算拨款、国有资产管理、政府债务、公共财政信息和平衡机制、公共财政中的会计核算、公共财政控制以及其他条款等。除《公共财政法》外，匈牙利议会还出台了许多单项法来规范具体的政府收支，如《匈牙利税法》《匈牙利债券法》《政府购买法案》《国有资产法案》等。

在南非，《公共财政管理法》是根据南非宪法对于财政领域的最基本要求，为南非公共财政的预算、收入和支出提供基本的规范制度，是目前南非政府财政领域的重要法案，相当于南非的财政基本法。该法主要围绕国库设置和收入规范、预算基本要求、公共实体和法律责任等方面进行基本规范。除《公共财政管理法》之外，《市政财政管理法》是该法的重要扩展和补充，主要适用于地方财政领域进行基本规范，是南非的地方财政基本法。

6.1.2　没有专门的财政基本法

在各国中也有不少国家没有设立专门的财政基本法。尽管这些国家没有专门的财政基本法，但这些国家要么是在《宪法》中辟出专门的章节对各财政事项进行阐述规定，要么是出台若干部单行法对各财政事项进行法律规定。这些国家包括美国、德国、澳大利亚、巴西、俄罗斯等。

美国没有专门的财政基本法，其《宪法》对征税权、立法权、举债以及支出等方面做了原则性的规定，除此之外，美国现行财政法律体系还包括1870年《反超支法》、1921年《预算和会计法案》、1974年《国会预算和控制截留法》、1985年《平衡预算与紧急赤字控制法案》、1990年《预算执行法》、1990年《联邦信贷改革法案》与 1993 年《政府业绩和结果法案》等，上述法律的主要内容均被编入《美国法典》第 31 卷（"货币与财政"）。其中，1921 年《预算和会计法案》建立了预算局（即现在的管理和预算办公室）以协助总统完成预算工作；1974 年《国会预算和控制截留法》在美国预算法律制度体系中起支架作用，是规范预算审批的基本法案；1990 年《联邦信贷改革法案》是关于联邦政府提供直接贷款和贷款担保的预算处理的法案，1993 年《政府业绩和结果法案》是规范联邦政府的战略规划制定和绩效评估的法案，这两项法案都是进一步改善预算程序合理性的法案。《国内收入法典》是美国纳税相关的一部法典。此外，美国的社会保障体系则主要由 1935 年《社会保障法》来进行规范。

德国也没有制定单独的财政基本法，其财政体制和财政法律的渊源是《基本法》，《基本法》专门开辟独立章节为财政规章，对各级政府的公共开支、税收立法权、税收分配、财政补贴和财政管理等基础事项作了明确的规定。同时，1967 年联邦制定的《促进经济稳定和增长法》也为德国财政体制和财政政策提供了法律基础。总体而言，德国财政法律体系是以《基本法》为基础，由《税收通则》《财政平衡法》《促进经济稳定和增长法》等法律构成的。《基本法》对财政体制作了原则性规定，有关详细的财政法律规定分散在其他法典之中。

在澳大利亚，其《宪法》仅仅对财政体制、税收和支出做了部分原则性规定，并没有形成专门章节，有关财政方面的基本问题更多在其他法律中得以体现。其中，在财政收入方面，主要是《税收管理法案》，它相当于税收基本法；在财政支出方面，由《公共治理、绩效与问责法》对政府体制运行和财政支出做出原则性规定。除此之外，财政外部监督主要在《审计长法》中有所规定，《预算诚信章程》主要对多年度和跨期预算平衡及债务事宜进行了规定，社会保障的原则性内容在《社会保障法》中有所体现。

在巴西，《联邦宪法》是巴西财政制度的最根本和最重要的法律基础，其规定了各级政府对税费的征收权和财政收入分配、各级议会的税收立法权、预算、财政支出安排、财政平衡、财政监管、社会保障、法律责任等方面的一般规则，其他所有关于财政的法律都必须在联邦宪法的规范下实施。在此基础上，由《国家税法》对国家税收制度和税法通则进行了基本规定，《国家税法》是连接宪法和其他财政法令的基本性法律。

俄罗斯也没有专门的财政基本法，其财政基本法规主要由以《俄罗斯联邦宪法》为主体的一些法律确定；除《俄罗斯联邦宪法》外，与财政基本法内容相关的法律主要还包括《俄罗斯联邦政府法》《俄罗斯联邦税收法典》《俄罗斯联邦预算法典》以及《俄罗斯联邦海关法典》等。

6.2 各国财政法律规定的财政事项

6.2.1 有关财政收入的法律规定

在各种财政收入形式中,税收是最主要的形式。综观各国,税收法定原则一般都会首先在法律中明确体现。各种税收的征税主体、征税客体、计税依据、税率及变动、税收优惠、税收范围的变化、新税种的开征等,或者直接在各国宪法中得到明确,或者在各国综合税法中得到明确,或者在若干部单行税法中得到明确。

在英国,1787年英国议会发布的《统一基金法案》(Consolidated Fund Act)是英国最早的有关财政收入及其管理的基本法律。根据该法案,财政必须设立"统一基金",政府获得的所有收入都归入这个基金,存入英格兰银行,所有政府公务活动开支都由这个基金统一提供。英国国家财政收入约90%来自税收收入,目前仍然适用的税收法律主要有2007年《个人所得税法案》、1988年《公司税法案》、1992年《资本利得税法案》、2001年《资本性减免法案》、1970年《税收管理法案》、1994年《增值税法案》等。其中,《税收管理法案》中对纳税人自我评定的规则、税收评定的规则、税收追征的规则、违法调查的规则、争议处理的规则等分别进行了详细的规定。英国税收立法权和解释权完全属于中央,由国家有关法律赋予财政部或财政委员会颁布与国家法律相适应的税收法规。由议会审议的年度收入预算最终以《财政法案》的形式呈现,其中作为核心的税收建议包含征税标准和税收范围的变化、税收政策的调整、税率的变动、新税种的开征和某一现行税种的废除及改变征税行政机构等内容。议会通常在5月份表决《财政法案》,获通过后即可生效成为正式法律文件。

美国《宪法》第七至十款中,首先,对财政收入征收给出了明确的规定:有关征税的所有法案应在众议院中提出;国会有权规定并征收税金、捐税、关税和其他赋税,用以偿付国债;但是各种捐税、关税和其他赋税,在合众国内应统一征收;以合众国的信用举债;除非按本宪法所规定的人口调查或统计的比例,不得征收任何人口税或其他直接税;对各州输出之货物,不得课税;等等。其次,美国的《国内收入法典》分别对有关所得税、遗产和赠与税、雇佣税、各种消费税、酒类、烟草和其他消费税、税收程序和管理、税收联席委员会、总统的竞选活动的经费供给、信托基金法规的内容进行了详细的规范,充分体现了税收要素和税收程序的法定原则。此外,《美国法典》第31卷还规定,政府机构收费的规则受总统规定政策的约束并应尽可能切实可行。每种收费应公平,同时应基于政府成本、接受者获得服务或东西的价值、服务的公共政策或利益以及其他相关事实。

在加拿大,财政收入包括税收收入和非税收入。其中,税收收入占各级政府财政收入的比重较大。加拿大税种主要由个人所得税、企业所得税、货物与劳务税、关税等构成,这些税收收入是联邦政府财政收入的主要来源。非税收入主要来源于就业保险费(employment insurance premiums)和皇家公司收入(earnings by crown corporations)等。加拿大有关财政收入的立法主要体现在《宪法》和其他专项法律中。根据《宪法》的规定,加拿大联邦政府有权征收任何税种,而省政府在征收直接税时要受到限制,并禁止其征收某些间接税;其他专项法律则包括《货物与劳务税法》《所得税法》《关税法》等,这些税法具体明确了各税种的征收目的和具体安排。总之,在加拿大,无论是税收收入还是非税收入都要有法有据,落实法定原则,依法征收、依法缴纳。

澳大利亚宪法规定了联邦政府的征税权力,且在各州间和各州的各地区间不得有差别。同时,宪法限定了参议院的权力,如拨款或征税议案不得由参议院提出;参议院不得修正征税或拨款维持政府常年工作的议案,等等。澳大利亚的《税收管理法》在调整征纳双方税收法律关系方面,征纳双方的权利和义务分配比较平衡。一方面,纳税人自主履行纳税义务的法定主义原则体现得比较充分。纳税人根据税法评定履行自己应承担的纳税义务,获得税收抵免、减免、退还等权益,无须税务机关调查审批。另一方面,纳税人以及与税收相关的其他政府部门、社会组织、企业、单位和个人在履行纳税义务过程中承担的实体义务和程序义务十分严格而明确;在确立纳税人自主申报制度的同时,赋予税务机关证据获取、税收评定、税务调查、税收违法处罚、违法起诉等十分强大有力的刚性执法权力。这种均衡既能较好地体现税收法律关系所特有的内在规律性,又能较好地处理好法定主义原则下的公正与效率相统一问题。另外,联邦的税收征稽和养老金缴纳统一由澳大利亚税务办公室(Australian Taxation

Office)负责。

与巴西财政收入密切相关的法律除宪法外,还有巴西《国家税法》。《国家税法》是对宪法中的财政收入相关规定的配套性补充,是连接宪法和其他财政法令的基本性法律。国家税法包括两大部分:第一部分是国家税捐制度,包括总则、税收管辖权、税、公共服务费、改进费用和税收收入分配6篇;第二部分是税法通则,包括税收立法、纳税义务、税收抵免和税收管理4篇。巴西的财政收入涵盖了联邦、州、联邦特区和市的收入,包括税、公共服务费和改进费用。具体税种包括进口税、出口税、农村财产税、城镇土地税、财产转让税、所得税、消费税、运输和通信服务税、特别税,以及涉及燃料、石油、电力等资源和产品的税种。公共服务费是联邦、州、联邦特区和市在各自的权力范围内,向纳税人收取的如提供警察保护的公共服务费用。改进费用指的是联邦、州、联邦特区和市在各自权利范围内,为了补偿公共事务成本,向公众收取的费用。

6.2.2 有关财政支出的法律规定

财政支出的法定原则一般都会在各国宪法中得到体现,然后财政支出的大体范围、限额、绩效原则等则会在其他财政法律中得到具体规定。

在英国,议会对收入预算和支出预算分别进行审议。每年6月,议会审核财政部提出的"中央政府支出预算",形成支出决议,起草年度《拨款法案》(Supply and Appropriation Act);7月底至8月议会表决《拨款法案》,如获通过,即成为规范政府年度财政支出的法律文件。近年来,英国政府预算的重点在于加强公共支出管理,建立部门限额支出和年度管理支出,部门限额支出包括各部门的全部运作成本和所有投资项目的支出,这类支出比较稳定,具有非短期性,可以合理地确定它在3年内的限额,并在3年内受到严格控制。年度管理支出主要包括那些具有年度变动性、需要根据年度经济状况进行调整、不适宜进行硬性限制和管理的各项其他总支出,如社会保障、税收减免、住房补贴等。

在美国《宪法》《预算和会计法案》《反超支法》《平衡预算与紧急赤字控制法案》与《美国法典》第31卷等法律中,都有对财政支出的相关规定。其中,《宪法》对拨款支出的基本原则(法定原则)进行了规定;《预算和会计法案》对"总统可以向国会提交追加拨款"的情况进行了说明;《反超支法》与《平衡预算与紧急赤字控制法案》中对财政支出的使用主体、支出限额(基于预算)等做了具体规定;《美国法典》第31卷中则对财政支出的具体用途与限制范围等做了详细规定。

日本对于财政收入、支出方面的规定可以说是事无巨细。一般来说,一项法律出台之后便有一系列的实施法令、政令等配套措施出台,所以,要将这些方面的法律整理全面非常困难。但是,作为财政法律体系的一部分,其框架逻辑是十分清晰的。这些法律是以宪法和财政法为核心展开,并以预算和决算为载体。尤其是支出方面,大多数固定的项目预算支出是有明确的法律规定的。例如,关于义务教育经费的支出,就有《义务教育费国库负担法》;社会保障的预算会受到《老年人福利法》《残疾人福利法》《生活保障法》等法律的限制。一般来说,固定项目的预算支出在法律未变更之前是不变的,但是,有些项目会发生意外支出。日本的法律对诸如此类的意外支出也有明确的法律规范。1961年,日本制定了《灾害对策基本法》,作为日本抗灾、防灾、救灾法律体系中的基本法,对各种情况下中央和地方政府的经费支出义务、应对灾害的财政措施和金融措施等做出了详尽的规定。同时,相关法律也规定,日本中央和地方每年必须为防灾减灾规划拨出相应预算,若灾害支出超过原本预算,就要向国会提交补正预算,弥补正常预算不足,追加的预算要经国会审批通过才能执行,这说明日本应对突发事件的预算也完全按照法定程序进行。上述这些法律的基本逻辑框架在《财政法》中都有所体现。

澳大利亚有关财政支出的管理原则遵循支出法定原则和支出绩效导向原则。其中,支出法定原则通过《宪法》第83条规定:"没有法律对拨款的授权,任何资金都不能从联邦中支出。"另外,澳大利亚在支出管理中贯彻绩效导向原则。通过引进权责发生制会计制度,实行财政管理改善计划及业务评估计划,将绩效评价结果融入预算决策;通过制定《预算诚信章程》和《财政管理及问责法案》等预算法律和财政管理法规,将财政管理责任移交各机构。进一步地,澳大利亚形成了《公共治理、绩效与问责法》,对于政府治理、绩效和问责制作出统一规定,其不仅涉及各政府部门的治理、绩效和问责制度,而且涉及政府部门如何使用和管理公众资源。

巴西《联邦宪法》对部分财政支出项目做出了规定,主要包括公职人员薪酬、议会支出、教育支出与科技支出项目,这些支出项目的总额比例和用途在宪法中得到了详细的规定。例如,市议员的薪酬支出总额不得超过所在市财政收入的5%;联邦应每年将不低于其18%的税收收入,各州、联邦特区及市应每年将不低于其25%的税收收入和转移收入,用于维持并发展教育等。此外,对于未授权的开支也规定了明确的处理办法。

6.2.3　有关财政平衡的法律规定

各个代表性国家一般都会对财政支出上限做出规定,支出上限的调整需要根据经济形势和必要支出水平进行,并且必须经立法机关审议批准,同时对发债及债务规模做出规定。例如,美国对赤字上限进行规定;英国、澳大利亚等国均实行周期预算平衡制度,要求实现整个经济周期内的收支平衡,且十分注重财政风险的评价和控制;加拿大坚持公共收支平衡;韩国坚持财政支出与财政收入配比的原则;俄罗斯对赤字幅度做出规定;等等。

美国 1870 年《反超支法》规定,每一财政年度的美国政府预算支出应不高于政府该财政年度的收入。《反超支法》规定,各机构支出不得超过管理和预算办公室分派给他们的拨款份额。1985 年《平衡预算与紧急赤字控制法案》规定,管理和预算办公室以及国会预算办公室的领导人必须对每个财政年度的赤字进行估算,判断这个估计的赤字是否超过了法案规定的年度赤字上限,并且要统一向审计长会议汇报他们的研究结果,审计长需要对他们的信息进行总合估算,制定出一份他们自己的估算报告,总统不允许对其做任何修改或重新计算;除获得超过议员总数 3/5 的绝大多数投票取得豁免外,国会两院都不得审议任何突破预算决议案规定的预算总额水平的法律议案。《美国法典》第 31 卷规定,任何美国政府和哥伦比亚特区政府的官员和雇员不允许安排或授权一项超过拨款或者基金中任一笔可用支出或债务的开支或债务和除非经法律授权在拨款安排之前参与政府合同或债务的资金支付。此外,美国《联邦信贷改革法案》专门对联邦政府提供直接贷款和贷款担保的预算做出规定,其要求国会在年度拨款中提供与预算授权对等的信用项目补助金成本,并详细说明了补助金成本是如何计算的。

按照年度预算保证财政在经济周期内能持续发展的思想,英国《财政稳定法案》规定,英国政府借贷而来的资金只能用来进行投资而不能用来进行经常性支出的花费,并且各政府部门的未偿债务余额占 GDP 的比例必须维持在 40%以下,以保障财政政策在经济周期内通过经济自我调节机制自由发挥作用来配合货币政策,从而实现减少经济周期性波动的目标。同时,英国把年度预算改为 3 年滚动预算,每个政府部门与财政部签订《公共服务协议》,规定经常性预算支出的增长率每年不得超过 2.25%,以保证公共部门的支出是公平且可负担的。此外,英国建立了一整套有效的预测分析系统,用来评价国家财政的实际状况。

澳大利亚实行多年度财政预算。《预算诚信章程》要求建立能够反映财政政策实施情况的 5 年中期预算框架和 40 年长期预算框架；规定联邦政府必须审慎地管理可能遇到的财政风险，在充分考虑经济环境等影响因素的情况下将联邦政府的债务维持在一个谨慎的水平；确保财政政策有助于将国民储蓄维持在充沛的水平上；在充分考虑税负水平的稳定性和可预见性基础上，设计支出和税收政策；维持完整税制；财政政策和战略的制定应充分考虑对未来可能产生的财政影响。另外，该章程提到包括净债务过高而产生的风险、公有制企业产生的商业风险、税基遭受侵蚀产生的风险、资产和负债管理中产生的风险等。

在财政平衡上，加拿大政府坚持公共预算的收支平衡，依据《财政管理法案》《联邦—省级财政安排法案》及《支出控制法案》[①]来规范各级政府的债务行为。其中，加拿大收入总署依照《财政管理法案》统一管理联邦政府的收入基金账户，收入总署行使国库的职能。具体职责是：管理统一收入基金的现金流入和流出；代表所有政府部门通过转账和支票拨付资金，说明和报告各部门各单位的现金平衡表，控制各部门各单位的资金余款；负责政府的收入、支出、存款的银行管理。所有资金拨付主要根据议会批准的预算额以及各部门各单位和项目的实际需要拨付。关于债务，加拿大政府制定了严格的法律来控制公债发行。在《财政管理法案》的第四部分有专门针对政府债务的规定，"除非财政管理法案或其他议会通过的法案授权，政府不允许通过债务筹资"。此外，"没有议会的批准，政府也不能任意发行证券"。《财政管理法案》还要求财政部每年公布债务管理报告和债务管理战略。债务管理报告用于全面记录过去一个财年内联邦政府债务运营的情况。各部门需要在公共账目上清楚地列示其资产、负债和或有负债、金融资产的数据等。另外，1992 年加拿大议会颁布《支出控制法案》，法案规定了 1991—1992 财年到 1995—1996 财年的项目支出的上限和调整范围，超支部分允许结转到接下来两个财年的支出中，并且考虑收支匹配性等。

韩国《国家财政法》中第五章专门对财政稳健性进行了具体规范。其总体规定："政府应该竭力提高财政稳健性，有效管理国家债权，保持国家债务处于一个适当水平。"在此基础上，《国家财政法》对增加财政支出或税收减免立法所

---

① 该法案目前已不再沿用。

涉资金筹集计划事宜、制定补充预算法案情况、财政盈余的用途顺序以及国债的管理与规范等内容做了详细的规定。概括来讲，韩国坚持财政支出与财政收入配比的原则，即当增加一项财政支出或减少一项财政收入时，相关主体必须提出资金筹集计划，从而实现控制财政负担及国家债务的目的。

俄罗斯有关财政平衡的事项主要由《俄罗斯联邦预算法典》来规定。该法典指出："联邦预算赤字不得超过投资预算和支出所需服务的公共债务总额；联合会成员的预算赤字不得超过5%的成员收入，否则扣除联邦预算的财政支持；地方的预算赤字不得超过3%的预算收入，不包括从上级政府获得的财政支持。"此外，该法典中还有许多条款对收入超出和低于预算目标10%以内的各种情况的处理办法以及债务类型和债务重组等问题做出了清晰的规定。

6.2.4　有关财政程序的法律规定

综观世界各代表性国家，它们一般都经历行政机关编制预算、议会严格的预算审议和批准、各部门执行预算以及独立审计机构进行预算审计四个阶段。所有国家的预算案都要提交议会审批，预算的审计报告也一般都要提交议会审议；各国的各预算管理机构之间分工明确，相互制衡。所有国家都规定，没有议会或法律的授权，政府不得征税和超出范围进行支出，体现了税收和支出的法定原则。各国议会都在预算管理体制中起决定性作用，公开透明、严格程序的预算编制和控制是实施有效财政监督的必要条件。在预算编制方面，澳大利亚、美国、英国、韩国等国都会建立或制订中长期财政管理计划或预算管理框架，根据经济形势确定年度财政收入规模，编制年度预算。

英国政府的财政活动受到议会的监控。1911年和1949年的两项法案否定了上议院的财政立法权并削弱了其他权力。1911年《议会法》（Parliament Act）旨在规定上议院与下议院关联的职权，并限制议会的期限。该法第一条指出，凡下议院通过之财政案，于闭会一个月前，提交上议院，而该院于一个月内不加修正并未通过者，除下议院另有规定外，应呈请国王核准，虽未经上议院通过，仍应认为国会之法令。该法第一条还指出，财政议案为下议院议长认为含有关于下列事项之议案：赋税之课订、撤销、豁免、改订或规定；偿还公债或由集中基金内或由国会指拨款项内之支付，或此项支付之变更或撤销；支出款项；公款之指拨、提领、保管、签发其账目之审核；公债之发行、担保或偿还；与上述各项关联之其他事项。该法对上议院的影响是致命性的，它约束了上议院在财政立法中的权力,大大削弱了上议院的权威。1949年《国会法》再次削弱了上议院的残余权力:财政法案只能由下议院提出,上议院不得对它做出修改。至此,上议院对财政议案就没有了任何权力。这两项法案使下议院牢牢地控制了财政立法权,并确立了它高于上议院的权力。

议会监控财政的渠道主要有两条:一是监控财政收入;二是监控财政支出。议会监控征税的主要环节有:听取财政大臣的预算演说;接受征税动议;进行预算辩论;表决筹款决议;审议财政法案;上议院审议和国王批准。议会主要通过以下几条途径来监督政府预算支出:①年度授权制。英国预算支出分为长期预算支出和年度预算支出。长期预算支出是已经得到议会授权并长期有效的支出,不需要每年申请拨款。年度预算支出是每年都要经过议会审批才能得到拨款的支出,大多数政府预算开支属于这类支出。议会通过年度授权制度,有力地控制了预算支出。②专项拨款制。议会拨给政府的款项都是专项拨款,专款专用,不得挪为他用。③拨款审议制。政府向下议院提交年度开支概算和经费申请后,下议院全院大会要对概算举行审议表决,最后形成若干法案,授权英格兰银行向政府支付款项。④余款退还制。如果政府经费出现富余,必须退还统一的国家基金,不能直接转作下一财年的经费。⑤开支审计制。议会通过拨款法案后,还要对政府开支进行审计。

美国《宪法》第一条第七、八、九款及其修正案第十六款规定了国会的征税权、举债权和拨款权,国会运用此三项权力征收联邦税、发行公债以及为联邦政府开支授权和拨款,充分体现了税收和支出的法定原则。1921年《预算和会计法案》统一了预算编制权,赋予总统提交联邦预算的权力,并将总统提交预算的过程法律化,规定了总统向国会提交预算的时间、预算主要内容、补充预算提交条件及方式等。同时,为协助行政当局做好预算准备和执行工作,该法规定设立预算局(原设在财政部,1939年移至总统行政办公室,1970年重组并更名为管理和预算办公室),属于总统办公室系统,负责监督行政机构预算的执行。为了有效监督行政机构的预算执行,该法还规定设立审计署(2004年更名为政府问责办公室),属于国会机构,职责是对行政机构账目进行独立审计,向国会提交审计报告和行政机构违反财政法律情况的报告。

1974年《国会预算和控制截留法》则规定了一个新的国会预算过程,建立两院预算委员会、国会预算办公室以及一个国会控制行政部门截留资金的程序,对各预算程序进行了细致、明确的规定。

总之，美国的联邦预算管理程序非常复杂，整个预算程序经历四个阶段：预算的编制、预算的审批、预算的执行和预算的审计。整个预算管理控制程序中，美国的国会处于中心地位。美国国会参、众两院各有一套审核监督联邦预算的庞大机构，包括预算委员会、国会预算局、拨款委员会、拨款小组委员会以及审计署，各机构之间分工明确、相互制衡。专业的辅助机构、高素质的专业人员、充分的信息、足够的审议时间等都是美国国会具备监督能力的关键。

日本《财政法》对财政程序也进行了明确规定。《财政法》第二章明确了预算年度及中央预算的组成，在日本，中央预算分为一般会计预算、特别会计预算以及政府相关机构预算。第三章则对预算原则、预算编制与预算执行程序进行了规定。根据《财政法》的规定，预算的编制过程为：内阁确定预算编制方针和概算要求基准→在各省厅向财务省提交概算要求书的基础上，财务省确定概算方案→财务省将最后调整而成的概算方案提交内阁，形成政府预算案→内阁将政府预算案提交国会表决，在经众议院、参议院表决通过后，预算正式成立。预算成立以后，内阁要根据国会决议，依据各省厅长官所负执行责任对其分配财政收支预算、跨年度经费及国库债务负担行为；各省厅分配得到的财政支出预算、跨年度经费和国库债务负担行为中，有关公共投资经费及其他财务大臣指定的经费，各省厅长官必须按照政令的规定，编制出与该财政收支预算、跨年度经费或国库债务负担行为相关的支出负担行为具体实施计划等文件，并报送财务大臣批准。财务大臣在批准前项规定的支出负担行为具体实施计划后，必须通知各省厅长官及会计检查院。《财政法》第四章则规定了决算程序，其中规定："财务大臣须根据各省厅编制的财政收入决算明细书和财政支出决算报告书，编制财政收支决算。""内阁必须在下一预算年度的11月30日前，将财政收入决算，并附上各省厅的财政收支决算报告书、跨年度经费决算报告书和中央政府债务计算书等，送交会计检查院。""作为惯例，内阁应在下一年度国会召开例会期间，向国会提交经会计检查院审查后的财政收支决算。"

澳大利亚的宪法中规定："没有法律对拨款的授权，任何资金不得从联邦中支出。"其议会在政府管理中处于中心位置，在预算管理体制中起到决定性作用，而国库部和财政部在预算编制过程中承担不同职能，起到相互制约的作用，体现预算编制的透明性和公正性。另外，澳大利亚预算编制实行5年滚动制，强调年度财政收支计划与中长期财政经济计划的有机结合，既注重财政收入分析，更重视产出与最终目标成果的评估，由此也反映出绩效理念在实际操作中的运用。

澳大利亚的预算年度实行跨年制,从每年7月1日起至次年6月30日止。预算编制从每年10月正式开始至次年5月国会批准,历时约8个月时间,加上前期准备的时间,则长达11个月。澳大利亚在《预算诚信章程》中对预算管理程序做出了具体规定:国库部根据经济形势确定年度财政收入总规模,财政部和行政管理部提出编制年度预算的原则和设想并报告给总理,总理征求各部门意见,各部门提出预算建议并提交给财政部和行政管理部,形成政府支出预算并报送审查委员会。高级部长审查委员会审议各部门预算建议,总理形成政府支出预算草案,支出审查委员会审核各部门预算建议和政府支出预算,形成绿色预算报告摘要,内阁审查收入预算和政府支出预算后呈送国会审议,国会审议批准政府下年度预算。在预算执行中期,为了应付收入形势的变化和年初没有考虑到的支出因素,以及一些突发性事件必须新增支出等情况,在每年11月份向国会提交补充预算草案(Additional Estimate Bills),国会众议院和参议院在审议过程中的所有会议,社会公众可以参加旁听。议会审议通过后即成为预算执行调整的一项重要依据。

6.2.5 有关政府间财政关系的法律规定

各代表性国家一般在宪法中对各级政权的财政收入与支出责任范围做出规定,各级政府都具备与其支出权相适应的财权。各国中央政府和地方政府都拥有独立的征税权,但必须受宪法或其他法律的限制。下面介绍英国、美国、日本、澳大利亚及巴西等国有关政府间财政关系的法律规定。

英国是一个历史悠久的单一制国家,大体采用三级制的政府管理框架,地方政府主要包括苏格兰、威尔士、英格兰和北爱尔兰四个地区及其下辖郡、区。英国财政管理体制上有如下特点:一是实行严格的分税制。中央和郡的预算收入完全按税种划分,不设共享税,由各自所属的税务征收机关征收。二是中央高度集权。中央预算收入通常要占到整个预算收入的80%左右。

英国2003年《地方政府法》(Local Government Act)对中央和地方的事权、中央政府对地方政府的转移支付等政府间财政关系做了明确的规定。具体体现在:①公共支出规定。中央预算支出主要负担国防、外交、高等教育、社会保障、国民健康和医疗、中央政府债务还本付息以及对地方补助支出;地方政府的支出主要是中小学教育、地方治安、公路保养、其他区域性服务和少量的资本开支。②转移支付规定。中央财政掌握大部分财力,对地方实行大量补贴。中央财政支出的 30% 用于补助地方,其中 10% 由中央根据经济发展形势的需要指定用途。中央政府对地方实行最高限额的奖励制度,允许地方支出超出预算的 1% 限额。如果超出,将削减下一年度的补助;如果严格执行预算或超出不多,将在下一年度增加补助款;如果结余较多,则下一年度不减少补助款。

在划分税收权限上,英国是一个税权高度集中的国家,全国的税收立法权由中央掌握,地方只对属于本级政府的地方税才享有征收权及适当的税率调整权和减免权等,但这些权限也受到中央的限制。中央开征的税种包括个人所得税、公司税、资本利得税、印花税、增值税、消费税、关税、机动车辆税等。英国地方政府征收的税项主要是市政税和营业税两项,并随着经济社会的发展而增加了多种专项税,税率则由各地政府根据实际需要和地区经济发展状况而定。

美国各级政府相对独立行使其职权,都有明确的事权划分,权力和责任相互区别、各有侧重,同时又相互补充和交叉。与三级政府相对应,美国财政体制也按联邦、州、地方三级划分,各级拥有各自的财政收入与支出范围。美国各级政府都有一套相对独立的税制体系,各级政府根据各自的权力、税收征收管理水平和经济发展水平等因素,选择不同的税种作为各自的主体税种。

在事权与支出责任划分方面,美国联邦政府主要负责国防、外交与国际事务,保持经济的增长,维持和促进社会发展和保证社会稳定;州政府主要负责收入的再分配,提供基础设施和社会服务,运用一定的手段促进本州的经济社会发展;地方政府主要负责与州政府关系较为密切的一些在本辖区内的公共事务。

澳大利亚实行彻底的分税制财政体制,按照各收各税原则;实行联邦、州和地方三级课税制度,税收立法权和征收权主要集中在联邦;联邦政府税包括个人所得税、公司所得税、附加福利税、商品与劳务税、某些进口关税等。州政府税包括土地税、工资税、印花税等。地方政府税费主要是服务性收费项目,如水费、电费以及土地使用费;分税制导致联邦政府收入占到全国总财政收入的 70% 以上,联邦政府拥有完整的收入获得权、分配权和使用权。

澳大利亚在职能划分上,联邦政府的主要职能是保障社会福利、健康、教育、国防和政府机器运转;州政府的职能是发展教育、卫生事业和交通通信,保障公共秩序与安全。在三级政府中,州政府承担了与百姓生活息息相关的政府职能;地方政府主要承担住房、社区环境建设维护、文化娱乐、交通通信等职能;

中央政府侧重财政收入的再分配职能,州与地方政府则侧重于财政的资源配置职能。

巴西实行三级财政,在税收的初次分配中,联邦政府与州或特区政府、市政府税收所占比重分别是 70％、25％、5％,通过转移支付等财政政策、体制调整后,三级税收所占比重分别是 57％、26％、17％;征税权力的分配包括完全的立法权,须受联邦宪法、各州宪法、联邦特区和各市组织法以及国家税法的限制;联邦、州、联邦特区和市可征收税和规费。

巴西的《联邦宪法》《国家税法》《各州宪法》《联邦特区组织法》对分税制财政体制都有阐述。联邦有权设立社会捐助机制,评估经济领域的干预,根据职业和经济分类评估费用的分摊。州和联邦特区对下列事项享有征税权:①任何财产和权力的继承和捐赠。②涉及货物流通以及为州际和市际运输和信息交换提供服务的交易,即使这些交易在国外履行也不例外。③机动车辆的所有权。各市拥有以下权限:在辖区内设立、征收税收并使用税收收入,但不得违背在法定期限内提交账目并公开收支情况的义务;各市有权征收城镇建筑和土地税、当事人生前进行的不动产有偿转让、根据配套性法律规定的任何类型服务;征收权的其他一般规定。各市和联邦特区可以依据各自的法律规定设立分摊费用以支持公益事业。联邦、州、联邦特区以及市应对微型企业及其他法律规定的小企业提供有区别的合法待遇,并应当通过法律的形式简化、取消、减少对其管理、征税、社会保障、信贷债务,以刺激其发展。

日本在明治维新期间就通过法律来规范中央与地方之间的政府财政关系,但第二次世界大战之前的法律更倾向于维护中央的集权体制。1948 年,日本制定了以实行地方自治为基本原则的《地方财政法》,以确立战后日本民主主义政治制度的基础之一。同时,为了保障在地方自治基本制度下日本全国各地公共产品供给的均衡水平,日本还制定了《地方交付税法》,确立了中央财政在平衡全国公共产品供给方面的责任、途径和具体方法。这两部法律对日本政府间的财政关系做出了规定。

6.2.6　有关财政监督的法律规定

各代表性国家的财政监督一般都包括政府自身的内部控制、作为独立机构的审计部门的事后审计监督、最高权力机关的监督以及通过政府信息公开等方式实现民众对政府财政的监督这四个方面。所有国家的政府财政账目都要提交独立的审计部门进行审计,然后审计部门要向议会提交审计报告;美国、英国、日本、南非(政府公报公布)、韩国、俄罗斯、加拿大这些国家均明确要求政府信息公开。完善的财政监督离不开公开透明的原则、经历严格程序的预算编制、独立审计机构的审计、公众的广泛参与以及完善的法律约束。

在英国,对财政的监督主要包括议会监督、审计监督与公众监督。《议会法》《国库与审计部法》《国家审计法》等法律的颁布实施使英国财政形成这样一种格局:议会对于财政具有最高的权威,政府只负责足额高效地征集和使用税款,议会对财政收入和支出的整个过程拥有控制权,并且以对政府的独立审计来确保这一权利的实现,从而实现了议会对财政的控制。

英国的审计监督制度和国家审计权的配置直接起源于英国民刑法制度的设计和国家公权及财政预算监督职能的安排。1866年《国库和审计部法案》第一次在法律上明确了国家审计代表议会对政府收支的审查与控制。根据该法案规定,设立国库审计部这一国家审计机关,政府的一切收支应由代表议会、独立于政府之外的主计审计长实施审查,主计审计长有权随时查阅会计部门的账簿和其他文件,并要求对经济业务进行详细审计。下议院负责批准财政支出,主计审计长负责审计所有政府部门的账目并控制款项的支付,最终由议会专门委员会作出结论,向下议院报告。随着英国财政支出规模的扩张,1921年议会对法案进行了修改,不再要求主计审计长对所有的支出项目都进行审计。此后1957年又进行了修改,进一步细化了主计审计长的报酬与职责。

1983年通过的《国家审计法》则规定了主计审计长的任命及其地位,并成立公共账目委员会(Parliamentary Public Accounts Committee)和审计署,制定了促进政府部门及其他机构、团体使用公共资金的经济性、效率性和效果性的新规定,从而加强议会对公共资金支出的控制和监督。《国家审计法》规定,审计署有权就政府部门和其他公共机构使用公共资源的经济性、效率性和效果性开展检查,而公共账目委员会负责讨论和审议国家财政事务和审查审计长的审计报告。

在公众监督方面,2000年11月英国正式通过《信息公开法》(Freedom of Information Act)。该法规定,任何人都有权获取政府信息,政府对于公众的请求必须答复;如有所需信息,政府一般应立即提供。该法还规定,设立信息专员与专门委员会,接受公众相关投诉并进行答辩;如果被投诉的政府部门没有提供信息,信息专员有权要求其提供,或者由专门委员会向其发出执行令。

美国《预算和会计法案》《单一审计法》《国会预算和控制截留法》和《宪法》对财政监督中的国会监督、政府内部监督、审计监督与公众监督做出了相应的规定。

根据《预算和会计法案》，"总统必须向国会提交载明概要和详细内容的预算稿"；"设立管理和预算办公室，属于总统办公室系统，负责监督行政机构预算的执行"；"总审计署对联邦政府相关部门的收入和支出进行审计，然后由总审计长向国会提交年度审计报告，报告内容主要包括相关收入、支出和公共资金使用的情况以及总审计长认为值得建议的其他事项。另外，总审计长应当向国会特别报告一个机构所做的违反法律的支出和合同"。《单一审计法》则规定，所有接受美国联邦拨款的州与地方政府组织必须接受对其援助的资金项目或其他投资进行单独审计，并报告拨款条款的遵守情况以及联邦拨款内部会计与管理状况。《国会预算和控制截留法》的重要目的是确保国会对预算过程的有效控制。而《宪法》规定，应当经常公布所有公共资金的定期会计记录和报表。

俄罗斯财政预算监督管理由国家杜马、联邦委员会、财政部和联邦审计署共同实施。具体为：①国家杜马和联邦委员会分别设有预算和税务委员会，负责审理联邦预算草案和上年度联邦预算执行报告，以法律的形式批准联邦财政预算。②财政部所属的联邦财政预算监督署是国家财政预算的监管主管部门，主要负责编制汇总联邦预算和联邦主体综合预算，监督管理联邦预算的执行、联邦预算资金的收入和使用情况；财政部所属联邦国库署定期发布联邦预算、地方预算、综合预算、预算外资金使用情况、已拨付预算资金使用情况等监督报告，同时，根据年度工作计划，发布专项调查报告；联邦税务总局负责监督预算收入和预算外资金收入及履行纳税义务的情况。③联邦审计署负责对联邦预算、联邦预算外资金进行财务审计；监督联邦预算收支项目的执行情况；监督预算资金在中央银行和其他金融机构运行的合法性和及时性。④俄罗斯比较重视财政预算信息的公开、透明。《俄罗斯联邦宪法》规定，每个人都有以任何合法的方式寻找、获取、转达、生产和传播信息的权利。构成国家秘密的信息清单由联邦法律规定。2010年生效的《关于提供获取政府机关和地方自治机关的活动信息的法律》更是详细规定了政府信息公开透明原则。

澳大利亚《审计长法》明确规定了审计署的绩效审计职责和内容。其规定联邦审计署可以对政府任何机构、企业、项目、行业进行绩效审计，其目标在于通过有效的审计过程和提供《良好实务指南》等审计成果，强化公共机构的行政效率及社会责任,并帮助公众对这些机构和事业进行有效的监督。《审计长法》确立了审计长和审计署的法律地位,明确了审计长是议会的独立议员,确立了审计长的独立性及其与议会之间的唯一关系;规定了审计长作为联邦公共部门的外部审计人员,享有对联邦政府部门、事业单位和公司及其下属单位进行绩效审计的权力,并根据部长、财务大臣和议会会计审计联合委员会的要求,对政府企业进行绩效审计。另外,根据澳大利亚《公共服务法》的规定,政府部门的年终绩效报告在获得公共财务和审计联合委员会的批准后才可以报送给议会。

6.2.7 有关社会保障的法律规定

英国是世界上第一个工业化国家,也是世界上最早建立社会保障制度的国家之一。英国社会保险立法最早可追溯到1601年的《济贫法》。19世纪初,有了《劳工保护法》。1908年颁布的《养老保险法》则较早地强调国家在社会保障中的作用。1911年的《国民保障法》是世界上最早的失业保险法,20世纪初颁布了《失业保障法》(1920年和1930年)与《失业法》(1934年)。1942年的《贝弗里奇报告》提出了战后英国社会福利制度的实施大纲,促成1948年《国民救济法》和《国家卫生服务法》的颁布,使英国成为西欧第一个"福利国家"。

当前英国社会保障待遇适用的主要成文法包括1992年《社会保障缴费和补贴法》、1992年《社会保障行政管理法》、1992年《社会保障法》、1995年《求职者法》、1998年《社会保障法》与1999年《福利改革与养老金法案》。上述三部1992年颁布的法律是1979年以来历届保守党政府在大幅度改革过程中制定的大量零星的法律法规的汇编。1979年以后,英国政府主张社会保障的作用应当受到更多限制。1995年《求职者法》规定,求职者津贴取代失业津贴和收入扶助,在寻找工作和得到补贴之间建立起清晰的关系。1998年《社会保障法》做了一些重要的改变,比如修改了上诉制度,通过引进一项新的1B级缴费,并停止了发给单身父母的较高的儿童补贴和一些财产调查补贴,从而改变了国民保险缴费制度。1999年《福利改革与养老金法案》的目的是,在不改变既定养老金总体结构的前提下,扩大养老金计划的覆盖率,其所针对的主体覆盖到妇女、残疾人、非全日制雇员、临时工,同时设法降低养老金的制度成本。

此外,为控制社会保险欺诈行为,英国政府颁布了一系列的反欺诈法律,如1998年《公共利益披露法》与2001年《社会保障欺诈法》等,对构成欺诈罪的行为及其应对措施做了详细规定。

美国的社会保障制度建立于 20 世纪 30 年代经济大萧条时期。为了缓和当时的经济和社会危机,罗斯福总统于 1935 年签署了国会通过的《社会保障法》,开始推行社会保障制度,主要是保证向 65 岁以上退休者每月支付养老金,这部分属于老年保险。美国国会 1939 年的立法进一步拓宽了原来社会保障的范围,又将保险范围扩展到退休者的配偶和鳏寡者,扩展的部分属于鳏寡保险。1957 年又再次扩大到退休年龄的致残者,这部分属于残疾保险。老年保险、鳏寡保险和残疾保险这三部分合称为社会保障。其中,养老金制度或老年保险是美国社会保障制度的核心,它是由个人和雇主各按一定比例以工薪税的形式,在雇员退休前作出贡献,退休后领取养老金。美国实行自由保险式的社会保障模式,国家给公民是否投保及投保种类方面的自由选择权。美国社会保障制度覆盖的范围很广,但保障的程度很低。从社会保障基金的来源看,雇主和雇员负担了主要部分,但国家给伤残、年老和医疗保险提供津贴,而伴随着人口老龄化,政府提供的津贴也不断膨胀,它是联邦政府最大的社会保险福利支出项目。美国的社会保障体制经历了"完全基金化""现收现付""部分基金化"三个阶段。为了改革社会保障制度,布什总统于 2001 年 5 月专门成立了一个由 16 人组成的"加强社会保障总统委员会",其改革计划的核心内容是,允许该制度的受益者利用部分社会保障税设立可以投资于金融市场的私人账户,以获得较高的回报率。

日本社会保障起步晚于欧美发达国家,但第二次世界大战后,日本加快改革进程并注重社会保障立法,从 1946 年至 1953 年,日本相继制定了《生活保障法》《儿童福利法》《残疾人福利法》《失业保险法》《职业安定法》等,为社会救济和社会福利制度的发展奠定了基础;1956 年制定了新《国民健康保险法》,1959 年制定了《国民养老保险法》,到 20 世纪 60 年代实现了"全民皆享受医疗保险""全民皆养老"的保障目标,同时进一步完善了社会福利救济体系;从 70 年代后半期开始,着手对社会保障制度进行调整,特别是在 80 年代后,改革的力度明显加大。例如,1982 年颁布《老年人保健法》,之后进行了多次修改,1991 年实行了全体国民负担老人的医疗费制度。此外,在老人福利服务以及特殊服务方面,于 2000 年 4 月 1 日起实施《看护保险法》,使人口老龄化等问题得到了根本保障等。

在澳大利亚,联邦政府制定了《社会保障法》,对养老、失业及其他最基本的社会保障问题作出规定,而社会保障的各具体支出项目又有专门的法律进行详细规定。澳大利亚社会保障基本制度主要包括：①养老金制度。澳大利亚联邦政府自 1908 年颁布《残疾抚恤金和养老金条例》起就确立了养老金制度。②产妇津贴。1912 年,澳大利亚联邦政府制定了专门的《产妇津贴法》,并于同年 10 月开始生效。③失业和疾病救济金。1944 年,澳大利亚制定了《失业和疾病救济金法》,对该项制度进行了规定。④家庭津贴制度。澳大利亚家庭津贴制度于 1976 年开始实施。根据《社会保障法修正案》规定,凡抚养或监护一个或一个以上未满 16 周岁儿童的家庭,都可申请领取家庭津贴。⑤医疗保障制度。澳大利亚目前建立了以医疗保险制度为主体、以私人医疗保险制度为补充的全民医疗保险体系,其中医疗保险制度是根据 1984 年的《全民医疗保险法》制定的,并由澳大利亚 6 个州的政府部门制定具体实施法案和组织实施。除上述社会保障基本制度外,澳大利亚还有残疾人抚恤金、残疾儿童津贴、寡妇抚恤金、孤儿抚恤金、居丧津贴、退役军人抚恤金、流动津贴、特别津贴、住房方面的社会福利等。

6.3 各国财政法律对我国财政法立法的启示

6.3.1 制定财政法很有必要

根据对瑞士、意大利、印度、韩国、日本、南非、新西兰、法国、匈牙利、美国、澳大利亚、巴西、加拿大、俄罗斯、丹麦、阿根廷、德国、以色列、英国 19 个国家的财政基本法立法情况统计后发现,除英国外,其余 18 个国家对财政重大问题都在国家根本大法《宪法》中作出规定,且都有综合性法律,其中有 6 个国家设有专门的财政基本法,系统地阐述财政基本问题。应该说,财政基本法是秉承《宪法》的立法宗旨和基本要求,对各项财政专项法律的内容规定基本原则,提供引导性的法条,具有不可替代的基础意义。

在我国,虽然有关财税领域的法律法规数量巨大,但实践中也存在许多问题。主要体现在两个方面:一是财政类法律过少,财政类规章数远远多于法律数,显然其规范性不足;二是财政类法规不系统,各财税法规之间的关联性与衔接性不够严密,系统性缺失。据初步统计,我国现行的财税法规约 21 695 部,其中法律类 113 部,占比 0.52%。行政类规章包括地方与部门规章、司法解释、行业规定等,占比高达 90% 以上。中央层级颁布的、现行有效的财政类法规共计 224 部,其中法律类 86 部(包括人大常委会决议),占比 38.4%;中央层级颁布的、现行有效的税收类法规共计 197 部,其中法律类 18 部,占比 9.1%。如此庞杂的财税法规,在法律与规章之间、中央法规与中央部门法规之间、地方法规与地方部门规章之间、中央与地方的相关法规之间、地方上下级法规之间,迄今尚未形成一个条理清晰的法律体系,因此必然导致乱象丛生。

有关财政的最基本问题,我国《宪法》中的表述基本缺失,《预算法》中只局限于财政体制与预算管理等有限领域内的原则性表述,财政收入方面的法律也基本上是单行法律,财政领域的基本问题散见于政府与各部门的行政性规章之中。显而易见,这样一种法律体系,不仅立法层次太低,而且不利于我国深化财税体制改革、全面推进依法治国,严重不适应我国社会经济发展的客观需求。所以,我们应当汲取国际财政立法的经验,尽快制定符合国情的财政法,形成以《宪法》为指引、以财政法为核心的财税法律体系。

6.3.2　明确规定财政法所涉财政事项

如前所述,我国非常有必要出台一部财政基本法对财政事项进行规范,以剔除我国现实行政过程中过多过滥的规章制度和文件。不仅如此,我们还需明确规定财政法所涉财政事项。借鉴国外根据我国财政立法的现状以及我国社会、经济与政治的具体国情,我们认为,财政法的框架与主要内容应包含财政基本问题界定、财政收入与支出、政府预算与决算、政府资产与债务、政府间财政关系、财政监督与法律责任等。

财政基本问题界定包括立法宗旨、立法依据、立法原则、适用范畴与权责范围等内容。立法宗旨部分应明确为何立法,立法依据部分阐明财政法的立法依据,立法原则是说明财政行为、财政标准的基本原则,适用范畴是说明财政法的适用范畴及其效力,权责范围部分则明确财政所涉各主客体的基本法律责任。

财政收入与支出部分应明确财政收支概念、财政收支范畴与财政收支程序内容。财政收支概念部分应明确财政收支原则并界定财政收入与支出的内涵,财政收支范畴部分则应阐明划分财政收入与财政支出的标准并以此明确财政收入与支出的具体类型,财政收支程序部分则应明确各项财政收入与支出的管理程序与权限配置。

政府预算与决算则分别对政府预算与政府决算的内容进行界定。政府预算部分应明确政府预算管理原则、政府预算组织及职责、政府预算类型与审批权限,政府决算内容中也应明确政府决算管理原则与审批权限。

政府资产与债务部分应分别明确政府资产与政府债务所涉及的基本问题。有关政府资产,财政法中应明确政府资产类型、政府资产管理与处置程序等;而有关政府债务的范畴、政府债务的发行与偿还规范、政府债务的管理原则与政府外债处置等事项,也应在财政法中予以明确。

政府间财政关系部分应界定政府间财政关系所包括的内容、明确政府间财政关系的处理原则,同时也应确定政府间财政关系的相关制度规范并明确政府间财政关系的调整权限配置。

有关财政监督部分,财政法中应明确财政监督对象范围、财政监督组织体系、财政监督权限配置与财政监督程序;此外,还应明确违反财政法所应承担的法律责任,包括行政责任、民事责任与刑事责任等。

6.3.3 发挥人大权力机关在财政事务方面的实质性作用

从世界代表性国家财政立法与管理监督的经验来看,它们的立法机关发挥了切实有效的作用。美国、英国、日本等国家都制定了全面、系统、完整的财政法律体系,这些法律渗透到财政活动的各个环节之中,且科学合理、可操作性强,保障了法律执行的有效性。如前所述,各国在预算、税收、政府采购、国有资产、财务会计、财政支出、政府债务、社会保障以及其他方面都有法律规定。不仅如此,各国还制定了完备的财政程序法律制度,程序法律制度是实施实体法的重要保障。美国、英国、日本等国家财政法律中对财政收支管理运行程序的规定非常细致和完善。从财政收入方面来看,无论是开征税种、设立收费项目,还是发行国债,都有严格的法律规定,必须按照一定的法律程序办事,所有的财政收入都纳入财政预算,由相关部门依法组织收入。从财政支出方面来看,它们编制的预算草案非常细致,对每一项支出都有详细的论证。立法机关审批程序极其严格,预算经立法机关批准后形成法律,政府不能随意开立新的支出项目,如遇特殊情况需要临时增加预算,必须根据有关法律程序来批准。此外,各国还把财政监督法律制度放到了重要位置。例如,日本与财政监督相关的法律制度有《会计检查院法》《会计检查院施行规则》《会计检查院审查规则》与《计算证明规则》等。

全国人民代表大会作为我国的权力机关,其在财政权行使方面仍然存在不少缺陷。这主要表现为：一方面，有关财政方面的立法不完善、不系统，该问题在前文中已有说明，在此无须赘述；另一方面，表现为人大监控预算的职能履行不到位。我国法律明文规定，国家年度财政预算经全国人民代表大会审议批准之后即生效，具有绝对的法律效力和权威性，除极特殊情况下，经全国人民代表大会常务委员会批准可进行调整之外，任何个人或组织都无权随意变更。然而，这项法律并不能彻底贯彻执行，在具体的财政执行过程中，政府支出具有一定弹性，人民代表大会监督、控制预算的权威性和约束力有待提高。这一状况的出现，既与人大行使财政权的外在制度保障仍须加强有关，也与人大自身的构成有关。

在外在制度保障缺失方面，主要包括：第一，缺少专门的财政监督法。到目前为止，我国还没有制定一部权威性的、统一的、专门的《财政监督法》用以规范人大监督财政的行为。由于没有权威性的统一立法，我国人大财政权的监控工作只能依照现有的零散相关法律法规开展。这些法律法规有时甚至会出现冲突矛盾的现象，例如《预算法》中有关预算编制原则的规定与农业法、教育法等专门领域法规有关财政投入方面强制性的规定会出现冲突，从而给人大的监控工作带来困扰。第二，现存预算制度缺陷。例如在预算审议程序方面，目前人大代表对预算的审议缺乏必要的前期调研，审议过程中也没有代表辩论、公众听证以及专家咨询程序。在最终的表决环节实行的是整体表决制，即代表只能表达是否同意整体预算草案的意见，无法就具体细节进行申诉。另外，审计监督机构是监控财政运行状况最重要的部门，然而我国的审计机关是政府机关，隶属行政单位，全国人大本身并没有审计监督的专门部门，因此影响了监督效果。

至于人大自身构成方面的原因，一是人大从事财政监督的人员构成无法满足具体工作需要。财政监督工作有一定的专业性，要求相关人员具备一定的专业能力。但是，我国人民代表大会的代表来自各行各业，多数不具备这种专业能力，在财政事项中一些涉及集体表决程序的阶段，由于多数参与人员不具备专业素质，这种表决和审议难免流于形式，从而导致人大财政监控工作无法有效开展。二是人大代表的兼职身份影响其履行职能。在我国，人民代表大会的代表实行兼职制，大多数代表有自己的本职工作，不能完全脱离工作岗位。这样，人大代表的精力、工作时间都受到限制。财政监督的工作需要细致耐心的审议和大量的工作时间，这些兼职代表往往力不从心。

基于此，借鉴国外立法机关在行使财政权方面的经验，为切实有效地发挥人大在财政事项中的作用，我们应从以下两个方面着手：一是进一步发挥人大的立法功能，逐步建立起全面、系统、完整的财政法律体系。目前，人大应加紧推动制定具有财政基本法性质、统领各项财政法律法规的财政法，在此基础上，逐步推动非税收入、财政支出、政府负债、财政赤字、财政体制等具体、单项的财政法律。另外，还应逐步制定完善财政程序法律制度和财政监督法律制度，弥补现有一些领域存在法律规范的真空，协调法律之间、法条之间的矛盾和冲突，从而全面建立健全我国的财政法律体系。二是有效发挥人大监控预算的职能。为此，可以在如下方面进行一些改变：第一，充实与强化预算工作委员会，规范全国人民代表大会行使财政监督权的程序。明确划分预算工作委员会与财经委员会的职责范围，从而使预算工作委员会能够更为有效地审查预算。第二，在全国人民代表大会内部设置财政审计监督专门机构，以保证审计监督机构相对于行政机关的独立性。前文所述，目前我国的财政审计机构是行政单位，其人力资源调动及具体工作开展都要受政府制约，对政府负责，在一定程度上会影响其发挥约束政府的真正作用。在全国人大内部增设专门的审计监督机构，直接由人大领导，对人大负责，能更为有效地约束政府的财政行为。第三，增加具有专业知识和相关能力的人大代表数量，并在合理范围内实行人大代表专职制度。通过这一调整以期保证人民代表大会，至少是负责预算审议等具体财政工作的委员具备足够的能力与时间行使财政权，以防权力虚设。第四，减少人大代表中政府官员的比例。

第7章 财政相关法律及其关系

7.1 我国现行财政法律结构体系的总体特点

"现代财政主要的调整手段和工具就是法律。法治财政的本质在于对政府财政权的约束。"[1]财政法是对财政关系进行法律调整的基本规范,以财政法为核心的财政法律体系,通过系统化的财政立法,为公共财政机制的法治化提供规范前提。财政立法将财政活动置于法治化的轨道上,致力于控制公共财政风险,提高政府管理水平与运行效率,使社会成员的意志得以真实决定、约束、规范和监督政府公共财政活动。[2] 财政法是中国特色社会主义法律体系的重要组成部分,在深化财税体制改革、建立现代财政制度、规范国家管理和调控经济活动中发挥着重要的引领和规范作用。[3]

7.1.1 纵横交错与分散型立法

财政法是财政制度的核心,是规范财政行为并调整由此产生的财政关系的法律规范的总称。我国现行财政法律不仅体系庞大,还具有鲜明的交叉性和分散性特点。从法律层级上看,我国现行财政法律体系由宪法中的财政条款、基础性财政法律和主干性财政法律三个层级集合而成。[4] 从法律规范内容构成上

---

[1] 财政部干部教育中心组编:《现代财政法治化研究》,经济科学出版社2017年版,第17页。
[2] 参见刘剑文:《民主视野下的财政法治》,北京大学出版社2006年版,第26页。
[3] 与其他国家"财政制度"的描述相对应,我国往往称之为"财税体制"。原因在于,我国的财政与税务部门在管理体制上实行分设,因此财政和财税无异,两者同义。参见高培勇:《论国家治理现代化框架下的财政基础理论建设》,《中国社会科学》2014年第12期。
[4] 参见刘剑文主编:《财税法学前沿问题研究:依法治国与财税法定原则》,法律出版社2016年版,第4页。

看，依照财政活动的阶段，我国财政法律体系中的主体性法律又可以划分为财政收入法、财政支出法、财政管理法和财政监督法四个方面。财政收入法以一系列税收实体法、《税收征收管理法》和《企业国有资产法》等为主体，同时还包括与税收、国有资产收益、行政性收费、罚没收入、国债、外国贷款等相关的行政法规等。财政支出法以《预算法》《政府采购法》等为主体，同时还包括财政拨款、财政补贴、转移支付、政府投资等相关的行政法规等。财政管理法以《预算法》《资产评估法》《会计法》等为主体，同时还包括预算管理、现金管理、财务规则、会计制度等相关的行政法规等。财政监督法以《审计法》和《各级人民代表大会常务委员会监督法》等为主体，同时还包括财政监督检查相关的行政法规等。在这些不同分类标准的财政法律中，颁布于 1994 年、分别于 2014 年和 2018 年两次修正的《预算法》特别引人注目，《预算法》所规定的法律制度，包含分税制、转移支付制度、举债制度、预算支出绩效评价制度、国库集中收付管理制度等，不仅涵盖财政收入和财政支出制度，同时也将财政管理和财政监督制度纳入其中。《预算法》既要规定国家财政的根本体制，又要调整预算的编制、审查、批准、执行、调整、监督行为，也要调节财政资金的国库管理，还要对决算行为进行法律规制。因此可以看出，现行《预算法》中制度构成的多元性和功能配置的多样性特点突出，管理和监督要素贯穿始终，同时具备财政收入法、财政支出法、财政管理法和财政监督法的多重属性，这在一定程度上冲淡了《预算法》作为预算专门法与预算单行法的主题，使《预算法》处于"超负"状态。

从财政法律体系的构成来观察，我国目前的财政立法属于纵横交错的分散型立法模式。所谓"纵横交错"，一方面体现在立法层级上，财政法律体系既包含自上而下的宪法、法律、行政法规、部门规范性文件等，同时宪法与法律之间、法律与法律之间、法律与法规之间、法规与法规之间的相互联系交错细密；另一方面体现在规范结构层面，财政立法既确立中央和地方之间的财权、财力、事权和支出责任的纵向财政管理体制，又规定横向的"四本预算"类型和地方间的横向转移支付等具体财政制度。"分散型"是指我国财政法律体系中的法律主要以单一财政要素作为立法对象进行分散立法，多处于一事一法或一类一法的单行立法状态，条块分割明显，缺少一部中心化的法律统领整个财政法律体系。与此同时，还存在各类基本财政制度条款糅杂在一部财政单行法以及部分财政条款散落在非财政专门法之中的情形，财政法律规范的分散性与碎片化特征比较明显。此种立法模式忽略了财政运行的整体性，暴露出的问题和局限已十分明显:一是我国当前财政法律体系的效力层级偏低,在国债、国库管理等领域主要还是以"行政法规＋配套行政规章"的组合形式规定财政基本制度;二是财政法律体系不健全,在财政收支划分、财政转移支付、事权和支出责任划分、地方政府债务管理等方面,存在较多立法空白;三是财政法与财政政策的比例严重失调,财政政策的法律转化率低,财政政策的合法性存疑;四是预算法实际上在代行财政基本法的功能,但由于体量太大,尤其是把国债法、转移支付法、国库法等功能集于一身,导致功能上的超负荷,破坏了预算法体例的完整性和规范的逻辑性,加剧了相关法律规范的概括性与笼统性问题色彩。

7.1.2 整合性的基本统领欠缺

在一国法律体系中,宪法具有最高的法律地位和法律效力。宪法中有关财政关系的条款在财政法的渊源中居于首要地位,成为整个财政法的立法依据和效力来源。[①] 在我国现行《宪法》中,依"财政"主题检索财政之宪法规范,共有10个条款涉及财政关系,这些条款可称为宪法中的显性财政规范。[②] 宪法显性财政规范明确规定了人民代表大会、国务院、地方政府的财政权力,比如财政监督权、财政管理权。宪法显性财政规范框定了我国财政活动的运行范围与权力界限,是我国财政行为在宪法这一国家根本法层面所能找到的有效准则。同时,我们也注意到世界上不少国家的宪法中,"财政"往往被作为专章加以规定,如德国《基本法》专列"第十章 财政",共11项条文,对联邦财政平衡、联邦与各州及乡镇税收、税收征收管理、财政管辖原则、联邦预算、联邦政府支出、联邦财政机构责任、联邦审计局地位及职权、联邦信贷等财政基本关系进行了宪法规范。而我国现行《宪法》关于财政的基本规范均为1982年所确立,后来对宪法进行的五次修改(1988年、1993年、1999年、2004年、2018年)均未涉及财政问题,即使是具有财政基本体制性质的分税制体制,也是在1995年1月1日开始实施的《预算法》中加以规定的。因此,现行《宪法》对我国现代财政制度的建立和运行难以起到根本法意义上的完整引领作用。

依照《立法法》的规定,财政基本制度立法必须采用法律形式,但哪些制度归属于财政基本制度,尚待明确。依据《宪法》以及我国国情,分税制、预算、权

---

① 参见刘剑文、熊伟:《财政税收法》(第五版),法律出版社2009年版,第13页。
② 现行《宪法》中的显性财政规范包括:第56条、第62条、第67条、第70条、第89条、第91条、第99条、第107条、第117条和第122条。

力机关与行政机关之间的财政权力分配、中央政府与地方政府之间财权、事权、支出责任的安排、国家投资、转移支付、公债、国库、彩票、政府采购、审计、财政监督等方面的制度应属于财政基本制度范畴。这些制度中,有些已经专门立法,如《预算法》《政府采购法》《审计法》;有些作为法律制度糅杂在《预算法》之中;有些还没有进行立法。由于我国尚未就财政基本制度进行统一立法,导致财政法律领域整合性的基本统领欠缺。财政法领域中,大量部门规章、暂行办法、决定、通知等夹杂于财政法律体系之间,往往是一个问题或是一类政策多以一个规范性法律文件的形式在财政部门内使用,随意性明显。大量过时、不合时宜的临时性政策性文件散见于法律体系之中,容易产生规则上的冲突,相互间缺少联系与衔接,难以形成整体性谱系。结合我国当前财政体制改革现状,亟须从法律统筹入手,确立我国财政基本制度导向与财政基础性法律,并对上述规范性文件加以框架性统筹、筛选与剔除。

7.1.3 小结

2011年10月国务院发布的《中国特色社会主义法律体系》白皮书中"中国特色社会主义法律体系的完善"部分提出:"继续加强经济领域立法。适应社会主义市场经济发展要求,完善民事商事法律制度;适应深化财税、金融等体制改革要求,完善预算管理、财政转移支付、金融风险控制、税收等方面的法律制度,特别是加强税收立法,适时将国务院根据授权制定的税收方面的行政法规制定为法律;完善规范国家管理和调控经济活动、维护国家经济安全的法律制度,促进社会主义市场经济健康发展。"由此可见,财政立法作为经济领域立法的重要组成部分,在诸多法律制度方面都有待加强和完善。在2011—2021年的10年期间,虽然《预算法》经历了两次修正,也有多个税种的立法级次上升,但仍然有政府间财政关系等基本财政制度在法律层面上没有得到确认的情况存在。我国当前财政立法呈现出明显的政策目标导向,推进的局部性有余而系统性不足,上一阶段遗留下来的一些重点问题仍旧有待处理,或者通过行政规范等其他形式予以暂时缓和,但并未得到实质性的解决。依照这种立法节奏,在未来相当长的一段时间里,一些财政基本要素依然处于法律缺失的状态。财政法律体系建设作为一项纷繁复杂、牵连甚广的系统性工程虽然难以一蹴而就,但其中的财政基本法律制度立法是财政立法的重中之重,应当加快推进财政基本法律制度立法的步伐。

7.2 我国现行主要财政法律之间的相互关系

现代国家的财政法治化多以法定化作为起点,即通过法定形式限制政府公共财政权力。财政法定要求财政行为必须符合合法性的要求,必须得到法律的明确许可和立法机关的专门授权。税收法定和预算法定作为财政法定的"一体两翼",两者是相辅相成的。税收法定旨在使政府的收入"取之有道",以管住政府的"攫取"之手;预算法定旨在使政府的开支"用之有度",以管住政府的"糜费"之手。[①] 因此,税收法定和预算法定是确立财政法定主义的基石,具有程序和实体上的双重功效。与此同时,财政管理法律制度是实现财政制度效能的重要载体,财政监督法律制度是发挥财政制度作用的重要保障。这些法律原则的设置和法律制度的设计,重心都是在于对财政运行中的风险与危险进行控制。

财政领域中法律之间的关系虽然复杂,但也并非无章可循。税收法定与预算法定作为构成财政法定的两大支柱性原则,在我国近年来开展的财税法治改革中确立了其基本法律地位。[②] 同时,国库集中收付制、企业国有资产的特殊管理要求以及贯穿于整个财政运行过程的监督活动,使得财政管理与财政监督成为串联主干财政法律的两条主线。因此,可以以财政法定主义为线索,从法律规范的等级结构入手,分析我国现行主要财政法律之间的相互关系。

7.2.1 税收法定:《宪法》《立法法》与《税法》的相互关系

税收法定是指税收主体的权利和义务必须由法律加以规定,税收的纳税人、课税对象、纳税依据、税率、征收管理等各类要素必须且只有以国家法律的形式才能确认。税收法定的实质就是指政府向社会征税、征哪些税、征多少税都必须经过纳税人同意,同意的途径是纳税人通过民主选举组成人民代表大会制定税法。[③] 税收法定代表着税收的征收无论是在实体层面还是在程序层面都需要法律化。税收法定是近代法治主义在税收课赋和征收上的体现,是财政收

[①] 刘剑文:《论财政法定原则——一种权力法治化的现代探索》,《法学家》2014 年第 4 期。
[②] 参见陈治:《财政法定实质化及其实现进路》,《西南政法大学学报》2017 年第 19 卷第 1 期。
[③] 郭月梅、厉晓:《从税收管理走向税收治理——基于国家治理视角的思考》,《税务研究》2017 年第 9 期。

入管理体制和运行机制中最为重要的管理理念与管理方法。

对于我国宪法是否已经确立"税收法定原则"(或"税收法律主义原则")这一议题,在学界一直存在争议,对"法定"之"法"以及宪法上关于税收制度的规定存在不同理解。我国《宪法》第 56 条是显性的税收条款,其规定了"公民依据法律纳税的义务",虽然从中可以推导出公民不承担法外纳税义务的结论,但对税收的开、征、停、减、免以及公平税负等基本事项则未予规定。[①] 作为比较,《日本国宪法》在第三章"国民的权利与义务"第 30 条中规定了国民"纳税的义务",在第七章"财政"第 84 条"课税的必要条件"中规定了国家"课征新税或变更现行的税收,必须依法律或依法律确定的条件"。日本宪法中的纳税条款和征税条款之间形成了比较严格的对应关系,并都有较为完整的表述。分析我国《宪法》中的税收条款,从《宪法》第 56 条的规范文义和其所处的章节位置来看,宪法意义上的税收法定主义尚未名副其实,难以完整体现税收法定原则的实质,"这不能不说是我国宪法的缺失和欠完善之处"。[②] 与此同时,《宪法》第 56 条中的"法律"是否特指全国人大及其常委会所制定的"狭义法律"?这一问题的解释也影响着该条是否能够作为税收法定原则的规范基础。以原意解释方法而论,《宪法》第 56 条尚难以被认定为完整确立了税收法定原则,但是《宪法》第 56 条所规定的"法律"是指形式法律还是实质法律呢?一方面,可以从该条的立法时点来看,如果此处的"法律"是狭义的,追根溯源,我国从 1982 年便确立了这项原则,那么自此之后有关公民纳税的非狭义法律层级的规范性文件都是不合宪的。因此,这种狭义法律的解释路径与我国实践中的税收立法、执法、司法和守法是相悖的。另一方面,结合其他法律进行解读也可以印证这一点。在宪法相关法层面,《立法法》第 8 条第 6 项规定,"下列事项只能制定法律:……(六)税种的设立、税率的确定和税收征收管理等税收基本制度";第 9 条规定,"第 8 条规定的事项尚未制定法律的,全国人民代表大会及其常务委员会有权作出决定,授权国务院可以根据实际需要,对其中的部分事项先制定行政法规"。在税法层面,《税收征收管理法》第 3 条第 1 款规定,"税收的开征、停征以及减税、免税、退税、补税,依照法律的规定执行;法律授权国务院规定的,依照国务院制定的行政法规的规定执行"。由此,把《宪法》第 56 条与《立法法》第 8、9 条、《税收征收管理法》第 3 条联系在一起后可以得出,《宪法》第 56 条中所指的"法律"在

---

① 参见王鸿貌、向东:《税收基本法立法问题研究》,中国税务出版社 2009 年版,第 43 页。
② 参见马克和:《我国"税收法律主义":问题与对策》,《财政研究》2010 年第 9 期。

实际运用中指的是狭义的法律和经全国人大授权后制定的国务院行政法规。①此种设计理念虽然有助于适应复杂多变的经济社会发展,使得征税要件规定详细且能够迅速变更,却无法保证行政作出的"适当征税"判断是否正确。② 与此同时,《立法法》第 8 条第 6 项仅在税种、税率、税收征管上提出制定法律,而对"税收基本制度"的外延并未进行穷尽式的列举,与税收法定息息相关的征税动议权的归属也并未指明,此种模糊表述使得税收法定原则并没有得到完全、充分的体现。《宪法》《立法法》以及《税收征收管理法》的此种规定模式造成了两个方面的问题:一是降低了税收法定原则的地位与效力;二是对税收法定原则的表述在税收基本要素的法定化上是不全面的,同时在税收立法授权上是有缺陷的。③

"根据当今的税收法律主义的观点,税收的课赋和征收必须基于法律的规定,换言之,国民仅根据法律的规定承担纳税义务。"④"征税的基本构成要件必须在正式的法律中得到规定。"⑤有关税收法定原则的内容,其内涵大致可分为"课税要件法定主义""课税要件明确性原则"与"程序法的合法性原则"等。⑥ 结合《立法法》第 8、9 条和《税收征收管理法》第 3 条对"税收基本制度"的规定不明和对授权立法的留白,目前所确立的税收法定原则在法理内涵方面仍然存在诸多残缺。我国当前税收法定主义在立法上的承认是一种单向度的、形式化的推进,在宪法和税法之间存在空档的情形下,依据"落实税收法定原则"的政策部署,多是把以往各单行税收条例直接税制平移,上升为效力位阶更高的法律。即便是新设立的税种,征税动议权与税法草案的拟定权仍然为行政机关所掌握。虽然税收立法行政化倾向有所改善,但从税收暂行条例升级为税法过程中,规范内容大多缺乏实质性变化的现状来看,税收立法法律化的推进尚停留在税收要素法定的层级阶段。

---

① 参见韩大元、冯家亮:《中国宪法文本中纳税义务条款的规范分析》,《兰州大学学报:社会科学版》2008 年第 6 期。
② 参见[日]中里实、弘中聪浩、渊圭吾等:《日本税法概论》,法律出版社 2014 年版,第 17 页。
③ 参见王鸿貌、陈寿灿:《税法问题研究》,浙江大学出版社 2004 年版,第 81 页。
④ [日]金子宏著,刘多田等译:《日本税法原理》,中国财政经济出版社 1989 年版,第 18 页。
⑤ [德]迪特尔·比尔克著,徐妍译:《德国税法教科书》(第十三版),北京大学出版社 2018 年版,第 19 页。
⑥ 参见陈清秀:《税法总论》,(台湾)元照出版有限公司 2006 年版,第 38 页。

7.2.2 预算法定:《宪法》《立法法》与《预算法》的相互关系

预算法定强调预算是支出的依据,经法定程序编制批准的预算就具有法律效力,政府只能在预算范围内执行,不得擅自改变,尤其是不得突破预算规定的支出限额。[1] 预算法定主要包含以下两层意思:一是预算必须提交立法机关审批;二是预算的编制、执行、调整必须受到法律约束。[2] 因此,预算法定在一定程度上可以认为是财政支出控制的基本原则。预算法定原则是在税收法定原则之后确立的一项关乎财政权的重要原则,是对政府行政权进行法律控制的产物,预算法定体现的就是将财政收入法定与财政支出法定衔接起来的理念。[3] 从《宪法》《立法法》再到《预算法》,是一个从收缩式到铺开式的预算法定原则转化过程。

作为财政活动的控制系统和调节机制,预算制度是财政民主制度的核心主题。[4] 预算是建立公共财政秩序的重要手段,是宪法中的重要规范要素。在预算与宪法的关系上,预算制度的构建需要宪法文本的基础,预算制度的改革与发展也需要在宪法的规范框架下进行。[5] 1949 年 9 月,《中国人民政治协商会议共同纲领》第 40 条规定,"关于财政:建立国家预算决算制度,划分中央和地方的财政范围,厉行精简节约,逐步平衡财政收支,积累国家生产资金",这为我国新中国成立初期建立预算制度体系提供了规范指引。1954 年《宪法》是我国第一部社会主义类型的宪法,该部宪法确定了全国人民代表大会和地方各级人民代表大会对本级预算和决算的审批权[6],在全国人大设立了预算委员会[7],赋

---

[1] 参见陈治:《推进国家治理现代化背景下财政法治热点问题研究》,厦门大学出版社 2015 年版,第 1 页。
[2] 郭月梅、厉晓:《从税收管理走向税收治理——基于国家治理视角的思考》,《税务研究》2017 年第 9 期。
[3] 参见王文婷:《公共财政税式支出规范浅析》,《中国经贸导刊》2011 年第 20 期。
[4] 参见刘剑文:《民主视野下的财政法治》,北京大学出版社 2006 年版,第 27 页。
[5] 参见任喜荣、鲁鹏宇:《预算权的宪法规制研究》,吉林大学出版社 2019 年版,前言第 12 页。
[6] 《中华人民共和国宪法》(1954)第 27 条规定,"全国人民代表大会行使下列职权:……(十)审查和批准国家的预算和决算";第 58 条规定,"地方各级人民代表大会在本行政区域内……审查和批准地方的预算和决算"。
[7] 《中华人民共和国宪法》(1954)第 34 条规定,"全国人民代表大会设立民族委员会、法案委员会、预算委员会,代表资格审查委员会和其他需要设立的委员会"。

予国务院国民经济计划和国家预算的执行权[①],预算权力配置的初步架构在宪法上得到了正式确认。后续宪法变迁中,在基本延续 1954 年《宪法》的基础上,1975 年《宪法》中增加了国务院的预算编制权,1982 年《宪法》中增加了全国人民代表大会对预算执行情况的审批权、全国人大常委会闭会期间对预算调整的审批权,并在全国人大设立了财政经济委员会,同时删除了人大审批国家决算的规定,后由《预算法》加以规定。[②] 虽然之后又经历了 5 次《宪法》修正,但是均延续和保持了 1982 年宪法中的相关预算规范条款。目前,我国现行宪法仍以相对简略的方式对预算制度作出规定,调整范围主要集中于对预算权在人大和政府之间、中央和地方之间的宏观配置。除了显性预算条款外,《宪法》还在涉及地方财政自治的第 107 条、第 117 条中,以意义更为广泛的"财政"一词,涵盖了包括"预算"在内的财政权力与财政行为等。从政治体制机制上看,宪法对于民主制度的设计,如《宪法》第 2 条所规定的人民代表大会制度这一根本政治制度,也为预算制度的发展确定了民主的基调,确保预算在总体方向上接受民主的约束。[③] 然而,无论是宪法中的直接条款还是关联条款、是显性条款还是隐性条款,在制度安排上都仅把预算作为一种国家职能在不同国家机关间进行权力的初始分配,并未就预算收入的来源和分配、预算编制的方式和程序等制度要素作出原则性规定,这使得预算基本制度宪法化降格为预算基本制度法律化。

我国《立法法》第 8 条明确规定了一系列必须由法律规定的事项,并把这些事项的立法权保留给了全国人大及其常委会。这些事项中包括"基本经济制度以及财政、海关、金融和外贸的基本制度",而预算基本制度属于财政基本制度中重要范畴,因此预算基本制度适用法律保留原则。《立法法》第 9 条同时规定,除了法律强制规定的法律绝对保留立法权的事项之外,可由国务院根据实

---

① 《中华人民共和国宪法》(1954)第 49 条规定,"国务院行使下列职权:……(七)执行国民经济计划和国家预算"。

② 《中华人民共和国宪法》(1975)第 20 条规定,"国务院的职权是:……制定和执行国民经济计划和国家预算"。《中华人民共和国宪法》(1982)第 62 条规定,"全国人民代表大会行使下列职权:……(十)审查和批准国家的预算和预算执行情况的报告";第 67 条规定,"全国人民代表大会常务委员会行使下列职权:……(五)在全国人民代表大会闭会期间,审查和批准国民经济和社会发展计划、国家预算在执行过程中所必须作的部分调整方案";第 70 条规定,"全国人民代表大会设立民族委员会、法律委员会、财政经济委员会"。

③ 参见任喜荣:《预算制度改革的宪法基调》,《财经法学》2015 年第 2 期。

际需要事先制定行政法规。① 由此可见,《立法法》中对于法律保留原则中的"法律",其制定主体可理解为全国人民代表大会及其常委会,以及经过全国人民代表大会及其常委会授权的国务院。因此,预算基本制度尚处于法律相对保留事项,并且此种授权是笼统和全权委托的,而非具体和个案式的,并未对授权目的、范围、程度等以法律加以明文规定。弹性的法定主义使得在我国当前尚未制定完整的财政收支划分法的情况下,对事权和支出责任分配的规定散见于《宪法》《预算法》及其他法律规范文件之中,财政基本法律规范呈现出碎片化和层级下降的特点。

《预算法》属于《宪法》位阶下的法律,法律效力低于《宪法》。② 为确保预算法定,《预算法》在制定和修改的过程中吸纳了一系列支出控制原则,包括由年度预算制度和预算调整审批制度所体现的可预见性原则、由跨年度预算平衡制度和公债控制制度所体现的平衡性原则、由立法目的条款和政府全面收支都应纳入预算的总则规定所明确的全面性原则等。除了预算法定原则,《宪法》与《预算法》之间也达成了其他基本原则的嫁接和转换。《宪法》第 14 条第 2 款规定:"国家厉行节约,反对浪费。"节约原则被认为是财政经济(及其他经济)领域内的主导法则,是国家在制订支出计划时应当遵守的理念。③《预算法》对这一宪法基本原则进行了吸收和明确,在总则中的第 12 条第 1 款规定,"各级预算应当遵循统筹兼顾、勤俭节约、量力而行、讲求绩效和收支平衡的原则",使得"勤俭节约"成为一项约束各级预算的运行原则。《预算法》第 37 条第 2 款规定,"各级预算支出的编制,应当贯彻勤俭节约的原则,严格控制各部门各单位的机关运行经费和楼堂馆所等基本建设支出",由此对预算编制中节约原则的

---

① 法律保留原则由德国行政法之父奥托·迈耶(Otto Mayer)于 19 世纪初首先提出。法律保留原则主要解决的是立法权与行政权的界限问题,对于某些立法权限专属于立法机关的事项,必须由立法机关亲自制定法律,行政机关不能代为行使立法权,行政机关的任何行政行为均须有法律的明确授权;否则,可质疑其行为的合法性。当然,在讨论法律保留原则时,有必要界定"法律保留"中所谓"法律"的效力问题,即作为法律保留依据的法律的层级问题。

② 《预算法》与《宪法》的关系比照法条加以印证,与之相对应的宪法条文和预算法条文则为《宪法》序言"(宪法)规定了国家的根本制度和根本任务,是国家的根本法,具有最高的法律效力"和第 5 条"一切法律、行政法规和地方性法规都不得同宪法相抵触",以及《预算法》第 1 条"为了规范政府收支行为,强化预算约束,加强对预算的管理和监督,建立健全全面规范、公开透明的预算制度,保障经济社会的健康发展,根据宪法,制定本法"。

③ 参见[美]理查德·A. 马斯格雷夫、艾伦·T. 皮考克著,刘守刚、王晓丹译:《财政理论史上的经典文献》,上海财经大学出版社 2015 年版,第 23 页。

贯彻进行了强调,并提出了严格控制支出的具体指向。在具体预算制度的规定上,《预算法》虽然对财政收支划分、财政转移支付等制度作出了原则性规定,在一定程度上发挥了财政基本法的部分功能,但由于其预算单行法的本质属性而力所不逮。例如,在我国地区、产业发展不平衡为稳定性常态矛盾的国情条件下,针对一般性转移支付的法律规范,如条件、范围、机制等,仍显得概括和笼统,不具有操作性和适用性。在专门法律缺失的情况下,大量财政行为处于无法可依的困境。政府间财政事权划分制度主要还是依据国务院关于分税制改革的相关文件。① 这些发挥实际指导效力和功能的规范性文件由于层级较低、体系庞杂、数量繁多,造成财政法律规范臃肿而混乱,又往往带有部门利益制度化色彩,可能会导致财政权力行使处于无序、失范的状态。②

预算法治观念的淡薄和预算权力的错配会导致出现预算软约束问题。一方面,由于我国财政支出领域立法长期以来由国务院而非全国人大及其常委会主导,最高立法机关制定的专门性财政支出管理法律仍然阙如,大量的财政行为无法可依,导致政府财政权的合法性基础缺失,与现代法治国家财政治理中对宪法、基本法等位阶较高的法律规范的要求相去甚远;另一方面,预算编制权和执行权集于财政部门一身,出现权力上的重叠和膨胀。管理主义的渗透、预算编制技术的复杂、公共性事件的突发以及地方政府债务风险的隐患等多种现实因素的夹击,以及法定支出、政策性支出、应急性支出对支出控制原则的冲击,造成预算法定在预算法律体系中的地位有所松动,未能真正形成"以法律约束预算,以预算约束政府"的预算法治格局。

7.2.3 财政管理:《中国人民银行法》《企业国有资产法》与《预算法》的相互关系

国库作为财政资金的出纳和保管机构,与国家预算制度紧密相连。现代国库除了具有确保资金足额、安全和有效使用的基本职能外,还肩负着有效实现预算和参与宏观调控的重要职能。③ 我国目前尚未针对国库管理制度制定专门

---

① 如《国务院关于实行分税制财政管理体制的决定》(国发〔1993〕85 号)、《国务院关于推进中央与地方财政事权和支出责任划分改革的指导意见》(国发〔2016〕49 号),以及自 2018 年以来发布的在医疗卫生、科技、教育、交通运输、生态环境、公共文化、自然资源、应急救援领域的中央与地方财政事权和支出责任划分改革方案等国务院规范性文件。
② 参见任喜荣、鲁鹏宇:《预算权的宪法规制研究》,吉林大学出版社 2019 年版,第 111—112 页。
③ 参见徐阳光:《我国国库管理立法研究》,《当代法学》2008 年第 5 期。

的国库法,有关国库管理的法律制度主要分散在《预算法》和《中国人民银行法》之中。现代国库管理制度这一财政资金管理体系的根基在于利用国库单一账户,对资金拨缴进行集中管理。根据《预算法》第61条的规定,我国采用的是"国库集中收付制",即所有收入都要纳入预算管理,所有财政收入都要通过法定账户集中收付,所有财政收入都是法定入库。在国库管理模式上,由于历史原因和部门利益博弈,财政部门和中国人民银行之间的国库管理权之争由来已久。计划经济时期,财政部门与央行之间的关系曾经历"大财政、小银行"的年代。1969年,二者开始合署办公,央行逐渐沦为财政的出纳,直至1978年,央行才独立于财政部。在此背景下,我国国库管理体制也经历了从代理国库制到经理国库制的转变。1985年,国务院颁布《国家金库条例》,明确规定,"中国人民银行具体经理国库。组织管理国库工作是人民银行的一项重要职责"。1994年后,我国又陆续颁布《预算法》《中国人民银行法》和《预算法实施条例》等法律法规,进一步明确了中国人民银行经理国库的定位。与此对应,《预算法》第59条第3款和第4款规定,"各级国库库款的支配权属于本级政府财政部门""各级政府应当加强对本级国库的管理和监督,按照国务院的规定完善国库现金管理,合理调节国库资金余额"。《预算法实施条例》第63条也规定,"中央国库业务应当接受财政部的指导和监督,对中央财政负责。地方国库业务应当接受本级政府财政部门的指导和监督,对地方财政负责"。由此可见,《预算法》在明确央行经理国库的同时,又规定财政部享有国库的管理权和监督权,这种抵牾与分歧同样体现在财政部国库司与中国人民银行国库局两大内设机构的部分职能重合上。① 我国现行财政金融立法对国库管理模式看似采用折衷处理办法,

---

① 财政部国库司与中国人民银行国库局的职能范畴:《国务院办公厅关于印发财政部主要职责内设机构和人员编制规定的通知》(国办发〔2008〕65号)规定,财政部设21个内设机构,其中包括国库司,其主要职能为:"组织预算执行及分析预测;拟订总预算会计、行政单位会计及政府会计制度;组织拟订国库管理制度、国库集中收付制度;组织实施政府非税收入国库集中收缴;管理财政和预算单位账户、财政决算及总会计核算;承担国库现金管理的有关工作;拟订政府内债制度,管理国债发行、兑付;拟订政府采购制度并监督管理。"《国务院办公厅关于印发中国人民银行主要职责内设机构和人员编制规定的通知》(国办发〔2008〕83号)规定,中国人民银行设19个内设机构,其中包括国库局,其主要职能为:"组织拟订国库资金银行支付清算制度并组织实施,参与拟订国库管理制度、国库集中收付制度;为财政部门开设国库单一账户,办理预算资金的收纳、划分、留解和支拨业务;对国库资金收支进行统计分析;定期向同级财政部门提供国库单一账户的收支和现金情况,核对库存余额;按规定承担国库现金管理有关工作;按规定履行监督管理职责,维护国库资金的安全与完整;代理国务院财政部门向金融机构发行、兑付国债和其他政府债券。"

但财政部和央行之间实际形成的是国库收支决策者和国库收支决策执行者的关系,即央行需要根据财政部的统筹规划办理业务。[1] 在这种关系下,即便经理国库制在理论上具有"办理+拒绝办理"的权力,但此种权力也在法律对经理职能的简单表述和财政部对国库的强势主管下被架空。同样,中国人民银行的国库监督职能本应成为"规范政府钱袋子"的又一道防线,发挥事中监督作用,但此种监督的具体内容尚未在法律层面得到确认和规范,监督执行力受限造成央行仍旧受制于财政部门,未能实现真正的权力制衡。

"国有资产的公共性决定了其与国家财政不可分割,国有资本经营也无法与国家财政安排、财政权行使相分离。"[2]在我国《宪法》所规定的所有制保护机制下,现行的《预算法》和《企业国有资产法》通过对国有资产经营预算的系列规定,引导政府与国有企业利润分配关系的规范化发展。《预算法》所调整的预算行为主要为预算、决算的编制、审查、批准、监督,以及预算的执行和调整。预算由预算收入和预算支出组成。《预算法》在 2014 年修正后,新增的第 5 条把国有资本经营预算纳入我国复式预算的组成部分,形成了包括一般公共预算、政府性基金预算、国有资本经营预算、社会保险基金预算在内的横向"四本预算"。这"四本预算"中,国有资本经营预算是对国有资本收益作出支出安排的收支预算,是具有中国特色的财政管理方式。国有资本经营预算制度是国家以所有者身份对国有资本实行存量调整和增量分配而发生的各项收支预算,是政府预算的重要组成部分,也是规范国有资产收益分配的重要手段。[3] 国有资本经营预算与公共预算统一于我国复式预算的框架内,各自平衡而又彼此功能互补,有利于实现我国的财政转型和公共财政的完善。[4]《企业国有资产法》作为规范我国国有资产管理的专门性法律,调整对象即国家对企业各种形式的出资所形成的权益所形成的法律关系,而国有资产所形成的收益属于国有资本经营预算的控制范围。《企业国有资产法》的颁布标志着,经营性国有资产管理步入了法治

---

[1] 参见薛前强、向佳钰:《论我国国库管理模式的选择与完善——以经理国库制为核心》,《新经济》2022 年第 6 期。

[2] 刘剑文、郭维真:《论我国财政转型与国有资本经营预算制度的建立》,《财贸研究》2007 年第 2 期。

[3] 参见孙磊:《法治经济:市场经济的法治化道路》,人民出版社 2014 年版,第 30 页。

[4] 刘剑文、郭维真:《论我国财政转型与国有资本经营预算制度的建立》,《财贸研究》2007 年第 2 期。

化轨道。①《企业国有资产法》第 8 条明确规定:"国家建立健全与社会主义市场经济发展要求相适应的国有资产管理与监督体制,建立健全国有资产保值增值考核和责任追究制度,落实国有资产保值增值责任。"企业国有资产的保值与增值将增加国有资本经营预算的数额,而参阅《预算法》中第 5 条、第 10 条、第 28 条和第 46 条等有关国有资本经营预算法条可知,目前《预算法》关于国有资本经营预算的规定相对模糊且抽象,只规定了国有资本经营预算的基本定义、"不列赤字、收支平衡"原则,以及与一般公共预算之间可实现单向预算资金调配与调整。与《预算法》相较,我国《企业国有资产法》对企业资本经营预算予以相对齐备的规制——其在第六章(即第 58 条至第 62 条)对国有资本经营预算进行了专章规定,既明确了企业国有资本预算编制纳入国家预算范围,同时列明应当纳入预算范围的各项国有资产收益内容,并且规定"国务院和有关地方人民政府财政部门"享有国有资本经营预算编制权。

7.2.4　财政监督:宪法、监督法、审计法与预算法的相互关系

"现代预算制度的两个基本特征是预算统一和预算监督。"②一方面,由于财政是典型的弗里德曼"四种花钱"方式中的第四种,即花纳税人的钱办纳税人的事,财政的性质决定了其财政支出可能既不讲效果,也不讲节约,因此在财政运行的各个环节都须渗透监督,以此来约束财政权力的滥用和财政资源的浪费。另一方面,现代预算将预算编制权、审批权、执行权、监督权分离并配置给不同主体,形成财政权力间的相互牵制。但在我国当前的财政权力配置模式下,财政部门既是预算编制机构,也是预算执行机构,垄断了预算编制权(编制和调整)和预算执行权,同时还掌握国库支配权,集三种权力于一身,形成权力上的重叠格局,造成了客观上的预算软约束。③ 由以上分析可以看出,财政监督在我国财政体制中的重要性十分突出,是财政法治运行中的核心机制。

从生成逻辑上看,财政管理是内生的法定职责,而财政监督则包括自律性

---

①　财政部干部教育中心组编:《现代财政法治化研究》,经济科学出版社 2017 年版,第 259 页。
②　傅宏宇、张明媚:《预算法律问题国别研究》,中国法制出版社 2017 年版,第 3 页。
③　财政部门预算编制权、预算调整权、预算执行权的法律依据:《预算法》第 23 条规定,"国务院编制中央预算、决算草案;……组织中央和地方预算的执行;……编制中央预算调整方案;"《预算法》第 24 条第 1 款规定,"县级以上地方各级政府编制本级预算、决算草案;……组织本级总预算的执行;……编制本级预算的调整方案;"《预算法》第 24 条第 2 款规定,"乡、民族乡、镇政府编制本级预算、决算草案;……组织本级预算的执行;……编制本级预算的调整方案"。

介入和他律性介入。我国财政监督采用纵向制衡和横向制衡相结合的体制机制,既包括权力机关、审计机关所实施的纵向监督与横向监督,也包括行政机关上下级之间及行政机关内部的纵向监督与横向监督。我国《宪法》明确规定了人民代表大会的预算监督权、审计机关的审计监督权,以及行政机关上下级之间和行政机关内部对财政行为的监督权。

在财政监督体系中,人大监督作为国家权力机关的监督,是直接代表人民所进行的监督,是最高层次、具有法律效力的监督。[1]《宪法》规定,中华人民共和国的一切权力属于人民;人民行使国家权力的机关是全国人民代表大会和地方各级人民代表大会,县级以上各级人大常委会是本级国家权力机关的常设机关;实行依法治国,建设社会主义法治国家;国家维护社会主义法制的统一和尊严;人大常委会审查和批准本级计划、预算在执行过程中所必须作的部分调整方案;人大常委会监督本级政府、法院、检察院的工作等。这些均是人大监督的《宪法》依据。《各级人民代表大会常务委员会监督法》(以下简称《监督法》)依据《宪法》,对我国各级人大常委会的监督职责进行了具体规定,在与《预算法》《审计法》等相关法律衔接的基础上,《监督法》专设第三章对各级人大常委会审查和批准决算和预算调整方案、听取和审议本级政府预算执行情况、听取和审议审计工作报告的立法机关财政监督进行了规定。而《监督法》第六章和第七章还规定,常委会组成人员享有询问和质询权以及特定问题调查权,这些权力也是基于人大常委会的监督权,是人大常委会监督权的一种独特运行方式,实际上都是与立法机关的财政监督职能的行使密切相关的。[2] 与前两者对照,《预算法》也提供人大预算监督的法律依据,并赋予人大在预算监督中的组织调查权与询问质询权。

审计机关是世界各国为财政监督而设立的机构。作为国家公共财政行为的专门监督者,审计机关的设置模式包括立法机关主导、司法机关主导、行政部门主导和第四部门主导四种类型。我国审计机关的设置采用行政部门主导模式,审计署是国务院的组成部门,但依据宪法和法律行使审计监督权。从我国《宪法》中的审计监督条款中可以看出,虽然《宪法》规定了各级审计机关依法独

---

[1] 参见李飞:《〈中华人民共和国各级人民代表大会常务委员会监督法〉释义及实用指南》,中国民主法制出版社2013年版,第15页。

[2] 《全国人民代表大会常务委员会关于加强中央预算审查监督的决定》(2021年修订)也对全国人民代表大会及其常务委员会的预算审查监督工作的开展起到了推动和指导作用。

立行使审计监督权,审计监督权是一种宪法性权力,但是由于审计机关内设于政府系统之中,并对上一级审计机关和政府负责,其独立性相对较弱,存在"高权低位"的问题,属于政府主导型的审计监督模式。① 审计法作为专门的财政监督法,其肩负着"维护国家财政经济秩序、提高财政资金使用效益、促进廉政建设、保障国民经济和社会健康发展"的重要使命。虽然在《审计法》第 5 条明确了"审计机关依照法律规定独立行使审计监督权",相应的修法说明中也多次强调增强审计监督的独立性和公信力,但受制于审计机关的设立模式,审计机关须在行政权的框架中行使审计权,法定性高,但独立性弱。② 党的十八届四中全会通过的《中共中央关于全面推进依法治国若干重大问题的决定》中提出:"强化对行政权力的制约和监督。加强党内监督、人大监督、民主监督、行政监督、司法监督、审计监督、社会监督、舆论监督制度建设,努力形成科学有效的权力运行制约和监督体系,增强监督合力和实效。"该决定将审计监督与人大监督、行政监督并列属于八大监督体系组成部分,以此表明审计监督作为监督形式的独立地位及应当发挥的审计作用重要性。

行政系统的财政内部监督主要是以行政机关自身及其所属部门对政府财政财务行为所实行的监督为主体。根据《预算法》第九章"监督"中的相关规定,可以把内部监督机制类型化为上下级政府间的层级监督、政府内财政部门的自我监督以及各部门的交互监督。③ 其中,财政部门实施的会计监督是对国家机

---

① 《中华人民共和国宪法》第 91 条规定,"国务院设立审计机关,对国务院各部门和地方各级政府的财政收支,对国家的财政金融机构和企事业组织的财务收支,进行审计监督。审计机关在国务院总理领导下,依照法律规定独立行使审计监督权,不受其他行政机关、社会团体和个人的干涉"。《中华人民共和国宪法》第 109 条规定,"县级以上的地方各级人民政府设立审计机关。地方各级审计机关依照法律规定独立行使审计监督权,对本级人民政府和上一级审计机关负责"。

② 《关于〈中华人民共和国审计法(修正草案)〉的说明》(2021)中提出,"要求完善审计制度,保障审计机关依法独立行使审计监督权,更好发挥审计在党和国家监督体系中的重要作用""在宪法框架下扩展审计范围,强化审计监督手段,增强审计监督的独立性和公信力"。参见侯凯(审计署审计长):《关于〈中华人民共和国审计法(修正草案)〉的说明》,2021 年 6 月 7 日第十三届全国人民代表大会常务委员会第二十九次会议。

③ 上下级政府间的监督:《中华人民共和国预算法》(2018 年修正)第 87 条规定,"各级政府监督下级政府的预算执行;下级政府应当定期向上一级政府报告预算执行情况"。政府财政部门的监督:《中华人民共和国预算法》(2018 年修正)第 88 条规定,"各级政府财政部门负责监督本级各部门及其所属各单位预算管理有关工作,并向本级政府和上一级政府财政部门报告预算执行情况"。政府各部门的监督:《中华人民共和国预算法》(2018 年修正)第 90 条规定,"政府各部门负责监督检查所属各单位的预算执行,及时向本级政府财政部门反映本部门预算执行情况,依法纠正违反预算的行为"。

关、社会团体、公司、企事业单位和其他组织执行《会计法》和国家统一的会计制度的行为所实施的监督检查,以及对会计违法行为所实施的行政处罚,具有财政监督和财务监督的双重规制属性。① 除了人大监督、审计监督和内部监督外,财政监督还包括社会监督。在传统预算体制下,预算民主基本上是通过政府内部体系的预算约束机制、强化立法机构对政府的预算监督的方式来实现的。然而,此种体制的最大弊病是并未赋予公民直接参与预算监督的权利,把公民排除在地方预算体系之外。虽然通过选举产生的人大代表作为公民的"代言人"在预算管理中扮演着重要的角色,但其直接影响预算决策的现实渠道仍然存在欠缺。2014 年《预算法》的修正推动了预算治理的转型,在增设预算公开原则和强化人大预算审批权与监督权的同时,通过第 91 条公众个体预算参与的制度设计,扩大了财政监督主体的范围,财政监督从国家机关走向社会公众,在一定程度上强化了财政的外部制衡。② 但从公众预算参与的深度上看,尚停留在知情权、检举权和控告权等消极预算权力层面,在预算编制、审查过程中的积极预算权力尚付阙如,预算公开和预算参与未能完全有机结合。

现行宪法、宪法相关法、预算法等法律规范虽然都对预算监督作出了相应规定,但预算监督的职责权限、监督范围、监督方式、监督程序和步骤等仍有待完善。《预算法》第 44 条、48 条和 49 条的规定只聚焦在赋予人大及其常设机构初步审查权和重点审查权,但对人大是否可以改变预算草案中的实质内容、政府如果不依照人大意见作出修改该如何处理等问题几乎没有涉及。③ 这便造成了在财政监督领域中,立法机关的监督仍旧呈现虚化状态。结合审计监督的"高权低位"、社会监督的"有名无实"现状,我国财政监督体制的完善仍然任重道远。

7.2.5 小结

在梳理主要财政法律之间关系的过程中所反映出的财政法治问题,与财政领域纲领性法律规范的缺失有着密切关系。当前财政法律体系在财政法定、财政管理、财政监督上存在的问题与不足,反过来说明了制定财政基本法的重要

---

① 《财政部门实施会计监督办法》(中华人民共和国财政部令第 10 号)第 6 条规定:"财政部门应当建立健全会计监督制度,并将会计监督与财务监督和其他财政监督结合起来,不断改进和加强会计监督工作。"

② 《预算法》第 91 条规定:"公民、法人或者其他组织发现有违反本法的行为,可以依法向有关国家机关进行检举、控告。"

③ 参见财政部干部教育中心组编:《现代财政法治化研究》,经济科学出版社 2017 年版,第 87 页。

性以及财政基本法中应当重点调整的主要领域。财政基本法承载着多重使命：一是在确立我国财政基本体制基础上，满足财政法定实质化的基本要求；二是在总揽和协调财政法律制度全局基础上，弥补分散立法模式财政立法的欠缺和漏洞；三是在宪法及宪法相关法、财政基本法和各单行财政法对财政根本制度、基本制度和具体制度分别进行规范的基础上，使《预算法》《税收征收管理法》等单行法回归到专门法的应有位置。因此，在维持宪法体例与内容稳定的前提下，基于当前财政单行法律立法进程迟滞的现状，制定专门的财政基本法，以集中统一的立法形式对财政基本体制、基本原则、基本制度予以明确，是财政法治化中的一条较为稳妥的路径。这不仅是巩固当前我国财政体制改革成果的需要，更是补齐财政法律体系短板、解决基本规则供给不足、规范财政组织制度和程序运行、深入推进新时代财政法治建设的必要之举。

7.3 财政基本法在我国财政法律体系中的地位与功能

"在国家治理现代化的转型过程中，以法治化思想统领财政各项事业是依法治国在财政领域的体现，也是建立现代财政制度的基石。"[1]在当前财政法律体系残缺不全、各有关法律松散排列的情况下，为规范国家财政活动的基本原则、财政管理体制、财政职能和财政活动的基本事项，统领和协调财政领域的法律规范，应当专门制定财政基本法。[2] 财政基本法作为财政法律体系中的龙头法，统摄、约束、指导、协调各单行财政法律，有助于解决当前我国财政法治中遇到的许多问题和矛盾，推进我国财政法治现代化的发展。财政基本法在我国财政法律体系中的核心地位与多重功能，表明了财政基本法存在的必要性，其使得财政法能够从内部构建起自治的体系构架，实现财政法体系在基本财政制度安排上的统合性、自足性与规范性。

7.3.1 财政基本法在我国财政法律体系中处于核心地位

改革开放以来，我国在财政领域一直采用分散式立法模式，所构建的财政法律体系虽然履行了财政职能，但是这种过于松散的立法模式也造成了财政法

---

[1] 任喜荣、鲁鹏宇：《预算权的宪法规制研究》，吉林大学出版社2019年版，第113页。
[2] 参见刘剑文：《走向财税法治：信念与追求》，法律出版社2009年版，第127页。

律体系在统领上的缺位、衔接上的断链和协调上的匮乏,影响了我国财政法治现代化的进程。又因为中国宪法容量和立法技术的限制,财政体制机制中的一些基本问题无法在宪法中得到明确。从域外立法经验来看,财政基本法具有宪法性文件的特性,其内容既可以通过专门的法律呈现出来,也可以直接在宪法中加以涵盖。① 日本设立了专门的《财政法》来对国家预算及其他财政收支基本事项进行基本规定,德国和美国虽未制定单独的财政基本法,但是在其联邦宪法或州宪法中关于公共财政的规定较为详尽。反观我国,由于宪法和宪法相关法对财政关系的规范设计过于简约,国家财政管理体制和除预算外的其他财政基本制度在宪法中并未涉及,同时又没有制定专门的财政基本法进行补位,因此形成了关于财政基本制度的立法空白,财政法治建设缺少立法基础。② 基于我国宪法体例和内容上的修法难度,仿照其他国家把财政相关的基本原则和基本制度写入其中几乎没有可能。与此同时,当前预算法在功能上已然超负,财政领域基本事项的法定化不宜在现有预算法框架下完成。财政基本法能够对财政运行的原则性问题与综合性问题进行相应调适,并能统摄、指导和协调各单行财政法律。财政基本法在财政法律体系中的地位仅次于宪法,能有效弥补宪法对财政基本制度规定方面的欠缺。同时,由于我国在财政立法方面采取各事项单独立法的方式,若由一般财政单行法来承担财政基本制度规定的任务,就必然会出现财政单行法规定不周延、不全面、不具体的情况,当前以预算法为核心的财政法律体系框架便处于此种困局之中。因此,把有关财政制度的基本和共同事项写入任何一部单行法中均有不妥。从立法技术的要求、立法内容的覆盖和法律适用的范围等多重因素上考量,进行财政基本法的专门立法成为一条重要的选择路径。

  财政基本法是规定财政法基本制度、指导财政法各个领域的法律,其功能定位是引领收入、支出、管理、监督、问责等各项财政活动。③ 在规模庞大、门类众多的财政法律体系中,财政基本法处于核心地位,在我国财政法整体谱系中起到根本性、全局性、长远性的作用。其对于确立财政活动的基本法律规则,正确调整各类财政法律之间的交互关系,规范财政立法、财政管理和财政监督活动,保障国家财政经济秩序,具有十分重要的意义。与此同时,财政改革最终都要以财

---

① 刘剑文、熊伟:《财政税收法》(第五版),法律出版社 2009 年版,第 11 页。
② 参见魏俊、王玉华:《财政税收法概论》,知识产权出版社 2012 年版,第 9—10 页。
③ 陈治:《财政法定实质化及其实现进路》,《西南政法大学学报》2017 年第 19 卷第 1 期。

政法律制度的形式固定下来,财政基本法也为各项财政改革和立法探讨提供明确的指引与依据。因此,财政基本法明确的法定性、鲜明的指导性、持久的稳定性、普遍的适用性和一般的规范性,使之在我国财政法律体系中处于核心地位。

7.3.2 财政基本法的统领功能

宪法中的财政条款,不但是政府财政管理权力的最高法律约束,而且使政府的公共财政活动有所遵循和归依。虽然各国宪法中财政条款的具体内容和繁简程度不尽相同,但仍尽可能做到细致、详尽、明确,包含了一般性条款、税收条款、公共支出管理条款、政府预算管理条款、公债管理条款、政府间财政关系条款、财政监督条款和程序性条款。[①] 而这些财政体制要素,一方面,没有在我国宪法层面得到全面确认,无法反映我国财政制度的基本面貌;另一方面,也没有被对应的法律规范所承载,重要的财政法律仍然阙如。我国虽然有制定大规模财政法律的需求性和必要性,但是在当前立法资源相对稀缺的背景下,财政法律体系进化为一个具有完整规范结构的有机整体,必然要经历一个循序渐进、曲折反复的过程。财政法律体系内部结构从欠缺到完善的过渡中,需要一部基本性法律来在宏观上填补空白、回应问题、引导发展。引申言之,我国财税法领域缺乏一部能够衔接宪法与财税专门法,统领各类财税规范,就财政运行的价值目标、基本原则和制度框架作出系统性规范的"龙头法"。

财政基本法作为财政立法发展的高级形式,规定财政大政方针,明确财政基本制度,确立财政基本原则。在宪法的效力位阶之下,以财政基本法为立法基石,依照财政的运行机理,制定转移支付法、公债法、税法、国家投资法等专门性财政法律。各项财政法律体现宪法的基本精神,具化财政基本法中的基本原则。由此,以财政基本法为媒介,财政宪法规范得以在财政领域延伸,既框定了财政法的基本原则,又兼顾了财政法的自身特点,强化了财政法的系统性、稳定性和规范性,使财政法既统一于宪法体制,又不失财政立法特色。

7.3.3 财政基本法的衔接功能

通过梳理我国主要财政法律之间关系可知,现行的财政法律体系内部无论是在纵向衔接上还是横向衔接上,都存在许多不一致或不协调之处。在没有财

---

① 参见陈必福:《财政立宪:我国宪政建设之路径选择》,《亚太经济》2005年第6期。

政基本法指引的条件下,各财政专门法相互之间缺乏有机的联系,难以形成完整的、体系化的财政法谱系。

财政法律体系协调一致的前提是要遵守一定的逻辑准则,财政基本法通过提供互相耦合的规范构造来实现财政法律之间在纵向和横向上的衔接功能。在纵向衔接上,财政基本法是将宪法和各单行财政法有效衔接起来的"纽带"。我国财政立法是分散立法模式,除了由宪法及宪法相关法规定财政根本制度外,其他所有财政法律都是采用单行法律、法规的形式,并未就财政的共同问题制定统一适用的依据,宪法对财政法律的指导和两者之间的衔接缺少一个中间层。在财政宪法与财政具体法律之间,财政基本法充当"承上启下"的角色。它将宪法中关于国家财政收支体系建设的指导性准则转化并分解为若干基本原则,又以此统摄各类财政法律中的具体规则。[①] 因此,财政基本法将宪法确定的基本原则和精神具体化,使之更具有适用性和操作性,同时应对因宪法容量有限而不能过多设置财政条款或另行设置财政章的立法资源稀缺现状。鉴于宪法的特殊地位和性质,我国不太可能总是作出较大的修改,即使修改也无法把财政运行中的原则性问题都包括进去,财政基本法的制定则能够解决这一问题。在财政法律体系中,作为财政宪法规范与具体财政法律之间的媒介,财政基本法上承财政宪法的基本理念,又对具体的财政行为具有一般指导意义和普遍约束力,同时对存在立法空白的财政运行基本原则和制度进行填补,为各项财政基本问题提供法律规范。在横向衔接上,一切财政法律都必须遵循财政基本法中严格、法定的财政基本事项。财政基本法通过一般性、原则性、通用性规定,能够将孤立化、原子化的不同领域财政法律进行打通和串联。财政基本法的衔接功能不仅体现在内容上,正是基于权力制衡这一共同的价值追求,宪法和宪法相关法与财政基本法之间、财政基本法与财政法律之间相互承接,形成对财政权力完整的规制链条。

7.3.4 财政基本法的解释功能

"法制统一是法治国家的基本标准。"[②]财政基本法的财政母法地位与涵盖内容的全面性强化了其解释功能,能够有效整合现行财政法律制度,消除财政法体系内部分散所产生的隔阂,形成系统化的有机整体。基于财政基本法在财

---

① 参见刘剑文、陈立诚:《财税法总论论纲》,《当代法学》2015 年第 3 期。
② 张文显:《法理学》,中共中央党校出版社 2002 年版,第 93 页。

政法律体系中的地位和作用,财政基本法与其他单行财政法律之间的关系并不是功能上的取代或内容上的重复。专门性财政法律一般只是调整财政运行过程中某一方面的实体或程序问题,各个法律的规范重点与适用机理均有不同,在内容上不可避免地存在着相互交叉、重叠,同时也不可避免地存在着空档、漏洞等。财政基本法作为中心发散式财政立法模式的核心,是有关财政问题的总则法、综合法和上位法,包含了整个财政法律体系的基础性、本源性、稳定性、综合性的原则与制度,是确定和调整财政活动基本事项的法律规范的集合。财政基本法是覆盖财政活动的全过程,并对财政法律中一些具有重大影响和相同性质的基本问题作出统一规定,以整体性规范代替分割性规范,使得财政法律规范尤其是财政支出法律规范能够保持一致性和协调性。

财政基本法能够整合财政法律文本的原意,借助于财政法整体性原则和基本性制度对规范漏洞进行解释性的填补,在承继财政宪法规范的同时增强规则的适用性。除了补强解释功能外,由于我国当前财政法律体系单行法律的完善进程陷入踟蹰不前、进程缓慢的困局,诸多财政事项缺乏法律层面上的依据,财政基本法便发挥重要的填补解释功能。因此,财政基本法既为财政法律的拓展与完善提供制定准据,又为财政法律间的矛盾和空白提供解释依据,进而构建起完整、合理、有序的财政法律体系。

7.3.5 小结

完善的财政法律体系是现代财政制度建设的应有之义,是一项法律法规立改废释的系统工程,而制定财政基本法又是当前分步推进财政立法的关键所在。财政基本法围绕我国财政运行中的共通性、原则性、重大性和基本性问题进行专门立法,用以矫正分散立法的内生弊端,统摄、约束、指导、协调各类财政法律法规。财政基本法作为一部具有全面性、综合性和统一性的财政法律,其所具备的统领功能、衔接功能和解释功能,能够确保财政法律体系在整体上具备结构的完整系统性和内在的有机联系性,奠定了该法在整个财政法律体系中的核心地位。制定财政基本法不只是立法技术层面的改造和创设,更是契合于现代财政法治逻辑的立法定位和立法理念的升级。财政立法的基本法化路径,遵循的是一种法定化而非法典化模式,在锁定财政根本原则和财政基本制度的同时,能够保持财政法律体系的开放性、回应性和发展性,更好地适应经济社会生活的动态变化。

第 8 章　财政基本法的法律框架与宗旨性条款

8.1　财政基本法的基本原则

8.1.1　民主法治原则

财政基本法是为了有效规范政府与市场之间、各级政府层级之间、不同职能部门之间的财政边界,是一部财政的"基本法",其他一切财政法律法规是财政基本法的细化和扩展。因此,财政基本法首先需要贯彻民主和法治的原则。《中华人民共和国宪法》规定:"中华人民共和国是工人阶级领导的、以工农联盟为基础的人民民主专政的社会主义国家。"民主是一切法律制定和实施的基础,财政关乎全部人民的生活福祉,更需要贯彻民主的原则。财政制度安排必须保障主权在民或人民当家做主,所有财政制度要从根本上体现人民的意志和人民的主体地位。

财政基本法的民主原则应该包含三方面内容:首先,是法律制定过程中的民主。基本法是一部财政的"母法",其影响范围之广、影响人群之多超乎其他所有的财税法规,由于涉及的利益群体较多,在该法律条款的制定过程中,需要充分征求各群体的意见和建议;在制定过程中,应至少充分征求各级地方政府、各有关职能部门、党外民主团体、财税领域专家等群体的意见。其次,是法律实施过程中的民主。法律条款应尽可能覆盖各种常规和非常规的状况,但不可避免地,现实世界错综复杂,新形势、新问题不断涌现,这就给财政基本法的实施带来挑战,因此,法律在实施过程中不能教条主义,要充分吸纳具体职能部门的意见。最后,是法律监督过程中的民主。财政法虽然是一部"上位法",不直接面对一线的微观主体,但任何一部财税法律都需要在财政法的规则之下,对于相关的财税法律、法规、条例等是否符合财政法的规定,需要接受体制内和体制外的双重监督。

财政基本法还需要贯彻法治原则。党的十八届五中全会决议提出"四个全面"的战略布局,即"全面建成小康社会、全面深化改革、全面依法治国、全面从严治党"。党的十九大提出,到2035年基本实现社会主义现代化,到2050年要建成社会主义现代化强国,在十四个"坚持"中,明确提出"坚持全面依法治国",要"建设中国特色社会主义法治体系"。由此可见,法治原则始终是我党高度重视的制度建设内容,是提高国家治理能力现代化的重要保障,其重要地位不断得到强化和突出。

"全面依法治国"要求构建全方位、全覆盖的法规体系,面对纵横交错的社会经济行为,因此需要形成一套层次分明的法规体系。财政基本法是政府收入、支出、资产、负债等一切行为的基本准则,是贯彻党的依法治国要求的基本保障,也是一切财税法律法规的立法依据,既明晰了各主体的权责边界,也为相关的政府行为提供了理论根据。

8.1.2 公平公正原则

财政本质上是社会公众基于政治交易而形成的契约。财政基本法不仅要协调政府与公众的关系,同时,其所制定的收支条款也要公平地协调公众与公众间的财政利益关系。相比于分散的市场决策过程,财政是通过集中的政治交易过程决定的。为保证这一政治过程可以持续运转,财政活动需要满足公平公正原则。公平、公正的法律需要以财政活动目的的正当性为基本原则,即财政活动(包括支出和收入)的目的是必要的、合理的

财政资金取之于民、用之于民,这一过程必须是公平的。为筹集公共支出所需要的费用,需要在相应的利益主体(个体、团体乃至地区)之间公平分摊,公共支出的福利也应当被各利益主体公平地享受,这样才能体现财政合法性,赢得民心,最大限度地降低行政成本。财政活动还应当是公正的,罗尔斯认为,"正义是社会制度的首要价值"。财政政治过程决策的起点应当是公民处于"无知之幕"下的公共选择,其目标是充分保障民权,使得社会中最弱势群体的权益得到维护。因此,在公平的前提下,财政资金应当偏向社会相对弱势群体,实现财政的风险共担功能。

对于公平原则的体现,财政基本法需要包括代内公平与代际公平两个方面。对于代内公平原则,财政基本法应当规定在税收征收和财政支出上公平对待境况相同的个人和企业。经济状况相同、能力相同的个人或企业,应当负担相同的税收负担,享受均等的公共服务,因财政产生的收益应当在个体间公平地分配;同时经济情况不同的个人或企业,其税负和公共服务水平也应不同。对于代际公平原则,财政基本法对于财政资金的安排,既要考虑当代人的福祉,也应考虑到后代的发展,特别是对于债务和社会保障的安排要着重体现代际公平原则。

公平具有三个不同的阶段:收入、消费和能力。收入的公平是最初的公平,强调的是个人收入与其对社会的贡献的匹配程度,在市场经济条件下,没有行业壁垒的劳动力市场能够保证收入的公平,每个人获取的收入将与其社会价值对等,即经济学意义上的工资等于劳动的边际价值。但是由于个人禀赋、运气和负担的差异,收入的公平很难保证消费的公平,这一层次的公平是指收入的最终去向,还是用来维持消费水平,因此消费公平是比收入公平更加高层次的追求,这也是财政追求的公平目标之一,即无论个人的收入水平高低,经过财政调节后的个人消费,应该是相对公平的。例如,2019 年第七次个人所得税的修正条款中,将个人的赡养和抚养支出纳入专项附加扣除,由此体现每个人的负担不同,从而提高消费的公平性,未来还需要进一步以家庭为申报单位,从而将税收的实质与经济实质统一起来。一个文明社会的公平应该是以能力为标准的公平,能力公平是 1998 年诺贝尔经济学奖得主阿玛蒂亚·森提出的理论,这种公平是指每个人在一个社会的基本行动能力的保障。例如,身体残疾的人从政府获得资助,就不应该仅限于低收入的补助,而是要保障其与正常人一样的生活和工作的能力。并且,不同时代和不同国家的能力公平是在不断演变的。森举过一个例子:在伦敦,一双皮鞋是一个人在社会上活动的必备物品,而在一个欠发达国家则没有这种需求,因此皮鞋是保障在伦敦正常工作生活的能力需求。以能力作为公平的最高级形式,是贯彻"以人为本"原则的重要体现,也是财政应该追求的最高目标。

公正是所有法律的基本原则,反映了全社会对一些基本规则的实质认可,公正又可以分为程序公正和实质公正。法律追求的公正,即沃克提出的程序公正,是指对决策制定者使用政策、程序、准则以达成某一争议或协商结果的公平知觉。程序公正性理论认为,人们会依据决策结果所产生的程序对决策结果做出反应，并且在本质上人们认为公正的程序是首要的。当人们无法直接操控某项决策时，公正的程序就可以作为一种间接的控制工具。

对于财政基本法的公正原则，也会涉及程序公正和实质公正两个维度。其中，在程序公正方面，所有法律规定都要彻底贯彻实施，体现法治精神，即法律的制定、修改、实施都需要遵循明确的规则；在实质公正方面，财政法律条款所体现的权责关系、利益关系均应该经得起换位思考意义上的可逆性检验，应当在保证经济效率的前提下，偏向弱势群体，保障其基本经济权益，实现财政分配结果的公正性。同时，要充分保障财政民主，使人民意志得以贯穿财政活动全过程，从而实现法律本身的事前公正。

8.1.3 公开透明原则

财政民主等原则的落实，需要相关的制度来加以保障。其中，在程序性的制度安排方面，为体现人民的主体地位，财政收支及过程的信息应为社会公众所知晓。《宪法》第二条规定，"中华人民共和国的一切权力属于人民"，这其中自然包括"财政管理权和监督权"。为了保障人民能够有效进行相应的管理和监督，法律需要坚持公开透明原则。公开透明一方面体现了财政的民主性，另一方面也是财政现代性的重要要求。十九届四中全会通过的《关于坚持和完善中国特色社会主义制度 推进国家治理体系和治理能力现代化若干重大问题的决定》（以下简称"十九届四中全会《决定》"）指出，要"完善标准科学、规范透明、约束有力的预算制度"，现代财政预算制度的"灵魂"是公开透明。

公开透明是各国财政法的普遍原则。英国 1998 年修订了《财政法》，通过了《财政稳定法案》，特别强调了财政透明的原则："预算必须透明和公开，让公众充分了解和认识，国会审议通过后，预算应公开发表。"意大利的公开性原则要求："政府预算和财政法必须在媒体公布于众，接受群众监督。"南非的透明性原则规定："信息公开，便于公民参与和监督。"荷兰的透明度原则规定："预算尽量层次分明，数目要尽可能与收支项目相符。而预算计划与修正案，应及时告知民众。除此之外，荷兰审计法院的年度报告应该公开透明。"另外，作为透明度原则的一个引申，有诸多国家还提出了明晰性等要求。例如，意大利规定：政府预算的安排尽可能便于公众理解。法国规定："任何单位的收支应该以总额列示，不应当只列收支相抵后的金额。"德国的毛支出原则（总合原则）则规定："为保证预算的透明度，收入和支出全额分开概算。不允许以收报支和以支抵收。"

公开是为了透明,透明是为了约束有力。法律是为了制定全社会普遍遵守的共同规则,但规则的边界是相对模糊的,因此在法律的制定过程中,需要将相关的文件、流程和规划对社会进行公开,尽可能吸纳全社会的意见和建议。公开透明原则能够实现多重立法目标:首先,体现了公民知情权,知情权是我国宪法赋予公民的一项基本权利,但是立法机构缺乏保障公民知情权的激励和主动性,通过公开和透明能够增加公民的知情权;其次,提高了公众对政治生活的参与积极性,普通大众缺乏参与政治和立法工作的渠道,公开透明原则旨在对立法机关进行监督,为立法机构和普通民众之间建立沟通的桥梁;最后,缓解了公众和立法机构之间的信息不对称,让公众对立法有更多的参与感,全程参与法律的制定。

财政基本法的公开透明原则应该体现在以下两个方面:第一,法律制度和修订过程应当坚持公开透明,这也是民主原则的延伸。作为约束财政行为乃至政府行为的基本规范和基本准则,财政基本法的制定和修订是国家政治和经济领域的一件大事。鉴于其广泛的影响范围,法律的制定和修订应当公开征求社会各界意见,相关内容应当让全社会广泛知晓。第二,对于财政的各个组成部分,法律的规范均应体现公开透明原则,以财政相关信息公开透明的知情权为起点,实现社会公众与各级人大的广泛、深入参与。以财政预算为例,财政基本法应当规定财政预算的编制、执行及决算过程公开透明,将政府各项收支全面置于立法机关及社会各界的监督下。此外,为了保证公开透明原则在实质上可以实现,财政基本法对于财政数据的明晰性和可获得性也应当给出明确规定。

8.1.4 注重绩效原则

在委托代理关系中,政府是否真的对公众负责、其负责的程度如何,一般可以通过财政运作的整体效率和水平反映出来。因此,在政府与公众的利益协调方面,财政基本法应坚持财政效率原则。注重绩效也是我国现代财政制度建设的现实趋向。党的十九大报告明确要求"全面实施绩效管理",2018年9月《中共中央国务院关于全面实施预算绩效管理的意见》正式发布,指出绩效管理是"推进国家治理体系和治理能力现代化的内在要求,是深化财税体制改革、建立现代财政制度的重要内容"。在经济由高速增长阶段转向高质量发展阶段,注重绩效、提高财政资金的使用效率有助于更好地发挥财政职能,优化财政资源配置。

关于财政效率原则,国外财政法律对绩效原则的重视为我国财政基本法提供了很好的借鉴。澳大利亚《公共治理、绩效与问责法》(Public Governance, Performance and Accountability Act)的目的是确立政府治理、问责和绩效的统一框架,促使政府形成高质量的治理水平、绩效结果和问责机制。南非的预算原则明确支出目的、产出效率和战略优先项目,从而保证国家预算支出能够获得较高的战略绩效。英国的效率原则明确规定:"预算必须从收入和支出两方面来考虑预算的社会与经济效率。"同时,英国还规定:"年度预算收支必须考虑各种支出的相对重要性。"

财政基本法追求的绩效目标应该包括以下几个方面:首先,制定这部分规则的主旨就是为了提高财政的绩效,这种绩效应该是一种全范围的绩效。例如,在中国的特殊发展阶段,政府也会出台相关的产业扶持政策,这些与扶持政策相关的财政资金也应该纳入绩效追求的目标范围。其次,在收入端,应该秉持税收的效率原则和公平原则,尽可能保持财政收入汲取过程中的中性。再次,在支出端,应该着眼于公共支出对私人支出的互补性,对支出领域和支出效率进行考量。最后,在资产负债方面,要立足于财政的可持续性,从长期视角考察财政绩效。

财政基本法中应当从以下三个方面体现注重绩效原则:首先,应当建立一套科学规范的财政绩效框架,对各类财政行为提出一个绩效管理的基本框架和要求,明确各方的绩效管理职责,完善绩效管理流程;其次,应当建立清晰的绩效约束制度,明确界定绩效管理责任人,对重大项目建立财政绩效终身追责制度,财政部门负责人应当就财政绩效状况向各级人大做报告,受人大监督;最后,要实现绩效评价与财政决策过程的结合,对绩效结果加以有效应用,以上一年绩效状况作为下一年财政资金使用的重要参考。

8.2 财政基本法的功能

8.2.1 规范政府与市场的关系

在当前深化财税体制改革的背景下,财政基本法首先要正确处理好政府与市场的关系,这是财政基本法的最主要功能。因为财政基本法界定了政府的财政行为,因此不可避免地需要回答:社会经济中的哪些事务应当由政府承担?财政学基本原理指出,市场一般是有效的,当市场失灵时,资源无法配置到最有效率状态,或是市场分配的结果有失公平,此时需要政府加以干预,改进资源配置效率或是收入再分配。不过,市场在哪些领域会出现失灵?或者说,政府和市场的边界在哪里?这是一个重大的理论命题,也是现实中长期困扰各个国家的重大实践问题。并且,也需要认真权衡政府干预的经济成本,如果某项市场失灵的干预成本过大,这样的政府干预也是得不偿失的。

经典财政学教科书往往会划定市场失灵的范围,并指出财政应当在这些范围中发挥作用。但是,这一思路可能存在以下两个问题:①经典理论对于失灵的划分往往与财政实践相差甚远;②政府与市场的关系会伴随社会经济环境的变化而发生变化。从历史发展的长远视角来看,政府与市场的关系呈动态变化趋势,西方发达国家在大萧条前后逐渐从小政府走向强政府,20世纪70年代起又主动削弱政府的权力,2008年金融危机爆发后各国又积极发挥政府的作用。因此,对于政府和市场关系的规范必须立足国情,给出能够回答中国财政实践的答案。

在我国现有的财税法律体系中,大多数法律法规是程序法,虽然详细规定了某项收入、支出、管理等的具体流程,但缺乏以下两方面的具体规定。一是缺乏对财政活动的必要性的规定,即为何需要这项财政活动?是为了弥补市场失灵,还是为了逆周期调节?这是财政活动正当性的主要表现,如果一项财政活动缺乏必要性,这样的财政活动应该属于限制范畴。二是缺乏对财政活动边界的规定,当某项财政活动落地时,只规定相应的程序和过程,随着经济发展和时代变迁,这些财政活动的边界就非常模糊,财政活动与经济社会之间的关系就会出现错位。

党的十八届三中全会指出,让市场在资源配置中起决定性作用,同时要更好地发挥政府作用。财政基本法应当以此为核心对政府和市场的关系进行规范。十八届三中全会通过的《中共中央关于全面深化改革若干重大问题的决定》(以下简称"十八届三中全会《决定》")指出,财政是国家治理的基础和重要支柱,其中维护市场统一是科学的财税体制的职能之一。财政基本法在尊重市场的前提下,需要强调政府和市场的关系并不是对立的,政府与市场间可以相辅相成、相互促进、互为补充。政府是一个重要的市场主体,同时可以通过制度建设充分调动市场活力。财政基本法既要坚持市场在资源配置中的决定性作用,政府活动范围要有界,又要使政府行为能够进一步完善市场机制,促进全国统一大市场建设,在尊重市场规律的基础上,运用财税政策引导市场预期和投资方向,推动有效市场和有为政府更好地结合。

财政基本法关于政府和市场的关系,需要达到以下几个目标:一是到位不越位,对于市场无法处理或者做得不好的地方,政府有干预的必要性,但是这种干预也应该限制在一定的范围内,从而不对其他市场主体产生扭曲;二是具有一定的普遍性,即这些规定应该适用于政府活动的方方面面,一些原则性的问题需要充分论证和长期坚持;三是具有一定的弹性,随着中国经济的发展和国际形势的不断变化,不确定性的冲击越来越多,对政府的职能也提出了全新的挑战,因此一些具体的规定要适应新形势;四是要统领其他财税法规的不足,既要在财政活动的必要性方面进行规定,也要统领其他财税法规之间的关系。

8.2.2 规范不同层级政府的关系

对于中国这样的大国而言,政府间关系是一个基础性的制度安排。健全体制,充分发挥中央和地方两个方面的积极性,是推进国家治理体系和治理能力现代化的重要内容。财权、事权与支出责任在不同层级政府间进行合理的安排是其中应有之义。政府间财政职权的合理配置,有助于满足不同个体的公共需求偏好,发挥地方政府的信息优势,激发各级政府的活力与效率。财政基本法在明确政府与市场边界的前提下,应当对政府间财政权责划分做出规范。

但在过去这些年的财政体制改革过程中,财政体制在适应经济发展阶段特殊要求的同时,也出现了一些不完善和值得改进的地方。首先,是财政支出的过度下移,从纵向来看,中央财政支出的比重逐步下降,从 2000 年的 35% 下降至 2020 年的 14.3%,在 20 年的时间里下降了一半以上;从横向来看,在经济总量与中国相近的大国中,美国的联邦财政支出占比 2/3,州和地方财政支出仅占 1/3。表 8-1 列出了 OECD 国家 2020 年中央政府支出占国家支出的比重,从中可以看出中央政府支出占有绝对的比重。其次,是分级财政体制中的分税制的瓦解。在 1994 年分税制改革初期,地方财政收入有相对独立的税种来源,但随着 2002 年所得税分享改革和 2016 年"营改增",现阶段的地方财政收入来源与中央相同,部分省份将这种分享贯穿到基层,导致中国四级财政的财源基础高度雷同,分税制变成了"分钱制"。最后,是财政关系和行政关系的不协调问题。按照行政"下管一级"的基本规则,高层级政府会利用其行政优势,改善本级财政的优势,从而对政府间的财政关系造成干扰。现有的两种关系中,缺乏财政关系对行政关系的双向协调作用。

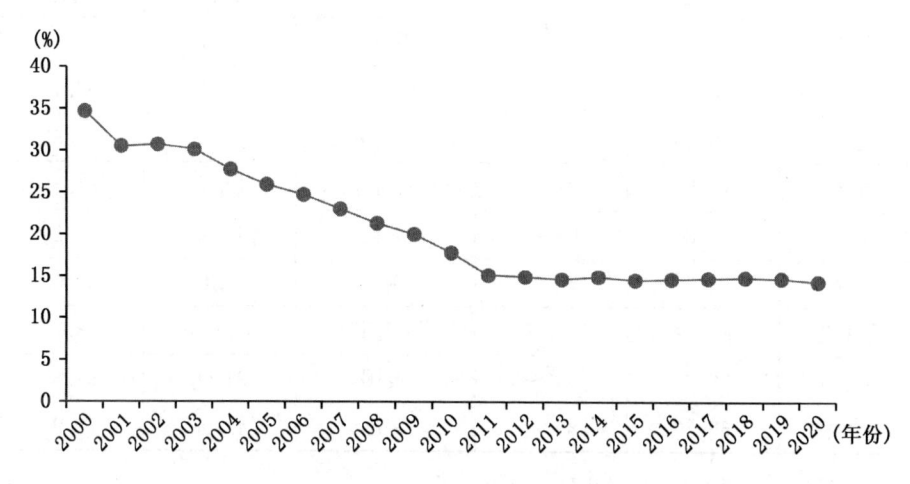

图 8—1 中央财政支出占比

表 8—1　　　　OECD 国家 2020 年中央政府支出占总支出的比重　　　　单位:%

国　家	中央政府支出 (不含社保) 占比	中央政府支出 (含社保) 占比	国　家	中央政府支出 (不含社保) 占比	中央政府支出 (含社保) 占比
澳大利亚	75.69	75.69	日本	51.72	—
奥地利	66.29	90.18	韩国	97.68	97.68
比利时	52.83	76.37	拉脱维亚	62.73	85.57
加拿大	49.12	55.41	立陶宛	76.97	85.95
智利	93.34	93.34	卢森堡	73.70	97.38
哥伦比亚	75.24	—	墨西哥	82.00	91.75
哥斯达黎加	73.13	—	荷兰	64.62	91.83
捷克共和国	74.12	84.42	新西兰	—	92.98
丹麦	74.99	75.29	挪威	82.90	82.90
爱沙尼亚	87.07	99.20	波兰	62.81	88.92

续表

国　家	中央政府支出（不含社保）占比	中央政府支出（含社保）占比	国　家	中央政府支出（不含社保）占比	中央政府支出（含社保）占比
芬兰	51.62	74.88	葡萄牙	73.81	90.71
法国	40.83	86.03	斯洛伐克共和国	68.61	97.14
德国	29.46	65.87	斯洛文尼亚	64.28	91.58
希腊	76.83	98.20	西班牙	49.63	81.12
匈牙利	73.87	93.29	瑞典	63.35	70.29
冰岛	75.24	74.63	瑞士	35.44	55.08
爱尔兰	83.42	97.95	土耳其	77.08	98.76
以色列	86.37	95.93	英国	94.00	94.00
意大利	65.37	89.21	美国	45.59	72.97

注：计算方法为中央政府支出/广义政府支出。

资料来源：IMF, https://data.imf.org/?sk=89418059-d5c0-4330-8c41-dbc2d8f90f46&sId=1437430552197。

在建设现代财税制度的过程中，需要进一步构建新时代中央和地方财政关系格局。十八届三中全会《决定》提出要建立事权和支出责任相适应的制度，十九届四中全会《决定》进一步明确了要建立权责清晰、财力协调、区域均衡的中央和地方财政关系，形成稳定的各级政府事权、支出责任和财力相适应的制度。为此，十八大以来，我国就中央与地方关系推进了一系列改革，同时对省以下财政体制改革提出指导意见。

财政基本法关于政府间关系的规定，应该遵循以下几项基本原则：一是贯穿全部层级的政府间关系，现有的大多数关于财政体制改革的文件，基本停留在中央和省级财政的关系，至于省和省以下以及中央和基层财政之间的关系，则完全缺乏统一的规定，财政基本法应该制定一个相对固定的规则，适用于中国全部层级的财政关系。二是要适度统筹财政资源，现有的财政支出权过于下放，并且没有一个下放程度的规则，考虑到未来跨区域事务的增加，为了实现基本公共服务均等化的目标，应该适度增加中央、省和市级的财政事权，并且这种规定要相对比较明确。三是要遵循地方特色，允许因地制宜的政策，各省市内部的情况千差万别，既有民族、宗教等传统因素的差异，也有经济发展水平、人口结构等阶段性因素差异,这些差异对于财政的政府间关系有直接影响。一个内部差异巨大的行政区,必然要求高层级财政有更大的统筹能力,以缩小地区间的财力差距,达到区域内部的平衡发展,但这些因素也是随时代而发展的,因此需要将一些制定和调整具体规定的权限下放给地方财政。

财政基本法应当在总结十八大以来相关财政实践的基础上,对不同层级政府的关系做出科学合理的规范,其核心集中体现在"权责清晰、财力协调、区域均衡"上。为做到权责清晰,财政基本法应当对中央财政事权、地方财政事权、中央与地方共同事权进行清晰界定,在此基础上对应划分各级政府的财政支出责任;为做到财力协调,财政基本法应当在合理划分事权和支出责任基础上,按照各税种的属性,将各类税收划分为中央税、地方税和中央地方共享税,实现财权与事权相统一;为做到区域均衡,财政基本法应当追求实现各区域间基本公共服务均等化,以此为目标对转移支付办法进行调整,致力于缩小区域间基本公共服务水平的差距。同时,对于省以下财政体制改革,财政基本法也应当作相关规定,一方面要推进政府层级扁平化改革,另一方面要对省以下财权、事权和支出责任及转移支付制度的安排制定相应规定。

8.2.3 规范立法机构与政府间的关系

在明晰政府部门和政府层级之间的权责配置框架之后,应推动行政问责,使得政府财政行为对立法机关负责、受其监督。《宪法》规定:"人民行使国家权力的机关是全国人民代表大会和地方各级人民代表大会。"行政机关由人民代表产生,对其负责、受其监督。财政资金的决策作为政府的重要职责,理应由各级人大监督。作为财政领域的基础性法律,财政基本法需要建立严格的法治规范,对立法机构与政府间的关系给出合理规定,这既是法治财政的内生要求,也符合全面推进依法治国的时代背景。

尽管我国财政法治化取得了诸多进展,但是仍然存在一些不足:①财政法律存在缺失。长期以来,我国税收事务由国务院根据《全国人大常委会关于授权国务院改革工商税制发布有关税收条例草案试行的决定》(人大发〔1984〕15号)的授权制定条例或暂行条例。2015年新修订的《立法法》明确了税收法定原则,但一系列税法的制定还在落地过程中。此外,政府的非税收入、资产及债务等缺乏法律依据,我国财税体制实行分税制,但其依据为国务院1994年发布的文件,没有真正意义上的法律法规作参考。②财政法律较为松散,现有财政性法律法规往往属于微观、具体、单项性的,缺乏综合性的财政法律。③财政法律的执行不够严肃,仍然存在有法不依、执法不严、违法不究等问题。

财政基本法对立法机构和政府间关系的规定,其核心在于:①立法机关与政府之间是决定与执行的关系,要全面落实财政法定原则。不仅仅是政府的税收收入,政府各项收入、财政支出、政府资产、政府负债、财政赤字、财政体制、转移支付制度等均应由《基本法》对其进行原则性规定,坚持法无授权不可为。②立法机关与政府之间是监督与被监督的关系,强化人大对财政事项的监督作用。要强化人大对财政监督的严肃性,财政资金运动的各个环节均须置于法律监督和工作监督之中,坚持全口径审查监督。同时要提升监督水平,推进"内行监督"。经人大批准后,财政资金的执行过程具有高度的法律效力和强大的约束力,必须得到严格执行。③立法机关和政府之间既相对独立又互相合作,立法机关要站在全体人民的角度,超脱于行政机关的影响,其立法宗旨是为了全体人民、社会和经济的长期、健康和可持续的发展,因此一些立法原则既较为独立,也会对政府的权力和边界进行约束。此外,立法机关对实际事务的了解是有限的,一些特别超前和超高标准的立法可能难以落地,因此需要与政府机关进行合作,增加对实际情况的了解。

8.2.4 规范公众之间的关系

法律是界定权力和责任边界的规定,法律规定了各群体可以行使的权力,也规定了各群体应该履行的职责。法律也是对群体利益的最终固化,经济和社会的发展错综复杂,并且瞬息万变,这会对各群体的利益产生直接影响,一些群体的利益在发展过程中受益或者受损,但这些利益变化是否合法合规,则往往处于模棱两可的地带,法律一旦对这些利益变化进行正式的确定,则肯定或者否定这种利益变化的合法性,进而重塑群体之间的关系。

财政是国家治理的基础和重要支柱,这是对财政的最新战略定位。这一定位说明,财政本身绝不是一个简单的经济范畴,而是事关国家治理,牵涉经济、政治、文化、社会、生态文明等方方面面的基本要素。国家治理的主体除了政府之外,也包括居民个人,因而处理好公众之间的关系是国家治理的重要组成部分。财政活动可以通过多种纽带把居民连接起来,一方面,财政收入来自居民个人,任何居民,无论是纳税人还是负税人,都处于财政收入筹集活动的覆盖中;另一方面,居民个人是财政支出的受益人,因此财政可以对居民个人实现有效动员,将其触角有效延伸至所有居民个人。财政基本法也需要规范公众之间的关系。

国际上许多国家的财政法会对公众关系进行相应界定。例如,美国财政法律关于债券发行部分规定:"财政部应依据让全体美国人民尽可能获得参与认购所提供债券的平等机会的财政部条例,提供优先作为公众贷款的本款授权的债券。"这不仅是对债券发行对象的规定,同时也对公众之间的公平性做出了规范。相比之下,我国目前的财税法律对公众之间关系的协调存在缺失,这也限制了财政在国家治理中发挥更大作用。

对于公众之间的利益协调,财政基本法应当把握以下两个要点:①财政负担(收益)的公平性。财政负担应当在公众之间公平分摊,对于能力或收入相同的个人,应当课征相同负担的税收。财政利益应当在公众间公平分享,基本公共服务应当实现均等化,公共产品在公众间进行公平分配,在必要时可以对弱势群体予以照顾。②机会均等。在政府债券的发行、政府采购等活动中,应当坚持非歧视原则,可以根据特定要求设定条件,但不得以不合理的条件对公众实行差别待遇或者歧视待遇,保障公众的机会均等。

8.3 财政基本法的覆盖范围

8.3.1 全口径收支

全口径收支充分体现在世界各国所确定的预算统一性原则中。预算统一性原则在有的国家(如日本和韩国)又称为"总计主义原则"或"完整性原则",该原则要求所有的政府收支都应该纳入预算,不应该有预算外方面的收支存在。中国为实现预算的全口径收支管理进行了一系列改革。2003年10月,我国第一次旗帜鲜明地提出"实行全口径预算管理"。2011年起,我国全面取消预算外资金,全口径收支管理实现重大突破。2015年颁布的新《预算法》更是加快了以全口径预算管理为基础建立现代预算制度的改革步伐。

我国现有的财税法规,还未能对全口径的收支进行统一管理。首先,在收入维度,一些财政收入要么没有纳入预算管理,要么就是散落在不同的管理规定里,比如一些地方执行部门征收的非税收入。此外,现有的财政统计口径过于庞杂,不同口径之间缺乏系统考虑,并且同一项收入类型,可以同时划入不同的统计口径。其次,在支出维度,不同口径的支出相互交叠甚至冲突,以财政转移支付为例,在一般公共预算内有明文的财政转移支付,但在政府性基金中也有转移支付,这两类转移支付的使用领域存在较大重叠,并且在分配、统计、管理、监督等方面又是相互隔离的,造成了自己的堆积和使用效率低下。最后,在具体的管理上,财政收支的实际操作与管理规定之间存在巨大差距,由于缺乏全口径收支的管理,一些支出类项固化,长期采用基数管理模式,缺乏同口径资金的统筹。

财政基本法覆盖全口径收支,一方面,是国家治理现代化的必然要求,完整性是现代预算最基本的要求,是现代预算制度的建设方向;另一方面,预算全口径管理是实现规范和透明的基础,只有全口径管理才能保障财政法治。为了保证财政资金的使用效率,必须由法律和人民进行监督,而政府收支全口径管理是有效监督的前提条件。

财政基本法作为各类财税法律法规的统领,需要切实加强全口径预算管理。首先,财政基本法要在形式上做到全部政府收支进预算,可以沿袭《预算法》的规定,即现行预算体系由一般公共预算、政府性基金预算、国有资本经营预算和社会保险基金预算构成。此外,政府债务和转移支付是财政资金的重要组成,为避免其游离在预算之外,应当将政府债务纳入预算管理范围,可以考虑专门设立债务预算,同时要完善转移支付提前下达制度,使预算能够完整体现转移支付资金情况。其次,要加强不同预算的统筹管理。政府性基金预算、国有资本经营预算、社会保险基金预算应当与一般公共预算相衔接,加大其他三本预算与一般公共预算的统筹程度,其他三本预算在管理标准和规范性上要向一般公共预算看齐,坚持"收入一个笼子、预算一个盘子、支出一个口子"。近年来,一系列非税收入转由税务部门征收是一种有益的探索,其经验可以总结到法律中。最后,预算权要统一集中于财政部门。在现实中,除财政部门外,其他政府部门如发改委等也拥有一定的财政权,这影响了财政资金的全口径管理。财政基本法应当高度强调财政部门对政府收支的统揽权,使得所有政府收支均在立法控制下由财政部门归口管理。

综上,财政基本法的财政收支可以划分为三个不同的层面:首先是政府收支的全部,而不仅仅是一般公共预算收支,更不是其中的税收收入,这应该是财政基本法的最小范围的规定,即这些政府收支都应该属于财政基本法管辖的范围;其次是在政府收支的基础之上加入事业单位和公共企业的收支,即公共部门的收支都应该属于财政基本法的管辖范围;最后是在公共部门基础之上,加入金融部门的融资收入,即最广泛的"大财政"的范畴。

8.3.2　全范围资债

随着经济的发展,我国的债务形式变得越来越复杂。首先是中央政府债,这些债务相对来说比较简单、透明,也有相应的规定,并且我国的国债中,大多数是内债,外债的比重很低。其次是地方政府债务,我国自2014年开始对地方隐性债务进行甄别和置换,由此形成了较大规模的地方政府一般债务,后期出于经济发展的需要,地方政府专项债务增长较快,对此也有明确的规则和规定。再次是其他公共部门的债务,比如事业单位、国有企业等,这些债务并没有纳入政府债务的统计和监管范畴,但地方财政依然具有救助的责任。最后就是融资平台的债务,虽然国发〔2014〕43号文对融资平台债务进行了新老划断,但是基层财政依然有利用融资平台为财政融资的,并且前些年因为PPP项目也滋生了一些隐性债务。

与债务端相对应的是我国地方政府庞大的政府资产。现有的债务管理侧重于流量管理,即以现金流为债务管理的规则,但债务应该是一个存量指标,与之相对应的也应该是存量的资产价值。换句话说,衡量一种债务是否可行,是指其形成的资产的长期价值是否能够弥补债务的本金和利息。

财政基本法关于资产和债务的管理,首先,需要明确的是管理范围。如果仅按照国发〔2014〕43号文,则是限定在最小规模的债务,但又与实际的政府行为不完全匹配。例如,大多数投资机构对城投债的看法是准市政债,认为其是刚性兑付的,一些地方财政稍微出现一点打破刚性兑付的苗头,上级政府立马纠正。因此,财政基本法的债务范围应该纳入全范围的债务,在此范围之下,对不同类型债务进行分类处理、监管。其次,为了债务的可持续性,需要对资产和债务进行协同管理,一个可行的办法就是完善政府的资产负债表。

政府资产负债表是全面反映政府资产负债状况的会计报表。相比于仅包括部分政府经济活动的预算而言,政府的资产负债可以反映政府的总体规模,有助于政府把握负债数量。一张完整、清晰的政府资产负债表可以直观反映一国的存量财力基础,为开展政府信用评级、加强资产负债管理、防范财政风险、促进财政中长期可持续发展等提供支持。建立政府资产负债表也符合世界发展潮流。二十国集团财政和央行会议上审议通过的数据缺口倡议（Data Gaps Initiative, DGI）要求，各成员国定期公布政府资产负债表。然而，我国目前资产负债表编制仍然在探索过程中，财政基本法应当对其做出相应规定。

我国于 2010 年发布《权责发生制政府综合财务报告试编办法》，并于 2010 年和 2011 年进行试点。2014 年，国务院同意财政部《权责发生制政府综合财务报告制度改革方案》，并确定部分中央部门和省政府作为试点单位。2020 年，共有 108 个中央部门编制政府财务报告，较为全面地反映了本部门资产、负债状况，地方政府则实现了全覆盖。同时，财政部也对相关的编制办法和操作指南进行明确，初步建立起政府资产负债制度框架体系。试点过程中既积累了一些经验，也遇到了一系列问题，需要在财政基本法中加以规定。

对于政府全范围资债管理，财政基本法首先要解决"有无"问题。目前，尽管财政部对政府资产负债表编制进行了一系列探索，但是在法律层面缺乏相关规定。这导致对政府资产负债的管理缺乏法律依据，处于无法可依的状态。财政基本法应当给出相应的法律依据，指出对政府资债进行全范围管理。其次，财政基本法要根据对政府边界的界定，明确政府资产、债务的覆盖范围，使其全面反映政府资债状况。政府资产、债务的范畴可以参考《政府会计准则——基本准则》的定义：资产是指政府会计主体过去的经济业务或者事项形成的、由政府会计主体控制的、预期能够产生服务潜力或者带来经济利益流入的经济资源；负债是指政府会计主体过去的经济业务或者事项形成的、预期会导致经济资源流出政府会计主体的现时义务。对自然资源是否应当计入资产、或有债务是否应当计入负债等争议，立法前各方需要进行充分讨论。最后，法律应当明确资产负债表的管理责任和监督办法，做到实质上的有效管理。

8.3.3 全参与主体

财政资金的运动涉及多个参与主体，如立法机关、政府各个部门、微观经济主体等。理论上，一国的财政法应当对这些参与主体在财政运动中的定位做出明确规定，以保证它们在财政管理中各尽其职。《预算法》中对人大、政府和财政部门在预算中的职能进行了规定：人大对预算法案有审批和批准权，政府是国家预算执行的组织领导机构，各级政府财政部门是预算执行的具体负责和管理机构，是执行预算收支的主管机构。然而，《预算法》仅仅对预算过程中的参与主体做出了法律上的规定，此外在现实中各参与主体间财政职权的安排存在一些不足。

首先,从目前政府与立法机关的财政权责关系配置来看,主要问题在于配置不科学、不规范。权力过于集中在政府,且现实中政府关于财政行为的自由裁量权过大,尚未真正按照法定权限和程序行使权力。其次,就财政管理而言,我国客观存在财政管理"碎片化"事实,除了财政部门作为名义上的预算主管部门,事实上还存在大量的准预算机构,例如,发改委具有安排中央财政性建设资金的职能,此外各个主管部门也有自己的"预算产权"。在收入管理、支出决策和转移支付分配与使用方面,财政部门与其他主管部门之间既存在部门利益驱使的相互倾轧,又存在权责不清导致的推诿、扯皮和不作为现象。

由于缺乏一部法律对财政行为参与主体的认定和界定,一项财政活动的产生往往是各主体妥协之后的结果,并不能发挥财政本身的功能。一方面,它会造成新财政活动和已有财政活动的冲突。例如,新增加一项支出,就会对原有的支出划分产生挤出效应;新增加一项税费,也会影响原有的收入类型;新增加一个管理环节,就需要同时调整其他的全部环节;等等。另一方面,它无法充分发挥新财政活动的初定效应。一项新的财政活动的出台,在初期往往有其明确的治理目标,以环境保护为例,这种监管活动要求增加相关的财政预算,但是这种监管会与既有的财政格局冲突,影响地方财政收入的组织,进而不得不在实际操作中妥协,最后反而难以达到初定的政策目标。

为了保障在各个参与主体间财政的"产权清晰",财政基本法应当覆盖财政运动中全部参与主体。就各个参与主体的财政职权而言,一方面,要强化立法机关的财政审查和监督权,真正贯彻民主财政、法治财政,让政府的财政权力在宪法和法律的"笼子中"运行;另一方面,要从基本法角度明确财政部门的财政管理权责,特别是预算管理的适度集权,以解决过度分权化导致的低效问题。此外,应当对政府资产负债、中期预算、财务会计等具体执行机构进行明确,保证财政基本法涵盖整个参与主体。

财政基本法的参与主体包含四个层面:首先是纵向上的不同层级的政府,包括中央、省、市、县、乡镇(街道),并且要涵盖几乎所有的财政层级,一些派出形式,如乡财县管,也需要包含在内;其次是横向上的不同部门,比如财政、发改、金融、教育、税务等,这些部门既涉及财政收入组织,又涉及财政支出的实现,应该明确这些部门的职责和权力;再次是系统内外的其他主体,比如事业单位、公共部门、市场主体;最后是事中事后的监督主体,包括财政的内部监督和外部监督,要明确这些监督主体的介入过程和双方的权力。

8.3.4 全流程管理

合理的财政法律体系应当与财政的基本流程——财政收入、管理、支出——相契合。简言之,依照财政本身所固有的基本条块与流程,理想、合理的财政法律体系可以划分为财政收入法、财政管理法、财政支出法。将财政法依照财政活动的阶段加以区分而块状式立法,这样,各个财政活动在同一财政区划中完成,不致出现财政活动混乱、责任不明、事权混杂的现象。然而,我国现有的财政立法和财政法律体系不仅没有按照财政基本流程,反而出现了将财政的诸多职能集中规制于新预算法中,即财政全流程与全规制尽皆归于《预算法》中。

审视修改后的《预算法》不难发现,现有预算法所容纳的法律制度已然超出预算法应有职能与规制范畴。《预算法》包含财政的转移支付制度、举债制度、预算支出绩效评价制度等,不仅涵盖财政收入、支出,也纳入了财政管理制度。作为《预算法》,这些内容远远超越了预算范畴,难免顾此失彼。相比之下,通过制定财税活动的基本规范和基本准则来统领财税法律体系的财政基本法更适合对财政管理全流程进行原则性的规范,保证其对财政行为程序的有效指导,有助于在财政领域贯彻全面依法治国。

近些年,财政部门在预算绩效管理方面做出了积极进展,坚持"花钱必问效",但是预算绩效管理没有解决本质上的问题。首先,绩效管理的范围相对较窄,大多数地区限制在项目支出,对于基本支出的绩效管理没有开展。其次,绩效管理流于形式,很多项目绩效是为了绩效而评估,绩效评估的科学性和可行性大打折扣,评估指标让位于数据的可得性,第三方机构的独立性也有限。最后,被评估对象的消极应付,不同评估项目之间缺乏可比性,绩效评估的应用可能性较低。可以这么说,预算绩效管理已经很难再深入推进下去,其背后的原因还是财政缺乏一个全流程管理的顶层设计框架。

财政流程主要包括收入、支出、管理、评估、监督等阶段。就财政收入流程而言,财政基本法应当规定财政收入的征收目标、征收程序及收入法定原则,其中要特别注重该类收入的征收目标的正当性,要有相应的决策流程管理,确保财政收入征收具备广泛的社会基础支持。就财政支出流程而言,应当根据自有财力、转移支付资金、往来资金支出、国库集中支付系统等分别制定支出管理流程,要对支出标准、划分依据、资金分配、使用进度等方面进行详细的规定。财政管理流程不仅包括事前的预算编审环节,也应当涵盖财政资金事后的绩效管理,还要包括国库现金的动态管理等。财政监督阶段涉及监督主体、监督阶段、监督流程等方面的具体规定。财政基本法通过全流程的原则性规范,为具体流程的各项财政法律提供立法依据。

以产业扶持资金为例,中国的中央财政和地方财政,每年都投入大量的财政资金用于产业扶持,这也是大多数发展中国家的常规产业政策的工具。现有关于产业扶持资金的管理,着重于其预算支出进度的控制,对于头尾两端的管理是完全空白的。首先是缺乏对产业扶持资金必要性和分配的充分论证,对资金的使用和管理是粗线条的,对于哪些产业或企业可以获得扶持资金及其具体原因,不够公平、公正、公开。其次是缺乏对资金使用成效的评价,现有的财政资金一旦从主管部门划出,财政部门就失去了追踪资金的意愿、能力和渠道,至于如此巨额的资金,到底对扶持企业或行业带来了多大影响,没有任何事后评估,因而对这些扶持资金的优化方案也无从谈起。与此类似的问题也出现在其他的财政支出领域,比如社会保障、税收优惠等。究其本质原因,也是因为财政资金管理缺乏全流程管理的思维和顶层设计。

8.4 财政基本法的法定准则

8.4.1 财政收支的收付实现制

对于政府会计的核算基础是选择收付实现制还是权责发生制,学术界和政策界一直存在较大争议。对于政府预算管理而言,一个关键点是保障公共资金的安全性,避免出现舞弊、贪污和浪费。收付实现制以货币实际收付的时间作为核算的标准来确定本期收入和支出,核算方式相对便捷,易于反映资金的来源、流动及余额等信息,基本满足国家对预算收支管理的需要。同时,收付实现制基础也符合传统意义上政府管理的特点,政府活动的目标并不是获取利润,其收入主要源于法律赋予的强制征税权力而非其提供的公共产品和服务,因此该会计基础可以简单有效地反映政府收支状况,基本反映了公共部门主体承担的受托责任。

我国传统的预算会计体系即以收付实现制为基础,记录和反映政府预算收支状况及合规性。《预算法》第58条规定:"各级预算的收入和支出实行收付实现制。"尽管我国在不断推进权责发生制政府综合财务报告制度改革,但预算会计的核算基础仍然为收付实现制。根据《关于贯彻实施政府会计准则制度的通知》(财会〔2018〕21号),自2019年1月1日起,政府会计准则制度在全国各级各类行政事业单位全面施行。新制度创造性地提出"双功能、双基础、双报告"的政府会计核算模式。其中,政府会计由财务会计和预算会计组成,财务会计核算基础为权责发生制,而预算会计核算基础仍为收付实现制。

财政基本法不仅要对财政体制等加以规定,也要给政府会计核算模式提供法律依据。首先,法律需要明确,在财政收支的收付实现制基础上,鉴于预算会计外还有财务会计核算系统,具体而言,财政收支的收付实现制需要侧重于资金的过程控制;其次,应当制定一套使用于所有预算单位的统一会计标准和账户体系,预算会计的主体应当覆盖所有预算资金的使用单位,核算各类财政收支的全部流转过程;最后,应当注重做好预算会计和财务会计的衔接工作。

收付实现制是财政基本法确定收支的基本原则,一些财政资金的进出有可能与实际产生的时间错位。例如,2021年12月的税收在2022年1月份入库,按照收付实现制,其应该算作2022年1月份的财政收入。收付实现制能够最大限度地将财政收支与国库现金流挂钩,不至于出现账库的不一致。收付实现制也会有一些弊端,需要其他政策进行互补。首先,收付实现制不能完整反映政府的收支行为。例如,政府给企业的税收优惠不反映在财政收支上,实行收付实现制就不体现为财政活动,进而也无法对这些隐性支出进行管理、评估和监督。其次,收付实现制无法保障财政的可持续性。例如,债务按照收付实现制管理,则容易混淆短期收入和长期责任的关系,一些特殊收入的集中缴纳也会带来短期内的波动,无法反映真实的收入来源。

正是因为收付实现制的这些弊端,近年来也有一些国家采用权责发生制作为政府会计的基础。例如,自20世纪90年代开始,OECD国家开始研究和探索权责发生制,美国、法国、英国、加拿大、澳大利亚、新西兰等已经逐步开始在政府会计中引入不同程度的权责发生制。具体到中国的情形,在财政基本法中可以允许采用修正的收付实现制,或者对这方面进行探索和试点。

8.4.2 资产负债的权责发生制

尽管收付实现制有其积极意义,但是它存在不少缺陷:①在收付实现制基础上编制的财务报表反映的受托责任较窄,难以进行绩效管理和考核;②收付实现制下的财政收支仅仅包括当期现金支付的部分,不能反映当期已发生,但尚未使用现金支付的部分,特别是难以反映资本性支出及隐性负债状况;③政府预决算信息的使用者难以了解政府掌握的各种资产及负债信息,从而对政府行政能力缺乏判断依据,且难以了解相关成本信息。因此,许多国家引入权责发生制核算基础,以弥补上述缺陷。权责发生制可以真实反映政府资产耗费和负责积累情况,提供相应的成本信息,便于政府管理者更重视财政效率,优化长期决策。因此,对于资产负债而言,应当引进权责发生制。

我国政府会计的权责发生制改革经历了从 0 到 1 的变化。2010 年,我国制定发布《权责发生制政府综合财务报告试编办法》。2013 年,党的十八届三中全会《决定》提出"建立权责发生制的政府综合财务报告制度",明确了政府会计改革的方向。到 2014 年,国务院批转财政部《权责发生制政府综合财务报告制度改革方案》,为改革确定了时间表和路线图,标志着此项改革正式启动。目前,我国已经建立起包括 1 项基本准则、10 项具体准则和 2 项应用指南、1 项统一的政府会计制度和 3 项包括解释在内的政府会计准则制度体系,为深化权责发生制政府综合财务报告制度改革夯实制度基础。

政府资产和政府负债不适宜采用收付实现制,主要有以下三方面原因:首先,收付实现制擅长流量指标管理,比如财政收入、财政支出等,但债务和资产是一个存量指标,虽然我们经常也说当年的新增债务,但对财政部门来说,更加关键的是累积债务,或者某一年到期的累计债务,这些存量债务无法通过收付实现制体现出来。其次,收付实现制将极大地限制债务偿还能力,收付实现制强调的是当期的现金流收入,但债务偿还的基础是未来累计现金流的折现,两者在时间上是不匹配的。最后,收付实现制凸显债务的风险,而忽视了债务的价值,我国地方政府债务,大多数还是用于项目建设,形成了政府资产,这些资产随着时间的推移,其价值会越来越大,收付实现制无法体现这些资产的价值。

财政基本法对于政府资产负债的权责发生制基础的规定,应注重把握以下三个方面:①进一步细化资产负债确认入账具体操作细则,完善政府财务会计核算制度;②借鉴澳大利亚等国的经验,为保证会计信息的可比性,可以在具体准则的制定、具体要素的确认计量上参考企业会计准则;③明确管理责任,建立有效的信息支撑和数据互联互通系统,以保证资产负债表编制的准确性与及时性。

8.4.3 财政年度的选择

年度性原则要求以年作为财政管理的基本时间单位。现有财政年度的选择有历年制和跨年制两种不同的形式。所谓历年制,是指国家财政年度起止时间与公历年一致;所谓跨年制,则是指一个财政年度跨越两个公历年度,但其总时长仍等于一个日历年度。世界上多数国家采取历年制,也有不少国家使用跨年制,如英国、美国等,其中美国(联邦政府)的财政年度是每年10月1日至次年9月30日。表8—2整理了使用历年制和跨年制的典型国家。

表8—2 主要国家财政年度

财政年度		主要国家
历年制		法国、德国、意大利、奥地利、挪威、中国
跨年制	4月1日至次年3月31日	英国、加拿大、日本、印度
	7月1日至次年6月30日	瑞典、埃及、孟加拉国、巴基斯坦、澳大利亚
	10月1日起至次年9月30日	美国(联邦政府)、泰国、缅甸

新中国成立以来,我国也曾采用过与公历年度不一样的预算年度。20世纪50年代,国家对粮食实行统购统销,粮食年度就不是按照公历年度,而是从当年4月1日起到次年3月31日止。粮食年度的确定也与当时的粮食征购相适应,因为全国粮食征购一般要到第二年3月底才能结束,将粮食年度设置成跨年,可以完整掌握一个生产周期内的收购、销售、调拨和库存情况,有利于相关部门统筹安排粮食的分配。

我国实行历年制财政年度,这种设计可以使得财政年度、纳税年度、规划年度和统计年度保持一致,便于国家的宏观经济管理。但是,历年制的设计也会引发一系列问题:①财政年度从每年1月1日开始,然而全国人民代表大会往往在每年3月份召开,地方各级人民代表大会的召开时间无明确和统一的规定,预算草案审批难以在1月1日前完成。这就造成预算实际执行和预算草案审批间有个时间差,政府预算执行有"先斩后奏"之嫌。为此,《预算法》第54条对人民代表大会召开前政府的支出进行了安排,这些支出需要在预算草案中进行说明,经人大开会批准后获得合法地位。这样的安排尽管在形式上是合法的,但有损预算编制的科学性和时效性。②由于全国人民代表大会的召开时间滞后于预算执行时间,导致财政资金拨付时间往往较迟,项目支出的实际进度往往滞后于预算安排,使财政支出预算执行进度出现"前低后高",最终导致"突击花钱",降低了财政资金的使用效率。

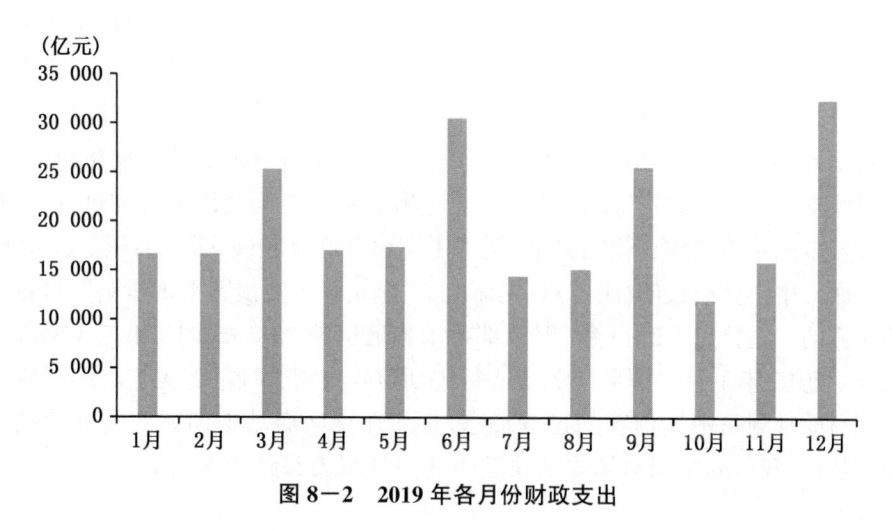

图 8—2　2019 年各月份财政支出

为解决上述问题,许多学者提出我国应当参考实施跨年制预算国家的模式,将财政年度调整为"自公历 4 月 1 日起,至次年 3 月 31 日止"。但是,这一调整可能造成财政年度与纳税年度、规划年度及统计年度的错位,提高管理成本。也有学者提出,不妨将人代会召开时间提前,这一建议的实际操作难度相对较大。财政年度的选择是财政基本法必须明确的准则,需要在立法前充分征求各方意见。如果使用跨年制,可能要对纳税年度、会计年度进行相应的更改;对于历年制下产生的问题,可以通过加快资金拨付速度、提高转移支付资金提前下达比例、编制中长期预算、加强结余结转资金管理等方式加以解决。

8.4.4　财政管理的短期和长期

现实中各国在财政年度的选择上存在差异,但在时间跨度内,相关国家往往均将预算局限于一年,即将预算收支安排限定在一个年度之内。局限于一年期的传统预算,一直存在着前瞻性不足、各年间预算难以衔接等问题。为弥补预算短期管理的缺陷,20 世纪中期,特别是 20 世纪 90 年代以来,许多西方国家推进中期预算法改革,中期预算法成为很多国家实行财政中长期管理的主要方式。在我国推进国家治理现代化的过程中,政府财政管理的目标不能仅仅着眼于年度财政收支平衡,而是要引入"功能财政"思想。财政应当成为国家治理的基础和重要支柱，以维护宏观经济社会稳定为目标。这就要求财政管理着眼于中长期，相应地，我国需要全面实施中期预算框架。

根据世界银行对中期预算框架的定义，该框架由低到高包含中期预算政策框架、中期部门预算框架、中期财政支出框架、中期绩效预算框架四个层次。中期预算政策框架是初级阶段。中期部门预算框架则是针对具体的预算支出部门提出，而中期财政支出框架是前者的统筹统一，结合财政资源约束视角，使中期财政支出受到财政资源的限制。中期绩效预算框架则使用绩效信息，进一步提高资金的使用效率。相比之下，我国中期预算起步较晚，进展有限。2013年十八届三中全会通过的《决定》首先提出了"建立跨年度预算平衡机制"，具备中期预算的一些特点。2014年，财政部要求各地试编2015—2017年三年期滚动预算。2015年1月，《国务院关于实行中期财政规划管理的意见》发布，明确了中期财政规划是中期预算的过渡形态，正式在全国启动中期财政规划编制工作。然而，我国的中期预算改革缺乏明确的时间表和路线图，仍然需要下大力气推进。

在中期预算编制的基础之上，要做实零基预算。以往的部门预算，虽然名义上是零基预算，但实际的编制过程都是"基数＋增长"，财政支出结构固化，财政资金使用效率低下，路径依赖太强。下一步要真正做到零基预算，考虑到年度预算的困难，可以在中期预算中采用零基原则，每一轮的中期预算都是推倒重来，对预算的必要性、标准和规模进行重新论证。

为了全面实施财政中长期管理，财政基本法需要为其提供法律背书，法律中除了要涉及年度预算，还要有相当章节涉及中期预算，提高中期预算框架的法律效力。财政基本法需要规定，各级人大在审议年度预算报告外，还要对中期预算报告进行审议批准，强化其约束力。财政基本法还要制定中期预算编制的指导原则，并要求中期预算接受审计部门审计，受人大监督。最后，不能简单割裂财政管理的短期和长期，财政基本法应当构建科学可行的中期预算与年度预算联动机制，对二者的关系在法律上予以明确。

第9章 财政支出立法研究

9.1 财政支出的界定

财政支出是国家财税制度的重要表现形式和组成部分,无论对于何种形态的财税制度,或是一个国家处于何种经济发展阶段,财政支出都是国家财政活动的重要环节和内容。党的十八届三中全会提出"财政是国家治理的基础和重要支柱",这一判断将财政提到前所未有的高度,而财政支出就是财政作为国家治理的基础和重要支出的具体体现,对于财政支出的立法与管理工作在学术研究和政策实践中的重要性不言而喻。

从立法角度对财政支出进行讨论,其基础是对政府的财政支出行为进行明确界定。划清财政支出的边界、廓清财政支出的内容,不仅有助于学术研究的有序开展,也有助于在现实的政策实践和相关立法中对财政支出加以清晰界定,使得在处理政府与市场关系的过程中能够有所依据,保障具体财政立法和实践工作的顺利进行。

财政支出的内涵本身具有多个维度,从立法的角度讲,其中两个维度的相关性更为重要:一方面,财政支出是一个总量概念,其作为一个类别,区别于政府行为的其他方面。例如,财政收入清晰界定财政支出自身的内涵以及与其他政府行为的区别,是支出立法中不可或缺的元素。另一方面,按照特定的标准,财政支出本身可以划分为不同的类别。不仅如此,不同类别的财政支出之间存在一定的互动与转化关系。从何种角度去思考和区分财政支出的类别,会直接或间接地影响到法律对财政支出类别的区分以及对不同类别之间关系的界定,其理论与现实意义均十分显著。结合自身的实际情况,不同国家在其立法中对于财政支出类别的划分及其界定存在明显差异。如何从中国政治、经济、体制与管理等现实条件出发,确立适合中国财政支出的特定分类标准,是学术研究和政策实践需要不断探讨的重要问题。

本节首先基于各国具体的政策实践和学术研究文献对既有的财政支出定义进行梳理,在此基础上提出本章对于财政支出的界定;其次,对财政支出类别进行讨论,对不同类别内部的财政支出支出以及财政支出大类之间的关系加以讨论。

9.1.1 财政支出的定义

9.1.1.1 不同国家法律对财政支出的界定

(1)欧洲国家的财政相关立法对财政支出的界定

限于篇幅,本部分仅对欧洲三个主要国家——英国、法国和德国——的法律对财政支出的界定进行梳理。

①英国

英国作为最早的议会民主制国家,并没有一部自称为"宪法"的法律文件,因而不存在有关财政支出的宪法条款。约束财政支出活动的基本原则分散在相应的议会立法和议会议事规则中。英国对于财政支出进行规范的法律文本主要是通过议会表决的《拨款法案》(Supply and Appropriation Act),这一法案在每年7月底到8月的议会上进行表决,获得通过之后,即成为规范政府年度财政支出的法律文件。

《拨款法案》的主要目标是对公共支出进行管理,基于这一考虑,其对财政支出的法律界定按照支出的常规性和灵活性加以区分,主要建立了部门限额支出和年度管理支出。部门限额支出包括各部门的全部运作成本和所有投资项目的支出。该类支出的特点是,较为稳定,具有非短期性,凸显财政支出的跨周期特征。基于其目前规定,此类支出可以合理地确定其在3年内的限额,并在3年内受到严格控制。年度管理支出则有所不同,主要包括那些具有年度变动性、需要根据年度经济状况进行调整、不适宜进行硬性限制和管理的各项其他支出,如社会保障、税收减免和住房补贴等。

概言之,英国的相关法律中围绕支出项目的易变程度对财政支出进行界定,其中凸显了政府从管理角度对财政支出的界定。然而,也能够发现,对于哪些具体项目应该归入财政支出并未进行细致、明确的确定,其背后的基本想法是按照政府职能的改变对财政支出的范围进行动态调整。

②法国

作为大陆法系国家的代表,法国有成文的宪法,并在《宪法》中专门规定了有关财政方面的条款。虽然在《宪法》中没有专门对财政支出加以界定,但是在其一系列相关的议会立法中对财政支出进行了一些限定。

在法律上,法国的财政支出项目按照支出方式分类,分为费用支出和资本支出。费用支出包括三个方面:行政支出、干预支出、债务支出。资本支出一部分用于民用投资或民用投资补贴额,是国家部门用于购买大型设备或建设大型设施的开支;另一部分则用于军事投资,即购买军队所需要的武器和设备。应该说,法国这种对财政支出加以界定和分类的方法有助于对具体财政支出进行管理,因此该界定也同样是从支出项目的周期性和管理角度对财政支出加以管理。与此相对应,法国在财政支出的管理上,相关法条的基本内容要点如下:第一,法国财政支出管理具有较强的约束性。必须遵循法治化原则,注重预算的法律约束。年度预算一经议会审议通过,任何人无权自行更改变动,必须严格依法执行。第二,预算管理支出规范化。法国预算支出的编制与管理采用部门分类管理办法。财政支出按国防、外交、教育等部门的分类,然后再根据支出性质,分为工资支出和一般公用经费支出。第三,科学合理地对部门收支进行管理。法国对公共事业单位的收入实行全部上缴财政或主管部门,或者全部用于单位事业支出。

③德国

德国没有制定单独的财政基本法,财政体制和财政法律的渊源是《基本法》。《基本法》对各级政府的公共开支等问题均做出了明确规定。同时,1967年联邦政府制定的《促进经济稳定和增长法》也为德国财政体制和财政政策提供了法律基础。总体而言,德国财政法律体系是以《基本法》为根本,由其他相关法律构成的。《基本法》对财政体制作了原则性规定,有关详细的财政法律规定分散在其他法典之中。《基本法》第10章对财政事项作了具体规定,包括财政层级的分工负责、财政任务的分配。其中,明确规定的部分事项属于联邦,其他事项则由州和地方来确定,属于州、地方财政的部分相对较多。《基本法》在对各级政府的事权进行原则界定的同时,也相应明确了各级政府的支出责任。财政支出责任在各级政府间的具体划分是:国防、外交、科研与发展、国有企业的支出等由联邦政府负责;经济发展、社会保障、交通运输、邮电等方面的支出由联邦、州、地方政府共同负责。其中,经济发展、交通运输和邮电,联邦负责

40%以上,州负责33%以上;社会保障,联邦负责20%以上,州负责10%左右,地方负责10%以下(另外,企业和家庭各负担30%左右)。教育、社会治安、住宅、土地规划和城市建设、州一般行政管理支出,主要由州负责;保健、体育与休养、地方的公共服务(如垃圾处理、街道照明)、教育、一般行政管理等项目支出,主要由地方负责。

根据《基本法》所规定的原则,联邦还与州一起完成一些特定任务,这些任务通常支出较大、涉及范围较广,主要有三项:高等学校(包括医学院附属医院)的扩建和新建;地区经济结构的调整和改善;农业结构调整和海岸保护。完成共同任务所需的支出,原则上由联邦和州按比例共同负担。从财政预算收支总规模来看,联邦和州的预算收支规模大体相当,地方则相对较少。

由上述讨论可知,与英国与法国不同,德国从其联邦制国家的特征出发,对于财政支出的界定以明确联邦政府和州政府的事权与支出责任作为切入点,在此基础上对具体的支出内容加以界定。

(2)美国法律对财政支出的界定

作为世界最主要的经济体之一,美国法律中对财政支出的界定值得关注,相关法律的制定也十分完备。然而,需要注意的是,美国为联邦制国家,法律中对财政支出的规定也会与其国家形式相匹配,这一点在对相关经验进行借鉴的过程中需格外留意。

美国《宪法》中对财政支出的界定如下:在国会方面,美国《宪法》规定,国会拥有征税和发债的权力,用于为美国偿还债务、提供防务和一般福利;众议院负责提出筹集收入的议案,参议院可以参与筹集收入议案的修改;没有通过法律程序所作出的拨款决定,不得从国库中支取资金;所有公共资金的定期会计记录和报表都应当经常公布等。

除美国《宪法》之外,其他相关的法律对财政支出也作出了一些限定。例如,1921年《预算和会计法案》第3条款对总统关于财政支出的相关权力作出了明确界定。其内容为:总统可以经常性地向国会提交追加拨款或这类拨款或支出不足的估计,只要这在他(指总统)看来,基于所实施的法律在提交预算后是必要的,或在其他方面符合公众利益。他将把带有相关理由阐述的预算一起提交,包括预算案所遗漏的原因。美国的《反超支法》(The Anti-deficiency Act)规定:法案要求管理和预算办公室按照时间阶段或者其他依据给机构分派拨款;同时规定,在一个预算年度内,联邦政府或者哥伦比亚特区政府的官员或者雇员不得超出拨款的额度进行支出、授权支出或者发生债务,不得签订导致未来支付超出国会拨款额的合同,除法律授权外,不得在拨款前签订导致政府支付的合同或债务。换句话说,各机构支出不得超过管理和预算办公室分派给他们的拨款份额。在这些条款中,不难看出,美国的相关法律在对财政支出进行界定的过程中,主要从国会、总统和预算办公室等政治参与主体的角度进行界定,尤其注重权力方面的界定,在此基础上对具体的财政支出项目加以规定。

(3)巴西

巴西是拉丁美洲最大的经济实体和世界第八大经济体,也是世界上重要的发展中国家之一,因此对财政支出的立法经验对于中国的财政立法建设具有一定的借鉴意义。巴西由26个州和1个联邦特区组成,州下设市,共有5 562个市。联邦享有较大权力,在政权架构上基本呈现立法、行政和司法的三权分立结构。立法权由国会行使,国会包括联邦参议院和众议院。行政权由共和国总统在联邦部长的协助下行使。司法权由联邦最高法院、国家司法委员会、其他联邦法院、相关专门法院以及州或联邦特区法院行使。根据联邦宪法,巴西各州、联邦特区和各市也享有立法权,分别由州议会、特区议会和市议会行使。

巴西实行三级财政,在税收的初次分配中,联邦政府与州或特区政府、市政府税收所占比重分别是70%、25%、5%,通过转移支付等财政政策、体制调整后,三级税收所占比重分别是57%、26%、17%。财政事务主要由联邦宪法(federal constitution)、国家税法(national tax code)、各州宪法(state constitutions)、联邦特区组织法(organic law of federal district)、各市组织法(organic laws of municipalities)和其他通过议会立法的法令(statutes)进行规范,其中包括通过国会立法的每四年制定一次的多年期预算(pluriannual plan)、每年的预算指令(budgetary directives)和每年的年度预算(annual budgets)。

巴西现行宪法即第七宪法,于1988年10月5日公布实施,确认了巴西公民的基本权利和民主制度。从1992年3月31日第1号宪法修正案起,现行宪法共进行了70多次修正,最新一次修正是2012年3月29日第70号修正案。修正案主要涉及对经济命令和政府结构的修改。联邦宪法规定了各级政府的行政费用及公务员薪酬、预算和社会保障的一般规则。

各州宪法、联邦特区组织法和各市组织法是根据各地具体情况,对辖区内包括财政事务在内的各项事务作出一般规定的法律。

经国会、州议会、特区议会或市议会通过的财政法令是对辖区内各项财政事务作出具体规定的法律,须分别符合联邦宪法、州宪法、特区组织法或市组织法的相关法律规定。其中,多年期预算由总统在就任的第二年提出。该计划包含未来四年的财政收入、支出政策、预期目标、重点支出项目等。根据多年期预算法案,每年总统要向国会提交预算指令法案,对年度预算目标、优先发展方向等当年的预算基本内容和主要项目作出安排。在预算指令法案于6月底前获得通过后,政府再根据这一法案编制年度预算。年度预算法案包含一般财政预算、社会保障预算、联邦国有企业投资预算等几个部分(中华人民共和国财政部预算司,2015)。

在巴西的相关财政立法中,按照支出类别对财政支出加以界定,具体情况如下:①公职人员薪酬。市议员的固定薪酬应由各自市议会在前一任期内决定,并符合本宪法的规定和各自组织法所确立的标准以及下列最高限制。市议员的薪酬支出总额不得超过所在市财政收入的5%。立法机关和司法机关职位的薪酬不得高于行政机关职位的薪酬。②议会支出。市议会的总支出包括议员的薪酬,但不包括退休人员的支出,不得超过上一财政年度实现的财政收入和移交税总额的比例。③教育支出。联邦应每年将不低于其18%的税收收入,各州、联邦特区及市应每年将不低于其25%的税收收入和转移收入,用于维持并发展教育。公共资金应被拨付给公立学校,并按照法律规定给予社区、宗教或慈善学校。④科技支出。国家应鼓励并促进科技发展、研究和技术培训。州和联邦特区可将其部分预算收入拨给公共机构,并促进教育和科学技术研究。

从以上巴西财政法律体系中对财政支出的界定方式能够看出,按照相对具体的财政支出项目类别分别对财政支出加以界定是其主要的方式,这一点与欧美国家相比,存在很大的不同。导致这种不同的原因主要来自欧美国家在经济发展阶段与程度上的不同,此外,政府组织也对此产生了一定的影响。

(4)韩国

韩国已形成以《大韩民国宪法》为基础、以《国家财政法》为核心、以各专门法律为组成部分的一整套财政法律体系,指导规范韩国财政活动的整体运行。在韩国宪法中,与财政支出相关的内容包括:①国会审查决定国家的预算案(《大韩民国宪法》第五十四条第1款)。该条法律明确规定了预算案的最终决定权应归于国会。②新的会计年度开始前预算案尚未通过时,至国会通过预算案为止,政府可就下列目的所需经费按照前一年度的预算执行,具体包括:根据宪法或法律设置的机关或设施的维持、运营;履行法律上的支出义务;以前预算批准项目的延续(《大韩民国宪法》第五十四条第 3 款)。该条法律就政府能够相机动用的预算支出权力进行了明确界定。③未经政府同意,国会不得增加政府提出的支出预算的各项金额或设置新的项目(《大韩民国宪法》第五十七条)。该条法律本质上提出了财政支出的界定范围,即财政支出本质上由政府的行政职能加以规定。

韩国《国家财政法》自 2007 年 1 月 1 日开始实施,同时废除了《预算和会计法案》和《基金管理基本法》。《国家财政法》对全国财政的相关事项进行了规定,其中也包括对财政支出的规定。该法律的目的是建立一个有效的、绩效导向和透明的财政管理框架,实现财政的稳健运行。其中,与财政支出相关的内容包括:①坚持量入为出的原则。当年财政支出应不超过当年财政收入(《国家财政法》第 3 条)。该条款对财政支出的总量进行了原则性的限定。②在账户分类中,国家账户分为一般账户(general accounts)和专门账户(special accounts)。其中,一般账户中包含一般支出账户。同时,政府计划运行一个专门项目,或者政府计划设立一个专项基金进行管理,实行专款专用。专门账户只能依据专门法律设立(《国家财政法》第 4 条)。从财政支出的角度讲,该法律条款从大类上将财政支出区分为一般支出与专项支出。③政府在每个财政年度,应该制订一个不短于 5 年的国家财政管理计划,以提高财政管理的效率和稳健性(《国家财政法》第 7 条)。该条款明确了财政支出确定的时间跨度并非以每个财政年度为单位,而是具备中长期的规划。①

经过梳理以上代表性国家财政法律体系中对财政支出的界定及分类,能够从法律角度对财政支出进行界定。在实践中的基本原则包括:第一,在财政基本法中,需对财政支出过程中的相关参与者——如立法机构和行政机构——的权力进行清晰的界定;第二,财政支出的内容与分类应与一国的政治体制、经济发展阶段和管理水平相适应,并不存在"放之四海而皆准"的统一模式;第三,财政基本法需要对财政支出与财政收入的关系进行原则性的确定,即对"量入为出"和"量出为入"的原则加以明确;第四,在财政基本法中,除了对财政支出本身及其分类加以界定之外,还需要将财政平衡的原则体现其中。以上四项基本原则对中国研究与制定财政基本法具有一定的借鉴意义。

---

① 本部分并没有穷尽所有国家在财政法律体系中对财政支出的界定,选择国家的标准主要为:(1)世界上较为重要的经济体,如英国、法国、德国和美国;(2)与中国的发展阶段较为接近,如巴西;(3)与中国所处的地理位置比较接近,如韩国。

9.1.1.2 既有学术研究中对财政支出的界定

在公共财政的框架下,财政支出的界定是围绕公共品展开的。与私人商品相比,公共产品具有非竞争性和非排他性两大特征。非竞争性是指一人对于公共品的消费不影响其他对公共品消费的可能,是从对公共品的需求角度对其加以界定。非排他性是指公共品的提供无法将他人排除在外,或者将他人排除在外的成本很高,是从公共产品的供给角度对其加以界定。非竞争性和非排他性的存在,使得市场在对公共产品进行提供的过程中会产生与私人产品不同的特征。与社会最优的供给水平相比,由市场所提供的公共产品通常相对较低,价格部分或者完全丧失了其资源配置的功能,因此公共品属于市场失灵的领域,由此引出了政府支出的必要性。

基于上述讨论,在相关的学术研究当中,财政支出大致被定义为政府支出或者公共财政支出,是指政府为履行其职能,将通过各种形式筹集到的财政收入,由财政部门按照预算计划,向有关部门作出支付的活动(贾康,2019)。在这一相对标准的定义中,财政支出和公共支出的范畴大致相当。然而,上述定义中将财政支出等价于公共支出的看法需要具备一定的前提条件,即政府预算能够完全覆盖公共部门的行为,这一条件在现实中很难完全成立。因此,财政支出和公共支出并不完全等价。从理论上讲,公共支出应当涵盖所有属于公共部门经办的支出的内容,财政支出只是其中的一部分(丛树海,1999)。考虑到在具体的学术研究中,难以对公共支出的全部内容进行资料的收集和整理,因此财政支出成为研究公共支出的主要研究对象。鉴于此,财政支出也构成了本章的核心研究对象。

对比中外对于财政支出的研究,不难发现,不同的研究人员对于财政支出具体内容的讨论有所不同。即使是同一国家的研究人员,在不同时期对财政支出的界定也有所不同。例如,由市场经济相对发达的国家的研究人员所撰写的《财政学》教科书,会重点从教育、社会保险和收入分配的角度对财政支出进行讨论,其立足点主要体现为政府支出对私人主体的影响。而中国当代的研究者则更侧重于站在政府支出内容的本身对财政支出加以讨论(如蒋洪等,2016)。同样是身处中国的研究人员,在1998年政府正式提出"公共财政论"之前,"国家分配论"为财政学的主流理论,在这一理论框架下,所讨论的内容也与当下大不相同。因此,在不同的经济、政治和社会环境之下,对于财政支出的界定也会有所不同。

为了更好地说明这一点,本部分基于中国经验,以1978年改革开放为分界点,对在计划经济体制和社会主义市场经济体制下的财政支出内容进行简要梳理(蒋震,2020)。

(1)计划经济体制下的"生产建设型财政"

中华人民共和国成立之后,按照马克思主义的思想和理念,以苏联计划经济体制为模板,中国建立了适合于自身国情的计划经济体制,这种体制的基础是生产资料公有制,以此建立一套以指令性计划体系为核心的经济运行方式,对社会总产品的试生产和分配进行综合调节。生产什么、如何生产、生产多少都是由中央指令性计划来决定。

计划经济体制下,企业不是真正具有独立财产权利的主体,而只是社会产品生产的单元细胞。"全社会宛如一个大工厂,国家财政便是大工厂的财务部。社会在生产过程的各个环节都由统一的综合财政计划加以控制,企业财务部门和家庭财务部门均在一定程度上失去独立性"(高培养,1995)。这个时期,财政职能具有大而全的特征,财政参与社会产品生产、分配的一切环节,"包办一切"。1950年2月,全国财政工作会议上确定了"财政收支统一、公粮统一、税收统一、编制统一、贸易统一、银行统一"的财政统一管理模式。财政支出成为计划经济体制下组织产品生产和调节经济平衡的重要杠杆工具。财政支出是依据国民经济生产计划来确定的。由于国营企业主要是全民所有制企业和集体所有制企业,政府与企业无法分离,企业成为生产单位,而不是独立自主、自负盈亏的主体,财政支出的一个重要方向就是为国营企业提供经营资金,企业所有的利润都上缴给财政。

在整个社会经济平衡中,一个非常重要的问题是平衡"吃饭"和"建设"、积累和消费之间的关系。1949年9月29日,中国人民政治协商会议第一届全体会议通过《中国人民政治协商会议共同纲领》。其中,第四十条明确提出:"关于财政:建立国家预算决算制度,划分中央和地方财政范围,厉行精简节约,逐步平衡财政收支,积累国家生产资金。"1956年9月,党的十八大周恩来总理作了《关于发展国民经济的第二个五年计划的建议的报告》,明确提出:"合理地积累和分配资金。国家建设规模的大小,主要决定于我们可能积累多少资金和如何分配资金。我们的资金积累较多,分配得当,社会扩大再生产的速度就会较快,国民经济各部门就能够按比例地发展。因此,合理地解决资金积累和自己分配的问题是很重要的。"

为了更好地推动工业化进程，更好地集中力量干大事，中国制定了高积累、低消费的发展战略体系，财政将大量的支出用于生产建设，而用于消费的支出是不足的。财政支出表现为中央高度统一的特征，财政通过对各个企事业生产经营资金的拨付，财政支出包揽了大量的基础设施以及相关流动资金的支出事项，国民经济生产建设支出占全部财政支出的绝对比例，形成了计划经济体制下的"生产建设财政"。

生产建设财政是与计划经济体制相适应的财政类型，具体是指以基本建设支出为主的经济建设支出占全国财政支出比重较大的财政支出类型。在计划经济体制的制度背景下，中国实行"高度集中、统收统支"的计划经济类型，国家实行对价格、金融、投资等各个领域的全面控制，国家利用指令性计划对社会资源进行分配，企业只包括全民所有制企业和集体所有制企业两种类型，企业只是执行国家指令性计划的工具和载体。企业生产产品的数量、种类、价格以及扩大再生产的比例等均由中央指令性计划来决定。

这种制度背景下，在国家掌握绝对资源分配的前提下，财政部门承担了集中资源的职责，这个时期对财政职能的定位是发展经济、保障供给。政府间财政关系的特征就是"统收统支"，地方政府所有类型的财政收入必须上缴给中央财政，地方政府承担职能所需的财政支出由中央财政按照国民计划进行拨付。财政支出覆盖领域包括了整个社会生产、交换、分配、消费的所有方面，财政在国民收入初次分配和再分配领域占据绝对地位。在中华人民共和国成立初期，国家面临着发展工农业和基本建设的重要任务，为了迅速恢复经济，集中财力办大事、平衡财政收支是经济建设型财政的出发点和立足点。整个社会生产和扩大再生产的资金大部分由中中央财政直接拨款来支撑，企业生产经营所需要的资金大部分由财政部门提供。在这种情况下，财政支出中用于基本建设的投资型支出占到全部财政支出相当大的比例，这种财政支出模式决定了中国计划经济条件下的财政具有非常显著的生产建设特点。

政府不仅要承担各类支出，比如国防支出、行政机关运转支出、公共安全支出、卫生健康支出、公共教育支出、科学研究支出等，还要负担公有制企业生产经营资金的相关支出。整个国民经济运行中财政支出的扩张或收缩主要是通过生产建设支出的调节来进行的，财政平衡也成为社会产品生产平衡的核心领域，在安排财政支出计划时，确保按照财政平衡的理念来实施，不设置财政赤字。这种财政支出结构在帮助新中国成立之后推动工业化方面发挥了巨大的功能作用。中国工业化体系能够在短时间内取得如此大的成就,财政支出发挥了至关重要的作用。

(2)社会主义市场经济体制下的财政支出形态

改革开放之后,中国开启了计划经济体制向社会主义市场体制的转型,中国的经济体制改革走的是一条渐进式道路。党的十一届三中全会指出,"现在我国经济管理体制的一个重要缺点是权力过于集中,应该有领导地大胆下放,让地方和工农业企业在国家统一计划的指导下有更多的经营管理自主权",十一届三中全会开启了改革开放的伟大征程。1982年9月,党的十二大指出,"正确贯彻计划经济为主、市场调节为辅的原则,是经济体制改革中的一个根本性问题",这次会议对计划与市场的关系作了全新定位。1984年10月,党的十二届三中全会召开,通过了《中共中央关于经济体制改革的决定》,提出:"改革计划体制,首先要突破把计划经济同商品经济对立起来的传统观念,明确认识社会主义计划经济必须自觉依据和运用价值规律,是在公有制基础上的有计划的商品经济。"1987年10月,党的十三大提出:"必须以公有制为主体,大力发展有计划的商品经济。商品经济的充分发展,是社会经济发展不可逾越的阶段,是实现生产社会化、现代化的必不可少的基本条件。"1992年10月,党的十四大提出,"我国经济体制改革的目标是建立社会主义市场经济体制,以利于进一步解放和发展生产力""我们要建立的社会主义市场经济体制,就是要使市场在社会主义国家宏观调控下对资源配置起基础性作用,使经济活动遵循价值规律的要求,适应供求关系的变化"。2003年10月,党的十六届三中全会通过了《中共中央关于完善社会主义市场经济体制若干问题的决定》,提出,"完善公有制为主体、多种所有制经济共同发展的基本经济制度""建立健全现代产权制度"。2013年10月,党的十八届三中全会通过了《中共中央关于全面深化改革若干重大问题的决定》,提出:"经济体制改革是全面深化改革的重点,核心问题是处理好政府和市场的关系,使市场在资源配置中起决定性作用和更好发挥政府作用。"从社会主义市场经济体制改革的历史进程来看,随着市场经济体制的建立、完善、成熟,政府和市场的关系也在悄然发生变化。一个最直接的变化是市场在资源配置中的作用从"基础性"转变为"决定性",政府职能、财政职能和财政支出的范围发生了显著变化。

与社会主义市场经济体制改革相适应,财政支出不断改革深化,财政支出范围和结构的优化调整势在必行。公共财政是与市场经济体制相适应的财政制度类型，它将财政支出限定为弥补市场自身缺陷带来的各种失灵，为市场的经济体制运行提供公共产品和公共服务，同时运用法治方法，通过建立完善的财政预算制度，促进财政制度规范化、制度化、可持续运行。它的基本特征就是公共性，政府不能过度干预市场运行，为市场运行提供一个良好的公平竞争环境。1998年底，全国财政工作会议召开，时任财政部部长项怀诚发表讲话，提出："转变财政职能，优化支出结构，初步建立公共财政的基本框架。"他还指出："从总体上讲，调整和优化支出结构，建立公共财政的基本框架，必须符合市场经济的一般规则，财政预算的范围、结构和方法必须与政府职能的范围和方向相适应，要充分体现满足社会公共需要、服从政府职能转变以及与我国国情及财力水平相适应的原则。调整和优化支出结构要有紧迫感。财政资金要逐步退出生产性和竞争性领域，各级财政都要大幅度减少财政预算中的生产性基建投资和企业挖潜改造资金；调整下来的资金要用于保证国有企业下岗职工的基本生活和再就业经费等目前继续安排的重点支出。"

在提出建立公共财政框架之前，理论界已经对这个问题作了充分探讨。张馨（1997）提出："公共财政是为市场提供公共服务并弥补市场失效的国家财政，它受'公共'的规范、决定和制约。市场经济要求和呼唤公共财政，只有公共财政才能适应于、服务于、有利于市场经济的存在和发展。"高培勇（2000）明确指出："搞市场经济，就要搞公共财政。"公共财政是以满足社会需要为口径来界定财政职能范围，从而确定财政支出的范围和项目。从公共财政支出框架下的财政支出范围来看，在市场能够在资源配置发挥高效率的领域，就由市场去做；只有在市场不能充分或者无法发挥资源配置效率的领域，才由政府去介入。财政支出是为了弥补市场自身能力不足、为市场的充分有效运行创造条件的工具和手段。

公共财政制度下的财政支出必须要与市场资源配置功能相互配合、相互补充，从市场能够充分发挥资源配置功能的一般性、竞争性领域退出，更好地提供公共产品和公共服务，运用财政支出来解决市场机制运行自身无法解决的各种问题。但需要注意的是，在公共财政框架下，财政支出的边界和范围不是固定的。第一，从市场机制自身的完善程度来看，中国自改革开放后经济体制转型，可以说是从市场空白起步，即使到了1992年党的十四大时，社会主义市场经济体制仍然亟待完善，在市场机制尚未完善的时候，政府承担一些资源配置职能是非常必要的。例如，在改革开放相当长的一段时期内，由于市场经济体制尚未完全确立,政府必须主导一些领域的资源配置,一旦市场经济体制完善、成熟之后,财政支出便不断收缩至公共性领域。第二,公共财政并不是一定要完全排斥经济建设支出。生产建设型财政和财政支出投入与基本建设领域,对于建立全国统一的市场经济体制以及市场要素和产品的自由流动,提供了一个非常坚实的基础。而生产建设财政特指传统计划经济时期政府和企业部分,财政支出的绝大多数用于企业生产经营,要根据经济社会发展阶段的不同来确定基础设施投资的财政类型,要根据经济社会发展阶段的不同来确定基础投资的范围和领域。第三,公共财政要充分发挥市场在资源配置中的决定性,财政是服务于市场经济主体和市场环境的重要保障措施。

现代财政制度是对公共财政制度的发展和深化,它本质上与公共财政度是一脉相承的。从公共财政制度向现代财政制度转型,是一个逻辑线索的不同环节。正如高培勇(2018)指出的,以"财政公共化"匹配"经济市场化",以"财政现代化"匹配"国家治理现代化"。其具体的体现就是,以"公共财政体制"匹配"社会主义市场经济体制",以"现代财政制度"匹配"现代国家治理体系和治理能力"。现代财政制度下的财政支出,将更加遵循公共财政的"公共性""非营利性""规范性"。除此之外,财政支出还在推动国家治理现代化中发挥"基础性"和"支撑性"的功能作用。

通过上述对中国财政支出范围随着经济体制变化所发生的演变分析,能够梳理出财政支出的以下重要特征:一是财政支出的范围会随着经济体制的变化发生改变;二是与成熟市场经济体相比,作为处于发展中的转型的大国,在逐步发挥市场在资源配置中的决定性作用的过程中,政府与市场的关系处于实时动态调整之中,在这一过程中,政府与市场关系的重要表现是政府财政支出范围的变化和动态调整;三是除了直接发挥资源配置以外,财政支出也是市场不同主体利益的调节工具和补偿机制,为保障市场化改革提供了重要的保障作用,在财政基本法对财政支出加以界定的过程中,须加以体现。

9.1.1.3 财政支出的定义

基于上述对代表性国家财政立法体系中对财政支出进行界定的实际做法,以及结合已有文献对财政支出的界定,本章从立法角度提出的财政支出的定义如下:财政支出是指政府在一定时期内,为实现相关职能,由财政部门按照其所编制的预算,依法向职能部门以及其他经济、政治和社会活动的参与主体所拨付的资金。

与前文所列示的财政支出定义(贾康,2019)相比,本章对于财政支出的定义具备以下特征:

第一,政府职能是产生财政支出的依据。如前文所述,从各国的财政立法实践能够看出,对于财政支出的界定都依赖于各国在经济、政治和社会等方面的具体情况。给定这些具体的情景,政府职能会有所不同,作为政府职能的具体体现,这些国家对于财政支出的界定也存在差异。然而,在这些差异背后所呈现出的规律是,对财政支出范围的划定决定于特定国家的政府所需发挥的职能。

第二,资金是财政支出的表现形式。与传统的关于财政支出的定义(如贾康,2019)是从行为角度出发不同,本章从资金角度对财政支出进行界定。采取这一角度的基本考虑如下:与从行为角度定义财政支出不同,从资金角度对财政支出加以界定更有助于从量化指标的角度对政府行为加以刻画,并对财政支出实施更为精细化的管理。

第三,列支财政支出需要以预算安排和相应的法律法规作为依据。在这一要素之中,有两项内容较为重要:一是财政支出需要根据预算进行安排,预算是安排财政支出的直接依据。换言之,对于未编入预算的内容,不能安排财政支出。即使属于政府职能的内容,只有将其编入预算,才能通过财政支出将其落地。这一要求保证了财政支出的严肃性,同时也赋予预算充分的权威性。政府及公共部门的活动若想得到财政资金的支持,必须将其全面地纳入预算管理。二是相关的法律法规也是财政支出需要遵循的规范。相关的法律法规不仅界定了预算编制的内容,而且影响预算编制以及财政支出的执行和相关管理程序。上述两方面均构成了财政支出中不可或缺的元素。

最后,财政支出的对象是相关职能部门和经济、社会和政治活动的相关参与主体。在财政支出的安排过程中,财政部门向政府相关职能部门拨付资金是最常见的现象。换言之,公共部门的资金活动应该被归于财政支出的范畴。但是,根据前文对代表性国家财政立法体系对财政支出的界定,以及对财政支出与经济结构相辅相成的论述能够发现,在一国经济发展的特定阶段,财政支出的投向并不一定局限于公共领域。这一点对于转型中的国家尤其如此。对于处于经济转型中的国家,不仅政府与市场的边界一直处于动态调整之中,而且政府在转型过程中往往需要对相关制度进行主动建设,对于相关参与主体的利益加以调节,从而保证转型能够实现。在这一过程中,财政支出未必会局限于公共部门体系之内,其涉及范围十分广泛,包括特定经济、政治和社会活动中的相关参与主体。因此,本章认为,从立法角度来看,在中国现实的背景下,对财政支出的范围界定需要相对宽泛一些。

9.1.2 财政支出类别

从立法角度对财政支出范围进行界定之后,基于基本法的定位,应该对财政支出的类别进行划分,并在此基础上对同一类别内部的不同支出以及不同类别财政支出之间的关系加以确定。不仅如此,在对财政支出进行分类之后,客观上就存在财政支出结构的问题,这无疑是财政学和财政法学中重要的研究论题(刘剑文,2012)。

9.1.2.1 财政支出分类与财政支出结构

(1)财政支出分类

标准的财政学教科书均会围绕不同的分类标准对财政支出的分类进行讨论。[1] 例如,按照支出效益时间性分类,可以将财政支出划分为经常性支出和资本支出。经常性支出是维持政府部门的正常运转而进行的支出,这类支出所产生的效益只对本期产生影响,如行政机关和事业单位的工资奖金、办公经费和业务费支出等。这类支出支持着行政事业单位的日常活动,为社会提供公共服务,其价值一次性地转变为这些活动和服务所带来的效益。它是消费性的;也就是说,支出期之后,其价值不复存在,它所带来的效益仅限于本期。另一类资本支出,即支出的资金,形成了某种形式的资产,这些资产会在未来的一段时期内发挥其功能,这类支出称为资本支出。无疑,经常性支出和资本支出的比例关系是公共部门支出结构的一个重要问题。

按照支出的回报性分类,财政支出还可以分为购买支出和转移支出。购买支出是政府用于购买商品和服务的支出,它的基本特点是,政府支出是有回报的,它以市场交换的方式换取相应的产品或服务。对于购买支出,又可以划分为政府部门购买支出和公共企业部门购买支出。前者用于政府行政事业单位的经常性支出和资本支出,后者用于公共企业的投资与扩大再生产。转移支出是公共部门无偿地将一部分资金的所有权转让给他人所形成的支出,其特点是无偿的,它是单纯的支出而无相应的直接回报。转移支出不仅表现为政府部门

---

[1] 关于财政支出分类的讨论,参考蒋洪(2016)。

对非政府部门的资金转移,还可能表现为政府部门之间的资金转移,用于调剂政府内部资金的配置。

按照支出的经济性质分类,财政支出还可以分为行政管理支出、国防支出、社会公共服务支出、社会保障支出以及经济建设支出。这种分类在某种程度上与政府的机构设置有较大的对应性。按照经济性质或部门对财政支出进行分类,有助于了解政府从事活动的具体内容以及公共资源在不同用途之间的配置情况,进而对政府职能和作用作出分析和评价。

(2)财政支出结构

财政支出结构与财政支出分类紧密相连。财政支出结构是指在一定的经济体制和财政体制下,在财政资金的分配过程中,公共财政支出总额中各类支出的组合以及各类支出在支出总额中的比重。例如,以政府职能或财政职能为标准,对财政支出进行分类所形成的结构状态,称为财政支出的职能结构。财政支出是要通过各个行政部门来执行的,支出在各部门之间的分配状况和使用效率直接影响财政职能的实现程度,由此形成财政支出的部门结构。现代世界各国均按照各自的国家政权的级次设置相应级次的财政。基本上每个级次的财政,都有本级次的财政支出范围,从事本级次的相对独立的财政活动,从而形成财政支出的行政结构。通过不同经济性质对财政支出进行划分,所形成的购买支出和转移支出形成了财政支出经济性质结构。

与财政支出的变动类似,财政支出的结构特征也会随着经济的发展阶段发生改变。不仅如此,从前文来看,代表性国家对财政支出类别的界定,也随着各国的国情存在差异。例如,在英国的财政法律体系中,将财政支出划分为基本支出和项目支出;法国则将支出区分为费用性支出和资本性支出,采用按照支出资金收益期限的分类标准;巴西则采用政府职能的标准,将支出区分为教育支出、议会支出等功能性的支出类型。

影响公共支出分类和结构的因素包括以下方面:

①政府职能因素

财政是政府履行职能的经济基础,政府应做的就是财政要做的。在一定时期、一定条件下国家财政支出结构应该如何安排,在一定程度上取决于政府职能的定位。因此,政府职能成为判断财政支出是否合理的主要参考标准。伴随着政府职能的每一步变化,财政支出结构都会相应发生变化。

②经济发展阶段因素

财政支出的分类及其结构的变化发展与经济发展密切相关。马斯格雷夫在对不同国家不同发展阶段的支出情况进行了大量比较研究之后,认为在经济发展的各个不同阶段,财政支出的构成是不同的。在经济发展的早期阶段,为了给投资创造一个良好的环境,政府必须提供交通、水利、通信等方面的基础设施。到了经济发展的中期阶段,政府已为社会提供了大量便于资本积累的基础设施,从而这方面的公共投资支出的比重会有所下降。但是,由于市场失灵的问题日趋突出,阻碍了经济趋于成熟。为了应对市场失灵,政府加强对经济的干预,政府用于这方面的公共支出就会增加。当经济进入成熟阶段后,随着人均收入的提高,衣食住行的基本需要方面的消费支出在整个消费支出中的份额会随着人均收入的上升而下降,资源可能更多地被用于满足更高层次的需要,如教育、卫生、保健、安全、福利、娱乐等。因此,这一时期的公共消费支出比重会提高。此外,随着经济发展,将会出现日益复杂的社会经济组织,要求政府提供各种管理服务来协调和处理经济增长所引起的各种矛盾和问题,从而导致整个公共消费支出持续增长。

③制度因素

制度变迁可能会使一些人的利益受到损害,而另一些人的利益得到改善。对于在制度变迁中的利益改善者来说,当然会赞成并会积极推进这些项制度变迁;而对于利益受损者来说,如果其在制度变迁中的受损利益得不到补偿,他们将明确反对这种变迁。这会导致新的不公平和造成制度变迁的阻力,甚至由于未得到补偿的利益受损者的强大力量而使制度变迁停止。为此,对利益受损者的补偿是必要的,而这种补偿由私人部门实施是不可能的,只能由政府承担,从而相应地增加转移支付和调整财政支出就不可避免。制度变迁在既有制度上进行的利益调整使得政府除了要维持原有的支出项目外,还要增加支持经济体制顺利转轨的一些必要支出。随着制度变迁的推进及完成,政府的财政支出结构也相应发生变动。

④政策因素

任何国家的政府在不同的历史时期或不同的发展阶段,都会制定与自己的经济发展水平相适应的经济发展战略,要求政府按照经济发展战略的轻重缓急,对各项事业进行不同程度的支持,从而财政支出结构也相应地发生变化,或是财政支出项目的调整,或是财政支出数量的增减。一定时期内财政资金的流向及比例与同一时期政府的工作重心及经济和社会发展目标是相适应的,这样才能保证政府所承担任务的完成及发展目标的实现。政府发展的内容、控制的内容、支持的内容、限制的内容,在财政支出结构中都会反映得十分清楚。因此,政府在特定时期的政策会直接影响到财政支出分类和结构的状况。

⑤管理因素

上述各因素尽管会从基本面上影响财政支出分类和结构,在具体对财政支出进行分类的操作过程中,管理方面的因素会直接影响到财政支出的划分类型。给定一国的管理水平和技术手段,如果其所制定的支出分类标准脱离了管理水平和技术手段的监控,那么这样的分类方式在现实当中就不具有可操作性。因此,与管理相关的因素也是在财政支出分类过程中必须加以考虑的问题。

9.1.2.2 中国财政支出分类体系的发展演进①

(1)新中国成立初期适应计划经济体制的国家预算分类体系的构建(1950—1978年)

1949年9月,第一届全国政治协商会议通过的《共同纲领》明确提出了建立国家预决算制度,随后中央政府据此编制并审查通过了1950年的收支概算,统一的政府预算管理制度开始在中国建立起来。1953年,随着第一个五年计划的开展,适应计划经济体制的国家预算管理体制也在同一时期被引入中国的财政管理。这套预算管理体制基本效仿和学习苏联模式,属于典型的单式预算,预算编制以配合"计划"实施为主要任务,将税收、国有企业利润等收入同一归集,编制形成收入预算,而后将这些资金依照经济计划分配至各种公共服务和国民经济生产领域,并由财政部门制定一套通用的科目对预算收入和支出进行分类。各级政府在分配预算资金时,需要依据预算支出科目,先确定主要"类"级科目的预算配额,而后由财政部门与主管该领域工作的政府部门协调,进一步在各公共部门或具体支出活动间对这部分预算资金进行分配,即所谓的"预算归口"。当然,这套预算收支科目并不是一成不变的,为了适应社会经济形式和政府管理需求的变化,财政部门每年都会进行一定幅度的调整修订,科目一经印发,各级政府就需要依照收支科目编制政府收支预算。这一收支科目体系的另一特点是,统一适用于各级政府,但是会针对仅适用于中央政府预算管理或地方政府预算管理的收支科目进行标注说明。虽然在1953—1956年间,国家

---

① 孙硕(2021)。

预算收支科目被短暂地划分为中央和地方两套收支科目,但是这种分类方式随即于1956年被取消,中央政府和地方政府共用一套预算收支科目的管理方式自此被固定下来,一直沿用到今天。

国家预算支出科目大体按照预算支出的性质和大致用途进行逐级划分,同样包括类、款、项、目四个级次。自新中国成立初期至1970年,预算支出"类"级科目的框架未有改变,包括"国民经济建设费""社会文教费""国防费""行政管理费""对外援助支出""行政管理支出""债务支出""预备费""增拨银行信贷资金""其他支出"等大类。每个"类"级科目同样下设若干"款"级科目。例如,"国民经济建设费"这一"类"级科目下设"工业支出""农业林业水利气象支出""交通运输支出""商业粮食农产品采购和对外贸易支出""国家储备支出""城市建设支出""其他建设支出等款级科目"。"项"级科目则按照具体支出领域和资金使用部门、用途等,对相应"款"级科目进行进一步划分。例如,"国防费"下设的"款"级科目"民兵建设费"中的支出,则被进一步按照资金用途划分为"民兵事业费"和"民兵装备购置费"。

预算支出科目中的"目"级科目并非对各"项"级科目支出内容的进一步细化,而是一套独立的科目体系,主要反映预算资金的具体用途,类似于现行的政府预算支出经济分类科目中的"款"科目,包含"职工工资""水电费""差旅费""杂费"等十余个科目。此外,根据中央和地方政府实际工作的需要,各级政府也可以在"目"级科目之下设置"节"级科目,自行对各"目"级科目中的支出进一步细分。例如,在"职工工资"这一"目"级科目之下,进一步设置"基本工资""绩效工资"等"节"级科目。

1971年,中国对"国家预算收支科目"中的预算支出科目的框架进行了较大幅度的调整,在"类"级科目中增设了大量反映支出用途的科目,同时保留了一些反映政府职能的支出科目,这样的支出"类"级科目架构一直被沿用至2006年政府收支分类改革前。以1980年的"国家预算收支科目"为例,当年的国家预算支出则被划分为"基本建设拨款支出""企业挖潜改造支出和新产品试制费""简易建筑费支出""科技三项费用""农林水气象部门事业费支出""文教卫生事业费支出""科学事业费支出"等19个"类"级科目,既包含按照政府职能设置的科目,也包含按照资金用途设置的科目。此外,相较于"文化大革命"前,大量预算收入和支出的"款""项"级科目被合并或取消,科目数量大幅减少。

(2)改革开放早期中国对预算分类体系的适度调整(1978—1991年)

随着改革开放进程的不断深化,中国的经济体制开始由计划经济向市场经济转轨,所有制结构发生变化,对外开放程度大幅加深,政府职能也在迅速发生转变,政府组织、规划国民经济生产活动的职能逐渐弱化,提供各类基本公共服务、对市场主体行为进行规范和调控的职能却在逐渐强化和扩展。因此,国家预算收支科目的宏观类目框架虽然未发生改变,却增设了大量反映政府新的收入项目和支出活动的各层级科目。

(3)20世纪90年代,改革预算分类体系的探索时期(1991—1999年)

在整个20世纪80年代,中国财政体制改革主要围绕税收制度和中央、地方财政收入分配开展,对政府预算管理制度则未进行大的调整。随着时间的推移,政府的财政收支范围不断变化,这种围绕计划经济体制构建的预算管理体系逐渐无法满足实际需求,主要表现就是难以对政府投资的规模和债务资金的用途进行有效监督控制。因此,中国通过借鉴预算体系较为成熟的市场经济国家的实践经验,在1991年颁布的《国家预算管理条例》中,明确规定应按照复式预算的形式编制年度预算,将国家预算分为经常性预算和建设性预算,并规定两本预算的收支安排应保持合理比例。经常性预算应保证收支平衡,不列赤字,建设性预算则可通过发行国债获得预算收入。《国家预算管理条例》颁布后,中国开展了对预算管理体制的系统改革。根据该条例的要求,中国在编制1992—1996年的中央和省级政府预算时,采用这种复式预算的分类方式。从严格意义上来说,这种复式预算体系并非将政府收入分别置于两个独立管理的"基金",采取不同的管理方式,单独编制收支预算,而是在按照单式预算模式开展预算编制工作的基础上,将预算中的收入和支出分别划分为两个部分,从而形成按复式预算形式列示的经常性预算和建设性预算,以达到控制举债规模以及国民经济运行过程中积累和消费支出比例的目的。

经常性预算支出则对预算收支科目中的"类"级科目进行分类汇总,分为"非生产性基本建设支出""事业发展和社会保障支出""国家政权建设支出""价格补贴支出""其他各项支出""中央和地方预备费"六大类。每个大类之下包含若干"类"级科目,例如,"事业发展和社会保障支出"包含"农林水事业费""文教、科学、卫生事业费""抚恤和社会救济支出"等支出"类"科目;"国家政权建设支出"中则包含"行政管理费"和"国防费"两个"类"级科目。建设性预算支出的支出则包括生产性基本建设支出、企业挖潜改造资金和新产品试制费、增拨企业流动资金、地质勘探费、支援农业生产支出、城市维护建设支出、支援经济不发达地区发展资金、商业部门简易建筑支出、国内外债务还本付息支出。其中，支援农业生产支出包含在预算收支科目中的"农业发展专项资金支出"和"支援农村生产支出"两个支出"类"科目中。

1993年11月，中共十四届三中全会通过《中共中央关于建立社会主义市场经济体制若干问题的决定》，对复式预算体系的构建方针进行重大调整，提出："改进和规范复式预算制度。建立政府公共预算和国有资产经营预算，并可以根据需要建立社会保障预算和其他预算。"这对中国的复式预算改革提出了更高的要求，复式预算体系的建设开始以全面覆盖政府收支活动为基本方针。1994—1995年，《预算法》和《预算法实施条例》相继发布，明确规定，"各级政府预算按照复式预算编制，分为政府公共预算、国有资产经营预算、社会保障预算和其他预算"（《预算法实施条例》第20条），将十四届三中全会关于编制复式预算的要求上升到法律高度。1996年7月，国务院发布《关于加强预算外资金管理的决定》，要求加强对预算外资金的管理，将养路费、车辆购置附加费、铁路建设基金、电力建设基金、三峡工程建设基金、新菜地开发基金、公路建设基金、民航基础设施建设基金、农村教育费附加、邮电附加、港口建设费、市话初装基金、民航机场管理建设费13项收入额度较大的政府性基金纳入政府预算管理。在此基础上，财政部制定了《政府性基金预算管理办法》，决定从1997年开始编制政府性基金预算。

因此，在1997年的政府预算草案中，经常性预算和建设性预算的划分方式不再被使用，财政部在将经常性预算和建设性预算重新合并为一般公共预算的基础上，增设了政府性基金预算。与"收支分离、资金统一分配"的一般公共预算不同，政府性基金预算实际上是若干政府性基金的收支预算的集合，每一基金都有固定的收入来源，支出的用途受到限定，结余资金可以滚存留用。自此，中国复式预算体系具备了近似于"基金制预算体系"的特征，中国的政府预算实际上被划分为"一般基金预算"和若干"特别基金预算"。之后，财政部陆续出台一系列文件，逐步将更多政府性基金纳入预算管理；至2007年，政府性基金已全部纳入预算管理。从2008年起，各级政府的土地出让金和彩票公益金也被全额纳入政府性基金预算管理。

为了配合新的复式预算体系的构建，准确反映政府预算收入的来源和资金去向，1998年，财政部按照《预算法》《预算法实施条例》的要求，对政府预算收支科目的设置进行了又一次系统调整，按照复式预算体系的组织形式（预算的基金分类框架），对政府预算收支进行重新划分，并为新设置的政府性基金预算设计相应的收支科目。直到政府收支分类改革前，中国预算收支分类的基本格局没有大的变化。这一时期的预算收支分类科目的设置可以概括为"两列四级三部分"，即预算收入科目和预算支出科目。其中，预算收入科目按收入的范围和管理需要，分为一般预算收入科目、基金预算收入科目和债务预算收入科目，包含"类""款""项"3个级次；预算支出科目按支出的范围和管理需要，同样分为一般预算支出科目、基金预算支出科目和债务预算支出科目，包含"类""款""项""目"4个级次。在这套收支分类科目中，高级次科目是低级次科目的内容的概括和汇总，低级次科目是高级次科目的具体化和补充。但是，这套科目中，一般预算、政府性基金预算和债务预算的支出的分类依据并不统一。一般公共预算支出的分类仍旧沿用1971年的支出科目框架，按资金用途设置了"基本建设支出""企业挖潜改造基金""科技三项费用类"等33个"类"级科目。基金主管部门将各种政府性基金收入归入"工业交通部门基金收入""商贸部门基金收入""文教部门基金收入"等"类"级科目。例如，"工业交通部门基金支出"中包含"电力建设基金支出""三峡工程建设基金支出""养路费支出"等"款"级科目。债务预算支出科目则与债务预算收入科目对应，同样下设"国内债务还本付息支出""国外债务还本付息支出"两个"类"级科目。

（4）构建适应现代预算要求的预算分类体系框架时期（1999—2014年）

在社会主义市场经济确立之前，中国的政府预算仅仅是计划经济体制中服务于国家生产性资源配置的一种技术性管理工具。社会主义市场经济体制确立后，市场主体的蓬勃发展使得政府和社会公众的关系发生变化，催生了对政府角色转变的需求。此时的政府不再是单纯的国家管理者，而是"社会契约"所构建的公共委托代理关系中的明确的代理方，通过从委托人手中汲取权力和资源，以公共服务和产品、规制和转移支付的形式，履行治理国家的职能。此时的政府预算不仅应发挥规划功能，也应该发挥管理和控制功能，即通过法治化的公开预算过程和完善的预算管理制度，在有效控制政府成本的同时，尽可能提供高质量的公共服务，提升人民福祉。但是，作为政府预算制度中的重要模块，中国的政府预算分类体系的基本框架却是围绕计划经济体制构建的，侧重于发挥预算的规划功能，分类体系中的分类方式单一，对政府收支的覆盖不足，难以满足新形势下的需求。因此，为了保障政府用好纳税人资金，规范、合理、有效地履行其各种职能，并在政府运营全过程给公众提供充分的相关信息，势必要以调整政府预算分类体系为突破点，对政府预算制度进行系统化的改革，强化其管理和控制职能，使其由单纯的资金分配工具转变为向公众全面披露政府的活动信息、规范约束政府公共权力使用的常态化机制。

此外，中国经济经历20年的蓬勃发展，国民经济规模有了巨大的增长，政府履职活动的范畴发生了巨大变化，传统的粗放型预算管理模式已经难以有效控制各级政府中资金收支主体的行为。通过改革预算分类体系强化政府内部的受托责任机制、提升国家治理体系的规范化和精细化程度同样迫在眉睫。正是在这种背景下，1999年的部门预算改革拉开了中国现代预算改革的帷幕。这一改革不仅是对预算编制方式的变革，也是重构中国预算收支分类体系的起点。

①1999年部门预算改革，支出的部门分类和项目分类被引入预算支出分类体系

虽然1994年《预算法》第4条规定"中央政府预算由中央各部门（含直属单位）的预算组成"以及第5条规定"地方各级政府预算由本级各部门（含直属单位）预算组成"，然而，当时预算实践中，政府预算收支分类体系中的分类方式却不包含支出的部门分类，政府预算草案完全是按政府职能和资金用途对支出进行划分的，预算分配过程呈现"层层切块、层层分配、层层预留机动经费"的状况，政府预算资金管理分散、混乱。在这种预算编制模式下，在财政部门内部，预算司编制的是按功能划分的中央本级预算，支出预算仅编制到"类""款"级功能科目的层次。对于各职能领域和各部门的预算资金的具体分配工作，财政部则采取由一个司局管理一个或多个预算支出"类"级科目的"分块"管理模式，各职能司编制各自分管经费的支出预算。由于一个支出"类"级科目可能涉及多个部门预算支出，如"基本建设支出"这一科目几乎涉及所有中央部门的支出，财政部业务司局需要和相关的中央职能部门进行商讨、协调，从而将预算资金按照资金用途"自上而下"切块分配到基层政府部门、机构和支出活动，在这一过程中，每一层级的部门、机构都会预留机动经费。此外，由于部门预算资金的来源众多，一个部门的预算支出要对口若干个部位和司局，给预算管理工作的开展增加了诸多困难，导致财政部和各职能部门的预算管理效率不高，预算资金在部门之间的分配不透明，财政部门难以明确哪一部门应当对预算资金的使用负有受托责任，也难以对资金使用过程进行有效控制。

在政府预算审批阶段，财政部给全国人大提交的中央政府预算草案同样也

是按照支出的功能汇总的,其内容较为粗略,预算口径不直接对应于预算资金使用部门,同一个功能科目涉及多个部门,政府预算和决算报告中没有相关部门的具体支出数额,是一个"内行说不清,外行看不明"的预算草案。因此,人大代表根本无法从中央和地方预算草案中了解经费预算与政府中职能部门工作间的对应关系,难以通过审阅预算草案了解各预算单位的资金规模和具体用途,其监督作用自然也就难以得到充分发挥。因此,全国人大常委会在1999年12月25日所作的《关于加强中央预算审查监督的决定》中首次明确提出:"要细化报送全国人大审查批准的预算草案内容,增加透明度……报送内容应增加对中央各部门的支出、中央补助各地方的支出和重点项目的支出等。"1999年7月24日,财政部在深入研究的基础上,向国务院报送《关于落实全国人大常委会意见改建和规范预算管理工作的请示》,提出细化政府预算编制、调整预算支出分类方式、实施部门预算改革的初步构想。经国务院批准,财政部在广泛征求中央职能部门意见后,于1999年9月20日提出《关于改进2000年中央预算编制的意见》,开始全面实施部门预算改革,按部门编制2000年的中央预算。与此同时,各级地方政府也开始参考中央部门预算编制办法,全面使用这种预算编制模式。部门预算改革的最主要内容就是将部门或单位使用的各种用途的资金,包括基本建设经费、各项事业费及其他经费,全部按规定的格式和标准统一汇入一本预算,进而全面反映一个部门及其下属单位各项资金的使用方向和具体用途。财政部门按照部门序列对预算支出安排进行审查,而后将各部门的按照预算支出科目编制的支出预算进行加总,形成按功能分类的政府支出预算草案。通过实行部门预算,财政部门将政府的预算支出按照部门进行划分,以部门为基本单位进行预算资金的统一分配,实现政府预算资金的统一管理。推行部门预算改革后,政府预算支出的"项目分类"也被引入中国政府预算支出分类体系。各部门的预算支出被划分为基本支出和项目支出,这也意味着政府内部预算管理中实际上开始采用支出的项目分类。基本支出可以被视为部门的"基本运营项目",包括部门维持基本运行的人员经费和公用经费,人员经费根据部门人员编制和现行工资制度确定,公用经费涵盖部门基本的办公费用,如水电费、差旅费、网络费等支出,各种支出都有明确的定额标准。项目支出是用于帮助政府部门完成特定的工作任务或事业发展目标,在基本支出外安排的预算支出,项目支出又可以按照部门设置的预算支出项目进行进一步划分。《中央部门项目支出预算管理试行办法》(财预〔2000〕284号)对部门的预算支出项目进行了归类:第一类包括行政事业单位的大型修缮、大型购置、大型会议等专项支出;第二类包括行政事业单位教育、科学、卫生、文体广播、农林水、社会保障、公安、安全、外事等事业性专项支出;第三类包括行政事业单位基本建设、地质勘探、企业挖潜改造、科技三项费用、农业综合开发、支援不发达地区发展、政策性补贴等建设性专项支出。为了配合部门预算的编制,对部门预算基本支出进行细化,财政部对2002年的政府预算收支科目中的"目"级科目进行调整,将一般公共预算支出中的12个"目"级科目修改、扩充为44个"目"级科目,并归集为"人员支出""日常公用支出""对个人和家庭的补助支出""固定资产构建和大修理"4个部分。各部门在财政部下达的基本支出预算控制数内,根据本部门实际情况,借助"目"级科目自主编制本部门的基本支出预算,细化预算项目支出的内容。

此外,部门预算改革,不仅意味着政府一般公共预算和政府性基金预算支出被按照部门进行了分类,由部门负责征收和直接使用的部分预算外资金、各项事业收入等政府资金的收入和支出也被按照部门进行了分类。这种管理方式实际上扩大了预算的覆盖范围,一些原先能够由部门自行安排的政府性资金也被纳入主管部门的部门预算,需要接受财政部门的监督管理。总体而言,部门预算改革不仅是对政府预算编制方式的改革,也是对中国政府预算支出分类体系的重构。原有的预算支出分类体系中仅包含支出的功能分类,部门预算改革不仅引入了支出部门分类和项目分类两种分类方式,也通过对原有支出"目"级科目的优化调整,使之能够在一定程度上反映政府预算支出的经济性质,为后续改革中引入正式的支出经济分类奠定了基础。对政府预算支出按照部门和项目进行分类,不但有助于明确预算过程中哪一部门和单位应当对资金使用负责,提升了财政问责制度的有效性,还帮助财政部门在政府内部建立起了针对预算资金分配和使用的受托责任机制,各级财政部门对于政府预算编制合理性、执行合规性的问责能力得到大幅提升,同时也使得政府资金使用的绩效可以被测度、评价和监督,为预算绩效管理的开展奠定了基础。

②2006年政府收支分类改革,预算支出功能分类规范化

在这次改革中设置了支出功能分类科目,清楚反映中国政府各项职能及履职活动。通过借鉴IMF《1986年政府财政统计手册》"政府职能分类"(CO-FOG)中的一级类目设置,并考虑中国政府管理和部门预算的要求,统一按支出功能设置类、款、项3级科目,分别为17类、170多款、800多项。新的支出功能

科目能够反映政府支出的大体内容和方向,一定程度上解决了原支出预算"外行看不懂、内行说不清"的问题。

通过编制支出经济分类科目,将支出经济分类正式引入政府预算支出分类体系。支出经济分类科目包括"类""款"两级,分别为12类和90多款,反映预算支出行为的经济性质和具体用途。"类"级科目具体包括工资福利支出、商品和服务支出、对个人和家庭的补助等。"款"级科目则是对"类"级科目的细化,反映预算资金的具体用途,主要服务于部门预算编制和预算单位财务管理。例如,"基本建设支出"进一步细分为"房屋建筑物购建""专用设备购置""大型修缮"等。

(5)现代预算分类体系的完善和优化时期(2014年至今)

2014年后,中国的政府预算分类体系进入发展完善期。改革的重点从充实预算分类体系中的分类方式,转变为提升预算分类体系的制度化和规范化水平,扩展各种分类方式在预算全过程中的应用。新《预算法》颁布,以法律的形式对中国政府预算分类体系的构成进行了定义。新《预算法》第5条规定,中国的复式预算体系由一般公共预算、政府性基金预算、国有资本经营预算、社会保险基金预算构成;第6条和第7条则规定,"中央和地方政府的一般公共预算均由各部门预算和税收返还、转移支付预算构成",明确了除政府收支分类科目中定义的两种分类方式外,中国的预算支出分类体系中也包含支出部门分类这一分类方式。此外,《预算法》也对预算过程中如何使用预算分类体系中的分类方式作出了规定,要求政府预算收入和支出使用政府收支科目编列,报送各级人民代表大会审查和批准的预算中,中央和地方本级一般公共预算支出按其功能分类应编列到"项",按其经济性质分类,基本支出应编列到"款";本级政府性基金预算、国有资本经营预算、社会保险基金预算支出,按其功能分类应编列到"项"。2020年颁布的《预算法实施条例》则对《预算法》中涉及预算分类体系的内容进行了补充,进一步明确了如何应用各种支出分类方式对预算支出进行分类。例如,《预算法实施条例》第六条针对非部门预算支出的分类作出规定,要求:"一般性转移支付向社会公开应当细化到地区。专项转移支付向社会公开应当细化到地区和项目。"《预算法实施条例》第四十条则要求:"各部门各单位的预算支出,按其功能分类应当编列到项,按其经济性质分类应当编列到款。"除了通过颁布法律法规提升预算分类体系的制度化水平,这一时期,优化具体分类方式的制度安排工作仍在继续。在财政部的主导下,预算支出项目分类的分类依据被进一步明确,预算支出经济分类的分类框架得到了完善。

①2015—2017年,预算支出分类的优化

早在1999年部门预算改革开始之时,支出的项目分类就被引入中国政府预算支出分类体系。但是,2014年以前,中央部门项目支出管理仍完全属于"条目预算"(line-item)模式,所有项目支出按照类型和用途随意罗列,缺乏明确、合理的分类依据。预算执行过程中,通过各项内外部控制措施,确保支出按用途合规使用。这种项目分类方法的优点是,预算编制工作量不大、易于开展;缺点是,对政府部门的低层次事务关注较多,对政府的宏观政策目标、政策目标与预算之间的联系、预算支出绩效等问题缺乏关注,项目"小、碎、散",数量繁多且重点不明,预算管理片段化,难以形成长期、连贯和稳定的政策思路,降低了预算的前瞻性、整体性和有效性。2015年起,财政部开始着手改进对中央部门预算项目支出的管理,相继印发《财政部关于加强和改进项目支出预算管理的通知》(财预〔2015〕82号)、《财政部关于进一步做实中央部门预算项目库的意见》(财预〔2016〕54号)、《财政部关于进一步完善中央部门项目支出预算管理的通知》(财预〔2017〕96号)等文件,明确项目支出的划分标准,并要求以中央部门职责为依据构建多层级的项目。其中,一级项目按照部门的主要职责设立,由部门作为项目实施主体,每个一级项目包含若干二级项目。一级项目可被进一步划分为通用项目和专用项目,通用项目由财政部根据管理需要统一设立,专用项目由部门根据履行职能的需要自行设立;二级项目则反映政府各部门为履行职责安排的各种支出活动、事项,有明确的实施周期。

通过这一改革,支出预算安排和政策目标之间的连接得到了一定程度的强化,项目支出预算资金分配决策的科学化程度得以提升,通过针对一级项目设定各种成果性绩效指标,预算资金使用部门具备了准确监测和评价自身履职效能的能力,绩效评价结果对未来预算分配决策的影响也得到了强化。

②2017年,预算支出经济分类科目的健全和优化

2017年的政府预算支出经济分类改革,则区分政府预算和部门预算之间不同的管理特点和实际需要,增设单独的政府预算支出经济分类科目,并以原有支出经济分类科目作为部门预算支出经济分类科目。分设两套支出经济分类科目的制度设计,增强了各级财政部门对资金使用部门支出行为的合规控制能力,也为在预算过程中全面应用支出经济分类扫清了障碍。改革后的政府预算支出经济分类科目和部门预算支出经济分类科目保持对应关系,以便于政府支

出预算和部门支出预算相衔接。政府预算支出经济分类主要用于政府预算的编制、执行、决算、公开和总预算会计核算，对行政单位、事业单位和企业的预算拨款进行了区分。部门预算支出经济分类体现部门预算管理的要求，在原有支出经济分类的基础上，删除了"转移性支出""预备费""债务还本支出"等政府预算专用的科目，增设了一些体现部门预算管理需求的科目。两套科目通过"支出经济分类科目对照表"形成固定的对应关系。在预算编制环节，预算资金使用部门按照部门预算经济分类和对应的政府预算支出经济分类编制部门预算，财政部门则按照政府预算经济分类编制政府预算。在预算执行环节，支付指令按照政府预算支出经济分类科目填制，财政总预算会计按支付指令中记录的政府预算经济分类科目记账，部门预算会计核算使用部门预算经济分类科目记账。

9.1.2.3 本章拟采用的财政支出分类

如前所述，采用不同的标准对财政支出所进行的分类均基于各国的基本情况，也各有优劣，没有一种分类方法能够完全揭示财政支出的相关信息。例如，按照功能对财政支出进行分类，固然能够较好地反映财政支出的具体方向，但是这种分类方式的缺点在于，随着现实条件的变化，具体的分类会发生改变，从而限制了相关分析的可扩展性。而按照受益时间对财政支出进行分类，可以有效分辨财政支出对资产的影响，区分长期与短期的财政支出，但是这一分类方式略显宽泛，很难有效地对现实中的财政支出加以反映。此外，在现实中，对于同一类别的支出，如政府采购支出，其中既包括资本性的支出，也包括费用类的支出，由此带来的问题是，采用收益期对财政支出分类，在特定情况下又会割裂性质类似的支出内部不同支出项目，难以进行分析。

本章将采用按照经济性质的分类标准对财政支出进行划分，即从整体上将财政支出分为购买性支出和转移性支出。采用这种分类标准的主要原因如下：

第一，按照经济性质对财政支出分类，有助于对财政支出展开分析。从分析的角度讲，将财政支出划分为购买性支出和转移性支出，有助于从经济性质上对不同类别的支出进行清晰明确的划分。同时，考虑到在购买性支出与转移性支出的执行过程中，财政部门与相关主体的关系存在明显的区别，因此按照此种方式对财政支出进行分析时，分析方向及界限更为明确。

第二，按照经济性质对财政支出分类，不会导致对财政支出类别的划分过于细碎。如前所述，考虑到购买性支出与转移性支出存在明显的区别，因此不同的财政支出可以根据其投向的经济性质分别归入不同的类别,避免了将同一性质的财政支出项目划分得过于细碎、无法有效体现其内部项目相互关系的弊端。

第三,按照经济性质对财政支出分类,更加适合中国近年来的预算管理改革方向。前文通过对中国 1949 年至今的预算管理体制历史演进进行梳理,不难看出,随着中国经济向市场化不断转型,自 2014 年新《预算法》颁布以来,按照经济性质不断充实和完善财政支出分类体系是一个非常明确的改革方向。本章采用按照经济性质标准对财政支出进行分类,能够与中国在预算管理领域的改革更加紧密地契合。

第四,按照经济性质对财政支出分类,更加匹配目前关于中国财政基本法的研究阶段。关于中国财政基本法的研究,尚处于起步阶段。为了保证未来研究能够进一步深入且与财政基本法的地位相匹配,关于财政支出的讨论需要避免两种情况:一方面,不应对财政支出的讨论过分具体。财政基本法需要对财政的基本方面进行原则性的规定,更为具体的规定由《预算法》等相关的具体法律加以确定,过分具体地讨论财政支出项目背离了财政基本法在法律体系中的定位。另一方面,不应对财政支出进行过分宏大和模糊的讨论。否则,在未来对财政基本法的深入研究,尤其是在不同类别财政支出关系的分析讨论中,过分宏大和模糊的讨论将会导致过多的概念模糊和明显的逻辑混乱,无法制定出对具体的财政支出实践有明确指导意义的财政基本法的支出条款。

除了讨论财政购买性支出和转移性支出之外,在本章的讨论中,我们拟单独对政府债务的相关支出进行讨论。从政府预算的编制原理不难得知,政府债务相关支出的性质并不能独立存在,作为收入与支出的缺口,债务性支出的性质依赖于普通财政支出的性质,因此作为一个类别,与购买性支出和转移性支出的分类方式在逻辑上存在一定程度的重叠。然而,在 2014 年之后,政府债务的重要性和受关注程度日益提高,将其单独分离出来,从财政基本法的角度对其加以研究,不仅有助于进一步明确对政府债务的界定标准,而且有可能为保持政府债务的合理规模和维持财政的整体可持续性提供新的见解。

9.2 财政购买性支出

9.2.1 财政购买性支出立法与管理现状

9.2.1.1 政府采购立法与管理现状

我国财政部于1999年正式出台《政府采购管理暂行办法》，这是我国第一部关于政府采购的规章制度。同年，全国人大财经组委会和有关部门开始起草《中华人民共和国政府采购法》(下文简称《政府采购法》)，标志着我国政府采购立法工作正式启动。2002年6月，《政府采购法》在九届全国人大常务委员会第二十八次会议上正式通过，并于次年1月1日起实施。《政府采购法》共分为九章，具体包括总则、采购主体、采购方法、采购过程、采购合同订立、监督与救济、法律责任与附则。《政府采购法》的颁布填补了我国政府采购在立法层面的空白，标志着我国政府采购迈进有法可依的轨道。2015年3月1日起开始实施的《中华人民共和国政府采购法实施条例》，一定程度上对《政府采购法》进行了扩充，将许多原则性和制度性的内容变得具有可操作性，使得整个政府采购法律体系更加完善。

(1) 适用范围

我国现行的《中华人民共和国政府采购法》第2条将政府采购定义为："各级国家机关、事业单位和团体组织，使用财政性资金采购依法制定的集中采购目录以内的或者采购限额标准以上的货物、工程和服务的行为。"这一定义包含了我国政府采购的主体、资金来源、采购对象等，较为全面和规范。第15条规定："采购人是指依法进行政府采购的国家机关、事业单位、团体组织。"也就是说，政府采购主体是"各级国家机关、事业单位和团体组织"，并且"政府采购的主体必须是财政性资金的使用者"。由此，利用财政性资金采购的国家机关、事业单位和团体组织属于采购主体的范围。

①采购实体

关于采购实体，主要包括：一是各级国家机关。按《宪法》规定，各级国家机关包括国家权力机关、行政机关、审判机关、检察机关、军事机关。但是军事机关采购涉及国家安全和秘密，属于政府采购法中透明原则和公开原则之例外，故《政府采购法》第 86 条规定,"军事采购法规由中央军事委员会另行制定"。二是事业单位。《事业单位登记管理暂行条例》第 2 条规定,事业单位是指国家为了社会公益目的,由国家机关举办或者其他组织利用国有资产举办的,从事教育、科技、文化、卫生等活动的社会服务组织。三是团体组织。团体组织是指各党派及政府批准之社会团体,如政党组织、政协组织、工青妇组织等。

②财政性资金

关于财政性资金,《政府采购法》并没有明确规定。但《中华人民共和国政府采购法实施条例》第 2 条规定,"财政性资金,包括财政预算资金和纳入财政管理的其他资金",以财政性资金作为还款来源的借贷资金视同财政性资金。由此可见,财政性资金既包括预算内资金,也包括预算外资金等,但是由于公共财政管理仍然存在缺漏,很多预算外资金未纳入规范轨道,因此财政性资金在实际管理中难以衡量。

③采购对象

采购对象是指采购人无论是采购货物、工程还是服务,都要执行本法规定。也就是说,符合《政府采购法》规定的货物、工程和服务都是该法的采购对象。《政府采购法》所称货物,是指各种形态和各种类型的物品,包括有形和无形物品(如专利)、固体、液体或气体物体,动产和不动产。《政府采购法》所称工程,是指建设工程,专指由财政性资金安排的建设工程,不包括网络工程、信息工程等与土建无关的工程项目。工程的范围很广,涉及采购人因自身工作以及提供社会公共服务需要而采购的各类建设工程,包括适合人类居住的工程项目,即建筑物,以及非人类居住需要而建造的公共工程项目,即构筑物。工程的采购行为不仅仅指新建,还包括改建、扩建、装修、撤出、修缮以及环境改造等。《政府采购法》所称服务,是指货物和工程之外的采购项目。按《政府采购法》规定,采购人采购的服务包括专业服务、技术服务、信息服务、课题研究、运输、维修、培训、劳力等。

相比于其他发达国家的立法经验,我国政府采购仍然存在一些问题。现行的《政府采购法》虽然确定了其适用范围,但是与其他发达国家相比,范围还是有些狭窄。在我国规定的三种采购实体中,还没有看到具有垄断地位的国有企业,可以看出我国按照采购主体公共性、采购所适用的资金公共性与从事活动的非竞争性并举这一原则来确定政府采购的事实主体,却没有将国有企业的公共事业纳入主体范围。但是从国际立法情况来看,无论是政府、公共机关还是企业，只要涉及政府财政支出中的政府消费性支出和投资性支出，都要纳入政府采购的主体范围。因此，我国《政府采购法》没有将相关企业纳入政府采购主体范围，与国际案例相比，无疑是缩小了《政府采购法》的适用范围。

(2) 采购方式与程序

① 采购方式

我国政府采购主要通过公开招标、邀请招标、竞争性谈判、单一来源采购、询价以及国务院政府采购管理部门认定的其他采购方式来进行。

公开招标，即采购方在某种公开媒介上发布招标公告，企业投标，采购方择优选择供应商的方式，是我国最主要的招标方式。我国《政府采购法》第27条规定："采购人采购货物或者服务应当采用公开招标方式的，其具体数额标准，属于中央预算的政府采购项目，由国务院规定；属于地方预算的政府采购项目，由省、自治区、直辖市人民政府规定；因特殊情况需要采用公开招标以外的采购方式的，应当在采购活动开始前获得设区的市、自治州以上人民政府采购监督管理部门的批准。"邀请招标，即招标方直接邀请特定的不少于三家的供应商来参与竞争投标，从中选出中标者的方式。《政府采购法》第29条规定，邀请招标一般适用于以下两种情形：第一，由于种种特殊原因导致可选择供应商十分有限的，可以选择邀请招标；第二，若通过公开招标的方式导致其花费在合同金额中所占比例太多，不是依法规定一定要公开招标的项目，可以选择邀请招标。竞争性谈判，即采购方邀请若干家供应商通过谈判择优选择的方式。《政府采购法》第30条规定，竞争性谈判一般在以下情形适用：一是采用公开招标的方式没有供应商投标或没能找到合格的标的或重新招标未能成立的；二是由于项目比较特殊或复杂，需要谈判来确定具体规格和要求的；三是采用招标所需时间不能满足用户紧急需要的；四是因为各种原因导致价格总额不能事先计算出来的。单一来源采购，即在特殊状况下只能选择唯一一家供应商进行采购的方式。一般是因为发生了不可预见的紧急情况而不能从其他供应商处采购；或者是在必须保证原有采购项目一致性或者服务配套的要求下，需要继续从原供应商处添购，但我国《政府采购法》规定，添购的资金总额不得超过原合同采购金额得十分之一。询价，即成立询价小组比较不少于三家的供应商的报价，从而选择最具价格竞争力的供应商的方式。询价的方式一般在需要采购的货品货源充足且规格比较统一、价格变化的幅度也比较小的情形下适用。

我国政府采购方式自由裁量权较大。我国《政府采购法》不仅规定了政府采购的方式,还对政府采购方式的适用条件进行了规定,但是其中很多规定主观臆断性强,在一定程度上缺乏公正性。例如,《政府采购法》规定,国务院和省级政府、自治区、直辖市根据中央、地方不同层级项目规定公开招标的方式、金额标准等。另外,第29条规定:"特殊情况只能选择较小范围内的供应商的,且不宜采用成本过高的公开招标采购方式的,可以选择邀请招标。"在第32条中也规定了询价采购的适应标准和范围,即"货物的规格、标准统一、价格相差不大"。这些"特殊情况""标准""成本过高""不宜"充满了不确定性,由此在实践过程中赋予采购部门过大的自由裁量权,导致部分政府人员可以随意确定具体数额标准、特殊性、有限性,进而形成漏洞,引起不法分子从中获利。因此,尽管我国《政府采购法》对采购方式适用条件作出了规定,但这些规定较为笼统且不严密,在实践中难以发挥公平、公正的作用。

②采购程序

根据我国政府采购相关的法律法规,我国政府采购一般遵循以下程序:第一步是采购方制定采购计划和申请预算,需要招标的,要发布招标公告;第二步是审查,对供应商的资格进行审查;第三步是采购活动的实施,包括委托有关机构进行集中采购、招标、政府采购信息公布和签订相关合同;最后一步是验收和付款,供应商在提供货物后,政府采购人员要验收、签署相关文件并备案,最后向供应商付款。根据规定,整个采购程序都应该向社会公开。

规范的政府采购程序能够保证政府采购活动顺利进行,而我国对采购程序没有明确的规定。首先,在相关法律中没有制定规范的供应商资格审查机制,在某些地方,资格审查程序简单,没能获得供应商或承包商的真实信息。其次,在相关法律中没有明确采购信息公开制度的规定,导致目前政府采购的信息公开程度较低,并且已有的政府采购规范也没有得到有效执行。最后,采购合同授予规定过于简单,没有关于合同履行和担保的规定,忽视了司法机关的作用。以上种种不足,均导致我国政府采购程序的不完善。

(3)管理监督制度

救济制度是实现政府采购价值目标的关键手段,我国立法者也认识到救济制度的重要性,故《政府采购法》第六章以"质疑与投诉"专章形式规定了救济制度。从这些制度规定看,我国构建了"询问—质疑—投诉—行政复议或诉讼"的救济体系。具体而言,首先,如果供应商对采购活动事项有疑问的,可以向采购人或采购代理机构询问。《政府采购法》第51条规定:"供应商对政府采购活动事项有疑问的,可以向采购人提出询问,采购人应当及时作出答复,但答复的内容不得涉及商业秘密。"其次,如果供应商认为权益受到损害的,则可以向采购人启动提起质疑程序。第52条规定:"供应商认为采购文件、采购过程和中标、成交结果使自己的权益受到损害的,可以在知道或者应知其权益受到损害之日起七个工作日内,以书面形式向采购人提出质疑。"第54条规定:"采购人委托代理机构采购的,供应商可以向采购代理机构提出询问或质疑,采购代理机构应当就采购人委托授权内的事项作出答复。"再次,如果上述途径供应商人仍得不到有效救济的,供应商则可以向专门的政府采购监督机关提出投诉。《政府采购法》第55条规定:"质疑供应商对采购人、采购代理机构的答复不满意或者采购人、采购代理机构未在规定的时间内作出答复的,可以在答复期满后十五个工作日内向同级政府采购监督管理部门投诉。"最后,如果上述途径仍未能解决争议的,供应商可以提起行政复议或诉讼。《政府采购法》第58条规定:"投诉人对政府采购监督管理部门的投诉处理决定不服或者政府采购监督管理部门逾期未作处理的,可以依法申请行政复议或者向人民法院提起行政诉讼。"除了上述几种救济方式规则外,《政府采购法》还规定了上述救济方式的程序,但比较粗略。

质疑和投诉程序作为供应商权利救济的关键环节,对建立和完善政府采购法律体系具有重要作用。我国《政府采购法》对质疑和投诉程序的引入,一方面,有助于供应商能够娴熟地运用救济机制维护自身的合法权益;另一方面,也能协助监管部门约束和规范政府采购活动,有效防止不法行为的发生。

9.2.1.2 政府投资支出立法与管理现状

我国尚未制定国家层级的《政府投资法》,故政府投资的有关规定大致可以分为三个部分,分别是其他法律中的相关规定、党和政府发表的论述或决议,以及国家出台的行政法规、规章或政策性文件。

首先,其他相关法律中涉及关于政府投资的规定。例如,《中华人民共和国科学技术进步法》中提到,国家要加大财政性资金的投资力度,并且制定相关政策,同时引导社会资金流向,以实现科学技术研发经费的增加。2008年颁布的《中华人民共和国就业促进法》中规定,县级以上人民政府进行政府投资时,要按照一定的要求,尤其要重视对就业的影响,妥善处理好投资发展和促进就业之间的关系。2014年修订的《中华人民共和国预算法》对政府财政收支行为做出了规范,政府投资属于财政行为的一种,相关规定自然也同样对政府投资行为产生效力。此类法律中有关政府投资的规定还有很多,在此就不一一列举了。

其次,党和国家政府在一些重要会议上发表的论述和决议也涉及政府投资的重要规定。例如,2013 年,党的十八届中央委员会第三次全体会议通过的《中共中央关于全面深化改革若干重大问题的决定》中提到,要深化财税体制改革,完善立法、明确事权,建立现代财政制度,发挥中央和地方两个方面的积极性。政府投资是地方政府明确、履行事权的重要方式之一,因此政府投资立法也包含在完善立法的内涵中。2018 年,国务院办公厅印发《国务院 2018 年立法工作计划》,立法计划指明,要充分贯彻新发展理念,建设现代化经济发展体系,将包括政府投资在内的财税立法再一次提上日程。

最后,国家也出台了行政法规以及一系列规章或政策性文件,对政府投资加以引导。尤其值得一提的是 2019 年国务院颁布的《政府投资条例》(以下简称《条例》)。《条例》涉及总则、政府投资决策、政府投资年度计划、政府投资项目实施、监督管理、法律责任和附则七个方面,明确要充分发挥政府投资的作用,逐步加强对政府投资的规范管理,遵守相关政策及制度。同时,强调对政府投资的监督,以提高政府投资的效益,进而更充分发挥政府投资的作用。《条例》的出台,为解决投资的范围、合法性保障、风险控制等问题提供了路径,更是我国政府投资立法的巨大进步。

(1)适用范围

①基本原则

《条例》第 4 条明确规定:"政府投资应当遵循科学决策、规范管理、注重绩效、公开透明的原则。"这 4 项原则有利于更好地发挥政府投资在经济社会发展中的作用,提高经济发展质量和社会发展水平。另外,《条例》第 6 条第 2 款规定:"安排政府投资资金应当平等对待各类投资主体,不得设置歧视性条件。"本条规定的目的,实际上是强调安排政府投资要坚持普惠性原则,特别是要平等对待民间投资主体,不得因为企业的所有制性质而区别对待。

②适用范围

《条例》明确规定,政府投资资金应当投向市场不能有效配置资源的社会公益服务、公共基础设施、农业农村、生态环境保护、重大科技进步、社会管理、国家安全等公共领域的项目,以非经营性项目为主。《条例》还规定,国家建立政府投资范围定期评估调整机制,进而确保政府投资始终投向最需要投、最适合投的方向和领域,不断优化政府投资方向和结构。

(2)投资方式与程序

①政府投资方式

《条例》规定了4种投资方式,即直接投资、资本金注入、投资补助、贷款贴息。直接投资,通俗地说就是政府拨款投入,其形成的资产属于国有资产。直接投资适用于非经营性项目。资本金注入,是指将政府投资资金作为项目的资本金,投资形成的股权属于国有股权,由有关机构依法履行出资人职能,主要针对经营性项目。其中,项目资本金是指在经营性项目投资总额中,由投资者按一定比例认缴的非负债性质的出资。《条例》第6条规定:"政府投资资金按项目安排,以直接投资方式为主;对确需支持的经营性项目,主要采取资本金注入方式。"对于这一规定,判断投资方式要具体到资金和项目的关系上,并根据投资所形成资产的属性来判断,而不以上下级政府资金使用关系来判断。投资补助,是指无偿给予一定限额或比例的资金支持。一般情况下,对项目的投资补助作为资本公积管理;在项目单位同意增资扩股的情况下,也可以作为国家资本金管理。贷款贴息,是指对使用了银行贷款的项目给予贷款利息补贴。《条例》第6条还规定:"对确需支持的经营性项目,主要采取资本金注入方式,也可以适当采取投资补助、贷款贴息等方式。"这种审慎表述的立法本意是,对投资补助、贷款贴息这种属于无偿补助企业的投资方式,要最大限度地规范,不仅要投资到确有必要的项目上,也要防止干扰市场充分竞争。

②政府投资程序

第一步,进行投资决策。《条例》第9条规定,对政府投资项目,"项目单位应当编制项目建议书、可行性研究报告、初步设计,按照政府投资管理权限和规定的程序,报投资主管部门或者其他有关部门审批"。也就是说,政府投资项目需要准备大量前期工作,然后上报给有关部门进行审批,审批通过后方可进行项目实施。《条例》中也具体规定了审批规则,这与现行的规定是一致的。

第二步,进行项目实施。《条例》第四章专门规定了政府投资项目实施的内容,这部分强调开工条件、项目变更、资金落实、概算调整、工期管理、项目建成六个方面的内容。第一,开工条件。《条例》第20条规定的政府投资项目的开工条件分别是"有关法律、行政法规规定的建设条件"和"本条例规定的建设条件"。其中,关于"有关法律、行政法规规定的建设条件",是指政府投资项目和其他投资项目一样,应当办理有关法律法规规定的许可、备案手续,以及按照国家工程质量、安全生产等方面的规定,完成施工前的施工图会审、技术交底等施工现场管理工作。而关于"本条例规定的建设条件",是指《条例》规定的决策程序、建设准备和落实主要建设条件等。第二,项目变更。《条例》第 21 条规定:"政府投资项目应当按照投资主管部门或者其他部门批准的建设地点、建设规模和建设内容实施;拟变更建设地点或者拟对建设规模、建设内容等作较大变更的,应当按照规定程序报请原审批部门审批。"本条规定强调了审批、核准的权威性;也就是说,必须严格按照项目决策内容建设实施,如需变更,应当重新决策。第三,资金落实。《条例》第 22 条规定:"政府投资项目所需资金应当按照国家有关规定确保落实到位。"这主要是指政府下达投资计划和预算后,按照政府资金和其他投资资金、债务资金同比例拨付的原则,向项目单位办理资金拨付;项目单位则应当按规定向各参建单位支付。另外,本条法规对施工单位垫资建设作出了禁止性规定。第四,概算调整。《条例》第 23 条规定:"政府投资项目建设投资原则上不得超过经核定的投资概算。"本条是对投资概算控制的规定,明确了投资概算"不超是原则,调整是例外,超概需批准"的基本要求。第五,工期管理。《条例》第 24 条规定:"政府投资项目应当按照国家有关规定合理确定并严格执行建设工期,任何单位和个人不得非法干预。"本条规定包含两层含义:一是对于合理确定的建设工期,为了保障工程质量,不能出于政绩考虑或者为了节约成本而赶工期;二是为了确保发挥预期工程效益,建设单位获得投资后不能停建缓建或者消极拖延。第六,项目建成。《条例》规定,政府投资项目建成后,应当进行竣工验收、办理竣工财务决算,以及选择有代表性的项目进行评价。

(3)管理监督制度

《条例》第五章专门规定了对政府投资项目的管理监督。这说明,国家将管理监督明确为政府投资项目管理中的重要环节,成为投资主管部门和其他有关部门的重要职责。各级投资主管部门要主动适应投资管理方式转型和重心后移的新要求,防止重审批轻监管、重投入轻效益等问题,加强力量建设和制度完善,切实履行好监督管理职责。

第一,监管主体。《条例》第 27 条在规定监督管理主体时,用了"投资主管部门和依法对政府投资项目负有监督管理职责的其他部门"的表述,也就是说,投资主管部门和其他有关部门都负有相应的监管责任。首先,投资主管部门应该对所有政府投资项目都有监督管理的职责,只是对不同的投资项目,监管的内容、责任的划分应当有所不同。其次，其他部门应当按照"谁审批谁监管、谁主管谁监管"的原则，对其审批或主管的项目履行相应的监管责任。

第二，监管方式。《条例》第二十七条规定："投资主管部门和依法对政府投资项目负有监督管理职责的其他部门应当采取在线监测、现场核查等方式，加强对政府投资项目实施情况的监督检查。"结合《条例》上下文来看，这里的"在线监测"是指通过投资项目在线审批监管平台开展在线监管；"现场核查"是指根据在线监测和其他渠道掌握的问题线索，开展"双随机、一公开"等方式的现场检查。

第三，监管重点和处罚。《条例》规定的监管内容，主要以是否按照决策确定的事项规范实施为重点，具体是指《条例》第 27 条第二款规定的"项目开工建设""建设进度""竣工"等基本信息，也就是第四章中有关政府投资项目实施的内容。这与其他行政执法部门的监管有所侧重和区别，当然实际工作中应当加强协同监管。

第四，《条例》还对监管中的信息共享和信息公开提出了要求。如第 28 条规定："投资主管部门和依法对政府投资项目负有监督管理职责的其他部门应当建立政府投资项目信息共享机制，通过在线平台实现信息共享。"第 30 条规定："政府投资计划、政府投资项目审批和实施以及监督检查的信息应当依法公开。"这些都属于监督管理工作中的法定职责，应当严格执行。

9.2.2 财政购买性支出立法与管理的国际经验

9.2.2.1 不同国家政府采购立法与管理的经验

(1)美国

美国自独立战争以来，制定了 4 000 多项与政府采购相关的法律法规，但是至今没有确立一部政府采购专门法律来规范政府采购行为。美国有关政府采购的规则分布在多部立法中，不仅存在于主要针对政府采购制定的立法中，也存在于其他大量相关立法当中。因此，美国政府采购立法比较复杂，在实施过程中很难追溯到立法源头。为了使联邦政府顺利实施政府采购活动，美国政府出台了一部专门的行政法规——《联邦政府采购条例》(Federal Acquisition Regulation,FAR)，将联邦政府立法中关于政府采购的规定进行整合，并且细化了相关法律的规定。FAR 补充、细化、整合了众多联邦立法中关于政府采购的规定，使得规定更加明晰、便于实施。为了规范联邦政府的政府采购行为，FAR

为联邦政府提供了一套统一的采购原则和采购标准。因此，FAR 是美国各级政府实施政府采购所依据的基本法，此后，所有具有采购职能的联邦行政机构纷纷出台了实施政府采购的补充条例，形成 FAR 法规体系（FAR System）。

①适用范围

政府采购支出是美国财政支出的重要组成部分，美国作为全球第一大经济体，其政府采购规模巨大，采购范围也日益扩大，不断发挥政府采购促进社会公益、提升公共服务水平的作用。在采购主体方面，美国政府采购的实体是"直接或基本上受政府控制的实体或其他由政府指定的实体"；具体来说，不仅包括政府本身，而且包括政府代理机构以及由国家拨款、提供公共服务的企业等（如科研院校、协会）。在采购对象方面，美国早期的政府采购对象仅限于政府等采购实体使用财政资金购买的货物、工程和服务项目，这与我国的采购对象的范围基本一致。但是，随着政府职能转变和公共需求的增加，美国政府采购的范围也日益扩大，将涉及民生的公共基础设施项目也纳入政府采购的范围，进一步涵盖了公共部门所有的采购活动。

②采购方式与程序

美国作为世界上最早实行政府采购的国家之一，起初联邦政府采购的方式多集中于公开竞争，并要求以密封投标的形式进行，最终将采购合同给予报价最低的投标商。19 世纪引入的公开竞争的密封投标方式主要是为了防止国会议员帮助其支持者谋求采购合同，且通过立法使得密封投标制成为政府授予合同的基本方式。在之后的 100 多年里，公开竞争的密封投标方式一直是政府采购的基本方式。但随着社会的不断进步，政府采购也趋于专业化，政府采购方式已经不再局限于密封投标，政府可以委托专业的中介机构进行采购，政府只需加强监督即可，一方面减轻了政府工作负担，另一方面也可以在一定程度上促进政府采购方式的多样化。

现阶段，FAR 第三编规定美国政府采购方式主要有以下几种：

第一，简化方式。这种方式适用于 15 万美元以下的采购项目，具体形式有政府商业采购卡、采购订单、未定价采购订单、一揽子采购协议等。无论采取哪种形式，对于 3 000 美元以下的小额采购，不管是向哪方公司采购，均无须考虑竞争和价格问题。对于 3 000—150 000 美元之间的采购项目，必须最大限度地促进竞争，鼓励向小企业进行采购，以获得对政府最有利的合同。

第二，密封投标方式，即公开招标采购方式。适用于采购单位需要清楚、准确和全面表述采购需求的项目,评标标准主要是价格以及与价格有关的因素。

第三,谈判采购方式。包括竞争性谈判和非竞争性谈判(即单一来源采购方式)两种形式。竞争性谈判适用于征求建议书或评标标准包括价格因素和非价格因素的采购项目。由于这种采购方式更为灵活,质量有保证且采购成本低于密封投标方式,还能更好地实现社会经济目标,已经成为美国政府常用的采购方式。

美国政府采购程序一般分为三个阶段:第一阶段是确定采购目标。政府各部门要拟定采购计划,制定预算并经议会批准,确定采购活动执行者,计划好合同的签订时间。第二阶段是签订采购合同。各部门采购机构根据政府部门制订的采购计划,按照法律规定的采购方式和程序来进行采购合同的签订。在签订采购合同过程中,政府采购部门必须严格按照法律法规行事,在为政府机关谋求最大利益的同时,一定要保证合同签订的公正、公开。第三阶段是监督合同履行。这个阶段由有关监督部门来完成,主要负责对供应商是否按规定履行合同进行监督。监督部门会派受过培训的专业监督员来完成这项工作,保证供应商提供合规合格的产品或服务。

此外,美国FAR同时考虑到采购环境的复杂性及公开招标的不完全适用性,又制定了适用其他采购环境的一系列采购方法及程序,从而形成了一套完整的、适用各种采购环境的采购方法和程序,这有利于保证政府采购的充分竞争和公开、公平、公正原则的实现,最大限度地实现政府采购的目标。

③管理监督制度

美国联邦政府采购体制充分体现三权分立的原则,即国会负责政府范围内有关政府采购的立法,还为各行政机构拨款(审核、批准预算)以及执行合同提供资金;行政部门接受政府的领导,各政府机构(如国防部、财政部、内政部)向总统(具体到总统行政办公厅及各所属部门)负责已分配项目以及资金的执行;而司法系统则通过联邦法院来确定政府采购相关法律是否与宪法一致。这样,美国联邦政府采购就由监督、管理、执行、投诉、合同纠纷处理、上诉等一系列相互制衡的环节组成。在具体的采购项目中,美国政府采购则遵循以下基本原则,即公平原则(包括透明性、道德、复议和上诉、对专有信息的保护)和最佳价值原则(包括竞争和审计、实现社会经济政策公共目标)。通过执行以上原则,联邦政府采购可以实现其政策目标,即获得最佳价值,包括提高产品和服务质量、降低成本、缩短采购时间、促进竞争,进而实现社会目标、降低商业和技术风险,提供更好的一揽子采购服务。

美国政府采购的行政、法律管理体系是一种上下贯通、部门结合的管理制度。它以 FAR 为中心,依靠部门行政执行和运作贯彻 FAR。首先,FAR 是各政府行政部门行使权力的依据。其次,美国事务管理总署建立并管理联邦政府采购法规秘书处,其任务是收集法律执行的各种案例,建立政府采购法执行档案,收集有关该法的证论、修改建议、意见等信息,并对上述情况进行整理、汇编。最后,为了保证法律在执行和修改的过程中有广泛深入的讨论和研究,因此成立采购委员会,即民用采购委员会和军用采购委员会,这两个部门牵头对美国事务管理局和国防部负责起草的法律进行补充和修改。

美国政府采购也具备专门的监督管理机构,具体为美国国会下属的联邦会计总署和美国总统行政办公厅内设的联邦政府采购政策办公室。政府采用合同授予争议与合同履行争议,均可分别依照行政争议程序及司法诉讼程序加以救济。这种健全的监督救济机制有效地预防了政府采购活动中的腐败行为,增进了政府采购的经济效益,从而使美国的政府采购制度成为世界上最成功的范例之一。

(2)英国

英国是世界上最早出现政府采购的国家,拥有较为完备的政府采购法律法规体系。但英国与美国一样,没有确立统一的政府采购法律,现今英国政府采购法律体系以《英国公共工程合同规则》《英国公共服务合约法规》《英国公共设施供应的公共事业工程合同规则》《采购政策指南》《采购实施指南》为核心。

①适用范围

"公开、公正、公平"是英国政府采购的基本原则。除此之外,英国政府部门和其他公共机构采购商品和服务都必须遵守"物有所值"原则。"物有所值"原则要求所采购的物品在总成本和质量上都必须满足使用者的要求,而市场竞争手段能够实现该原则。英国的市场经济较发达,政府采购也完全实行市场竞争机制运作,因此政府采购人员效率行政、效益采购,不滥用纳税人的一分钱,力争以最优的价格采购到最适用的商品。

英国政府采购规定公共部门及其他公共机构进行采购时可自主选择竞争方式,从价格与质量两方面决定采购所需要的物品和服务。公平、公正的政府采购行为可以使政府采购供应商之间的竞争合法有序。由此可见,英国政府采购的主体是政府公共部门以及其他公共机构,政府采购的客体是物品和服务。

②采购方式与程序

英国政府采购的基本方式是合同决标,要求被精心挑选出来的供应商凭各自的生产产量、产品规格和生产执行情况进行竞争性投标。对于以价格为主要因素又相对简单的合同,各部门可以采取公开招标方式,让更多供应商参加投标竞争。而对于较复杂的合同,如私有经济项目,则应采取协商和竞争投标相结合的方式进行。对于少数极为复杂的合同,则应采取有竞争性的协商谈判方式。同时,对于极廉价的采购或极例外的特殊情况,可采取单方投标(单一来源采购)的方式。另外,也存在投标后再协商(如果是符合道德的),进一步实现"物有所值"原则,也可以更好地利用资金和改进合同细节,对买卖双方都有益处。

英国政府采购程序主要有以下几个步骤:第一步是制订采购计划。"英国预算支出部门一般制订三年的采购计划,计划编制完成后,由财政部门专门负责备案支出部门的管理人员,对三年计划每年进行一次评估。"第二步是确定政府采购负责人,负责人手下应当有一名律师助手和一名会计师或审计师助手,确保政府采购能够依法进行。第三步是发布采购的信息或招标通告,必须由律师来起草,并发表在指定的刊物上。第四步是采购合同的签订,不同金额的采购合同要由不同授权权限的采购官员负责签订。第五步是对采购的评估,主要是对采购进行监督,采购项目可能会被专家进行抽查,评估包括从制订采购计划到履行合同的全过程。

③管理监督制度

英国政府采购是在政府政策、预算控制、个人责任和议会监控的前提下进行的。首先,财政部根据预算制定收入和借贷制度,对未来三年中每年的公共支出作一个"总预算",并在各部门支出和应急备用资金之间提出预算分配建议。其次,政府部门的所有支出都要求有议会的授权,这是一条基本原则。再次,在政府采购过程中,每个部门都有一名会计官员,他们必须密切关注财政部颁布的《采购政策指南》和《采购实施指南》,对公共财政进行恰当管理。最后,各部门支出受议会"公共支出委员会"的监控,该委员会受"全国审计办公室"的监督。

英国对政府采购质量的要求十分严格,在采购合同中会明确规定采购方和供应商的责任,以及违约的处理办法。合同的履行过程由相关部门进行监督,最后还有采购评估环节。如果供应商认为自己的权益遭受了侵害,可以向专门的受理机构进行申诉,也可直接向法院提起诉讼。在实践中,由于监督完善,英国供应商权益受到侵害的情况鲜有发生,法院处理的供应商诉讼案件也较少。

(3)日本

日本政府采购是以各个采购主体分别订立采购合同的方式进行管理的。与中央政府有关的采购程序规定包含在《会计法》(Account Law)及相关法规中,与地方政府有关的采购程序规定包含在《地方自治法》(Autonomy Law)及相关法规中。中央政府有权对所有的政府采购进行监督。日本是世界贸易组织《政府采购协议》(以下简称《协议》)的签字国之一,因此日本国内所有的有关政府采购法律法规中的规定都与《协议》相一致。

①适用范围

日本政府采购适用主体范围为《协议》附录1、2、3中详细说明的采购实体信息。运用具体列举的方法,列明了受协议约束的采购机关,包括附录1中的中央政府采购实体、附录2中的次中央实体、附录3中的其他性质的采购实体。这种方式消除了范围空泛的弊端,避免缔约方自行解释从而各自行事。《协议》为各缔约方的政府采购活动确定了采购执行机构的范围,并明确了各级政府采购执行机构的采购范围。

日本政府采购适用的对象为在《政府采购协议》附录中规定的门槛金额以上的产品和服务的购买和借入。其中,产品是指根据日本相关法规,除了现金和有价证券以外的动产和著作权法规定的项目。服务是指《政府采购协议》附录中规定的项目(电子通信设备,医疗技术及电脑领域的服务适用各自的自主性规定)。日本采购机构(不包括地方政府)对于门槛金额作出更加严格的限制,自愿将《协议》规定的产品13万SDR(特别提款权)及服务(除建筑服务和相关技术服务)1 600万SDR的标准额分别降至10万SDR和1 200万SDR。

②采购方式与程序

日本政府一直执行以"公开招标"为基础的非歧视性采购方式。在政府采购领域,日本长期以来没有对货物原产地或供应商国籍进行过限制。日本一直采用公平、公开、透明的政府采购程序,自1996年以来,这种程序已经扩展到了服务采购领域以及地方政府和其他机关的采购。日本国内的供应商没有被授予任何特权或者地方性的保护。在计算机产品和服务、电信产品和服务、医药产品和服务、建筑业等重要方面,日本的中央政府机构和其他机构的政府采购都服从于《协议》(地方政府机构的采购除外),因此日本已经主动承担了比《协议》所要求的更多的义务。

日本法律规定了三种类型的招标方式。一是公开招标(open tendering)。在"公开招标程序"中,每个采购机关必须在官方政府公告(Kampo)或者与地方政府相应的公告上对其准备进行的采购进行公告,并邀请合格的供应商参加招标程序。出价最低的投标人将获得订立合同的机会。当采购价值高于 10 万 SDR 时,无论是货物采购还是服务采购,一般都要求采用公开招标的方式,但是建筑工程项目和相关技术服务项目除外。二是选择性招标(selective tendering)。在选择性招标中,采购机关也必须在政府公告或地方政府相应的公告上对其拟进行的采购项目进行公告,并说明选择标人的条件要求。采购机关通过审查,在符合条件的供应商中确认参加竞标的供应商。最终在这些参加竞标的供应商中,出价最低的将获得订立合同的机会。三是单独招标(single tendering)或限制性招标(limited tendering)。在单独招标中,基于特殊情况,采购机关可以不通过竞争性程序而直接与选定的供应商订立合同。原则上,要想参加公开招标或选择性招标,供应商必须从采购机关处得到资格认证,必须持续列名于供应商名单中并且得到采购机关的确认。

日本政府采购程序也与政府采购规定一致:首先,投标。投标者通过在官报、县报指定的日期和地点递交投标书投标。其次,开标。开标在官报、县报公告的时间、地点,在投标者或其代理人在场的情况下进行。最后,决标。决标由合同负责人根据交易的实际价格、供给情况、履行的难易程度、数量的多少、期间的长短等预先算出预计价格的上限,预定价格内以价格最低者中标。此外,各机构须将中标结果告知所以投标人,并将该采购内容、决标日期、决标方式、决标价格等在官报、县报予以公告。供应商也可在各机构的政府采购商谈窗口获取相关中标信息。

③管理监督制度

日本首相办公室内设立的政府采购复审办公室负责实施《协议》规定的相关招标投标程序。中央政府机构的采购事宜则由政府采购复审委员会主管,为了保证对合同的争议能够得到公正和中立的处理,政府采购复审委员会建立了特别程序。此外,一些政府机构和城市则建立自己的独立程序来处理与《协议》有关的采购进程中发生的争议。

9.2.2.2 不同国家政府投资支出立法与管理的经验

(1)美国

①立法现状

在立法方面,美国为了保证政府投资效益的实现,基本建立了严密的政府投资法律法规体系。美国的各个州结合自身的实际情况,也设立了科学的政府投资组织体系,制定了严格的政府投资操作程序和相应的政府投资监督机制,一直在实践中不断完善所有的法律法规,使政府投资产生应有的社会效果。美国有关政府投资项目的法律法规有:美国国会颁布的订立政府合同过程中的诚实法律、美国国会颁布的订立政府合同时促进公平竞争的法律、美国联邦采购政策办公室制定的《联邦采购规章》以及每一个行政机构制定的部门规章制度。此外,美国政府投资项目的合同管理还必须受到一些公共法律的约束,如合同法、企业法、小企业法等。

②投资方式与程序

在美国,政府投资项目又称为工程采购,是美国政府采购的三项内容(货物采购、工程采购及服务采购)之一,因此,政府投资项目招投标管理应用的是政府采购的有关法规体系。在政府投资项目中,选择承包商的主要程序是密封投标和竞争性谈判。在特殊情况下,也可以采用单一来源采购。美国政府投资程序也遵循政府采购程序的三个阶段:确定采购目标、签订采购合同、监督合同履行。

③管理监督制度

1787年,美国的国家结构形式发生了改变,即邦联制改为联邦制,美国以统一的联邦政权为基础,允许各州拥有一定程度的自主权。联邦政府、州政府和地方政府三方主体对各自的政府投资分别进行管理,美国对于政府投资建设项目的管理分为自行管理、部分自行管理和全部委托监理公司管理三种主要形式。美国政府投资兴办公共设施主要有两种方式:一是政府有关部门直接承办建筑工程;二是就具体工程与私人经济部门签订合同,只保留设计、监督和初期雇佣条件等权力。美国具有高度发达的现代市场经济,私人部门享有完全的自主经营权,政府只能通过市场机制向私人部门购买需要的产品和服务。

为防止政府投资项目实施中的腐败行为,保证投资效果,美国政府也建立了相应的监督机制。对政府投资工程实施监督的部门主要有政府行政机关的检查总局、国会的总审计署办公室和联邦法院。除此之外,也对政府雇员、业主代表、承包商、设计人员、项目经理等在职业道德和敬业精神方面进行内在约束和采取激励机制,有效地保证了工程建设的进度、质量与费用控制。因此,美国的管理监督机制较为全面,约束力更强。

(2)德国

①立法现状

德国是以"社会市场经济制度"为核心的经济模式,是一种吸收了计划经济的合理成分又对其加以改造的市场经济。在这样一种经济模式下,尤其是第二次世界大战后和两德统一后国家需要大规模重新建设,政府投资规模迅速扩大,使得政府投资必然成为政府的一项重要职能。德国政府投资的法律规范主要是一些有关建设投资项目的法律,包括《联邦建筑法》《建筑产品法》等。虽然德国有关政府投资的法律规定比较单一,但是每一部法律法规都对政府投资进行了全面规定,做到宁缺毋滥。此外,德国各州还根据自身的具体需要,制定地方性的政府投资建设管理法规条例,进一步完善了政府投资法律体系。

德国三级政府在项目投资上划分的各自投资范围是:联邦政府主要负责一般的国道、高速公路和邮电等大型项目投资;各州政府负责各州的教育、医疗等投资;市镇级政府主要投资社会福利等方面。德国的政府投资决策主体非常广泛,"政府投资决策参与者包括交通、建筑和房屋部、财政部,交通、建筑和房屋部主要负责国土规划、城市建设、住宅建设、建筑业管理以及道路交通等方面的行政管理工作,大多数政府投资项目的建设与管理,以及耗资巨大和旷日持久的东部建设也由该部负责"。

②投资方式和程序

政府投资项目的主要方式是通过财政进行投资。财政投资可分为直接投资和间接投资两种方式。直接投资主要是修建高速公路等一些公共设施;间接投资则以津贴、补助形式给企业以支持。为了促进德国经济的发展,政府在基础设施等方面越来越多地采用直接投资的方式,从而形成了大量的政府投资项目。

在决策程序上,由两步审查程序构成:第一步,政府投资项目的立项一般由项目使用者向财政部提出申请;第二步,再由财政部和建设部共同审查,充分保证政府投资决策的合法合理性。德国政府投资项目的预算管理完备,具有极大的权威性、科学性和强制性,对上报的项目预算审核严格细致,对预算执行结果考核也分阶段把关。

③管理监督制度

德国政府投资的管理机构主要包括交通、建筑和房屋部、财政部、联邦建设有限公司、联邦铁路股份有限公司、州建设局,每一个管理机构各司其职、独立履行职责,不受任何政府当局的干涉,能够真正实现政府投资的价值。政府投资项目的建设管理主要由两部分组成:第一,通过公开招标选择承包商,公开招标使政府投资的建设主体单位能够公平参与竞争,保障每一个投标人的权益,防止政府投资利用招投标过程寻租腐败;第二,工程运行受到检查审计,在政府投资项目施工过程中,审计署可以对政府投资项目使用资金情况定期审计,建设部门可以对政府投资项目执行情况进行突击检查,而政府投资的主体必须严格遵守各项法律规定,不得随意改变已批准的政府投资项目计划和经费,不得违反国家土地规划和使用的基本规定。

德国对政府投资实行严格的三级监督机制。一是专门的内部监督机构,联邦建设部门专门设立了由国务秘书直接领导的内部监察处,依据《联邦政府官员法》,对政府投资有关人员在决策过程中的行为进行监督;二是审计监督,审计署是联邦德国根据《基本法》规定而创设的不受政府和任何部门制约的独立机构,审计署根据《基本法》的规定,对建设项目的法律性和经济性进行审查,对决策者的舞弊行为形成制约;三是通过联邦议会进行监督,与此同时,议会也要受到新闻舆论的监督。此外,德国对国家公务人员贪污腐败的处理非常严格,一旦政府投资中的国家公务人员出现权力寻租的贪腐问题,都会被无限期地解除公职并追究相应的刑事责任。

(3)日本

①立法现状

日本在第二次世界大战后,为了振兴战争后颓败的经济,制定了许多刺激经济复苏增长的政策,政府投资作为国家调控经济的主要方式被广泛实行。政府投资立法频繁被制定,相继颁布了多部与政府投资有关的法律,如在经济恢复时期颁布了《财政法》《地方财政法》《国有财产法》等,在经济高速增长时期颁布了《河川法》《城市计划法》,在稳定增长时期制定了《国土利用计划法》等。日本政府每开展新投资或者变更一项比较重要的投资,都要事先制定或修改法令,然后再进行投资活动。这一系列的立法活动完全将政府投资纳入立法的保护与监督之下,政府投资因此保持了应有的连续性、稳定性和严谨性,极大地促进了整个社会经济的发展与进步,政府投资也充分发挥了其作为国家实施宏观管理的重要方式的作用。

日本政府是政府投资决策主体的最重要组成部分,为了弥补市场的失灵与缺陷,其投资主要指向国家的各项公共事业和基础事业领域,与政府的产业政策相配合,这也是日本政府投资的一个显著特征。第二次世界大战以后,政府投资支出在国家财政支出中占有很大的比重,促使日本经济发展取得一定的成就,也说明了特定阶段的重点发展产业主要是政府投资所涉及的领域。日本的政府投资主体按照行政区划主要由三个层级组成,分别是中央政府投资、都道府县和市町村投资,政府投资的资金来源主要是邮政储蓄和养老金,以及通过财政债务方式从市场中筹措。

②投资方式和程序

在日本,公共工程(政府工程)的投资必须遵守世界贸易组织的《政府采购协议》以及日本会计法规、建设业法和民法等各种法规,其适用的法规对工程招投标活动及其过程进行约束。因此,对于政府投资项目的招标方式,同样符合日本法律所规定的政府采购方式:公开招标(open tendering)、选择性招标(selective tendering)、单独招标(single tendering)或限制性招标(limited tendering)。

日本政府投资程序也与政府采购规定一致,共经历投标、开标、决标三个阶段。值得注意的是,首先通过资格审查,判断中标者的合同履行能力,在能满足采购机构一定的品质、规格要求的情况下,原则上只通过价格选定中标商。这样能防止合同负责人在决标中过分行使自由裁量权。

③管理监督制度

日本对于政府投资的全程管理以采取分工负责制为原则,中央政府设有国土交通省这一机构,国土交通省全面负责国内社会公共利益有关的政府投资项目管理,剩下的政府投资项目交给有关部门管理,隶属于日本首相府的环境厅、国土厅也是政府投资建设活动的指导、监督和管理者。日本的地方自治法规定,行政管理有一定的地方独立性,国土交通省是全国的行政管理者,而各都道府县是地方的管理者。日本政府投资的建设工程通常是通过招投标方式进行的,国家有专门的《会计法》《预算决算及会计令》和《地方自治法》来保障政府投资招投标严格依法进行。对于政府投资公共工程,承建单位中标之后要与政府签订工程承包合同,合同双方要忠实地履行合同内容,并且日本有专门的公共工程标准承包合同条款,以此来严格规范政府投资管理制度。

第二次世界大战后,日本政府为了迅速发展国家经济、改善国家经济的颓势,政府用于政府投资的财政支出过大导致国家财政赤字高居不下,财政形势极度恶化。政府投资盲目导致大量无用工程的出现,政府投资效率低下,资源浪费现象十分严重,也发生了严重的腐败现象。面对这一系列挑战,日本政府及时启动改革措施,构建了政府与私人共同投资组建项目管理机构,还借鉴英国的私人主动融资方式以充分发挥民间资本的作用,进而完善政府投资的监督管理。日本中央政府还从改进政府投资开发计划的决策过程、加强政府投资项目的后评估建设、合理划分中央和地方政府的投资权限、不断健全政府投资招投标制度、加强信息披露制度的构建等方面入手,全面促进日本政府投资监督管理体系的提升和完善。

9.2.3　财政购买性支出立法与管理的总结性评述

9.2.3.1　我国购买性支出立法与管理存在的问题
(1)相关法律法规之间不协调

上文梳理中发现美国和英国都拥有比较完善的政府采购法律体系,尤其是美国,联邦政府虽然没有出台专门的政府采购法律,但是围绕政府采购的方方面面已经制定了多部相关法律法规,FAR 在美国政府采购的相关法律中起到指导和引领的作用,要求各州在制定本地区的适用法律法规时都不能脱离 FAR 的规定。因此,尽管美国的政府采购法律体系非常庞大,但是各个法律法规之间的协调性较强,操作过程中也不存在冲突。英国是不成文宪法国家,但关于政府采购的法律法规的内容比较多,对于政府采购经验不足的人员来说,要不断熟悉法律法规的内容,不断积累实际经验,才能较好地运用这些法律法规。英国的各项法规法令分别规定了政府采购制度的不同方面,多而不乱、并行不悖,几百年的实际运用经验使得各项政府采购的规则保持很好的统一性。而中国有关政府采购的法律体系不够完善,尤其是中央、地方对政府采购制定了大量法规条例,这些法规条例之间并不统一也不协调。在《政府采购法》颁布之前,财政部于 1999 年 4 月 17 日发布《政府采购管理办法》,此后又颁布了一系列规范政府采购招投标、政府采购合同、政府采购信息公告等部门规章,而各地方政府又制定了有关政府采购的地方性法规或规章。这些地方法规和部门规章,由于政出多门,没有进行统一的论证和科学的制度设计,条块分割情况十分严重。所以,尽管有这些法规、条例、办法,但政府采购市场仍然处于比较混乱的状态。《政府采购法》实施之后,原有与《政府采购法》不适应或不协调的地方性法规和规章也没有得到及时修改,更没有进一步制定《政府采购法》的具体实施细则及配套规章制度。此外,《政府采购法》也没有与《招标投标法》等法律的内容保持完全一致,在实际采购过程中容易出现法律漏洞。

(2)购买性支出适用范围较为狭窄

①适用主体局限

《政府采购法》对政府采购适用主体的规定较为局限,但已经不再符合财政资金的事实使用现状,也脱离政府采购法的立法目的。首先,目前使用财政性资金的部门已经不仅仅是国家机关、事业单位和团体组织,有些国有企业资金来源也是财政性资金。其次,随着政府采购功能日益拓展,政府采购已经具有了经济社会宏观调控职能,需要借助市场主体来协助采购公共物资,进而提高采购效率,因此拓展政府采购主体是必然之势。我国大量国有企业系由国有全额持股或控股或参股,其经营资金大部分来源于财政性资金。如果国有企业采购不纳入政府采购,其利用财政性资金进行采购的行为将难以得到有效的法律控制,不仅会降低财政资金的使用效率,也会引发贪污腐败问题,这严重背离了国有企业的公益性和公共性属性。为此,世界贸易组织《政府采购协议》首先对采购主体进行了扩张,由政府机关扩展至"其他实体或企业"等,并确立了其他实体或企业范围的界定标准。不论是考虑到采购事实变化还是国际经验,我国确立的"采购实体"存在局限性,并不利于政府采购的实践发展。

②适用客体狭窄

政府采购对客体范围的界定也较狭窄,且没有考虑到商品、工程、服务之间的混合性问题。首先,关于货物。我国《政府采购法》对货物界定为"各种形态和种类的物品,包括原材料、燃料、设备、产品",但《货物、工程和服务采购示范法》的定义更为宽广,还包括"固态、液态和气态物体,电力",此外还包括货物的附带服务,但条件为"附带服务的价值不超过货物本身的价值"。其次,关于工程。我国《政府采购法》仅规定为"建筑物和构筑物"的建筑工程,尽管《招标投标法》将其扩展至"勘察、设计、施工、监理以及与工程建设有关的重要设备、材料",但仍没有达到《公共采购示范法》的界定范围,《公共采购示范法》中还包括"工程附带的服务,例如钻挖、绘图、卫星摄影、地震调查和其他类似服务,条件是这些服务的价值不超过工程本身的价值"等。此外,我国《政府采购法》将其采购客体规定为"货物、工程和服务",而对三者的解释也采取并行的思路,并没有考虑到三者之间的混合类型。随着现代科技发展,货物、工程中的高科技含量及技术标准大幅提升,货物、工程采购中可能包含附属的服务,如果按照当前我国《政府采购法》的立法规则,这部分"附属服务"不属于"货物、工程采购"的范畴,这显然是将其与本体割裂开来,不符合事物本质,因此体现出《政府采购法》中采购客体方面的缺陷。

(3)政府采购方式规定简化、程序简单

我国《政府采购法》规定了多种政府采购方式,但以公开招标为主。各种政府采购方式的规定中并没有提到具体的金额数据,没有明确规定符合何种"特殊情况""标准"才能选择公开招标之外的采购方式,较为简化。由于对金额高低没有明确规定,使得采购部门人员的主观臆断较强,拥有较大的自由裁量权,导致部分政府工作人员可以随意确定具体数额标准,进而形成漏洞,引起不法分子从中获利。除公开招标外,其他采购方式主次如何划分?其他采购方式可否自由选择?若可以,采购人有太大的自由选择空间,容易产生腐败;若不可以,究竟如何排序,我国也未作出相关规定。除了政府采购方式之外,我国政府采购程序的设计也不够规范。第一,缺乏规范、统一的供应商资格审查机制。现今仍然有一些地方政府使用简单的资格审查程序,并不能真正获得供应商或承包商的真实信息,而且地方政府存在"暗箱操作",为了保护相关行业企业,存在歧视性待遇。第二,我国政府采购信息公开程度较低,《政府采购法》并没有明确规定违反政府信息公告制度的责任。第三,对于中标项目没有最终明确规定,采购部门自由裁量权力过大,更易导致采购实体滥用权力。第四,政府采购合同授予规定过于简单,没有关于合同履行和担保的规定,忽视了司法机关的作用。

(4)缺乏完善的监督和救济机制

第一,监督和执行分而不离,导致政府采购活动不规范。《政府采购法》第60条规定,政府采购监督管理部门不得设置集中采购机构,不得参与政府采购项目的采购活动。但在实际采购中,政府采购监督管理部门往往成了集中采购机构的主管部门,事实上参与了政府采购活动,这是既为"运动员"又为"裁判员"的体制,使得政府采购监督机制形同虚设,开展采购活动趋于随意化、非规范化,进而难以保障采购的产品、服务或工程的质量。同样,这类问题也出现在政府投资活动当中,不完善的监督机制不利于监测到每一笔财政资金的投资效率与最终成果。

第二,救济机制并未落实到位。我国的《政府采购法》对政府采购过程中的质疑与投诉问题虽然设立了专章,也规定了政府采购活动中质疑和申诉的事项、时间、程序,对处理结果不服或者逾期未处理的,还可以依法申请行政复议或者行政诉讼。但是,地方政府不够重视政府采购相关的申诉和救济制度。在法规层面上,很少有地方性法规对申诉和救济作出明确规定;在操作层面上,由于招标采购不是具体行政行为,因此供应商无法对投标争议提起行政复议或行政诉讼。而且在招标阶段,由于供应商与采购机关之间尚未成立合同,因而缺乏民事请求权的基础,即使有争议也不能提起民事诉讼。因此,这种不完善的申诉与救济机制极大地损害了供应商的利益。同样,这类问题也出现在政府投资活动当中。但国外政府采购制度允许供应商在遭受损失时,或者说在政府侵害其合法权益时进行申诉,还成立专门的受理机构来处理,对处理结果不服时,也允许供应商提起诉讼。因此,我国目前的法律与机制并不能完全保护供应商的利益和权利,不通畅的申诉和救济渠道导致供应商求助无门。

9.2.3.2 我国购买性支出立法与管理的展望

(1)落实财政基本法的制定

无论是政府采购还是政府投资活动,都离不开一套完善的法律体系来进行规范。虽然我国为政府采购、政府投资等政府购买性行为制定了多部法律法规,较为典型的是《中华人民共和国政府采购法》《中华人民共和国政府投资条例》,但是还缺少一部财政基本法,对政府购买性支出的原则作出更为一般的规定。

我国现行的购买性支出法律大多存在立法层次较低的问题,绝大多数是行政法规,无法为深化财税体制改革提供立法保障,也正因为立法层次较低,政府在执行时往往随意性较大,缺乏规范性和约束力,导致执法效果不佳。另外,由于缺少上位法,法律法规之间虽然相互交叉,但是也会相互矛盾。例如,《政府采购法》没有与《招标投标法》等法律的内容保持完全一致,在实际采购过程中容易出现法律漏洞。因此,我们应当严格按照中央"先立法,后改革"的要求,树立深化财税立法的系统思维,力求做到:上位法先行,构建法律体系,法主规辅,形成法治主体结构,依法推进改革。深化财税体制改革的首要任务便是制定统领财税工作的上位法,即财政法。财税体制深化改革所涉及的都是财税领域的重大问题,如政府间财政关系、税制结构、财权配置等问题,必须按照法定原则予以处理,显然任何单项法规是无能为力的,所以只能由作为财税领域基本法的财政法予以规范。反观世界其他国家,有关财税基本问题,大多体现在高阶位法律层次之中。有些国家(意大利、美国等)将财税立法问题纳入《宪法》的相关规定,有些国家(日本、韩国等)有专门的财政基本法。因此,我国在财税体制深化改革中,需要落实财政基本法的制定。

(2)完善我国购买性支出的适用范围

第一,将相关国有企业纳入政府采购主体范围。我国国有企业规模庞大,就其性质而言,既有营利性的非公共性企业,也有不以营利为目的的公用企业。更为复杂的是,即使是传统上非营利性的公用企业,也会从事营利性的活动,或者其部分业务具有完全的竞争性。因此,建议根据竞争性标准来区分国有企业,将国有企业划分为两类:一类是经营性国有企业,另一类是政策性国有企业。对于经营性国有企业,不纳入采购主体范围,进而保障其经营自主权,适应激烈的市场竞争需要。而对于政策性国有企业,特别是一些公用事业单位,实质上是政府职能的延伸,不存在市场竞争性质,既履行了政府在生产领域的职能,也需要政府对其产生的亏损负责,因此应纳入采购主体范围,便于政府管理与监督。

第二,重新界定货物、工程和服务的范围。首先,将货物和服务相结合的采购形式纳入政府采购的客体,并对这种结合情况做细致说明,以货物和服务所占总采购比例的大小来确定到底是适用货物的标准还是服务的标准。其次,对"工程"进行合理界定,建议《政府采购法》将"工程"的范围予以扩大,将设计、工程、监理以及与工程建设有关的重要设备、材料的采购等原本排除在工程的范围之外的也纳入进来,减少与其他法律规定之间的矛盾,并实现与国外政府采购规范的衔接。最后,增加采购客体的种类,逐步将中小学免费教科书、药品、农机具等关系群众利益的项目以及知识产权和专利权等形式纳入采购客体。现代政府采购复杂多样,目前的规定难以满足社会需求,我国应在未来的立法修正中视具体经济情况借鉴国际惯例,适当增加采购客体的种类。

(3)促进采购与投资方式多样化和具体化

关于政府采购方式,首先,以竞争性强弱作为政府采购选用的标准。按照竞争程度的强弱,将我国采购方式排序为:公开招标式、竞争性谈判方式、邀请招标、询价、单一来源采购。如果采购的实际条件满足多种采购方式,采取竞争性最强的方式,进一步保证采购的公正、公平。其次,明确采购项目的限制金额标准,根据具体环境和具体项目,均应设置确定的上下限金额,进而有利于客观判断采取何种政府采购方式。此外,建议政府确定采购方式时应综合各种相关因素,不要将金额作为决定因素,供应商的履约能力、产品质量等也十分重要。

最后,政府采购程序应根据采购方式的不同而有所不同,但应健全政府采购信息的公开机制和供应商资格审查准入机制。建议政府建立一个综合的系统或机构来传播政府采购信息,涵盖政府采购的方方面面,不仅节约成本,更有利于信息的公开。进一步地,建立独立的复审机关,对通过资格审查的供应商再审。在双方履约完成后,应建立专门的部门对整个采购过程进行评价,不断完善评价规则,进而保障采购全流程的顺利进行。

(4)健全监督救济机制

第一,设立独立的监督机构。无论是政府采购还是政府投资活动,要保证产品或服务的质量,就应建立相应的监督机构。很多国家单独设有监督机构来监督政府采购行为,如日本的政府采购审查委员会、英国由负责管理贸易申诉的行政法庭来负责。监督机构最大的特征就是保持独立性,才能保障政府采购的顺利进行。尽管我国也对政府采购和政府投资行为进行管理和监督,但监督部门隶属于政府,与政府其他部门之间存在复杂关系,缺乏独立性,因此今后我国要协同社会组织、相关专业领域人员建立一个独立的监督部门来管理政府采购行为,保证政府采购的公平、公正、透明,也保障采购物资的质量和履约效率。

第二,建立科学的具备可行性的行政救济机制。在政府采购活动中,供应商的救济制度对规范政府采购活动起到一定的约束作用。但是,在《政府采购法》中有不少质疑投诉前置环节,存在投诉效率低下、上诉无门的情况。因此,应不断完善救济机制,畅通投诉渠道,简化投诉流程,提高投诉效率。例如,供应商对行政机关的行为不服,既可以选择质疑投诉后再提起行政复议或行政诉讼,也可以直接进入行政复议或者行政诉讼程序,这样既省时又省力,还可以及时维护救济供应商的权益。

9.3 财政转移性支出

分税制改革实施的 20 多年以来,中国财政转移性支出的规模不断扩大,结构日益优化,分配方式逐步完善,有力推动了经济社会快速发展。但是,随着生产方式和生活方式的快速改变,与财政转移性支出相关的制度环境不断变化,制度异化问题随之而来。在新的形势下,结合中国经济发展实际,借鉴国外发达国家在财政转移性支出立法的经验,探讨和分析财政转移性支出制度的矛盾、问题及深层次原因，提出下一步财政支出立法方面的意见和建议，具有重大的现实意义。

9.3.1 中国财政转移性支出的法律法规

9.3.1.1 财政转移性支出的历史沿革[①]

财政转移性支出是财政体制的有机组成部分，不同的财政体制具有不同的财政转移支付实践形态。对财政转移性支出的把握，必须将其置于财政体制的框架下进行，在了解财政转移支付历史变迁前，必须把握中国财政体制的基本发展历程。中国财政体制是和基本经济制度改革紧密联系的，如果对其发展历程进行概括式的简单总结，就是从计划经济下的财政体制转变为适应社会主义市场经济的财政体制。下面来回顾中国财政转移支付制度的发展历程，从新中国成立之初至今的财政转移支付制度可划分为如下三个阶段：

（1）财政转移支付雏形期——以非规范化为特点（1951—1993年）

新中国成立以后，基于当时经济社会调控的需要，实行高度集中的财政管理体制，国家财政管理权限统一归中央政府，一切财政开支统一由中央拨付，地方收入与地方支出基本上不发生联系。1951—1952年，开始实行初步的分级管理，地方财政每年由中央核定一次预算，不足部分由中央补助，多余的则上解中央，财政转移支付的形式有全额补助、收入分享、体制补助和体制上解。"一五"时期，在"集中统一与分级管理相结合，侧重集中"的财政体制下，实行收入分类分成办法，财政转移支付的形式有收入分享、专项拨款。"大跃进"时期，进行探索适合中国国情的责权利相结合的重大改革，如尝试"以收定支、五年不变""总额分成、一年一变"等不同财政管理体制，虽然改革方向是正确的，但由于各种主客观原因的影响，并未达到预期目的，此时的财政转移支付形式有收入分享、体制补助、体制上解、中央专项拨款。1961—1965年调整时期，实行比较集中统一的财政管理体制，相对缩小了地方财权，"集中得合理、分散得适度"，财政转移支付形式有体制补助、体制上解、中央专项拨款。"文化大革命"期间，财政体制变动频繁，实行了"收支两条线""收支大包干""收入固定比例留成""收支挂钩、总额分成"等不同办法，但收效甚微，基本上是维持过日子，财政转移支付的形式主要有全额补助、包干上缴、体制上解、差额包干补助和体制补助。1977年

[①] 叶平（2009）。

在江苏省进行固定比例的包干试点,继而于1978年在10个省市实行"增收分成、收支挂钩"的办法,1979年在全国大部分地区推行"收支挂钩、超收分成"办法,为之后的财政管理体制改革积累了一定的经验。这段时期的转移支付形式主要有总额收入分成和专项拨款。1980年,将过去全国"一灶吃饭"改为"分灶吃饭",对于包干比例和补助数额的时间也有所调整,允许多种体制并存,调动了地方的积极性,但由于中央财力不足,统支的局面没有得到大的改观,财政转移支付的形式较之前也没有大的变化。1985—1987年,由于条件不具备,事先决定的"划分税种、核定收支、分级包干"的财政管理体制被搁置,实行的总额分成办法在实践中成效平平,财政转移支付的形式主要有总额收入分成、定额补助、比例上解、定额上解和专项拨款,专项拨款自1985年之后呈现逐年增加的态势。1988—1993年实行财政包干体制,财政转移支付的形式没有什么变化,只是财政转移支付的范围更为广泛,专项拨款依然逐年增加。

(2)财政转移支付建立期——以过渡期为特点(1994—2001年)①

1994年,中国开始了以分税制为特征的财政体制改革。与以往历次财政体制改革不同,1994年的分税制改革是新中国成立以来调整利益格局最为明显、影响最为深远的一次。虽然改革尚有不完善和不彻底之处,但在不涉及重大政府职责改革的情况下,国家财政收入稳步增长,占GDP比重较为适中;同时,中央财政收入占全国财政收入的比重有较大幅度提高,中央宏观调控能力得到加强,形成了较稳定并趋于合理化的转移支付制度。

过渡期财政转移支付的基本原则是:第一,不调整地方既得利益,保持分税制的相对稳定;第二,兼顾公平和效率,力求规范、合理,在考虑各地收入的基础上尽力调动地方积极性;第三,有所侧重,向少数民族地区适度倾斜,缩小地区之间的差距。同时,过渡期财政转移支付在体制补助方面进一步规范化、科学化,并建立了有效的激励机制。这段时期的财政预算管理体制中使用的转移支付形式包括定额补助、专项拨款、结算补助和税收返还。顾名思义,使用"过渡期"这一词汇,表明决策层对财政改革最终目标的坚定决心和在当时实际情况下所采取的务实态度。这一时期,中国正式提出"转移支付"的概念。1993年十四届三中全会通过的《中共中央关于建立社会主义市场经济体制若干问题的决定》指出:"近期改革的重点,一是把现行地方财政包干制改为在合理划分中央

---

① 实际上,在分税制过程中,税收返还是财政转移支付的主要表现形态。

与地方事权基础上的分税制……实行中央财政对地方的返还和转移支付的制度,以调节分配结构和地区结构,特别是扶持经济不发达地区的发展和老工业基地的改造。"从 1994 年开始实行的分税制财政管理体制、从 1995 年开始实行的过渡期财政转移支付办法是中国当前均衡财政转移支付制度的雏形,具有开创性的历史意义。同之前的非规范化财政转移支付相比,过渡期财政转移支付改变了长期以来的决定机制和分配方式,采用"因素法"代替"基数法",实现计算方法的科学化、规范化,使中国财政转移支付制度向规范化迈了一大步。然而,财政转移支付以政策为依据而执行的特点仍比较突出。

(3)财政转移支付发展期——以规范化为特点(2002 年至今)

1994 年之后,新体制运行中的负面问题逐渐浮出水面,如基层财政困难日益加重、不同地区财政之间差距不断扩大等。决策部门的基本认识是,这些问题主要来自改革的不彻底性,财政部官员曾在不同场合做出类似表态,"1994 年分税制改革是基于当时的历史条件而搭起的一个制度框架,随着市场经济的发展,它还需要不断完善""受客观条件制约,现行财政管理体制中还存在政府间支出责任划分不清、基层财政困难等问题",以及"分税制财政体制改革后,大多数地区没有触动既得利益,也没有根据经济发展情况的变化适时调整省以下财政管理体制。同时,省级和地市级安排的转移支付资金较少,一些地区甚至将中央的转移支付资金留在省本级,致使部分县乡财政困难加剧"。

2002 年,国务院决定实施所得税收入分享改革,明确中央财政因改革增加的收入全部纳入一般性转移支付,实行统一分配。这一时期财政转移支付立法的主要特点有:中央层面的立法数量大增;地方性转移支付立法开始普遍化。这一时期规范财政转移支付的依据主要有《农村税费改革中央对地方转移支付暂行办法》《财政部关于 2002 年一般性转移支付办法》《中央对地方专项拨款管理办法》等,以政策主导财政转移支付的特征更为突出。从 2002 年起,根据《国务院关于印发所得税收入分享改革方案的通知》规定,中央因所得税收入分享改革增加的收入,按照公平、公正的原则,采用规范的方法进行分配,对地方主要是对中西部地区实行财政转移支付。中央通过所得税收入分享改革增加的收入全部进入一般性转移支付,实行统一分配,原来的过渡期转移支付概念不再沿用。

综上,中国财政转移支付制度经历了一个由非规范化逐渐向规范化发展的过程,对于财政转移支付目标有了深入的认识,即不单单是为了弥补地方政府的财政缺口,更重要的是在政府职能转变之后,保证政府有能力为辖区内的居民提供基本一致的公共产品。基于这样的目标定位,财政转移支付的形式也呈现逐渐规范化的趋势,一般性财政转移支付在财政转移支付中所占的比重显著提升。同时,专项转移支付项目依然过多,几乎每出台一项政策,都会辅之以相应的转移支付政策。

9.3.1.2 中国财政转移性支出相关立法现状[1]

经过多年的实践探索,随着市场经济体制的建立和完善,中国政府间事权和财力划分逐步规范,社会保障制度等不断完善,虽然仍存在种种不足,但财政转移性支出相关法律法规日趋成熟和规范已成为不可阻挡的趋势。财政转移性支出是指政府无偿向居民和企事业以及其他单位供给财政资金。根据国际货币基金组织《政府财政统计手册》中的支出分析框架,国内转移支付既有政府间财政资金的转移,又有政府对家庭、企业的转移支付,如养老金、失业补贴等各类补助金;即按照接受对象不同,其分为政府间的转移支付和政府对居民(企业、家庭和个人)的转移支付。

(1)财政转移性支出的相关立法

①政府间的转移支付

A. 全国人大的相关立法条款。2003年,《中华人民共和国财政转移支付法》被列入十届全国人大常委会的五年立法规划,不过,时至今日,该项立法仍然几无进展。据此,在法律层面,中国目前尚没有专门针对财政转移支付的立法,仅《预算法》《民族区域自治法》等少数法律中有涉及转移支付的条款。首先,新《预算法》第16条明确规定,"国家实行财政转移支付制度",该条款在宣告财政转移支付制度法律地位的同时,也为财政转移支付立法提供了重要依据。根据规定,政府间转移支付的目标是实现基本公共服务均等化,其包括中央对地方以及地方上级对下级政府转移支付两种类型,在结构上要以一般性转移支付为主体。其次,《民族区域自治法》第32条赋予了民族地区财政自治权,规定"民族自治地方在全国统一的财政体制下,通过国家实行的规范的财政转移支付制度,享受上级财政的照顾",是中央对民族地区进行倾斜性转移支付的合法性解释。

B. 国务院的相关规范性文件。《国务院关于实行分税制财政管理体制的

---

[1] 廖明月(2018),闻梦溪(2018),柳甜田(2016)。

决定》是国务院各类文件中最早涉及转移支付的规范性文件。《国务院关于印发所得税收入分享改革方案的通知》(国发〔2001〕37号)和《国务院批转财政部关于完善省以下财政管理体制有关问题意见的通知》(国发〔2002〕26号)等规范性文件中也有关于财政转移支付的规定。2007年12月,时任财政部副部长朱志刚表示,财政部已经起草了《财政转移支付暂行条例(讨论稿)》,有望在报国务院批准后于2008年出台,但由于种种原因,该条例未能如期而至。2012年3月,第十一届全国人大五次会议期间,针对代表提出制定财政转移支付法的议案,财政部表示立法时机及条件尚未成熟,宜先行制定《财政转移支付管理暂行条例》,且该条例已被列入国务院的立法计划。同2007年的讨论稿一样,该条例依旧未能摆脱被"搁置"的命运。2015年2月2日,国务院发布《关于改革和完善中央对地方转移支付制度的意见》(国发〔2014〕71号)。中国在法律和行政法规层面,至今没有一部统领财政转移支付顶层设计的立法。

  C. 财政部的相关规范性文件。通过考察现行有效的部门规章,可知财政部、农业部、国家卫生计生委以及国家体育总局等部门均有发布针对财政转移支付的规范性文件。一方面,关于一般性转移支付的规范性文件:其一,《2016年中央对地方均衡性转移支付办法》(财预〔2016〕63号)。该文件对"转移支付额的确定""标准财政收入的确定""标准财政支出测算""转移支付系数的确定""增幅控制机制""农业转移人口市民化奖补资金"和"奖惩机制"等内容作了规定。其二,《中央对地方资源枯竭城市转移支付办法》(财预〔2016〕97号)、《2016年中央对地方重点生态功能区转移支付办法》(财预〔2016〕117号)和《中央财政农村综合改革转移支付资金管理办法》(财农〔2016〕177号)。三个文件属于均衡性转移支付在特定领域的具体化规范,文件主要内容是围绕特定领域的转移支付范围(或补助对象)、资金分配原则和转移支付(应补助额)计算公式等问题展开。其三,《革命老区转移支付资金管理办法》(财预〔2015〕121号)和《边境地区转移支付资金管理办法》(财预〔2015〕122号)。这两个文件是对一般性转移支付中非均衡性转移支付进行调整的文件,分别对革命老区和边境地区的"资金分配和下达""资金管理和使用"等具体问题进行了规定,是较为难得的规范转移支付的文件。

  另一方面,关于专项转移支付的规范性文件:其一,《中央对地方专项转移支付管理办法》(财预〔2015〕230号)。财政部于2000年发布的《中央对地方专项拨款管理办法》是专门规范专项转移支付的文件。但随着转移支付的发展及新的历史条件的出现,财政部有针对性地对原文件进行了大量修改和补充,现已就中央对地方专项转移支付的"设立和调整""预算编制""资金申报、审核和分配""资金下达、拨付和使用""预算绩效管理"和"监督检查和责任追究"等问题作出了更加全面的制度规定。其二,《中央对地方专项转移支付绩效目标管理暂行办法》(财预〔2015〕163号)和《专员办开展中央对地方专项转移支付监管暂行办法》(财预〔2016〕136号)。除《中央对地方专项转移支付管理办法》外,为规范绩效管理目标和加强监管工作、提高财政资金的使用效益,财政部还发布了上述两部规制专项转移支付的法律文件。

②政府对居民的转移支付

除了政府间转移支付外,还有政府对居民的转移支付,比如养老金、失业补助等。从中国基本养老保险制度的建立到明确《社会保险法》以前,多数改革是以中央发布的文件形式进行的。关于基本养老保险制度的法律,最主要的是2010年颁布的《社会保险法》,这是中国出台的第一部规范社会保险制度的法律。涉及基本养老保险的现行行政法规有:1999年的《社会保险费征缴暂行条例》、2010年修订的《工伤保险条例》、2014年的《社会救助暂行办法》。其中,国务院发布的规范性文件包括1997年颁布的《国务院关于建立统一的企业职工基本养老保险制度的决定》、2005年的《国务院关于完善企业职工基本养老保险制度的决定》、2011年《国务院关于开展城镇居民社会养老保险试点的指导意见》。2014年的《国务院关于建立统一的城乡居民基本养老保险制度的意见》,将城镇居民与新农村社会保险并轨建设。2015年国务院颁布的《关于机关事业单位工作人员养老保险制度改革的决定》,规定给机关事业单位职工建立独立于机关事业单位之外的养老保险体系;但在制度模式、缴费率、养老金计算等方面,都参照职工基本养老保险制度的内容。此外,2015年,《国务院关于印发基本养老保险基金投资管理办法的通知》,加强对基本养老保险基金的风险控制和管理。在养老保险改革的发展历程中,各部门都出台了很多部门规章。在基本养老保险的缴费及基金管理方面,2015年出台《关于城乡居民基本养老保险中央财政补助资金管理有关问题的通知》《中央财政企业职工基本养老保险补助资金管理办法》《关于提高全国城乡居民基本养老保险基础养老金最低标准的通知》,加大对各类基本养老保险的补贴。1986年出台《国营企业职工待业保险暂行规定》,该规定对构成失业保险制度的要素进行了相应的说明,如实施范围、对象、资金来源、支付标准及管理机构等,标志着中国失业保险制度的建立。

1993 年,国务院废止该暂行规定,同时颁布《国营企业职工待业保险规定》。1999 年,中国颁布《失业保险条例》,对中国的失业保险制度进行了较大调整,明确参保个人和企业的权利义务关系,实现权利和义务的对等,使其形成一套相对完整的制度体系。在 2010 年通过并于 2011 年 7 月实施《社会保险法》。

(2)财政转移支付资金申请拨付程序

财政转移支付资金申请拨付程序是指财政转移支付项目设定后,地方政府向中央政府申请财政转移支付资金,中央政府向地方政府拨付财政转移支付资金所应遵循的各种规则。中国现行财政转移支付程序可从以下几方面来把握:

①形式依据

在中国没有关于财政转移支付基本制度的统一规定的背景下,关于财政转移支付程序的规定,既没有统一的法律法规,也没有统一的规章,而是散见于各种形式的中央政府部门规范性文件,一般是针对一个财政转移支付项目就有一个管理办法。有些管理办法是以财政部名义单独发布的,如《可再生能源发展专项资金管理暂行办法》;有些管理办法是由财政部和特定财政转移支付项目的主管部门联合发布的,如《中央财政主要污染物减排专项资金项目管理暂行办法》;有些管理办法则是由特定财政转移支付项目主管部门单独发布的,如《农业产业化专项资金项目管理暂行办法》。有些财政转移支付项目则没有公开的部门规范性文件为依据,而是以中央政府部门内部不对外公开的文件形式出现。

②具体步骤

中国现行财政转移支付的具体步骤通常包括地方政府的申请、中央主管部门的批准、资金拨付等。由于财力性转移支付和专项转移支付在转移支付目标、项目具体管理等方面的差异,两者在具体的转移支付程序中又有所不同。

A. 财力性转移支付程序。以一般性转移支付为例,其预算编制与执行规程包括:每年 12 月份前,财政部预算司根据中央财力平衡情况,汇总编制一般性转移支付预算总规模并报国务院审定;国务院批准财政部汇总的中央预算草案后,次年 2 月由财政部代表国务院正式向全国人大提交包含一般性转移支付在内的本年度预算草案;一般性转移支付预算经全国人大批准后,财政部开始向地方拨付资金,基本上是在上半年拨付完毕。

B. 专项转移支付程序。每年 10 月前,财政部预算司将第二年专项转移支付的原则、基本要求、政策方针通过内部签报的形式下发给部内各司;12 月前,财政部根据各司报送的专项转移支付需求规模,按照功能分类编制成专项转移支付预算总规模报国务院审定;国务院批准后,由财政部于次年代表国务院向全国人大提交专项转移支付预算草案;经全国人大批准后,财政部开始进行分配,一部分专项转移支付按照有关规定直接分配到各地区,还有一部分专项转移支付由各地区按照规定提出申请,经审核后予以拨付。

(3)财政转移支付监督管理

财政转移支付监管制度是指各有权监督主体通过各种途径、手段对财政转移支付过程进行监控,以确保财政转移支付规范化运作的制度。对中国财政转移支付监管制度现状的把握,将为反思其中存在的问题提供经验性事实依据,并为构建科学的财政转移支付监管制度提供实证基础。

①部门规范性文件为监管依据

部门规范性文件是中国现行财政转移支付的主要依据,同时也是财政转移支付监管制度的依据。部门规范性文件一般由财政部或者国务院有关职能部门单独发布,或者由两部门联合发布。部门规范性文件对监管制度的规定不一,有些只是笼统地规定转移支付项目必须接受监督,没有具体的监督要求和措施;有的部门规范性文件对财政转移支付监管制度制定得相对较为详细,涵盖监管主体、手段、方式等。

②财政部或者国务院有关职能部门为主要监管主体

中国现行财政转移支付监管制度,监管主体为财政部或者国务院有关职能部门,是由财政部单独监管还是国务院有关职能部门单独监管,或者是由两部门联合监管,则取决于财政转移支付项目管理办法是由谁制定颁布的。管理办法的制定颁布部门与监管部门往往是重合的。有些财政转移支付项目管理办法,当转移支付资金接受主体为省级以下地方政府时,又赋予了省级财政部门或者主管部门一定的监管职责,如《西部地区基层政权建设资金管理办法》第六条规定,"省级财政部门负责制定本地区基层政权建设标准;汇总、编制本地区基层政权建设资金三年项目规划;审核并批准县级财政部门上报的年度项目;组织实施对项目实施情况的绩效评价和监督检查"。

③预算管理和财务管理为主要方式

现行财政转移支付资金的管理,如果属于一般性转移支付等可预期性强的项目,往往要求纳入地方政府预算管理,但往往制定得比较粗糙,强制性不够。而对于有些财政转移支付资金,则没有要求纳入政府预算管理,如国家机关办公建筑和大型公共建筑节能专项资金。一般情形下,对于专项转移支付项目实行项目管理,要求建立专门的资金管理财务制度,做到专款专用。例如,《中等职业学校教师素质提高计划专项资金管理暂行办法》第六条规定:"各地要按照中央专项资金使用的有关规定,将专项资金纳入单位财务统一管理,不得以管理费等任何名义截留、挪用和挤占,也不得将该专项资金与其他事业经费混合下达,要充分发挥专项资金的使用效益。"

9.3.2 财政转移性支出立法与管理的国际经验[①]

9.3.2.1 德国财政转移性支出立法与管理

在政府间转移支付方面,德国的财政转移支付制度突出了均等化的目标,实行横向和纵向相结合的财政转移支付制度,即不仅联邦政府对各级政府进行资金补助,而且财力较强的州可以直接向财力较弱的州实施财政转移支付。德国的财政转移支付主要包括税收分享、横向转移支付和纵向转移支付三种形式,通过这三种转移支付,贫困地区的财力水平达到全国平均水平的99%,保障了基本公共服务均等化目标的实现。

税收分享是联邦和州财政收入的主要来源,联邦的税收分享占税收总额的75%以上,州政府的税收分享占税收的85%左右。德国在税收划分中把所得税、法人税和增值税划为共享税,法律规定了所得税和法人税由联邦和州各占一半,但没有明确规定增值税的划分比例。实际上,增值税的分享具有均等化效果。德国联邦对州的增值税实行二次分配,按照2000—2004年度财政平衡法的规定,州政府应得到45%的份额。在初次分配中,联邦政府将州政府中的75%部分根据人口因素进行分配。针对个别州财政能力较弱的情况,联邦政府再将剩余部分进行财政补助,提高落后地区的财政能力。增值税在德国财政平衡机制中的作用无可比拟,其"预先平衡"功能是衡平理念实践的一大创新。

德国的横向转移支付是富裕地区对贫困地区的直接财政补助,是德国与其他国家在财政转移支付体制中的最大不同处。德国根据各州的税收收入与标准税收需求的差额区分贡献州和补贴州。凡是税收收入大于标准税收需求的州为贡献州,凡是税收收入小于标准税收需求的州为补贴州,贡献州向补贴州资金转移的方法是超率累进法。横向财政转移支付是州与州之间的财政平衡

---

① 朱萍(2019),廖明月(2018),柳甜田(2016),张好婕(2016),倪志龙(2009)。

机制,主要是基于州际财政失衡而产生,通过财力富裕的州(贡献州)向贫穷州(接受州)转移资金而逐步实现"全国生活条件统一"的目标。与其他国家"由中央向地方拨款"不同,德国横向转移支付是一种"兄弟"财政平衡机制,只涉及政府间的水平关系,而不涉及垂直关系。在这个过程中,联邦政府仅对州际差距进行调节,而无须直接负担财政资金。

作为税收分享和州际间财政转移支付的补充,补充拨款属于一般性转移支付补助,主要用于在接受前两种转移支付后财力仍然贫困的州政府。补充拨款根据特殊需求进行补助,不采取公式进行分配。联邦对各州的转移支付,主要采用联邦补充拨款(federal supplemental grants)的形式,这种拨款是联邦政府针对财政困难州进行的一般性转移支付,不附加任何条件。一般认为,联邦补充拨款有以下两种类型:一种是一般拨款(general grants)。在经过增值税的预先平衡和横向财政转移支付之后,如果某一州的财政能力仍然低于全国平均财政能力,联邦政府将通过拨款为其补足差额的90%,帮助接受州的财政能力达到全国平均财政能力的99.5%。另一种是特殊负担拨款(special burden grants)。对特别列明的州予以固定数额的拨款,以解决其特定的财政需求。

除联邦补充拨款外,德国的纵向财政转移支付制度还包括补助金和共同责任支付两种形式:其一,补助金。《德国基本法》第104条第4款规定了联邦政府对各州的"财政协助"义务,尤其是在促进投资方面。因此,为支持某些特定政策领域内的地区性投资及地方投资项目,联邦政府会向个别州提供一定数目的补助金,以缩小地区差距,刺激经济增长和维持社会稳定。其二,共同责任支付。《德国基本法》第91条规定了联邦和州政府间的共同决策和责任分担。根据规定,各州执行具有整体意义的任务,诸如建立大学、医院,改善地方经济结构,改善农业结构和海岸防御等,费用应由联邦政府和具体的州政府在协议中进行分摊,因为这些任务具有跨地域性且任务的完成通常伴有明显的正外部性,因此,理应属于二者的共同责任。

德国从20世纪50年代建立财政转移支付法律制度至今,经过多次修正和变迁,现已形成了特色鲜明的转移支付制度:第一,法制化程度高。不但财政转移支付的系数用立法的形式加以确定,而且财政转移支付的目标、范围、拨款的技术性要求、转移支付的数量、规模等也写进法律或以法律作保障,使得财政转移支付运行有序、透明度高。第二,提供了横向财政转移支付的成功范例。德国不但有健全的纵向财政转移支付制度,而且有健全的横向财政转移支付制度；不但富裕的州要向贫困州进行转移支付，而且州以下的发达地方也要向落后地方根据标准进行转移支付，这种纵横交错的转移支付模式构成了德国完整的财政平衡机制，值得许多国家学习。

在政府对居民的转移支付方面，德国的一系列社会保障、财政补贴等都有较为完善的法律体系，值得借鉴。首先，在养老保险方面，德国是世界上最早对养老保险进行立法的国家，1889年德国颁布《伤残与老年保险法》，成为世界现代养老保险制度的起源。第二次世界大战后，德国开始重新构建养老保障体系。1957年颁布《农民老年救济法》，将农民的养老保险纳入基本养老保险计划。20世纪90年代，东德、西德合并后，德国开始对社会养老保险做进一步改革，制定了"固定缴纳制的养老金计划"。这一计划合理地调整了养老保险金的收入和支出，并配合联邦政府的拨款补贴政策，德国的养老保险制度成为世界典范。

德国失业保险制度在欧盟各国中起步较晚，但是发展速度迅猛。第一次世界大战之后，德国颁布了一系列法律法规以再就业，如《工人保护法》《工作介绍法》《劳动扩张法》。1927年，德国颁布了《职业介绍和失业保险法》，全国实施强制性失业保险缴纳，政府同时还提供传统失业保险救济。第二次世界大战之后，1967—1969年间先后颁布了《促进经济稳定增长法》《职业培训法》和《就业促进法》。这一时期，失业保障的目标是调整就业机构、实现就业最大化，德国自此开始对就业问题实行国家干预并进行全方位的宏观管理。德国的这一模式后来被学者称为"魔力四边形"思想，就是国家对经济实行宏观调控，宏观调控的目标中包括就业问题，失业问题通过实现宏观目标的方式得到有效治理。这种思想被世界其他国家纷纷借鉴，在国际上具有划时代的意义。

9.3.2.2 美国财政转移性支出立法与管理

作为典型的联邦制国家，美国在预算实践中遵守"一级政府，一级预算"的原则，每一层级政府都编制反映自身收支计划的政府预算，并主要通过获取各类税收和非税收入维持本级政府的运营活动，联邦政府并不向州和地方政府提供固定的一般转移支付，但会直接向州和地方政府提供一些专项转移支付资金，以实现某些政策目标或委托地方政府代为开展某些活动（孙硕，2021）。美国以专项转移支付为主，缺少均等化的转移支付。美国的财政转移支付包括一般性转移支付和特殊性转移支付，其中特殊性转移支付主要包含专项补助和分类补助两类。

一般性转移支付主要是指总额收入分享补助,通过它,联邦政府可以实现非设定目标。总额收入分享补助是20世纪70年代中后期和80年代早期,由尼克松政府根据"联邦政府对州和地方政府财政资助行动"的法律实施的,其基础在于,联邦政府的收入比地方政府和州更能促进经济增长,不过其规模和比重都很小。由于体制、历史和竞争等方面的原因,一般性转移支付正逐步退出美国的历史舞台:一是体制方面,美国宪法明确规定了联邦和州政府享有相对独立的立法权、司法权和行政权,互不干涉;二是历史方面,美国最早的转移支付是专项补助,不以财政均衡为目的,并在此基础上逐步发展并演变为现时的转移支付体系,况且财政均衡从来就不是美国宪法上的目标;三是竞争方面,美国高度崇尚自由和竞争,主张通过劳动力和资本等资源的"用脚投票"来提高公共服务水平,如果人为地均衡地区间的财力差距,实现公共服务水平的一致,会限制这种资源的流动、抑制社会福利水平的提高。

美国的特殊性转移支付主要包括专项补助和分类补助两类。专项补助是美国财政转移支付中历史最长、适用最广的一种补助形式,联邦政府可以通过这种形式介入州和地方事务,以便发挥调控作用。随着20世纪60年代美国时任总统林登·约翰森(Lyndon Johnson)对"伟大计划"的引入,专项补助呈现喷井式增长。例如,1993年,联邦政府共计实施了578个专项补助,在联邦补助资金数额上的占比超过88%,而在联邦补助项目数量上的占比超过97%。分类补助又称一揽子补助或整块拨款,美国政府间关系顾问委员会(ACIR)将其定义为:上级政府对符合法定条件的下级政府进行的补助,下级政府在特定领域内能够自主决策使用。事实上,分类补助与专项补助的联系非常紧密,分类补助是由众多的、同种类的专项补助并归在一起的"整块拨款",属于宽口径、大分类的补助方式。当前,分类补助在项目数量和总体规模上均呈上升趋势:项目数量从最初的2个——1966年健康计划和1968年道路安全计划,历经里根政府时期的9个,逐步发展到现在的20多个。总体规模从1966年的128.9亿美元上升到2007年的443.8亿美元;其占联邦预算总支出的比重也呈现螺旋上升的趋势,从1966年的9.7%上升到2007年的16.3%。

美国在多年的财政转移支付实践的过程中,总结出一套适合本国国情的行之有效的方法,其特色鲜明:第一,没有固定的模式,主要缘于各项项目的补助拨款考虑的因素和要达到的目标有所不同;第二,转移支付项目按法律程序要素立案,规定用途、专款专用;第三,转移支付以有条件拨款为主,在有条件拨款中,又以分类拨款为主;第四,转移支付资金拨付渠道多;第五,大部分拨款项目按照法定的标准化公式进行,这种制度有利于增强联邦政府的宏观调控能力,使州和地方政府按照联邦政府的意图提供社会服务。

在政府对居民的转移支付方面,根据实际情况制定的特殊补助是美国福利社会性质的一种体现。20世纪70年代,美国经济因为多方面因素发展减缓,通货膨胀严重,为减少财政开支,政府削减福利。1998年的《劳动力投资法》开始调整工作激励政策,包括工作安置、经济补助、技能评估、职业咨询、就业培训、社会服务等。《劳动力投资法》要求形成一个完善的失业危机应对系统,由政府建立一站式就业服务中心,对失业者进行职业技能培训。美国由政府直接管理监督失业保险制度。美国各个州政府拥有高度的自治权,可根据各自的实际情况制定本州法规,所以在美国实际上是由联邦政府和州政府共同管理失业保险制度,全国范围内的统一管理由联邦政府负责,各州政府制定并管理本州的失业保险制度,必要时联邦政府可对州政府进行援助和指导。因此,美国各州的失业保险制度因各州经济、人文制度和政治发展不同而存在差异。美国失业保险的覆盖范围和参保条件由《联邦失业税法》加以规定。关于申请失业救济金的条件,美国联邦政府有统一的规定:失业前有正式就业经历;失业原因非本人意愿;失业者有劳动能力并有再就业意愿;失业后到指定机关登记并定期汇报求职情况。失业者同时满足上述要求,才有资格具有申请失业救济金。

9.3.2.3 英国财政转移性支出立法与管理

英国是君主立宪制国家,内阁是最高的行政机关,管理中央政府的各个部门和有关机构,是中央政府的领导核心。英国人口适中、面积不大,作为单一制国家,英国财权高度集中于中央政府。中央政府集中了全国的大部分财力,约占全国总预算的90%,而支出只占全国的2/3,中央财力大大节余;而地方恰好相反,支出大于支出。由于各地区间情况不同,英国实行三种政府间财政关系:一是中央和英格兰地区所属地方政府的直接财政关系;二是中央与苏格兰、威尔士和北爱尔兰所属地方政府的间接财政关系;三是中央与马恩岛政府之间相对独立的财政关系。为了便于管理,须明确中央与地方之间的职责权限,国家根据实际情况对各级政府的事权财权及收支范围作了划分,使其各司其职。由于中央财力富余,而地方财力不足,因此,中央采取转移支付的手段来弥补地方的财政收入以及进行宏观管理。

财政转移支付是地方政府的主要收入来源,是地方政府正常运转的资金和制度保障。英国通过财政转移支付制度弥补纵向和横向不均衡，努力实现基本公共服务均等化。英国的财政转移支付分为无条件拨款和有条件拨款两大类，其中公式化补助和特定公式补助属于无条件拨款。无条件拨款在英国转移支付中占重要地位，该转移支付是根据具体项目确定的，其具体形式是采用地方税来补助。"地方税资助拨款主要是弥补地方收支差额，它根据中央核定的地方总支出和地方收入的差额进行拨款。"英国还采取激励和惩罚措施，对地方预算支出低于中央规定的幅度的，中央用增加补助款的方式来奖励；反之，则在下一年度的补助金中予以扣减。公式化补助属于均等化转移支付，主要目标是弥补财政失衡，保证地方政府能够提供基本公共服务。公式拨款是根据地方标准支出需求与地方收入、其他转移支付（商业财产税返还）的差额来计算的。纵向失衡口径越大，所得到的无条件拨款越多。具体公式为：公式化财政补助＝标准支出份额（依据人口和社会结构以及其他客观因素计算）＋治安补助（如有警察局）－按平均税率征收的市政税。为了解决公式化补助后地方政府仍不能满足开支需求的问题，中央政府针对特殊情况通过公式的方式继续给予相关补助，地方政府在使用中有较大的自主权。

与别国不同的是，英国的有条件拨款均需资金配套，而且有条件拨款在这个转移支付体系中所占比重远远低于其他国家的同类支付形式。其目的是"使外部效应内部化"，有条件拨款主要用于道路交通、司法、社会治安等项目，有条件拨款不但要求资金配套，而且必须做到专款专用，专项拨款主要用来解决两个地区间的项目溢出问题，体现中央的政策意图，资金专款专用，如用于公共设施、社会治安、环境保护等。

此外，在政府对居民的转移支付中，英国的社会保障制度相对完善。20世纪初，英国为了缓解严重的失业问题，维护社会稳定，政府开始逐步承担起相应的社会责任，以便促进经济发展。1905年颁布《失业工人法》，以立法的形式规定由贫困委员会专门处理失业问题，并对贫困委员会的职责、经费、工作方式等做出详细的规定，但是《失业工人法》依然采用《济贫法》的模式，这是由当时社会发展局限性所决定的。1911年，英国《国民保险法》对失业问题有明确、详细的规定，包括适用对象、界定、资金筹措、发放程序及标准等，如主要适用于七大行业劳动者，这些规定符合当时的时代背景，顺应经济发展的需求。《国民保险法》在法律层面为英国失业保险制度制定了标准和框架，确立其强制性，夯实了制度基础，明确了雇主、雇员、政府三方主体责任，对英国失业保险制度的发展起到促进作用。第二次世界大战期间,英国基本的国民保健制度初步建立。1942年12月,一份针对英国现行社会保障制度进行全面研究和对未来的社会保障制度进行全面设计的报告问世,这就是著名的《社会保险与相关服务报告》,也称《贝弗里奇报告》。贝弗里奇认为,社会保障是一个全面的社会生活安全网,它包括贫困救助、养老金制度、儿童补助、残疾津贴、失业救济、丧葬补助、妇女福利等方面。社会保障中的所有内容,社会中的每一个公民都有权利享受。一方面,社会保障制度的出发点在于满足公民的需要;另一方面,社会保障制度的目标在于消灭贫困、疾病、失业、无知和陋隘(住房和环境)五大社会问题。同时,为全体社会成员提供各方面的福利保障。贝弗里奇提出,要对每个英国公民,一律提供子女补贴、失业津贴、残疾补贴、生活困难救济、妇女福利以及退休养老金等"从摇篮到坟墓"的完备的社会保障项目,以期实现英国成为一个"福利国家"的目标。受到《贝弗里奇报告》的影响,英国致力于建立一个包括贫困人群在内的、全民共享的医疗保障制度体系。1948年,英国实施《国家卫生服务法》,该部法律明确了英国全民医疗保障制度的内容。1972年10月,英国政府开始实施"护理津贴"制度。对那些为残疾人提供护理服务的人支付护理津贴。次年,英国政府提供资金,组建总额为300万英镑的"家庭基金会",该基金会旨在为16岁以下患有严重先天性残疾儿童的父母提供津贴。1989年1月,英国政府发布了《医疗制度改革白皮书》。以此为标志,在英国实施了40多年的全民免费医疗制度开始了一次重大的变革。英国政府在这次改革中提出,提高现有医疗费用开支的使用效率,削减一部分医疗保障项目,以最终实现减轻政府财政压力的目标。

9.3.2.4 日本财政转移性支出立法与管理

日本属于集权型单一制国家,在事权划分上,地方承担2/3左右的事权;在财权划分上,中央集中2/3以上的财力,这导致财政体制的纵向不平衡,需要大规模的政府间转移支付来弥补失衡。日本在政府间的转移支付主要包括地方交付税、国库支出金和地方让与税。首先,地方交付税属于一般性财政转移支付。日本第一个平衡纵向收支失衡的方案是1940年制定的地方分配税和地方配给税。战后建立了肖普税制,明确转移支付是中央的义务,不能附加任何条件。1954年,日本废除肖普税制下的地方财政平衡转移支付制度,实行与以往配给税性质相同的地方交付税制度。其次,国库支出金属于专项财政转移支付,是国家落实宏观调控政策的重要手段。设立国库支出金的目的有两方面:

一是委托地方建设全国范围内收益较大的项目;二是弥补不同地方的横向财政失衡,给予落后地区财政补贴。主要有三种类型:一是国库负担金。拨付范围包括中央和地方受益的项目,一般具体由地方政府承办,中央负责相关的项目费用。二是国库委托金。属于中央事权,但具体项目发生在地方,由地方政府承办,中央承担全部费用。三是国库补贴金。地方承办的项目符合中央的政策意图,中央鼓励地方并给予奖励拨付的资金。国库支出金由中央政府直接分配给都道府县和市町村,分配给都道府县的份额较大。最后,地方让与税是由中央代征的地方税,中央出于征管便利的目的,在征收后全额返还地方,有均衡财政收入的作用。目前主要包括消费让与税、地方道路让与税、石油天然气让与税、航空燃料转移税、汽车吨位让与税和特殊吨位让与税六种形式。它在地方财政收入中的占比为2.5%左右。

日本单一制的政府间转移支付体制具有以下特点:第一,稳定性强。日本制定法律明确各级政府的财权事权,各级政府按法律进行转移支付,非经严格法定程序不得变更,其稳定性可见一斑。第二,形式多样。日本政府间转移支付的形式主要有地方交付税、国家让与税、国库支出金等多种形式,不同的支付形式发挥着不同的功能。第三,目的明确。财政转移支付的资金主要用于对支持落后地区的发展,使其能够提供与其他地区大体相同的公共服务,对发达地区的转移支付很少,并且资金的流向主要是市场失灵的领域,比如社会保障、义务教育、交通运输、基础设施等。

在政府对居民的转移支付中,日本的社会保障制度较为完善,包括养老保险、医疗救助、失业补贴等方面。日本建立多元化公共年金制度。第二次世界大战后,日本开始重建社会保障制度体系。1948年,设立日本社会保障制度审议会并公布《社会保障制度建议书》,标志着社会保障制度建设的正式启动。在养老保险方面,1941年颁布了《劳动者年金保险法》,给男性工人建立劳动者年金保险,目的是为了鼓励劳动者固定就业,使各地区有稳定、充足的劳动人口,扩大生产。1944年修改成《厚生年金保险法》,将女性和白领纳入投保范围。两部法律并非为了保障劳动者的权益,而是为了确保劳动力的稳定供给。20世纪50年代,随着生存权理念的确立,兴起了以职业为划分依据的各类综合社会保险制度,如《公务员共济组合法》《公共企业职员共济组合法》《农林渔业团体职员共济组合法》等法律。1958年出台的《国民年金法》,扩大了社会保险的适用人群范围,实现了社会保险的全民覆盖。随着经济发展,社会保险不断扩充,

1968年《老人福利法》提高了老人的生活保障水平。20世纪80年代,随着人口老龄化问题的加剧,养老保险进入改革阶段。1985年《国民年金法》修改案出台,将原来可以选择加入的无业者和学生纳为必须参保人;将个体经营者的国民年金和职工的厚生年金保险合并,建立全国统一的国民基础年金,视为第一层次的养老年金;对职工还建立与收入挂钩的第二层次的比例年金;推迟养老金领取年龄以减缓支付压力。

1946年,日本制定《宪法》,将生存权规定为公民的基本人权,并认为国家应该积极发展社会保障、社会福利及公共卫生事业。同年,以生存权为立法基础制定《生活保障法》,该法规定,不论种族、身份、信仰、性别等,只要是符合救助条件的日本国民,国家都有义务给予平等的救助。日本的《生活保障法》中规定,要获得生活方面的救助,贫困人群就必须先提交申请。申请提交后,政府要对其经济状况做调查。不仅是申请人的经济状况,对申请人是否有效利用所拥有财产的情况,政府也要进行调查。对于经过调查并认定为可以享受生活救助的贫困人群,政府也为其提供医疗方面的救助。日本的医疗救助一般是以现金补助的方式进行。但是有一个限制条件,即享受医疗救助的贫困人群只能在政府指定的医疗机构就医。

1945年,日本颁布《工会法》,试图解决日益尖锐的失业问题,希望对失业工人加以管理,并且开始以西方资本主义国家建立的失业保险制度为基础,结合日本基本国情构建社会保障制度,以便更好地恢复战后日本经济。在考察了西方国家失业保险制度后,1947年日本结合实际国情制定了《失业保险法》,失业保险制度在日本正式确立下来。1949年的《紧急失业对策法》《煤矿离职者临时措施法》虽然没有涉及再就业的问题,但是给予失业者更为全面的社会保障。1974年日本实施《雇佣保险法》,同时废止了已经无法适应日本经济发展需要的《失业保险法》。《雇佣保险法》将对失业者的基本生活保障、失业预防、促进再就业有机结合起来,并建立了雇佣促进实业,有针对性地解决失业预防和促进再就业问题。日本政府为了保障《雇佣保险法》的顺利实施,制定了《雇佣保险法实施细则》《职业训练基本计划法》《促进雇佣事业团法》等相关的法律法规,至此日本的失业保险制度体系基本完善。

9.3.2.5 法国财政转移性支出立法与管理

法国长期以来是一个集权型的单一制国家,1982年法国议会通过《权力下放法案》,标志着地方自主权开始扩大。法国的行政级次分为中央、区、省和市镇四个级次。法规明确规定实行分税制财政管理制度,国家预算包括中央预算、地方预算和社会保障预算三个部分。其作为共和制的资产阶级国家,国家权力集中于中央,有中央、大区、省、市镇四级政权,后三者构成地方政府。与此相适应,四级政权对应四级预算,各级政府都有自己的财权和事权,中央政府在全国范围内的发展规划及宏观管理主要由中央负责,如国防外交、全国范围内的交通运输等;大区政府的主要职责是大型基础设施建设、经济结构布局的调整等;"省级政府负责社会福利和保障政策的实施;市镇政府负责本市的市镇规划和建设,提供最基本的公告产品和服务"。各级政府的支出范围与事权范围相一致。

由于横向和纵向财政失衡明显,政府间转移支付制度有力地协调了中央和地方政府的利益冲突。法国的政府间财政转移支付分为一般性财政转移支付和专项财政转移支付。一般性财政转移支付是按照当地的人口比例进行分配,不带有任何附加条件,地方政府在使用中可以自由支配。在具体分配中体现了人口因素,人口越多的地区得到的财政补助规模更多。专项转移支付是中央对于地方兴办符合国家宏观调控或产业政策鼓励的项目给予的补助,如修建铁路、学校等,这部分资金必须符合国家意图、专款专用,有些还需要地方政府进行配套。专项转移支付资金是国家落实调控政策的主要措施之一,通过拨款投向的范围鼓励或抑制不同产业的发展。此外,中央还采取税收返还的方式支持地区和产业发展。

目前,法国中央财政对各地方政府的转移支付的主要形式包括综合运行补助、收支划分综合拨款、税收减免补助和财力调节金。综合运行补助相当于一般性转移支付,各地方政府根据本地实际情况使用,中央政府不规定具体用途,主要用于弥补财力缺口,此种转移支付方式采用客观因素,综合考虑各地财力状况、人口、公路长度等几十个客观因素,科学性和规范性比较强;收支划分综合拨款是随着事权的下移而相应地下放部分财权进行转移支付的,在这个转移支付体系中所占比重不大;税收减免补助与中央的宏观政策息息相关,当中央需要对某项税收进行减免,如对老年人住房税的减少或免除等,地方因此政策而使财政收入减少,中央会适当给予补偿;财力调节金是一种"杀富济贫"的做法,类似德国的横向转移支付,即发达地区将一部分税收直接转移给欠发达地区的转移支付方法。

总结来看,法国政府间财政转移支付有两大特点:第一,财政权力高度集中于中央,中央根据社会经济发展和宏观调控需要,"采取多种形式对地方进行干预,调节经济、平衡地区差异";第二,财力调节金是一种有法国特色的转移支付形式,具有横向转移支付的特点,这种方法可以减轻中央的财政压力,促进地区间的经济合作与交流。

9.3.3 财政转移性支出立法与管理的总结性评述[①]

9.3.3.1 中国财政转移性支出法律和管理层面存在的问题
(1)政府间转移支付相关法律的立法相对混乱

通过梳理可以发现,中国现行政府间财政转移支付立法较为混乱,其折射出的问题主要有立法位阶不高且政出多门以及法律规则不完善。

第一,财政转移支付立法位阶不高。从国际比较的视角看,西方国家财政转移支付最大的共性在于制定了较高位阶的法律。受制于经济体制转轨的影响,中国财税体制改革滞缓、财税法制建设落后,转移支付制度相当不健全。当前财政转移支付甚至财政收支划分都没有正式的法律依据,实践中主要靠国务院以及财政部等部门发布的各类"通知""决定"或"办法"等行政规章指导工作。这些立法位阶太低,都属于系统内部发文的性质,直接钳制了法律的权威性、制度的稳定性和民主的有效性,不仅固化了政府间行政性调节机制、妨碍了中央与地方财政关系的规范化,还容易对地方政府非理性行为产生变相激励,增大财政风险。事实上,实践中有不少转移支付项目和资金数额是中央与地方政府逐个谈判的结果。

第二,财政转移支付立法政出多门。该问题实质是由"立法位阶不高"衍生而来。由于中国法律和行政法规没有针对转移支付的专门立法,实践中自然缺乏一个统筹全局的转移支付管理机构。从现实来看,有权参与财政转移支付管理或资金分配的部委较多,除财政部外,还有农业部、国家卫生和计划生育委员会与国家体育总局等。然而,由于各部委相互之间往往缺乏针对转移支付目标和标准等问题的一致认识,其结果自然是各有各的道理,并由此带来立法上的混乱,造成财政转移支付种类繁多、资金分配散乱、功能重叠或冲突以及政策目标无法实现等不良后果。

第三,财政转移支付法律规则不完善。从现有立法看,明显缺乏针对法律

---

① 陈媛(2019),廖明月(2018),柳甜田(2016),陈旭佳(2012),王鹏(2012)。

主体、法律程序以及法律责任等方面的规定：其一，在法律主体上，现有立法较为笼统地将政府划分为中央和地方以及地方上级和下级政府，而没有关于财政转移支付法律关系主体的清晰表述，尤其是对政府部门能否作为法定主体缺乏明确的规定，导致实践中相关主体的权利和义务较为模糊。例如，根据理论法学，只有权力机关有权对转移支付进行决策，但由于法律规则不完善，该决策权大多时候是由财政部等行政机关的具体部门代为行使的，这显然与民主法治相悖，属于主体角色的错位。其二，在法律程序上，规则的欠缺使得转移支付的程序不规范。程序本身具有独立于结果之外的正义价值，能够保障财政转移支付全过程的公开与透明。不过，当前财政转移支付在资金的获取、下拨、使用和监督、管理过程中都缺乏法定程序的制约，造成转移支付尤其是专项转移支付往往处于一种脱法或无序的状态。在"法治财税"建设的进程中，该问题虽已得到一定改善，但在高位阶立法方面却依然没有体现。其三，在法律责任上，现有规定缺乏针对转移支付违法行为的责任认定和处罚。对违法者的道义责难就是法律责任的本质所在，但相关规定的欠缺使得对转移支付违法行为的处理找不到法律上的依据，实践中大多以"内部解决"作为处理方式，有的甚至是不了了之，道义责难无从谈起。

一言以蔽之，中国财政转移支付立法，不仅形式上的财政转移支付必须由立法机关法律来规定（如财政权力法定、财政义务法定、财政程序法定、财政责任法定）的要求难以满足，并且财政转移支付法治实体价值（如正义、公正、民主、自由）也由于目前民主和宪政建设的滞后而难以完全实现。

(2) 政府间横向财政转移支付缺失

中国现行转移支付立法只涉及中央对地方以及地方上级对下级政府的转移支付，属于纵向维度；而在横向维度上，还没有横向财政转移支付制度，全国人大及其常委会、国务院及其部委的立法均处于空白状态。

中国当前尚未形成纵深的财政转移支付格局，使得中央和地方政府间财政关系较为僵化，不利于地方政府的财源建设。从现实出发，地方政府间财政资金的水平流动是中央政府通过集中收入再分配的方式完成的。但是该过程与中央政府直接增加可用财力是相向而行的，因此，对中央增加的财力用于何处？是用于中央本身开支还是补助不发达地区？对此难免存在认识上的不一致。其根源或与横向转移支付制度的缺失有关。作为"准横向财政转移支付制度"，广东方案因地域限制而作用有限，本研究不再专门讨论；而对口支援机制，虽然

从其确立至今已取得长足发展,但在实践中依旧暴露出不少问题:

第一,确定性问题。长期以来,对口支援机制都是依仗中央权威并在相关部门的协调下执行的,带有政策性、应急性和计划经济的特点。其中,法律规范的缺失使得这种机制缺乏一个参与和执行的标准,具有很大的不确定性。例如,对口支援机制通常是由中央相关会议推进的,缺乏一个持续推进机制。又如,被视为"新中国成立以来最大的横向转移支付服务"的对汶川的支援就是在中央号召下展开的,无法成为一个可以长期运行的基本财政制度。据此,我们无法回答:对口支援机制应在何时启动、何时终止?支援和受援双方如何确定?是由中央单方决定,还是由困难地方提出申请、发达地方主动请缨?在具体方案中,诸如支援内容、财产金额等问题又如何确定?是由中央决定还是支援方决定,抑或是支援方和受援方自行协商?从制度构成的角度看,这一系列问题极为重要,但中国却没有这方面的规定,即使是原则性规定也没有,此乃中国对口支援机制存在的最大隐患。

第二,范畴性问题。国际上,德国横向财政转移支付制度极为发达,但其转移对象也仅限于财产方面,只包括资金和实物,而不涉及诸如人才、技术和管理等其他方面。反观中国,内容上的"包罗万象"是对口支援机制的最大特点,其早已超越了国际上通行的财产范畴,具有比财产援助更广的范围和更深的内涵。从此意义上讲,对口支援机制体现了地区合作与扶贫协作中"造血"强于"输血"的理念,突出了地区间全方位互助的兄弟情谊,这既是其特点,也是其优点。但是,从制度功能出发,对口支援机制是否会因承载了过重的负担而超负荷运转,还有待深思。

第三,评估性问题。作为一项政治任务而非法律义务,对口支援机制不仅缺乏具有操作性的评估依据和标准,也没有被社会评估的现实需要。具体来说,由于对口支援机制并非"法定",缺乏法律意义上的约束,容易诱发地方政府在财政支出上的不当竞争,使得该机制成为部分地方领导人提升政绩或获得晋升的捷径。基于此,实践中大量的对口支援始于地方领导人的积极表态,诸如"要人给人、要钱给钱、要物给物""不讲任何条件、不惜一切代价"等。这种积极表态自然应当获得中央赏识和社会好评,如果还要对此"善举"进行评估,显然是"不近人情"的。因此,在"政绩工程""长官意志"的支配下,对口支援机制最终可能被异化为"花钱买吃喝",而其实施效果如何,则无人问津。

(3)政府对居民的转移支付法律不尽规范

在政府对居民的转移支付中,中国的社会福利救助、财政补贴等方面都有较大的改善空间,财政补贴政策还处于不成熟的初期发展阶段,具体的补贴标准及制度细则尚未明确,大多数制度的实施是以中央出台的政策文件为依据,制度具有规范性和统一性。《国务院关于建立统一乡居民基本养老保险制度的意见》没有关于缴费补贴和养老金提高的具体实施办法。对财政补贴政策的规定只限于对各省份做出原则上的规定,并没有对各地区参保居民给予明确的财政补助办法,立法的滞后阻碍了中国城乡居民基本养老保险制度的运转和发展。该意见的主要内容均只对基础养老金及缴费补贴方式做了部分调整,对财政责任划分方式给予大体的确定,并没有给出随时间增长情况下财政补贴的调整模式,对各级补贴责任的划分也比较模糊。中国政策的执行都是以层层下达的方式落实到基层地区。而在此传达方式下,中央、省级政府都只给了笼统的补贴标准,市、县级地方政府基本沿用。这对于基层政府因地制宜建设城乡居保有一定的难度。中国《失业保险条例》立法层次偏低,仅为国务院行政法规,并没有上升至法律层面,没有较高的法律效力和权威性。失业保险作为社会保障体系的重要环节,必须有强制性的法律效力保障其实施。到目前为止,医疗救助的最高法律位阶是行政法规,即2014年《社会救助暂行办法》(国务院令第649号),且医疗救助只占其中一章,70条中仅占6条。在该暂行办法出台后,大多数省份和直辖市,如四川、江苏、广东、重庆、上海等相继制定地方性法规;少数省份,如福建、江西等则选择发布医疗救助的指导性意见。部门规章《城乡医疗救助基金管理办法》由财政部和民政部于2013年发布,于是部分政府相继出台管理办法,属于地方政府规章,而且这些管理办法基本上是照搬法条。大部分省市是直接印发财政部和民政部发布的部门规章,让各级政府遵照执行。总之,目前最高立法层级关于医疗救助的规定只有6条,目前数量较多的是地方性法规和指导性意见。总体来看,社会保障体系中重要的组成构件在法律制度顶层设计是比较缺位的。

(4)预算监督制度对财政转移支付的制约

预算国家是税收国家之后出现的新国家形态,是一种与公共财政相契合的国家形态,其特点为财政统一和预算监督。历经数次修改的《中华人民共和国预算法草案》仍存在部分不完善之处,将对财政转移支付的实施效果形成制约。

首先,预算编制不规范。其一,预算公开不够。现行预算公开的内容止步于各类型转移支付及其下属各具体项的预算总额,而没有针对各具体项作进一步细化。其二,未实现全口径预算。虽然新《预算法》第 4 条规定"政府的全部收入和支出都应当纳入预算",但现实情况并非如此,大量专项转移支付资金未被列入预算,地方政府"拆东墙补西墙"的现象时有发生。其三,缺乏回应性。中国的预算编制实质属于"静态编制",政府按照既定规则和程序完成预算编制,缺乏对社会贫富差距和地区财力分化的深刻反思。

其次,预算审批被虚置。预算审批实质是国家对行政机关的预算授权,通过审查财政资金而对国家事务执行进行合理性审查。中国预算审查采用综合审批模式,即人大代表只能在审批时作出"全部通过"或"全部否决"的判断,受制于特定国情,实践中几乎所有的预算方案都能顺利通过。由于预算编制和预算执行都由行政机关完成,立法机关的形同虚设导致预算成为行政机关自我决定的工具。当行政权力成为预算制定的主导和控制性因素时,专制政府则会诞生,那么至于转移支付为何实施以及效果如何,答案就不言自明了。

最后,预算执行软约束。预算执行关系到维持法定机关正常运作及其执行法定职务的经费,不能任由主管机关自由裁量,若停止执行而影响机关存续的,即非法律许可。由于法律观念淡薄、预算约束不到位等原因,当前预算执行的弹性较大。例如,巨额专项资金可能因官员意志或领导喜好而被随意改变用途,甚至将一些民生项目的资金挪用到经济建设之中。又如,实践中一些专项项目还未执行就要调整或反复追加预算的情况频繁发生,造成预算执行不规范,严重影响预算的严肃性和约束力。这些现象都是造成财政转移支付低效、浪费甚至贪污腐败等问题屡禁不止的重要诱因。

其一,预算绩效机制不完备。在新《预算法》修订前,中央及地方已有关于转移支付绩效评估的实践,但大多局限于政府内部的绩效管理并围绕预算执行产生绩效信息。这就导致绩效信息因缺乏与预算编制、人大审查、公众监督和财政问责等外部环节的互动而直接受到制约。其二,绩效信息尚未公开。新《预算法》对"预算公开"的规定并不包括绩效信息的披露,因此,绩效评价主要由政府或立法机关作出,缺少社会公众的反馈。事实上,转移支付效果如何,更应由社会公众尤其是经济不发达地区的居民进行评价。其三,问责依据和方式不科学。支出绩效与财政问责是绩效预算的重要标志,两者的关联在于根据绩效状况调整转移支付项目或项目预算。新《预算法》仍然分别以是否遵循特定的规则和传统的行政处分作为问责依据和问责方式,这种制度安排属于规范治理范畴,讲究"尽职免责",而非真正的"绩效"。

(5)财政监督制度对财政转移支付的制约

第一,缺乏专门的财政监督立法。现行关于财政监督的规定散见于不同法律规范中,诸如《预算法》《会计法》《审计法》等,缺乏一部针对整个财政领域进行通盘考虑的《财政监督管理法》。因此,在《财政转移支付法》缺位的情况下,没有一部高位阶的法律能够有效地指导对财政转移支付的监督管理。

第二,财政监督流于形式。一方面,如前所述,人大对预算的权力只有审查和批准两项,人大在审查转移支付预算时只能做出"全部通过"或"全部否决"的判断。现行审查制度并未赋予人大修正甚至部分通过的权力,致使监督的形式意义大于实质意义。另一方面,时下财政部门"只管拨款,不管使用"已成为一种普遍现象。由于转移支付预算透明度不高,较大规模的资金在拨付到各地方后,就迅速进入失控状态。例如,2005 年,根据审计署对 20 个省(区、市)的抽查结果可知,中央预算编入地方预算有 3 444 亿元,约占中央实际转移支付 7 733 亿元的 44%。也就是说,有一半以上的中央转移支付没有被列入地方财政预算,游离于人大的监督之外,甚至还脱离了政府的监督。此外,在专项转移支付中,有一些项目涉及极强的专业性,致使监督效果大打折扣。以基本医疗服务财政转移支付为例,人大或政府监督可能因缺乏医疗专业知识而无法判断财政资金是否充分地运用到基本医疗服务项目中。

第三,缺乏问责机制。根据《2017 年第 30 号公告:审计署移送违纪违法问题线索的查处情况》,总案件为 26 起,涉及财政转移支付的有 9 起,占比 34.61%。然而,财政问题一直被视为政府的"内部问题",故而现行法律对相关法律责任的规定较为粗疏。实践中,对转移支付的规制大多依赖规章,各行为主体权利和义务不明确、随意性强、预期性差,致使监督缺乏应有的刚性约束。即使存在监督条款,也多为原则性规定,不利于现实操作,尤其是对各种失范行为缺乏有效的责任追究制度又加剧了问题的严重性。

9.3.3.2 中国财政转移性支出立法展望

本部分将从财政转移性支出的法律主体、立法层级、法律程序和法律体系四个方面进行展望。

(1)法律主体

根据人民主权原则,国家权力机关享有财政转移支付决策权,因此,财政转移支付法律规则应确立全国人大在决策上的主体地位。当然,这并非意味着整个转移支付决策权都必须由全国人大行使,比如专项转移支付具有极强的政策性和调控性,如果其由全国人大完成全部决策,显然缺乏可操作性。对于这种情况,全国人大应通过授权立法和预算审查的方式进行参与:首先,授权立法须限定授权对象的范围,只能是国务院及财政部,其他任何政府部门及财政部的各个司都无权单独针对转移支付做任何决策,此举有利于实现"权责一体化";其次,预算审查是全国人大参与财政转移支付决策的主要途径之一,它可以通过批准或不批准的方式进行决策。此外,随着预算制度的进一步完善,全国人大的预算审查还应增设"部分批准"这一选项,以促使它更好地行使决策权。

实践中,中国可以借鉴国外成功的管理经验,结合具体国情,建立专门的决策机构和专门的执行机构,并以《财政转移支付法》加以规定,赋予它们法定的转移支付管理职责。中央一级的专门决策机构即专门委员会,可以考虑将这一机构设在全国人大财经委员会,名称可定为财政转移支付委员会,专门负责研究财政转移支付规模的设计和测算、财政转移支付的一般程序,并监督财政转移支付的执行情况,至于执行机构可设在财政部,作为财政部的二级部门,专司转移支付资金的测算、发放等,但应具有一定的独立性,受财政部和财政转移支付委员会的领导和监督,相应的各省也可成立这样的专门委员会及执行机构,负责省以下转移支付的决策和监督及支付资金的计算、发放,以保证财政转移支付的公正性、民主性和权威性。

(2)立法层级

在立法层级上,应采用中央和地方相结合的方式。在原则明确统一的前提下,中央层级的立法应具有较高的统一性,具体包括法制的统一性、保障财政转移性支出应用的统一性、保障财政转移性支出权力实施的统一性等。此外,从地方层级来看,要求在制定财政转移支付法律的过程中,地方可根据中央有关财政转移支付方面的法律法规和基层经济状况,制定相应的规章制度,实行科学合理的分配办法,所有的财政转移支付项目都应该有明确统一的规定,切忌朝令夕改而导致财政转移支付资金在使用上的主观随意性,使基层政府在财政收支安排上合理预期落空,因为"在任何社会,一般情况下,法律不是朝令夕改的,而是有相对稳定性的"。

(3)法律程序

相较于其他制度,法律可以提供程序上的保障。程序不仅是实体法的实施手段,还具有独立的法律价值。公正的法治秩序是正义的基本要求,而法治取决于一定形式的正当过程,正当过程又主要通过程序来体现。因此,明确财政转移支付法律规制的程序,是其目标实现的重要保障。具体包括:其一,决策程序。财政转移支付决策应按照民众意愿、通过民主程序、运用民主方式,以彰显财政资金"来源"与"流向"的民主性和科学性。其二,预算程序。预算是经法定程序确定的政府财政收支计划,故而作为地方财政收入的重要组成部分,地方政府应严格按照程序,将接受的转移支付资金全部编入预算。同时,要将预算审批作为实现财政转移支付目标的手段而非障碍,确保审批程序的科学化和效率化。其三,执行程序。财政转移支付的关键在于执行,任何财政转移支付未经完整的预算程序都不得执行,而经过预算程序的,在执行中不得偏离预算案,以实现执行程序的合法化和规范化。此外,还应通过立法对监督、权利救济和责任追究等程序进行确认。

(4)法律体系

制定符合中国国情的财政基本法,进一步完善新《预算法》。在财政基本法中,需要对财政转移性支出的内容加以明确,包括对财政转移性支出中的权力体系、组织体系和对应法律体系等作出原则性的规定。新《预算法》首次以法律形式对财政转移支付作出规定,但本次预算法修改仍然存在许多不足,后续完善的空间还很大,包括规定模糊、内在隶属关系不明确等。因此,未来修法时应当对相关法条规定进一步规范细化。此外,当前基本公共服务非均等化程度较高,与《预算法》中一些规定的具体性或可操作性问题"悬而不决"有关,故而未来修法时应在具体性和可操作性上下功夫,确保一般性转移支付在《预算法》中得到完整、准确的体现,并对专项转移支付的数额和分配进行限定,促使转移支付资金真正地流向民生领域。

财政转移性支出立法,提高法律层次。现行转移支付制度缺少高阶位的法律依据,执行力被严重削弱,需要通过法律规范明确财政转移支付的当事人的法律地位、审批程序、测算依据等内容。构建符合法治精神与和谐理念的高位阶的财政转移性支出的法律,通过强制性法律规范明确中央和地方政府的利益关系。在明确划分事权、财权的基础上,约束和规范财政转移支付行为,保障财政转移性支出资金运行的公开透明。财政转移性支出的法律主体应包括中央及地方各级国家机关,既包括行政机关,也包括权力机关。审查批准预算并监督其执行情况是人民代表大会的重要职责,国家权力机关应成为财政转移支付法的决策主体;国家行政机关是财政转移支付的执行主体。财政转移支付法的客体是公共财政资金。财政转移性支出法的内容主要是权利和义务的配置,明确决策主体和执行主体的权利及义务,对于违反法律关系行为承担法律后果。此外,财政转移性支出涉及众多种类和内容,因此在构建必要的法律体系予以规范的同时,基于财政转移性支出内容建立分类细化的高阶位法律是未来的趋势所在。

9.4 政府债务相关支出

政府债务也称为公债,是指政府作为债务人,凭借其信誉与债权人之间按照有偿原则发生信用关系,从而达到筹集财政资金目的的一种信用方式。同时,政府债务也是政府充分调配社会资金弥补财政赤字,进而实现调控宏观经济运行的一种特殊分配方式。如今几乎所有的国家都将政府债务作为政府筹集财政资金的重要形式和发展经济的重要杠杆,其既属于财政范畴,也属于经济范畴。总而言之,政府债务是整个社会债务的重要组成部分。政府举债具有一定的隐蔽性,有时称为"无痛税收",因此,对政府债务的法治化管理和监督是十分必要的。对政府债务的管理和监督包括政府举债目的、政府债务规模、政府债务支出及管理结构设置等。其中,政府债务支出是以中央政府以及地方政府直接作为债务人,必须按时归还国内外债务的支出,包括发行的各类债券的本金、利息以及发行费用等。政府债务相关支出是中国财政支出的重要组成部分,其反映国家对到期债务本身的偿还能力和发行能力,制约着政府的借债规模,对政府债务支出进行法治化建设是财政基本法立法工作中的一项特殊补充。

中国自1994年分税制财税体制改革以来,陆续研究制定和颁布了一系列财政法律法规,现已初步构建起包括财政管理体制、国家预算、财政收入和财政支出在内的财政法框架。2015年新《预算法》的正式实施,是中国财政法律体系建设取得重大突破的标志性事件。但应该清晰地认识到,实行分税制所依据的《关于实行分税制财政管理体制的决定》仅是国务院文件,并不是真正意义上的法律。在具体实践过程中,分税制财税体制下,不同层级政府财权和实权之间的不匹配使得政府债务的重要性突显。政府举债权是世界各国立法机构的基本权力,但立法机构一般不对政府债务发行与偿还支出等具体事务做出规定,而是通过对政府债务的发行范围、规模、形式、程序等做出较为详细、具体和明确的规定,以控制与监督行政机构的行为,并赋予行政机构在行使举债权时具有灵活的自由裁量权。随着中国财政法治化进程的逐步推进,财政支出尤其是财政债务相关支出方面的立法工作缺失已成为制约中国财政法治化进程的重要环节。

9.4.1 政府债务相关支出立法与管理现状

9.4.1.1 政府债务支出的预算处理

全球范围内不同社会制度的国家,有关债务支出的财政预算处理方式不尽相同。中国对国内债务的还本付息支出由财政部统一办理,其他收支都作为财政收支,并将其列入国家预决算中。中国政府债务分为一般债务和专项债务,2016年11月9日财政部颁布的《地方政府一般债务预算管理办法》第三条规定:一般债务收入、安排的支出、还本付息、发行费用均纳入一般公共预算管理,主要以一般公共预算收入(包含调入预算稳定调节基金和其他预算资金)偿还,不得通过发行一般债券偿还。为确保一般债务偿还资金来源稳定,第六条规定:一般债务本金通过一般公共预算收入(包含调入预算稳定调节基金和其他预算资金)、发行一般债券等偿还;一般债务利息通过一般公共预算收入(包含调入预算稳定调节基金和其他预算资金)等偿还,不得通过发行一般债券偿还。

同年,财政部颁布的《地方政府专项债务预算管理办法》第三条规定,专项债务收入、安排的支出、还本付息、发行费用均纳入政府性基金预算管理。对于专项债务偿还计划和偿还资金来源,该办法第六条规定:专项债务本金通过对应的政府性基金收入、专项收入、发行专项债券等偿还;专项债务利息通过对应的政府性基金收入、专项收入偿还,不得通过发行专项债券偿还。专项债务收支应当按照对应的政府性基金收入、专项收入实现项目收支平衡,不同政府性基金科目之间不得调剂。执行中专项债务对应的政府性基金收入不足以偿还本金和利息的,可以从相应的公益性项目单位调入专项收入弥补。中国地方政府债务实行限额管理和预算管理制度,要求地方政府一般债务和专项债务规模纳入限额管理,并分类纳入预算管理。

需要注意的是,在某些特殊的年度可能因为弥补财政赤字等原因所导致的政府债务收支,未列入当年的预算。对于国外债务的还本付息支出略有不同,某些部门或企事业单位自借自还的部分债务是不列入财政预算的,而其他的属于国家统借统还的部分则列为财政收支,在国家预算收入中的科目列为"国外借款收入",在国家预算支出中的科目列为"使用国外贷款项目的拨款支出"。债务偿还支出时,在预算支出中列为"国外债务还本付息"。为了实现财政对政府统借外债的监督管理,中国将各个部门和单位借入的债务全部列入政府财政预算。

9.4.1.2　政府债务支出在预算收支科目中的分类

(1)政府预算收支分类制度梳理

改革开放后,中国在1994年、1995年相继颁布了《预算法》和《预算法实施条例》,明确规定各级政府预算按照复式预算编制,首次将预算上升到法律的高度。1998年,财政部为了更好地配合符合预算体系的构建,明确政府预算收支的来源和取向,将预算收支分类科目进行一次系统性的调整,重新划分为预算收入科目和预算支出科目,预算支出科目根据支出的范围和管理需求,分为一般预算支出科目、基金预算支出科目和债务预算支出科目,包含"类""款""项""目"四个级次。但在部门预算改革开展的过程中,原有政府预算收支科目的一系列弊端无法适应改革需求。财政部在2000年《政府收支分类改革方案》征求意见稿中,提出要构建包括部门分类、功能分类和经济分类三种方式的预算收支分类体系,其中部门分类和功能分类用于对预算支出进行分类,经济分类包括收入经济分类和支出经济分类。随后,2004年底,财政部发布《政府收支分类改革方案》,提出设置有收入经济分类、支出功能分类和经济分类科目的政府收支科目,经过一年试点后,于2006年正式实施政府收支分类改革。2014年后,中国的政府预算分类体系进入成熟发展阶段,改革重点逐渐从明确政府收支分类方式向提升预算分类制度化和规范化水平演变,扩展各种分类方式在预算过程中的应用。新《预算法》的颁布,真正以法律的形式为中国政府预算分类体系构成进行了定义;第5条规定,中国的复式预算体系由一般公共预算、政府性基金预算、国有资本经营预算、社会保险基金预算构成。2020年颁布的《预算实施条例》对《预算法》中涉及的分类体系内容进行了补充,进一步明确,如何应用各种支出分类方式对预算进行分类。除了颁布法律法规提升预算分类体系的制度化水平,优化具体的分类方式的制度安排工作也在同时进行。在财政部主导下,预算支出项目的分类依据被进一步明确,预算支出经济的分类框架得到进一步完善。总体而言,通过政府收支分类改革,中国建立起了与社会主义市场经济体制基本相适应的预算收入经济分类、支出功能分类和经济分类体系,财政预算收支分类体系的规范化程度大幅提高,预算透明度得到提升,全面强化了政府预算的规划、管理、控制功能。

(2)政府债务支出总体划分

参照《2022年政府收支分类科目》,政府债务支出总体划分为三类:债务还本支出、债务付息支出和债务发行费用支出。2022年公布的政府性基金预算收支科目中,在政府性基金预算支出功能分类科目下增加了抗疫特别国债支出。以下按中国政府收支分类中"四本预算",对政府债务支出归属进行分类介绍:

①一般公共预算收支科目下一般公共预算支出功能分类科目中,主要包含3类政府债务支出:

A. 债务还本支出。中央政府用于归还国内债务本金发生的支出;中央政府归还国外债务本金所发生的支出,包括中央政府境外发行主权债券、向外国政府借款、国际金融组织借款以及其他国外借款还本支出;地方政府归还一般债务本金发生的支出,包括地方政府一般债券还本支出、向外国政府借款(地方政府通过中央政府直接转贷或委托银行转贷向外国政府借款)、向国际组织借款(地方政府通过中央政府直接转贷或委托银行转贷向国际金融组织和联合国各基金组织借款)及其他一般债务还本支出。

B. 债务付息支出。中央政府归还国内债务利息发生的支出;中央政府国外债务付息支出,包括中央政府境外发行主权债券付息支出,向外国政府借款付息支出,向国际金融组织借款付息支出及其他国外借款付息支出;地方政府归还一般债务利息发生的支出,包括地方政府一般债券利息支出,地方政府向外国政府及国际组织借款付息支出。

C. 债务发行费用支出。包括中央政府国内和国外债务发行费用支出,地方政府一般债务发行费用支出。

②政府性基金预算收支科目下政府性基金预算支出功能分类科目中,首先在其他支出的款项下,抗疫特别国债财务基金支出,即抗疫特别国债财务基金收入安排的抗疫特别国债付息支出。其次包含的政府债务支出相关科目有:

A. 地方政府归还专项债务本金所发生的支出,其中包含的科目款项种类较多,与土地相关联的科目有国有土地使用权出让金债务还本支出(注意:土地储备专项债券还本支出不在此科目内)、农业土地开发资金债务还本支出、土地储备专项债券还本支出;与政府提供公共服务和公共基础设施相关联的科目有大中型水库库区基金债务还本支出、小型水库移民扶助基金债务还本支出、城市基础设施配套费债务还本支出、国家重大水利工程建设基金债务还本支出、车辆通行费债务还本支出、污水处理费债务还本支出、政府收费公路专项债券还本支出、棚户区改造抓向债券还本支出。除此之外,还包含其他地方自行试点项目收益专项债券还本支出、其他政府性基金债务还本支出,特别地,将海南省高等级公路车辆通行附加费债务还本支出单列出来。

B. 债务付息支出。具体包含的科目款类同债务还本支出。

C. 债务发行费用支出。具体包含的科目款类同债务还本支出。

D. 抗疫特别国债资金安排的支出。该项支出是指政府发行的抗疫特别国债筹集的资金专款专用,设定具体的资金支出流向,大的科目主要包含基础设施建设,如公共卫生体系建设、重大疫情防控救治体系建设、应急物资保障、粮食安全等方面;抗疫相关支出,反映抗疫特别国债资金安排的保居民就业、保基本民生、保市场主体等抗疫相关支出,如减免房租补贴、重点企业贷款贴息、创业担保贷款贴息、援企稳岗补贴、困难群众基本生活补贴等。

③国有资本经营预算收支科目下,国有资本经营预算支出功能分类科目中,不包含与政府债务支出相关的支出分类科目。

④社会保险基金预算收支科目下,社会保险基金预算支出功能分类科目中主要涉及的是政府社会保险领域的各项支出,不包含政府债务支出相关的支出分类科目。

以上各项分类是按政府预算支出功能分类的科目,在政府预算支出经济分类科目中,对政府债务支出相关的分类科目包含两项:一是国内、国外债务还本支出;二是偿还国内、国外债务利息支出,以及用于国内、国外发行、兑付、登记等费用的支出。

9.4.1.3 中国政府债务法律制度及治理发展阶段

(1)政府债务相关法律制度

①法律层面

目前,中国整个政府债务领域尚缺乏系统的专项法律,现有关于政府债务的法律规范主要出现在其他基本性法律中,如《宪法》《预算法》《中国人民银行法》《证券法》等,这些法律都是从各自角度出发,仅对涉及政府债务的某些领域和环节做了原则性的规定。

A.《宪法》。《宪法》中并没有政府债务的明确规定。但第十五条规定,"国家实行社会主义市场经济。国家加强经济立法,完善宏观调控";第十四条规定,"国家合理安排积累和消费,兼顾国家、集体和个人的利益,在发展生产的基础上,逐步改善人民的物质生活和文化生活"。这是政府可以举债的间接法律依据。

B.《中国人民银行法》。《中国人民银行法》第二十三条规定,中国人民银行为执行货币政策,可以运用下列货币政策工具:在公开市场上买卖国债、其他政府债券和金融债券及外汇;第二十五条规定,中国人民银行可以代理国务院财政部门向各金融机构组织发行、兑付国债和其他政府债券;第二十九条规定,中国人民银行不得对政府财政透支,不得直接认购、包销国债和其他政府债券。

C.《预算法》。1994年3月22日,第八届全国人民代表大会第二次会议通过了《中华人民共和国预算法》,自1995年1月1日起开始施行。涉及政府债务治理的规定见后文分析。

D.《证券法》。主要涉及政府债券的上市交易相关规定。

②行政法规层面

A. 国库券条例。继1981年《中华人民共和国国库券条例》之后,1982—1991年间每年均制定当年的国库券条例,如《中华人民共和国一九八三年国库券条例》《中华人民共和国一九八七年国库券条例》等,对当年国债发行的利率、期限、偿还方式等相关事宜进行规定。以条例形式对每年的国债发行具体事项进行针对性规定,是这一时期国债管理的一大特点,凸显了国债发行正处于恢复阶段,各种相关制度远未完善甚至处于空白状态的客观现实。直至1992年3月18日,国务院发布了《中华人民共和国国库券条例》,规定"每期国库券的发行数额、利率、偿还期等,经国务院确定后,由财政部予以公告",并将其他发行事宜固定下来,每年发布当年的国库券条例的做法才宣告结束(汤林闽和汪德华,2015)。1992年《中华人民共和国国库券条例》是现行立法层级最高的国债法规,存在规定内容过于简单、一些内容已经不适合当前实际等缺陷,其法律效力已不能适应当前国债管理的需要(张秉国,2012)。

B.《预算法实施条例》(2015年征求意见稿)。涉及政府债务治理的规定见后文分析。

C. 其他经全国人大常委会批准的国债事项。《国务院关于实行国债余额管理的报告》《关于提请审议批准2015年地方政府债务限额的议案的说明》等。

D. 国务院的法规性文件。《国务院关于加强地方政府融资平台公司管理有关问题的通知》《国务院关于加强地方政府性债务管理的意见》《国务院关于深化预算管理制度改革的决定》等。

③部门规章层面

中国关于政府债务的大量规范是部门规章、规范性文件类等,包括债券发行与承销、债券流通与交易、债券偿还以及地方政府债务管理。发文的部门主要是财政部、中国人民银行、国家发改委等。部门规章数量繁多,在此列举数个较为重要的文件:

A.《国家发展改革委办公厅关于进一步规范地方政府投融资平台公司发行债券行为有关问题的通知》。

B.《关于对地方政府债务实行限额管理的实施意见》。

C.《地方政府性债务风险分类处置指南》。

(2)政府债务治理发展阶段[①]

1949年新中国成立以来,中国的经济发展先后经历了计划经济时期和市场经济时期。在不同的历史阶段,中国政府债务治理根据时代发展需要,因势利导,努力寻求经济激励与风险管控之间的平衡,分别有针对性地创建了不同的债务治理模式和债务法律制度。当前政府债务治理已进入改革深水区,逐渐向规范化、透明化、制度化债务治理轨道演进。

①计划经济时期的政府债务治理

A. 第一阶段(1950—1956年)

新中国成立初期,战后国内经济建设任务艰巨,百业待兴。为夯实社会主义现代化建设基础、加快经济发展步伐,中国效仿苏联高度集中的计划经济模式。通过统收统支的财政管理体制,集中国家财政资源确保重点项目投入,支持"重工业赶超战略"。东北地区作为中国当时的重工业基地,《1950年东北生产建设折实公债条例》颁布,东北获准实行中国政府公债的首次尝试。此次公债的发行主要用于筹措建设资金,一定程度上缓解了财权高度集中导致的地方财力匮乏和建设资金不足的困境,是新中国地方公债发行史上的一次成功尝试。

虽然东北建设公债的发行及管理仍停留在比较宽泛、粗浅的层面上,缺少对公债规模合理性研究、发行程序的详细规定、债务风险防范及管理、债务偿还资金来源等问题的管理及说明,但仍为新中国成立初期地方公债的发行积累了一定经验。

---

① 郭玉清、毛捷(2019)。

B. 第二阶段(1957—1960年)

第二个五年计划时期,中央开始下放财权、扩大地方财政管理权限,颁布《关于发行地方政府公债的决定》,允许地方政府在法律框架下发行地方经济建设公债。为了进一步调动地方政府筹措资金发展经济的积极性,1957年,国务院颁布《关于改进财政管理体制的规定》,扩大地方财政管理权限,使地方政府具有一定的可支配财力支持基础建设。1958年,国务院颁布《关于进一步改进财政体制和改进银行信贷管理体制的几项规定》,出台了"下放收支、计划包干、地区调剂、总额分成"的政策决定,将地方基本建设拨款和企业流动资金全部划拨给省、市、自治区。同年,《中华人民共和国地方经济建设公债条例》(以下简称《地方经济建设公债条例》)正式公布,对地方政府发行公债进行约束和规范。

该阶段的政府债务治理特点是:地方政府逐渐充当地方政府债务管理主体,地方政府债务的发行、管理不再由中央政府批准而是由地方政府及地方人民代表大会决策;多通过地方公债管理条例的形式对地方公债进行管理;《地方经济建设公债条例》对地方政府债务的管理内容比较宽泛,如发行数量、票面金额、利息利率、偿还期限等。

C. 第三阶段(1961—1978年)

以1961年《关于改进财政体制、加强财政管理的报告》为标志,中国开始构建高度集中的计划经济体制,地方政府举债暂时停滞。此外,该阶段受国际政治环境的影响,自1968年还清所有内外债务后,中国停止发行政府公债,进入一段较长的"既无外债也无内债"的时期。

计划经济时期,在"统收统支"的管理体制中,从中央到地方"上下一本账",地方政府相当于中央在地方的代理机构,没有相对的独立财权;作为委托方的中央政府,则成为地方债务事实上的最终偿债人(樊丽明、黄春蕾,2006)。中央政府偿债承诺诱发财政分权框架中的预算软约束,激励地方政府通过计划投资和银行信贷拓宽融资渠道,而非囿于公债发行。因此,该时期政府债务风险冲击更多来自银行贷款。各级地方政府从银行获取大量的超范围贷款,信贷项目普遍存在重复建设和效率低下问题,地方投资企业的欠账、亏损和基本建设欠款非常严重。地方投资亏损累积的"表外债务",最终都转换为中央政府的偿债责任,由中央财政向国家银行注入专款清理核销,才使生产建设得以恢复(赵梦涵,2003)。

该时期的债务发行及治理实践提供了两点经验启示:首先,在分权财税体制框架下,明确各级政府的举债和偿债主体是非常必要的,能够有效防范和遏制由于中央政府担当最终偿债人所导致的地方政府举债融资道德风险;其次,银行借款进入门槛较低,尽管有助于发挥地方政府生产建设的积极性,但要谨防信贷资金过度投放和财政向银行过度透支引发通货膨胀,将风险传递到金融领域。

②市场经济时期的政府债务治理

A. 第一阶段(1978—1994年)

1978年,改革开放开创了中国特色社会主义道路,标志着经济体制开始从计划经济向社会主义市场经济转变。市场经济体制下,地方政府收支管理权逐渐增强,部分地方政府开始举借债务。1980年《国务院关于实行"划分收支、分级包干"财政管理体制的通知》决定,中国开始实行"分灶吃饭"财政管理体制,在中央和地方政府之间"划分收支,分级包干"。伴随着地方政府财权逐渐扩大、可支配财力增加,各地投资积极性高涨,随即开始出现许多地方政府建设资金不足的情况,于是向中央政府请求发行地方政府债券。国务院针对过热的发债投资可能会导致新通货膨胀的问题,于1985年出台《关于暂不发行地方政府债券的通知》,自此进入明令禁止地方政府发行债券的时期。但是,该文件并未明确提出地方政府不允许举借债务,故地方政府仍可以通过债券以外的其他形式举借债务。例如,1988年国务院发布《国务院关于印发投资管理体制近期管理改革方案的通知》,成为中国政府投融资平台公司建设的雏形。此后,各个地方纷纷效仿成立地方性投资公司进行建设投融资,该模式逐渐成为地方政府举债的一种主要形式。

该阶段债务治理主要表现为禁止债券、银行贷款等显性债务,地方政府逐渐开始借助投融资公司的形式举债,这种形式属于公司债务范畴,不受政府机构直接管理。

B. 第二阶段(1994—2007年)

1994年实行分税制改革,《预算法》的颁布,第一次从国家法律的高度对政府债务行为进行规范和约束。《预算法》明确规定地方政府按照"量入为出、收支平衡"的原则编制预算,不列表内赤字,以及"地方政府不得发行地方政府债券",从法律制度上遏止地方政府通过债券融资发展地方经济的操作空间。"财权上移、事权下放"的分权制度设计,使得地方政府面临严峻的纵向失衡问题,在政治竞争、社会管理和经济建设的多重压力下,普遍出现不顾自身财力扩张支出、举借债务进行地方建设的行为。此时地方政府举债形式更加隐蔽,尽管直接发债受限,地方政府仍然可以发出政策性借款、商业性借款、政府间往来拆借等表外融资方式。由此,以分税制改革为界,地方隶属平台公司的业务范畴开始从"投资"向"融资"拓展。这一时期地方政府债务行为的特点是,在维护国家法律制度的前提下,绕过体制障碍,探索新的制度来满足资金需求。在这种制度设计下,一方面禁止地方政府发行债券,另一方面却没有对地方政府开展表外债务扩张进行有效约束,其主旨在于既有效调动地方通过融资发展经济的积极性,又避免显性债务对中国金融市场产生较大冲击。

1997 年遭受亚洲金融危机冲击后,各级政府投融资供需错配矛盾进一步加剧。为此,1998 年,《财政部关于印发国债转贷地方政府管理办法的通知》出台,坚持"扩内需、保增长"原则,并将其中部分国债发行收入转贷给省级政府,支持地方经济和社会发展。该项措施的特点是,既没有违背《预算法》禁止地方政府发债融资的制度规定,又能在规模可控的前提下贯彻中央决策意图,保障重点项目建设;但也存在一些问题,比如转贷配额与建设资金需求不一致、转贷项目外部性协调机制不完善等问题,特别是国债转贷地方相当于中央发债、地方使用,仅在往来科目中反映,在中央和地方预算中均不列赤字,预算约束相对软化。回顾其发展阶段可以知道,由于"国债转贷"项目现实发展条件不足,它只是某一特殊时期的过渡性政策。

C. 第三阶段(2008—2010 年)

2008 年,深受国际金融危机的影响,中国经济急需积极的财政政策提振经济,中央政府实施"四万亿"财政刺激计划,维持中国经济稳定增长。以新积极财政政策为契机,中国加速推进地方政府举债融资赋权。2009 年,财政部发布《关于印发 2009 年地方政府债券预算管理办法的通知》,"财政部代发地方债"是纳入预算管理的地方政府债券发行收入,而非中央国债的协议借款。财政部连续 3 年累计代理发行 6 000 亿元地方政府债券,用于解决地方融资难题,这是地方政府自主发债迈出的重要一步。但这项政策在实施的过程中,中央政府对地方政府债券代发代还,往往容易诱导地方政府、金融机构和资本市场认为中央政府提供信用背书,从而不顾自身偿债能力,透支政府信用,过度举债,最终导致债务风险陡增。

在宽松政策支持下,地方政府与金融机构之间的"隐性契约"极大地降低了表外融资的风险溢价,强化了地方政府卸责举债的道德风险。"四万亿"投资计划以财政部代发地方债方式在"表内"推进实施,在预算收支"表外",中国进一步营造宽松信贷环境,支持地方政府多渠道拓宽投融资业务。针对融资平台债务隐含的道德风险,2010年,国务院发布《关于加强地方政府融资平台公司管理有关问题的通知》,敦促各地清理规范融资平台,加强对平台公司的融资管理和银行业金融机构的信贷管理,妥善处理存量债务。这次"收放循环"的政策调控周期可能会导致金融机构信贷资源过度向融资平台倾斜,政策性挤出更富有效率的民间投资,影响了信贷资源配置效率。这些问题意味着,放开地方政府表内举债权,替代监管不力、问题频发的表外融资已势在必行。

D. 第四阶段(2011年至今)

鉴于融资平台举债的潜在道德风险,自2011年起,中国开始一系列的试点扩容,有选择地在典型地区试行举债融资赋权,探索市场经济条件下的地方政府自行发债经验。例如,2011年,《关于印发2011年地方政府自行发债试点办法的通知》宣布,在上海、浙江、广东、深圳4省市试行地方政府"自行发债",为全面放开地方政府"自主发债"提供试点经验。2013年,《关于印发2013年地方政府自行发债试点办法的通知》出台,将自行发债试点进一步扩容,增加山东和江苏两个经济大省,几乎覆盖了半个东部地区。东部试点省市实行的均是"自发代还"模式,即地方政府自行发债、财政部代办还本付息。中央介入地方债券的还本付息程序,使地方政府债券具有了一定程度的准"国债"性质,市场主体倾向判断,一旦地方政府难以履行偿债责任,中央财政可能承担"最后偿债人"的角色。针对地方政府债券"自发代还"的制度缺陷,2014年《关于印发2014年地方政府自行发债试点办法的通知》决定,地方政府自行发债试点进一步扩容至10省市,东、中、西三大区域全部展开试点,但此次自行发债试点采取的是"自发自还"模式,发债省区自行组织本地债券的承销发行、利息支付、本金偿还等工作,中央不再介入具体发债程序。中央政府退出债券还本付息程序,旨在逐步破除刚性兑付,引导评级机构基于发债地区的财政经济状况和债券信息要素,提供相对客观的评级结果。限定规模和期限有助于控制风险,但也隐匿了地区间偿债能力差异,难以通过债券发行利差区别不同地区的风险溢价,甚至出现地方债券发行利率低于同期限国债利率的"利率倒挂"现象(王治国,2018)。

经过四年政策试验期,2015年各省市发债融资权全面放开,完成了从地方政府"自行发债"向"自主发债"的制度转型。转型期的地方政府债务治理,在中央层面形成了包括全国人民代表大会、国务院和财政部等国家最高权力、行政机关在内的管理组织架构,通过出台相关政策文件,形成了层次分明的制度体系。

2014年末,地方政府债务的债务率达到86%,地方政府债务余额中,90%以上是通过非政府债券方式举借,平均成本在10%左右,地方政府每年须支付较高的债务付息支出。为实现政府债务治理的规范化、制度化,2015年全国人民代表大会审批修订的新《预算法》要求,地方政府债务全部纳入预算管理,实行规模控制。地方政府债务全部纳入表内预算后,将一举解决突击式审计难以克服的组织成本高昂、数据分割离散等问题,实现债务风险的动态流量监管。此外,通过发行地方政府债券对存量债务逐步进行置换,是规范地方政府债务预算管理的重要举措,也有利于减轻地方政府债务还本付息支出负担。2014年《国务院关于加强地方政府性债务管理的意见》(国发〔2014〕43号)赋权省级政府申请发行地方债券,置换纳入预算管理的存量债务,从而缓释偿债压力、降低偿债成本;并且明确释放"不救助"信号,要求"地方政府对其举借的债务负有偿还责任,中央政府实行不救助原则"。其意义在于硬化地方预算约束、破除中央刚性兑付,必将产生深远的制度影响。可以说,2015年新《预算法》以及2014年出台的第43号文件提供了转型期债务治理的基本制度框架。

在上述基本制度框架的基础上,为加强对政府债务风险的管控,2016年《地方政府性债务风险应急处置预案》和2018年《关于防范化解地方政府隐性债务风险的意见》改革地方官员的政绩评价机制,强调对脱离实际过度举债、违规用债、逃废债务的地方官员"倒查责任、终身问责",并进一步明确地方政府责任范围及各类政府性债务处置原则,强调存量担保债务和存量救助债务均不属于政府债务。2016年,财政部发布《关于对地方政府债务实行限额管理额实施意见》以及《关于做好2016年地方政府债券发行工作的通知》,明确对地方政府债券余额、置换债券、新增债券均须进行限额管理,置换债券的发行规模均不得超过财政部下达的当年本地区债券额度。随后,财政部印发《财政部驻各地财政监察专员办事处实施地方政府债务监督暂行办法》的通知,明确了专员办监督责任和权力,各省、自治区、直辖市政府财政部门负责统一管理本地区政府债务,专员办根据财政部有关规定和要求对所在地政府债务实施日常监督,监督范围包括地方政府债务限额管理、预算管理、风险预警、应急处置,以及地方政府和融资平台公司融资行为。2017年5月,多部委联合发布《关于进一步规范地方政府举债融资行为的通知》，要求对地方政府及其部门融资担保行为摸底排查，全面改正地方政府不规范的融资担保行为，明确规定地方政府不得将公益性资产、储备土地注入城投企业，不得承诺将储备土地预期收益作为融资平台公司偿债资金来源，不得违法违规出具担保函承诺函等；明确了政府购买服务的改革方向、实施范围、预算管理、信息公开等事项，严禁以政府购买服务名义违法违规举债。

在地方政府债务治理模式的全面转型期，中央政府出台的有关预算管理、规模控制、转变政绩标准、承诺不救助等政策举措，标志着"绩效"原则将取代传统模式强调的数量激励，引领改革深水区的地方政府债务治理。这就需要基于新的经济形势、发展理念和制度背景，审慎判断转型期债务演进特征，为新时代战略体系设计提供理论基础。

9.4.2　政府债务相关支出立法与管理的国际经验

综观世界各国，大多数发达国家的债务收入和债务支出均不作为财政收支处理，其中债务收入主要用于弥补财政赤字，而债务支出的本金偿还是通过发行规模更为巨大的新债来解决，所以不列入财政预算。国际货币基金组织在处理债务的财政统计时，将其作为财政融资项。西方国家债务支出中的国债利息则一般作为财政支出列入财政预算，其偿还方式则多是借助增加税收来支付。

由于某些国家实行的赤字财政政策导致了规模越来越大的巨额国债，对其进行偿还的债务支出又反向刺激财政赤字的进一步激增，这种负反馈效应使得财政政策不得不陷入借新还旧、大额财政赤字以及加大税收征管强度的恶性循环。财政资金与社会上的其他财富在这种债务支出的再分配过程中，逐渐从民众手中转移到极少数寡头垄断者的手中。而发展中国家远超偿还能力的外债还本付息支出的沉重负担，不但会导致本国财富外流、经济发展受制，还会被发达国家趁机窃取政治权力。

为充分将世界各国的政府债务支出立法与管理经验纳入本章节的讨论，下面将选取具有代表性的几个国家来分别介绍政府债务相关支出立法与管理的国际经验：欧洲 OECD 主要成员国，如英国、法国、德国；北美洲代表性发达国家，如美国；南美洲"金砖五国"重要成员国，如巴西；亚洲代表性发达国家，如日本、韩国。

9.4.2.1 欧洲 OECD 主要成员国
(1)英国

英国所采用的政府财政管理框架是各级政府在保持财政在经济周期内平衡持续发展的基础上建立起来的。1998年颁布的《财政法案》要求财政部向国会提交年度预算报告时须明确提交的文件包含预算执行与财政形势分析报告、财政经济与发展战略报告、国债管理报告、国债发行计划时间安排,从而加强中长期财政计划管理。政府债务管理的目标是使政府长期融资成本最小化,同时要防范债务风险并避免与货币政策的冲突。

为实现经济长期稳定发展以及健康的公共财政,英国还颁布了《财政稳定法案》。根据该法案内容,制定了两个重要的财政指导原则来规范英国的政府债务行为:①"黄金原则"。规定英国政府所借贷资金只能够用于投资,而不能够用来进行经常性支出的花费。②"永续投资规则"。规定英国政府各部门的未偿债务余额占GDP的比例必须维持在一个固定的数值之下,目前英国政府规定的标准为40%。

上述两条规范政府债务行为管理准则的法律规定是英国财政管理基本原则的具体体现,其目的在于让政府债务行为在经济周期内,能够发挥自我调节机制作用来减少经济的周期性波动以及更好地配合货币政策。

英国政府的财政活动受到议会的监控,《国会法》限制了上议院财政立法权,《议会法》的颁布则旨在规定上议院和下议院的职权,凡下议院通过的财政案,于闭会一个月前提交上议院,而该院一个月内不加修正并未通过者,除下议院另有规定外,上呈请国王核准,虽未经上议院通过,仍认为国会之法令。该法对政府债务支出规定包含下列事项议案:偿还公债或由集中基金内或由国会拨款项内支付,或此项支出的变更或撤销;支出款项;公债之发行、担保或偿还;与上述各项相关联的其他事项。

上述内容反映了英国财政活动程序的基本法律内容,以此来规定监督财政预算支出中的政府债务支出渠道和程序。

(2)法国

法国对政府债务支出管理方面,其所颁布的关于财政预算的基本法《财政法组织法》被认为是法国财政领域的新宪章,为法国财政领域的预算管理引入了新的理念和方法。新《财政法组织法》明确规定了公共债务的相关内容,具体规定有:①第26条规定,公共债务的发行、转换和管理都由每年的预算案规定。

除预算案另有规定外,公共债务不能用来减免税收。由政府和其他公共机构发行的债务,不能用来支付日常公共开支。债务的归还和发行应与发行合同相一致。②第34条规定,年度预算案的第一部分内容公布公共债务发行的授权、为公共可转让债券的净增长设定上限,并在预算年度终了对债务水平进行评估。年度预算案的第二部分内容包括对中央政府支付给第三方债务以及与其他多边债务相关的支付承诺的授权,并规定该种支付和承诺的具体程序。此外,法国财政部还颁布了《国库券发行令》,对政府发行债券的相关事项进行补充规定。

法国作为欧盟的成员国之一,法国政府债务支出行为必须受欧盟《马斯垂克条约》的规范。在政府财政赤字方面,该条约规定,法国政府的财政赤字率不得高于3%,而且政府债务累计总额不得超过GDP的60%。但是,由于该条约的规定与法国的法律并不兼容,就法律层面来说,未能强力约束法国的政府债务行为,但若违反此项规定,欧盟同样有权追加惩罚性罚款。

法国通过一系列以加强国会权力和以财政平衡为核心的制度安排,实现对政府债务支出的有效管理。

(3)德国

德国财政体制和财政法律均源于《基本法》,该法律对各级政府财政支出活动的各个方面均作了明确规定。但与政府债务具体内容相关的法律则是《税收通则》,其中包含税收债法。"税收债法"对税收债务关系的成立、消灭、税收债务的内容、债务转移等内容加以规定。

两次世界大战后,面临巨额战争赔付,德国政府通过《基本法》改革对财政立法,政府债务方面延续禁止举债平衡预算。20世纪70年代后,受石油危机影响,德国《基本法》放开允许政府举债,从此政府债务持续增加,债务增长速度远远超过国内生产总值和税收的增长速度。为控制政府债务行为,德国联邦政府于2009年制定并通过了《新债务限额》法案。德国"债务刹车"条款在2009年7月正式写入德国《宪法》,并自2011年起正式实施,实现各州债务均衡化,建立债务超标惩戒机制和债务监督管理机制。另外,条款规定自2016年起,排除经济周期引起的赤字,德国结构性赤字不能超过国内生产总值的0.35%。各州从2020年起,除特殊情况外,不允许新增任何债务。

德国通过"债务刹车"条款,政府债务占比逐步降低,负债率稳步下降,整个经济体的宏观杠杆率也呈波动下降趋势,并且促使政府财政收支由亏转盈。德国地方政府融资遵循黄金法则,即政府债务只能用于资本性支出。德国地方政府债券可分为地方政府发行的债券、地方性公共机构发行的债券、抵押银行发行的债券,财力薄弱或发行需求较小的州还可共同发行联合债券。地方政府的债券发行计划列入年度预算,债券的还本付息以其税收收入偿还。

从债务管理的战略方面来看,德国政府债务管理的职责和权限完全由相关法律规定。为维持较好的周期性财政平衡,德国政府实行年度预算与中期财政预算相结合的预算管理制度,对政府债务的偿还支出和发行工作做好中长期计划。

9.4.2.2 北美洲代表性发达国家——美国

美国《宪法》第一条第八款规定,国会拥有征税和以合众国的信用发债的权力,并以税金、捐税、关税和其他赋税偿还国债支出,为美国的共同防御和全民福利提供经费。而众议院负责提出筹集收入的议案,参议院可以参与筹集收入议案的修改;非经依法作出的拨款决定,不得从国库中支取资金。1993 年《政府债券修正法案》授予财政部发行国债的权力,如国债的发行规则、发行条件和发行方式等都授权由财政部全权决定,但发行债券的总额不得超过《美国法典》规定的总的上限。

《反超支法》规定在一个预算年度内,联邦政府或哥伦比亚特区政府的官员或者雇员不得超出拨款的额度进行支出、授权支出或者发生债务,不得签订导致未来支付超出国会拨款额的合同,除法律授权外,不得在拨款前签订导致政府支付的合同或债务。换句话说,各机构支出不得超过管理和预算办公室分派给他们的拨款份额。每一财政年度的美国政府预算支出,应不高于政府该财政年度的收入。此外,总统向国会提交的预算内容必须包含财政部上一财政年度和当期财政年度结束时估算的资产负债,若预算中的资金建议获得通过,则公布财政年度结束时资产负债和政府债务支出的必要信息。

《平衡预算与紧急赤字控制法案》要求管理和预算办公室、国会预算办公室的领导人对每个财政年度的赤字进行估算,对于当期已经没收的资金不得用于支出、授权支出或者发生债务支出。

《美国法典》第 31 卷第 3 129 条款规定,授权的债券发行的必要开支的支付由财政部拨款。在本条款下的拨款只能用在债券发行的财年以后的那个财年结束时债务的支付。在指定数额的拨款用于本款安排的不指定数额拨款的支出期间,只有指定数额的拨款才可用于债务支出。从这些条款不难看出,美国的相关法律在对政府债务支出进行界定的过程中,主要从债务发行过程的规模、发行主体、偿还资金来源的角度进行界定,尤其注重权利方面的界定,并在此基础上对具体的政府债务项目加以规定。

9.4.2.3 南美洲"金砖五国"重要成员国——巴西

巴西作为"金砖五国"重要成员国之一,是数十年来新兴经济体的重要发展中国家,其对政府债务管理相关的立法经验具有很好的借鉴价值。巴西财政联邦主义改革始于20世纪80年代,地方政府获得了较大财政自主权,起因是巴西先后经历的三次政府债务危机(外债危机、联邦金融机构债务的偿还危机、债券偿还危机),在应对危机的过程中促使其形成了较为成熟的政府债务法治制度,其中最重要的是巴西2000年颁布的《财政责任法》。

《财政责任法》作为巴西强化财政管理规则、防控债务风险的重要法案,适用于所有层级政府,但主要对象是州级政府。该法案设置了一系列风险预警指标来严格控制地方政府债务规模,其中细化到对借款渠道、借款额、新借款额、政府担保额、关联借贷等的控制。该法案为防止地方政府及相关部门举债弥补经常性收支缺口,法案第12条规定新贷款发生额不得超过资本性支出金额。若地方政府债务规模超过了限制,则禁止其再次开展融资或停止对其进行转移支付。第35、36、37条规定禁止联邦政府以直接或间接方式接管各州债务,禁止一州向其所控制的金融机构借款,禁止以预期收入为担保进行借款,禁止中央银行购买各州的政府证券,禁止将州债券转为联邦公债和授予担保。并且,要求地方政府每2个月或4个月向公众公布一次政府债务报告,并对违反该法规定,如违规举债、债务面临无法偿还风险等的地方政府中断借贷来源,相关责任人被追究责任、甚至获刑。

从《财政责任法》可以看出,巴西在政府债务方面的立法工作主要遵循三个重要的原则——目标性、透明性和惩戒性,维护宪法层面的联邦制和整体财政工作框架,立法内容比较宽泛、复杂,适当规制各级政府举债等权力,试图以较低的政治成本调整中央与地方的财政关系。该部法律是以全部层级政府的范围设定统一的财政债务规则,往往容易因各州的经济发展水平差距、政治力量悬殊等问题而面临严峻的考验。

9.4.2.4 亚洲代表性发达国家

(1)韩国

韩国在财政方面的法律体系建设比较完善,总体是以《宪法》为基础、以《国家财政法》为核心,对全国财政相关事项进行规定,包括国家预算、决算、基金管理、国家债务等方面,其目的是为政府财政行为的规范运行建立一个有效的、绩效导向的和透明的财政管理框架。除《宪法》和《国家财政法》等基础法律外,韩国还形成了包括《税收基本法》《国家基金管理法》《国家会计法》《收费管理基本法》《国有资本管理基本法》《国家债务法》《法定支出管理基本法》《地方补助法》等在内的各专项财政法律,共同构成了层次分明、功能完整的国家财政法律体系。

作为韩国财政法律体系的核心法,《国家财政法》中与政府债务相关的条款主要包括:第 91 条规定,对于国家欠下的各个账户或基金的债务,财政部应该每年制订一个国家债务管理计划,计划中应包含以下内容:上年度及上上年度发行的国债或贷入资金;当年要发行国债的估计数量或贷入资金;自相关财年开始至少 5 个财政年度的国债发行或贷入资金计划以及偿还计划;债务增减情况的预测,以及自相关财政年度开始至少 5 个财政年度的债务管理计划。第 25 条规定,政府如果想要额外发行国债,需要提前获得国民大会的统一,并且国债作为预算的一部分。额外发行国债是指相关法律之外,超过支出预算或继续费限度的情况。每种情况下需要发行国债的原因都需要明确陈述,还有相关行动采取的时间、偿还年度及承担的债务数额。第 96 条规定,若超过债务时效,政府有权停止偿还债务,时效周期为 5 年,除非其他法律有明确规定。

(2)日本

作为亚洲的发达国家,日本在财政方面的法律制度建设起步较早。第二次世界大战后,明治宪法体制下的财政制度被废止,1947 年开始实施新《宪法》,制定了《财政法》《会计法》,据此确立了新的财政制度。其基本框架是由日本《宪法》(第七章"财政")以及《财政法》《会计法》《预算决算及会计令》等组成的财政基本法体系,从而使财政制度发生了深刻的变革,完成了由王权财政、专制财政向公共财政的转变,确立了立宪财政制度。日本对政府债务的控制非常严格,通过一系列立法建立了协商发债机制、地方财政计划体系、债务预警和审计监督机制等措施(杜倩倩和罗叶,2020)。

日本财政基本法整个体系框架由一个核心、三个方面组成:首先,《宪法》第 7 章"财政"规定了基本原则,以此为依据,财政法对国家财政的预决算制度进行了原则性的规定。《宪法》第 7 章和《财政法》形成了日本财政基本法的主体躯干和核心内容。其次,在财政收入、支出、资产管理以及中央与地方财政关系等各个方面,也有非常具体细致的法律或者法规法令来规范和控制国家财政活动。由于日本财政方面的法律法令众多,与政府债务相关的法律主要是《财政法》,该法对财政支出做出非常严格的规定,是指一个预算年度内的所有支出,包括各个预算之间以及国库内部各个账户之间的收支,除了公共投资、出资或融资的财源外,中央政府的财政支出不得以公债和借款为财源。政府发行债务必须有明确的还债计划,且发行和还债计划都必须经过国会审议通过;临时因资金周转所发行短期借款,必须用本年度财政收入偿还债务。

2020年,日本国债总额占GDP比重高达240%,远远高于希腊发生债务危机时的113%,日本负债率位居全球第一位。然而日本经济相对平稳,至今没有发生严重的债务危机。《地方财政再建促进特别处置法》规定,如果地方政府出现债务危机,可以通过设置财政重建团体,由中央政府和上级政府通过削减开支、增加税收等方式帮助地方政府走出债务危机。而且与日本建立的审计监督机制分不开,其独立于国家行政系统之外的地方监察委员会对地方债的举债方式、资金用途、债务偿还资金来源等各方面信息进行全程审计并向国会提交审计报告。

9.4.2.5 代表性国家政府债务实践总结

大多数国家在《宪法》或者财政基本法中规定坚持维持财政平衡的基本原则,"财政平衡观"强调的是财政收入与财政支出在总量上保持基本平衡。但是,基本平衡的概念并不是要求财政收入与支出完全相等,因为财政收入和财政支出即使完全按照预算执行,一般情况下也很难实现完全相等的收支平衡。因此,只要收支结果相差不大,都可以看作财政平衡。另外,财政平衡不是绝对要求财政收入和财政支出在每个财政年度都做到收支平衡,而是要求财政收支在某一个长期阶段保持平衡。近些年来,一些经济学家提出财政长期平衡的观点。关注财政平衡,不能仅仅关注当年的平衡,而是应该着眼于财政的长期平衡,与经济周期相适应。只要从长期角度来说财政收支总量大体是平衡的,就可以允许在一定阶段内存在赤字或者结余,就可以认为该阶段的财政收支是平衡的。

尽管由于各国的政治体制原因以及历史阶段等因素,各国政府债务法律制度所表现的形式各不相同,但是鉴于政府债务的特别性质,各国都对政府债务的法律规制特别重视,分别在宪法、预算法、财政基本法、证券法和专门的政府债务法等不同位阶层次的法律中对政府债务的举借、发行、流通、监管和偿还等系列的法律行为做出全方位的规定,使得政府债务法律规制具有深厚的宪法基础,不仅提高了政府债务法律制度的立法级别,也使得这些法律之间相互协调、相互衔接,从而将政府债务纳入议会和行政机关的审批和监督之下。

列举的大部分国家已形成从《宪法》到财政基本法,再到包括各专项财政法律在内的较为完备的财政法律体系。其中,财政基本法主要是秉承《宪法》的立法宗旨和基本要求,对各项财政专项法律的内容规定基本原则提供引导性的法条,具有不可替代的基础意义。有些国家具有相当于财政基本法的法律,它们同样是以《宪法》为依据或原则,然后以一两部财政法律对国家的财政收入、财政支出、预算、决算、国家债务、基金管理、政府财政绩效审计、社会保障等进行规定。有些国家即使没有专门的财政基本法,但这些国家或者在《宪法》中辟出专门的章节对各财政事项进行阐述规定,或者出台若干部单行法对各财政事项进行法律规定。各代表性国家一般会对财政支出上限做出规定,支出上限的调整需要根据经济形势和必要支出水平进行,但必须经立法机关审议批准,同时对发债及债务规模做出规定。财政支出的法定原则一般都会在各国宪法中得到体现,财政支出的大体范围、限额、绩效原则等则会在其他财政法律中得到具体规定。

9.4.3 政府债务支出相关立法与管理的总结性评述

9.4.3.1 政府债务支出相关法律制度和管理存在的问题

综合前文所述,中国政府债务的实践路径与大多数发达国家以及新兴经济体国家大相径庭,支出无论是在法律制度建设还是政策性管理层面均存在较多问题,仍然有很大的发展空间。

(1)政府债务法律制度层面

①政府债务支出相关法律体系不健全,立法缺失。中国缺乏对地方政府债务支出治理的基本法,既没有类似国外的财政基本法作为综合指导性文件,也没有针对性的国债法对政府债务行为进行直接明确的规范。目前,中国与政府债务相关性较强的立法只有《预算法》,而《预算法》中所涉及政府债务的内容主要包括债务预算管理、发行规模、发行主体、责任主体和风险监督基处置机制。与债务支出间接相关的只有第48条"预算安排举借的债务是否合法、合理,是否有偿还计划和稳定的偿还资金来源"和第79条"重点审查经批准举借债务的规模、结构、使用、偿还等情况",而偿还计划和偿还资金来源也并未对还本付息

和发行费用进行详细的规定。大量过时、不合时宜的临时性政策性文件散见于法律体系内,亟须从法律统筹入手,确定中国政府债务支出基本制度导向与基础性法律,从而对上述规范性文件加以框架性统筹与筛选、剔除。

②财政法体系结构不科学,效力层次低。中国除《预算法》外,财政法范围内,大量部门规章、暂行办法、决定、条例、通知等规范性文件夹杂于财政法律体系中间,只能作为参考,权威和公信力不足。结果往往是,一个问题或一类政策多以一项规范性法律文件的形式在财政部门内使用,"政出多门",随意性明显。财政相关法律在政策数量中所占比例低,存在大量的规范性文件以及行政法规与规章,这样的财政法律体系会造成财政法律被架空,法律规范内容泛化、财政政策化泛滥。由此,财政法律的权威性与时效性也势必大打折扣。此外,财政政策的法律转化率低,财政政策的合法性存疑。财政法律法规陈旧,立法更新缓慢。有较多的财政法律规章是历经10年甚至20年才予以制定或实施的,现有立法更新速率明显迟缓。

(2)政府债务支出管理层面[①]

①政府债务支出管理未形成制度体系。目前,中国各层级、各管理机构间仍未形成统一有机的债务支出管理制度体系。各级政府管理权限及管理范围不明确,缺少量化的债务规模和风险指标体系对地方政府是否还能继续举债、能够举债多少等进行判断,债务发行主体、发行方式、风险防控、债务化解、还本付息支出等都缺少相应的管理机制。

②政府债务管理主体不明确。中国地方政府债务仍没有一个明确的管理主体进行统一筹划、统一管理。目前有国务院、发改委、财政部、人民银行及相关职能部门等机构管理地方政府债务,可能出现不同部门政令及法规相违背甚至相反的情况。例如,2009年中国人民银行《关于进一步加强信贷结构调整促进国民经济平稳较快发展的指导意见》鼓励组建地方投融资平台,而2010年国务院《加强地方政府融资平台公司管理有关问题的通知》则要清理整顿地方投融资平台。

③管理内容不详尽。中国现有地方政府债务管理文件,更多的是对地方政府债务"定性"的管理及规范,缺少详尽可靠、可量化的技术指标及技术参数作为管理依据。而西方国家对地方政府债务管理的相关规定中,多有明确的技术

---

① 杨雅琴(2013)。

指标作为管理依据。

④管理过程不全面。目前,中国地方政府债务管理更多向债务管理及化解倾斜,而缺少法规及文件对债务举借资格、债务举借前的准备、债务发行程序,以及事后的债务偿还、风险防范等问题进行规范。中国现有地方政府债务管理更多属于"事后管理"的性质,难以对债务风险做到事前预防、事中防范、事后化解。

9.4.3.2 对政府债务支出相关立法及管理的若干展望

(1)政府债务支出相关法律制度层面[①]

①财政立法结构优化

现有财政领域法律体系的立法规模虽已基本成形,却是法律、行政法规、部门规章杂陈其间。合理的财政法律体系应当与财政的基本流程——收、支、管理——相契合。简言之,依照财政本身所固有的基本模块与流程,理想的财政法律体系可以划分为财政收入法、财政管理法、财政支出法。顾名思义,财政收入法、财政管理法、财政支出法依次负责财政的收入、管理与支出。将财政事项与财政条块相联系,各项财政活动在同一财政区划中完成,而不致出现财政活动混乱、责任不明、事权混杂的局面。然而,中国现有的财政立法以及现有财政法律体系不仅没有按照财政基本流程,反而将财政的诸多职能集中规制于新《预算法》中,出现综合而治的趋向,即财政全流程与全规制尽皆归于《预算法》中。

现有《预算法》所容纳的法律制度已然超出预算法应有职能与规制范畴。新《预算法》规定的法律制度,包括转移支付制度、举债制度、预算支出绩效评价制度、国库集中收付管理制度等,不仅涵盖财政收入制度,也含有财政支出制度,更将财政管理制度也纳入其中。可尝试性地将政府债务支出从《预算法》对举债制度的规范条款中剥离出来,单独成立另外的债务立法制度。

②明确政府债务法律界定

迄今中国的法律和相关政策法规等文件中,没有对地方政府债务的概念作出清晰明确的表述,只是明确了地方政府债券为地方政府举债的唯一合法形式,地方政府性债务管理意见和应急处置预案中列举了政府债券、存量债务、或有债务、担保债务、救助债务等债务范围,并没有对地方政府债务的概念作出清晰的界定。因缺乏对地方政府债务概念的界定,中国法律法规等文件中对地方

---

① 李秦(2020)。

政府债务的范围认定没有明确的法律依据。

③提升相关法律级别

虽然部门规章、规范性文件等都可以对相关问题和事项起到规范作用，但是相对于宪法和法律来说，其法律位阶较低，法的权威性较弱。因此，对重大事项基本问题，一般需要制定法律予以规范。中国政府债务治理的法律规范建设步伐明显滞后。在法律层面，虽然中国具有包括新《预算法》在内的众多财税法律，但是尚缺乏一部上位法对更为一般的原则加以规定。唯有2014年的新《预算法》对地方政府债务行为进行了较为原则的规定。《预算法》第35条和第94条分别规定了地方政府在国务院授权限额范围内的举债权和地方政府举债的合法形式，并对违规举债行为和为他人债务提供担保行为明确了行政法律责任。但是，对地方政府债务资金的使用管理、债务偿还、违约责任、违规举债责任的具体认定等诸多方面，缺乏可操作性的规范。虽然颁布过的行政规范性文件对其进行补充，但主要是针对地方政府债务问题某些方面所作的行政管理规范，规范层级较低且较为分散，体系化和统一性都有待提升。因此，从法律完善的角度看，中国有关地方政府债务治理的规范制度规定需要提升立法层级，在成立财政基本法的基础上确立债务管理上位法，以法律的形式规范中国政府债务支出相关的基本制度。

④政府债务相关支出立法原则

A. 定位分级原则

对政府债务支出的立法定位应上升为权力机关而不是行政机关的立法。行政机关主要是指人民政府及国务院组成部门，这些部门推出的多为行政条例、管理办法等规范性文件，相较于权力机关如人大推出的立法文件，缺乏管理权威性。政府债务支出相关管理内容已在《预算法》中有所体现，为进一步提高债务支出管理的上位法法律效力，也应该以权力机关部门为立法机构。此外，鉴于权力机关的权威性和强制性，能够有效遏制地方政府在政府债务支出方面的道德风险问题。明确了政府债务立法定位问题后，进一步结合中国政府债务支出的中央与地方层级性现实情况，应采用中央政府与地方政府相结合的立法层级。这样的立法层级设置，既能充分借助中央政府立法的高度一致性，保障政府债务支出管理切实安排到任何地方政府，又能充分发挥地方政府立法的实践灵活性，有效实现区域异质普遍存在的情况下政府债务支出立法的可操作性。通过这两种层级立法方式的结合，可有效防止法律法规与具体实践相脱离。

B. 授权与问责的统一性原则

明晰中国政府债务支出立法的政府部门和政府层级之间的权责配置框架后，应着力推进行政问责制，特别是相关部门监管的行政问责。政府债务支出中的一般债务支出纳入一般公共预算，本金和利息可通过一般公共预算收入偿还，而专项债偿还则主要包含政府性基金收入和专项收入偿还。中国预算执行在遵循一般规律的情况下，必须考虑特有的政治、经济和制度约束因素。在推行预算问责这个阶段，将从外部控制过渡到管理责任阶段，从政策过程控制转变到产出和结果控制，从财政管理的封闭式管理转变为透明式管理，利用基于修正的权责发生制进行预算问责。逐步把财政部门提供的预算信息纳入财政资金分配的决策过程，通过将部门预算的调整与行政问责制紧密结合起来，借助各级政府现有的较为完善的政府目标责任书模式，摆脱政府债务支出规模与财政预算调整相分离的预算模式，逐步向决策型预算管理转变，把部门债务支出管理作为部门政策调整和部门人事变动的客观依据，加强预算问责，从而使政府的决策更加科学和准确。

(2) 政府债务支出管理层面[①]

①对政府间表内权责框架进行配置调整，从根本上缓解地方政府表外融资冲动，为债务治理打好体制基础。分税制改革以来，地方政府表外举债冲动主要由纵向财政失衡和政绩考评机制协同诱发，是"压力型体制"的结果。进入新时代后，新型政绩观业已取代数量型评价机制，接下来需要进一步顺中央与地方的财政关系，制度性缓解地方政府的表外融资压力。推进地方政府事权与支出责任相匹配，是完善纵向权责配置框架的重要举措。但在财力配置方面，减税降费使地方政府的财力事责错配局面依然严峻，面临以表外融资填补表内缺口、履行上级委任事责的制度压力。为缓解地方表外举债冲动，有必要加快推进地方主体税收体系建设或适度调整共享税的地方分成比例，使地方政府获得稳定可预期的表内预算财力，"压力型体制"内生的举债道德风险随之缓解。

②在治理模式层面，着力增进对债务支出融资配置效率，以实现精细化、项目化治理。传统治理模式主要依赖宏观调控和逆周期操作，基本思路是当宏观经济遭遇外部冲击时，以宽松政策鼓励地方拓宽融资渠道，防范经济下行风险；

[①] 郭玉清、毛捷(2019)。

当债务支出规模激增难以为继濒于失控时,适当以紧缩政策压减表外债务增量,防范债务清偿风险。该治理模式政策主体集中于融资平台公司,属于从需求端出发的数量型治理理念。当前政府债务风险主体更加隐匿分散,需求端数量型治理应随之调整为供给侧绩效型治理,将治理模式从宏观调控转向微观项目绩效审计和责任绩效审计。

③为减少政府债务支出引致潜在风险,须对政府债务结构战略性调整,转变传统风险管控为事前指导性模式,构建事前监测预警机制。传统模式主要采取指标控制方式遏制风险扩张,如限定"债务率""负债率"等定量指标不得突破欧盟警戒线,否则限制新增举债权。该方式虽操作简单直接,但难以实现动态性监测债务风险,无法适时避免债务资源的配置效率损失。而且对风险事件的"一刀切"式事后管控,缺乏政策灵活性机制。地方政府举债须通过规范、透明的债券发行渠道完成,债务风险监测预警机制可相应从"事后"调整到"事前",进行"事前"流量监测预警。开展流量监测预警,将基层流量数据及时反馈至顶层决策机构。这种事前预警机制能够视债务风险的发展演化,基于不同地区的风险特征提供差异化指导预案,及时敦促高危地区调整财政收支,维持财政收支基本平衡。

9.5 财政支出绩效评价

自20世纪中后期以来,源自发达经济体的"公共管理革命"所提倡的建设"高绩效政府"的现代公共治理理念已然深入人心。在现代预算制度的建设过程中,应该融合更多的政策分析和管理方法,采用现代分析手段,以提升公共决策的绩效,更好地体现公共服务的公众满意度水平,有效推动政府预算的各利益主体更加关注预算决策过程、运行秩序和绩效结果。

随着公共财政关注社会民生的政府理财观念转型,社会各界对于公共支出的绩效问题也呈现出日趋关注的态势。对于备受争议的"三公经费"等问题,究其本源,仍然在于对公共资金的使用绩效如何加以评判,缺乏较具信度和效度的考评指标体系。如果从1999年前后的部门预算改革算起,新一轮中国政府预算改革启动以来的20年间,政府预算绩效管理改革可谓"风生水起"。通过对公共支出现实效果进行客观评价,尤其是针对公共财政满足民生需求和社会发展的状况,加以相对精确的测度和详细的刻画,将有助于最终实现"依法用好百姓钱"的政府理财目标。

9.5.1 财政支出评价立法与管理现状[①]

党的十八届三中全会将财政定位为国家治理的基础和重要支柱,并提出建立现代财政制度的改革目标,特别提出要改进预算管理制度,实现全面规范、公开透明的预算制度。党的十九大报告进一步明确了今后中国预算管理改革的方向,即"建立全面规范透明、标准科学、约束有力的预算制度,全面实施绩效管理",这充分体现了建设现代化的财政制度以实现国家治理体系和治理能力现代化的时代诉求。2018 年 9 月,《中共中央 国务院关于全面实施预算绩效管理的意见》正式发布,为进一步深化绩效评价改革指明了未来的前进方向。

9.5.1.1 全面实施预算绩效管理的意义

全面实施预算绩效管理意义深远。首先,这是推进国家治理体系和治理能力现代化的内在要求。政府预算集中体现了政府活动的范围和方向,诠释了政府公共受托责任的履行和实现情况。而衡量政府职责履行与实现程度的重要尺度,就是公共财政所提供的公共产品和服务的效率和质量。从这个意义上讲,凡现代国家必有财政预算,凡财政预算必须讲求绩效。因此,全面实施预算绩效管理体现了不断优化政府治理体系于提升政府的治理能力的时代需求。

其次,全面实施预算绩效评价是深化财税体制改革、建立现代财政制度的重要内容。在党的十八届三中全会发布的《中共中央关于全面深化改革若干重大问题的决定》中,明确了建立现代财政制度的财税改革总体方向。在党的十九大报告中,针对现代预算制度进一步强调支出,建立全面规范透明、标准科学、约束有力的预算制度,全面实施绩效管理。综观现代政府预算的演化进程,总体上呈现出从"控制取向"逐步走向"绩效导向"的发展趋势。其早期阶段的功能设计是"控制取向"的,强调古典预算原则所倡导的"明确"与"约束"原则,注重通过控制预算收支,实现立法机构对行政机关的有效控制。然而,随着政府职能与规模的不断拓展,政府在引领经济社会发展过程中需要发挥越来越重要的作用,逐渐成为一种社会思潮,客观上要求公共部门在预算问题上更具主动性。某些发达经济体由于预算执行中的支出控制太多、过于严格,制约了各

---

① 马蔡琛、赵早早(2020)。

部门的创新能力和灵活性。于是从20世纪50年代以来，出现了以加强政府财政权为主导思想的现代预算原则。与新公共管理运动引入公共部门之间的内部市场竞争相适应，逐步采用赋予行政部门更多自由裁量权的绩效导向型预算管理模式，以鼓励创新与节约。半个多世纪以来，各国的预算制度已然从早期更具控制性的约束工具，逐步转化为国家治理的重要制度载体和支撑平台。现代各国的预算改革与制度建设，在追求决策理性化的过程中，逐步演化出一系列更具绩效导向性和财政问责性的管理工具。全面实施预算绩效管理改革方略的提出，恰逢中国预算改革处于从"控制取向"走向"绩效导向"的关键转换节点，从而构成了全面深化财税体制改革、建设现代财政制度的重要内容。

最后，全面实施预算绩效管理是优化财政资源配置、提升公共服务质量的关键举措。尽管对于政府预算的绩效是否可以通过考核评价来加以测度，在预算发展史上，也曾存在某种分歧，但随着政府会计的发展和财务报告系统的改进，以及现代信息和通信技术在预算和财政系统中的良好应用，预算绩效是可以数量化测度的，并日益成为广泛的公式。进入21世纪以来，中国政府预算收支规模不断迈上新台阶，2011年全国财政支出就已突破10万亿元大关，2017年全国一般公共预算支出首次突破20万亿元。面对规模如此庞大的公共预算资金，如何才能做到将财政资源有效配置到其效率最大化的方向？针对这一重要问题，要从全面实施预算绩效管理的改革方略中找答案，这无疑是优化财政资源配置、提升公共服务质量的关键举措。

9.5.1.2 预算绩效管理的制度构建

党的十八大以来，党中央、全国人大、国务院日益重视绩效管理工作，多次强调要深化预算绩效管理改革，提高财政资金使用效益和政府工作效率。党的十八大报告提出"创新行政管理方式，提高政府公信力和执行力，推行政府绩效管理"；党的十八届三中全会提出"严格绩效管理"；党的十九大报告提出"建立全面规范透明、标准科学、约束有力的预算制度，全面实施绩效管理"；2017年政府工作报告提出"提高资金使用效率，每一笔钱都要花在明处、用出实效"；2018年政府工作报告要求"全面实施绩效管理，使财政资金花得其所、用得安全"。此外，新《预算法》第32条规定，"各级预算应当根据当年经济社会发展目标、国家宏观调控总体要求和跨年度预算平衡的需要，参考上一年预算执行情况、有关支出绩效评价结果和本年度收支预测，按照规定程序征求各方面意见后，进行编制"；第57条规定，"各级政府、各部门各单位应当对预算支出情况开展绩效评价"，为我国预算绩效管理提供了法律支持。

随着改革的深入，中国的预算绩效管理不再拘泥于项目支出的绩效评价，而是逐步将绩效观念融入预算管理的全过程，扩大预算绩效管理的覆盖面。在这一过程中，中国先后出台了《预算绩效管理工作规划（2012—2015 年）》《预算绩效评价共性指标体系框架》《中共中央 国务院关于全面实施预算绩效管理的意见》，基本构建起全国预算绩效管理的制度框架。

(1)《预算绩效管理工作规划（2012—2015 年）》

2012 年，财政部制定了《预算绩效管理工作规划（2012—2015 年）》（以下简称《规划》），使得预算绩效管理的方向更明确、内容体系更完整、任务路径更清晰。具体而言，《规划》明确了中国预算绩效管理的主要目标和重点工作。

《规划》提出了"绩效目标逐步覆盖""评价范围明显扩大""重点评价全面开展""结果应用实质突破"和"支撑体系基本建立"五大目标。为实现上述目标，《规划》明确了预算管理工作的主要任务，即围绕"一个机制，两个体系，三个智库，四项工程"来开展预算绩效管理工作。具体来看：①"一个机制"，即建立"预算编制有目标、预算执行有监控、预算完成有评价、评价结果有反馈、反馈结果有应用"的全过程预算绩效管理机制，实现预算绩效管理与预算编制、执行、监督的有机结合。②"两个体系"，即完善预算绩效管理制度体系和预算绩效评价体系。预算绩效管理体系着力建立健全预算绩效管理相关制度及具体实施细则，从方向和目标上加以规划和指导，增强可操作性。绩效评价体系着力规范评价主体范围，合理运用评价方式方法，切实完善绩效评价指标体系。③"三个智库"，即健全专家学者库、中介机构库和监督指导库，分建共享、动态管理，为预算绩效管理提供智力支持和制衡监督。④"四项工程"，即实施扩面增点工程、重点评价工程、质量提升工程、结果应用工程。其中，扩面增点工程的要点在于扩大绩效评价试点范围、扩大绩效目标管理范围和扩大第三方评价范围；重点评价工程的要点在于推进县级财政支出管理绩效综合评价、部门支出管理绩效综合评价、重大民生支出项目绩效评价和企业使用财政性资金绩效评价；质量提升工程的要点在于实施绩效评价质量控制、完善绩效信息系统建设和加强预算绩效监督检查；结果应用工程的要点在于建立完善绩效报告机制、反馈整改机制以及预算安排有机结合机制，推进绩效信息公开和实施结果奖惩。

(2)《预算绩效评价共性指标体系框架》

为贯彻落实财政部 2012 年印发的《预算绩效管理工作规划（2012—2015

年)》中关于推进综合绩效评价及部门整体支出绩效评价的要求,为使绩效评价工作更具规范性和统一性,财政部于2013年制定了《预算绩效评价共性指标体系框架》,将原来仅针对项目支出的绩效评价的三大指标框架,在2011年绩效指标框架的基础上,具体描述为项目支出绩效评价共性指标,不仅将定性指标转为定量化表述,列出具体的指标公式,还将一级指标以"投入—过程—产出—效果"的逻辑模型加以展现,便于对项目运行的全过程进行评价。这是中国预算绩效评价共性指标建设的一大进步。

《预算绩效评价共性指标体系框架》是一种参考性的框架模式,主要用于在设置具体共性指标时提供指导和参考。各级财政部门和预算部门开展绩效评价时,一方面,要依据具体绩效评价对象的不同,以《预算绩效评价共性指标体系框架》为参考,从中选取适合的共性指标;另一方面,要依据绩效评价对象的特点,设计具体的绩效评价指标。同时,赋予各类评价指标科学合理的权重分值,明确具体的评价标准,从而形成完善绩效评价指标体系。

(3)《中共中央 国务院关于全面实施预算绩效管理的意见》

2018年9月,《中共中央 国务院关于全面实施预算绩效管理的意见》(以下简称《意见》)正式发布,旨在破解当前预算绩效管理中存在的突出问题,以全面实施预算绩效管理为关键点和突破口,推动财政资金聚力增效,提高公共服务供给质量,增强政府公信力和执行力。这是中共中央、国务院对全国实施预算绩效评价作出的顶层设计和重大部署,是中国首个关于预算绩效管理的纲领性文件,标志着预算绩效管理由试点探索阶段走向全面实施阶段,具有里程碑式的意义。

《意见》围绕"全面"和"绩效"两个关键点,对全面实施预算绩效管理进行部署。总体思路是,创新预算管理方式,更加注重结果导向,强调成本收益、硬化责任约束,力争用3—5年时间基本建成全方位、全过程、全覆盖的预算绩效管理体系,实现预算和绩效管理一体化,着力提高财政资源配置效率和使用效率,改变预算资金分配的固化格局,提高预算管理水平和政策实施效果,为经济社会发展提供有力保障。具体来看,《意见》从"全方位、全过程、全覆盖"三个维度推动预算绩效管理的全面实施,即在预算绩效管理的内容上,实现"全方位"的预算绩效管理格局;从预算绩效管理的时间上,实现"全过程"的预算绩效管理链条;从预算绩效管理的对象上,实现"全覆盖"的预算绩效管理体系。随后,2018年11月8日,财政部出台了《关于贯彻落实〈中共中央 国务院关于全面实施预算绩效管理的意见〉的通知》，明确提出："到 2020 年底中央部门和省级层面要基本建成全方位、全过程、全覆盖的预算绩效管理体系，既要提高本级财政资源配置效率和使用效益，又要加强对下转移支付的绩效管理，防止财政资金损失浪费；到 2022 年底市县层面要基本建成全方位、全过程、全覆盖的预算绩效管理体系，做到'花钱必问效，无效必问责'，大幅提升预算管理水平和政策实施效果。"

①构建全方位预算绩效管理格局

要实施政府预算、部门和单位预算、政策和项目预算绩效管理。将各级政府收支预算全面纳入预算管理，推动提高收入质量和财政资源配置效率，增强财政可持续性。将部门和单位预算收支全面纳入绩效管理，增强其预算统筹能力，提高部门和单位整体绩效水平。将政策和项目预算全面纳入绩效管理，实行全周期跟踪问效，建立动态评价调整机制，推动提高政策和项目实施效果。

②建立全过程预算绩效管理链条

将绩效理念和方法深度融入预算编制、执行、监管全过程，构建事前、事中、事后绩效管理闭环系统，包括建立绩效评价机制、强化绩效目标管理、做好绩效运行监控、开展绩效评价和加强结果应用等内容。

③完善全覆盖预算的绩效管理体系

各级政府须将一般公共预算、政府性基金预算、国有资本经营预算、社会保险基金预算全部纳入绩效管理。积极开展设计财政资金的政府投资基金、主权财富基金、政府和社会资本合作、政府采购、政府购买服务、政府债务项目绩效管理。

此外，考虑到预算绩效管理的专业性和技术性，《意见》在制度建设方面提出了更详细的要求，为预算绩效管理提供支撑。具体来看，制度建设主要包含完善预算绩效管理流程和健全预算绩效标准体系两个方面。

第一，完善预算绩效管理流程。围绕预算管理的主要内容和环节，完善涵盖绩效目标管理、绩效运行监控、绩效评价管理、评价结果应用等环节的管理流程，制定预算绩效管理制度和实施细则。建立专家咨询机制、引导和规范第三方机构参与预算绩效管理，严格执业质量监督管理。加快预算绩效管理信息化建设，打破"信息孤岛"和"数据烟囱"，促进各级政府和各部门各单位的业务、财务、资产等信息互联互通。

第二，健全预算绩效标准体系。各级财政部门要建立健全定量和定性相结合的共性绩效指标框架。各行业主管部门要加快构建分行业、分领域、分层次的核心绩效指标和标准体系,实现科学合理、细化量化、可比可测、动态调整、共享共建。绩效指标和标准体系要与基本公共服务标准、部门预算项目支出标准等衔接匹配,突出结果导向,重点考核实绩。创新评估评价方法,立足于多维度视角和多元数据,依托大数据分析技术,运用成本效益分析法、比较法、因素分析法、公众评判法、杠杆管理法等,提高绩效评估评价结果的客观性和准确性。

总体来看,《意见》在关注财政资金使用效益的同时,着眼于健全长效机制,力求从整体上提高财政资源配置效率。主要体现在以下方面:

一是拓展预算绩效管理实施对象。即从政策和项目预算为主向部门和单位预算、政府预算拓展,从转移支付为主向地方财政综合运行拓展,逐步提升绩效管理层级,在更高层面统筹和优化资源配置,这也是大部分市场经济国家预算绩效评价改革的普遍路径。

二是开展事前绩效评估。为从源头上防控财政资源配置的低效无效,《意见》将绩效管理关口前移,提出建立重大政策和项目事前绩效评估机制。各部门各单位要对新出台的重大政策、项目开展事前绩效评估,投资主管部门要加强基建投资绩效评估,以评估结果作为申请预算的前置条件。财政部门要坚强新增重大政策和项目预算审核,必要时可以组织第三方机构独立开展绩效评估,审核和评估结果作为预算安排的重要参考依据。需要说明的是,事前绩效评估不是另起炉灶、另搞一套,而是结合预算评审、项目审批等现有工作来开展,更加突出绩效导向。

三是实施预算和绩效"双监控"。各部门各单位对绩效目标实现程度和执行执行进度实行"双监控",发现问题要及时纠正,确保绩效目标如期保质保量实现。通过开展"双监控",不仅有利于及时调整预算执行过程的偏差,避免出现资金闲置沉淀和损失浪费,而且有利于及时纠正政策和项目实施中存在的问题,堵塞管理漏洞,确保财政资金使用安全高效。

四是建立多层次绩效评价体系。《意见》明确提出,各部门各单位对预算执行情况以及政策、项目实施效果开展绩效自评,各级财政部门建立重大政策、项目预算绩效评价机制,逐步开展部门整体绩效评价,对下级政府财政运行情况实施综合绩效评价,必要时可以引入第三方机构参与绩效评价。通过建立绩效自评和外部评价相结合的多层次绩效评价体系,不仅能够落实部门和资金使用各单位的预算绩效管理主体责任,推动提高预算绩效管理水平,而且能够全方位、多维度地反映财政资金使用绩效和政策实施效果,促进提高财政资源配置效率和使用效益,使预算安排和政策更好地贯彻落实党中央、国务院重大方针政策和决策部署。

9.5.1.3 预算绩效管理的实践探索

纵向来看,预算绩效管理逐渐由事后绩效评价转为涵盖事前绩效评估、预算绩效目标管理、绩效运营监控、绩效评价和结果应用的全过程预算绩效管理链条;横向来看,预算绩效管理由聚焦于政策和项目拓展至将政府预算绩效管理、部门和单位预算绩效管理,实现了"三层级"的预算绩效管理格局,同时由一般公共预算拓展至将政府性基金预算、国有资本经营预算、社会保险基金预算全部纳入绩效管理,实现了"四本预算"的全覆盖。党的十八大以来,以预算绩效管理流程为线索,中国的预算绩效管理实践主要集中于事前绩效评估、预算绩效目标管理、预算绩效评价和预算绩效指标建设四个方面。

(1)事前绩效评估

事前绩效评估通过将预算绩效管理由事后引入事前,对公共部门是否设定明确的战略目标、预算编制是否符合战略需求、部门实施方案是否健全可行且可否保障部门绩效目标如期实现、财政资金投入是否存在潜在风险等内容进行评估,帮助公共部门科学编制部门预算、合理设置绩效目标、不断完善实施方案,以促进公共部门通过科学的决策、合理的目标、完善的制度以及规范的管理,将稀缺而宝贵的财政资源用于"做正确的事",并能通过"正确地做事"以及取得良好的社会经济效益,帮助公共部门实现向"负责任地做事"模式的转变。事前绩效评估即绩效目标审核的拓展和延伸,也是"参与式预算"的深入探索,有利于进一步提升预算安排的科学性和透明度。《中共中央 国务院关于全面实施预算管理的意见》指出:"建立绩效评估机制。各部门各单位要结合预算评审、项目审批等,对新出台重大政策、项目开展事前绩效评估,重点论证立项必要性、投入经济性、绩效目标合理性、实施方案可行性、筹资合规性等,投资主管部门要将强基础设施投资绩效评估,评估结果作为申请预算的必备要件。各级财政部门要加强新增重大政策和项目预算审核,必要时可以组织第三方机构开展绩效评估,审核和评估结果作为预算安排的重要参考依据。"

当前,中国的事前绩效评估仍处于起步阶段,评价内容多为项目支出,评价主体多为第三方中介机构。在制度框架的建设方面,部分地方政府已经制定了详细的实施办法和实施细则。在实施方面,事前绩效评估已取得了显著的成就。2018年,财政部预算评估中心扎实地开展重大项目评估,涉及资金441.80亿元。通过评估,为全面清理中央部门重大一级项目摸索经验,将有助于推动中央本级支出结构优化,改变部分项目支出只增不减的固化格局,提高预算资源配置效率和财政资金使用效益,各地方财政也取得明显的成绩。在结果运用方面,部分地方政府已将评估结果与预算安排联系在一起。

综合来看,中国的事前绩效评估仍处于起步阶段,仅有少数地方政府在实践中采用事前绩效评估。在未来,中国一方面要逐步扩大事前绩效评估的覆盖范围,加强评估结果与预算安排的关联;另一方面也要关注评估方法、评估依据等技术性问题,从而提高事前绩效评估的科学性和合理性。

(2)预算绩效目标管理

预算绩效目标是指财政预算资金计划在一定期限内达到的产出和效果,是绩效管理的出发点。目标制定是否科学有效,对绩效跟踪、绩效评价、结果应用等各环节均会产生重要影响,也决定着绩效管理的整体水平。绩效目标的设定应当指向明确、细化量化、合理可行、匹配得当。近年来,中国出台了一系列绩效目标管理相关的文件,制度体系日益健全。2015年,财政部颁布了《中央部门预算绩效目标管理办法》,指出绩效目标是建设项目库、编制部门预算、实施绩效监控、开展绩效评价等的重要基础和依据。《中央部门预算绩效目标管理办法》依据预算支出的范围和内容,将绩效目标划分为基本支出绩效目标、项目支出绩效目标和部门(单位)整体支出绩效目标,依据时效性,将绩效目标划分为中长期绩效目标和年度绩效目标,并对绩效目标的设定、审核、批复、调整与应用进行详细的规定,规范预算绩效目标的申报、审核和批复的流程。同年,财政部发布了《中央对地方专项转移支付绩效目标管理暂行办法》,对转移支付领域的绩效目标管理进行了补充和规范。类似地,一些地方政府也出台了相应的政策,如《广东省省级部门预算项目支出绩效目标管理规程》《福建省预算绩效目标管理暂行办法》《山西省省级专项转移支付绩效目标管理暂行办法》等。

当前,中国在预算绩效目标管理领域已经进行了大量的探索和实践,取得了显著的进展。主要表现在以下两个方面:一是预算绩效目标的覆盖范围不断扩大;二是预算绩效目标的审核和公开不断强化。

①预算绩效目标的覆盖范围不断扩大

从中央层面来看,2016年,中央预算部门10.3万个支出项目全部设定了绩效目标,涉及金额7 598亿元,比上年增长255%,并依据绩效目标,细化形成了包括产出、效益、满意度在内的多维度绩效指标,首次实现将重要项目的绩效目标即具体绩效指标同预算一并批复;2018年,绩效目标管理已经覆盖了一般公共预算、政府性基金预算中所有中央部门本级项目和中央对地方专项转移支付,以及部分中央国有资本经营预算项目,并初步建立了比较全面规范的绩效指标体系。从地方层面来看,不少省份均逐步扩大预算绩效目标的覆盖范围。

②预算绩效目标的审核和公开不断强化

从中央层面来看,自2017年起,中央各部门开始逐步公开预算绩效目标表。环保部等10个部委首次在2017年部门预算中公开了部分重点项目的绩效目标与指标。2019年,中央部门公开重点项目绩效目标的个数由2018年的36个增加到50个,公开的绩效目标的内容主要包括项目中期目标和年度目标、具体的绩效指标,如产出的数量指标、质量指标、时效指标、社会效益指标、可持续影响指标、服务对象满意度指标等。地方层面不少省份也在这方面取得了一定的进展。

(3) 预算绩效评价

中国的预算绩效管理始于绩效评价,因而相对于预算绩效管理的其他部门而言,预算绩效评价改革时间最长,已经形成了较为成熟的评价体系。特别是在2012年之后,面对预算预算绩效管理对绩效评价提出的新要求,各地方政府对自身的绩效评价体系进行了一系列的修正和完整。在评价内容上,纳入绩效评价的资金规模逐步扩大;在评价主体上,第三方评价逐渐兴起;在评价方式上,再评价机制、整体支出评价和政策评价逐步出现,并相互融合、互相补充。

①评价内容:绩效评价的资金规模扩大

近年来,预算绩效评价被越来越多的地方政府所采用,纳入预算绩效评价范围的资金规模日益扩大。2018年,按照全面实施预算绩效管理工作的新要求,各级财政评审机构结合职能转型要求积极开展绩效评价业务,涉及财政资金11 551.94亿元,同比增长83.14%;占总业务量的比重为14.77%,同比增长74.99%。其中,绩效评价业务增量主要集中在省级财政评审机构,省本级涉及资金额8 487.10亿元,占全国绩效业务总量的73.47%。

从中央层面来看。在绩效自评方面,中央部门已经实现对所有本级项目进行绩效自评,并自2018年开始组织地方对中央专项转移支付全面开展绩效自评。在重点绩效评价方面,2015年财政部对25个重大项目支出项目(政策)开展重点绩效评价,涉及预算资金合计约3 092亿元,其中中央本级支出10项、转移支付15项。2016年,建立了重点绩效评价常态机制,每年选择部分重点民生政策和重大项目组织开展绩效评价工作。截至2019年1月,已经对100多个项目(政策)开展了绩效评价。此外,中央部门还格外重视预算绩效的公开。2015年度中央部门决算中,共有69个部门首次公开绩效工作开展情况,24个部门公开项目绩效评价报告,受到了社会广泛关注。

从地方层面看,江西省各级各部门项目支出绩效评价总量必须达到项目支出的60%以上,2016年各省本级自评资金约为289.13亿元,占项目总支出的63.8%。同时,省财政选择了党委政府关心、群众关注的7个重点重点项目和12个部门整体支出情况进行重点评价,涉及资金约104亿元。2018年,桂林市财政局将"四本预算"中的220个项目纳入预算绩效评价,还修改了除涉密项目之外市本级以及预算单位96个项目及二层机构200万元以上的所有项目。其中,一般公共预算支出项目评价金额为9.47亿元,社会保险基金预算、政府性基金预算和国有资本金预算涉及的金额分别为19.56亿元、2.33亿元和0.36亿元。

②评价主体:第三方评价兴起

传统的预算绩效评价大多由政府主导,财政部门是绩效评价的发起者和组织者,但财政部门作为政府的一部分,同时也是被评价者,难免会出现运动员和裁判员的角色冲突,不利于绩效评价的科学性和公正性。2012年,财政部印发的《预算绩效管理工作规划(2012—2015年)》要求完善财政资金绩效评价主体并探索引入第三方评价。随后,2014年8月,李克强总理在国务院常务会议上强调,要用第三方评估来促进政府管理方式改革创新。

2018年,财政部出台《财政部关于推进政府购买服务第三方绩效评价工作的指导意见》(以下简称《指导意见》),以规范政府购买服务行为,推进政府购买服务第三方绩效评价工作。《指导意见》指出:"受益对象为社会公众的政府购买公共服务项目,应当积极引入第三方机构开展绩效评价工作,就购买服务行为的经济性、规范性、效率性、公平性开展评价。各地区各部门可以结合自身实际,具体确定重点领域、重点项目,并逐步扩大范围。"同时,明确了相关主体的责任,即"各级财政部门负责政府购买服务第三方绩效评价工作;购买主体负责承担第三方机构开展绩效评价的具体组织工作;第三方机构依法依规开展绩效评价工作,并对评价结果的真实性负责;承担主体应当配合开展绩效评价工作"。此外,综合考虑地方经济社会发展及评价开展情况等因素,《指导意见》选取天津市、山西省、吉林省、上海市、江苏省、浙江省、河南省、四川省、贵州省、深圳市10个省、直辖市、计划单列市开展试点。

当前,第三方评价在预算绩效管理中起着举足轻重的作用。从中央层面来看,《关于2018年,中央和地方预算执行情况与2019年中央和地方预算草案的报告》指出,2018年,中央组织第三方机构对38个重点民生政策和重大项目开展重点绩效评价,涉及资金5 513亿元,评价结果已经用于改进给管理、预算安排和完善政策。从地方层面来看,2014年,广西壮族自治区引入第三方中介经纪机构,开展34个区直属部门的44个预算绩效试点项目再评价工作。2017年,湖北省财政厅随机抽取31个省直属部门的绩效自评报告,委托第三方机构对其进行复核和再评价,通报再评价结果和评价偏离情况并反馈自评部门整改,以此约束部门绩效自评行为,强化部门和第三方机构评价工作的客观公正。2014年,广东省人大常委会将开展财政重要专项资金绩效第三方评价列入年度监督工作计划,并作为试点,挑选了第二批、第三批省级战略性新兴产业发展项目资金LED与能源汽车项目(共14.261亿元,涉及108个子项目),经公开招标委托第三方实施绩效评价,形成的评估结果与专业报告经组织全国专家评审验收后向社会公布。结合实践来看,选择第三方评价机构是较为重要的环节,各个地方政府大多通过公开招标的方式进行选择。

③评价方式:多种评价方式相结合

随着预算绩效管理改革的不断深入,评价方式也朝向多样化的方向发展,自评、整体支出评价、政策评价等评价方式相继出现。不同的评价方式侧重点不同,能够反映财政绩效的不同方面。当前,中国正致力于将不同的评价方式融合在一起,建立"多层次"预算绩效评价体系,以实现绩效评价的全面性。2016年,财政部颁布《关于开展中央部门项目支出绩效自评工作的通知》,为中央部门的绩效自评提供指导和规范,要求所有中央部门比照年初填报的绩效目标即指标,对所有一级项目、二级项目开展绩效自评,确保绩效自评覆盖率达到100%。同时,按照不低于本部门项目支出总金额50%的比例选取部分一级项目绩效自评结果,随同中央部门决算报财政部。具体来看,绩效自评采用打分评价的形式,满分为100分。其得分评定方法分为两类:一是定量指标。完成指标值的,记该指标所赋全部记分;未完成的,按照完成值在指标值中所占比例记分。二是定性指标。根据指标完成情况分为达成预期指标、部分达成预期指标并具有一定效果,未达成预期指标且效果较差三档,分别按照该指标对应分值区间 100%－80%（含 80%）、80%－50%（含 50%）、50%－0 合理确定分值。各项指标得分汇总成该项目自评的总分。2017 年，财政部首次组织中央部门对所有项目 2016 年预算执行结果开展绩效自评，并最终选择 99 个中央部门 111 个一级项目自评结果，随同部门预算草案一并提交全国人大常委会审议，此举成为中国预算绩效管理的又一项重大突破。

（4）预算绩效指标建设

2013 年，财政部制定了《预算绩效评价共性指标体系框架》，建立了项目支出、部门整体支出和财政预算的共性指标体系框架，为预算绩效评价共性指标体系的建设提供了范本和指导。随后，中央部门和地方政府开始在这一框架的基础上设置本部门（地区）的共性指标体系，大致可以分为三种类型：一是参照 2013 年预算绩效评价共性指标框架，按照投入－过程－产出－决策的一级指标设定模式，构建其项目支出、部门整体支出、财政预算绩效评价指标框架[①]；二是仍然参照 2011 年财政支出绩效评价指标框架中的项目决策－项目管理－项目绩效一级指标表述模式，构建项目支出绩效评价共性指标体系[②]；三是独立构造财政专项资金绩效评价指标体系[③]，也为其他两种模式提供了较具启示性的参考性素材。

近年来，中国部分地区为实现预算绩效评价的持续深化，在共性指标框架的基础上，开展了一系列关于预算绩效个性指标的设计探索，形成了多类型、分领域的预算绩效指标框架体系。有些省份（如广东省）还构建了预算绩效指标库，不仅包含三级指标体系，还包括评分标准、指标取值（标准值、历史值、实际值、参考值）、指标适用类型、关键词等信息，以便于指标提取和比对。总体来看，依据构造方式可将地方政府构建的预算绩效指标框架分为两种类型，即以部门划分为基础的预算绩效指标框架和以项目分类为基础的预算绩效指标框架。

①以部门划分为基础的预算绩效指标框架

从短期来看，这种构造方式在绩效指标不需要调整的情况下，对于开展各部门的绩效评价工作极具便利性，因为此类预算绩效评价指标体系就是根据各部门所申请的项目特征以及部门职责总结而成，开展绩效评价时可直接从中提

---

① 采用此类模式的地区包括湖北、黑龙江、云南、安徽、天津和江西等。
② 采用此类模式的地区包括上海、海南、辽宁、山东、浙江、北京、内蒙古等。
③ 采用此类模式的地区包括宁夏回族自治区、福建、广东和青海等。

取所需指标。但从长期来看,这种分散的构造方式难以统计绩效指标的使用频度,不利于绩效指标的及时调整,容易造成指标的僵化。另外,从整体来看,各部门间虽然具有不同的职责分工,但仍然存在诸如信息化建设、人才队伍建设等常规类项目,在共享性低下的情况下,由各部门分别构造绩效指标体系,不仅增大了构建指标体系的工作量,也容易弱化各部门绩效评价的可比性。

②以项目分类为基础的预算绩效指标框架

基于以部门为单位分散构建预算绩效指标的弊端,大部分地方采用另外一种以项目分类为基础整体构造预算绩效指标体系的方式,各部门按照分类索引和关键词,从中查找和提取所需指标。就项目的类别划分而言,不同省份具有不同的分类索引,但总体上都以预算科目为基础,来细化构造绩效指标体系。

就以上两种分类方式在现实中的具体应用而言,直接以预算功能科目为基础来构建预算绩效评价指标的方式,在提取指标时边界更为清晰,可对应项目所在预算科目直接查找绩效指标,也使得绩效管理与预算管理更为统一。总体来说,目前中央各部门以及大部分省份已经构建了预算绩效评价共性指标框架,形成了绩效评价的标准模板,这标志着我国的预算绩效评价共性指标框架已基本成熟。但不可否认的是,当前的预算绩效管理还存在较大的发展改进空间。其中,基于各部门不同职责以及项目多样性的特征,为具体指导不同类型的项目绩效评价工作,在绩效评价共性指标框架的基础上,进一步细化完善分行业、分领域的个性绩效指标体系,应该是未来全面实施预算管理中需要突破的重要命题。

9.5.2 财政支出绩效评价立法与管理的国际经验[①]

以英美为代表的西方发达经济体具有较长的财政支出绩效评价历史,其实践经验丰富,有关绩效评价的技术也相对成熟,这些国家在财政支出绩效评价的发展过程中比较重视有关法律制度的制定,已经达到了相对成熟的阶段。反过来,财政支出绩效评价的法制化又为具体实践提供了制度保障,推动财政支出绩效评价的良性运行和可持续发展。对财政支出绩效评价立法与管理的国际经验进行梳理,有助于为中国财政支出绩效评价在立法上的进一步发展提供经验借鉴。从国际经验来看,预算绩效管理的改革是从20世纪70年代左右开

---

① 李艳鹤(2013),李波(2017)。

始的,加拿大、澳大利亚、英国、美国四个国家是国际世界中预算绩效管理改革的先行国家,在近40年的改革中,它们不断变革改革重点和改革模式,积累了丰富的实践经验,因此,本节也将对以上四个国家进行重点梳理。

9.5.2.1 加拿大的绩效评价立法与管理经验

加拿大的绩效评价改革是从1962年开始的,大致经历了三个阶段:

第一阶段:1962—1977年。1962年,加拿大政府组织皇家委员会对政府管理进行全面审查之后,建议中央政府增加部门对管理的授权,从关注投入转移到关注项目成果,从关注直接成果转移到关注中期和长期成果。这一次审查作为加拿大绩效化管理的开端,是加拿大政府绩效化管理的第一阶段,这一阶段的特点是"放权管理",将项目管理的部分权力下放,这种下放既表现为内阁对职能部长权限的下放,也表现为政治选举官员将部分权力下放给由职业文官组成的行政执行机构。

第二阶段:1977—1994年。1977年,通过颁布评估政策,推进部门进行项目评估;1980年,要求部门建立"运营规划框架",各部门开始在组织管理逻辑上形成共识,并进行初步的绩效信息收集工作。在同年引入的政策和支出管理体系(Policy and Expenditure Management System,PEMS)中实行"打包预算",一方面控制预算总额,另一方面也赋予部长在预算资金分配上的自主权。1986年,加拿大又通过"增加部委的权力和责任性"的体系,签订国库委员会和职能部门之间的合同。1991年,为加强部门评估能力建设,对评估政策进行修订。因此,在这一阶段,加拿大推进绩效管理的手段比较多元化,在收集绩效信息并改变国库委员会和职能部门在预算和管理上的关系以提高决策和管理效率的同时,还通过两次修订评估政策,加强职能部门内部评估能力的建设。

第三阶段:1994年至今。加拿大绩效化管理的第三阶段开始于1994年的项目管理。1995年,部门开始汇报"计划及优先事项报告"和"部门绩效报告",部门、内阁、议会开始在项目目标及目标实现情况的层面上进行交流,为各个层面形成项目逻辑提供了条件。2000年,加拿大开始关注战略规划在政府管理中的作用;同年,在项目层面上规定赠款和捐款项目应该按照RMAF的框架进行管理,RMAF框架建立了部门项目管理层面上的绩效管理模式。2003年,加拿大第二次修订评估政策,对部门评估能力的建设提出了新的要求;同年,加拿大还通过了"管理责任框架"(MAF),对部门的项目评估、RMAF、绩效信息的检测评估报告,采用激励方式促进部门加强绩效化管理。2005年,加拿大对部门绩效测量的框架进行了统一,要求部门按照"管理一资源一结果"框架设计绩效指标、预算及报告绩效结果。2007年,在新制定的支出管理系统中,加拿大建立了所有联邦支出进行四年一度定期审查的常规机制。2009年,对评估政策进行了第三次修订。经过多年的努力,加拿大的绩效评价取得了显著成效,在2011年联合国对世界各国政府管理能力的排名中,加拿大位居第一。目前,加拿大的绩效管理体系在各个方面已基本完善。

9.5.2.2 澳大利亚的绩效评价立法与管理经验

澳大利亚财政支出绩效评价及其法制化的历史进程相对较短,但也有其自身特点。澳大利亚的财政绩效评价诞生在新公共管理的大背景下。为了解决一系列经济和社会问题,澳大利亚政府于1983年颁布了《霍克政府白皮书:改革澳大利亚公共服务》,提出了公共管理改革和建立高效、节约型政府的目标。但是直到1987年,白皮书的设想才得以真正贯彻,标志是各级政府被要求启动绩效评价的计划。1988年,财政支出绩效评价延伸到了每个政府部门。

进入20世纪90年代后,澳大利亚财政支出绩效评价聚焦在项目的有效性和结果与预算关联上。1997年,澳大利亚政府将财政部重组为财政与管理部,将目标和产出计划引入年度预算报告,出台了《财政管理和责任法案》(Financial Management and Accountability Act)。各部部长要将部门的目标和产出情况详细写入《部长预算报告》并提交给财政与管理部。随后,澳大利亚政府在1998年发布《辨析目标和产出》(Discrimination Goals and Outputs)、1999年通过《澳大利亚政府以权责发生制为基础的目标和产出框架指南》、2000年发布《目标和产出框架》(The Framework of Target and Output)等,用以对政府各部门编制年度财政支出绩效评价报告和年度预算报告进行指导。财政支出绩效管理战略重点转移到注重投入和产出、预算和评价结果。至此,澳大利亚完成了财政支出绩效评价的法制化。

在澳大利亚财政支出绩效评价分工中,组织领导权配属财政与管理部,具体评价权配属政府各部门。财政与管理部主要行使以下职权:一是"绩效改善实践原则"的制定、更新、发布和解释,以便相关内容能翔实地体现在递交议会的年度绩效报告和部门预算报告中。二是对评价结果加以应用,对下一财年的预算安排进行指导。财政与管理部的评价对象包括政府部门、单位及项目对绩效目标的管理与绩效评价。具体要点包括:绩效目标的可行性;绩效指的标科学合理性;绩效产出与目标的可比性;对具体项目的投入与产出进行对比。

联邦政府组成部门主要行使以下职权：一是在各部首长的领导下，在部门内部开展绩效评价工作。各部因规模和机构设置不尽相同，部门行使评价执行权的机构也不一样。二是编制本部门的财政支出绩效评价报告、评价框架，将评价报告提交到国会和财政与管理部，同时向公众公布。各部首长按年度将《部长预算陈述》提交到财政与管理部，对部门战略和预定绩效目标等事项进行详细阐述，将绩效目标量化成可评价的"产出"，同时说明达成绩效目标所需的资源和制度等。各部的财政支出绩效评价一般由内部人员和外部专家组成专家组，采取自评的方式进行。有时也会把绩效评价工作委托给独立第三方。各部每年还需提交年度报告，内容包括财政支出的绩效情况及相关责任的界定、《部长预算陈述》与实际结果的对比分析。年度报告依法必须向国会和公众公布。

澳大利亚财政支出绩效评价的程序：

第一步，制定部门事业发展目标。部门事业发展目标由内阁、财政部和各部共同制定，它是编制部门年度绩效计划和绩效预算的基础。其内容主要有明确部门职责、确立最终发展目标、预估资源和技术的需求及不确定性因素等。

第二步，编制年度绩效计划，明确评价指标。各部门年度绩效计划根据部门事业发展目标进行编制，它与部门预算密切相关。其主要内容有：可量化的部门年度绩效目标；完成绩效目标必备的资源，采用的策略、方式，必经的过程等；绩效目标如何作用于部门事业发展目标的实现；影响目标达成的潜在威胁；单位内部管理目标；评价方案等。澳大利亚设计了一套绩效评价指标体系，用以确保绩效能得到科学合理的评价。

第三步，编制绩效预算。内容主要有：部门管理费用成本和项目运营成本。其中，前者主要包含工资、福利、水电费等一般性管理费用及其他低值易耗费用等，以部门人数为编制依据；后者主要包含须支付的其他退休金、失业金，以及对科教文卫体、生态环境可持续发展的转移支付。

第四步，撰写年度评价报告。政府各部门在每一财年结束后，为提供财政支出绩效评价的基础信息，要编制并提交部门年度财政支出绩效评价报告。其主要内容有：本财年预设绩效指标与实际绩效产出和过去财年绩效指标实现情况的比较，找出未实现绩效目标的原因并提出改进措施，从信度和效度等角度阐释报告，并对不科学的绩效目标提出调整建议。

第五步，使用效益绩效评价。如前所述，对政府各部门的评价由议会和财政与管理部行使。具体流程是,财政与管理部预审通过本部门的报告后,再报议会审议通过。主要内容包括绩效目标的完成情况、绩效目标投入产出比、各项支出的合法合规性以及评价方法的科学性等。绩效评价的结果作为来年战略目标和预算安排的重要依据,会同时反馈给各部门。

第六步,结果应用。澳大利亚基于"目标与产出框架"理论构建起来的绩效评价体系,为政府将服务公众的目标与绩效成果相联系起到积极作用,形成了结果导向型的管理责任机制,提高了政府效率。并且,将评价结果应用于各部门绩效目标的制定和绩效预算的安排,提高了财政支出的管理和使用绩效。

9.5.2.3 英国的绩效评价立法与管理经验

英国财政支出绩效评价及其法制化的历程经过了以下三个阶段:

第一阶段:经济和效率优先的探索阶段(1979—1985年)。英国是新公共管理运动的发源地之一,在这一浪潮中,英国政府以保守自由主义为依托,借鉴新制度主义、公共选择理论和企业管理的方法,开展以新公共管理思想为指导的行政改革。改革规范了财政支出绩效评价,实现了规范化和常态化。这次改革始于1979年,由撒切尔首相负责推进。她成立了以雷纳勋爵为首席效率顾问的效率小组,对中央政府各部门的运作情况进行调研、审视和评估,并且根据实际需要制定提高政府部门经济性和效率性的方案。这次改革被称为"雷纳评审"(Rayner Scrutiny Program)。它"以问题导向"进行"经验式调查",致力于消除公共部门的不经济、内容过时、效率低下的现象。英国财政部于1982年颁布《财务管理新方案》(Financial Management Initiative),其目的在于树立成本意识、提高公共部门绩效水平、降低财政支出。该方案对各部门及其负责人提出了三个主要要求:一是要明确部门绩效目标、评价绩效产出的标准和方法;二是要列明达成绩效目标的资源清单,以及自身使用资源的责任清单;三是以"3E"为维度对财政支出进行绩效评价,具体说明各生产要素、绩效表现、主客观条件之间相互作用的机理;四是基于"3E"设计评价指标体系,以便进行纵向与横向的对比,找出存在的问题及解决方法,挖掘改革潜力。同年,为树立各部门"浓厚的绩效意识",英国政府还颁布了《财务管理新举措》,初步规范了财政支出绩效评价的有关事项。1983年,英国第一个系统的绩效评价方案由当时的卫生和社会保险部提出,其指标数量近140个。1984年,财政部发表关于内阁各部门的财政管理改革白皮书,明确了绩效评价在人事管理、目标管理和提高效率管理方面的重要作用。同年,英国成立国家审计办公室,承担财政支出绩效评价的工作。

第二阶段:效益和质量优先的发展阶段(1986—1997年)。"质量优先"取代"效率优先"成为本阶段财政支出绩效管理的首要价值取向,有关工作更加系统、规范。本阶段的特点有:一是绩效评价得到广泛应用。到20世纪80年代中期,前期的财政支出绩效评价积累了较丰富的经验,取得了良好的成效。为将绩效评价这一先进的监管手段尽快推广,撒切尔政府要求中央政府各部门尽快建立各自的绩效评价机制,并由财政部督促落实有关工作。二是绩效评价应用的经常性。本阶段,从以往临时突击的方式转变为定期进行,且覆盖部门管理活动的全过程。三是绩效评价法制化。1989年,财政部发布《中央政府产出与绩效评价技术指南》,进一步规范绩效评价的有关术语、工作程序,明确评价侧重点,提升绩效评价工作的专业性。四是绩效评价的系统性。英国于1988年启动"下一步行动方案",指出将服务和执行职能剥离出决策部门,通过绩效合同落实管理责任是解决政府管理问题的根本出路。这样就解除了原有机制加在公共产品和服务供给者身上的枷锁。该方案在价值理性方面,由规则导向转变为结果导向;在工具理性方面,由从属管理转变为契约管理。

1991年,梅杰首相开始推行"公民宪章运动"。运动要求:一是把服务绩效放在首位,公共产品和服务的实际价值应与其所支付的财政支出数额相匹配;二是公开政府的服务清单、责任清单,接受公众监督;三是公开公共服务的信息,给予社会公众公共服务选择权。1997年,《地方政府法》颁布,明确规定了地方政府最佳绩效评价和管理制度的实行、每年的公共绩效管理工作等事项,同时还要求设置专门的机构、人员以及固定的绩效工作程序等。同年,颁布了《支出综合审查》,要求全面实行预算管理,建立后续3年每年的财政支出计划;各部门均须与财政部签订《公共服务协约》,设立各自绩效目标并作为绩效评价的依据。至此,英国完成了财政支出绩效评价规范化的进程。

第三阶段:落实绩效预算的完善阶段(1998年至今)。1997年,布莱尔取代梅杰成为新任英国首相。除了认可政府之前在绩效管理改革方面业已取得的成绩外,他也指出其中的不足并致力于将改革继续推向前进,提出了"让人民生活得更好"的执政理念。1998年,英国颁布《未来的公共服务:1999—2002年公共服务协议》白皮书作为进一步推进政府绩效管理的蓝本。主要理念有:政府设立明晰的、结果导向的绩效目标;权力下移至公共产品和服务的供给者;增强、保持绩效审计和监督的独立性、有效性;公开既有绩效成果,为中央和地方政府决策提供参考。其特点在于：用高标准为政府部门制定最终的绩效目标；以成果为导向的绩效目标本身明确、可测量、可行性强。

1999年，英国政府颁布《现代化政府》（Modernizing Government）白皮书，为布莱尔首相要建立的"现代化政府"背书，它提出以公共服务对象（即社会公众）为基础，高效率、高质量地生产公共产品和服务的公共服务体系的目标，并把财政支出绩效评价作为建成"现代化政府"的重要工具。财政支出绩效评价的结果被广泛运用到绩效预算的编制过程中。英国的绩效预算制度规定了以下流程：首先，预算部门牵头草拟《公共服务协议》，内含绩效目标、评价指标等标准；财政部门牵头征求利益攸关方、绩效专家的意见，以确定合理的预算基础。其次，财政部与各部签订《公共服务协议》，并以之为据安排财政支出。最后，确定财政资源的分配和各部的绩效任务。预算执行过程中，各部门要对财政支出进行自我评价。各部门以季度为周期向财政部递交绩效任务进程信息，以半年为周期向内阁委员会汇报本部门绩效目标完成情况、存在风险以及对应措施。2004年，英国对1998年版《未来的公共服务：1999－2002年公共服务协议》白皮书进行了修订。修订后的白皮书中与财政支出绩效评价有关的内容有：政府要提高服务标准，大胆设定绩效目标；服务直接供给者的权力和责任明确化，行动目标统一化；有机融合事实、典型事例和分析，以有效指导绩效目标的选择、界定和测量，最大化绩效的积极因素；通过规定易被忽视领域的最低标准来使社会公众都可以受益于政府绩效的改进；程序标准化，以使高效能的服务规范可以常态化。

英国财政支出绩效评价体系如下：

（1）财政支出绩效评价的权力体系。在财政支出绩效评价领域，英国也贯彻分权制衡原则：指导权和监督权由公共服务和公共支出内阁委员会（PSX）行使；评价实施权由政府各部门和财政部共同行使，一般由政府各部门自行开展；检察权、监督权和建议权也由PSX行使。

（2）财政支出绩效评价的对象和内容。英国政府的财政支出绩效管理，其内容包括拟定绩效目标、展开绩效评价，其对象包括基层单位、地方政府和项目的绩效评价。评价的具体内容包括：一是立项决策的质量评价，主要评价立项方法的科学性、信息的翔实性、依据的充分性，在经济上和技术上的合理性和先进性等；二是经济性和有效性评价，主要评价项目本身的财务收益；三是技术方案的评价，主要评价投资项目的方案设计与实施方案的效果；四是综合效益的评价,主要评价对一个地区经济、社会和环境等宏观方面产生的影响。

(3)财政支出绩效评价的工作程序。财年伊始,政府各部门与财政部签订《公共服务协议》,落实各部门的责任、目标和具体措施。其中,责任条款是向各部门领导明确绩效责任;目标条款规定了在一定的财政支出的总量下,要为绩效目标设计量化的评价指标体系;具体措施条款规定,各部门在实践中,拟采取何种行政行为以完成既定目标。各部门每年秋季向议会提交《秋季绩效评价报告》,报告中要把本部门财政支出取得的实际绩效和《公共服务协议》里预设的绩效目标逐一进行对比分析,同时还要对下一财年的绩效目标制定提出合理化建议。报告须向议会和社会公众公布。

(4)财政支出绩效评价的结果应用。英国财政支出绩效评价的结果应用广泛。一是政府各部门每年要将"秋季报告"用于对三年滚动计划的调整,长期经济目标和计划也是依据评价结果做出相应调整;二是财政部在指导下一年度政府预算的编制时,也将把财政支出绩效评价作为参考依据;三是国会和内阁在考察政府各部门行政责任制的落实情况时,将评价结果作为重要参考依据。评价结果的充分合理应用,起到了提高政府工作效率、促进政府责任制落实的作用。同时,财政支出绩效评价报告要提交国会并向社会公众公开,起到了落实国会和社会公众监督权的作用。

9.5.2.4 美国的绩效评价立法与管理经验

美国财政支出绩效评价的法律体系如下:1990年颁布实施的《首席财务官法案》(CFOA),在美国财政支出绩效评价法制体系中发挥承上启下的作用,具有重要地位。它要求每个部门设立首席财务官(CFO)有效衔接财政支出绩效评价工作,从而初步拟定了从管理及预算办公室(OMB)到几乎所有政府部门的纵向财务管理组织架构,推动了联邦政府财政支出绩效评价运营与管理体系的现代化。

美国国会于1993年通过的《政府绩效与成果法案》(GPRA)将美国的政府绩效管理法制化向前推进了一大步,它是美国财政支出绩效评价,甚至是国际政府绩效改革潮流中的代表性立法。GPRA标志着美国政府的绩效改革进入成熟期,是美国财政支出绩效评价法制体系的基石。它使美国议会的监督体系进行了自20世纪60年代以来的首次方向转变,即从过程监督转向绩效结果监督。GPRA将财政支出绩效评价原则界定为:联邦政府各机构承担完成工作计划的职责,通过透明化财政支出工作计划与预设绩效目标的评价报告来提升政府的服务质量和理性认知,进而提升财政支出的绩效。在这一原则的指导下,美国政府的效率明显提高,在不削减政府服务的前提下,于20世纪末消除了财政赤字,甚至在进入新世纪前还有1230亿美元盈余。GPRA明确了美国财政支出绩效评价的目的:一是明确联邦政府机构承担管理和使用财政支出的责任,增强人民对政府的信心;二是预设财政支出的绩效目标,并围绕这些目标进行绩效评价,随后作出公开报告;三是以绩效结果、顾客满意度等为导向,提升财政支出绩效,落实公共责任;四是通过规划工作,提供绩效信息,倒逼政府雇员提升管理绩效;五是通过提供更为客观的有关法定的目标信息和财政支出使用绩效的信息,改进国会的决策。GPRA要求联邦政府将绩效评价进一步制度化,具体为:联邦政府组成部门制订五年战略规划,明晰工作目标和对象、工作措施,制定科学的评价指标体系。GPRA同时还要求各部门每年都要提供年度绩效报告并向国会和社会公众公开。

为做好财政支出绩效评价的有关工作,美国国会以《政府绩效与成果法案》为核心,又通过了《联邦管理者财务操守法案》《政府管理改革法》《联邦财务管理改进法案》《债务征收促进法案》等法案。同期,美国各州根据实际情况持续推进绩效预算改革,行之有效的预算制度往往会被联邦政府加以吸纳。20世纪90年代,全美50个州中,31个州进行以绩效为基础的预算立法,16个州采用行政命令等方式来规范运作,预算决策者的注意力已经转移到财政支出的绩效上来。克林顿卸任后,继任的小布什总统在前任的基础上,继续以绩效为基本手段推进政府管理改革。小布什政府的改革确立了以公民为中心、以结果为本、以市场为基础的原则,强调预算与绩效紧密挂钩,力图通过资源的绩效分配来提高政府部门的绩效。

部门和项目是美国的财政支出绩效评价最重要的两个方面。部门绩效评价方面,联邦政府在2003年基于成效计分卡标准,制定了对联邦机构执行总统管理议程的工作成果进行绩效评价的评级制度。该制度下,各机构要接受工作状况及绩效目标完成情况的季度绩效评价,评价各机构绩效并提出改进意见的权力配置给了管理及预算办公室(OMB)。项目支出绩效评估方面,总统管理顾问委员会在2002年引入项目评估体系(Program Assessment Rating Tool,PART),设计了PART调查表,于2002年7月定稿并发布使用。到2008年,所有项目的绩效评价都将使用PART进行。按照财政支出绩效评价的有关规定,各部门须制定长期绩效目标和年度绩效目标,绩效目标的制定权由管理及预算办公室和各机构共同享有。

美国财政支出绩效评价体系的具体情形如下：

(1)美国财政支出绩效评价的权力体系

美国的财政支出绩效评价奉行美国成立即确立的分权制衡原则。GPRA将绩效评价权赋予国会，NPR负责联邦政府绩效改革的全面工作，国会会计总署(GAO)及总统管理和预算办公室负责具体工作，各部门的财政支出绩效评价一般由负责人承担。各部门既有分工又有合作，共同致力于财政支出绩效评价。其优点在于：充分运用评价结果，实行绩效预算；及时发现财政支出管理和使用中的问题，并向国会和政府提出解决问题的建议。

(2)美国财政支出绩效评价的组织体系

国家绩效评价委员会的第一任负责人是克林顿政府的戈尔副总统。在他的领导下，NPR向克林顿总统提交的第一份报告即为对政府再造的建议。在这份名为《从烦琐出发，建立高效精简的政府》的报告中，委员会提出了政府再造的四个建议，即民众至上、充分授权、去除繁文缛节和精兵简政。同时，在另一份名为《加强政府间合作》的报告中，又提出了6个更加细化和深入的建议，即完善全国拨款系统，管制放松、杜绝官僚作风，简化偿付管理成本的程序，尽量减少文字报告，小额采购管理便利化，加强政府间协同和合作。

国会会计总署承担评价财政支出绩效的责任，以自然年度为评价周期，代表国会评价联邦政府各部门绩效(有时也委托独立第三方进行评价)。美国财政支出绩效评价主要包括：前端分析，即前期方案评估；评价性测定，评价政策指标的制定和执行中的最优和意外等；过程评价，评价项目立项的合理性；经济效益量化评价和评价项目的获利能力、成本收益情况等；综合影响评价，评价方案实施的经济、社会、环境等各个方面的影响；持续性和长期评价，评价项目完成后，能否产生可持续影响；影响力评价、方案和问题监控评价；等等。

总统管理和预算办公室行使协助总统指导和监督预算编制的职权，具体包括：通过评价政府各部门的工作计划、政策、预期绩效来确定财政支出的重点；审阅、评价联邦政府各部门的绩效评价报告及年度计划，做出是否调整预算的决策。联邦政府各部门承担制订年度计划、绩效自评等职责。具体为：距离预算年度开始5个月时(即4月中旬)向管理和预算办公室、国会报送年度计划，报送国会的内容还要加上评价战略规划，以及受国会会计总署委托开展绩效自评并提出合理化建议、对绩效目标的制定和绩效预算的编制等提供指导。在

CFO 的规制下,OMB 负责建立"管理副主任→联邦财务管理办公室(OFFM)→部门 CFO"的联邦财务管理组织体系,组织成立并主持 CFO 理事会;管理副主任、OFFM 享有财政支出绩效评价政策制定权;管理副主任每年还须出具联邦政府财务管理现状和五年计划报告以及审核部门年度财务报表。

联邦政府各部门在财政支出绩效评价的权力和组织体系中处于较低层级,一般以被评价对象的角色出现。其主要职责有制定长期绩效目标和年度绩效目标、接受财政支出绩效评价、开展绩效自评等。此外,在部门主管的领导下,部门 CFO 负责执行财务管理政策,每年提交一份本部门财务报表给部门主管和 OMB 管理副局长,以接受监督审核。

(3)美国财政支出绩效评价的法定程序

第一步,各部门制订战略规划和年度绩效计划,分别提交给国会中相应的专门委员会、美国审计总署。各联邦机构制定至少跨越未来 5 年的工作目标(可每 3 年修订一次)的战略规划和落实该规划的年度绩效计划,财政收支计划是其中的重要内容。战略规划明确中长期工作目标,确定未来 5 年的工作日程表,是年度目标和计划的基础。其核心内容为:一是阐释部门使命;二是战略目标及为实现战略目标而制定的其他目标;三是达成目标的路线图以及工作所需的资源;四是说明计划对绩效目标的囊括情况;五是描述计划的评价。年度绩效计划围绕战略规划制定,是对战略绩效目标的分解,是绩效管理的核心部分,由联邦管理与预算局局长监督实施。年度绩效计划聚焦于年度绩效水平和目标,再基于目标设计详尽的绩效指标,开列资源清单,打下评价基础。其主要内容为:一是设定绩效目标;二是客观、量化地说明绩效目标;三是列明绩效目标实现的日程表、技术路线图和资源清单;四是构建绩效指标体系,用以测量有关产出、服务水平和结果。

第二步,各部门执行战略规划和年度绩效计划。

第三步,美国政府责任署(或其委托的独立第三方)或政府部门内部的评价机构对绩效进行评价后,将绩效评价报告递交至总统管理和预算办公室。年度绩效报告即每个机构在每财年提交给总统和国会的年度财政支出绩效报告。其主要内容为:一是报告须说明实际绩效水平与预设绩效目标的差距,并提出如何改进;二是如用替代形式说明绩效情况,则需要在年度绩效计划的结果中注明原委;三是评价绩效目标的实现程度,如实现程度不足,则须说明具体原因。

第四步,结果应用。需要说明的是,虽然美国的法律没有规定财政支出绩效评价的结果必须与预算挂钩,但基于美国社会公众较强的监督意识,有关部门在编制下一财年的预算时,会把绩效评价结果作为重要参考。

通过梳理上述国家财政支出绩效评价法制化进程,能够得到如下启发:首先,在这些国家中,从法律角度讲,财政支出绩效评价的法律依据并不来自单一的法律,而是来自一个法律体系。在各国的法律体系中,都是若干法律围绕一部发挥核心作用的法律构成。在这个法律体系中,核心法律具有较高的位阶和权威性,对财政支出绩效评价进行方向性、原则性的指导,属于"顶层设计"。其他法律可以视作从不同角度对核心法律的具体化和操作化。例如美国的法律体系,其核心法律是国会与 1993 年通过的《政府绩效与结果法案》,辅之以《联邦管理者财务操作法案》《政府管理改革法》《联邦财务管理改进法案》和《债务征收促进法案》等专门性、部门性的法律法规,共同构成了一个完善的财政支出绩效评价法律体系。

其次,上述国家对财政支出绩效评价法律体系的关注点和出发点不尽相同,但是在核心内容上都包含了对财政支出绩效评价的强制要求、权力体系、组织体系、技术体系、结果应用等关键要素,在体系上层次分明、相互配套衔接。

最后,在上述国家的财政支出绩效评价的法律体系和实践中,绩效评价的全流程逐步形成闭环,财政支出绩效评价真正发挥作用,切实提高资金使用效率,将财政支出绩效评价结果用于预算编制和管理的全过程是不可或缺的环节。

9.5.3　财政支出绩效评价与管理的总结性评述[①]

9.5.3.1　中国财政支出绩效评价法律制度和管理层面存在的问题

在财政支出绩效评价方面,从法律和制度层面对绩效评价的有关问题加以确定,与具体的绩效评价实践存在较强的互动关系。鉴于中国预算绩效管理的时间起步较晚,实施的时间仍十分有限,目前中国在财政支出绩效评价立法方面存在以下不足:

第一,在中央层面,目前尚无针对财政支出绩效评价的法律文本。通过对中国预算绩效管理的历史进行梳理能够发现,在中国的财政立法体系中,尚无以财政支出绩效评价为主题的立法,更多体现为党中央、政府和财政部所发布

---

① 李波(2017)。

的政策文件。虽然中国的财政支出绩效评价工作始于20世纪90年代，但是直到2012年财政部制定《预算绩效管理工作规划（2012—2015年）》，预算绩效管理工作的方向才变得更为明确、内容体系更为完整、任务路径更为清晰。为了落实这一规划，2013年财政部制定了《预算绩效评价共性指标体系框架》，虽然进一步细化了规划中的要求，但是这一文件仍属于参考性的文件，且制定层面为部委。不仅如此，这一框架仅对共性指标体系作出了约定，为地方政府的操作留出了较大空间。2018年9月，《中共中央 国务院关于全面实施预算绩效管理的意见》正式发布，对多年来预算绩效管理中的问题提出了指导性的原则和规范，是当前中国层级最高的关于绩效评价的政策文件，但依然不是关于财政支出评价的正式法律。财政支出绩效评价在财政法律体系中的缺失使得其在实际操作过程中缺乏权威性，灵活操作的空间较大，在有法可依方面尚待进一步强化。

第二，在地方面层面，立法进程相对落后，且整体立法位阶偏低。中国财政支出绩效评价始于20世纪90年代，至今已逾20年，国内各地关于财政支出绩效评价的实践也逐渐成熟，并形成青岛模式、兰州模式、广东模式、思明模式等具有地方特色的评价模式。但与此同时，评价过程受到阻挠、评价结果不受重视等现象折射出财政支出绩效法律地位的尴尬。在法律层面，我国尚未颁布有关绩效评价或财政支出绩效评价的专门性法律，只在个别一般性的法律（如《预算法》）中散见有关财政支出绩效评价的法律条文。事实上，行政规章与规范性文件（如意见、通知等）才是财政支出绩效评价管理的主要法律文本形式，自2002年财政部颁布《中央本级项目支出预算管理办法（试行）》以来一贯如此，部分地方财政支出更仅以财政部的管理文件为指导，并未制定地方性的规范性文件。问题在于，行政规章与规范性文件在我国的法律体系中属于最低层次的位阶，法律效力也较为有限，规范性文件在国内也长期遭受社会"随意性大""朝令夕改""一纸空文"的质问，公信力较为有限。以暂行办法为主的部门规章与其他规范性文本作为财政支出绩效评价的法律后盾，明显无法担当起财政监督与财政优化的重要责任，而法律位阶偏低，也严重制约了财政支出绩效评价的权威性。以财政部门2009年颁布、2011年修订的《财政支出绩效评价管理暂行办法》为例，作为专门颁布的指导性文件，该文件是基于丰富的实践而逐步形成的成熟的条款，但颁布多年来，该办法仍是"暂行办法"。同时，由于该文件位阶较低，无法形成所谓"上位法"对"下位法"的指导性作用，因此在权威性、指导性、公信力和约束力上仍无法与其企图实现的功能一致。

第三,财政支出标准的界定存在不足,不利于财政支出绩效评价工作的深入开展。财政支出标准的明确和规范是进行财政支出绩效评价的基础性工作。但是,目前中国在制定财政支出标准方面存在一些问题,具体体现为:

①财政支出标准体系的范围有待进一步扩展。原则上讲,财政支出标准体系应覆盖财政支出的主要方面。与部门预算的编制相匹配,财政支出标准体系应包括基本支出定额标准和项目支出定额标准两大部分。目前,从中央到省级财政在组织制定财政支出标准体系的过程中,重点覆盖了部门预算中项目支出类别的定额标准,尚未针对基本支出的定额标准加以明确,也尚未起草与基本支出定额标准体系建设有关的指导性文件,这一缺失导致财政支出标准体系与部门预算的编制没有实现全面匹配,未将全口径的支出项目纳入精细化的财政管理体系。

②财政支出标准的内容缺乏统一规划。目前,从已经明确的项目支出定额标准管理办法来看,对于其定额标准到底应该在哪些领域构建以及构建的具体内容包括哪些,仅有原则性的规定,尚无统一的指导性规划。此外,在财政支出标准建设的指导性文件颁布之前,中央以及地方政府已在某些特定领域提出过相应的定额标准,这些定额标准在确定依据、审核标准和调整修改等环节可能存在与现有文件不一致之处,尚待处理。

③现行的财政支出标准的分类方式有待进一步完善。鉴于目前尚未明确基本支出的定额标准,从实际支出的情况来看,部分支出如差旅费、会议费、培训费、专用材料费等通常既属于基本支出的内容,又会在一定条件下归属于项目支出。在目前已有的指导性文件中,上述费用绝大部分被归入项目支出定额标准中"财政标准"这一类目下所设立的"通用定额标准",无法准确反映上述费用与预算管理部门行为和职能之间的对应关系。此外,在既有的指导性文件中,按照费用类别和预算管理单位具体职能活动的标准,将财政标准下的定额标准区分为通用定额标准和专用定额标准,然而在实际支出执行过程中,对于同一笔财政资金,既代表一定类别的费用,又与特定的职能活动相关。依照目前的规定,前者应归入通用定额标准,后者应被纳入专用定额标准,往往是在两者之间选择其一,这一做法不仅无法充分反映特定财政资金的全部属性,而且也无法避免以下情况的出现,即同属于某一定额标准的两笔财政资金,从另外一个定额标准来看则完全对应于预算主管部门完全不同的职能活动。简单割

裂财政资金属性的做法不利于对财政资金使用全过程的追踪和精细化管理。

④财政标准与部门标准之间的兼容性有待进一步加强。在项目支出定额标准体系中，财政部门依照相关的法律、法规和上级或同级政府发布的文件，在对相关事项认定的基础上，结合自身财力，确定项目支出的财政标准。由于部分项目支出的专业性较强，预算主管部门会通过自身认定或委托第三方机构（如行业协会）自行发布项目的定额标准。理论上讲，财政标准与部门标准并存的设计架构既考虑了对应级次财政的财力水平，也将项目本身的技术特征考虑在内。但是，在实际执行过程中，由于受到信息不对称、沟通不畅等因素的影响，财政标准和部门标准会出现不兼容的情形，导致在财政能力与项目实施过程中的矛盾，也不利于在财政支出标准体系建设过程中，财政部门和预算主管部门之间的协调配合。

因此，在《中华人民共和国国民经济和社会发展第十四个五年规划和2035年远景目标纲要》第六篇"全面深化改革，构建高水平社会主义市场经济体制"第二十一章"建立现代财税金融体制"第一节"加快建立现代财政制度"中明确提出："推进财政支出标准化，强化预算约束和绩效管理。"围绕财政支出标准建设的相关工作将成为未来财政部门的重点内容。

第四，结果应用制度不完善。当前，国内财政支出绩效评价法律法规在结果应用的法规制度上仍存在以下可改进的空间：

①管理办法覆盖程度有待提高。在中国内地31个省级行政区中，有27个省制定了形式不一的财政支出绩效评价管理办法，其中，湖南省、辽宁省、青海省等地区更是针对绩效结果应用专门制定了管理办法。但与此同时，宁夏回族自治区、江西省、贵州省和甘肃省4省并未制定专门的财政支出绩效评价管理办法，因此，这些行政区内仅参考财政部制定的管理办法执行财政支出绩效评价，更谈不上地方特色的结果应用。

②结果应用未落实。尽管多数省级行政区均针对财政支出绩效评价结果的应用做出了规定，但其办法的表述却普遍存在规定宽泛、约束力不强的特征。如在多个办法中出现的"一定范围内公开""重要依据"等表述，尽管具有一定的指导价值，但对于责任落实与结果应用的促进作用并不明显。好在已有个别地方在表述上逐步成熟。以湖北省为例，已逐步出现"对违规申报获得财政资金的，项目主管部门应督促收回资金，并取消违规主体三年的申报资格"等较为具体的管理规则，对于绩效结果的应用与对于绩效责任人的约束力明显优于其他

省份。再如,山西省太原市要求预算部门(单位)根据绩效评价结果,及时制定预算支出与管理方法的整改措施,并报财政部门备案。当然,这样的例子是少数,在大多数地方,如何提高绩效评价结果的利用率,仍是绩效评价部门所面临的重要难题。

9.5.3.2 对财政支出绩效评价立法的若干展望

在对财政支出评价立法进行若干展望之前,首先需要明确一个基本事实,即对财政支出进行绩效评价并将其结果运用于预算编制的全过程是一件操作性极强的活动。不仅如此,考虑到不同地方存在较大差异,如何能够在兼顾地方具体实际和建立一般的法律原则之间加以权衡,需要一个相对漫长的探索过程。鉴于中国的财政支出绩效评价及其法制化的历程相对较短,因此在推进相关工作的过程中,实事求是和稳步推进是需要坚持的重要原则。下面将从财政支出绩效评价的立法定位、立法模式和法律体系三个方面进行展望。

(1)立法定位

包含立法主体和立法层级两个方面。从立法主体来看,财政支出绩效评价的立法主体应为权力机关而非行政机关。权力机关(人大及其常委会)和行政机关(人民政府、国务院组成部门)是《立法法》规定的立法主体。绩效评价是对政府工作好坏的评价和监督制度。公众可以依法通过政府绩效评价来监督政府,使政府机关不仅对上级机关负责,更重要的是对公民负责,形成上级自上而下地监督和公民自下而上地监督相结合的绩效推动机制。既然行政机关成为被评价、监督的对象,那么财政支出绩效评价有关立法的主体自然不能是行政机关,而只能是权力机关。

从立法层级来看,应采用中央和地方相结合的方式。《立法法》赋予立法权力的主体中,按层级分,可分为中央和地方两个层级。前者包括全国人大及其常委会和国务院,它们制定的法律法规属于中央立法。地方层级的主体包含地方人大及其常委会和地方政府,它们制定的法律法规属于地方立法。中央层级的立法具有较高的统一性,具体体现为法制的统一性、保障结果应用的统一性、保障绩效评价权实施的统一性以及保障申诉和救济的统一性。另一方面,从地方层级来看,地方财政支出绩效评价立法有助于促进法规与实践的紧密衔接。一般来说,中央层级的立法都具有原则性、普遍性的特点,可操作性低于地方层级立法。中国幅员辽阔,地区之间、城乡之间的经济社会发展存在明显差异,财政支出也各具特点,地方层级在中央层级立法的框架内针对各自特点进行针对性的再立法，有助于使财政支出绩效评价的普遍原则结合地方实际，保证法律法规与具体实践的紧密衔接。

(2) 立法模式

从西方发达国家的经验来看，统一和分散两种立法模式都有成功的案例。统一立法模式是指制定一部统一的法律，对财政支出绩效评价的组织体系、技术体系等有关内容进行集中规范；分散立法模式下，并不存在一部统一的法律，财政支出绩效评价的有关规范散见于不同的法律法规中，这些法律法规要么是针对财政支出绩效评价的某一方面而制定，要么只是针对别的事项而制定，但附带了有关财政支出绩效评价的内容。对中国来说，采用统一立法的模式最为合理。其原因包括：一是如前文所述，由全国人大常委会对我国财政支出绩效评价展开立法是最优选择，这当然属于统一立法的范畴；二是尽管财政支出绩效评价的方法多种多样，但都是以结果为导向、以改进财政支出绩效为目的。作为一种监管方式的绩效评价具有较强的规律性和程序性，因此与 GPRA 相同，应对财政支出绩效评价进行统一立法。

(3) 法律体系

①制定符合中国国情的财政基本法。虽然中国具有包括新《预算法》在内的众多财税法律，但是尚缺乏一部上位法来对更为一般的原则加以规定。在财政基本法中，需要对财政支出绩效评价的内容加以明确。前文通过对代表性国家绩效评价立法经验的梳理，能够看出，财政基本法应对财政支出绩效评价中的权力体系、组织体系和对应法律体系作出原则性的规定。

②由最高权力机关依法制定有关绩效评价的专门的高位阶核心法律，统一规范绩效评价的有关事项。同时，鉴于财政支出绩效评价内涵丰富，需要规范的权利义务关系和业务事项众多，非单部法律所能概括。因此，需要围绕有关绩效评价的核心法律，构建出一个科学合理的法制体系来加以指导和规范。

9.6 本章小结

本章将财政支出定义为政府在一定时期内，为实现相关职能，由财政部门按照其所编制的预算，依法向职能部门以及其他经济、政治和社会活动的参与主体所拨付的资金。政府职能是产生财政支出的依据，资金是财政支出的表现形式,列支财政支出需要以预算安排和相应的法律法规作为依据,财政支出的对象是相关职能部门以及经济、社会和政治活动的相关参与主体。本章按照经济性质的分类标准对财政支出进行划分,即从整体上将财政支出分为购买性支出和转移性支出。考虑到政府债务与政府支出具有紧密的关系,因此本章也将与政府债务相关的支出纳入财政立法的分析框架。最后,本章对政府支出绩效评价立法的相关方面进行了系统阐述。

通过对各类财政支出立法的现状和各国经验进行梳理,能够发现以下具有共同性的问题,值得大家思考:

第一,从对财政支出的各类立法情况来看,虽然一些财政支出依靠相关的法律制度进行规范,也有一些类别的支出缺乏法律层面的制度规范,主要受到条例等规章制度的约束,但是立法层级有待提高,缺乏一部法律对不同的法律法规提供依据,对不同的财政支出类别及其关系进行规范;对于同财政法律法规有关的一般性原则,也有待进一步规范和明确。

第二,在构建一部高层级的财政法律的过程中,如何处理好立法机构和财政部门的关系十分重要。财政资金的具体支出方向最终由财政部门进行安排,在这一过程中,有大量的技术细节需要考虑,有效处理财政部门和各主管部门之间的关系是财政资金有效使用的重要保障。因此,最高立法机构在制定高层级财政法律的过程中,需要有机地将财政部门在日常活动中遇到的可操作性问题进行梳理、提升并最终形成法律条文,高层级财政法律必将是立法机构与财政部门共同努力、相互协作的结晶。

第三,在构建高层级财政法律的过程中,处理好中央和地方财政关系是有关财政立法的关键内容。在中央财政支出中,很大一部分是对地方财政的转移性支出,在这部分支出中,支出原则、支出标准以及对支出绩效的评估均构成此类支出的重要环节。尽管在这一过程中,财政部门对此进行了一定程度的规范,但提高对这类支出的规范层级、增强其稳定性、明确其可能发生变化的依据和规则、在强化此类支出透明度方面作出实质性的规范,无疑对于形成良性、稳定和有序的政府关系具有重要的意义和作用。

第 10 章 财政收入立法研究

10.1 财政收入的概念界定

财政收入是政府及其所属部门或单位基于提供公共服务、公共产权、公共信用和公共权威,通过征收、筹集和接受捐赠等方式,从企业、家庭(个人)或其他组织获得的财政资金。有关财政收入的概念,需要明确相关主体、客体、依据和方式。在上述定义中,财政收入的主体不仅是指一个国家的各种政府组织本身,还包括政府所属的部门或单位;财政收入的客体不仅是企业和家庭或个人,还包括其他组织(如外国政府或其他政府组织);财政收入的依据不仅有政府提供的公共服务和拥有的公共产权,还包括政府可以利用的公共信用和公共权威;财政收入的方式包括普遍性的强制征收、基于特定目的专项筹集和接受捐赠等。

本文以财政收入的取得依据为主线,并结合我国财政收入的实际情况,将财政收入划分为税收收入、公共收费收入、公共产权收入、公共信托收入和公共处罚收入五种基本类型,分别加以研究。

10.1.1 税收收入——基于普遍性公共服务的提供

现实中,税收收入通常是指政府基于所提供的普遍性的公共服务而依法强制征收的财政收入。政府也会基于某些特定的政策目的而依法强制地向部分企业或个人征税,从而形成特定税收收入。与普遍性的税收收入主要用于一般公共服务不同,这些特定税收收入可能会受征收目的特别限制而具有专门用途,也可能没有用途限制而用于普遍性的公共服务。从理论上说,税收"取之于民,用之于民",即向全体人民征收并服务于全体人民。在这里,"人民"是一个整体概念。一般税收用于普遍性的公共服务,符合"取之于民,用之于民"的理论原则。如果特定税收收入用于一般财政需要,由于征收对象的局限性或针对性而有别于一般税收,因而与上述理论原则仍然存在一定的差异;而如果特定税收收入用于特别财政需要,则与政府基于提供特殊公共服务而取得的公共收费收入并无本质差异。

10.1.2 公共收费收入——基于特别公共服务的提供

公共收费收入是指政府及其所属部门或单位基于提供特殊公共服务而取得的收入,包括行政服务收入、事业服务收入和司法服务收入。在我国,公共收费收入统称为行政事业性收费,通常与政府性基金收入并列为两种不同类型的财政收入。从理论上说,行政事业收费与政府性基金基于特定的公共服务向特定企业或个人征收,因而并非两种不同的收入类型,而是同一事物的两个侧面。一般来说,行政事业收费因具有特别的征收目的和特定的征收对象而应该具有特定的支出用途。换句话说,行政事业收费应该纳入政府性基金管理的范畴。但是,实际上,我国的行政事业收费通常没有支出用途的法律法规限制,因而通常纳入政府一般公共预算,俗称"打统账";只有少数政府性基金才限定支出用途,因而行政事业收费和政府性基金收入就成为两类不同的收入类型。虽然这种分类在现实统计中并没有什么问题,但容易使人在征收依据上混淆两者的性质,因此宜将两者合二为一,都视为公共收费收入。

10.1.3 公共产权收入——基于公共资产资源的拥有或控制

公共产权收入是指政府基于拥有或控制公共资产资源的所有权而取得的收入,包括出让公共资源的使用权或经营权,出售公共资产的所有权、使用权或经营权,以及经营国有资本而取得的投资收益。在我国现实中,公共产权收入分为国有资产有偿使用收入、国有资源有偿使用收入和国有资本经营收入三种。国有资产有偿使用收入包括:国家机关、实行公务员管理的事业单位、代行政府职能的社会团体以及其他组织的固定资产和无形资产出租、出售、出让、转让等取得的收入;世界文化遗产保护范围内实行特许经营项目的有偿出让收入和世界文化遗产的门票收入;利用政府投资建设的城市道路和公共场地设置停车泊位取得的收入;利用其他国有资产取得的收入。国有资源有偿使用收入包括:土地出让金收入、新增建设用地土地有偿使用费、海域使用金、探矿权和采矿权使用费及价款收入、场地和矿区使用费收入;出租汽车经营权、公共交通线路经营权、汽车号牌使用权等有偿出让取得的收入;政府举办的广播电视机构占用国家无线电频率资源取得的广告收入;利用其他国有资源取得的收入。国有资本经营收入包括使用国有资产的企业上缴的利润、股息、红利及国有资产出租收入等收入。

10.1.4 公共信托收入——基于公共信任的托付

公共信托收入是指政府基于利用公共信任的托付而取得的财政收入,在我国包括公债收入、社会保险收入、住房公积金收入、彩票公益金收入和捐赠收入等。首先,公债收入是政府以发行公债方式向社会募集的资金。与强制性征收的税收收入等不同,公债是需要按期归还并支付利息的,因此公债作为财政收入,需要同时考虑其日后还本付息的支出要求。公债收入按照发行主体可以分为国债收入和地方公债收入两种基本类型,从发行募集的对象和范围可以分为内债收入和外债收入。至于政府拥有或控制的国有企业和事业单位向金融机构借款而形成的债务是否应该包括在公共债务收入的范围之内,尚无共识。从严格管理的要求看,将这部分债务纳入法治轨道有其必要性。其次,社会保险收入是指政府以受托管理者的身份,依照法律法规的规定向其管辖范围内的法人和自然人征集的收入。在我国,社会保险收入包括基本养老保险收入、基本医疗保险收入、失业保险收入、工伤保险收入和生育保险收入。住房公积金收入是指政府受托管理的由企事业和机关、团体及其在职人员按规定缴存资金而形成的收入。彩票公益金收入是政府以公共信托为担保,通过发行彩票而取得的收入,包括福利彩票收入和体育彩票收入。捐赠收入是指政府接受企事业单位、社会团队、外国政府或国际组织以及个人捐赠的财产、物资和现金等而形成的收入。此外,来自上级政府或其他政府的财政转移收入,本质上也属于捐赠收入。虽然公共信托收入类型较多,而且分属不同的管理部门或机构,但应遵从基本的法治原则,从收支关联的整体来维护相关制度的合理性,保证收支过程的公平、公正。

10.1.5 公共处罚收入——基于公共权威的行使

公共处罚收入是指政府基于公共权威,利用公共行政权力或司法权力而对违反法律法规的单位和个人强制取得的收入,包括罚款收入、罚金收入、滞纳金收入、没收违法所得以及由没收非法财物或其他权益资产而形成的收入。公共处罚收入的征收主体是政府的行政部门和司法部门，它们都具有相应的强制执行权力，但都应该按照相应的法律规定执行处罚或制裁。公共处罚的目的主要是维护法律的尊严、防范和制止违法行为的发生和发展，而不应该是取得收入。由公共处罚行为所形成的收入，不能成为执法或司法部门所掌握或控制的财政资源，而应作为政府财政收入纳入法治轨道并严格管理。

10.2 税收收入

10.2.1 税收收入立法现状

我国涉及税收的立法分为宪法、法律、行政法规和法律规章四个层级，其中宪法具有最高法律效力，我国《宪法》唯一涉及税收的条款是第五十六条："中华人民共和国公民有依照法律纳税的义务。"此外，我国《立法法》第八条规定了"只能制定法律的事项"，包括"税种的设立、税率的确定和税收征收管理等税收基本制度"。其他有关税收立法的具体规定主要体现在法律和全国范围内施行的税收行政法规中。

10.2.1.1 税收立法层级

严格来说，我国现有 13 部税收法律，其中，实体税法 12 部，程序税法 1 部，即《税收征收管理法》。需要说明的是，虽然没有关税法，但《中华人民共和国海关法》有专章涉及关税，因此我们把海关法也列入税法，我国共有 14 部税收法律。我国现有 18 个税种，已制定相关税法的共有 13 个税种，尚有增值税、消费税、房产税、土地增值税以及城镇土地使用税 5 个税种未能完成立法程序。此外，虽然《海关法》中涉及关税的内容，但是单独制定关税法已纳入全国人大的立法计划。表 10-1 列举了我国现行有效的 14 部税收法律。

我国的税收行政法规数量庞大，主要包括国务院发布的税收行政法规以及地方法规。国务院发布的税收行政法规共有 65 部，涉及 18 个税种以及税收征管。表 10-1 列出了现行有效的税收实施条例或暂行条例共 13 部，不包括地方税收行政法规。目前尚未经人大立法的 5 个税种，由国务院制定的税收条例或暂行条例形式包含在行政法规中。就地方税收法规而言，因数量庞大，未进行全面统计。

表 10—1　　　　　　　　我国现行税收法律和法规

序号	法律	行政法规
1	税收征收管理法	税收征收管理法实施细则
2	个人所得税法	个人所得税法实施条例
3	企业所得税法	企业所得税法实施条例
4	环境保护税法	环境保护税法实施条例
5	车船税法	车船税法实施条例
6	船舶吨税法	消费税暂行条例
7	烟叶税法	增值税暂行条例
8	耕地占用税法	城镇土地使用税暂行条例
9	车辆购置税法	车辆购置税暂行条例
10	资源税法	房产税暂行条例
11	城市维护建设税法	进出口关税条例
12	契税法	土地增值税暂行条例
13	印花税法	印花税暂行条例
14	海关法	—
小计	14	13

需要说明的是，我国财政部、国家税务总局、海关总署等机关还制定和发布了数量庞大的税收规章和规范性文件，主要是对相关法律的执行或细化，因此不纳入税法的统计范围。

10.2.1.2　税收立法进程

我国在税收立法实践中落实法定原则经历了漫长的过程，大体上可分为三个时期。

为全面、直观地展示我国税收立法进程的发展脉络，表 10—2 至表 10—5 以我国已立法（或正在立法）的税种和《税收征收管理法》为研究对象，按照时间先后详细梳理了税收立法状态的变化情况，并列举了作出立法决定的立法机关。其中较为特殊的是，我国《税收征收管理法》在 2001 年经历了一次大规模修订，并以修订案的形式交由人大进行了全部内容的审议，这是我国税收程序法设立和完善进程中的标志性事件;而其他税法因部分内容更改,均以修正案形式进行立法修改。

表 10－2　　　　　　税收收入立法数量(1980－2022 年)　　　　单位:部

时　期	法律制定数量	法律修正(订)数量	法规制定数量	法规修正(订)数量	小计
1980－2001	6	6	25	2	39
2002－2012	2	4	8	16	30
2013－2022	9	13	1	13	36
小　计	17	23	34	31	105

表 10－3　　　　　　　　税收立法进程(1980－2001 年)

序号	时　间	税　种	立法状态	立法机关
1	1980/09/10	个人所得税 中外合资经营企业所得税	正式实施	全国人大
2	1982/01/01	外国企业所得税	正式实施	全国人大
3	1983/09/02	中外合资经营企业所得税	1 次修正	全国人大常委会
4	1987/07/01	海关法	正式实施	全国人大常委会
5	1991/07/01	外商投资企业和 外国企业所得税	正式实施	全国人大
6	1993/01/01	税收征收管理法	正式实施	全国人大常委会
7	1993/10/31	个人所得税	1 次修正	全国人大常委会
8	1995/02/28	税收征收管理法	1 次修正	全国人大常委会
9	1999/08/30	个人所得税	2 次修正	全国人大常委会
10	2000/07/08	海关法	1 次修正	全国人大常委会
11	2001/04/28	税收征收管理法	1 次修订	全国人大常委会

　　第一个时期是自改革开放到我国加入 WTO。这期间,我国共颁布了四部税收法律,主要涉及个人所得税和企业所得税。最早立法的是 1980 年 9 月 10 日生效的《中华人民共和国个人所得税法》和《中华人民共和国中外合资经营企业所得税法》。《个人所得税法》历经 7 次修订,2018 年 8 月 31 日颁布最新修订版本。企业所得税也是我国最早立法的税种,全国人大常委会在 1980 年和 1981 年分别颁布了《中外合资经营企业所得税法》和《外国企业所得税法》,1991

年《外商投资企业和外国企业所得税法》的颁布标志着外资企业所得税立法的统一。应该说，这是改革开放初期税收法治建设的最重要成果，也为后续我国税收法治建设积累了有益的经验。

第二个时期是自我国加入WTO到十八届三中全会召开。2007年3月16日，经第十届全国人民代表大会第五次会议通过，《中华人民共和国企业所得税法》正式出台，并自2008年1月1日起生效。该法的出台不仅统一了内外资企业所得税，结束了自20世纪80年代中期开始形成的内外资企业所得税并立的局面，也开创了税收行政法规上升为法律的先河。2011年2月25日，经第十一届全国人民代表大会第十九次会议通过，《中华人民共和国车船税法》正式出台，并自2012年1月1日起生效。

表 10—4　　　　　　　　税收立法进程（2005—2012 年）

序号	时间	税种	立法状态	立法机关
1	2005/10/27	个人所得税	3次修正	全国人大常委会
2	2007/06/29	个人所得税	4次修正	全国人大常委会
3	2007/12/29	个人所得税	5次修正	全国人大常委会
4	2008/01/01	企业所得税	正式实施	全国人大
5	2011/06/30	个人所得税	6次修正	全国人大常委会
6	2012/01/01	车船税	正式实施	全国人大常委会

第三个时期是自十八届三中全会召开至今。党的十八届三中全会指出，"要加快税收立法，税收法治化使中央和地方政府财力分配更均衡、更科学"。将所有税种提升到法律层级，不仅可以增强税收的权威性，还可以增强税收在公众心中的公信力。税收立法不能违背《宪法》，还要遵守《立法法》的要求。十八届三中全会后，我国税收法治化进程进入快车道，环境保护税、船舶吨税、烟叶税、车辆购置税等税收相继出台立法并实施。此外，我国消费税和增值税的立法也在稳步推进，2019年12月3日，国家税务总局起草了《中华人民共和国消费税法（征求意见稿）》，向社会公开征求意见；2019年11月27日，《中华人民共和国增值税法（征求意见稿）》向社会公开征求意见。与前两个时期相比，不仅我国税收立法的进度明显加快，而且每一部税法的出台都要经历初审、公开征求意见、二审和正式实施等立法程序。

表 10-5　　　　　　　税收立法进程(2013—2022 年)

序号	时间	税种	立法状态	立法机关
1	2013/06/29	海关法、税收征收管理法	2 次修正	全国人大常委会
2	2013/12/28	海关法	3 次修正	全国人大常委会
3	2015/04/24	税收征收管理法	3 次修正	全国人大常委会
4	2016/11/07	海关法	4 次修正	全国人大常委会
5	2017/02/24	企业所得税	1 次修正	全国人大常委会
6	2017/11/04	海关法	5 次修正	全国人大常委会
7	2018/01/01	环境保护税	正式实施	全国人大常委会
8	2018/07/01	烟叶税、船舶吨税	正式实施	全国人大常委会
9	2018/08/31	个人所得税	7 次修正	全国人大常委会
10	2018/10/26	环境保护税	1 次修正	全国人大常委会
11	2018/10/26	船舶吨税	1 次修正	全国人大常委会
12	2018/12/29	企业所得税	2 次修正	全国人大常委会
13	2019/04/23	车船税	1 次修正	全国人大常委会
14	2019/07/01	车辆购置税	正式实施	全国人大常委会
15	2019/09/01	耕地占用税	正式实施	全国人大常委会
16	2020/09/01	资源税	正式实施	全国人大常委会
17	2021/04/29	海关法	6 次修正	全国人大常委会
18	2021/09/01	契税、城市维护建设税	正式实施	全国人大常委会
19	2022/07/01	印花税	正式实施	全国人大常委会

　　表 10-6 以我国已立法的税种和《税收征收管理法》(包括修订和修正)为研究对象，梳理了最早立法时间、最新立法时间、更新次数、平均更新年份和法律存续时间等基本信息，全面展示了我国税收收入法律变动的更新情况。从表中可以看到，从更新次数看，除《个人所得税法》《海关法》和《税收征收管理法》分别更新 7 次、6 次和 4 次外，其他税法的更新次数不多，其中大部分税法最近 10 年才正式实施；从法律存续时间看，除《个人所得税法》《海关法》《税收征收管理法》和《企业所得税法》分别为 42 年、35 年、30 年和 15 年外，其他税法的存续时间都不长。

表 10−6 税收收入法律变动更新情况

类型	法律名称	最早立法时间	最新立法时间	更新次数	平均更新年份	法律存续时间
中央税	车辆购置税法	2018 年 12 月	2018 年 12 月	0	0	4
	海关法	1987 年 1 月	2021 年 4 月	6	6	35
	船舶吨税法	2017 年 12 月	2018 年 10 月	1	1	5
地方税	车船税法	2011 年 2 月	2019 年 4 月	1	8	11
	环境保护税法	2016 年 12 月	2018 年 10 月	1	2	6
	烟叶税法	2017 年 12 月	2017 年 12 月	0	0	5
	耕地占用税法	2018 年 12 月	2018 年 12 月	0	0	4
	契税法	2020 年 8 月	2020 年 8 月	0	0	2
共享税	个人所得税法	1980 年 9 月	2018 年 8 月	7	5	42
	企业所得税法	2007 年 3 月	2018 年 12 月	2	6	15
	城市维护建设税法	2020 年 8 月	2020 年 8 月	0	0	2
	资源税法	2019 年 8 月	2019 年 8 月	0	0	3
	印花税法	2021 年 6 月	2021 年 6 月	0	0	1
其他	税收征收管理法	1992 年 9 月	2015 年 4 月	4	6	30

注：平均更新年份采用四舍五入的方式取整。

10.2.1.3 税收立法要素

一般来说，税收法律应该包含立法目的（目的）、征纳主体、税基、税率、权限配置、收入归属和收入限定使用等相关规定。

我国大部分税法并没有征税目的的表述，仅有环境保护税、耕地占用税、城市维护建设税、城镇土地使用税、关税和土地增值税 6 个税种具有特别目的条款，而且这些立法目的比较抽象，很难与具体的法律条款相呼应。例如，《环境保护税法》的立法目的是"为了保护和改善环境，减少污染物排放，推进生态文明建设"；《耕地占用税法》的立法目的是"为了合理利用土地资源，加强土地管理，保护耕地"；《土地增值税暂行条例》规定的开征目的是"为了规范土地、房地产市场交易秩序，合理调节土地增值收益，维护国家权益"。从整体上看，在我国税收法律法规中，立法目的缺失的情况较为突出，立法目的与具体法律条款的逻辑关系缺乏紧密的关联。

税收的征纳主体包含征收主体和缴纳主体两个方面。税收的征收主体是指法律法规规定的拥有征收管理职责的政府机关，税收的缴纳主体是指法律法规规定的承担该税种缴纳义务的单位和个人。就征纳主体而言，我国18个税种对于税收的收缴主体和缴纳主体都进行了规定。以收缴主体为例，除了关税、船舶吨税、进口环节的增值税和消费税由海关负责征收外，其余税种的收缴主体均为税务机关。税法上的纳税义务人，即缴纳主体，根据各税种的特性有所差异，大致分为三种情况：一是从事生产经营的企业和非企业经营实体；二是取得所得和财产（不动产和车辆）的个人，包括中国公民和外国公民；三是所有单位和个人，包括各种类型的企业、非企业经营实体和个人。值得注意的是，在不少税法关于纳税义务人的表述中有"单位"一词，虽然有列举，但缺乏内涵的严格定义，在理解和执行上难免出现争议。

税基具体表现为征税对象、范围和计税依据。在理论上，税基主要是所得、消费和财产三种。从立法的角度，不仅需要明确征税免税的法律边界，还要确定具体的计算依据。法律税基是指由税法明确规定的征税对象及其征收范围。从整体上看，在我国税收法律中，对征税对象和征税范围的规定较为全面。但是，财政部和国家税务总局以部门规章和规范性文件为形式对不同税种的税基进行了具体和详细的规定，由于对规定理解的差异，导致不同地区或者同一地区不同时期的执行不统一，引发税务争议的事件不时发生，说明税基法定还有很大的改进空间。

税率是衡量税收负担的关键因素，因此有必要在法律中做出规定，明确征缴的标准和税率的高低。税率有定量（额）税率、比例税率和累进税率三种主要形式，还有零税率和负税率。目前，我国18个税种均在各自最高法律层级的文件中对税率进行了阐述，根据征税范围的特征，税率也采取不同的形式，在效率和公平之间各有侧重。例如，《个人所得税法》对综合所得规定的累进税率更倾向于保证公平，而《增值税暂行条例》中的比例税率则更侧重于提高效率和取得税收收入。

税收权限配置是指不同层级的立法机关、同级立法机关与行政机关之间，同级行政机关之间以及上下级行政机关之间在税收要素方面的决定权、调整权、执行权、监督权等相关权限的配置。就不同层级的立法机关来看，我国的税法立法权主要集中在全国人大和全国人大常委会，除了尚未完成立法程序的5个税种由国务院立法外，整体上省级地方人大及其常委会尚无独立的税收立法案例。但是，《环境保护税法》明确了省级地方人大税额和应税项目的确定和调整权限，开启了税法授权地方人大的先例。此后，《耕地占用税法》《契税法》和

《资源税法》也设置了一些授权条款。就同级立法机关与行政机关来看,主要是全国人大授权国务院的相关条款,例如,《车辆购置税法》规定国务院可以减征或免征车辆购置税,《船舶吨税法》规定国务院可以免征船舶吨税等。此外,也有全国人大授权省级地方人民政府的条款,包括个税减征权、企业所得税减征或免征权、车船税税额确定权等。就同级行政机关以及上下级行政机关而言,大多是不同部门间的分工协作条款。例如,《环境保护税法》要求税务机关、生态环境主管部门和其他相关单位分工协作。

就税收的收入归属而言,按照1994年实施的《国务院关于实行分税制财政管理体制的决定》,虽然税种分为中央税、地方税和共享税,明确了中央政府和地方政府的收入归属,但这些规定并未以法律和法规形式加以明确,而是由国务院的规范性文件为依据。国务院和财政部曾发布文件,对税收收入划分做出调整。例如,国发〔2019〕21号文和财预〔2019〕205号文规定,在实施更大规模的减费降税改革后,消费税收入的存量部分核定基数,由地方上解中央,增量部分归属地方;增值税的收入和留底退税在中央和地方之间继续保持"五五分享"的比例,在具体操作时,增值税留抵退税由地方分担的50%,15%部分由企业所在省份直接退付,35%部分先由企业所在地省级财政垫付,并通过调库方式进行多退少补。虽然分担机制考虑了地方的财政负担,更加均衡合理,但是中央与地方的收入划分应在更高层级的法律文件中进行规定。值得注意的是,省以下地方政府之间的税收收入分享更是缺乏明确的法律法规依据,且无法从公开渠道获取相关信息。

收入限定使用是指税收收入具有特定的使用目的,不统一纳入一般公共预算收入。尽管我国有一些税种具有特殊的征税目的,实际上也存在收入的特殊安排,但我国的18个税种均未在相关法律法规中明确规定收入的特殊使用范围或用途。

表10—7　　　　　　　　　税收立法要素

序号	税种	立法目的	征收主体	缴纳主体	税基	税率	权限配置	收入归属
1	消费税	—	✓	✓	✓	✓	—	中央政府
2	车辆购置税	✓	✓	✓	✓	✓	✓	
3	船舶吨税	—	✓	✓	✓	✓	✓	
4	关税	✓	✓	✓	✓	✓	—	

续表

序号	税种	立法目的	征收主体	缴纳主体	税基	税率	权限配置	收入归属
5	车船税	—	√	√	√	√	√	地方政府
6	环境保护税	√	√	√	√	√	√	地方政府
7	烟叶税	—	√	√	√	√	—	地方政府
8	耕地占用税	√	√	√	√	√	√	地方政府
9	契税	√	√	√	√	√	√	地方政府
10	房产税	—	√	√	√	√	—	地方政府
11	城镇土地使用税	√	√	√	√	√	—	地方政府
12	土地增值税	√	√	√	√	√	√	地方政府
13	增值税	—	√	√	√	√	√	中央政府与地方政府共享
14	个人所得税	—	√	√	√	√	√	中央政府与地方政府共享
15	企业所得税	—	√	√	√	√	√	中央政府与地方政府共享
16	城市维护建设税	√	√	√	√	√	√	中央政府与地方政府共享
17	资源税	—	√	√	√	√	√	中央政府与地方政府共享
18	印花税	—	√	√	√	√	—	中央政府与地方政府共享

10.2.2 税收收入立法存在的问题

10.2.2.1 税收法律体系或框架建设方面存在的问题

我国税收法律体系和框架建设的主要问题有三个：其一，未能使《宪法》或财政税收基本法发挥统领作用。我国《宪法》中并无具体的税收立法条款，仅第五十六条指出"中华人民共和国公民有依照法律纳税的义务"，再加上我国尚未制定财政基本法或税收基本法，因而我国税收收入在税基、税率、权限配置、收入归属等基本制度方面缺少统领性的法律规范，税收法定原则的完全落实还有很大的提升空间。其二，部分税制尚未完成立法程序。在我国的税收立法实践中，授权行政机关立法的形式比较常见，可能会影响到我国税法的公信力和权威性。例如，作为我国主要税种的增值税和消费税，目前仍然处于税收暂行条例的立法状态，亟须加快立法进程。其三，税法要素的授权制定缺乏统一的规范。尽管2015年修订的《中华人民共和国立法法》将税率纳入必须法定的范围,但在税种立法中仍然存在授权国务院决定税率的情形。

10.2.2.2 税基和税率法律制度存在的问题

从整体上看,我国税收法律法规中与税基和税率相关的条款较为完整,18个税种均未出现缺失现象,但也存在以下两个问题:其一,在征税对象、征税范围和计税依据等具体规定方面,存在很大的立法空间,导致大量的税收条款规定在行政法规、部门规章甚至其他规范性文件中,出现条文碎片化、不连贯甚至相互冲突等问题,极易引发矛盾和争议,从而影响税收制度落地实施的确定性和有效性;其二,我国的税基和税率法律制度较为复杂,而复杂的税基和税率设计不仅会增加税务机关的管理负担,也可能会给企业留下一定的避税空间。

10.2.2.3 税收优惠制度存在的问题

我国税收优惠制度主要存在以下几个问题。其一,目前存在优惠制定权或解释权被赋予财政部门或税务行政部门的现象,这可能会影响到税收优惠条款的确定性和规范性。例如,增值税部分免税项目的具体范围由财政部发布的部门规章来作出规范,这不利于税收优惠条款的有效实施,在实践中甚至可能会出现不同的税收条款解释,进而引发一些争议。其二,我国税收法律中的税收优惠授权条款十分有限。而且,地方人民政府只能在既定的范围内或在既定的条件下确定税款的减征或免征额度,这不利于地方人民政府根据自身经济社会发展实际制定差异化的税收政策,从而在一定程度上限制了税收调节经济发展的应有作用。其三,税收优惠条款中的目的性和原则性表述不够充分,这使得税收优惠条款的设立原因不够明确。同时,税收优惠条款的授权也丧失了一定的导向性。其四,税收优惠条款的设置缺乏统一性和协调性,既无对某一特定税收优惠类型的专门规范,也未对应具有税收优惠制度决定权的立法机关或行政机关进行统一。其五,现行税收法律法规中缺乏对税收优惠总金额进行约束或规范的条款,这使得税收优惠制度缺少宏观调控或限制。其六,缺少信息公开制度。包括税收优惠金额、享受对象、实施期限、目的等在内的诸多税收优惠相关要素均应进行公开,或者至少实行专项检查制度、统计制度等。

10.2.2.4 收入归属和用途限定制度存在的问题

在收入归属方面,虽然国务院和财政部的规范性文件对收入归属进行过划分,但并未在更高层级的税收法律中明确收入在中央和地方之间如何划分,对于省以下地方政府之间的税收收入分享机制更是不明确,且无法从公开渠道获取相关信息。在收入用途限定方面,虽然部分税种存在收入使用的特殊安排,但须在法律文件中明确用途以及规定的依据,这与征税目的也是相对应的。订立税法意味着从法律层面增加了税负,公民有权利知道该税种因何设立、收入又将用在何处。只有明确税收的目的和用途,该税种的立法逻辑才能够自洽。

10.2.2.5　税收法律权限配置制度存在的问题

在我国的税收法律体系中,立法权集中在全国人大和全国人大常委会,仅有征税权和使用权会进行下放,因此没有真正意义上的地方税。税收法律没有授权下位法可以进一步加以明确的事项,仅有全国人大可以授权国务院、地方人大或政府决定相关税收减免的条款。在权限配置方面,我国的税法体系有待改进,对于收入完全归属地方的税种,缺少下位法、仅需向全国人大备案的方式不仅会导致地方政府的裁量权过大,还会因为中央政府对地方情况的不了解而导致税法的更新滞后。

10.2.2.6　税收征收管理法律制度存在的问题

从国际层面来看,近年来,数字经济税收征管问题凸显,国际上已出现数字服务税,税收征收管理法对于新兴经济模式的规定仍处于空白;同时,国际税收征管过程中亟须完善涉税信息共享制度,以实现国际间的法律协同。从国内层面来看,减费降税、税费改革等政策频出,由于部分非税收入划转税务部门征收,以及存在大量免抵退税,税务部门需要有法律条文来指引和规范相关工作,现行税收征收管理法已很难适应新的情况,亟须加快修订步伐。

10.2.3　税收收入立法的国际经验借鉴

本部分参考英美法系和大陆法系中十余个国家的税收法律,结合我国税收收入立法存在的问题,总结出可供我国未来税收立法参考的国际经验。

10.2.3.1　税收法律体系或框架建设方面的国际借鉴

首先,发挥宪法的引领性作用。美国各级政府取得财政收入的合法性已在宪法层面予以明确:美国联邦政府取得财政收入的权力由联邦宪法赋予;美国州和地方政府取得财政收入的权力由州宪法赋予。其次,简化税收法律体系的架构。例如,英国依据税种在中央和地方之间划分征税权和税收收益使用权,这使得英国中央和地方政府的税收收入来源清晰可辨。最后,加强横纵向法律间关系。意大利《稳定法》规定房地产税收入的归属问题,《预算法》规定房地产税的使用问题。加拿大联邦法律《原住民货物与劳务税法案》强调各省有与《联邦货物与劳务税法案》相平行的法案,与联邦法案中的条款相对应。

10.2.3.2 税基和税率法律制度方面的国际借鉴

首先,及时更新税基和税率。英国每年对《财政法案》进行更新,目的在于确定各类已有税收法案中的税率、税目和纳税期限等制度要素,并适时对这些制度要素作出调整。这有助于中央政府及时调整税收制度的设计以应对经济发展中的新问题。其次,通过法律来明确有关税基和税率的制度设计。这不仅避免了可能的矛盾和争议,也使得税收征纳双方的基本权利和义务更加明确,税收的公平性和正义性也会相应提升。美国税法中有关税基和税率的细化条款,均由法律来统一规范。再次,税率的确定应考虑到当下税收负担的大小。瑞士的《联邦宪法》指出,在确定税率时,应考虑各州和市镇征收的直接税负担。最后,税率的确定要兼顾效率和公平,这一管理原则应在法律中有所体现。新西兰的《公共财政法案》指出,税率的确定要考虑到效率和公平,具体包括可预测性和稳定性等。

10.2.3.3 税收优惠制度方面的国际借鉴

首先,适当增加地方政府在确定税收优惠幅度或范围等方面的自主权限。德国州和地方政府对财产税等地方税种拥有较大权力,可以自行规定税率、减免和加成等。美国加州《宪法》第十三条第4节指出:"立法机关可以全部或部分免除财产税。"其次,应对地方政府的权限进行规范。德国《基本法》强调当联邦与州的税法发生矛盾时,由联邦做出最终裁决,州和地方不得越权。再次,设立税式支出预算制度。美国自1974年开始实施税式支出预算制度,旨在量化税收优惠的规模或额度,这不仅有利于对税收优惠总量的管理,也有助于结合财政支出情况进行税收优惠条款的设置和调整。

10.2.3.4 收入归属和用途限定制度方面的国际借鉴

第一,在宪法中明确指出共享税的归属。印度《宪法》规定了联邦征收,但在联邦与各邦之间分配的捐税。第二,在法律中明确规定中央与地方的税收分权。印度《宪法》原则性地规定了中央和联邦之间税收开征立法权、征缴权、税款归属权三方面的分权内容。第三,对于税收能力较弱的地区,减轻对资金使用的限制。意大利对于税收能力较弱的地区,不限制其共享基金的用途,这有利于地区财政资金的灵活使用调配。

10.2.3.5 税收法律权限配置制度方面的国际借鉴

首先,明确税收的授权主体及授权事项。印度在中央消费税、关税、货物和服务税等联邦间接税的法案中,还有专门的授权条款,明确授权主体及授权事项。其次,加大对于地方立法的权力下放。意大利在地方自治和行政分权的基础上,允许市、省、特大城市和大区拥有收入、支出自主权,但是也必须履行平衡预算的义务。澳大利亚各州除不能在关税、消费税征收、国防领域立法外,均可非经联邦议会同意而进行立法,只是州法与联邦法律相抵触的部分被视为无效。再次,明确税收征收管理法与各税种之间的关系。澳大利亚各州的征管法详细规定了对其他税法的管理和执行条款,如对税收的征缴、责任的豁免和退款作出规定;还包括对纳税义务的评估、征收利息和罚款税、批准特别纳税安排等。

10.3 公共收费收入

10.3.1 公共收费收入立法现状和发展

根据中国政府网(http://www.gov.cn/zhuanti/shoufeiqingdan/shoufeiqd.html)公布的全国性行政事业收费和基金的项目,经整理共计45项收入有法律和行政法规对其进行规定,其中行政事业收费34项、政府性基金11项;涉及28部相关法律,其中行政事业收费相关法律22部、政府基金项目相关法律4部(不包括与行政事业收费项目相同的法律)。29部相关行政法规中,涉及行政事业收费有22部,政府基金有7部。全部45项公共收费和基金项目中,有相关法律依据的共31项,其中涉及行政事业收费的共24项、涉及政府基金的共7项;无法律依据但有行政法规的共14项,其中涉及行政事业收费的共10项、涉及政府基金的共4项。

表10—8　　　　　　　我国公共收费收入立法现状　　　　　　　单位:项

收入类型/数量	法律数 单独	法律数 共有	法规数	小计	有法律依据的项目数量	有法规依据无法律依据的项目数量	小计
行政事业收费	22	2	22	46	24	10	34
政府性基金	4	2	7	13	7	4	11
小　计	28		29	57	31	14	45

10.3.1.1 立法层级

表10—9中公共收费收入的名称都来源于相关法律和法规,但在公布的全

国性行政事业收费目录中列举了普通高中学费、住宿费,中等职业学校学费、住宿费,高等学校(含科研院所、各级党校等)学费、住宿费、委托培养费,函大电大夜大及短期培训费等教育相关收费项目并没有法律和法规规定,为了表述简便和规范起见,在表格中简化为学费、住宿费、委托培养费和短期培训费 4 种。

表 10—9　　　　　　　　行政事业收费项目及其法律和法规

序号	收入项目	征收部门	法律	行政法规
1	保教费	教育	—	幼儿园管理条例
2	学费	教育	教育法、高等教育法	—
3	住宿费	教育	教育法、高等教育法	幼儿园管理条例
4	委托培养费	教育	教育法、高等教育法	—
5	短期培训费	教育		
6	证照费	公安	护照法、居民身份证法、道路交通安全法	户口登记条例
7	土地复垦费	自然资源	土地管理法	土地复垦条例
8	土地闲置费	自然资源	土地管理法、城市房地产管理法	
9	不动产登记费	自然资源	民法典	
10	耕地开垦费	自然资源	土地管理法	土地管理法实施条例
11	海洋废弃物倾倒费	生态环境	海洋环境保护法	—
12	污水处理费	住房城乡建设	水污染防治法	城镇排水与污水处理条例
13	生活垃圾处理费	住房城乡建设	固体废物污染环境防治法	城市市容和环境卫生管理条例
14	城市道路占用、挖掘修复费	住房城乡建设	—	城市道路管理条例
15	车辆通行费	交通运输	公路法	收费公路管理条例
16	无线电频率占用费	工业和信息化	—	无线电管理条例
17	电信网码号资源占用费	工业和信息化	—	电信条例

续表

序号	收入项目	征收部门	法律	行政法规
18	水资源费	水利	水法	取水许可和水资源费征收管理条例
19	水土保持补偿费		水土保持法	—
20	农药实验费	农业农村	—	农药管理条例
21	渔业资源增殖保护费		渔业法	
22	草原植被恢复费	林业和草原	草原法	
23	预防接种服务费	卫生健康		疫苗流通和预防接种管理条例
24	鉴定费		职业病防治法、疫苗管理法	医疗事故处理条例 疫苗流通和预防接种管理条例
25	非免疫规划疫苗储存运输费		疫苗管理法	
26	诉讼费	法院	民事诉讼法、行政诉讼法	诉讼费用缴纳办法
27	特种设备检验检测费	市场监管	特种设备安全法	特种设备安全监察条例
28	药品注册费	药品监管	—	药品管理法实施条例
29	医疗器械产品注册费		—	医疗器械监督管理条例
30	商标注册收费	知识产权	商标法	商标法实施条例
31	专利收费		专利法	专利法实施细则
32	集成电路布图设计保护收费		—	集成电路布图设计保护条例
33	仲裁收费	仲裁	仲裁法	—
34	信息公开处理费	行政机关	—	政府信息公开条例
	小计	17个	24项	22项

表10—10列举的11项政府性基金项目中,有法律依据的共有7项,占比63.6%;没有法律依据但有行政法规依据的有4项,占比36.4%;只有法律而没有行政法规的有4项,占比36.4%。

表 10－10　　　　　　　　政府性基金项目及其法律和法规

序号	项目	征收部门	法律	行政法规
1	水利建设基金	中央、地方人民政府	防洪法	—
2	教育费附加	税务机关	教育法	—
3	地方教育附加			—
4	国家电影事业发展专项资金	国家和省级电影专项资金管理委员会	—	电影管理条例
5	省级大中型水库库区基金	财政部驻各地财政监察专员办事处	—	大中型水利水电工程建设征地补偿和移民安置条例
				长江三峡工程建设移民条例
6	残疾人就业保障金	税务局	—	残疾人就业条例
7	森林植被恢复费	县级以上林业主管部门	森林法	森林法实施条例
8	可再生能源发展基金	专员办	可再生能源法	—
9	船舶油污损害赔偿基金	交通运输部所属海事管理机构	海洋环境保护法	防治船舶污染海洋环境管理条例
10	核电站乏燃料处理处置基金	财政监察专员办事处	核安全法	
11	废弃电器电子产品处理基金	国家税务局、海关	—	废弃电器电子产品回收处理管理条例
	小计(项)		6	7

10.3.1.2　立法进程

我国在公共收费收入的立法实践中落实法定化原则经历了漫长的过程，大体上可将其分为三个时期。法律部分梳理见表 10－11。

表 10－11　　　公共收费(基金)收入立法数量(1979—2021 年)　　　单位：部

时　期	法律制定	法律修正	法规制定	法规修正	小　计
1979—2000	19	10	12	1	42
2001—2012	5	25	15	11	56

续表

时 期	法律制定	法律修正	法规制定	法规修正	小 计
2013—2021	4	33	1	27	65
小 计	28	68	28	39	163

第一个时期是自改革开放到中国加入 WTO。在此期间，我国共颁布了《商标法》《土地管理法》《教育法》等 17 部法律，涉及普通高中学费、住宿费、土地复垦费、土地闲置费等项目，并针对部分征收要素作了规定。最早立法时间为 1982 年 8 月 23 日(《海洋环境保护法》和《中华人民共和国商标法》)。这个时期，除了《行政诉讼法》《民事诉讼法》和《教育法》由全国人大审议通过外，其余法律的制定与修正全部由全国人大常委会做出立法决定。

表 10—12　　　　　　公共收费收入立法进程(1979—2000 年)

时 间	法律名称	收费项目	立法状态
1979/02/23	森林法	森林植被恢复费	试行
1982/10/01	民事诉讼法	诉讼费	试行
1983/03/01	商标法	商标注册收费	正式实施
1983/03/01	海洋环境保护法	海洋废弃物倾倒费、船舶油污损害赔偿基金	正式实施
1984/11/01	水污染防治法	污水处理费	正式实施
1985/01/01	森林法	森林植被恢复费	正式实施
1985/04/01	专利法	专利收费	正式实施
1985/10/01	草原法	草原植被恢复费	正式实施
1986/07/01	渔业法	渔业资源增殖保护费	正式实施
1987/01/01	土地管理法	土地复垦费、土地闲置费、耕地开垦费	正式实施
1988/07/01	水法	水资源费	正式实施
1988/12/29	土地管理法	土地复垦费、土地闲置费、耕地开垦费	1 次修正
1990/10/01	行政诉讼法	诉讼费	正式实施
1991/04/09	民事诉讼法	诉讼费	正式实施
1991/06/29	水土保持法	水土保持补偿费	通过并实施

续表

时　　间	法律名称	收费项目	立法状态
1992/09/04	专利法	专利收费	1次修正
1993/02/22	商标法	商标注册收费	1次修正
1995/01/01	城市房地产管理法	土地闲置费	正式实施
1995/09/01	教育法	学费、住宿费、委托培养费、短期培训费、教育费附加、地方教育费附加	正式实施
1995/09/01	仲裁法	仲裁收费	正式实施
1996/04/01	固体废物污染环境防治法	生活垃圾处理费	正式实施
1996/05/15	水污染防治法	污水处理费	1次修正
1998/01/01	公路法	车辆通行费	正式实施
1998/01/01	防洪法	水利建设基金	正式实施
1998/04/29	森林法	森林植被恢复费	1次修正
1998/08/29	土地管理法	土地复垦费、土地闲置费、耕地开垦费	2次修正
1999/01/01	高等教育法	学费、住宿费、委托培养费、短期培训费	正式实施
1999/10/31	公路法	车辆通行费	1次修正
1999/12/25	海洋环境保护法	海洋废弃物倾倒费、船舶油污损害赔偿基金	1次修正
2000/08/25	专利法	专利收费	2次修正
2000/10/31	渔业法	渔业资源增殖保护费	1次修正

第二个时期是自中国加入WTO到十八届三中全会召开。这段时间共颁布并实施了《职业病防治法》《居民身份证法》《道路交通安全法》《可再生能源法》《护照法》5部涉及公共收费的法律，针对鉴定费、证照费和可再生能源发展基金作出规定，其中，《中华人民共和国护照法》《中华人民共和国居民身份证法》《中华人民共和国道路交通安全法》中均有对证照费的规定。这个时期还对22部法律进行了修正，涉及16个收费（基金）项目。法律的制定与修正全部由全国人大常委会审议并通过。

表 10-13　　公共收费收入立法进程(2001—2012 年)

时　间	法律名称	项目	立法状态
2001/10/27	商标法	商标注册收费	2 次修正
2002/05/01	职业病防治法	鉴定费	正式实施
2002/08/29	水法	水资源费	1 次修正
2002/12/28	草原法	草原植被恢复费	1 次修正
2004/01/01	居民身份证法	证照费	正式实施
2004/05/01	道路交通安全法	证照费	正式实施
2004/08/28	公路法	车辆通行费	2 次修正
2004/08/28	渔业法	渔业资源增殖保护费	2 次修正
2004/08/28	土地管理法	土地复垦费、土地闲置费、耕地开垦费	3 次修正
2004/12/29	固体废物污染环境防治法	生活垃圾处理费	1 次修正
2006/01/01	可再生能源法	可再生能源发展基金	正式实施
2007/01/01	护照法	证照费	正式实施
2007/08/30	城市房地产管理法	土地闲置费	1 次修正
2007/10/28	民事诉讼法	诉讼费	1 次修正
2007/12/29	道路交通安全法	证照费	1 次修正
2008/02/28	水污染防治法	污水处理费	2 次修正
2008/12/27	专利法	专利收费	3 次修正
2009/08/27	公路法	车辆通行费	3 次修正
2009/08/27	水法	水资源费	2 次修正
2009/08/27	草原法	草原植被恢复费	2 次修正
2009/08/27	仲裁法	仲裁收费	1 次修正
2009/08/27	森林法	森林植被恢复费	2 次修正
2009/08/27	城市房地产管理法	土地闲置费	2 次修正
2009/12/26	可再生能源法	可再生能源发展基金	1 次修正
1998/08/27	防洪法	水利建设基金	1 次修正

续表

时间	法律名称	项目	立法状态
2010/12/25	水土保持法	水土保持补偿费	1次修正
2011/04/22	道路交通安全法	证照费	2次修正
2011/10/29	居民身份证法	证照费	1次修正
2011/12/31	职业病防治法	鉴定费	1次修正
2012/08/31	民事诉讼法	诉讼费	2次修正

第三个时期是自十八届三中全会召开至今,共颁布并实施了《特种设备安全法》《核安全法》《疫苗管理法》和《民法典》四部法律,分别针对特种设备检验检测费、核电站乏燃料处理处置基金、非免疫规划疫苗储存运输费和不动产登记费作出规定,明确收费目的。在此期间,许多相关法律得以修正,除了《民法典》由全国人大审议通过外,其余法律均由全国人大常委会做出立法决定。

表 10—14　　　　　公共收费收入立法进程(2013—2021 年)

时间	法律名称	项目	立法状态
2013/06/29	草原法	草原植被恢复费	3次修正
2013/08/30	商标法	商标注册收费	3次修正
2013/12/28	渔业法	渔业资源增殖保护费	4次修正
2013/12/28	海洋环境保护法	海洋废弃物倾倒费、船舶油污损害赔偿基金	2次修正
2014/01/01	特种设备安全法	特种设备检验检测费	正式实施
2014/11/01	行政诉讼法	诉讼费	1次修正
2015/04/24	防洪法	水利建设基金	2次修正
2015/12/27	教育法	学费、住宿费、委托培养费、短期培训费、教育费附加、地方教育费附加	1次修正
2015/12/27	高等教育法	学费、住宿费、委托培养费、短期培训费	1次修正
2016/07/02	职业病防治法	鉴定费	2次修正
2016/07/02	水法	水资源费	3次修正
2016/07/02	防洪法	水利建设基金	3次修正

续表

时间	法律名称	项目	立法状态
2016/11/07	固体废物污染环境防治法	生活垃圾处理费	2次修正
2016/11/07	公路法	车辆通行费	4次修正
2016/11/07	海洋环境保护法	海洋废弃物倾倒费、船舶油污损害赔偿基金	3次修正
2017/06/27	水污染防治法	污水处理费	3次修正
2017/06/27	民事诉讼法	诉讼费	3次修正
2017/06/27	行政诉讼法	诉讼费	2次修正
2017/09/01	仲裁法	仲裁收费	2次修正
2017/11/04	职业病防治法	鉴定费	3次修正
2017/11/04	公路法	车辆通行费	5次修正
2017/11/04	海洋环境保护法	海洋废弃物倾倒费、船舶油污损害赔偿基金	4次修正
2018/01/01	核安全法	核电站乏燃料处理处置基金	正式实施
2018/12/29	职业病防治法	鉴定费	4次修正
2018/12/29	高等教育法	学费、住宿费、委托培养费、短期培训费	2次修正
2019/04/23	商标法	商标注册收费	4次修正
2019/08/26	土地管理法	土地复垦费、土地闲置费、耕地开垦费	4次修正
2019/08/26	城市房地产管理法	土地闲置费	3次修正
2019/12/01	疫苗管理法	非免疫规划疫苗储存运输费	正式实施
2019/12/28	森林法	森林植被恢复费	3次修正
2020/04/29	固体废物污染环境防治法	生活垃圾处理费	3次修正
2020/10/17	专利法	专利收费	4次修正
2021/01/01	民法典	不动产登记费	正式实施
2021/04/29	教育法	学费、住宿费、委托培养费、短期培训费、教育费附加、地方教育费附加	2次修正

续表

时间	法律名称	项目	立法状态
2021/04/29	道路交通安全法	证照费	3次修正
2021/04/29	草原法	草原植被恢复费	4次修正
2021/12/24	民事诉讼法	诉讼费	4次修正

我国公共收费（基金）收入相关法律的变动更新情况如表10—15所示。从更新次数上看，出台至今从未更新过的有5部，大部分是2013年之后颁布的法律，而《护照法》自2007年实施以来就未曾更新。更新1—3次的法律数量最多，为13部。另外，有10部法律更新了4次及以上，绝大部分是2000年之前颁布的法律，其中更新次数最多的是《固体废物污染环境防治法》和《公路法》，为5次。在这些法律中，更新最为频繁的是《公路法》和《职业病防治法》，平均每4年便更新一次；平均更新年份在10年以上的有《水污染防治法》《行政诉讼法》《仲裁法》和《森林法》。

表10—15　　　　　公共收费收入相关法律变动更新情况　　　　　单位：部

时期	0次	1—3次	4次及以上
1979—2000	0	10	9
2001—2012	1	3	1
2013—2021	4	0	0
小　计	5	13	10

目前，有《行政事业性收费标准管理办法》和《政府性基金管理暂行办法》对公共收费收入的审批、征收、使用、监管等进行规定和管理。

表10—16　　　　　公共收费收入法律变动更新情况

序号	法律名称	项目	最早立法时间	最新立法时间	更新次数	平均更新年份
1	教育法	学费、住宿费、委托培养费、短期培训费、教育费附加、地方教育费附加	1995年3月	2021年4月	3	9

续表

序号	法律名称	项目	最早立法时间	最新立法时间	更新次数	平均更新年份
2	高等教育法	学费、住宿费、委托培养费、短期培训费	1998年8月	2018年12月	2	10
3	护照法	证照费	2006年4月	2006年4月	0	0
4	居民身份证法	证照费	1985年9月	2011年10月	2	13
5	道路交通安全法	证照费	2003年10月	2021年4月	3	6
6	土地管理法	土地复垦费、土地闲置费、耕地开垦费	1986年6月	2019年8月	4	8
7	城市房地产管理法	土地闲置费	1994年7月	2019年8月	3	8
8	民法典	不动产登记费	2020年5月	2020年5月	0	0
9	海洋环境保护法	海洋废弃物倾倒费、船舶油污损害赔偿基金	1982年8月	2017年11月	4	9
10	水污染防治法	污水处理费	1984年5月	2017年6月	3	11
11	固体废物污染环境防治法	生活垃圾处理费	1995年10月	2016年11月	4	5
12	公路法	车辆通行费	1997年7月	2017年11月	5	4
13	水法	水资源费	1988年1月	2016年7月	3	9
14	水土保持法	水土保持补偿费	1991年6月	2010年12月	2	10
15	渔业法	渔业资源增殖保护费	1986年1月	2013年12月	4	7
16	草原法	草原植被恢复费	1985年6月	2021年4月	4	9
17	职业病防治法	鉴定费	2001年10月	2018年12月	4	4
18	疫苗管理法	非免疫规划疫苗储存运输费	2019年6月	2019年6月	0	0
19	民事诉讼法	诉讼费	1991年4月	2021年12月	3	10
20	行政诉讼法	诉讼费	1989年4月	2017年6月	2	14

续表

序号	法律名称	项目	最早立法时间	最新立法时间	更新次数	平均更新年份
21	特种设备安全法	特种设备检验检测费	2013年6月	2013年6月	0	0
22	商标法	商标注册收费	1982年8月	2019年4月	4	9
23	专利法	专利收费	1984年3月	2020年10月	4	9
24	仲裁法	仲裁收费	1994年8月	2017年9月	2	12
25	防洪法	水利建设基金	1997年8月	2016年7月	3	10
26	森林法	森林植被恢复费	1979年2月	2019年12月	4	10
27	可再生能源法	可再生能源发展基金	2005年2月	2009年12月	1	5
28	核安全法	核电站乏燃料处理处置基金	2017年9月	2017年9月	0	0

10.3.1.3 立法要素

关于立法目的。在目前已经有法律依据的24项行政事业收费和7项政府基金收入中,21项行政事业收费和6项政府基金收入均明确了立法目的,只有不动产登记费和地方教育附加未能明确。

关于征纳主体。只有5项行政事业收费明确了收缴主体,15项行政事业收费和1项政府基金明确了缴纳主体。主要的征收部门有教育部门、公安部门、自然资源部门等,缴纳主体有仅涉及个人的,也有企业、个人、其他组织均须缴纳的。基金收入在法律层面对征纳主体不够明确,在行政法规、部门规章等中予以明确。

关于收费标准。大多数收费项目通过授权的方式进行规定,如水资源费等部分费用授权国务院或国务院相关部门制定了统一的收费标准;生活垃圾处理费等部分费用下放了定价权限给地方政府或地方政府有关部门;仲裁收费等部分费用规定了采用其他方式确定收费标准;另有部分费用未提及制定标准有关事项,而是在更低层级的文件中加以规定,如特种设备检验检测费。而基金收入的7部法律均未提及征收标准,法规中仅简单涉及,大部分在规章中明确。

关于权限配置。目前有17项行政事业收费在法律条文中进行授权,主要是将收费标准授权给国务院或地方政府,土地复垦费中涉及处罚权的授权,耕地开垦费中涉及开垦耕地的授权。目前权限配置只有立法机关和行政机关之间的授权，没有不同层级的立法机关、同级行政机关、上下级行政机关之间对立法要素的决定权、调整权、执行权、监督权的授权。从表10—17可以看到，政府性基金收入中有6部法律均涉及权限配置，并采用授权方式进行规定。其中，立法机关授权行政机关、同级行政机关间以及上下级行政机关间授权的法律数均各占33.3%。立法机关授权行政机关的参与主体是国务院，同级行政机关间的参与主体是国务院各部门，而上下级行政机关间的参与主体是国务院授权省级政府及主管部门。

表 10—17　　　　　　　　政府基金收入权限配置授权情况

权限配置形式	项目	法律	相关法律条款
授权国务院	水利建设基金	防洪法	具体办法由国务院规定。
	船舶油污损害赔偿基金	海洋环境保护法	实施船舶油污保险、油污损害赔偿基金制度的具体办法由国务院规定。
同级行政机关	可再生能源发展基金	可再生能源法	可再生能源发展基金征收使用管理的具体办法，由国务院财政部门会同国务院能源、价格主管部门制定。
	核电站乏燃料处理处置基金	核安全法	具体办法由国务院财政部门、价格主管部门会同国务院核安全监督管理部门、核工业主管部门和能源主管部门制定。
上下级行政机关	教育费附加	教育法	省、自治区、直辖市人民政府根据国务院的有关规定，可以决定开征用于教育的地方附加费，专款专用。
	地方教育费附加		
	森林植被恢复费	森林法	森林植被恢复费征收使用管理办法由国务院财政部门会同林业主管部门制定。

关于收入归属。只有证照费、水利建设基金、森林植被恢复费、教育费附加在法律层面进行规定了收入的归属，其余均在法规、规章等文件中进行规定。在49种行政事业收费中，15种缴入中央和地方国库，13种缴入中央国库，14种缴入地方国库，4种缴入财政专户。其中，部分行政事业性收费种类繁多；考试

考务费有缴入中央和地方国库/财政专户的；证照费有缴入地方国库/中央国库/中央和地方国库的；鉴定费有缴入地方国库/中央和地方国库的。在20项政府基金收入中，缴入中央国库的8项基金，缴入地方国库的有5项基金，缴入中央和地方国库的有7项基金。中央国库的收入分成明显大于地方。

关于收入限定使用。有7项行政事业收费在法律层面对收入的使用进行规定，大部分限定了收入使用的行政事业性收费为环保类的费用。基金收入中，除地方教育附加，都明确规定收入须专款专用；绝大部分文件还规定收入须以收定支、纳入政府基金预算管理。

表10—18 公共收费收入立法要素

序号	公共收费收入名称	法律名称	立法宗旨	收缴主体	缴纳主体	征缴标准	收入归属	收入限定使用
1	学费	教育法、高等教育法	✓	—	—	—		
2	住宿费							
3	委托培养费							
4	短期培训费							
5	证照费	护照法	✓	✓	—	✓	国库	—
		居民身份证法	✓	✓	—	✓	国库	
		道路交通安全法	✓	✓	—	✓	国库	
6	土地复垦费	土地管理法	✓	—	✓	✓		
7	土地闲置费	土地管理法	✓	—	✓	—		
		城市房地产管理法	✓	—	—	✓		
8	不动产登记费	民法典	—	—	—	✓	—	
9	耕地开垦费	土地管理法	✓	—	✓	✓	—	✓
10	海洋废弃物倾倒费	海洋环境保护法	✓	—	✓	✓	—	✓
11	污水处理费	水污染防治法	✓	✓	✓	✓	—	✓
12	生活垃圾处理费	固体废物污染环境防治法	✓	✓	✓	✓	—	✓
13	车辆通行费	公路法	✓	✓	✓	✓	—	✓
14	水资源费	水法	✓	✓	✓	—	—	✓

续表

序号	公共收费收入名称	法律名称	立法宗旨	收缴主体	缴纳主体	征缴标准	收入归属	收入限定使用
15	水土保持补偿费	水土保持法	√	—	√	√	—	√
16	渔业资源增殖保护费	渔业法	√	√	√	√	—	√
17	草原植被恢复费	草原法	√	—	√	√	—	√
18	鉴定费	职业病防治法	√					
19	非免疫规划疫苗储存运输费	疫苗管理法	√	—	—	√	—	—
20	诉讼费	民事诉讼法	—	—	√	—	—	—
		行政诉讼法	—	—	√	—	—	—
21	特种设备检验检测费	特种设备安全法	√					
22	商标注册收费	商标法	√	√	√	√		
23	专利收费	专利法	√					
24	仲裁收费	仲裁法	√					
25	可再生能源发展基金	可再生能源法	√	—	—	√	—	√
26	船舶油污损害赔偿基金	海洋环境保护法	√	—	—	√	—	—
27	核电站乏燃料处理处置基金	核安全法	√	—	—	—	—	√
28	水利建设基金	防洪法	√	—	—	—	√	√
29	森林植被恢复费	森林法	√	—	√	—	—	√
30	教育费附加	教育法	√	—	—	—	√	√
31	地方教育附加	教育法						

10.3.2　公共收费收入立法存在的问题

10.3.2.1　立法体系不健全

首先,我国公共收费收入缺乏统领性的法律。由于《立法法》对公共收费的限定只有原则性的规定,虽然《行政事业性收费标准管理办法》和《政府性基金管理暂行办法》对公共收费收入作出统一规定,但层级较低,因此我国仍无统一的《行政收费法》和《政府基金收入法》；缺乏统一法律规范的约束，导致公共收费领域乱象丛生。其次，我国有相当数量的公共收费收入项目尚未纳入法治化轨道。目前共有24项公共收费项目规定的最高层级是部门规章，既没有法律依据，也没有法规依据。最后，在已有法律或法规依据的45项公共收费收入中，有法规但无法律的有15项，占1/3，说明我国大量公共收费项目缺乏法律依据。

10.3.2.2 立法要素不全

完整的公共收费收入的立法要素包括收入立法目的、收费项目名称、征收主体、缴纳主体、收费对象和范围、收费标准、收费期限、收费方式、收费用途和禁止性规定等。从实际情况看，没有一部法律包含这些完整的立法要素。据统计，在现有28部公共收费收入法律中，有立法目的条款的只占9.7%，有收缴主体条款的占77.4%，有缴纳主体条款的占41.9%，明确征缴依据和标准的占6.5%，明确相关权限配置条款的占45.2%，明确收入归属的占80.6%，规定收费用途的占58.1%，说明我国公共收费收入立法要素不全的情况比较突出。需要说明的是，28部相关法律中，有27部明确规定了收费项目名称，只有教育领域的收费存在法律名称缺失的问题，因为《教育法》只规定了"教育费附加"和"地方教育费附加"这两个名称，《高等教育法》只规定了"学费"这个名称，而实际收缴的教育收费项目还包括住宿费、委托培养费和短期培训费等项目。事实上，这些缺失的立法要素大多通过法律授权或者相应的管理体制规定，由不同层级的行政部门作出具体规定。

10.3.2.3 计费依据和标准制定不规范

首先，在现行28部相关法律中，仅《城市房地产管理法》和《民法典》两部法律明确规定计费依据和标准仅占6.5%。其次，有6部法律将计费依据和标准授权给国务院或地方人民政府，占比19.35%。再次，部分收费项目计费标准不合理，违背了成本补偿原则，如价费字〔1993〕164号规定，"因丢失要求补发护照收费加倍，每本400元"。证照费属于成本补偿类的收费，应以实际发生的费用为限，以弥补印制成本为原则确定计费标准，而不能变现带有处罚性的目的。最后，有多个收费项目在法律、法规及规章文件中均未对计费依据和标准进行明确规定，如考务费、商标注册收费、医疗器械产品注册费仅说明了具体的制定主体为国务院、政府或相关行政机关，但未明确阐述标准为何。以上分析说明，我国的公共收费收入在很大程度上还未将核心立法要素纳入法治化轨道。

10.3.2.4 收费项目名称不规范

目前,我国公共收费收入名称的确定缺乏规范。首先,缺乏统一性,性质相同的收费项目,名称不统一。不同的法律法规中对收费项目的名称规定不一,但都代表同一个项目。例如,工本费、登记费、注册费、证照费等都是为了弥补印制成本而设定的,可以考虑统一为证照费。其次,名称界限划分不明确。例如,土地复垦费、土地闲置费、耕地开垦费三者界限不明确,无法涵盖所有土地开垦的相关费用。再次,名称下的细分项目存在表述重复的问题。例如,药品注册费下补充申请注册费和再注册费二者相似。最后,名称表述不规范。例如,专利收费项目下细分6类费用,每类费用中还以列举形式规定2—3项,如"①申请费、申请附加费、公布印刷费、优先权要求费;②发明专利申请实质审查费、复审费"。收费名称的规定没有体现性质等方面的规律,比较随意,不仅不规范,而且过于繁杂。

10.3.3 公共收费收入的国际经验借鉴

10.3.3.1 立法体系建设方面的经验

首先,法律体系健全。德国联邦政府和地方政府共同将基本法、一般法以及特别法进行结合,搭建起整体统筹规制行政收费财政收入的立法框架。加拿大联邦对非税收入管理的法律渊源主要有以下几类:第一类是《宪法》,首先规定了联邦可以征收的各类非税收入,其次授权省一级可以获得执照类和资源类收入。第二类是《财政管理法》等一般法,规定国会议长可以自行制定或授权部长制定收费项目,然后由加拿大联邦国库委员会负责制定实施细则(主要是政策指引)来管理政府非税收入,如《外部收费服务的服务标准政策》《外部收费政策》等。此外,国会还可通过《财务管理法案》授权总督或部门设立收费项目。第三类是部分专门法律,可规定与某些行为有联系的收费,如《地区土地法命令》就规定可对西北地区和育空地区的矿产品生产征收特许权使用费。芬兰政府非税收入法律架构包括《宪法》中有关收费的规定、国会制定的《收费法》和地方议会通过的相关法律。

其次,法律级次较高。日本《财政法》规定,租税以及通过行使国家权力而征收的各项非税收入都要有法律或者国会的决议。德国需通过严格的法律程序确定政府收费项目,收费机构必须向联邦政府国库部或州政府国库部提出申请,审核后再上报总理内阁讨论及国会(州议会)审议,以法律形式颁布实施。

美国对非税资金运行的全过程都以法律形式作出了严格的规定,确保资金的科学管理和有效利用。韩国国会出台了《基金管理基本法》,将各类收费和基金视作准税收,规定凡是征收此类项目都要由国会或地方议会审核通过。

最后,规范公共收费的法律授权。加拿大地方政府无权自行设立收费项目,必须得到省级立法授权后才能征收,如安大略省《发展收费法令》授权本省城市收取适当费用以弥补城市基础设施建设、供水、公共交通等公共产品方面所需的资金。美国《拨款法案》对授权做了严格的法律保留限定,规定某些项目只能由立法机关才可以设置收费。美国州一级则规定只能由州议会批准收费项目,而且对于设立不同类型的收费项目,议会要求的票数也有所不同。例如,加利福尼亚州《宪法》就要求任何收费项目的设立均应由州议会审批通过,而且使用费只需简单多数票通过即可;大幅超过成本的规费视为特别税,通过标准更严苛,要有州议会超过三分之二的同意票才可通过;而对财产收费的表决程序也较为严格,需要过半数的财产所有权人同意或州议会三分之二的议员投票赞成。

10.3.3.2 计费依据和标准方面的经验

首先,明确公共收费收入计费标准以成本补偿为原则。很多国家(地区)在确立收费依据及标准时确立了弥补成本的基本原则。德国《行政费用法》第3条首先规定,收费费率的计算应当在"行政支出的收费数额"与"职权行为的意义经济价值或其他收益"两者之间保持比例关系。如果法律预先规定收费只能用于行政支出的抵偿,则不得超出相应行政部门分支机构及其工作人员在履行行政管理职务时的实际支出。美国《独立办公室拨款法》规定,行政收费的设定应当符合公平原则和"谁受益,谁负担"的原则,需要基于政府成本、接受者获得服务或东西的价值、服务的公共政策或利益和其他相关事实加以确定。美国联邦法律规定,当政府依据政府主权收费时,收费的标准要能够弥补联邦政府提供服务、资源或产品时的所有成本;当政府不是依据主权,而是类似市场交易,如出租或者出售其产品时,收费标准可依据市场价格设定。

其次,公共收费标准应设置一个费率而不是固定的金额,以便在政府成本变化时可动态调整,以免造成立法的杂乱。例如,加拿大分别按天然气和石油销售价格或市场价格的10%和5%—12%收取生产特许权使用费。

最后,在遵循成本填补的基本原则的基础上,一些国家(地区)还考虑到了部分行政收费具有的宏观调控与政策导向作用。例如,德国实施差别化的使用费成本覆盖比例,能源类的公共产品的收费标准可以超过成本,环保类收费则全部覆盖成本,而公共交通、文化设施类则以低于成本的标准收费。这种收费模式实现了减少能源消耗、保证正常的污染物处理和发展社会公益事业的三重目的,起到了较好的宏观调控效果。

10.3.3.3 立法程序和机制方面的经验

首先,立法要素制定原则清晰。德国在联邦层面制定了全国适用的《行政费用法》,该法律对行政收费的立法目的和收费原则进行了规定,比如成本性原则以及专项行政事务免费的原则。美国的州级政府在联邦宪法所赋予的权力范围内对政府非税收入立法,每项政府非税收入的项目和标准、控制与开征要通过议会或选民投票来决定,每个立法要素都要经过全面仔细的考量。加拿大《收费法案》规定,联邦政府设立任何公共收费项目都必须严格按照法律程序规定举行一次听证会,对该收费项目的影响因素实施全方位评估,包括该收费服务的全部成本及拟收取费用应补偿成本的范围、应达到的服务标准及其绩效衡量指标。

其次,在收费机构的设置方面,各国依据自己的具体国情有不同的安排。有的国家由财政部门征收,有的则由具体实施服务和管理的相关政府部门负责收取。例如,加拿大是由海关和国家收入总局负责联邦非税收入的收取。新加坡则比较特殊,由于国家面积小、人口少、政府部门比较精简,因此税务部门负责征收主要的非税收入,除此以外的罚金、车辆通行证费等由法庭和部分政府部门收取。此外,部分国家为了减少征缴成本,有时也采取将非税收入外包给私营机构征收的方式。

再次,监督机制明晰。美国大部分收费项目的确立都需要上报国会进行审批。国会在审核过程中,会对将在一定时期处于不变的收费项目进行固定批准适用,并根据国民经济发展需要的变化而及时调整。将所有收费项目纳入预算编制同样是国会发挥监督权的体现,对必要的项目实行现收现付的方式,但要保持财政收支平衡。此外,国会将根据现实需要调整立项的先后顺序,进而规范收费行为。加拿大《收费法案》要求每个政府收费部门必须在该部门年度公布的绩效报告里披露所有的收费项目、金额、成本和绩效等指标,对于未能达到事先设定的绩效指标的项目应予撤销或降低收费标准。如果政府部门与收费项目利益牵涉严重,无法公正和中立地主导有关非税收入项目和标准确立过程,则有必要专设一个独立的咨询委员会来解决相关争议。

最后,保障公民的知情权与参与权。德国在行政收费的程序立法方面充分体现了民主协商、科学决策的特点。首先,较高一级的行政区划(如联邦政府和州政府)会从整体上确立行政收费的立法框架,而在此基础上,地方政府会充分将立法听证、公众参与并融入其中,明确的收费项目和收费标准由地方议会通过立法确立,并允许公民对收费的合法性及合理性进行监督。澳门特别行政区的各公共部门在向社会提供特定物品或服务前,须由行政长官发布行政法规,核准《民政总署的费用、收费及价金表》,将相关物品或服务的价格资料公布在印务局的公报上方能生效。在确定收费标准的整个程序中,关于基于何种理由确立该标准、如何计算出该标准都进行信息公开,充分保障公众的知情权与参与权。

10.4 公共产权收入

10.4.1 公共产权收入立法现状和发展

我国公共产权收入分为国有资产有偿使用收入、国有资源有偿使用收入及国有资本经营收入三大类。纳入一般公共预算与国有资本经营预算的公共产权收入共有25项,其中国有资产有偿使用收入9项、国有资源有偿使用收入12项、国有资本经营收入4项;有法律或法规依据的共11项,没有法律法规依据的有14项。

10.4.1.1 立法层级

从表10-19可以看到,全部公共产权收入涉及8部法律和12部行政法规。其中,国有资产有偿使用收入涉及相关法律6部、相关法规8部;国有资产有偿使用收入只有2部行政法规,没有相关法律依据;国有资本经营收入涉及相关法律和法规2部。从法律法规涉及的公共产权收入项目看,有相关法律依据的共10项,其中涉及国有资源有偿使用收入6项、涉及国有资本经营收入4项;无法律依据但有行政法规1项,属于国有资产有偿使用收入。

表 10－19　　　　　　　　我国公共产权收入的立法现状　　　　　　　　单位：项

收入类型/数量	法律数	法规数	小计	有法律依据的项目数量	只有法规依据的项目数量	小计
国有资源有偿使用收入	6	8	14	6	0	6
国有资产有偿使用收入	0	2	2	0	1	1
国有资本经营收入	2	2	4	4	0	4
小　计	8	12	20	10	1	11

表10－20是已有法律或法规依据的公共产权收入项目，11项中只有非经营性国有资产收入尚未完成立法程序，但已有相关的行政法规，其余收入项目均有相关法律依据。此外，海域使用金收入和无居民海岛使用金收入只有法律而缺失行政法规，其余收入项目都既有法律又有法规。但是，我国共25项公共产权收入，有法律或法规依据的仅有11项，总体来说，立法层级并不高。

需要说明的是，表10－20中的矿产资源专用收入包括矿产资源补偿费收入、探矿权使用费收入、采矿权使用费收入、矿业权出让收益和矿业权占用费收入5个具体项目，未进一步细分。《矿产资源法》规定，国家实行探矿权、采矿权有偿取得的制度。开采矿产资源，按照国家有关规定缴纳资源税和资源补偿费。

表 10－20　　　　　　　　　公共产权收入法律和法规

序号	收入名称	法律	行政法规	收入类型
1	海域使用金收入	海域使用管理法	—	国有资源有偿使用收入
2	无居民海岛使用金收入	海岛保护法	—	
3	矿产资源专项收入	矿产资源法	矿产资源法实施细则、矿产资源勘查区块登记管理办法、矿产资源开采登记管理办法、矿产资源补偿费征收管理规定	
4	排污权出让收入	环境保护法	排污许可管理条例	
5	新增建设用地土地有偿使用费收入	土地管理法	土地管理法实施条例、城镇国有土地使用权出让和转让暂行条例	
6	水资源费收入	水法	取水许可和水资源费征收管理条例	

续表

序号	收入名称	法律	行政法规	收入类型
7	国有企业/公司利润收入	预算法、企业国有资产法	预算法实施条例、企业国有资产监督管理暂行条例	国有资本经营收入
8	股息红利收入			
9	国有产权转让收入			
10	清算收入			
11	非经营性国有资产收入	—	行政事业性国有资产管理条例、国有资产评估管理办法	国有资产有偿使用收入
小计（项）		8	12	

10.4.1.2 立法进程

自1986年到我国加入WTO，我国在公共产权收入方面制定了6部相关法律，按照立法时间先后依次是《矿产资源法》《土地管理法》《水法》《环境保护法》《预算法》和《海域使用管理法》。其中，矿产资源法和土地管理法在此期间进行了修正，以适应当我国经济社会的发展需要。

表10—21　　　　公共产权收入立法进程(1986—2001年)

序号	时间	法律名称	立法状态	立法机关
1	1986/03/19	矿产资源法	首次通过	全国人大常委会
2	1986/06/25	土地管理法	首次通过	全国人大常委会
3	1988/01/21	水法	首次通过	全国人大常委会
4	1989/01/26	环境保护法	首次通过	全国人大常委会
5	1994/03/22	预算法	首次通过	全国人大
6	2001/10/27	海域使用管理法	首次通过	全国人大常委会
7	1988/12/26	土地管理法	1次修正通过	全国人大常委会
8	1996/08/29	矿产资源法	1次修正通过	全国人大常委会

第二个时期是自中国加入WTO到十八届三中全会召开(2001—2013年)。《企业国有资产法》和《海岛保护法》分别于2008年、2009年设立后，10多年都没有更新，但是我国近年的经济社会发展变化十分巨大，其法律的适用性可能降低。特别是无法满足注重环境保护和国有资产规范管理的社会现实需要，不

能适应新发展阶段、新发展理念和新发展格局的要求。

表 10—22　　　　　公共产权收入立法进程（2002—2009 年）

序号	时间	法律名称	立法状态	立法机关
1	2008/10/28	企业国有资产法	首次通过	全国人大常委会
2	2009/12/26	海岛保护法	首次通过	全国人大常委会
3	2002/08/29	水法	修订	全国人大常委会
4	2009/08/27	水法	1次修正通过	全国人大常委会
5	2004/08/28	土地管理法	2次修正通过	全国人大常委会
6	2009/08/27	矿产资源法	2次修正通过	全国人大常委会

第三个时期是自十八届三中全会召开至今。2014 年以后，公共产权收入领域没有新的法律，主要是相关法律的修订和完善。在我国目前许多财政收入立法层级低、立法空白的情况下，立法的进度显然是存在滞后的。许多财政收入亟须法律层级的文件进行规范管理，以满足我国依法治国的要求和新时代的发展要求。

表 10—23　　　　　公共产权收入立法进程（2014—2019 年）

序号	时间	法律名称	立法状态	立法机关
1	2014/04/24	环境保护法	修订	全国人大常委会
2	2014/08/31	预算法	1次修正通过	全国人大常委会
3	2016/07/02	水法	2次修正通过	全国人大常委会
4	2018/12/29	预算法	2次修正通过	全国人大常委会
5	2019/08/26	土地管理法	3次修正通过	全国人大常委会

由表 10—24 可以看出三个时间段内法律法规的立法和更新的时间分布。法律法规制定和修改的时间主要集中在上文所说的 1986—2001 年的第一个时期，以及十八届三中全会召开后的第三个时期。从一定程度上说，第一个时期的集中立法是为了满足市场经济、加入 WTO 与世界经济接轨的需要；第三个时期的法律法规集中修改主要为了适应新时代国家的现实情况和满足国家繁荣稳定发展的需要。

表 10—24　　　　　　　公共产权收入法律法规立法进程　　　　　　　单位：项

时　期	法律制定数量	法律修正数量	法规制定数量	法规修正数量	小　计
1986—2001	6	2	7	1	16
2002—2013	2	4	2	1	9
2014—2021	0	5	3	7	15
小　计	8	11	12	9	40

从表 10—25 可以发现，涉及公共产权收入的 8 部法律中，更新次数最多的是《水法》和《土地管理法》，自立法以来共更新 4 次；而《海域使用管理法》《海岛保护法》及《企业国有资产法》自立法以来从未更新，最长未更新时间达到 22 年。整体来看，涉及公共产权收入的 8 部法律更新频率较低，更新不太及时。因为国有资产有偿使用收入没有相应的法律，所以在表 10—25 中，没有关于国有资产的数据。

表 10—25　　　　　　　公共产权收入法律变动更新情况

收入类型	法律名称	最早立法时间	最新立法时间	更新次数（次）	平均更新年份（年）	法律存续时间（年）
国有资源有偿使用收入	水法	1988 年 1 月	2016 年 7 月	4	7	7
	环境保护法	1989 年 12 月	2014 年 4 月	2	12	9
	海域使用管理法	2001 年 10 月	2001 年 10 月	0	0	22
	海岛保护法	2009 年 12 月	2009 年 12 月	0	0	14
	土地管理法	1986 年 6 月	2019 年 8 月	4	8	4
	矿产资源法	1996 年 8 月	2009 年 8 月	3	4	14
国有资本经营收入	预算法	1994 年 3 月	2018 年 12 月	2	12	5
	企业国有资产法	2008 年 10 月	2008 年 10 月	0	0	15

10.4.1.3　立法要素

（1）立法目的

公共产权收入相关法律中都有关于立法目的的明确表述。国有资本经营和非经营资产收入相关法律的立法目的是为了加强行政事业性国有资产和企业国有资产的管理与监督工作。国有资源相关法律的立法目的是为了保护资源的合理开放和利用，加强对自然资源的管理和生态保护，同时保证国家财政收入。排污权出让收入相关法律立法突出了发挥市场机制作用、促进污染物减排的环境保护目的。

(2)收缴主体

已立法的11项公共产权收入中,有8项明确了缴纳或征收的主体。这一立法要素在国有资源有偿使用收入的相关法律法规中实现了全覆盖,但股息红利收入、国有产权转让收入和清算收入3项国有资本经营收入的相关法律存在收缴主体缺失。在已有收缴主体法律规定的8项收入中,除了矿产资源补偿费及水资源费2项收入的相关法律都有收缴主体规定外,非经营性国有资产收入相关法律仅规定了征收主体而缺失缴纳主体,其余5项收入的相关法律仅规定了缴纳主体而缺失征收主体。总体来说,公共产权收入的收缴主体存在不同程度的法律缺失。

(3)收缴依据

已立法的11项公共产权收入中,只有矿产资源专项收入、新增建设用地土地有偿使用费、排污权出让收入和水资源费收入共4项收入有明确的法律规定,其余7项收入均没有收缴依据的法律规定。现有公共产权收入相关法律关于收缴依据的规定有三种情况:一是按照使用面积、取用量或其他方式从量计征。例如,采矿权使用费收入和探矿权使用费是按照矿区面积从量计征,水资源费虽然没有在法律中具体规定征收标准,但目前各地区都是按照取用水量从量计征的,而排污权出让收入是按照核定或者交易方式定额征收的。二是按照国家规定的和市场交易的销售收入从价计征。例如,矿产资源补偿费是按销售收入从价计征。三是按全额纯收益核定征收。例如,新增建设用地的土地有偿使用费是一项直接收益全部归属于政府的收入,征收依据是国家在新增建设用地中应取得的平均土地纯收益。

(4)收缴标准

已立法的11项公共产权收入中,只有海域使用金收入、排污权出让收入、水资源费收入和矿产资源专项收入4项收入的相关法律中有具体规定。其中,海域使用金收入的法律中只规定可一次或者逐年缴纳,没有规定征收金额标准。排污权出让收入的定额征收标准采用由有关部门定价征收和市场竞价两种方式:法律规定现有排污单位取得排污权,原则上采取定额出让方式;新建项目排污权和改建、扩建项目新增排污权,原则上通过公开拍卖方式取得,拍卖底价可参照定额出让标准。水资源费的收缴标准由省、自治区、直辖市人民政府价格主管部门会同同级财政部门、水行政主管部门制定,实行有差别的定额费率。只有矿产资源专项收费的征收标准在相关法律中有明确具体的计算公式和比例。例如,矿产资源补偿费按照"征收矿产资源补偿费金额＝矿产品销售收入×补偿费费率×开采回采系数"计算。采矿权使用费收入的征收时间标准是逐年缴纳,金额标准采用定额费率,为每平方公里每年1 000元。再如,探矿权使用费也是按年缴纳,金额标准采用按年度定额累进方式:第一个勘查年度至第三个勘查年度,每平方公里每年缴纳100元;从第四个勘查年度起,每平方公里每年增加100元,但是最高不得超过每平方公里每年500元。

(5)权限配置

已立法的11项收入均涉及该立法要素,但都通过相应的授权条款赋予国务院及其所属部门作出具体规定。大致有三种情况:一是授权国务院制定具体征收或使用的管理办法,涉及海域使用金、水资源费(取水工程)、非经营性国有资产收入及4项国有资本经营收入共7项收入;二是授权国务院财政部门及收入相关的主管部门,涉及无居民海岛使用金、矿产资源专项收入及新增建设用地的土地有偿使用费3项收入;三是授权收入相关的主管部门,仅涉及排污费收入。

(6)收入归属

已立法的11项公共产权收入都有明确的法律规定。其中,4项国有资本经营收入直接纳入国有资本经营预算,其余7项收入纳入一般公共预算管理。虽然根据《2022年政府收支分类科目》,除了国有企业利润收入中的中国人民银行上缴收入由中央独享外,其余公共产权收入均由中央和地方共享,但仅有新增建设用地的土地有偿使用费收入在法律中规定了中央及地方共享及共享比例,其余10项收入均未对是否共享以及共享比例有明确的法律规定。

(7)收入限定使用

已立法的11项公共产权收入大多没有明确的法律规定,只有矿产资源专项收入、无居民海岛使用金收入、排污权出让收入和水资源费收入共4项收入有相应的法律规定。具体来说,矿产资源专项收入用于补充中央地质勘查基金;无居民海岛使用金收入用于海岛保护和生态修复;排污权出让收入排污费全部专项用于环境污染防治;水资源费收入用于水资源的节约保护和管理,也可以用于水资源开发。

表 10—26　　　　　　　　公共产权收入相关立法要素

序号	收入类型	立法目的	收缴主体	收缴依据	收缴标准	权限配置	收入归属	收入限定使用
1	海域使用金收入	√	√	×	√	√	√	×
2	无居民海岛使用金收入	√	√	×	×	√	√	√
3	矿产资源专项收入	√	√	×	√	√	√	√
4	排污费	√	√	√	√	√	√	√
5	新增建设用地土地有偿使用费收入	√	√	√	√	√	√	×
6	水资源费收入	√	√	√	√	√	√	√
7	国有企业/公司利润收入	√	√	×	√	√	√	×
8	股息红利收入	√	×	×	√	√	√	×
9	国有产权转让收入	√	×	×	√	√	√	×
10	清算收入	√	×	×	×	√	√	×
11	非经营性国有资产收入	√	√	×	√	√	√	√

10.4.2　公共产权收入立法存在的问题

10.4.2.1　立法体系不健全

首先,我国公共产权收入立法存在空白。我国现有的 25 项公共产权收入中,除了 11 项已有法律或法规依据外,还有 14 项没有法律或法规依据,存在比较严重的立法空白问题。其中,9 项国有资产有偿使用收入中,有 8 项收入没有法律或法规依据,只有非经营性国有资产收入有法规依据;12 项国有资源有偿使用收入中,有 6 项没有法律或法规依据。没有法律法规依据的 14 项公共产权收入中,只有 7 项有规章制度,其余 7 项连规章都没有。其次,我国公共产权收入立法体系不完整。海域使用金收入和无居民海岛使用金收入虽然有《海域使用管理法》和《海岛保护法》作为法律依据,但没有对应的法规。最后,国有资产有偿使用收入及国有资源有偿使用收入的立法较为分散。它们同属于政府管理的非税收入类别,应该作为一个整体来制定法律法规,但是目前每项收入均作为一个独立个体单独规范,没有统领性的法律,不利于按收入类型进行统筹管理。

表 10-27　　　　　　　公共产权收入没有法律依据的项目

序号	收入名称	有无规章	收入类型
1	特种矿产品出售收入	无	国有资产有偿使用收入
2	专项储备物资销售收入	无	
3	利息收入	有	
4	转让政府还贷道路收费权收入	无	
5	动用国家储备物资财政上缴收入	无	
6	铁路资产变现收入	有	
7	电力改革预留资产变现收入	无	
8	国家留成油上缴收入	无	
9	场地和矿区使用费收入	有	国有资源有偿使用收入
10	出租车经营权有偿出让和转让收入	无	
11	航班时刻拍卖和使用费收入	有	
12	农村集体经营性建设用地有偿使用费收入	有	
13	市政公共资源有偿使用收入	有	
14	石油特别收益金专项收入	有	

10.4.2.2　缺乏针对公共产权收入征收数额和标准的法律原则

与税收收入、公共收费收入和公共信托收入等财政收入类型不同,公共产权收入的征收依据和标准涉及国有资产的安全,不能采用量能分担、受益分担和成本补偿原则,也不能笼统地用公平原则来加以约束,必须要有明确而有针对性的立法原则。为了防止国有资产流失,必须按照"竞争性交易"原则来确定收取的数额和标准,通过公开拍卖、公平竞标和举行听证会等办法在国有资产或国有资源的潜在利用者之间选择一个出价最高者,从而最大限度地维护公共资产的安全,防止国有资产资源被无偿或低价出售出租而形成贪腐的制度环境。目前,我国有关公共产权收入的相关法律法规中并未体现这一基本原则。这是在财政收入立法中必须解决的重要问题。

10.4.2.3　立法要素不完善

首先,已有相关法律或法规的立法要素出现空白。这主要集中体现于"收缴依据""收缴标准"和"收入限定使用"3项立法要素缺失。4项国有资本经营收入的相关法律或法规都缺少收缴主体、计算依据和征收标准这三个立法要素。其次，多数法律仅规定了缴纳主体，但并未规定征收主体，已有立法要素存在立法模糊不清的问题。在海岛使用金、矿产资源专项收入和排污费等收入的相关法律中，虽然授权国务院制定具体收取办法，但并未对不同的相关部门之间如何分工协作进行规定。此外，《排污权出让收入管理暂行办法》虽然根据《环境保护法》制定，但是并未明确提到"我国实行排污权有偿使用制度"这样的表述，存在法律援引的模糊性。此外，公共产权收入中存在由立法分类矛盾导致的立法冲突问题。国库存款利息收入在2022年政府收支中归类为国有资产资源有偿使用收入，但在《国库存款计付利息管理暂行办法》中归类为其他收入，出现分类不一致的现象。

10.4.3 公共产权收入立法的国际经验借鉴

10.4.3.1 公共产权收入立法体系的国际借鉴

对于国有资产收入，许多国家有相关的法律规定。韩国制定了有关公共产权收入的8部法律——《国家财产法》《国有财产特殊情况限制法》《国家土地规划和利用法》《移交财产处理法》《动产、债券等抵押物法》《公共土地储备法》《公共水域和填海管理法》《共同财产和货物管理法》，其中最核心的法律是《国家财产法》。在国有资产方面，日本也出台了比较完善的自上而下的法律和实施细则，法律层级清晰，立法要素齐全，且与我国的法律体系相似，对我国立法也有借鉴价值，包括在法律层面上国会于1945年首次颁布的《国有财产法》、内阁颁布的《国有财产法执行条例》和1945年颁布的《国有财产法实施细则》，1952年国会又颁布了《国有财产特别实施法》《国有资产所在的市政拨款法》。此外，德国的公共产权收入法律主要有联邦资产的《帝国资产和普鲁士参与法律关系管理法》和《帝国资产和普鲁士控股公司法律关系暂行条例法》，还有一些有关公共产权收入的独立的法律适用于各自的情况，如《德意志联邦铁路财产条件法》《联邦高速公路和其他联邦公路长途交通财产条件法》《联邦水道财产条件法》。可以看出，德国的法律规范层级比较高，按照一般和特殊情况分别立法。加拿大的资源有偿收入主要由《财政管理法》规定，我国也应当提升国有资源立法层级，纳入基本的《财政管理法》。

德国对自然资源的财政管理倾向于采用税收而非收费的形式，如联邦专有税中的能源税，以及州和地方专有税中的钓鱼税、狩猎税、土地税。我国也须促进目前国有资产资源使用的费改税,有利于财政收入的稳定和加强对国有资源的管理。

10.4.3.2 公共产权收入征收管理法律原则的国际借鉴

公共产权收入的征收依据和标准涉及国有资产的安全,应有明确且有针对性的立法原则,但我国目前法律中缺乏这一原则。韩国的《国家财产法》的立法要素较为全面,且在法律中明确了国有财产管理和处分的基本原则,对我国进行公共产权立法具有较大的借鉴意义。韩国《国家财产法》第三条规定,在国家管理、处置国家财产时应当遵守的原则有:应当符合全国的共同利益;取得和处置应当保持平衡;应考虑公共价值和效用,考虑经济成本;应遵循透明和有效的程序。这些原则能够维护公共财产的安全,我国应予以借鉴。

10.4.3.3 公共产权收入立法要素的国际借鉴

公共产权收入立法要素的完善,首先,应对可以转让或投资的国有财产进行明确。日本《国有财产法》第十八条和第二十条指出,"行政财产不得出借、交换、变卖或者变卖、转让、委托,不得以投资为目的,也不得设立私有权""普通财产只有在法律有特别规定的情况下才能作为投资目的"。其次,要明确公共产权收入的收缴流程。日本《国有财产法》第三十一条指出,"普通财产的销售价款或者汇兑差额应当在财产交付前支付"。再次,要明确公共产权收入取得标准和范围。韩国《国家财产法》第七条对政府进行实物投资的程序和金额确定作了较为详细的规定。最后,要公开国家财产管理和处置的相关信息。韩国《国家财产法》第七十六条指出,"总局应当利用信息通信网络,通过信息公开系统公开其掌握和管理的信息,以实现国有资产的高效管理和处置"。

10.5 公共信托收入

10.5.1 公共信托收入立法现状和发展

公共信托收入包括公债收入、社会保险费收入、彩票公益金收入和捐赠收入4项,其中社会保险费下设养老保险、医疗保险、工伤保险、失业保险、生育保险、住房公积金6类收入项目,涉及的立法主要分为法律和行政法规两个层级。公共信托收入中不同收入类型涉及的立法层级及其数量有所差异,公债、社会保险费中包含的法律法规较多,与彩票公益金和捐赠相关的法律法规相对较少。

表 10－28 中列举的社会保险费收入有 5 项。其中,有法律依据的有 4 项,占比 80%；没有法律依据但有行政法规依据的有 1 项（住房公积金）,占比 20%。公债、彩票公益金、捐赠收入均未细分收入项目,因此收入项目数为 1。其中,公债收入和捐赠收入各有 1 部法律支撑；彩票公益金收入没有法律,但有 1 部行政法规依据。

表 10－28　　　　　　　　我国公共信托收入立法现状

收入类型/数量	法律数（部）	法规数（部）	小计（部）	有法律依据的收入项目数量（项）	只有法规依据没有法律依据的收入项目数量(项)	小计（项）
公债收入	3	3	6	1	—	1
社会保险费	1	5	6	4	1	5
彩票公益金	0	2	2	—	1	1
捐赠收入	1	0	1	1	—	1
小计	5	10	15	6	2	8

10.5.1.1　立法层级

我国公共信托收入有 5 部相关法律,其中,公债收入虽然涉及有关法律 3 部,但均与公债收入的发行募集及负担分配等无直接关系；社会保险费收入有 1 部相关法律,为《中华人民共和国社会保险法》,与社保费收入直接相关；彩票公益金收入暂无相关法律文件,捐赠收入有 1 部相关法律,为《中华人民共和国公益事业捐赠法》。

我国公共信托收入有相关的行政法规 10 部,其中,公债收入相关规定分布在《中华人民共和国预算法实施条例》等条例中；社会保险费收入有关的行政法规有 5 部条例或暂行条例,分别涉及社保费征缴、医疗保险、工伤保险、失业保险和住房公积金 5 项收入,养老和生育保险未颁布暂行条例；彩票公益金有 2 部相关的中央行政法规。

表 10-29　　　　　　　　我国公共信托收入的法律和法规

序号	收入项目	法律	行政法规
1	公债收入	证券法	外资银行管理条例
		预算法	预算法实施条例
		乡村振兴促进法	国库券条例
2	社会保险费收入	社会保险法	社会保险费征缴暂行条例
3	医疗保险费收入	—	医疗保障基金使用监督管理条例
4	工伤保险费收入	—	工伤保险条例
5	失业保险费收入	—	失业保险条例
6	住房公积金收入	—	住房公积金管理条例
7	彩票公益金收入	—	彩票管理条例全民健身条例
8	捐赠收入	公益事业捐赠法	—
小计		5 部	10 部

10.5.1.2　立法进程

我国公共信托收入涉及的法律较少，其相关法律立法可以追溯到 20 世纪末，因此立法进程同样可分为 3 个时期，法律法规立法数量梳理见表 10-30。

表 10-30　　　　　公共信托收入立法数量(1979—2021 年)　　　　　单位：部

时　　期	法律制定数量	法律修正数量	法规制定数量	法规修正数量	小　计
1979—2000	3	0	5	0	8
2001—2012	1	1	4	1	7
2013—2021	1	3	1	7	12
小　　计	5	4	10	8	—

第一个时期是自改革开放到中国加入 WTO。其间，《中华人民共和国证券法》和《中华人民共和国预算法》出台实施，其中涉及公债收入相关的内容，分别从交易保护的视角和收入使用的视角做出了法律层面的规定。《证券法》自 1998 年颁布起修订了 6 次，2020 年 3 月 1 日实施最新修订的法律；预算法自 1994 年颁布修订了 2 次，最新的修订时间为 2018 年 12 月 29 日。《中华人民共和国公益事业捐赠法》于 1999 年 6 月 28 日颁布，对于公共捐赠收入进行了法

律层面的规定,其中包括以政府为征收主体的捐赠收入安排。这一时期,我国公共信托收入中的社会保险费收入和彩票公益金收入均未颁布法律,都由全国人大常委会审议通过。

第二个时期是自中国加入WTO到十八届三中全会召开。这一时期,社会保险费收入立法得以开展。2010年10月28日,全国人大常委会颁布实施了《中华人民共和国社会保险法》,并于2018年12月29日进行了最近修订与实施,该法的颁布对养老、医疗、工伤、失业、生育五大保险项目进行了统筹安排,这是社会保险费收入立法层面的一大进步。《中华人民共和国公益事业捐赠法》于2002年2月1日颁布,对公共捐赠收入进行了法律层面的规定,其中包括以政府为征收主体的捐赠收入安排。

第三个时期是自十八届三中全会召开至今。十八届三中全会通过了《中共中央关于全面深化改革若干重大问题的决定》,对我国经济政治体制提出了深化改革的指导与要求,在公共信托收入立法方面,对先前颁布的相关法律进行了部分修订与完善。2021年,全国人大常委会颁布实施了《中华人民共和国乡村振兴促进法》,其中部分法律条款涉及公债收入内容。

表10—31展示了公共信托收入相关法律的变动更新情况,总体而言,法律的更新次数较少,但多数在近几年有所更新。《中华人民共和国公益事业捐赠法》自1999年立法后未曾更新,法律存续年数达22年;《中华人民共和国预算法》与《中华人民共和国证券法》同样颁布于20世纪末,至今更新次数较少,近三年有所更新。《中华人民共和国社会保险法》作为社会保险费收入的唯一法律,2011年立法至今只在2018年进行了更新,平均更新时长为7年。《中华人民共和国乡村振兴促进法》于2021年颁布,是公共信托收入法律中立法最新的一部法律,法律存续年数仅1年。

表10—31 公共信托收入法律的变动更新情况

收入类型	法律名称	最早立法时间	最新立法时间	更新次数	平均更新年数	存续年数
公债收入	预算法	1995年1月	2018年12月	2	12	3
公债收入	证券法	1999年7月	2020年3月	5	4	1
公债收入	乡村振兴促进法	2021年6月	—	0	0	1
社会保险费	社会保险法	2011年7月	2018年12月	1	7	3
捐赠收入	公益事业捐赠法	1999年9月	—	0	0	22

10.5.1.3 立法要素

表10-32展示了我国公共信托收入在中央层级的法律法规所包含的立法要素统计情况，公共信托收入中的不同收入类型包含的立法要素详略程度不一，公债收入的规定散落在《证券法》《预算法》之中，而这些法律、行政法规在公债收入上的立法要素明显缺失，只明确了目的，少数包含收入限定使用的规定；关于社会保险费收入，颁布《社会保险法》，配套暂行条例，8项收入立法要素齐全，社保费下设的"五险一金"最高立法层级为行政法规，工伤保险、失业保险、住房公积金暂行条例包含的立法要素较为齐全，但养老、医疗、生育保险并未设置统一的暂行条例，立法要素分散不全；彩票公益金与捐赠收入涉及的法律法规较少，对于立法要素的规定也存在较多空缺。

表10-32 公共信托收入立法要素

收入	法律法规	立法目的	征收主体	缴纳主体	计税依据	征缴标准	权限配置	收入归属	收入限定使用	规范层级
公债	证券法	√	—	—	—	—	—	—	—	法律
	预算法	√	—	—	—	—	—	—	—	法律
	预算法实施条例	√	—	—	—	—	—	—	√	法规
	乡村振兴促进法	√	—	—	—	—	—	—	—	法律
	外资银行管理条例	√	—	—	—	—	—	—	—	法规
	国库券条例	√	—	—	—	—	—	—	√	法规
社会保险费	社会保险法	√	√	√	—	—	√	√	√	法律
	社会保险费征缴暂行条例	√	√	√	√	√	—	—	√	法规
	医疗保障基金使用监督管理条例	√	—	—	—	—	—	√	√	法规
	工伤保险条例	√	√	√	√	√	—	√	√	法规
	失业保险条例	√	√	√	√	√	√	—	√	法规
	住房公积金管理条例	√	√	√	√	—	√	√	√	法规
公益金	彩票管理条例	√	√	—	—	—	—	√	√	法规
	全民健身条例	√	—	—	—	—	—	—	√	法规
捐赠	公益事业捐赠法	√	√	—	—	—	—	—	√	法律

我国公共信托收入颁布的法律层面文件均对立法目的或目的进行了说明。例如,《中华人民共和国证券法》第一条规定,"为了规范证券发行和交易行为,保护投资者的合法权益,维护社会经济秩序和社会公共利益,促进市场经济的发展,制定本法";《中华人民共和国社会保险法》第一条规定,"为了规范社会保险关系,维护公民参加社会保险和享受社会保险待遇的合法权益,使公民共享发展成果,促进社会和谐稳定"。在法规层面,所有文件均对立法目的进行了说明,但是关于"征收目的"的说明,仅有《中华人民共和国国库券条例》规定,"为了筹集社会资金,进行社会主义现代化建设",其他法规均不涉及征收目的的条款,原因主要在于,这些法规大部分是管理监管方面的规范。

公共信托收入相关法律法规对征收和缴纳主体进行规定的不多,尤其是公债收入,由于没有单独的收入文件,均未对收缴主体做出规定;社会保险费收入对社保费的征收和缴纳主体进行了规定,社保费的征收主体为税务机关或劳动保障行政部门按照国务院规定设立的社会保险经办机构,缴纳主体为中华人民共和国境内的用人单位和个人,《社会保险费征缴暂行条例》第三条对基本养老、医疗、工伤等保险收入的缴纳主体进行了具体安排;彩票公益金收入相关文件规定,上缴中央财政的彩票公益金由财政部各地监管局负责执收,上缴省级财政的由各省、自治区、直辖市人民政府财政部门负责执收,但未对缴纳主体进行说明;捐赠收入有关的《中华人民共和国公益事业捐赠法》规定,征收主体为公益性社会团体和公益性非营利的事业单位,但如果发生自然灾害等情况时,政府可以作为受赠人,因此严格来说,此项法律的征收对象比政府捐赠收入的对象更为宽泛,捐赠收入也未对缴纳主体做出规定。

关于收缴依据和标准,公共信托收入对其规定的收入类型只有社会保险费收入,公债、彩票公益金和捐赠收入均没有相关法律法规做出规定;社会保险费收入中最高层级的法律没有对计税依据和标准进行规定性的表述,而是将权力授予国务院等其他机关,因此《社会保险费征缴暂行条例》《工伤保险条例》等行政法规中对社保费的计税依据和标准进行了规定,社保费的计税标准一般为职工工资或本单位工资总额,征缴标准按照百分比进行征收,不同保险类型、不同地方的规定有所区别。

关于权限配置,公共信托收入中公债、捐赠收入没有相关规定;社会保险费收入存在权限配置,《中华人民共和国社会保险法》将社会保险费统一征收的实施步骤与具体办法的规定、预算的编制等配置给了国务院,部分省市将费率的权限配置归给地方人民政府,具体险种上的权限配置也有所区别,养老保险中央层面未做规定,工伤、失业等按照省级统筹要求将权限归给省级或直辖市级相关机构;彩票公益金中,中央对不同用途的收入规定了不同的执行程序,收入安排的决定权归中央,分配政策的批准权限归国务院。例如,对用于社会福利事业和体育事业的彩票公益金,由财政部根据国务院批准的分配政策核定预算支出指标。

公共信托收入对收入归属要素进行规定的法律法规并不多,公债、捐赠收入没有相关规定;社会保险费收入中,法律规定我国社会保险基金实行收支两条线管理,原则上基本养老保险基金应当逐步实行全国统筹,其他社会保险基金逐步实行省级统筹,社会保险基金存入财政专户。国务院经授权在《社会保险费征缴暂行条例》中规定,对不同险种建立对应的基金账户,单独核算;彩票公益金收入按照国务院批准的分配政策在中央与地方之间分配,由彩票销售机构分别上缴中央财政和省级财政,逾期未兑奖的奖金由彩票销售机构上缴省级财政,全部留归地方使用。

我国公共信托收入均要求收入专款专用,不得随意支配。公债收入现有相关的法律中,《中华人民共和国乡村振兴促进法》规定,"省、自治区、直辖市人民政府可以依法发行政府债券,用于现代农业设施建设和乡村建设";《中华人民共和国预算法》及其实施条例规定,"举借的债务只能用于公益性资本支出,不得用于经常性支出""省级政府可以在国务院规定的限额内,发行地方政府债务以平衡财政赤字";社会保险费收入多数法律法规对收入使用进行了规定,"社会保险基金转款专用,任何组织和个人不得侵占或者挪用",具体险种以及地方层面也规定了社保基金专款专用的性质;彩票公益金收入的使用严格体现出"公益性",《彩票管理条例》规定,"彩票公益金专项用于社会福利、体育等社会公益事业,不用于平衡财政一般预算。按照政府性基金管理办法纳入预算,实行收支两条线管理";捐赠收入法律规定,"受赠的财产及其增值为社会公共财产,受国家法律保护,任何单位和个人不得侵占、挪用和损毁"。

10.5.2 我国公共信托收入立法问题

10.5.2.1 立法体系建设有待加强

严格意义上讲,我国公共信托收入存在很大程度的立法空白,4项收入中,1/2的收入项目完全没有纳入法治轨道。公债、彩票公益金两项收入至今尚未纳入法制轨道。公债收入虽然有与之相关的法律支撑,但这些相关法律大多是从交易保护的视角做出规定,与财政收入的征管制度并无直接关系,在收入制度上存在很大的缺失;福利彩票至今仍缺少专门的彩票立法保障,目前管理的主要依据是《彩票管理条例》《彩票管理条例实施细则》,而从法规内容上看,《彩票管理条例》已较为完善,应考虑修订后适时将其上升为法律。

即便是已经纳入法治轨道的社会保险费收入,其法治化程度也远远不够。养老和医疗保险自起步阶段就脱离法律运行,目前仍没有针对这两个领域的单项立法,甚至连国务院的相关条例都没有颁布,仅有《中华人民共和国社会保险法》以专章的形式对其进行法律规制,且大多数是原则性条款,不具有操作性。除此之外均为部门规章和规范性文件,且中央层面的文件很少,以地方性规范性文件为主,使得养老和医疗保险的运行很难做到依法而行。

10.5.2.2 立法要素不全且模糊不清

我国公共信托收入不同收入类型所规定的立法要素具有较为严重的缺失问题,尤其是公债、彩票公益金收入,对征缴、权限等方面要素均未进行规定。部分法律法规对收入要素进行了规定,但存在要素意思表达模糊的问题。首先,在立法目的方面,现有公债收入相关的法律虽有立法目的,但均未专门对公债收入立法目的进行了阐明,只有 2019 年《国务院关于加强地方政府性债务管理的意见》对立法原则进行了阐述,层级较低。捐赠收入虽有立法目的的说明,但无立法原则作为相关法律立法的依据。其次,法律中对于缴纳主体的规定过于笼统。例如,《中华人民共和国社会保险法》第四条规定,"我国社会保险费的缴纳主体是境内用人单位和个人",规定过于宽泛,没有体现社会保险费收入的缴纳主体特征;《社会保险费征缴暂行条例》虽然根据用人单位的不同类型对缴纳主体进行了更加详细的规定,但并未涉及所有险种,对生育保险和工伤保险的缴纳范围或筹集主体均未做出规定。中央层面的法律法规太过笼统,导致地方对于相关主体的规定各有差别,不利于未来实现社保费的省级甚至全国统筹。最后,收入权限配置和收入使用的说明并不清晰。例如,《中华人民共和国社会保险法》第五十九条将征收权配置给了国务院,但对有关哪些办法和步骤由国务院制定、由哪些部门工作等具体内容并未做出说明,也没有对此项条款与其他法律法规进行链接。此外,收入权限配置的协作部门以及协同方式存在问题。以彩票公益金为例,财政部以外收入的征收、使用还要受到财政部和国家体育总局的监管,原则上财政部、民政部和国家体育总局这三个部门的级别是对等的,然而三部门平行共存监管的效果并不理想,收入权限管理的协作部门以及协同方式有待于进一步合理设定。

10.5.2.3 立法延迟

首先,法律法规更新不及时。《彩票管理条例》于2009年颁布后再无修订;社会保险费收入涉及的多数法规规章为20世纪90年代颁布实施,并且至今没有进行更新,只有《社会保险费征缴暂行条例》于2019年更新;捐赠收入相关法律除《中华人民共和国公益事业捐赠法》于1999年颁布外,其余均在2000年之后颁布,且均未进行修订。

其次,法律法规跟不上实际实施情况。例如,《社会保险费征缴暂行条例》规定社保费可由税务机关或者规定的社会保险经办机构征收,但实际上,各地规定不统一,没有规律可循,而许多地方的社保费都规定由税务机关征收,容易造成各地管理混乱、收入征收不完全的现象。

10.5.3 公共信托收入的国际经验借鉴

本部分主要借鉴了英、美、日、韩等国家在公共信托收入方面的相关法律,从中汲取可供我国未来公共信托收入立法参考的国际经验。

10.5.3.1 立法层次方面

首先,建立完整的财政收入立法体系。韩国和日本等发达国家在财政收入立法方面已经有了较为完善的实践。以韩国为例,韩国当前已经形成了以《宪法》为基础、以《国家财政法》为核心、以各专门法律为组成部分的一整套财政法律体系,用以指导规范韩国财政活动的整体运行。在财政立法体系下设置了税收收入与非税收入相关法律,以社会保险收入为例,不同险种对应不同的主管部门,分工清晰,从法律的颁布到收入基金的管理均以法律法规的形式做出了明确的划分。其次,要提高立法层级,尽快在法律层面确立公共信托收入。在社保收入领域,许多国家在法律层面进行了确立。例如,韩国对社会保险的不同险种均以法律层级颁布,且对应相应的实施令、实施细则作为具体的解释。在公债收入领域,一些发展中国家也颁布了相关法律。例如,越南、塞浦路斯、塞拉利昂等国家颁布了《公共债务管理法》,牙买加颁布了《公共管理法》,对公共债务进行法律规制。

10.5.3.2 立法要素方面

首先,法律要素概念明确。例如,日韩法律对于要素的定义更加明确,会将涉及的术语进行详细解释,从而明确法律所规定的范围。同时,如果一部法律的条款内容中提到了其他法律,例如"参照××法律执行"等语句,日本和韩国的法律会将提及的其他法律名称和条款编号甚至是链接列出来。此外,日本的法律中,每一则条款的开头都以短语的形式对本条款的内容做出了概括。其次,法律条款排列清晰。日本和韩国的公共信托收入相关法律都会有目录展示该法律的章节安排和大致的内容,条款排列非常清楚。这样的安排便于该法律使用者对其有总体的认知和把握,并且可以快速链接到某一章某一节。最后,管理监督方面的立法要素完善。例如,在彩票公益金收入领域,美国、英国和法国都从法律的层面,在规范彩票行为和彩票安全发展以及资金管理方面做出了详细规定。在社会保险收入领域,日本通过法律确认,形成了严密的组织管理体系,由五大机构组成,整体组织管理体系严密、架构清晰、职责划分明确。

10.5.3.3　立法更新方面

许多国家的法律法规更新较为及时,因而使得公共信托收入整体的管理运作对时代发展具有较强的适应性。例如,在社会保险领域,韩国法律更新较为频繁,《国民健康保险法》《工伤赔偿保险法》等更新 60 余次,说明韩国根据现实实施情况以及其他法律实行情况及时做出调整。韩国在颁布一项法律的同时,伴随着"执行令""实施规则"的颁布,颁布时间一般相同,且其他层级的文件也会同步进行更新。日本颁布的社会保险收入相关法律同样更新及时,其 1918 年制定的《健康保险法》不断修订、适用至今,保障了医疗保险制度对时代发展的适应性。

10.6　公共处罚收入

10.6.1　我国公共处罚收入的立法现状

10.6.1.1　收入立法层级

根据 2021 年新修订的《中华人民共和国行政处罚法》第九条行政处罚的种类,其中构成公共处罚收入的为罚款、没收违法所得、没收非法财物。我国涉及公共处罚收入的立法有法律和行政法规两个层级。

首先,就法律而言,我国目前关于公共处罚收入相关度较高的法律有 177

部,涵盖各个方面,按行业大致可分为 28 类,如广告与市场营销、农林牧渔业、文化体育娱乐业等。表 10—33 中第一列数字为我国现行有效的公共处罚收入相关的法律数量。

其次,就行政法规而言,数量达到 354 部,包括各法律对应的管理条例及实施细则等。此外,由于地方法规数量庞大,未进行全面统计。表 10—33 中第二列数字为我国现行有效的公共处罚收入相关的行政法规数量,不包括地方法规。

表 10—33　　　　　我国公共处罚收入的法律和法规　　　　　单位:部

收入/立法	法律		行政法规	
罚款收入	行政处罚法等	167	罚款决定与罚款收缴分离实施办法等	314
违法所得	义务教育法等	124	民办教育促进法实施条例等	165
非法财物	湿地保护法等	6	娱乐场所管理条例等	14
小计	—	177	—	354

10.6.1.2　收入立法进程

我国在公共处罚收入立法方面的实践经历了漫长的过程,大体上可分为 3 个时期。法律梳理见表 10—34。

表 10—34　　　改革开放后我国公共处罚收入相关法律数量　　　单位:部

处罚收入	1978—2000 年	2001—2012 年	2013 年至今	小计
罚款收入	90	44	33	167
违法所得	60	31	33	124
非法财物	2	0	4	6
小计	—	—	—	177

第一个时期是自改革开放到中国加入 WTO。其间,我国共颁布了 90 部法律,《中华人民共和国行政处罚法》就在这个时期颁布。《中华人民共和国行政处罚法》最早颁布的版本是 1996 年 3 月 17 日,前后历经 3 次修订,最终于 2021 年 1 月 22 日颁布最新修订版本。新《行政处罚法》在原来行政处罚种类上增加了通报批评、暂扣许可证件、降低资质、限制开展生产经营活动、责令停产停业、限制从业等级多种新的行政处罚种类,表现出轻者愈轻、重者愈重,充分保障了

行政处罚权的实施。

第二个时期是自中国加入 WTO 到十八届三中全会召开。其间,我国共颁布了 44 部新法律,其中包括《中华人民共和国治安管理处罚法》。《中华人民共和国治安管理处罚法》最早颁布于 2008 年 8 月 28 日,于 2012 年 10 月 26 日进行修订。该法对于维护社会治安秩序,保障公共安全,保护公民、法人和其他组织的合法权益,规范和保障公安机关及人民警察依法履行治安管理职责具有重大意义。

第三个时期是自十八届三中全会召开至今。其间,我国共颁布了 33 部法律,如《中华人民共和国数据安全法》《中华人民共和国生物安全法》《中华人民共和国疫苗管理法》《中华人民共和国反食品浪费法》等,涉及的领域更多、更细,各行各业的处罚更加有法可依。

从表 10—34 可以看出,罚款的使用率过高。罚款是指行政机关依法强制违反行政管理的行为人在一定期限内缴纳一定数量货币的处罚行为。罚款是行政机关最常用的行政处罚类型,截至目前,在所有涉及公共处罚收入的 177 部法律中,涉及罚款的有 167 部,占比高达 94%,适用范围最广、适用频率最高;没收违法所得、没收非法财物是指国家行政机关根据法律法规,将行为人违法非法获得的财物强制无偿收归国有的一项行政处罚措施。

罚款与没收违法所得、没收非法财物的区别在于:罚款是对当事人合法财产的剥夺;而没收违法所得、没收非法财物则是对当事人非法占有的财产的剥夺,一般伴随着经营活动。在所有涉及没收非法财物和违法所得的规定中,93% 会同时处以相应罚款。例如,《中华人民共和国反垄断法》第四十七条规定:"经营者违反本法规定、滥用市场支配地位的,由反垄断执法机构责令停止违法行为,没收违法所得,并处上年度销售额百分之一以上百分之十以下的罚款。"不包含罚款的法律法规只有 9 部,只是在没收违法所得的基础上给予处分,而不是经济上的处罚。这可能与处罚的目的是警示性还是经济性有关,用行为罚、资格罚来代替财产罚。在新时代的背景下,罚款的监管效果越来越差,对于被监管者而言,罚款可能变成违法行为的许可费用;对于监管者而言,罚款可能成为部分地方政府的重要非税收入来源。同时,随着经济的发展,关于罚款数额的设定必须及时调整,不然难以发挥其纠正和预防的作用,但法律法规应保持一定的稳定性,不应经常变动,故应逐步注重罚款与其他执法工具的组合,使其成为行为罚、资格罚的重要补充。

我国公共处罚收入相关法律的变动更新情况如表10—35所示。从更新次数上看，出台至今从未更新过的有58部，大部分是2013年之后颁布的法律。但一部《海商法》，从1992年颁布至今20年从未更新过。更新1—3次的法律数量最多，作为最重要的《行政处罚法》就更新过3次，最近一次修订是2021年。另外，有28部法律更新过4次及以上，已经算是更新较为频繁的。其中值得注意的是，《刑法》自1979年颁布以来，共历经11次修订，这极大地推动了法治进步，为我国全面依法治国、全面建成小康社会、全面建设社会主义现代化国家、实现中华民族伟大复兴中国梦提供了强大的法治动力与保障。

表10—35　　　　　　公共处罚收入相关法律变动更新情况　　　　　　单位：部

更新次数	0次	1—3次	4次及以上
1978—2000年	8	57	27
2001—2012年	16	28	1
2013年至今	34	6	0
小　计	58	91	28

10.6.1.3　收入立法要素

关于立法目的，《中华人民共和国行政处罚法》第一条就明确："为了规范行政处罚的设定和实施，保障和监督行政机关有效实施行政管理，维护公共利益和社会秩序，保护公民、法人或者其他组织的合法权益，根据宪法，制定本法。"其他实体法律的立法目的也均围绕"维护特定领域秩序"。

关于征收主体与缴纳主体，由于公共处罚涉及范围广泛，无法一一列举。但根据各实体法律的规定，一般来说，该行业所属的相关行政部门与司法部门为征收主体，违反法律行为规范的个人、企业或组织为缴纳主体。例如，《中华人民共和国城乡规划法》第六十七条规定："建设单位未在建设工程竣工验收后六个月内向城乡规划主管部门报送有关竣工验收资料的，由所在地城市、县人民政府城乡规划主管部门责令限期补报；逾期不补报的，处一万元以上五万元以下的罚款。"在该情形下，征收主体为所在地城市、县人民政府城乡规划主管部门，缴纳主体为未在竣工后六个月内向主管部门报送验收资料且逾期不补报的建设单位。

关于处罚标准，绝大部分法律法规均规定了处罚标准和处罚依据，帮助被处罚者计算并缴纳罚款，如表10—36所示。处罚标准大致可以分为定额和比例两类。在定额标准下,分为具体处罚金额和单位量处罚金额。具体处罚金额占比最高,达到 75.45%。例如,《安全生产法》第九十二条规定:"承担安全评价、认证、检测、检验职责的机构出具失实报告的,责令停业整顿,并处三万元以上十万元以下的罚款。"单位量处罚金额占比最低,仅为 3.59%。例如,《大气污染防治法》第一百一十二条规定:"以临时更换机动车污染控制装置等弄虚作假的方式通过机动车排放检验或者破坏机动车车载排放诊断系统的,对机动车维修单位处每辆机动车五千元的罚款"。在比例标准下,其处罚依据分为以违法所得为基准和其他基准。例如,《证券法》第一百八十三条规定:"证券公司承销或者销售擅自公开发行或者变相公开发行的证券的,责令停止承销或者销售,没收违法所得,并处以违法所得一倍以上十倍以下的罚款。"其他标准主要是参照该行业该违法行为特有的标准来设定罚款数额。例如,《食品安全法》第一百二十三条规定:"货值金额一万元以上的,并处货值金额十五倍以上三十倍以下罚款。"除此之外,还有类似于"草原被破坏前三年平均产值""广告费用""拍卖佣金"等。在处罚对象上,如果违法行为发生涉及多个主体,一般也会对违法单位和直接责任人分别设定不同的罚款标准。

表 10—36 公共处罚收入的处罚标准及计算依据

处罚标准	定 额		比 例	
计算依据	具体金额	每平方米、每辆等	违法所得为基准	其他基准
数量(部)	126	6	62	47
占比(%)	75.45	3.59	37.13	28.14

在宽免规定方面,《行政处罚法》作为指导性法律,在第三十三条规定,首次违法、违法行为轻微并及时改正、证明无主观过错三种情形,可以不予行政处罚,但需要进行相关教育。这一原则应当适用所有行政处罚规定。其他分支法律只有两部符合严格意义上的宽免规定。例如,《禁毒法》第六十二条规定:"吸毒人员主动到公安机关登记或者到有资质的医疗机构接受戒毒治疗的,不予处罚。"又如,《行政强制法》第四十二条规定:"当事人采取补救措施的,可以减免加处的罚款或者滞纳金。"如果从更广义上理解宽免,会发现有 54 部法律设定了"先责令期限改正,若逾期不改正,再处以罚款"等规定,占比约三分之一。对这 54 部法律的最新出台或修订年份进行整理后,如表 10—37 所示,可以发现 2013 年之后的法律有 38 部,占比达到 70.37%,甚至其中 28 部是近三年出台或修订的。这也符合惩罚

不是目的,要以教育为重点、宽严相济、以人为本的立法宗旨。

表10—37　　　　　公共处罚收入法律中有宽免规定的情况

出台或修订年份	1978—2000年	2001—2012年	2013年至今
数量(部)	1	15	38
占比(%)	1.85	27.78	70.37

关于权限配置,《行政处罚法》第六十七条规定:"作出罚款决定的行政机关应当与收缴罚款的机构分离。除规定当场收缴的罚款外,作出行政处罚决定的行政机关及其执法人员不得自行收缴罚款。"

关于收入归属,《行政处罚法》第六十七条规定:"罚款直接上缴国库。"国库分为中央国库和地方国库,财政部2020年发布的《关于印发〈罚没财物管理办法〉的通知》对公共处罚收入的归属做出了更加细致的规定,如表10—38所示。除表中情形外,处罚收入应按照执法机关的财务隶属关系缴入同级国库。

表10—38　　　　　公共处罚收入的收入归属和征收部门

收入归属情况	征　　收	收入类型
全额缴入中央国库	海关(缉私)、公安、中国海警、市场监管等部门	缉私罚没收入
	国家市场监督管理总局所属反垄断部门与地方反垄断部门	联合办理或者委托地方查办的重大案件取得的罚没收入
	海关(除缉私外)、国家外汇管理部门、国家邮政部门、通信管理部门、气象管理部门、应急管理部所属煤矿安全监察部门、交通运输部所属海事部门中央本级	罚没收入
全额缴入地方国库	国家烟草专卖部门	
50%缴入中央国库、50%缴入地方国库	应急管理部所属的消防救援部门	
	海关(除缉私外)、国家外汇管理部门、国家邮政部门、通信管理部门、气象管理部门、应急管理部所属煤矿安全监察部门、交通运输部所属海事部门省以下机构	
全额缴入中央或地方国库(按隶属关系)	国有企事业单位监察机构	没收、追缴的违法所得

10.6.2 我国公共处罚收入立法存在的问题

10.6.2.1 立法要素模糊

公共处罚收入涉及的征收主体、征收对象和征收标准等各不相同，具体的处罚规定也分散在各类实体法下。通过整理现行有效的与罚款相关的 167 部法律，发现有 29 部在正文中并未明确罚款数额标准，占比达到 17.37%，如图 10—1 所示。《母婴保健法》中仅简单规定"可以根据情节处以罚款"，而罚款具体金额、罚款上下限、情节轻重的判断标准等都未在条款中加以明确，这使得征收部门在执行层面有很大的操作空间，滥用职权的现象也可能由此滋生。

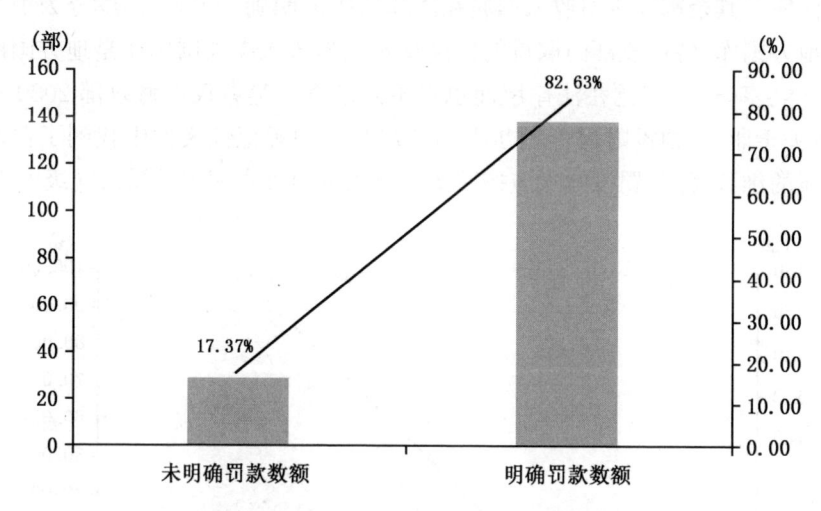

图 10—1 公共处罚收入相关法律中是否明确罚款数额的情况

通过整理未对罚款数额进行明确的法律的颁布时间，不难发现，有 10 部是 2012 年及以前出台或修订，占比 34.48%（见图 10—2）。甚至有的法律从 1992 年出台至今从未修订，一直是"处以罚款"这四个字的模糊标准，很难想象这 30 年间有关主管部门在法律依据不明确的情况下，是如何裁量相关行政处罚案件的。而对于 2021 年最新修订的 4 部法律，为何仍然没有对"处以罚款"这一含糊不清的表述进行修正，这一现象也值得立法者注意。

关于收入归属，虽然《行政处罚法》第七十四条规定，"罚款、没收的违法所得或者没收非法财物拍卖的款项，必须全部上缴国库"，但在本文统计的 177 部实体法律中，仅有 13 部在条款末尾特别说明"依法收缴的罚没收入，应当全部

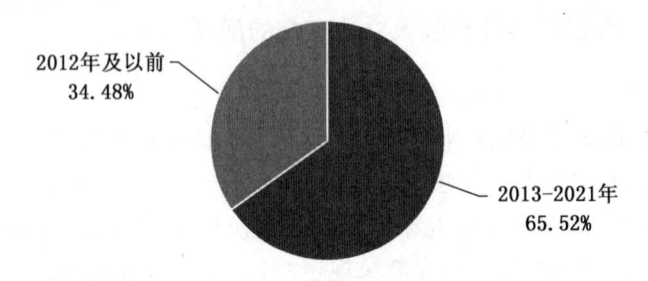

图 10－2 未明确罚款数额的法律颁布时间分布情况

上缴国库",其余都缺少对收入归属在法律层级的明确。另外,国库分为中央国库和地方国库,各征收部门取得的罚没收入应当缴入中央国库还是地方国库还是收入共享,这一问题在法律层面也得不到解答。笔者仅在财政部 2020 年发布的《关于印发〈罚没财物管理办法〉的通知》这一规范性文件中找到了罚没收入归属的细致规定,罚没收入应按照执法机关的财务隶属关系缴入同级国库。

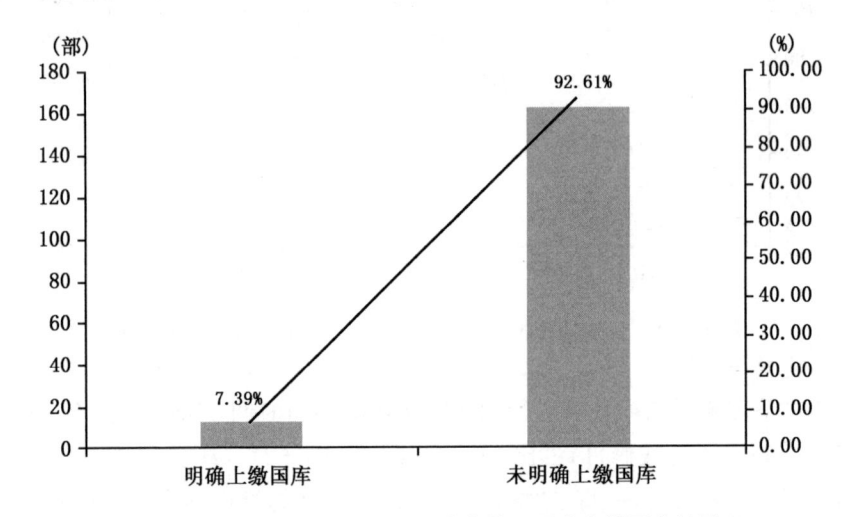

图 10－3 公共处罚收入相关法律中是否明确上缴国库的情况

10.6.2.2 立法程序不规范

在立法层面,2018 年,国务院出台《关于全面推行行政执法公示制度执法全过程记录制度重大执法决定法制审核制度的指导意见》,对规范行政执法的 3 项重要制度提出了具体明确的要求。《关于〈中华人民共和国行政处罚法(修订草案)》的说明》中,也专门介绍了《修订草案》关于行政处罚程序的修改内容,涉及公示、全过程记录、法制审核、非现场执法、回避、简易程序、立案、听证等9个程序。

尽管党中央、国务院明令禁止向企业乱收费、乱罚、乱摊派,但仍有个别地方无视中央三令五申,顶风违规。2021年9月,河北省霸州市政府为弥补财力紧张及不合理支出等产生的缺口,对全乡企业开展地毯式检查并罚款。据统计,11月份,13个乡镇(街道、开发区)出现明显的运动式执法,当月入库罚没收入是1—9月月均罚没收入的80倍;10月30日至12月8日,该乡以"未对安全设备进行经常性维护、保养和定期检测""未组织制定并实施本单位安全生产教育和培训计划"等为由,对638家企业进行了处罚,合计罚款金额达1 424.5万元。

638个处罚案例均缺少必要的法律文书,且相关处罚手续均不完整。面对经济下行压力,财政处于紧平衡状态,个别地方由于对贯彻落实党中央、国务院决策部署认识不到位、态度不坚决,没有完整、准确、全面地贯彻新发展理念,政绩观出现严重偏差,依靠非税收入特别是罚没收入来弥补财政缺口的思想仍然强烈。

10.6.2.3 征缴便利性有待提高

2021年新修订的《中华人民共和国行政处罚法》第六十七条第三款明确指出:"当事人应当自收到行政处罚决定书之日起十五日内,到指定的银行或者通过电子支付系统缴纳罚款。"在上海,交通违法扫码就能缴纳罚款,但该市多数具有处罚权的行政机关的缴纳罚款(没收款)方式还是采取传统操作模式。即要求被罚者凭行政处罚决定书到指定的一家或两家银行网点,以现金或银行卡转账方式履行缴纳罚款义务。这既给被罚款者增加了时间成本,也带来了一定的安全风险。例如,行政相对人是公司法人,需要缴纳罚款人民币50万元,如果公司账户对应的银行与行政机关指定银行不一致,那么就需要持现金50万元到银行网点缴纳罚款。此外,现有的传统缴纳罚款方式也无法支持跨省履行缴纳罚款业务。

10.6.3 公共处罚收入立法的国际经验借鉴

10.6.3.1 立法层次方面的经验

我国《宪法》中并没有明确规定国家行政机关具有行政处罚权。韩国《宪法》中提到,"所有国民享有得到《宪法》及法律所定法官根据法律进行裁判的权利"。韩国法律体系也分为三层:法律、总统令、部长级法令。与公共处罚直接相关的法律有二十多部,包括《轻微犯罪处罚法》《加重处罚法》《逃税处罚法》等,并会颁布相应的总统令规范其细则。除了在单行法中进行规定,还有一种做法是采用同类的法典式制定行政处罚法,如奥地利、德国等国就制定了较完备的行政处罚法典。

10.6.3.2 立法要素方面的经验

第一,征缴标准明确。加拿大采取设定最高罚款金额的方式。《农业和农业食品行政罚款法》规定:"如果个人在经营过程中以其他方式实施侵权行为,且未承诺获得经济利益,则罚款2 000加元;其他任何情况下,轻微违规罚款5 000加元,严重违规罚款15 000加元,非常严重违规罚款25 000加元。"关于未明确具体罚款数额的情况,英国《清洁社区和环境法案(北爱尔兰)》规定:"通知应付的罚款金额是区议会指定的数额;如果没有指定金额,则为75英镑。"

第二,处罚程序规范。英国《消费者权益法》中明确规定:"如果决定罚款,必须确定罚款的数额,且必须向代理人送达处以罚款的通知。"最终通知中必须列明罚款金额、处罚原因、有关如何支付罚款的信息、支付罚款的期限、有关上诉权的信息、未能遵守通知的后果。

第三,征缴便利。韩国《地方行政制裁处罚法》第二十二条专门规定:"行政安全部长在制定和实施地方税外收入信息系统业务计划时,应优先考虑提高纳税义务人的便利性,并确保在使用系统时不发生区域间歧视。"对于异地处罚的问题,韩国则采取一种委托征收的方式,即在另一市有缴纳地方行政制裁罚款的人员的地址或财产的,征收公务员可以委托该地址或财产所在地的征收人员代收。

10.6.3.3 立法更新方面的经验

立法更新方面,国外的法律更新相对频繁且灵活性较强。例如,奥地利《行政刑法》自1991年颁布以来,共经历21次修订,保持几乎一年一修订的频率,最新版本是2018年修订的。韩国《轻罪惩罚法》自1954年颁布以来,共修订20次,尤其自2012年以来也是一年一修订。加拿大《环境违法行政罚款法》于2009年颁布,13年间共修订过6次,最新版本是于2022年5月修订的。

10.7　本章小结

10.7.1　财政收入的法律内涵与外延

财政收入的立法首先要明确其法律内涵与外延。从理论上说，财政收入应该是政府获取的全部经济资源。从现实角度看，财政收入就是通过各级政府及其所属部门和单位通过征收、募集和接受捐赠三种基本方式获取的财政资金。

按照政府取得财政收入的合理依据或正当理由，我们将其划分为税收收入、公共收费收入、公共产权收入、公共信托收入和公共处罚收入五种基本类型。其中，税收收入是政府依据其所提供普遍性公共服务而取得的收入，在我国包括中央税、地方税和中央与地方共享税三大类；公共收费收入是政府依据其所提供的特殊性公共服务而取得的收入，在我国包括各种行政事业收费和政府性基金收入；公共产权收入是指政府依据其拥有或控制的公共产权而取得的收入，在我国包括国有资源有偿使用收入、国有资产有偿使用收入和国有资本经营收入三大类；公共信托收入是指政府依据其拥有的公共信任而取得的收入，在我国包括公债收入、社会保险费收入、住房公积金收入、彩票公益金收入、捐赠收入和政府间转移收入；公共处罚收入是政府依据所拥有的统治权威而对违法违规者强制获取的收入，在我国包括罚款收入、没收违法所得和没收非法财物等。

不同的财政收入采取不同的获取方式。税收、公共收费收入、公共产权收入和公共处罚收入等采取征收的方式，公债收入、社会保险费收入、住房公积金收入和彩票公益金收入等公共信托收入采用募集方式，政府间转移收入等其他公共信托收入采取接受捐赠的方式。

10.7.2　财政收入的立法目的与原则

立法目的不仅是法治建设的起点，而且应该在法律条文中得以充分体现。由于财政收入具有多种征收理由或依据，为了使立法者、执法者、司法者和守法者对立法意图具有清晰和一致的认识，并有利于法律的制定和良好执行，因此在设置财政收入项目时，必须首先在法律中申明其正当目的。除了没有特殊征收目的的税收以外，其他的财政收入类型都应在法律中明确表述其征收目的。实践情况表明，我国大部分财政收入有关于征收目的的法律法规条文表述。对于征收目的缺失的财政收入相关法律，应在今后法律修正时予以补充。

立法原则是统领法律的基本指导方针，也有利于在法律中充分体现立法目的。财政收入的取得涉及不同主体间的经济利益，如何协调不同利益主体的冲突以达成某种法律平衡，就需要相应的原则加以规范和指导。一般来说，财政收入的法律原则主要遵循公平和效率两大基本原则。这两大原则在不同的领域或者不同层次会有不同的体现或要求。在税收领域，根据不同税种的征收目的和特性采用倾向的原则：对于税基宽广的税收（如增值税和企业所得税）来说，应主要体现效率原则以尽量减少对经济和社会生活的干扰，充分发挥市场机制在资源配置方面的基础性作用，同时对需要照顾的方面制定税收优惠以体现公平原则；对于具有特殊调节目的和范围的税收（如特别消费税和个人所得税）来说，应主要体现按能力强弱负担税收的公平原则并兼顾效率原则。对于公共产权收入、公共收费收入和公共信托收入，则主要按"谁受益，谁负担"的原则；而对于公共处罚收入，则主要体现"过罚相当"的基本原则。实际情况表明，我国税收收入普遍缺乏立法原则的法律表述，导致不同税种的功能定位不清、重复或者冲突，损害了税收制度的整体效率和公平性。在非税收入领域，立法原则缺失和模糊不清的情况也不同程度地存在。在今后的财政收入立法中，需要特别加强立法原则的法律表述，以发挥其在法律制定和实施中的统领性指导作用。

10.7.3 财政收入的立法权限与程序

财政收入立法中会涉及不同政府部门之间的权限配置，具体包括不同层级的立法机关之间、同级立法机关与行政机关之间、同级行政机关之间以及上下级行政机关之间，在征收主体、缴纳主体、计算依据和标准、收入归属和用途限制等立法要素方面，对决定权、调整权、执行权、监督权等相关权限的配置。财政收入的权限配置，不仅涉及政府部门内部之间的分工与合作，也关系到缴纳主体的行动选择和利益安排，直接影响相关法律法规制度的运行质量。现实表明，在我国税收领域，由全国人大常委会完成了大部分税种的立法程序，地方层面的立法机关只有很小的税收调整权，国家税务系统和海关系统在税收政策制定和税款征收方面分工明确，也有部门协同工作机制，中央和地方政府之间具有明确的收入分享规则,但缺乏法律依据,省以下地方政府的税收收入分享规则尚未纳入法治化轨道,难以从公开渠道获得具体信息。

在我国财政收入法律法规中,具有不同程度的"立法空白"。目前,尚有5个税种尚未完成全国人大立法程序,有24项公共收费项目既没有法律依据,也没有法规依据;14项公共产权收入均无法律及法规依据,且有半数收入无相关规章规定;公债收入和彩票公益金收入没有相关法律,即便是社会保险费收入由《社会保险法》以专章形式进行法律规制,但主要是笼统的原则性条款,很多内容表述为"按照国家规定执行",而这些"国家规定"却没有以行政法规的形式明确。虽然这种权限下放具有一定的合理性,但这属于立法授权的范畴,应该受到严格的立法程序制约。虽然2015年修订的《立法法》对法律授权在目的、范围、时间、程序等方面都制定了明确的规范,但在财政收入的法律授权方面没有得到很好的体现和落实,需要加强和完善。

10.7.4 财政收入的计算依据和标准

财政收入的计算依据和标准直接涉及收入数额,属于核心法律要素,因此首先必须确立基本原则,然后在基本原则的指导和引领下制定具体的法律法规规定和操作标准。在原则层面,财政收入的计算依据和标准必须符合实体规则公平和程序规则法定两项基本原则;在操作层面,要做到清晰明确和公开透明,以确保制度设计合理和规则运行顺畅,维护收缴主体各方的正当权益。按照实体规则公平的基本原则,需要结合不同财政收入的性质和类型确立相应的公平原则。对于没有特殊征收目的和征收范围普遍的税收收入,应该按照支付能力原则确定税基和税率;对于具有特殊征收目的或特殊征收范围的税收收入和公共收费收入,应该按照"谁受益,谁负担"和"成本补偿"的受益原则确定税基税率、收费依据及计费标准;对于因对社会产生危害而征收的矫正性税收、惩罚性收费和公共处罚收入,应按照"谁加害,谁负担"和"过罚相当比例负担"的原则确定税基税率、收费依据及计费标准和处罚标准;对于公共产权收入,应按照"市场原则"由代表公众利益的公共机关通过公开拍卖、听证会等方式确定收入标准和数额,以防止公共资源或资产被不当利用和侵占,堵塞国有资产流失的渠道,确保公众利益最大化;对于公共信托收入,应以"公开透明"为基本原则,定期公布相关收入和支出的详细信息,确保受托主体的正当权益,并防止受托资产被非法和不当侵占。

鉴于财政收入的种类繁多复杂且需要因时而变，很难在法律中一次性全部确定计算标准，但可以明确相关原则，并制定计算依据或者作出排除性或禁止性规定。例如，《中华人民共和国民法典》第二百二十三条"不动产登记费按件收取，不得按照不动产的面积、体积或者价款的比例收取"的规定，不仅明确了不动产登记费的计费依据是"件"，而不是"面积、体积或者价款"，而且虽然没有明确计费标准是固定金额，但明确排除了按"比例"收取，其实也就是间接明确了只能按固定金额收取。这样的法律规定有利于规范不动产登记收费行为，保障公民和市场主体的正当权益不受行政行为的侵犯，很好地体现了法治精神，具有重要的现实意义和长远的制度完善价值。我国公共领域的收费行为存在诸多问题，必须通过法治建设从根本上加以解决。《民法典》的这条规定对于规范公共收费行为具有重要的参考价值和方向标的示范作用。

对于需要通过法律规定和相应的程序授权给地方立法机关或者不同层级的国家行政机关制定财政收入计算依据的实施细则，应该严格按照《立法法》有关授权立法的目的、范围、条件和时间等具体要求及其立法精神，对具体的授权决定作出详细的规定，并确保信息的公开透明，有利于社会监督。

10.7.5 财政收入的归属、分配和使用方向

财政收入的归属和分配涉及政府间财政关系，财政收入的使用涉及财政支出，一般不属于财政收入立法范畴，而且与其缴纳或负担主体脱离了直接的利益关联。但是，由于财政收入的归属和分配涉及政府系统内部不同的征收主体，财政收入的使用决定了财政资金的支出方向，从财政立法的角度来看，仍然值得高度重视。这是因为，财政收入的目的就是要通过支出来满足各种公共需要，最终服务于社会公众，因此将收入的征收与其分配和使用隔离开来，不仅没有充分的理论依据，而且不利于确保财政收入立法的正当性，特别是对于具有特殊征收目的的财政收入而言，保持收支紧密关联具有根本性意义。现实情况表明，我国财政收入的归属和分配存在"立法空白"，而特定收入与限定财政支出范围之间则存在"收支立法脱钩"现象，需要通过加强和完善相关法律从根本上解决这些问题，不断推进我国财政法治建设进程，提升我国财政法治建设水平。

第 11 章 公共资产立法研究

11.1 导 言

财政管理不仅涉及与收入和支出等流量有关的管理,同时也涉及与资产和负债等存量有关的管理方面。进而,财政的法治建设不仅需要对财政的收入和支出等方面的流量安排做出制度性的规定,同时也需要在制度上就支出和负债等方面的安排做出规定。作为存量事务管理的一部分,本章讨论与公共资产管理有关的制度建设问题。

由于事关公共资产的安全和效率,就公共资产运行的制度性规定做出理论探讨具有重要的现实价值和意义:

其一,加强公共资产的法治建设,将公共资产管理纳入财政管理,这有利于摸清家底,并在此基础上优化公共资产的结构,提高公共资产的使用效率,减少闲置、浪费所造成的资源浪费和财政资金支出的增加,建立节约型政府,提升政府服务社会的效率水平。

其二,加强公共资产的法治建设,全面加强对于公共资产的监督,构建规范安全、公开透明、权责清晰的公共资产管理体系,有利于保障公共资产的安全性与完整性,能预防贪污腐败,避免公共资产管理中的"跑冒滴漏"问题,避免公共资产的流失。

其三,由于事关节约型政府和法制化政府的建设,在财政法律制度上加强和完善公共资产的管理,这是推进国家治理体系和治理能力现代化的重要组成部分,对于保障社会的良性有序运行具有重要的现实价值和意义。

基于问题的性质,本章的研究思路如下:第二部分首先讨论公共资产立法分析的基础,界定公共资产的概念,确定立法范围,明确立法思路。在此基础上,第三至六部分讨论公共资产立法必须遵循的基本条款。其中,第三部分讨论各类型公共资产必须遵循的普遍性条款;第四至六部分则从行政事业性资产、经营性资产和资源性资产三个方面,就相关公共资产的特殊性法律条款做出分析。第七部分是本章小结。

11.2 公共资产立法分析基础

11.2.1 公共资产的理论界定

所谓公共资产,从一般理论上来说,就是政府为履行其职能而占有、支配和(或)使用的资产总和。特别地,基于资产所属的领域和性质来划分,公共资产主要包括三种类型:

其一,行政事业性公共资产,即国家以财政拨款或者其他形式所形成的由行政事业性单位占有、使用并依法确认为国家所有的各类资产。行政事业性公共资产有以下几个基本特点:①此类资产一般由行政事业单位支配和使用;②此类资产大多由国家投入财政资金形成[①];③此类资产的经营和使用大多不以营利为目的,主要是为社会提供公共产品和服务。

其二,经营性公共资产,即国家以资产所有者身份,投资于各种类型的企业,用于生产、经营或者服务性活动而形成的国有资产及其权益。与行政事业性公共资产的非营利性不同,由于此类公共资产往往是由企业在运营,经营性公共资产一般都以营利作为目标,因此它们往往具有保值增值的使命和要求。

其三,资源性公共资产,即有经济开发价值的,依法为社会公众所共有、由国家和政府代理行使所有权的自然资源,亦即在现有条件下,通过对资源的开发而能带来一定经济价值的、为国家和社会公众所有的自然资源。与行政事业性公共资产和经营性公共资产不同,资源性公共资产是自然形成的,是自然资产。其中,在具体类型上,根据联合国于《2012年环境经济核算体系:中心框架》所确定的环境经济核算国际统计标准及《国务院关于全民所有自然资源资产有偿使用制度改革的指导意见》就自然资源与自然资产所做的类型界定,资源性

[①] 除此之外,行政事业性公共资产的形成还有接受调拨或划转的资产、置换形成的资产与接受捐赠的资产等类型。

公共资产具体包括矿产资源、能源资源、土地资源、水资源、森林资源、草原资源与海域海岛资源等。

11.2.2 公共资产的立法范围

公共资产涉及行政事业性资产、经营性资产与资源性资产等类型。问题是，财政立法所涉及的公共资产的范围如何呢？是所有的公共资产，还是其中的某一部分？

关于公共资产的立法范围，从理论上讲，财政立法有两种可能的口径：一是窄口径的公共资产，主要是行政事业性的公共资产；二是宽口径的公共资产，就是将所有公共资产都纳入财政立法的范围。

在相关讨论中，人们往往将财政领域的公共资产与行政事业性公共资产联系在一起。这是因为，此类公共资产往往是基于财政资金形成的，而使用相关资产的单位则是依赖于财政资金而运作的行政事业单位。但事实上，从规范的角度来看，财政立法所涉及的公共资产应该是宽口径的。应该将行政事业性公共资产、经营性公共资产与资源性公共资产全部囊括在立法范围之内：

其一，上述三类资产的性质是共同的，它们都是法律规定属于国家并由政府代理行使所有权的财产，将三者统一起来考虑有其现实基础。

其二，上述三类资产都是为政府履行其职能服务的，为了对政府的行为及其绩效做出合理的考察，有必要将三者作为一个整体来考虑，将三者割裂开来和（或）将其中部分资产排除在外的做法，都不利于我们对公共资产做出整体的把握和评价。

其三，上述三类资产的具体形态尽管存在一定的不同，但三者与政府的财政账户都有密切关系。行政事业性公共资产自不用说，就经营性公共资产和资源性公共资产而论，它们的形成和维护可能依赖于财政的支持，比如政府对国有企业进行财政补贴、对自然资源资产进行保护与开发利用等。特别地，经营性公共资产与资源性公共资产所形成的收入和（或）利润是财政账户的收入来源之一。

在一般理论层面，有必要将公共资产全部纳入财政立法范围。对于我国来说，则更有必要，因为我们是公有制为主体的社会主义国家，政府拥有大量的经营性资产和资源性资产①:如果将财政立法的范围限制在行政事业性公共资产方面,那么很大一部分公共资产会被排除在财政法律制度的规范范围之外,这不仅不利于保障公共资产的安全,同时也不利于发挥公共资产在国家治理和社会发展中的积极作用。

当然,除了行政事业性公共资产、经营性公共资产和资源性公共资产的划分方法之外,公共资产在理论上还有许多其他可能的分类方法:固定资产、流动资产和其他资产;境内公共资产和境外公共资产。但是,不论公共资产如何分类,也不论相关资产是何种具体类型,既然需要将公共资产全部纳入财政立法的范畴,各种类型的公共资产都应该在财政立法的范围之内。例如,境外的公共资产是指各级人民政府及政府有关部门、事业单位和(或)国有企业用公共性的资产向境外投资及其投资受益所形成的,或者依法认定为国家所有的境外公共资产。由于它的所有权是公共的,属于国家所有,而其目的在于履行政府职能,尽管它们在境外,但同样需要纳入财政管理的范畴。

11.2.3 公共资产立法的思路

公共资产涉及行政事业性公共资产、经营性公共资产和资源性公共资产等基本类型,而不同资产在经济性质上存在一定的差异,不同资产的立法条款自然就会有所不同,相关的立法条款应该充分考虑和体现资产的个性。

以资源性公共资产为例,它与其他两类资产存在很大的不同,其特性为,自然性公共资产是天生的。与此相反,行政事业性公共资产与经营性公共资产大多是使用公共资金获得的,比如花费资金建设办公楼、购置办公设备等。由此,政府对于不同类型资产进行管理的环节存在差异:人们一般很难控制资源性公共资产的形成过程,更多的是管理其使用环节;而其他公共资产的管理会覆盖取得和使用两个环节。相应地,在法律规范方面,资源性公共资产的立法重点往往在资产的使用上,而其他类型公共资产的立法则需要兼顾取得和使用,比如在取得环节规定政府购置资产的标准和流程,在使用环节规定处置资产的原则和程序等(李兆宜、苏利阳,2019)。

行政事业性公共资产立法与经营性公共资产立法同样存在差异性方面的问题。行政事业性公共资产大多以提供公共服务为目的,强调非营利性。相应

---

① 2007年全国行政事业单位资产清查显示:截至2006年底,全国行政事业资产总量已经达到8.01万亿元,约占全国国有资产总量的1/3。其中,净资产达5.31万亿元(林翰卿,2011)。

地,资产的管理和立法比较重视合规性,至于资产的盈利功能,则往往不是此类资产所考虑的重点。与此不同,经营性公共资产对于资产的保值增值有明确的要求,此类资产的管理及其法律规范不仅要合规,而且要有效。①

不同资产的差异性要求,公共资产立法体现资产的个性化特征。但另一方面,对于不同类型的资产,由于它们都属于政府所有的资产,它们具有共性。例如,相关资产的管理和运作都需要受到法律的约束;在绝大多数情况下,资产的运作过程及其结果都需要公开透明,需要向社会公众公开。进而,财政立法又应该充分体现它们的共性。因此,在立法思路方面,公共资产立法应该将共有的普遍性原则与特有的个性化原则有机结合起来。

在立法思路上,公共资产的法律规定要充分考虑资产的共性和个性。至于法律条款具体该如何制定,这在理论上存在实体性条款与程序性条款之分。问题是,所制定的法律条款究竟是实体性的还是程序性的?关于这一问题,从相关的立法实践来看,公共资产立法在整体上无疑是实体性条款与程序性条款的有机统一。至于特定问题的具体法律规定,从一般理论的角度来看,凡是可以根据一般规律和我国国情能够做出具体规定的,就必须做出具体的实体性规定;凡不能或无法做出具体规定的,可以做出原则性的规定;既不能做出具体规定,又无法做出原则规定的,可以对管理工作的操作过程和方法做出程序性的规定(胡泽恩,1991)。因此,具体法律条款的确定应该坚持先实体性条款再程序性条款的思路。

11.3 公共资产立法的普遍性条款

11.3.1 权利责任主体的确定

应该说,我国公共资产的权利责任主体在法律上是明确的:其一,公共资产

---

① 有论者认为,经营性国有资产主要担负为社会提供公共产品的职能,将经营性国有资产经营管理的目标定位为"实现国有资产的保值增值"不太恰当,因为我国现在经营性国有资产还存在于竞争性领域,而在竞争性领域就不可能确保"保值增值",同时,经营性国有资产还具有较一般的私人物品更为突出的社会责任,即公益性(吴春燕,2005)。但事实上,应该将保值增值理解为经营性资产运营的目标而不是结果,竞争性并不否定保值增值。与此同时,经营性国有资产承担社会责任并不必然意味着放弃保值增值的目标,合理的做法也许是放弃强制性的社会责任目标而将经营性国有资产的管理放在保值增值方面。

的所有权属于全体人民；其二，国务院代理全体人民对公共资产行使所有权，承担相应的责任。在此方面，我国《宪法》及相关法律规定，国有财产由国务院代表国家行使所有权。《物权法》第45条则规定："法律规定属于国家所有的财产，属于国家所有，即全民所有。国有财产由国务院代表国家行使所有权。"

但是，由于公共资产类型复杂，作为公共资产的所有权代表，国务院需要根据财产的不同类型，进一步将其授权给不同的部委去行使其所有权职能。但是，受体制机制等各方面的限制，公共资产运行的权利责任主体还是存在不明晰的地方，财政法律等相关的制度规范需要就各类公共资产的负责机构和责任单位做进一步明确。

至于负责机构与责任单位的具体选择，有学者主张由统一的机构来对国有公共资产进行管理、统一规划，否则各部门之间可能争权夺利和相互推诿（吴春燕，2005）。理论上，主张统一管理有一定的道理：由于机构分散，我国诸多公共资产面临所有权主体缺位的问题，对于同类型的公共资产，需要由统一的机构来管理。

但是，国务院就是一个总管性的机构，我们没有必要再设置一个将行政事业性资产、经营性资产和资源性资产全部管理起来的机构。公共资产权利责任主体要确定的问题是：在国务院最终代理所有权的前提下，根据公共资产的基本类型，将相关的权利和责任在不同的政府部门间进行划分，明确每一类公共资产的权利责任主体。

当然，反对重新设置统一的机构来管理公共资产，这并不是要否定以统一性为目的的改革。一方面，对于行政事业性公共资产、经营性公共资产和资源性公共资产等大类资产，由于它们的性质相同，由统一的机构来负责是非常必要的；另一方面，在法律规则方面，既然都是公共资产，相关的法律规范可以一起制定和完善，形成系统科学的、有关公共资产管理的法律体系。

从现有的实践来看，公共资产管理的立法是分散的：一方面，不同公共资产由不同的法律规范来约束，分散立法，缺乏统领性的法律制度安排；另一方面，不同法律规范的层次也不一样。其中，对于资源性公共资产管理的法律规定散见于各类自然资源的法律中，如《土地法》《水资源法》，而行政事业性公共资产与经营性公共资产适用的则是国务院及其相关部门制定的行政法规和规章，如《行政事业单位国有资产管理办法》和《企业国有资产监督管理条例》等，规章效力层次低，在法律效力层次上不能并驾齐驱。后来，《企业国有资产法》的出台提升了经营性公共资产管理制度的法律层次,但行政事业性公共资产管理的法律规范与其他两类资产的规范还是不匹配,需要统一的制度来加以协调。

在公共资产立法模式的选择上,不同国家的情况有所不同。德国采取的是分散立法的模式,没有为公共资产的管理和运行制定专门的公共资产法,而日本、美国则采用集中立法的模式。那么我国究竟是要选择集中立法模式还是分散立法模式?对于这一问题,有学者主张,我国应该采取集中立法的模式(林翰卿,2011)。但事实上,究竟选择集中立法还是分散立法,这不是问题的关键,关键问题是,相关的法律条款能否合理地将普遍性原则与个性化原则有机结合起来?

11.3.2 资产管理程序的明确

在权利与责任主体做出法律规定的基础上,公共资产立法需要就公共资产管理的程序做出制度性规定。其中,就行政事业性公共资产而言,其运作具体涉及资产的配置、采购、占有、使用、清查、处置、收益等方面的工作。经营性公共资产的工作程序和方法则包括资产的清产核资、资产评估、资产投放、资产监督和检查等(胡恩泽,1991)。而资源性公共资产的管理程序则涉及产权登记、价值评估、资产核对、资产交易、收入管理等方面。

应该说,基于多年的实践,对于各类型的公共资产,我们在很大程度上已经建立起了比较规范的管理程序和机制。但尽管如此,以下几方面问题还是值得强调和注意:

其一,是产权登记的及时性问题,即相关责任单位需要对各类型的公共资产进行及时登记。在现实实践中,国有企业的历史悠久,经过一次又一次的资产重组,有些房屋土地可能登记在某企业名下,而该企业在改革中却已经退出国有企业的历史舞台,承接土地房屋的企业没有及时办理资产确权手续(蔡洁洁,2022)。这可能造成资产的流失,经过长时间的积累,形成一些难以解决的历史问题。

其二,是资产实际价值和账面价值的一致性问题。在现实操作中,一些行政事业单位往往只是在账本上记录了资产的原始价值而没有提出资产的折旧,这使得账面价值无法真正反映出公共资产的现有价值。为了使得资产的实际价值与账面价值相符,各方面的资产管理都面临财务会计等折旧处理的问题。

其三,是公共资产的调剂使用问题。为了使资产得到最有效的利用,公共资产的制度性规范有时还涉及资产的调剂使用,需要制定资产调剂的使用办法和规则,提高资产的利用效率;否则,公共资产无法在资产闲置部门和资产短缺部门之间进行有效的调剂使用。

11.3.3 公共资产信息的公开

公共资产为全体人民所共有,除了特别需要保密的信息之外,公共资产的相关信息需要向社会公开,这样就能够有利于社会对资产运行状况进行监督。在西方,诸多国家对公共资产的良性运行依赖于社会的监督,会计师事务所、审计师事务所、新闻媒体与公众舆论都参与其中。而社会监督的有效性依赖于信息公开、透明的状况和水平。因此,公共资产立法应该将资产信息公开作为重要内容,建立财政信息公开机制,以保障社会公众对于公共资产管理监督状况的知情权,并通过制度设计对公众行使社会监督权的方式予以具体化(邬峥杰、金峰,2009)。

在我国,伴随着阳光政府建设目标的逐步推进,政府信息公开制度逐步建立并不断完善。《行政事业性国有资产管理条例》(2021)第43条规定,"国务院向全国人民代表大会常务委员会报告全国行政事业性国有资产管理情况。县级以上地方人民政府按照规定向本级人民代表大会常务委员会报告行政事业性国有资产管理情况";第44条规定,"行政事业性国有资产管理情况报告,主要包括资产负债总量,相关管理制度建立和实施,资产配置、使用、处置和效益,推进管理体制机制改革等情况。行政事业性国有资产管理情况按照国家有关规定向社会公开"。

与行政事业性公共资产的情况有相似性,经营性公共资产与资源性公共资产的报告制度已经建立:按照《中共中央关于建立国务院向全国人大常委会报告国有资产管理情况制度的意见》的要求,已经正式建立经营性国有资产的报告制度和人大监督制度,由政府向同级人大报告经营性国有资产的运行情况。2021年10月21日,全国人大常委会首次听取和审议国务院关于2020年度国有资源资产管理情况的专项报告。在资产信息报告的基础上,经营性公共资产与资源性公共资产的信息应该进一步向社会公众公开。

当然,应该指出的是,资产信息公开应该是全方位的:一方面,是结果信息的公开,需要编制资产负债表,反映各类资产的运行结果;另一方面,是资产配置依据、资产运作流程信息的公开。在此方面,《企业国资法》通过对企业改制、与关联方的交易、资产评估以及国有资产转让等方面的规定(例如,要求以公开交易为原则进行转让,资产转让应当在依法设立的产权交易所公开进行并在受让方涉及两个以上主体时采取公开竞价的交易方式),从法律上抑制了各环节的"暗箱操作",在一定程度上堵住了国有资产流失的主要通道(邬峥杰、金峰,2009)。

11.4 行政事业性公共资产

由于关系到财政资金的规范运行,国家的法律与其他相关行政法规一直重视对行政事业性资产的规范化管理:一方面,《宪法》《立法法》与《物权法》的相关法律条文涉及或体现对于行政事业性公共资产的制度规范;另一方面,国务院及其所属相关部门专门出台行政法规对此类公共资产的运作给出具体的规定。2006年,财政部颁布了《行政单位国有资产管理暂行办法》(财政部令第35号)和《事业单位国有资产管理暂行办法》(财政部令第36号),这两部规章对行政事业单位公共资产的管理体制、原则、资产的配置、使用、处置、评估、监督检查和法律责任等方面做出了制度性的规定(林翰卿,2011)。2021年2月1日,国务院公布了《行政事业性单位国有资产管理条例》(中华人民共和国国务院令第738号),该条例将行政单位和事业单位的公共资产管理纳入一个统一的制度框架,从预算管理、资产配置、使用、处置等方面对公共资产的运作进行了规范。方方面面的制度建设对于建立规范、科学、有效的公共资产管理体系,将资产管理纳入法治轨道,落实资产管理责任,提高公共资产利用效率,建立资源节约型政府发挥了重要的作用(伍芯锐,2022)。财政法中有关行政事业性公共资产的法律规范将建立在已有的制度规范基础之上,对已有的相关法律制度加以规范和完善。

11.4.1 资产管理机构的设置

行政事业单位现行的公共资产管理体系以财政部门作为业务指导部门,以业务单位主管部门作为主管单位,单位具体负责资产的购入、管理、使用、处置等。从整体框架的角度来说,这种机构配置方式是没有问题的。但问题是,除了财政部门和业务单位主管部门之外,行政事业性公共资产管理还涉及机关事务局和政府采购中心等其他部门；一些地区的财政部门仅仅负责对部分资产的处置审批工作，车辆、房屋的处置审批由机关事务局负责，资产的采购则由政府采购中心负责。由此产生了行政事业性公共资产管理机构的设置及其权力配置问题：财政部门、机关事务局和政府采购中心在公共资产管理中究竟应该承担怎样的角色？或者更准确地说，在财政部门之外，是否还应该设置机关事务局和政府采购中心？

对于这一问题，有论者主张采用分工制，认为行政事业性公共资产的管理和运作应该在财政部门的主导下由机关事务局和政府采购中心等机构共同来完成。制度改革的重点是如何有序协调相关单位之间的关系。在此方面，姜颖（2021）强调了财政管理部门在公共资产管理中的主体地位，认为财政管理部门应该作为资产购置和处置的主体来完成预算全额审批、采购与分配、使用与处置等工作。而伍芯锐（2022）则认为，财政部门作为资产综合管理部门，应对资产划转、调剂进行统筹管理，负责指导、监督日常工作，机关事务管理局应负责房屋、车辆等具体资产的管理工作。

至于主张采用分工制观点的理由，这与资产管理的专业化问题有关。在支持者看来，由财政部门统一负责公共资产的管理，这要求财政部门资产人员不仅要掌握资产管理的政策法规，还要熟练掌握管理过程中固定资产管理的各种业务操作，财政部门代理资产管理机构来管理资产会导致资产管理工作失去专业性（王玉华，2021）。

应该说，强调公共资产的专业化管理，这符合政府绩效管理的要求。与此同时，强调财政部门在公共资产管理中的主导地位，也与现代财政制度的规范要求相一致。但是，公共资产的专业化并不等于需要将机构分开设置：在机构设置上，我们完全可以在财政部门下面设置专门的资产管理部门，由专业人员来负责，这样就能够在坚持资产专业化管理的同时，充分保证资产管理与预算部门统一协调。

11.4.2 财政约束性条款

首先，基于需求来配置资产。行政事业性公共资产大多依赖于财政拨款，在资源稀缺的客观约束下，资产的配置应该受到应有的约束和限制，否则，就会存在过度或者重复配置资产的问题，导致资源配置的低效率。而资产配置是否有必要，这就取决于资产配置是否有需要以及配置资产的需要是否合理。进而,在资产配置上,财政的法律制度需要规定:①各部门及其所属单位购置、建设、租用资产应当明确提出资产配置的需求,编制与资产配置相关的支出预算;②财政部门根据相关的预算管理规定,对各部门及所属单位的资产需求进行审批;③各单位和部门应该严格按照预算管理规定和财政部门批复的预算来配置资产。

其次,规范资产收益的管理。与经营性的公共资产不同,行政事业性公共资产不以营利为目的。但是,行政事业性资产可能会租借给其他单位和(或)个体使用或者被处置,进而产生相应的收益及其相应的收益管理规范化问题。特别地,由于资产的出租、出借和处置收入是政府非税收入的一种类型,行政事业性公共资产的收入应该按照政府非税收入和国库集中收缴制度的有关规定进行管理:各部门及其所属单位应当及时收取各类资产收入,不得多收、少收、不收、侵占、私分、截留、占用、挪用、隐匿、坐支。

再次,完善资产报告制度。为了保障公共资产的安全有效运行,各部门及其所属单位应当在财政预决算中全面、真实、准确地反映其行政事业性公共资产的规模、收入与支出。财政部门则汇总各部门的数据,然后向人大和社会公开。资产信息的公开对于行政事业性公共资产的规范管理具有重要的意义,它能够倒逼相关部门和单位加强资产的管理。现实的财政实践中,诸多单位和部门只关注需要购置哪些资产,但是对具体管理不重视,固定资产也未能及时入账与清理核销,造成账实不符与国有资产的流失(姜颖,2021)。资产信息报告制度的建立能够克服重财力、人力管理而轻物力管理的思想,克服重购买而轻维修、保养和处理的思想。

最后,完善有关资产绩效提升与风险管理的条款。绩效预算是财政管理的重要内容,加强政府财政的绩效管理对于节约型政府的建设具有重要的价值和意义。一方面,作为财政管理的重要组成部分,行政事业单位各部门及其所属单位应当按照现代绩效管理制度的要求,开展公共资产的绩效管理工作。另一方面,由于公共资产的取得可能要依赖于债务发行来为其提供资金保障,比如政府投资建设公共基础设施,相关的责任单位和主体应当依法落实资产获得的资金来源,加强预算约束,防范债务风险,明确公共基础设施管理维护的责任单位。

11.4.3 资产管理的基础条件

行政事业性公共资产的运作需要配套性的基础制度安排。其中,在资产的配置环节,需要科学合理的资产配置标准;在资产的使用环节,需要调剂使用与有偿使用等方面的收入管理制度规定;在资产的处置环节,需要处置管理办法。财政法律的制度规范需要在已有相关制度规定的基础上,做进一步的完善。

当然,作为上述制度运行的更进一步的前提,需要确定公共资产评估、资产清查与统计报告制度。在现实的财政管理中,由于相关的基础制度不健全,部分公共资产并未纳入统一的管理:对于一般办公用品,现在大多实现了从入账(建立卡片)、修改、按月计提折旧到最后处置的过程监控,但文化文物、公共基础设施(如市政、水利、道路)等特殊资产则因难以确定入账价值而没有在资产管理信息系统里建立卡片(谢芳,2022)。有的办公用房则可能由于产权证缺乏等方面的原因,单位会计也未记账(姜颖,2021)。这些做法都不符合资产统一管理的要求。

11.5 经营性公共资产

以国有企业等为载体的经营性资产是全体人民的共同财富,是社会主义市场经济的重要物质基础。自新中国成立以来,尤其是改革开放以来,伴随着国企改革的不断深入,党和政府一直注重经营性公共资产的法律法规建设。以2008年颁布的《企业国有资产法》为分界点,相关的法律法规建设大致可以分为两个阶段。在此之前,经营性公共资产的管理主要以政府颁布的行政法规为主;在此阶段,虽然1986年《民法通则》、1993年《公司法》与2007年《物权法》等法律都涉及对国有资产的保护条款,但有关经营性公共资产运作的专门性规章主要是国务院与财政部等发布的行政规章,如《国有企业财产监督管理条例》与《企业国有资产产权登记管理办法》等。2008年10月28日,第十一届全国人民代表大会常务委员会第五次会议审议通过《企业国有资产法》并于2009年5月1日正式实施,经营性公共资产的管理进入了以国家法律为主导的阶段,相关的法律法规建设为财政法有关经营性公共资产的制度建设提供了前提和基础。

11.5.1 经营性公共资产的权责划分

其一,横向权责划分问题。在比较长的时间范围内,由于企业的出资人职能由不同的部门分割行使,经营性公共资产的管理曾面临管人、管事和管资产相脱节的问题：国家计委行使投资职能，国家经贸委行使对国有企业的监督职能，由人事部和中央企业工委、中组部负责国有企业主要经营者的任免与考核，由劳动部监督国有企业的薪酬分配，由国务院派出的监事会负责对国有企业的财务检查和监督（钟真真，2008），这使得经营性公共资产的权责主体不明确。在此机制下，名义上相关部门都负责，但实际上没有真正负责的主体，没有"问责"制度，这导致国有资产的流失。2003年3月，根据十六大报告的精神，十届全国人大一次会议批准了国务院关于组建国有资产监督管理委员会的改革方案，设立国有资产监督管理委员会，对国有资产进行统一监管。通过国资委的成立建立了管资产、管人和管事相结合的制度，从机制上解决了国有资产出资人缺位与多头管理等方面问题。2008年颁布实施的《企业国资法》进一步明确了国资委的法律地位。由于责任主体在法律上已经明确，因此财政法中有关经营性公共资产的法律规范应该以此为基础，由国资委全权负责经营性公共资产的管理。

其二，纵向权责划分问题。经营性资产权利和责任的划分不仅涉及横向的责任划分问题，同时也涉及中央和地方以及地方各级政府之间的责任划分问题。十六大以前，我们所采取的体制是"国家所有、分级监管"，这种体制的产权划分并不十分明确。党的十六大报告提出：国家要制定法律法规，建立中央政府和地方政府分别代表国家履行出资人职责的国有资产管理体制。以"国家所有、分别代表"的体制去取代之前"国家所有、分级监管"的体制是一个重大突破：在国家所有的前提下，中央和地位的权责更为明确。未来的改革应该建立在这一基本制度规范之上。

11.5.2 国有资本经营预算的制度框架

尽管经营性公共资产与行政事业性公共资产都属于公共资产，都为公众所共有并由政府代理行使所有权，但它们在性质上存在很大的不同，遵守不同的规律和约束，进而需要将经营性公共资产管理与行政事业性公共资产及其相关的一般公共预算管理分离开来，就经营性公共资产的运行给出相对独立的管理模式。

2008年颁布的《企业国资法》为经营性公共资产的独立运作提供了法律保障。其第60条规定："国有资本经营预算按年度单独编制，纳入本级人民政府预算，报本级人民代表大会批准。"以此为依据，有关经营性公共资产管理的国有资本经营预算开始编制。在《企业国资法》出台以前,我国没有独立的国有资本经营预算;一方面,国有企业的利润并未上缴到公共预算甚至是国有资本经营预算里;另一方面,国有企业本身大量的改革成本却要从公共财政中支出(邬峥杰,金峰,2009)。

国有资本经营预算是对经营性公共资产收益做出支出安排的收支预算,是政府预算的重要组成部分,建立独立的国有资本经营预算制度意义重大。毕竟,一般公共预算体现的是政府的社会管理职能,而国有资本经营预算体现的则是政府作为经营性公共资产的所有者职能,两者不能混杂;否则,就无法清晰反映和评估政府履行两类职能的具体情况。因此,新《预算法》(2018年修订)将国有资本经营预算定义为与一般公共预算、政府性基金预算及社会保险基金预算相并列的预算类型。

基于国有资本经营预算制度的建设和完善,有关经营性公共资产管理的底层财政约束框架已经确立,修订的《预算法》和《企业国资法》已经为国有资本经营预算的规范运行给出了基本的制度框架。具体包括:

其一,国有资本经营预算收入类型的制度规定。相关的法律规范将国有资本经营预算的收入类型定义为以下几种类型:①从国家出资企业分得的利润;②国有股权股息、利息收入;③国有资产转让收入;④从国家出资企业取得的清算收入;⑤其他国有资本收入。

其二,国有资本经营预算支出类型的制度规定。国有资本经营预算所涉及的支出类型主要有:①补充社保基金支出;②解决历史遗留问题及改革成本支出;③国有企业资本金注入;④国有企业政策性补贴;⑤其他国有资本经营预算支出。

其三,预算平衡条款。《企业国资法》和新《预算法》都针对国有资本经营预算给出了明确的限定性原则。其中,《企业国资法》第60条规定:"国有资本经营预算支出按照当年预算收入规模安排,不列赤字。"新《预算法》第10条则明确要求:"国有资本经营预算应当按照收支平衡的原则编制,不列赤字。"

上述相关条款为国有资本经营预算的规范运行给出了基础性的制度框架。作为一项统领性的财政制度规范,财政基本法中有关国有资本经营预算的财政约束条款可以采用相关的制度规定。但是,考虑到经营性公共资产为社会所共有,国有资本经营预算的支出除了用于补充社保基金等方面之外,还可以进一步扩大,包括:①直接向公众分红;②为一般公共预算提供资金来源。其中,关于向一般公共预算提供资金的问题,在阐述经营性公共资产的财政平衡约束条款后,新《预算法》第 10 条进一步要求"安排资金调入一般公共预算",但在现实实践中还没充分体现出来。

当然,有论者可能会说,主张国有资本经营预算为一般公共预算提供资金来源,这会影响到国有资本经营预算的独立性,违背设立独立的国有资本经营预算的初衷。但事实上,设立独立的国有资本经营预算的目的不在于将国有资本经营预算与一般公共预算彻底割裂开来,而在于给国有资本经营预算相对独立的空间。事实上,也正因为国有资本经营预算为一般公共预算提供收入来源的必要性,所以财政的法律制度需要注意在国有资本经营预算与一般公共预算账户之间建立其应有的关联,正如在国有资本经营预算与社会基金预算之间建立起直接关系那样。

11.5.3 经营性公共资产的运行规范

有关经营性公共资产运作的制度规范涉及运行和分配两个层次,其中,国有资本经营预算所解决的问题是分配层面的。但是,作为分配的前提,经营性公共资产的制度规范更是涉及运行层面的:一方面,国有资本经营预算所涉及的资产只是纳入预算的那一部分,这一部分所涉及的资金比例极其有限;另一方面,财政等法律规范对于经营性公共资产的约束应该是全方位的。因此,除了国有资本经营预算的制度规范之外,财政基本法就经营性公共资产所制定的法律规范还需要在流程和范围方面做进一步的拓展,将其拓展到经营性公共资产的整体运行层面。

在市场经济体制下,国有企业与非国有企业都是具有同等法律地位的主体,它们都应该适用相同的法律规则并在相同的法律规则下公平竞争,进而,有关经营性公共资产参与市场运作的规则可以由有关规范市场竞争的一般法规来确定。与此同时,在资产运营的监督方面,经营性公共资产管理也可以参照和借鉴私人资本运营的相关监督制度。

问题是,经营性公共资产的产权主体是政府,而政府又具有社会监管职能,经营性公共资产的运营面临需要特别加以解决的个性化问题:①资产所有者和企业的关系问题;②社会管理职能与所有者职能相冲突的问题。

其一,关于资产所有者和企业的关系问题。《企业国资法》对相关的权利和责任进行了制度规定,已经对此给出了制度性规范。《企业国资法》规定:国有企业负责经营,国务院国有资产监督管理机构与地方人民政府按照国务院的规定设立的国资监督机构对国家出资企业履行出资人职责,对国有资产保值增值负责,但不得干预企业的经营活动。这一规定不仅在制度上保障了国有企业的自主经营权,同时也给出了资产监督机构的权利和责任范围。

其二,关于社会管理职能与所有者职能相互冲突的问题。由于经营性公共资产本身的性质,国资委往往被赋予两种身份:国有资产的所有者和国有资产的监督者。国资委的所有者身份意味着行使私权力性质的国有股东权,而国资委的国有资产监督者身份意味着行使公权力性质的监督权,公权力与私权力在行使过程中必然发生利益冲突而使国有资产管理陷于混乱(邬峥杰、金峰,2009)。要避免这方面的问题,就需要限制国资委等机构的权力,其权力应该限于对国有资产的监督管理而不应该基于公权力来干预市场,对市场的干预和管理应该交由国家的其他部委去完成。此外,在企业方面,既然经营性的国有企业和私人企业都是参与竞争的公平主体,则法律上就不应该强制对经营性公共资产施加社会责任;否则,国有企业就难以与其他企业在市场上公平竞争。

11.6 资源性公共资产

资源性公共资产是以自然资源形式来表现的资产类型。在法律上加强资源性公共资产的管理意义重大:一方面,自然资源是人类生存和发展的基础,它具有经济、财政、生态与人文等多方面的价值;另一方面,我国是社会主义国家,资源性公共资产的体量很大,对资源性公共资产的监管健全与否,这直接关系到社会经济发展的各个方面。因此,《物权法》《土地管理法》与《矿产资源法》等相关的法律规范都以各种形式为资源性公共资产的管理与运作提供制度保障。接下来有关资源性公共资产立法问题的讨论将建立在已有立法及相关实践的基础之上。

11.6.1 资源性公共资产的权责主体

资源性公共资产涉及土地、水、矿产、森林、滩涂等多种类型,资源性公共资产的管理存在是分类管理还是综合管理的模式选择问题。从已有的实践来看,除印度、南非、智利等少数国家外,大部分国家对于自然资源采取综合管理的方式。因为，相比分类管理，综合管理能有效解决管理分散、互相掣肘的问题。但是，考虑到资产性质的差异性，在综合管理的框架下，世界各国又普遍实施专业化的分类管理：在自然资源资产管理部门设立专门的二级机构，对不同类型的资源进行专业化管理。例如，美国内政部设立了土地管理局、岛屿事务办公室等13个二级机构；俄罗斯自然资源与生态部则设立了专门管理矿产、森林、水等资源的机构（李兆宜、苏利阳，2019）。

从已有的法律规定来看，我国资源性公共资产的产权与责任主体一直是明确的：《宪法》和《物权法》等法律规范都明确规定了国家对于自然资源的产权（法律规定属于集体所有的森林和山岭、草原、荒地、滩涂除外）并规定由国务院代表国家行使所有权。但问题是，在实际操作过程中，由于存在委托代理关系与分级管理，国有自然资源资产往往被地方、部门、社团或个人占有（马永欢等，2018）。长期以来，由于自然资源的管理采用碎片化的管理模式，相关的资产分属不同部门，自然资源管理在跨部门、跨领域合作方面存在行政上的低效率。

为解决产权主体虚化与资产管理碎片化等方面的问题，十九大提出设立专门的国有自然资源资产管理和自然生态监管机构。十九届三中全会审议通过《深化党和国家机构改革方案》，提出组建自然资源部并由它来统一行使全民所有自然资源资产所有者职责。根据这一改革方案，十三届全国人大一次会议批准组建自然资源部。2018年3月推行的国务院政府机构改革新组建了自然资源部，这为资源性公共资产的管理提供了应有的体制基础。

2018年国务院机构改革后，自然资源部整合了原来分散在国土、农业、林业、海洋等部门的自然资源资产管理职责，统一行使自然资源资产所有者职责，从体制上解决了长期存在的资源性公共资产所有权缺位以及所有者职责碎片化的问题。接下来的重点是，在现有的体制框架下，如何进一步解决中央和地方的分工问题？即地方政府应该在资源性公共资产的占有中扮演怎样的角色？毕竟资源性公共资产的管理离不开地方政府的协作，而地方政府也承担了国家职能的一部分，应该分享一部分资源，但国务院授权自然资源部统一行使国有资源资产的所有权只是在中央层面解决自然资源资产的所有权问题。

有学者建议，按照自然资源在生态、经济和国防领域的重要程度，研究编制全民所有中央政府直接行使所有权、全民所有地方政府行使所有权的自然资源资产清单和空间范围(马永欢等,2018)。① 应该说,为了资源性公共资产的规范管理,在中央与地方之间编制产权清单是必要的。与此同时,产权清单的确定也需要考虑资源本身的重要程度。但是,资源是政府履行其职能的物质基础,资源资产所有权清单的划分需要在财政分权的框架下,将资源的分配与政府职能的履行联系在一起,建立权利和责任相匹配的产权体系。

11.6.2 资源性公共资产的有偿使用制度

在相当长一段时间内,由于政府通过行政划拨的方式负责资源配置,我国的自然资源往往被无偿使用,自然资源的收益制度无从谈起。后来,虽然国家创设了探矿权、采矿权、林权与土地承包经营权,但由于自然资源资产所有人不到位,国有自然资源资产的权益保护不严格,自然资源资产被无偿地授予开发者和利用者,资产收益不断流向某些地区、部门和集体,甚至是进入个人的口袋,被固化为部门和地区利益(马永欢等,2018)。

1982年,《宪法》规定"土地的使用权可以有偿转让"。1996年修改后的《矿产资源法》确立了矿业权有偿取得制度。目前,按照"有偿使用是原则,无偿使用是例外"的要求,我国土地、矿产、水、海域海岛等主要自然资源资产已经建立了有偿使用的制度,自然资源资产出租、转让、抵押等二级市场逐步发展,交易平台和相应的管理体系正在逐步发展(李兆宜、苏利阳,2019)。

自然资源资产有偿使用的形式——对价机制——有权利金、税、费等多种可能的形式,但如表11-1所示,现实的做法是:不同自然资源所采取的对价形式存在很大的不同。矿产资源资产和水资源资产则同时涉及多种形式的有偿使用。其中,矿产资源资产同时涉及4种对价形式。至于水资产,从20世纪80年代开始,水资源一直采用征收水资源费的方式。2016年河北试点水资源税,2017年试点增加了北京等9个省级行政区,这使得税费两种对价制度同时并存。

---

① 至于产权划分的具体方式,马永欢等(2018)认为,应该由中央政府直接行使所有权的包括:(1)对军事等事关国家安全的国防用地;(2)新疆生产建设兵团的土地(因为事关增进新疆民族团结和维护社会稳定);(3)事关国家经济命脉、国家经济安全和社会稳定的油气、煤炭、铀矿、稀土等资源;(4)对战略性新兴产业、全球尖精科技发展和参与全球竞争具有重要意义的锑等资源;(5)东北、内蒙古国有林区(它们是我国重要的生态安全屏障和森林资源培育基地)及两大林区内的野生动植物资源和微生物资源(为保持生物多样性);(6)长江、黄河等大江、大河和黑龙江、鸭绿江等重要的跨境河流;(7)三江源国家公园以及东北虎豹、大熊猫等国家公园内的自然资源等。

表 11－1　　　　　　　　自然资源资产的对价形式及其性质

序号	资源类型	对价形式	性质
1	土地资源	土地使用权出让金	权利金
2	海域资源	海域使用金	权利金
3	矿产资源	矿产资源补偿费、矿业权价款、矿业权使用费、资源税	费和税
4	水资源	水资源税或水资源费	税或费

既然如此，资源性公共资产的对价制度究竟应该采取何种形式呢？从法理的角度来看，不同对价制度的性质是不同的。其中，税收主要是国家提供公共产品的对价，费是政府为向特定个别提供特定服务而实施的对价形式（张璐，2021），而权利金则是基于资源权利——所有权和（或）使用权——的转让而采取的对价形式。

理论上，在税、费与使用金等可能的对价形式中，能恰当体现资产所有者收益而形成的对价形式应该是出让金、使用金等权利金。因此，世界上大多数国家向矿产企业征收权利金，以作为让渡矿产资源所有权收取的对价。而在我国，尽管国有自然资源资产收益制度中已有相当比重的权利金实践，如国有土地资源、海域资源等领域，但国有自然资源有偿使用中权利金、税、费并存，这在制度逻辑上存在显而易见的问题，需要加以优化和完善（张璐，2021）。

具体来说，鉴于权利金是资源性公共资产有偿使用制度建设的基本方向，未来的改革应该对资源性公共资产的税费制度进行梳理，其中涉及所有权与使用权对价因素的部分，应并入相应的权利金体系。当然，强调向权利金制度方向进行改革的思路，并不等于税、费与资源性公共资产无关：为了其他的目的，政府可以向特定的资源性公共资产征税和（或）收费。但尽管如此，将权利金与税、费区分开来依旧很有必要。这是因为，如果是权利金，那么收入收取的主体是自然资源部及其下属机构；而如果是税和（或）费，那么收入收取的主体则是税务局等其他的公共部门。

11.6.3　资源性公共资产的收支管理

资源性公共资产收益的收支有"收支两条线"和"收支一体"两种可供选择的模式。其中，在"收支两条线"模式下，资源管理部门负责征收自然资源资产的收益，并全额上缴财政部门管理，而自然资源资产管理的公共性开支则由财政管理部门拨付。与之不同,在"收支一体"的模式下,资源的收益归资源管理部门所有,资源管理的成本则从资源收益中开支。

"收支两条线"是国际通行的做法。在澳大利亚,自然资源管理部门负责征收资产收益并上缴财政。采用"收支两条线",将收入征收与支出相分离,能提高资金使用效益,有效防止贪污腐败。因此,我国资源性公共资产的管理也应该采取"收支两条线"的管理模式。

但是,资源性公共资产采取"收支两条线"的管理模式,这并不等于需要将资源性公共资产的收益直接上缴财政:与经营性公共资产一样,资源性公共资产应该建立相对独立的资产管理及其财政预算模式。该预算模式涉及两部分:其一,是资源性公共资产的收益,主要是资产的权益金及相关的利息收入;其二,是资源性公共资产的支出,包括向一般公共预算与社保基金预算等提供的收入、为维护特定资源所花费的成本等。当然,为了克服"收支一体"模式所存在的管理弊端,该预算的成本不包括资源管理部门的行政成本及其相关开支。

资源性公共资产是财政收入的一种可能方式,资源资产及其收益同样需要在中央和地方以及地方各级政府之间进行合理分配。然而,由于资源性资产的名义所有权属于国家,因此地方政府的所有权在法律上并没有得到应有的体现。而另一方面,实际采取的则是"所有权公有,实际管理权归属地方"模式:在土地资源方面,地方享有建设用地的占有权、收益权和管理权,国有建设用地的有偿使用管理大多集中在市县一级;而在矿产资源方面,探矿权由国家、省两级管理,采矿权由国家、省、市、县四级管理(李兆宜、苏利阳,2019)。受此影响,资源性公共资产尚未充分体现全民所有权益:一些地方以划拨方式取得国有农用地和未利用地的使用权,实际却成为土地所有权行使主体,享有土地所有权人拥有的占有、使用、收益和处分等各项权利,即基本上是"谁占有,谁处置,谁收益",国家作为法定所有者代表并未享有相应收益。同样地,一些国有农场、林场、草场的土地,所有权人虽然是国家,但实际上却沦为地方和企业自管自用,以事实所有者的身份占据相关的利益(马永欢等,2018)。为了解决上述问题,有必要就资源性公共资产的产权在中央和地方之间做出明确的界定,并就相关的支出责任(如资源性公共资产的维护成本)在中央与地方中做出调整和划分。

11.7 本章小结

在就公共资产进行理论界定的基础上,本章就公共资产立法所面对的立法范围、立法思路以及相关的具体问题做出了分析。本章有关公共资产立法的基本观点如下:

第一,公共资产立法需要明确强调政府对于公共资产的所有权。公共资产是指各级国家机关及其所属的事业单位、社会团体按照法律规定支配、使用的资产,包括行政事业性公共资产、经营性公共资产与资源性公共资产。财政基本法作为立法的一部分并成为进一步立法的前提和基础,应该进一步强调:公共资产由各级政府负责运行和管理,任何个人、组织和团体不得非法占有、挪用和处置公共资产。

第二,公共资产立法需要明确公共资产管理的基本思路及其相应的制度框架。在本章的研究看来,公共资产的管理应该按照统一规划与分类管理相结合的思路:一方面,行政事业性公共资产、经营性公共资产与资源性资产应该分开管理,由不同的部门具体负责;另一方面,在分类管理基础上,各类公共资产要纳入统一的管理规划,需要将资产管理的结果进行汇总。

第三,公共资产立法需要就管理各大类资产的责任单位做出明确规定。具体来说,行政事业性公共资产由财政部门统一管理,由各预算部门具体负责;经营性公共资产由国资委具体负责管理;资源性资产则由自然资源部具体负责。

第四,公共资产立法需要就公共资产的运作规范做出明确的法律规定。其中,在实体规范上,各类资产的运作需要遵循相关的法律规范,受相关法律规范的约束。而在程序规范上,一般公共资产的主体变更、用途改变、资产转让等处置,由同级政府依法决定;重大资产的处置,需要报经同级人民代表大会常务委员会审批。

第五,公共资产立法需要就有关公共资产运行结果的报告制度做出明确规定。财政基本法应该明确规定:各责任单位应该编制所负责的公共资产的资产负债表;各级政府应当汇总行政机关、事业单位与社会团体的资产负债表,并在此基础上编制本级政府的资产负债表。

第六,公共资产立法需要就公共资产运行的监督机制做出法律规定。具体来说,各责任单位与各级政府所编制的资产负债表需要向同级人民代表大会常务委员会报告并接受同级人民代表大会常务委员会与同级人民代表大会的审查、监督。经人大审查通过后的资产负债表需要及时向社会公众公开。

第 12 章　公共债务立法研究

自1994年中国实行分税制改革以来,财政收支缺口的长期存在和债务监管制度建设的滞后,激发了各级国家机关、企事业单位和组织的举债行为,形成巨额公共债务。随着经济增长换挡和经济结构转型,中国公共债务膨胀带来的潜在问题逐步趋于显性化,风险不断积聚。

2014年以来,政府债务管理的法治化和规范化程度不断提高,但与科学规范统一高效的债务监管法治化目标仍有距离。并且,公共债务的范畴大于政府债务。在中国的现实政治经济背景下,除了政府债务,还包括其他机关、企事业单位、基层群众性自治组织和社会团体以各种形式举借的政府负有责任的债务。目前,中国现行法律体系中缺少专门针对公共债务的法律,迫切需要通过法律文件对公共债务进行约束。

本章讨论公共债务立法问题,针对债务"借、用、还"的全过程,就举债主体、举债权限、举债方式、债务规模及控制、债务种类和用途、债务偿还、债务风险预警及防控、债务违约处理(含应急机制和事后救济)及责任追究等进行讨论。

12.1　公共债务立法研究范畴

12.1.1　定义

公共债务是指国家机关、企事业单位、基层群众性自治组织和社会组织(含社会团体、民办非企业团体、基金会等)等以各种形式举借的,或者是以收支缺口表现的,政府负有偿还责任的债务、政府负有担保责任的债务和政府可能承担一定救助责任的债务。

上述定义体现了公共债务立法的以下两个重点:

一是需要明确公共债务的层次或范围。公共债务涉及的主体包括国家机关、企事业单位、基层群众性自治组织和社会组织,为从事公益性事业或公益性项目所举借的债务或存在的收支缺口。从层次性来看,政府(含部门和机构)、包括政府在内的国家机关,乃至包括企事业单位、基层群众性组织和社会组织在内,属于公共部门不同层次,均可能发生举债行为,财政基本法的研究需要对其举借债务作出规定。

二是需要明确政府对公共债务的责任。这种责任既包括偿还责任和救助责任,也包括民事责任,是政府需要依法承担相应责任的边界。公共债务立法研究中需要在公共债务的层次和范围基础上,准确把握政府责任边界。一方面,对于不应由政府承担相应责任的债务,不论是谁举借、以何种目的和方式举借,均需要在立法中加以明确规定;另一方面,对于政府应该承担相应责任的债务,不论是偿还责任、财政救助责任还是民事责任,都应在立法中加以明确,阐明相应依据,并以"清单"方式加以列举,以期建立相应约束。

12.1.2 分类

12.1.2.1 公共债务的层次

(1)政府性债务

公共债务的第一个层次是政府性债务。2013年全国性债务审计工作方案和审计结果,揭示了中国现实背景下纷繁复杂的政府性债务范畴。[1] 在这次债务审计中,将政府性债务定义为政府负有偿还责任、政府负有担保责任、政府可能有一定救助责任这三种类型债务。其中,政府负有偿还责任的债务为政府债务,政府债务以外的政府性债务统称为政府或有债务。具体分类如下:

①政府负有偿还责任的债务

政府负有偿还责任的债务是指政府(含政府部门和机构,下同)、经费补助事业单位、公用事业单位、政府融资平台公司和其他相关单位举借的,确定由财政资金偿还的债务。这里的"其他单位",是指除政府部门和机构、经费补助事业单位、公用事业单位和融资平台公司四类主体之外,有政府负有偿债责任债务和政府负有担保责任债务的单位,包括自收自支或企业化管理的事业单位、

---

[1] 资料来源:《国务院办公厅关于做好地方政府性债务审计工作的通知》(国办发明电〔2011〕20号)、《国务院办公厅关于做好全国政府性债务审计工作的通知》(国办发明电〔2013〕20号),以及附件《审计工作方案》《审计相关概念说明》等。

融资平台公司之外的其他企业。以下是典型的政府负有偿还责任的债务。

一是政府债券、国债及转贷、外债及转贷、农业综合开发借款、其他财政转贷债务中确定由财政资金偿还的债务。

二是政府融资平台公司、政府部门和机构、经费补助事业单位、公用事业单位及其他单位举借、拖欠或以回购等方式形成的债务中，确定由财政资金（不含车辆通行费、学费等收入）偿还的债务。

三是粮食企业和供销企业政策性挂账。

②政府负有担保责任的债务

政府负有担保责任的债务是指因政府提供直接或间接担保，当债务人无法偿还债务时，政府负有连带偿债责任的债务。具体表现形式如下：

一是政府融资平台公司、经费补助事业单位、公用事业单位和其他单位举借，确定以债务单位事业收入（含学费、住宿费等教育收费收入）、经营收入（含车辆通行费收入）等非财政资金偿还，且政府提供直接或间接担保的债务。

二是政府举借，以非财政资金偿还的债务，视同政府担保债务。

③政府可能承担一定救助责任的债务

政府可能承担一定救助责任的债务是指政府融资平台公司、经费补助事业单位和公用事业单位为公益性项目举借，由非财政资金偿还，且政府未提供担保的债务（不含拖欠其他单位和个人的债务）。政府在法律上对该类债务不承担偿债责任，但当债务人出现债务危机时，政府可能需要承担救助责任。

这一债务未明确规定由财政资金偿还，且未提供政府（含政府部门和机构）担保，之所以属于公共债务范畴并承担一定救助责任，是由于这类债务具有区别于一般债务的公益属性。这些公益性债务包括用于交通运输（铁路、公路、机场、港口等）、市政建设（公共交通、广场、文体场馆、绿化、污水及垃圾处理等）、保障性住房、土地收储整理等的债务，不包括企业法人和自然人投资完全按市场化方式运营项目形成的债务。

可见，由特殊的政企关系、政资关系和复杂的事业单位与政府之间的隶属或依附关系所致，并受到债务关系和投资属性的多样性影响，政府性债务不可避免地会牵涉到不同类型的企事业单位。当前，中国的政府性债务的重点难点是交通运输、市政建设、高校、医院和融资平台公司等重点行业和单位的政府或有债务。

(2) 其他国家机关和组织债务

公共债务的第二个层次是其他国家机关,如人大、政协、司法等机关单位,社会组织,以及村委会为代表的群众性自治组织的债务。2013年全国债务审计中,将人大、政协、司法等机关单位视同政府填列。审计结果表明①,包含各类型国家机关为举债主体的债务规模增长较快,部分地方和行业债务负担较重。村集体组织的债务也是一个重要的公共债务领域。当前,中国大部分乡一级机构实行"乡财县管"。由于基层普遍存在财政困难,乡镇一级政府的收支缺口较大。为了筹措资金,乡镇往往会把资金压力传导至村一级的基层组织。同时,由于村集体不受"乡财县管"的制约,为了解决财政收支矛盾,以各种办法引资集资或举债弥补收支缺口。在这些债务的形成过程中,不乏在长期历史条件下,由于体制机制不健全导致的违法违规行为。具体可参见本章"债务规模与种类"中"乡镇及村集体组织的债务"部分。

(3)以社保基金收支缺口为代表的"隐性债务"

公共债务的第三个层次是以社会保障基金收支缺口为代表的"隐性债务"。随着老年人口的快速增长,中国社保基金的开支压力日渐增大。统计数据显示,社保基金早在2013年就已出现入不敷出的情况,且实际赤字规模逐年扩大。因此,对财政补贴收入的依赖度也越来越高。巨大的收支缺口极易形成新的隐性公共债务。

12.1.2.2 政府责任的边界

尽可能全面地框定公共债务的层次和范围,是为了立法能够尽可能全面地涵盖公共债务领域,从而为厘清政府的债务责任边界奠定基础。目前,一些债务领域的政府责任较为明晰,而另一些公共领域的政府债务责任较为模糊,尚待厘清,甚至一些领域的政府责任亟待确立。

(1)政府责任边界较为清晰的公共债务领域

①政府偿还责任债务

目前,政府责任边界较为清晰的是政府负有偿还责任的债务,这是因为其具有明确的债务事件和债权债务关系。

②政府担保责任债务

另一个政策责任边界较为清晰的公共债务领域是政府负有担保责任的债务。2015年,修订后的《中华人民共和国预算法》颁布施行,其对政府担保进行

---

① 资料来源:审计署网站,《2013年第32号公告:全国政府性债务审计结果》,https://www.audit.gov.cn/oldweb/n5/n25/c63642/content.html。

了明确规定。国务院、财政部出台的一系列配套政策文件也对政府负有担保责任的债务及处置进行了具体规定。

《预算法》第 35 条规定:"除法律另有规定外,地方政府及其所属部门不得为任何单位和个人的债务以任何方式提供担保。"[1]与之相对应,2016 年国务院办公厅印发的《地方政府性债务风险应急处置预案》规定[2],除外国政府和国际经济组织贷款外,地方政府及其部门出具的担保合同无效,地方政府及其部门对其不承担偿债责任,仅依法承担适当的民事赔偿责任,但最多不应超过债务人不能清偿部分的二分之一;担保额小于债务人不能清偿部分二分之一的,以担保额为限。具体金额由地方政府、债权人、债务人参照政府承诺担保金额、财政承受能力等协商确定。

上述规定与中国的担保法律体系是兼容的。在 2021 年 1 月 1 日《中华人民共和国担保法》废止、《中华人民共和国民法典》生效之前,对这一问题已有明确规定。《担保法》第八条规定,国家机关不得为保证人,但经国务院批准为使用外国政府或者国际经济组织贷款进行转贷的除外。《担保法》第九条规定,学校、幼儿园、医院等以公益为目的的事业单位、社会团体不得为保证人。由此可见,地方政府依法担保范围仅限于经国务院批准为使用外国政府或者国际经济组织贷款进行转贷的担保行为。而存量的政府负有担保责任的债务处置也有法律依据。《最高人民法院关于适用〈中华人民共和国担保法〉若干问题的解释》(法释〔2000〕44 号)第三条规定,国家机关和以公益为目的的事业单位、社会团体违反法律规定提供担保的,担保合同无效;担保合同被确认无效后,债务人、担保人、债权人有过错的,应当根据其过错各自承担相应的民事责任。上述规定已在《最高人民法院关于适用〈中华人民共和国民法典〉担保部分的解释》(法释〔2020〕28 号)中得到延续。

同时,对后续的担保融资发展及相应的政府责任,财政部在 2017 年进行了规定[3],允许地方政府结合财力实际状况设立或参股担保公司(含各类融资担保

---

[1] 资料来源:中央政府门户网站,《全国人民代表大会常务委员会关于修改〈中华人民共和国预算法〉的决定》(主席令第十二号),http://www.gov.cn/zhengce/2014-09/01/content_2743208.htm。

[2] 资料来源:财政部网站,《依法做好应急政策储备持续增强风险防控能力 着力助推国家治理能力提升——财政部有关负责人就出台〈地方政府性债务风险应急处置预案〉答记者问》,http://yss.mof.gov.cn/gongzuodongtai/201611/t20161114_2457909.htm。

[3] 资料来源:财政部网站,《关于进一步规范地方政府举债融资行为的通知》(财预〔2017〕50 号),http://yss.mof.gov.cn/zhuantilanmu/dfzgl/zcfg/201705/t20170503_2592801.htm。

基金公司),鼓励政府出资的担保公司依法依规提供融资担保服务,地方政府依法在出资范围内对担保公司承担责任。

(2)政府责任边界较为模糊或尚待明确的公共债务领域

①地方融资平台公司债务

边界较为模糊的债务领域之一是地方融资平台公司债务。当前,融资平台与政府之间要求实施功能上的"剥离",以期厘清地方政府与融资平台公司的边界。① 具体包括:推动平台转型为市场化运营的国有企业;切断公益性资产、储备土地等注资渠道;规范债务投资,不得以借贷资金出资设立各类投资基金,严禁利用PPP、政府出资的各类投资基金等方式违法违规变相举债。具体参见本章关于"城投债风险防控"的内容。厘清政府的担保类债务责任以及与融资平台公司的边界之后,融资平台公司在政府融资功能"剥离"前所形成的存量或有债务应如何处置就成为一个问题。当前的规定是,地方政府可以根据具体情况实施救助,但保留对债务人的追偿权。② "可以救"的模糊表述和"该不该救""如何救"方面的语焉不详,容易引发预算软约束预期和"大而不倒"的倒逼行为。2021年4月13日,国务院发布《关于进一步深化预算管理制度改革的意见》③,其中明确提出"清理规范融资平台公司,剥离其政府融资功能,对失去清偿能力的要依法实施破产重整或清算"。这意味着,从目标上来看,要求融资平台公司与其他市场主体一视同仁,依照《公司法》《破产法》和《合同法》等法律规定,厘清相应的政府责任边界。

②经营性公路企业和医院、高等学校等重点行业和单位的债务

政府责任边界的模糊还表现在经营性公路企业和医院、高等学校等重点行业和单位的债务上。

那些受让政府还贷公路收费权的国有经营性公路独资或控股企业,是以车辆通行费等经营性收入作为偿债资金来源,不仅形成了较大规模的债务余额和收支缺口,而且不同线路的企业经营绩效存在较大差异,构成了中国的一个突

---

① 资料来源:财政部网站,《关于进一步规范地方政府举债融资行为的通知》(财预〔2017〕50号),http://yss.mof.gov.cn/zhuantilanmu/dfzgl/zcfg/201705/t20170503_2592801.htm。

② 资料来源:财政部网站,《依法做好应急政策储备持续增强风险防控能力 着力助推国家治理能力提升——财政部有关负责人就出台〈地方政府性债务风险应急处置预案〉答记者问》,http://yss.mof.gov.cn/gongzuodongtai/201611/t20161114_2457909.htm。

③ 资料来源:财政部网站,《国务院关于进一步深化预算管理制度改革的意见》(国发〔2021〕5号),http://yss.mof.gov.cn/gongzuodongtai/202104/t20210413_3685503.htm。

出的存量或有债务领域。当前,银企之间针对这一类型债务进行置换。置换主体为当地省级交投公司,参与置换较多的则是国家开发银行为首的银团。这类置换较多的原因在于,经营收益长期且较为稳定。具体可参见本章"债务规模与种类"中"国有经营性公路企业债务"部分。对于这一类型的债务领域,立法中是否应当确立政府救助责任以及如何体现,尚需进一步明确。

公立医院、高等院校等不仅形成了较大的债务余额和偿债压力,而且政府救助责任的体现不够明确,具有较为明显的"运动式"化债特征,即当债务风险较大和矛盾突出时,全国自上而下掀起阶段性的重点行业和领域的化债工作。乡镇及村集体组织债务中,上级政府的责任体现不够充分,基本上是指令式的下压,要求地方政府自我化解,并严防新的债务风险。具体可参见本章"债务规模与种类"中"医院高校等事业单位债务"和"乡镇及村集体组织的债务"部分。总体来看,医院高校、村委会等事业单位和组织的债务问题中,政府责任的体现不仅不够明晰、缺乏长效,债务"扩张—化债—扩张"的预算软约束现象和财政风险未得到根本治理,而且各地在化债过程中也表现出较大的差异。各地的化债方式和政府责任体现程度不一,缺乏科学的依据和统一的标准。

③以社保基金收支缺口为代表的"隐性债务"

以社保基金收支缺口为典型代表的政府"隐性债务",则需要在立法中施加明确的政府责任。政府虽然通过诸如划拨国有企业上缴红利和国有资本经营收益、提供财政补贴等各种方式已体现一定的救助责任,然而,是否需要在立法中明确这一救助责任,并将这一责任进一步彰显?

12.2 债务发行

12.2.1 举债主体

举债主体是为了确定谁拥有举借债务的权力。确定公共债务举债权有两方面意义:第一,确定公共债务的公法性质,其不同于私人举借的债务和公司发行的公司债券;第二,确定公共债务的发行主体,有利于确定公共债务举借的类型,并完善相应的债务监管体制机制。

12.2.1.1 举债主体的立法要点

公共债务立法中,对举借债务的公共机构进行相应规定是重点之一。公共债务的举借主体是政府(中央政府、地方政府)。举债主体的立法中,关键是对地方政府是否有举债权作出规定。目前,几种常见的形态展示如下:

(1)授权财政部门代表政府依法举债

在不同的国家,政府举借债务的机构名称和法律地位有所不同,但大多由宪法或财政法授权,由财政部门代表政府依法举借债务。

(2)赋予地方政府自治权依法举债

美国作为联邦制国家,尽管地方政府隶属于州政府,但地方政府依据法律也拥有很大的自治权,地方政府及其权力一般由州通过法律规定,在法律上享有完整的自主权。美国各州政府都有举债的权力,各个州也有相应的法案。

(3)在自治团体自治基础上赋予举债权

例如,日本颁布的《地方自治法》规定,地方自治团体享有一定的自治财政权,主要包括地方课税权和地方举债权。[1] 地方政府拥有发行地方债的权力,以缓解地方财力的不足。日本地方自治体、特别地区、地方公共团体联合组织以及地方开发事业等特殊地方公共团体均有举债权。

12.2.1.2 中国当前的举债主体

当前,除了中央政府,地方政府也拥有一定的举债权。2014年国务院发布的《国务院关于加强地方政府性债务管理的意见》规定,"赋予地方政府依法适度举债权限。经国务院批准,省、自治区、直辖市政府可以适度举借债务,市县级政府确需举借债务的由省、自治区、直辖市政府代为举借"[2],开始试点地方债"自发自还"模式。2015年《预算法》修订实施后,从法律上赋予地方政府一定的举债权限。

此外,中国当前的公共债务的举债主体还包括其他各类型国家机关单位、国有企事业单位、组织,在财政基本法的立法范畴下,公共债务立法中需要对这些举债主体进行相应的规范。

12.2.1.3 举债主体立法的思路

在公共债务的立法中,应对举债主体作出规定,思路如下:

---

[1] 资料来源:日本政府网站,《地方自治法》(昭和二十二年法律第六十七号),https://elaws.egov.go.jp/document?lawid＝322AC0000000067_20220401_503AC0000000054&keyword＝％E5％9C％B0％E6％96％B9％E8％87％AA％E6％B2％BB％E6％B3％95。

[2] 资料来源:中央人民政府网站,《国务院关于加强地方政府性债务管理的意见》(国发〔2014〕43号),http://www.gov.cn/zhengce/content/2014－10/02/content_9111.htm。

第一,政府授权财政部门代表政府依法举债。

第二,立法、政协、司法、监察、军事机关单位不得作为借债主体。

第三,企事业单位不得作为政府所委托的公益性事业或项目的借债主体,需要举债的,应作为政府债务,由财政部门作为举债主体。这一规定具有两方面含义:一方面,对于非政府委托的公益性事业或项目,以及企事业单位的市场化经营行为,应与其他市场主体一样,遵照《公司法》《合同法》和《破产法》等相关法律的规定。政府履行出资职责,在出资范围内依法承担民事责任或救助责任。另一方面,在政府委托的公益性事业或项目中,企事业单位不得作为举债主体;需要举债的,应作为政府债务,由财政部门作为举债主体,纳入公共债务监督管理制度框架,接受债务监管。

第四,城市居民委员会、村民委员会等基层群众性自治组织,社会组织(含社会团体、民办非企业团体、基金会等),按照现有法律规定,均在一定程度上承担公益性事业和公益性项目,并规定政府相应的职责。

例如,《中华人民共和国城市居民委员会组织法》第三条规定,居民委员会的任务包括协助人民政府或者它的派出机关做好与居民利益有关的公共卫生、计划生育、优抚救济、青少年教育等各项工作。同时,该法第十七条规定,居民委员会的工作经费和来源,居民委员会成员的生活补贴费的范围、标准和来源,由不设区的市、市辖区的人民政府或者上级人民政府规定并拨付;居民委员会的办公用房,由当地人民政府统筹解决。

《中华人民共和国村民委员会组织法》第三十七条规定,人民政府对村民委员会协助政府开展工作应当提供必要的条件;人民政府有关部门委托村民委员会开展工作需要经费的,由委托部门承担。村民委员会办理本村公益事业所需的经费确有困难的,由地方人民政府给予适当支持。

此外,根据《社会团体登记管理条例》《民办非企业单位登记管理暂行条例》《基金会管理条例》等法规,社会组织均可能会从事政府委托的特定的公益性事业或者公益性项目,并且要求政府发挥支持功能。

因此,与企事业单位作为举债主体的规定一致,也应该在立法中加以明确。城市居民委员会、村民委员会等基层群众性自治组织,以及社会组织(含社会团体、民办非企业团体、基金会等)不得在政府委托的公益性事业和项目中作为举债主体;需要举债的,同样应作为政府债务,由财政部门作为举债主体,纳入公共债务监督管理法律框架,接受法律监管。

最后，修订目前部分法规关于举债主体的规定。例如，《中华人民共和国公路法》在"收费公路"这一章的第五十九条中，对于收取车辆通行费的规定是，由县级以上地方人民政府交通主管部门利用贷款或者向企业、个人集资建成的公路，可以依法收取车辆通行费。这就表明，县级以上交通主管部门可以作为举债主体，利用贷款或集资修建收费公路，这一规定应予以修订。

12.2.2 举债权限

12.2.2.1 举债权限的立法要点

举债须经过立法机关审议是世界范围内的一种普遍做法，存在差异的是举债权限在不同政府层级之间的划分与配置，由此构成举债权限的一个立法要点。

(1) 分设制

以美国为代表的联邦制国家中，州政府和地方政府都拥有发行债券的权利，联邦政府不为其债务提供担保，也不直接干预。地方政府的举债权是通过地方立法（主要是州法律）加以确立并限制的，且很多地方政府举债还须经过全民听证、议会或镇民代表大会批准，或进行全民公决。对于地方政府举债，民众有监督权。

(2) 审批制

大多数国家采用审批制方式，由中央政府管理地方政府发债。例如，澳大利亚的地方政府有权举债并负有偿还债务的义务，债务批准由中央财政部门执行。德国地方政府举债的主要形式是发行债券，原则上只能发行筹集投资性经费的地方债，但经济不景气时也可以破例发行赤字债。地方政府发债需要得到联邦政府的同意。2006 年前，日本实行严格的审批制，地方政府举债必须经中央政府批准。

(3) 兼顾制

2006 年以后，日本逐渐实现由审批制向审批和分设兼顾的制度转变。在这一制度下，更多兼顾地方的发债需求，给予地方更多的选择权并明确央地之间的责任。这有利于更加顺利、平稳的举债，既能够增加地方政府的财政收入，巩固地方财政的稳健程度,也能够明晰央地之间的债务责任。①

日本《地方财政法》规定②,地方自治团体或地方公营企业向总务省总务大臣和都道府县知事提出发债申请,如果得到许可,称为协商认可地方债;如果总务大臣和知事不同意,但获得地方自治体议会认可,称为协商未认可地方债。获得协商认可的地方债的融资财源和偿还财源都纳入地方财政计划,享受中央政府的优惠政策;而没有获得协商认可的地方债,则中央政府不再承担其融资财源和偿还财源。显然,地方自治团体或地方公营企业对这一类型债务承担完全的责任。同时,这一体制下,地方政府在发行以下事项债务时无须进行审批:①缩减当年地方政府债券;②对经同意或许可发行的地方债券进行再融资;③降低同意或许可发行的地方债券利率;④变更已经发行的地方债券的赎回方式。

12.2.2.2 中国当前的举债权限

目前,中国地方政府债券的举债权限是典型的审批制。其他类型的公共债务,由于牵涉较多的举债主体,债务类型差别较大,目前并没有统一的举债权限的设立方式,尚待在财政基本法层面加以明确。

政府债券举债的流程如下。地方政府在地方债发行前一年,由市县级政府财政部门会同行业主管部门上报下一年的一般债和专项债额度需求,由省级财政部门汇总上报财政部,经国务院报全国人大批准全年债务新增限额。地方要做好限额管理与预算管理的衔接,保障地方政府债务余额不超过法定的"天花板"上限。

限额管理的审批制框架下,地方行使发行债券的具体权力。财政部2020年发布的《地方政府债券发行管理办法》规定③,地方政府依法自行组织本地区地方政府债券发行和还本付息工作,地方政府债券发行兑付工作由地方政府财政部门负责办理。具体包括:

---

① 资料来源:日本政府网站,《地方债省令》(地方债に関する省令,平成十八年总务省令第五十四号),https://elaws.egov.go.jp/document?lawid=418M60000008054_20210401_503M60000008042&keyword=%E5%9C%B0%E6%96%B9%E5%82%B5.

② 资料来源:日本政府网站,《地方财政法》(地方财政法,昭和二十三年法律第百九号),https://elaws.egov.go.jp/document?lawid=323AC0000000109_20220401_503AC0000000066&keyword=%E5%9C%B0%E6%96%B9%E8%B2%A1%E6%94%BF%E6%B3%95.

③ 资料来源:财政部网站,《关于印发〈地方政府债券发行管理办法〉的通知》(财库〔2020〕43号),http://gks.mof.gov.cn/ztztz/guozaiguanli/difangzhengfuzhaiquan/202012/t20201217_3635347.htm.

(1) 制订债券发行计划

财库〔2018〕72 号文规定①，各级财政部门会同专项债券对应项目主管部门，组织专项债券发行前期准备工作，项目准备成熟一批发行一批。财库〔2020〕36 号文进一步明确了财政部统筹地方债券发行计划的职责。② 该文件规定，地方财政部门应当根据发债进度要求、财政支出使用需要、库款水平、债券市场等因素，科学设计地方债发行计划，合理选择发行时间窗口，适度均衡发债节奏，既要保障项目建设需要，又要避免债券资金长期滞留国库。地方财政部门应当在每季度最后一个月 20 日前，向财政部（国库司）报送下季度地方债发行计划，包括发行时间、发行量、债券种类等。财政部统筹政府债券发行节奏，对各地发债进度进行必要的组织协调。

(2) 组织债券发行

地方财政部门根据专项债券发行规模、债券市场情况等因素，选择招标（含弹性招标）、公开承销等方式组织专项债券发行工作。同时，各地可在省内集合发行不同市、县相同类型专项债券，提高债券发行效率。

为坚持债券发行中的市场化定价原则，《财政部关于做好地方政府专项债券发行工作的意见》特别强调，地方财政部门不得以财政存款等对承销机构施加影响人为压价。③《财政部关于做好地方政府债券发行工作的意见》则规定，地方财政部门应当将地方国库现金管理与地方债券发行脱钩，不得在地方国库现金管理招标评分体系中，将 2019 年及以后年度发行地方债券的认购情况作为评价因素。④

(3) 选择承销团及主承销商

《地方政府债券发行管理办法》规定，地方财政部门组建地方政府债券承销团，根据市场环境和债券发行任务等因素，合理确定承销团成员和主承销商的

---

① 资料来源：财政部网站，《财政部关于做好地方政府专项债券发行工作的意见》（财库〔2018〕72 号），http://www.mof.gov.cn/gkml/caizhengwengao/wg2018/wg201808/201811/t20181122_3073912.htm。

② 资料来源：财政部网站，《财政部关于进一步做好地方政府债券发行工作的意见》（财库〔2020〕36 号），http://www.mof.gov.cn/gkml/caizhengwengao/202001wg/wg202011/202103/t20210323_3674656.htm。

③ 资料来源：财政部网站，《财政部关于做好地方政府专项债券发行工作的意见》（财库〔2018〕72 号），http://www.mof.gov.cn/gkml/caizhengwengao/wg2018/wg201808/201811/t20181122_3073912.htm。

④ 资料来源：财政部网站，《财政部关于做好地方政府债券发行工作的意见》（财库〔2019〕23 号），http://gks.mof.gov.cn/ztztz/guozaiguanli/difangzhengfuzhaiquan/201904/t20190430_3237973.htm。

数量、选择方式、组建流程等。① 《财政部关于做好地方政府债券发行工作的意见》则对相关技术参数作出规定。地方财政部门在招标发行规则中合理设定承销团成员最低投标比例、最低承销比例、最高投标比例、债券投标利率区间上下限、单一标位投标量等技术参数要求;其中,单一标位最高投标量不得高于当期债券计划发行量的35%。②

地方财政部门可以在承销团成员中择优选择主承销商,主承销商发挥承销主力作用。在承销团中设有主承销商的地区,应当对不同类型承销团成员分别设定投标技术参数要求,合理匹配不同类型承销团成员的权利与义务。③ 鼓励优先吸纳记账式国债承销团成员加入承销团,鼓励优先吸纳记账式国债承销团甲类成员成为主承销商。④

(4)调配拨付债券资金

各级财政部门应当及时安排使用专项债券收入,加快专项债券资金拨付,防范资金长期滞留国库,尽早发挥专项债券使用效益。允许地方政府在地方债券发行前,可对预算已安排的债券资金项目通过调度库款周转,加快项目建设进度,待债券发行后及时回补库款。

(5)管理债券期限结构

地方财政部门统筹考虑地方债收益率曲线、项目期限、融资成本、到期债务分布、投资者需求等因素科学设计债券期限。地方债期限为1年、2年、3年、5年、7年、10年、15年、20年、30年。地方可采取到期还本、提前还本、分年还本等不同还本方式。对于一般债券,地方财政部门需要均衡一般债券期限结构。年度新增一般债券平均发行期限应当控制在10年以下(含10年),10年以上(不含10年)新增一般债券发行规模应当控制在当年新增一般债券发行总额的30%以下(含30%),再融资一般债券期限应当控制在10年以下(含10年)。对

---

① 资料来源:财政部网站,《关于印发〈地方政府债券发行管理办法〉的通知》(财库〔2020〕43号),http://gks.mof.gov.cn/ztztz/guozaiguanli/difangzhengfuzhaiquan/202012/t20201217_3635347.htm。

② 资料来源:财政部网站,《财政部关于做好地方政府债券发行工作的意见》(财库〔2019〕23号),http://gks.mof.gov.cn/ztztz/guozaiguanli/difangzhengfuzhaiquan/201904/t20190430_3237973.htm。

③ 资料来源:财政部网站,《关于印发〈地方政府债券发行管理办法〉的通知》(财库〔2020〕43号),http://gks.mof.gov.cn/ztztz/guozaiguanli/difangzhengfuzhaiquan/202012/t20201217_3635347.htm。

④ 资料来源:财政部网站,《财政部关于进一步做好地方政府债券发行工作的意见》(财库〔2020〕36号),http://www.mof.gov.cn/gkml/caizhengwengao/202001wg/wg202011/202103/t20210323_3674656.htm。

于专项债券，地方财政部门要保障债券期限与项目期限相匹配。新增专项债券到期后，由地方政府安排政府性基金收入、专项收入偿还；债券与项目期限不匹配的，允许在同一项目周期内接续发行，再融资专项债券期限原则上与同一项目剩余期限相匹配。[①]

12.2.2.3 举债权限立法的思路

在公共债务立法中，需要将目前关于举债权限的规定在财政基本法中加以明确。同时，进一步明晰各级政府的举债权限，围绕举借地方债引入更加高效、更加透明的体制机制。其核心是通过适度的放权，赋予省级人民政府及财政部门在举债中的财政管理权限，提高债务发行效率，并通过法律保障公开、透明。

第一，立法中明确规定全年债务新增限额须经国务院报全国人大批准。

第二，立法中将当前举债权限在政府层级之间的划分与配置模式加以明确，明确限额管理的审批制，以及地方政府在组织债务发行和实施债务管理方面的权责。

第三，在立法中明确由市县级财政部门会同行业主管部门制定本级债务额度需求，必须通过听证会、公示等予以公开债务额度需求的制定依据，并对债券的品种、期限和时点等要素进行报告，提升债务额度需求论证的公开透明。

第四，在由市县级财政部门发起会商形成本地债务额度需求的基础上，应明确省级财政部门的统筹职责。省级财政部门根据国家宏观调控政策等需要，综合考虑本省的区域性债务风险、财力状况、经济社会发展等因素，提出修改意见，进而，由省级财政部门上报财政部，经国务院报全国人大批准，并对批准的各地全年债务新增限额予以公开。

第五，财政部统筹政府债券发行节奏，对各地发债进度进行必要的组织协调。省级财政部门在财政部的统一部署下，统筹省域内各地的政府债券发行节奏，对省域内各地发债进度进行必要的组织协调。

第六，省级财政部门可在省内集合发行不同市县相同类型专项债券，提高债券发行效率。

第七，省级人民政府要严格落实各地方债券对应市县和项目主管部门责任，督促其科学制定项目融资与收益自求平衡方案。

[①] 资料来源：财政部网站，《财政部关于进一步做好地方政府债券发行工作的意见》(财库〔2020〕36号)，http://www.mof.gov.cn/gkml/caizhengwengao/202001wg/wg202011/202103/t20210323_3674656.htm。

第八，保障债券信息披露。《地方政府债券发行管理办法》对信息披露做出了一般性规定，更加翔实的规定是财政部 2019 年发布的《财政部关于做好地方政府债券发行工作的意见》①和 2020 年发布的《财政部关于进一步做好地方政府债券发行工作的意见》②。应将这些地方债券信息披露的规定上升到财政基本法加以确立。

一是对债券发行计划和安排的披露。地方财政部门应当在每月 20 日前披露本地区下一月度新增地方政府债券和再融资债券发行安排；在每季度最后一个月 20 日前披露本地区下季度地方债券发行计划，应包括发行时间（披露到旬）、债券品种（一般债券或专项债券）、用途（新增债券或再融资债券）、期限等。如果每季度最后一个月 20 日前 10 个工作日各省发行额度尚未下达，地方财政部门应当在额度下达后 10 个工作日内披露季度计划。

二是专项债券信息披露。重点披露本地区及使用债券资金相关地区的政府性基金预算收入、专项债券项目风险等财政经济信息，以及债券规模、利率、期限、具体使用项目、偿债计划等债券信息，并充分披露对应项目详细情况、项目融资来源、项目预期收益情况、收益和融资平衡方案，以及由第三方专业机构出具的评估意见等。《财政部关于进一步做好地方政府债券发行工作的意见》中则增设了截止时间和必要说明的规定。地方债存续期内，应当于每年 6 月 30 日前披露对应项目上年度全年实际收益、项目最新预期收益等信息。如果新披露的信息与上一次披露的信息差异较大，应当进行必要的说明。

三是关于调整债券资金用途的规定。债券发行后确需调整用途的，地方财政部门应当按程序报批，不迟于省级人民政府或省级人大常委会批准后第 10 个工作日进行信息披露，包括债券名称、调整金额、调整前后项目名称、调整后项目收益与融资平衡方案、跟踪评级报告、第三方评估意见等。

四是鼓励地方财政部门结合项目实际情况，不断丰富专项债券信息披露内容。

五是对信用评级机构规范开展地方债信用评级的规定。要求信用评级机

---

① 资料来源：财政部网站，《财政部关于做好地方政府债券发行工作的意见》(财库〔2019〕23 号），http://gks.mof.gov.cn/ztztz/guozaiguanli/difangzhengfuzhaiquan/201904/t20190430_3237973.htm。
② 资料来源：财政部网站，《财政部关于进一步做好地方政府债券发行工作的意见》(财库〔2020〕36 号），http://www.mof.gov.cn/gkml/caizhengwengao/202001wg/wg202011/202103/t20210323_3674656.htm。

构不断完善信用评级指标体系,并对外披露。开展专项债券信用评级时,应当充分评估项目质量、收益与融资平衡等情况,促进评级结果合理反映项目差异,提高评级结果有效性。

12.2.3 举债方式

12.2.3.1 举债方式的立法要点

各国关于举债方式的立法规定以政府债券为主。政府债券的发行和流通遵照各国的证券法等相关法律法规的规定。

从发行方式上,包括直接发行、承购发行和招标发行。其中,直接发行是指在金融市场上按预先设定的发行条件发行债券。承购发行是指由金融机构承购全部国债,然后转向社会销售,未能售出的部分由金融机构自身承担。招标发行是指通过在金融市场上公开招标的方式发行公共债务,按招标标的物,分为缴款期、价格和收益率招标3种形式。

12.2.3.2 中国当前的举债方式

当前,中央政府的举债方式包括政府发行债券、国债及转贷、外债及转贷、农业综合开发借款等。

地方政府举债一律采取在国务院批准的限额内发行地方政府债券方式;除此以外,地方政府及其所属部门不得以任何方式举借债务。地方政府及其所属部门不得以文件、会议纪要、领导批示等任何形式,要求或决定企业为政府举债或变相为政府举债。

在发行方式上,《地方政府债券发行管理办法》规定地方政府债券发行可以采用承销、招标等方式。地方财政部门应当合理设置单只债券发行规模,公开发行的地方政府债券鼓励采用续发行方式。

在发行渠道上,鼓励地方财政部门通过商业银行柜台市场发行地方政府债券。财政部自2019年开始推动通过商业银行柜台市场发行地方政府债券。[1]《关于进一步做好地方政府债券柜台发行工作的通知》(财库〔2019〕49号)要求,优先考虑安排5年期以下(含5年期)债券,并且在已开展过的地区2021年安

---

[1] 资料来源:财政部网站,《财政部关于开展通过商业银行柜台市场发行地方政府债券工作的通知》(财库〔2019〕11号), http://gks.mof.gov.cn/ztztz/guozaiguanli/difangzhengfuzhaiquan/201903/t20190315_3193925.htm。

排柜台发行应不少于两次,在未开展过的地区应至少安排一次。① 自 2019 年试点以来,柜台发行工作取得了积极成效。2020 年 8 月,广东、浙江通过商业银行柜台发行地方债 23.3 亿元,是新冠肺炎疫情发生后中国境内首次通过商业银行柜台发行,个人和中小机构投资者对之认购踊跃。②

12.2.3.3 中国举债方式的立法思路

一是与《证券法》《预算法》等相关法律法规的规定相兼容,并吸收现有政策,规定在以发行政府债券、发行国债及转贷、对外借款及转贷等方式举债的同时,明确地方政府通过发行债券举债的方式。同时,与"举债主体"部分的规定相吻合,企事业单位、群众自治组织、社会组织在从事政府委托的公益性事业和项目中确需举借债务的,由政府通过发行债务方式举借,并纳入公共债务监督管理框架。

二是考虑债券发展和债券市场改革趋势,在立法中采用开口式设计,如考虑直接发行等方式或更多的发行渠道,为未来政府债券发行方式的发展与创新留有余地。

12.2.4 债务规模与种类

12.2.4.1 债务规模与种类的立法要点

债务规模与种类的立法要点是要在财政的客观规律和科学理念下,保持适度举债规模,重视债务资金的使用绩效,有效防范债务风险,发挥公共债务支持经济社会持续平稳发展的作用。重点是,既要防止债务规模肆意扩张,又要强化政府责任。

12.2.4.2 中国的公共债务规模与种类

中国目前实施债务余额限额管理制度。根据《中华人民共和国预算法实施条例》规定③,国务院在全国人民代表大会批准的中央一般公共预算债务的余额限额内,决定发债规模、品种、期限和时点。这里所称的余额,是指中央一般公共预算中举借债务未偿还的本金。同样,地方政府债务余额实行限额管理。各

---

① 资料来源:财政部网站,《关于进一步做好地方政府债券柜台发行工作的通知》(财库〔2020〕49 号), http://gks.mof.gov.cn/ztzt/guozaiguanli/difangzhengfuzhaiquan/202101/t20210113_3643329.htm。

② 资料来源:中国经济网,《财政部关于进一步做好地方政府债券柜台发行的通知》,http://www.ce.cn/xwzx/gnsz/gdxw/202101/15/t20210115_36226836.shtml。

③ 资料来源:中国政府网,《中华人民共和国预算法实施条例》(2020 年 8 月 3 日中华人民共和国国务院令第 729 号修订),http://www.gov.cn/zhengce/2020-12/26/content_5574848.htm。

省、自治区、直辖市的政府债务限额,由财政部在全国人民代表大会或者其常务委员会批准的总限额内,根据各地区债务风险、财力状况等因素,并考虑国家宏观调控政策的需要,提出方案报国务院批准。各省、自治区、直辖市的政府债务余额,不得突破国务院批准的限额。

政府债务余额包括一般债务限额和专项债务限额。其中,一般债务是指列入一般公共预算、用于公益性事业发展的一般债券、地方政府负有偿还责任的外国政府和国际经济组织贷款转贷债务;专项债务是指列入政府性基金预算、用于有收益的公益性事业发展的专项债券。

但是,除了上述政府负有偿还责任的债务,中国目前还存在大量政府可能承担一定救助责任的或有债务。这是目前债务规模和种类最不清晰、债务风险最大的部分。突出表现为"城投债"、公立医院和高等院校为代表的事业单位债务、国有经营性公路企业债务、村集体债务,以及社会保障基金收支缺口为代表的"隐性"债务。

(1) 政府负有偿还责任的债务

在 2015 年《预算法》修订实施后,中国地方政府拥有适度发行地方政府债券的法律权利,地方政府获得新增债务限额不断增加。因此,中国负有直接偿还责任的债务可以分为中央政府债务与地方政府债务。

图 12-1 显示了中国 2015—2021 年中央政府债务余额,从中可以看出,中国的中央债务是在逐年增加的。特别是在 2020 年,由于疫情冲击,中央增发了 1 万亿元抗疫特别国债,中国的中央政府债务进一步增加。

图 12-2 显示了 2017—2021 年地方政府债务余额,分为一般债务与专项债务。从图中可以看出,在加强对地方债务的管理后,地方政府一般债务趋势较为平稳,而专项债务的增长幅度较快。

(2) "城投债"

"城投债"概念与地方政府融资平台概念密切相关。根据财政部的政策[1],地方政府融资平台公司是指由地方政府及其部门和机构、所属事业单位等通过财政拨款或注入土地、股权等资产设立,具有政府公益性项目投融资功能,并拥有独立企业法人资格的经济实体。地方政府融资平台在形式上包括各类综合

---

[1] 资料来源:财政部网站,《关于贯彻国务院〈关于加强地方政府融资平台公司管理有关问题的通知〉相关事项的通知》(财预〔2010〕412 号),http://yss.mof.gov.cn/zhengceguizhang/201008/t20100817_333515.htm。

(万亿元)

资料来源:财政部决算报告。

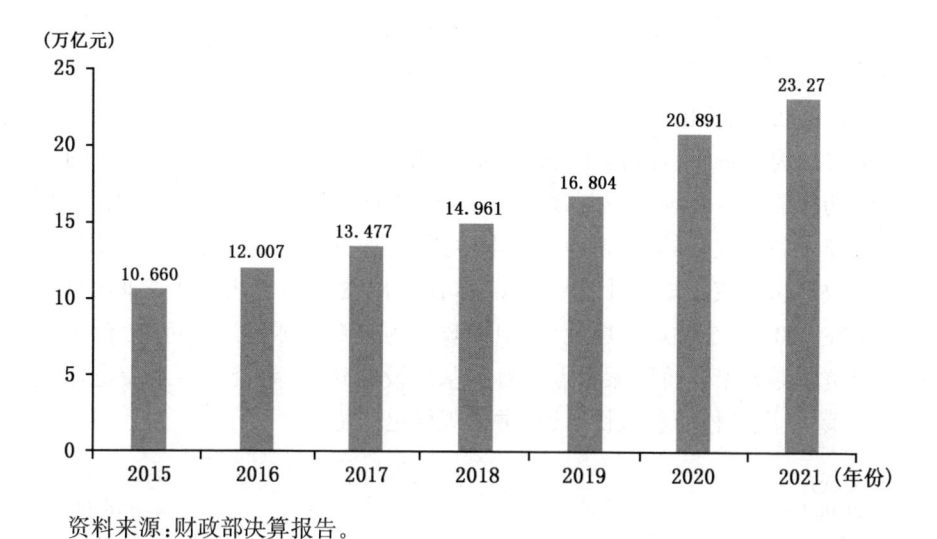

图 12—1　2015—2021 年中央政府债务余额

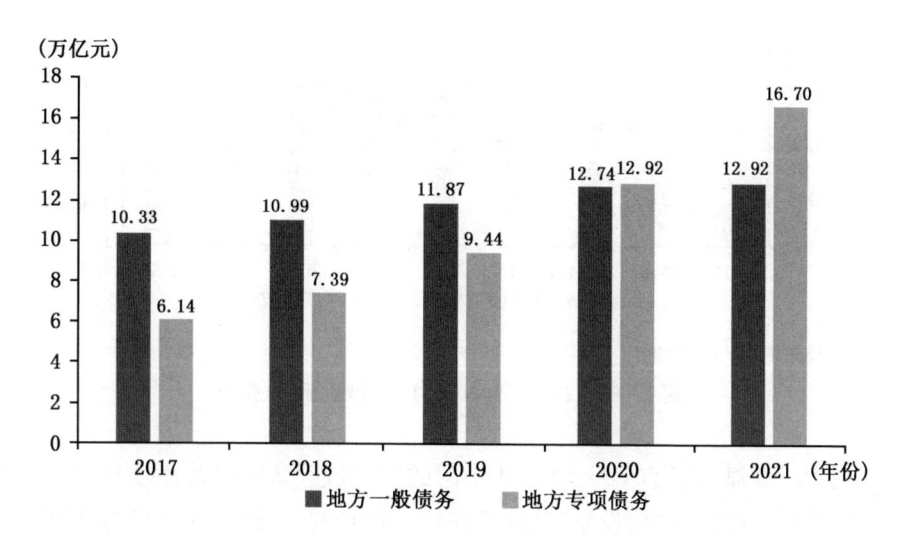

(万亿元)

■地方一般债务　　■地方专项债务

资料来源:财政部决算报告。

图 12—2　2017—2021 年地方政府债务余额

性投资公司,如建设投资公司、建设开发公司、投资开发公司、投资控股公司、投资发展公司、投资集团公司、国有资产运营公司、国有资本经营管理中心等,以及行业性投资公司,如交通投资公司等。相应地,"城投债"是指地方融资平台作为发行主体,公开发行的企业债和中期票据,其主业多为地方基础设施建设或公益性项目,往往也称为"准市政债"。

地方政府融资平台的诞生、发展与我国改革开放后工业化、城镇化的高速发展密切相关。自我国分税制改革以来,地方政府的财力难以匹配工业化、城镇化高速发展过程中的基础设施建设、民生改善所需要的支出责任。因此,全国各级政府纷纷成立融资平台公司以弥补支出责任与支出能力之间的缺口。尤其是在2008年金融危机爆发后,中央政府为应对全球经济危机,出台了4万亿元投资刺激政策支持国家重点项目和基础设施建设,融资平台发展也伴随着刺激政策、金融宽松而驶入快车道,举债规模迅速膨胀。

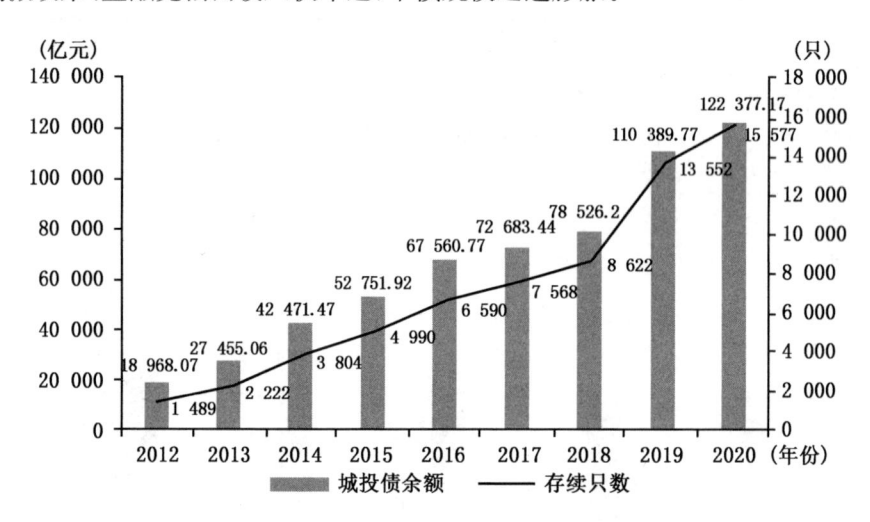

资料来源:Wind 数据库。

图 12-3 2012-2020 年中国"城投债"总量图

图12-3显示了2012—2020年中国的"城投债"余额以及存续只数。从图中可以看出。中国的"城投债"总量是在持续增长的。对比2012年的"城投债"余额,2020年的"城投债"总量增加了约7倍,增速非常可观;与此同时,"城投债"的存续债券也在不断上升。尤其是2018年之后,这可能是因为在大规模减税降费后,地方政府财政压力进一步增加,因此需要发行"城投债"进行城市公共基础设施的建设。

(3)国有经营性公路企业债务

按照现有统计口径,中国的收费公路包括政府还贷公路和经营性公路等。政府还贷公路是指县级以上地方人民政府交通运输主管部门利用贷款或者向企业、个人有偿集资建设的公路,以及使用地方政府收费公路专项债券建设的公路。经营性公路是指国内外经济组织投资建设或者依照公路法的规定受让政府还贷公路收费权的公路。① 其中,通过银行贷款和举借其他债务(如发行债券、对外借款)筹集的资金属于政府具有偿还责任的显性债务。

随着《预算法》的修订实施和一系列政策文件的出台,发行地方政府债券成为地方政府新建公路时债务融资的唯一渠道。政府收费公路的"贷款修路、收费还贷"模式调整为政府发行专项债券方式,用于筹措建设资金。同时,政府还贷公路中以县级以上交通运输主管部门名义举借、使用财政资金还债的存量非债券债务,按照规定需要置换成政府债券,地方政府承担全部偿还责任。如果是企业举借的债务并确定由财政资金偿债的,在债权人优先同意原则下,或者是置换为地方政府债券并由政府承担全部偿还责任,或者是仍由原债务人依法承担偿债责任,地方政府作为出资人在出资范围内承担有限责任。

但是,那些受让政府还贷公路收费权的国有经营性公路独资或控股企业,是以车辆通行费等经营性收入作为偿债资金来源。2020 年,全国经营性公路债务余额接近 3.77 万亿元。其中,高速公路 36 298.7 亿元,一级公路 525.2 亿元,二级公路 73.4 亿元,独立桥梁及隧道 772.3 亿元,占比分别为 96.4%、1.4%、0.2%和 2.1%。不仅债务余额较大,而且收支缺口和偿债压力也较大。2020 年度,经营性公路通行费收入 3 142.8 亿元,经营性公路支出总额 7 518.3 亿元,经营性公路通行费收支缺口高达 4 375.6 亿元。支出中,偿还债务本金 4 556.8 亿元,偿还债务利息 1 606.8 亿元,占比分别达到 60.6%和 21.4%。②

(4)医院高校等事业单位债务

2022 年 1 月,国家卫健委发布了《国家卫生健康委办公厅关于 2019 年度全国二级公立医院绩效考核国家监测分析有关情况的通报》(国卫办医函〔2021〕

---

① 资料来源:交通运输部网站,《2020 年全国收费公路统计公报》,https://xxgk.mot.gov.cn/2020/jigou/glj/202110/t20211027_3623195.html。

② 资料来源:交通运输部网站,《2020 年全国收费公路统计公报》,https://xxgk.mot.gov.cn/2020/jigou/glj/202110/t20211027_3623195.html。

596号)①,其中分析了全国二级公立医院的运营效率。参加考核的二级公立医院医疗盈余率为2.07%,但其中仍有519家二级公立医院医疗盈余率为负数,亏损率为24.59%。在亏损医院中,3.22%的二级公立医院资产负债率超过100%,40.60%的二级公立医院资产负债率超过50%;在负债总额中,长短期借款类债务占比为26.59%。

高等学校也曾是债务规模和风险较大的一个领域。中国社会科学院发布的《2006:中国社会形势分析与预测》表明:"2005年我国公办高校的贷款总额已达1 500亿—2 000亿元。"2008年8月14日,国家发改委社会发展司在《上半年社会事业发展和下半年政策建议》中显示:根据人民银行的统计,到2005年底,高校贷款额达到2 001亿元。② 尽管近年来经过化债,高校债务问题得到缓解,但这段历史经验仍暴露出中国债务的软约束现象和财政风险仍未得到根本治理。

(5)乡镇及村集体组织的债务

在中国,乡镇一级属于最低一级政府行政机构。在财政资金使用上,由于分税制改革后的基层财政收支缺口较大,加之农业税取消,进一步减少了乡一级的财政资金。为扶持并规范乡一级财政资金的使用,中国大部分乡一级机构实行"乡财县管",即在乡镇政府管理财政的法律主体地位不变、财政资金所有权和使用权不变、乡镇享有的债权及负担的债务不变的前提下,县级财政部门在预算编制、账户统设、集中收付、采购统办和票据统管等方面,对乡镇财政进行管理和监督,帮助乡镇财政提高管理水平。

由于基层普遍存在财政困难,乡镇一级政府的收支缺口较大。为了筹措资金,乡镇往往会把资金压力传导至村一级的基层组织。同时,由于村集体不受"乡财县管"的制约,为了解决财政收支矛盾,以各种办法引资集资或举债弥补收支缺口。"小村举大债,白条一大堆。"这已成为一些地方村级债务的真实写照。例如,2019年乌兰察布市某县的村级债务规模达7.9亿元,仅一个镇的村级债务就达7 700万元,其中最多的一个村负债超过1 000万元,总负债占总资

---

① 资料来源:国家卫健委网站,《国家卫生健康委办公厅关于2019年度全国二级公立医院绩效考核国家监测分析有关情况的通报》(国卫办医函〔2021〕596号),http://www.nhc.gov.cn/cms-search/xxgk/getManuscriptXxgk.htm? id=00cb616b2a2c47c8aeb752ea377fcd41。

② 资料来源:中国日报网,《发改委:截至2005年底全国高校贷款余额2 001亿元》,http://www.chinadaily.com.cn/hqzg/2007-08/15/content_6027608.htm。

产的 50%。

(6) 社保基金收支缺口

随着老年人口的快速增长,我国社保基金的开支压力日渐增大。统计数据显示,社保基金早在 2013 年就已出现入不敷出的情况,且实际赤字规模逐年扩大,因此,对财政补贴收入的依赖度也越来越高。

为缓解社保基金的压力,中国采取两种方案:①利用国有资本补充社保基金。2017 年 11 月 18 日,国务院发布《国务院关于印发划转部分国有资本充实社保基金实施方案的通知》(国发〔2017〕49 号),对全国范围内划转国有资本、充实社保基金作出具体规定。将中央和地方国有及国有控股大中型企业、金融机构纳入划转范围,其中公益类企业、文化企业、政策性和开发性金融机构以及国务院另有规定的除外。划转比例统一确定为企业国有股权的 10%。②财政补贴。自 2013 年以来,社保基金中财政补贴收入逐步提高,2020 年社保收入中财政补贴总额 21 015.52 亿元,占社保总收入的 27.7%。[1] 2021 年,中央财政安排基本养老保险基金补助资金的规模已经达到约 9 000 亿元。[2]

2020 年,全国仅有 6 个地区职工养老保险基金的收支差额为正[3],收不抵支已成为普遍现象。尽管中央调剂制度暂时缓解了地区间的差距,但由于整体养老金结余的萎缩,未来的养老金支出缺口仅靠调剂制度很难持续,对财政的依赖程度将日益扩大。

12.2.4.3 债务规模与种类立法的思路

第一,面对中国公共债务种类繁多、规模较大、存在一定偿债付息压力的情况,需要在目前的一般债务和专项债务的管理体制下,对不同种类的债务规模进行余额限额管理,而不仅是一个笼统的总限额,以期建立明确的约束。

第二,为进一步凸显重点行业领域债务的政府责任,应当拓展一般债务的内涵。一般债务是指列入一般公共预算、社会保险基金预算、国有资本经营预算,用于公益性事业发展的一般债券、政府负有偿还责任的外国政府和国际经济组织贷款转贷债务。扩大一般债务的预算类别范围,是为了利用债务融资手

---

[1] 资料来源:《2019 年中国财政统计年鉴》。
[2] 资料来源:每日经济新闻,财政部社会保障司郭阳:《2021 年财政安排基本养老保险基金补助资金达 9 000 亿元,今后还会进一步增加》,https://baijiahao.baidu.com/s?id=1731081343184809190&wfr=spider&for=pc。
[3] 资料来源:Wind 数据库。

段弥补社会保险基金收支缺口和解决国有企业历史遗留问题。[①]

第三,法律允许建立更多的专项债券种类,除了目前的交通、生态环保、农林水利、市政、产业园区等基础设施建设,以及土地储备专项债券等之外,推动建立包括学校、医院等领域在内的专项事业债券。"疏堵结合",为建立事业单位的债务监管长效机制提供法律依据。

第四,为社会组织从事政府委托的公益性事业和项目过程中所需要的债务举借留有法律余地,在立法中设计专项或一般债务性质的组织债券概念。这同样也是为了贯彻"疏堵结合"的债务治理理念。

12.3 债务使用

12.3.1 债务用途

12.3.1.1 债务用途的立法要点

公共债务的主要用途是弥补财政赤字,以便政府和其他机关事业单位更好地提供服务或发展经济。例如,美国的市政债券用于传统市政建设;收益类债券用于政府支持的具体项目,诸如水利、公共交通、医院、养老院、机场等;一些投资性债券项目则用于拉动地方政府基础设施建设。日本规定债务用于公共项目或者辅助财政。巴西规定以债务来缓解财政压力,主要用于医疗、教育、环境保护、农业、住房、社会保障等领域。

12.3.1.2 中国当前的债务用途

(1)债务用途规定

中国当前已对债务用途作出明确规定。《预算法》规定,"举借的债务应当有偿还计划和稳定的偿还资金来源,只能用于公益性资本支出,不得用于经常性支出",并且明确了一般债务和专项债务的用途。地方政府一般债务应当用

---

① 国有资本经营预算支出中的相当一部分用于解决历史遗留问题,包括厂办大集体改革支出、"三供一业"分离移交补助支出、化解过剩产能及特困企业专项治理人员安置支出、离休干部医药费补助支出等,性质上也属于社会保障支出的理论范畴。

于公益性资本支出,不得用于经常性支出。① 专项债务收入应当用于公益性资本支出,不得用于经常性支出。② 可见,中国地方政府债务用途只能是公益性资本支出。

由此可见,关于公益性的界定是规定债务用途的核心内容。据媒体报道,国务院办公厅、发改委、审计署、财政部等都曾经做过对于公益性的定义,但大多已无迹可寻。目前可见的是财政部的规定。在其定义中,"公益性项目"是指为社会公共利益服务、不以营利为目的,且不能或不宜通过市场化方式运作的政府投资项目,如市政道路、公共交通等基础设施项目,以及公共卫生、基础科研、义务教育、保障性安居工程等基本建设项目。③

可见,公益性事业和项目的内涵较大,并非局限在市政道路、公共交通、保障性住房方面。并且,由于公益性事业和项目的内涵处于不断发展变化的过程中,对于公益性的定义,既需要在法律上进行统一规范,也需要为其动态发展和范围拓展留有余地。

(2)债务用途调整

债务用途调整同样是债务使用中的一个重要立法环节。2021年发布的《地方政府专项债券用途调整操作指引》指出④,专项债券用途调整是对新增专项债券资金已安排的项目,因债券项目实施条件变化等原因导致专项债券资金无法及时有效使用,需要调整至其他项目产生的专项债券资金用途变动。

当前,专项债券用途调整由省级政府统筹安排,省级财政部门组织省以下各级财政部门具体实施,以"不调整为常态,调整为例外"。专项债券用途调整具有以下原则:一是调整安排的项目必须经审核把关具备发行和使用条件。项目属于有一定收益的公益性项目,且预期收益与融资规模自求平衡。项目前期准备充分,可尽早形成实物工作量。项目周期应当与申请调整的债券剩余期限

---

① 资料来源:财政部网站,《关于印发〈地方政府一般债务预算管理办法〉的通知》(财预〔2016〕154号),http://yss.mof.gov.cn/zhuantilanmu/zfzw/201612/t20161206_2475287.htm。

② 资料来源:财政部网站,《关于印发〈地方政府专项债务预算管理办法〉的通知》(财预〔2016〕155号),http://yss.mof.gov.cn/zhengceguizhang/201612/t20161201_2471207.htm。

③ 资料来源:财政部网站,《关于贯彻国务院〈关于加强地方政府融资平台公司管理有关问题的通知〉相关事项的通知》(财预〔2010〕412号),http://yss.mof.gov.cn/zhengceguizhang/201008/t20100817_333515.htm。

④ 资料来源:财政部网站,《关于印发〈地方政府专项债券用途调整操作指引〉的通知》(财预〔2021〕110号),http://yss.mof.gov.cn/zhuantilanmu/dfzgl/zcfg/202111/t20211110_3764807.htm。

相匹配。二是调整安排的专项债券资金优先支持党中央、国务院明确的重点领域符合条件的重大项目。三是调整安排的专项债券资金,优先选择与原已安排的项目属于相同类型和领域的项目。确需改变项目类型的,应当进行必要的解释说明。四是调整安排的专项债券资金,严禁用于置换存量债务,严禁用于楼堂馆所、形象工程和政绩工程以及非公益性资本支出项目,依法不得用于经常性支出。

具体程序如下:省级财政部门原则上每年9月底前可集中组织实施1—2次项目调整工作。地方各级财政部门会同有关部门组织梳理本级政府专项债券项目实施情况,确需调整专项债券用途的,要客观评估拟调整项目预期收益和资产价值,编制拟调整项目融资平衡方案、财务评估报告书、法律意见书,经同级政府同意后,及时报送省级财政部门。拟调整项目融资平衡方案应当准确反映项目基本情况、前期手续、投融资规模、收益来源、建设周期、分年度投资计划、原债券期限内预期收益与融资平衡情况、原已安排的项目调整原因、潜在风险评估、主管部门责任、调整后债券本息偿还安排等。省级财政部门负责汇总各地调整申请,统筹研究提出包括专项债务限额和专项债券项目在内的调整方案,于10月底前按程序报省级政府批准后,报财政部备案。省级政府批准后,对专项债券用途调整涉及增加或减少预算总支出、调减预算安排的专项债券重点支出数额、增加举借债务数额的,地方财政部门应当编制预算调整方案按程序提请同级人大常委会审议。同时,需要按照《财政总预算会计制度》规定[①],进行专项债券项目调整涉及的预算执行调整。

12.3.1.3 债务用途的立法思路

关于债务用途规定的立法中,应体现以下两点:一方面,将现有政策规定在法律中予以确定。包括明确公共债务的主要用途应限定在公益性范围之内,形式上仅限于资本性支出。并且,法律中明确债务用途调整需遵循特定原则,并经过严格审批程序。另一方面,公益性的内涵及范围不宜过窄,需要体现经济社会发展变化,具有一定的前瞻性。公益性事业或项目是一个动态的、不断发展的概念,须适应不同的发展阶段和发展需求。从性质上看,公益性项目均具有很强的公共产品属性,存在一定的市场失灵。其诞生和建设,以及运营和维护,都离不开债务融资的助推作用。因此,不断涌现的公益需求和持续的债务

---

① 资料来源:财政部网站,《关于印发〈财政总预算会计制度〉的通知》(财库〔2015〕192号),http://gks.mof.gov.cn/guizhangzhidu/201510/t20151022_1517735.htm。

融资要求,必然会造成公益性的内涵范围呈不断拓展和迭代态势。关于债务用途中的公益性内涵的规定,宜采用开放式设计思路。

12.3.2 债务风险预警

在对债务风险的防范过程中,各国政府对地方政府债务风险偏重于监控与防范,并制定预警机制,实施实时监控。

12.3.2.1 债务风险预警的立法要点

(1)明确规定还本付息上限

还本付息上限是各国普遍使用的债务风险预警指标。在日本、意大利、西班牙等国,直接规定了债务还本付息比例(或者是特定时间段内的平均值)的上限,直接从还债压力角度建立对债务风险的评估和预警。

(2)基于经常性收入构建预警指标

巴西政府在20世纪后期经历了3次地方政府债务危机,给中央政府造成巨大损失和沉重负担,特别是1998年债务危机的影响较大(张志华等,2008)。债务危机后,巴西明显加强了对地方借贷的监管和控制,特别是基于经常性收入构建债务风险指标体系,包括:新增借款和偿债成本不得超过经常性净收入的上限;政府债务总额和政府担保余额与经常性净收入的比重;短期预借不得超过经常性净收入的比重。基于经常性收入,可以从收入流量和可持续性角度建立对债务风险的评估和预警。

(3)明确建立债务风险预警名单

在20世纪七八十年代,美国经历了许多重大的地方政府违约事件,其中包括1975年纽约市债券违约、1978年克利夫兰违约,以及1983年华盛顿电力公司违约等(王玉萍、刘波,2019)。因此,美国各级州政府普遍通过立法,对债务风险预警做出明确的规定,并建立债务预警名单。法律授权审计部门对地方政府进行财政核查,以确定地方财政是否已接近紧急状况并予以公示。

12.3.2.2 中国当前的债务风险

(1)政府承担偿还责任的债务风险总体可控

从全国性的负债率指标来看,截至2020年末,地方政府债务余额25.66万亿元,控制在全国人大批准的限额28.81万亿元之内。纳入预算管理的中央政府债务余额20.89万亿元,全国政府债务余额是46.55万亿元。国家统计局公布的2020年GDP为101.6万亿元,政府债务余额与GDP之比是45.8%,低于国际通行的60%警戒线，也低于主要市场经济国家和新兴市场国家水平，风险总体可控。就地方政府总体来看，2020年末地方政府债务率（地方政府债务余额除以包括一般公共预算和政府性基金预算的本级收入、中央转移支付等在内的综合财力）是93.6%，低于国际上通行的100%—120%的标准。①

（2）违法违规担保的法律风险政策风险不断降低

目前，地方政府违法违约担保的情况得到明显遏制。2018年，财政部公布云南、广西、安徽、宁波等地政府违法违规举债担保问责案例。② 2016年8月，昆明市宜良县金汇国有资产经营有限责任公司与光大兴陇信托有限责任公司签订信托融资协议，计划融资金额5亿元。宜良县人大常委会出具决议，承诺将该笔融资资金列入县本级财政公共预算，按时足额偿还贷款本息；宜良县人民政府签订了关于"财产信托标的债权"的确认协议，承担无条件和不可撤销的标的债权支付义务；宜良县财政局出具将相关偿付"财产权信托标的债权"列入财政预算和中期财政预算的函。截至2017年2月底，该笔融资到位4.24亿元。整改后，相关承诺函被撤回。

（3）"城投债"偿债压力较大

截至2022年1月底，全国累计"城投债"余额15.2万亿元，较2021年新增3.3万亿元。③ 目前，地方融资平台的风险主要体现为债务违约风险与付息风险。2020年，城投利息费用占GDP比重为2.5%，占全国一般预算收入比重为14%，占地方一般预算收入比重为25.5%，占全国政府性基金预算收入比重为27.3%，城投利息费用/（一般公共预算收入+政府性基金收入）为9.2%。④ 城投利息费用占财政收入比重相对较高，整体的付息压力较大。

（4）公路企业结构性债务风险突出

目前，公路企业普遍存在结构性债务风险，地区的风险差异性较大，主要体现于东西部之间的差异，不同地区、不同路段高速公路的偿债能力差异较大。经过多年的建设，东部发达省份高速公路网基本形成，一些路段交通流量较大、收益较好，甚至已经进入纯盈利期，但也有一些新建的高速公路造价高、交通流

---

① 资料来源：中国政府网，《国务院政策例行吹风会（2021年12月16日）》，http://www.gov.cn/xinwen/2021zccfh/57/index.htm。

② 资料来源：新华网，《财政部通报多起地方政府违法违规举债担保问责案例》，http://big5.xinhuanet.com/gate/big5/m.xinhuanet.com/2018-07/17/c_1123140403.htm。

③ 资料来源：同花顺数据库。

④ 资料来源：Wind数据库。

量较小,偿债压力较大。而西部及部分中部地区由于交通量不足,建设成本较高,借新还旧、以贷还贷的现象突出。总体来看,不同区域的结构性债务风险较为突出。

(5)公立医院高校债务风险持续存在

2021年1月,国家卫健委发布了《国家卫生健康委办公厅关于2019年度全国三级公立医院绩效考核国家监测分析有关情况的通报》。[①] 其中,2017—2019年三级公立医院平均盈余基本持平,在3%左右。三级公立医院的亏损率虽然有所下降(见图12—4),但仍有近20%,公立医院的债务风险持续存在。

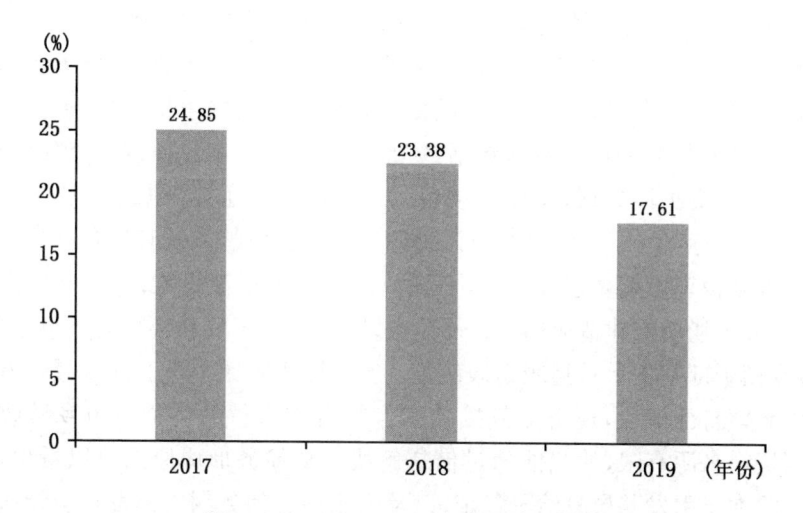

图12—4 2017—2019年各医院亏损率

自1999年开始,中国启动了高校扩招。[②] 与1999年相比,2020年普通高等学校达到2 738所,数量翻了一倍多,高校普通本、专科在校生人数增长率达到34.52%,招生人数增长率高达38.14%。[③] 为了满足扩大办学规模和办学条件改善的实际需要,一些高校相继进行了大范围的重组合并或基础设施建设。受

---

① 资料来源:国家卫健委网站,《国家卫生健康委办公厅关于2019年度全国三级公立医院绩效考核国家监测分析有关情况的通报》(国卫办医函〔2021〕135号),http://www.nhc.gov.cn/cms-search/xxgk/getManuscriptXxgk.htm? id=559684cae3e6485fb309976b081ac3f0。
② 1999年教育部出台《面向21世纪教育振兴行动计划》。文件提出,到2010年,高等教育毛入学率将达到适龄青年的15%。
③ 资料来源:中央人民政府网站,《2020年全国教育事业统计主要结果》,http://www.gov.cn/xinwen/2021-03/01/content_5589503.htm。

多种因素影响,高校的基础设施建设及教学环境改善所需经费大多通过贷款方式获得。近年来,随着高校还贷高峰的来临,一些高校债务风险逐渐显现,还本付息压力持续增加。

(6)乡镇及村集体组织债务风险面广且风险多样化

乡镇及村集体组织债务风险存在范围广,大多为非债券类债务,信息公开程度较低,缺乏全面统计和系统观察。而且,与投融资平台债务过大可能引发区域性系统性金融风险的不同之处在于,乡镇及村集体组织债务往往蕴含着较大的基层政治风险和社会风险。

广东省云浮市都杨镇就是21世纪10年代的一个极端案例。[①] 对于一个每年财政收入只有50万元的乡镇来说,要偿还2亿多元的欠款,即便不考虑利息因素,也需要400年的时间。该地的债务在较长时间内累积而成,蕴含着很多历史性的体制机制原因。具体包括:一是20世纪90年代初,在乡镇政企不分的体制下,投资决策失误,举债上项目、办企业,造成血本无归;二是"九五"期间,"普九"达标、学校改造、水利建设、修路、"两大会战"以及其他各种达标升级活动要求乡镇筹措配套建设资金,乡镇只能大规模举债投入;三是基层政权建设投入,办公场所修建造成的基建性债务;四是发放工资和补贴公益事业负债。当时,乡镇干部基本上是县级财政统发工资,但只是"裸体"工资,补贴、差旅等费用由乡镇自己解决,还有差额拨款和自收自支人员的工资也由乡镇政府解决。因资金来源有限,故只能通过借贷解决。从债务形成原因可以看出,这类债务风险在于引发基层政治不稳定,以及由于债券债务纠纷诱发社会矛盾和群体性事件等。

与乡镇及村集体组织债务风险共生的是地方政府在应对这一类债务危机时违法违规行为所产生的法律风险和政策风险。2011年,当广东省云浮市东阳镇的情况被媒体公布之后,地方政府紧急处理这一情况,随后仅用三年时间,债务就得以清偿。其间,暴露出当地违法征地用于大型房产、商贸、酒店项目的问题,引发进一步问责和处罚。[②]

12.3.2.3 中国的债务风险预警

中国也在积极构建债务风险预警体系。2016年,国务院发布《地方政府性

[①] 资料来源:光明网,《乡镇债成"定时炸弹"》,https://epaper.gmw.cn/wzb/html/2011-11/22/nw.D110000wzb_20111122_5-01.htm。

[②] 资料来源:中国网,《揭广东云浮违法征地乱象:3年还清400年地方债》,http://house.china.com.cn/745295.htm。

债务风险应急处置预案》[①],对债务风险预警做出具体规定:"财政部建立地方政府性债务风险评估和预警机制,定期评估各地区政府性债务风险情况并做出预警,风险评估和预警结果应当及时通报有关部门和省级政府。省级财政部门应当按照财政部相关规定做好本地区政府性债务风险评估和预警工作,及时实施风险评估和预警,做到风险早发现、早报告、早处置。"对于债务风险的认定,具体规定如表12-1所示。

表12-1　　　　　　　　　　对于债务风险的认定[②]

风险等级	具体规定
Ⅰ级(特大)债务风险	(1)省级政府发行的地方政府债券到期本息兑付出现违约;(2)省级或全省(区、市)15%以上的市县政府无法偿还地方政府债务本息,或者因偿还政府债务本息导致无法保障必要的基本民生支出和政府有效运转支出;(3)省级或全省(区、市)15%以上的市县政府无法履行或有债务的法定代偿责任或必要救助责任,或者因履行上述责任导致无法保障必要的基本民生支出和政府有效运转支出;(4)全省(区、市)地方政府债务本金违约金额占同期本地区政府债务应偿本金10%以上,或者利息违约金额占同期应付利息10%以上;(5)省级政府需要认定为Ⅰ级债务风险事件的其他情形。
Ⅱ级(重大)债务风险	(1)省级政府连续3次以上出现地方政府债券发行流标现象;(2)全省(区、市)或设区的市级政府辖区内10%以上(未达到15%)的市级或县级政府无法支付地方政府债务本息,或者因兑付政府债务本息导致无法保障必要的基本民生支出和政府有效运转支出;(3)全省(区、市)或设区的市级政府辖区内10%以上(未达到15%)的市级或县级政府无法履行或有债务的法定代偿责任或必要救助责任,或者因履行上述责任导致无法保障必要的基本民生支出和政府有效运转支出;(4)县级以上地方政府债务本金违约金额占同期本地区政府债务应偿本金5%以上(未达到10%),或者利息违约金额占同期应付利息5%以上(未达到10%);(5)因到期政府债务违约,或者因政府无法履行或有债务的法定代偿责任或必要救助责任,造成重大群体性事件,影响极为恶劣;(6)县级以上地方政府需要认定为Ⅱ级债务风险事件的其他情形。

---

① 资料来源:中央人民政府网站,《国务院办公厅关于印发地方政府性债务风险应急处置预案的通知》(国办函〔2016〕88号),http://www.gov.cn/zhengce/content/2016-11/14/content_5132244.htm。
② 资料来源:《国务院办公厅关于印发地方政府性债务风险应急处置预案的通知》。

续表

风险等级	具体规定
Ⅲ级（较大）债务风险	(1)全省(区、市)或设区的市级政府辖区内2个以上但未达到10%的市级或县级政府无法支付地方政府债务本息，或者因兑付政府债务本息导致无法保障必要的基本民生支出和政府有效运转支出；(2)全省(区、市)或设区的市级政府辖区内2个以上但未达到10%的市级或县级政府无法履行或有债务的法定代偿责任或必要救助责任，或者因履行上述责任导致无法保障必要的基本民生支出和政府有效运转支出；(3)县级以上地方政府债务本金违约金额占同期本地区政府债务应偿本金1%以上（未达到5%），或者利息违约金额占同期应付利息1%以上（未达到5%）；(4)因到期政府债务违约，或者因政府无法履行或有债务的法定代偿责任或必要救助责任，造成较大群体性事件；(5)县级以上地方政府需要认定为Ⅲ级债务风险事件的其他情形。
Ⅳ级（一般）债务风险	(1)单个市县政府本级偿还政府债务本息实质性违约，或因兑付政府债务本息导致无法保障必要的基本民生支出和政府有效运转支出；(2)单个市县政府本级无法履行或有债务的法定代偿责任或必要救助责任，或因履行上述责任导致无法保障必要的基本民生支出和政府有效运转支出；(3)因到期政府债务违约，或者因政府无法履行或有债务的法定代偿责任或必要救助责任，造成群体性事件；(4)县级以上地方政府需要认定为Ⅳ级债务风险事件的其他情形。

12.3.2.4 债务风险及预警立法的思路

当前，政府性债务风险应急处置预案虽然明确了债务风险事件和风险等级划分，但均是以单个省级政府或市县政府作为对象，缺乏一套完整的公共债务风险及预警体系。除了政府债券本息违约和发行失败这样的债务风险，考虑到中国公共债务的规模较大、种类较为庞杂，且隐性债务状况尚未得到充分揭示，在公共债务立法中，对风险评估预警体系的规定应当更加全面。

第一，分类型制定债务风险评估与预警体系。在通过债务上限（详见下文中的"债务风险防控"内容）限制公共债务规模的基础上，针对不同种债务，特别是不同重点行业领域明确规定要建立债务风险评估与预警体系。

第二，分地区制定债务风险评估与预警体系。财政部和省、自治区、直辖市政府财政部门应当建立健全地方政府债务风险评估指标体系，组织评估公共债务风险状况，对债务高风险地区提出预警，建立县市一级的债务风险预警名单，并予以公示。

第三，分方法制定债务风险评估与预警体系。考虑到债务风险评估预警的方法和指标在理论与实践中尚没有共识，立法中应倡导使用多种方法展开。并在规定的方法和指标框架下体现分权原则,允许各地依法提出具体的风险评估及预警指标参数和结果,并予以公开。

在评估方法和指标体系的立法中,可以借鉴国外经验,建立基于偿债压力(如还本付息比),以及基于收入流量和可持续性(如经常性收入比重)的风险评估指标体系。

此外,需要在立法中明确要建立基于公共资产负债的存量评估指标体系。各级政府通盘考虑国有经营性资产、非经营性资产、国有资源、对外主权资产、社保基金资产等,以及政府、企事业单位、群众自治组织、社会组织等举借的,或以社会保障基金收支缺口表现的,由政府负有偿还责任、民事责任和救助责任的公共债务,据此形成相应的存量债务风险评估及预警体系。

最后,在现有债务风险事件和风险等级划分的预警体系中,纳入更为全面的风险评估与预警体系,并上升到基本法层面予以确立。

12.3.3 债务风险防控

世界各国在公共债务立法中高度重视债务风险的防控,实施了形式多样、各具特色的立法实践,为中国的公共债务风险防控提供了有益借鉴。

12.3.3.1 债务风险防控的立法要点

(1)设定债务上限

为防范公共债务的肆意扩张,许多国家对政府债务设定上限。在立法中,这一规则有时称为预算平衡规则,其核心是对预算赤字设定上限(OECD,2016)。美国也是立法设立债务上限的典型国家之一。

图12—5显示了截至2021年美国联邦政府的债务限额及债务持有者的构成。从图中可以看出,进入21世纪,美国政府债务负担率一直处于上升趋势,与此同时,美国政府债务限额也不断增加。美国国会于2020年提议《债务上限替代法案》(Debt Ceiling Alternative Act)[①],该议案规定:"如果财政部估计美国债务将在一个季度内达到法定债务限额,就必须通知国会。国会接到通知后,财政部必须发行以下债券:①利率与美国名义国内生产总值挂钩;②只能用于支付公众或社会保障信托基金持有的美国债务的本金和利息;③不受债务限额限制。"

---

① 资料来源:U. S Congress,https://www.congress.gov/bill/116th-congress/house-bill/5083/text?q=%7B%22search%22%3A%5B%22debt+limit%22%2C%22debt%22%2C%22limit%22%5D%7D&r=3&s=4。

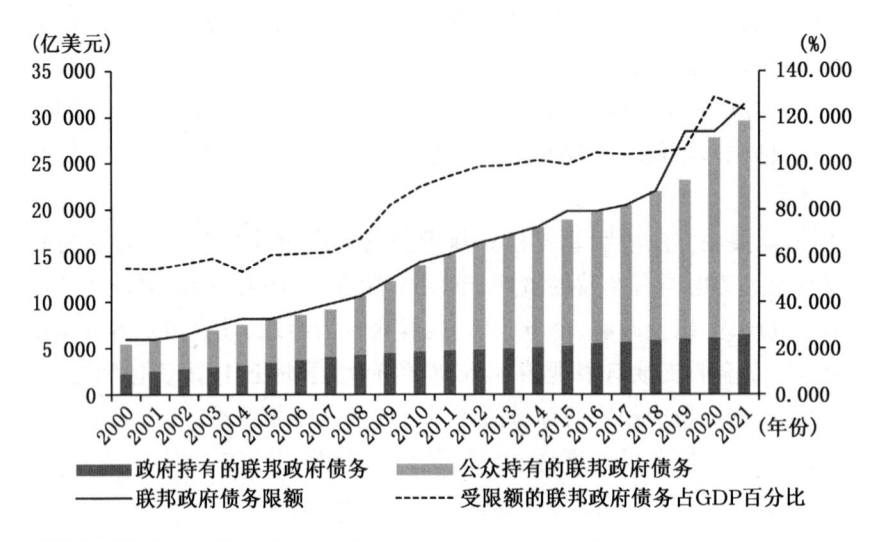

图 12—5 美国联邦政府债务限额及限额下联邦政府债务组成

资料来源：U. S. White House；U. S. Department of the Treasury。

可见，尽管美国存在政党纷争干扰和债务率过高的严峻挑战，但是债务规模的不断攀升有其更为深刻的政治经济社会体制原因，"财政悬崖"至今悬而未决。毋庸置疑的是，立法讨论的债务上限约束必须束紧，增发债券只能用于支付债务本息。

(2)实施债务信用管理

基于市场化的债务信用风险评估是实施债务风险防控的有效经验。作为世界上信用管理最发达的国家，美国由专门的评级机构进行包括地方政府在内的评级，具有权威性和普遍认可性。穆迪、标准普尔和惠誉三大评级机构在美国债务债权市场上具有重要作用。其信用等级与发行债券的成本挂钩，直接对政府发债成本产生重要影响。通过债务信用管理，可以运用市场定价机制和市场反应来考验政府债务的本息偿还能力、明晰债务风险程度，通过市场供需抑制政府债务肆意扩张，驱使政府着力提高债务投融资项目的效率。

(3)财政紧缩(整顿)

通过财政紧缩式的整顿，防范和化解迫在眉睫或业已发生的财政危机，这是各国财政立法中的重要内容，世界各国的财政立法均对此有所涉及。财政紧缩基于债务风险预警和风险等级标准，针对量化的特定风险程度，实行增收、减支、化债等措施,促使政府恪守财政纪律,提高财政稳健性。

(4) 建立债务统筹管理体制机制

近年来,随着公共债务规模的不断扩大,公共债务的管理变得越来越复杂,也越来越重要。为了科学高效地监管公共债务,很多成员国成立了对公共债务进行监管的联合机构或工作机制。事实表明,通过统一的监管体制机制对债务进行管理,是一个有效的债务风险防控方式。

一些国家为了更好地管理债务,设立了专门的债务管理机构。例如:①澳大利亚于1923年成立了贷款委员会,这是一个协调公共部门借贷的联邦、州部长级委员会。主要职责是根据每个辖区的财政状况和总借款的宏观经济影响,考虑每个辖区下一年的借款。②比利时设立了高级财政委员会。专门负责地区、社区和联邦政府之间的财政协调,其建议在部级预算和财政会议上讨论。③西班牙设立财政和金融政策委员会。它由经济和财政部部长、公共行政部部长以及各自治区的经济和财政顾问组成,是协调中央政府和自治区的主要公共机构(OECD,2016)。

(5) 编制实施中长期建设投融资规划

债务作为动态的经济活动和长期的收支项目,一些国家在债务特别预算或基金预算的同时,编制实施中期债务计划。在美国,多个州、郡、市设立了一种名为资本改善计划(Capital Improvement Program,CIP)的中长期建设投融资规划。[①] 通过编制中期建设投融资规划,能够较好地实现中长期经济发展规划与举债融资的有效衔接,提高投资效率并增进政府投资支出的合理性,更好地保障可偿债财力;同时通过对项目资金在筹集、使用与偿还的统筹衔接,较好地控制和降低了债务风险。

其具体做法是:跨年度资本改善计划实行滚动编制,编制期间一般为5年或更长。计划的内容涉及项目投资、融资方式、建设进程和还款安排等,覆盖政府购买有形资产、基础设施建设以及大型维修等资本性支出领域。在编制过程中,须统筹考虑续建项目的融资需求、新建项目的合意性以及融资能力。

12.3.3.2　中国当前债务风险防控

(1) 政府债务风险防控

---

① 资本改善计划在基层政府层面尤为重要,内容翔实、种类繁多,项目涉及工程、市政、水供应和处理等。以美国纽约州首府奥尔巴尼市(Albany)为例,目前的投融资规划已经制定到2026年,具体可参见 https://www.cityofalbany.net/pw/engineering/capital-improvement-program。

当前，中国对显性政府债务的风险防范相对完善，总体风险处在可控范围内。政府债务风险防控主要体现在面向局部债务高风险地区的财政重整计划和存量政府债务的处置两个方面。

①高风险地区实施财政重整计划

2016年国务院办公厅印发的《地方政府性债务风险应急处置预案》，明确规定了财政重整计划。① 按照政策口径，"财政重整是指债务高风险地区在保障必要的基本民生支出和政府有效运转支出基础上，依法履行相关程序，通过实施一系列增收、节支、资产处置等短期和中长期措施安排，使债务规模和偿债能力相一致，恢复财政收支平衡状态"。

目前，"市县债务管理领导小组或债务应急领导小组认为确有必要时，可以启动财政重整计划"。同时，"市县政府年度一般债务付息支出超过当年一般公共预算支出10%的，或者专项债务付息支出超过当年政府性基金预算支出10%的，债务管理领导小组或债务应急领导小组必须启动财政重整计划"。②

财政重整的具体措施包括以下几个方面③：一是拓宽财源渠道。依法加强税收征管，加大清缴欠税欠费力度，确保应收尽收。落实国有资源有偿使用制度，增加政府性资源收益。二是优化支出结构。财政重整期内，除必要的基本民生政策支出和政府有效运转支出外，视债务风险等级，本级政府其他财政支出应当保持"零增长"或者大力压减。三是处置政府资产。指定机构统一接管政府及其部门拥有的各类经营性资产、行政事业资产、国有股权等，结合市场情况予以变现，多渠道筹集资金偿还债务。四是申请省级救助。采取上述措施后，风险地区财政收支仍难以平衡的，可以向省级政府申请临时救助。五是加强预算审查。实施财政重整计划以后，相关市县政府涉及财政总预算、部门预算、重点支出和重大投资项目、政府债务等事项，在依法报本级人民代表大会或者其常委会审查批准的同时，必须报上级政府备案。确有不适当之处，需要撤

---

① 资料来源：财政部网站，《依法做好应急政策储备持续增强风险防控能力 着力助推国家治理能力提升——财政部有关负责人就出台〈地方政府性债务风险应急处置预案〉答记者问》，http://yss.mof.gov.cn/gongzuodongtai/201611/t20161114_2457909.htm。

② 资料来源：财政部网站，《国务院办公厅关于印发地方政府性债务风险应急处置预案的通知》(国办函〔2016〕88号)，http://www.mof.gov.cn/zhengwuxinxi/zhengcefabu/201611/t20161114_2457914.htm。

③ 资料来源：财政部网站，《依法做好应急政策储备持续增强风险防控能力 着力助推国家治理能力提升——财政部有关负责人就出台〈地方政府性债务风险应急处置预案〉答记者问》，http://yss.mof.gov.cn/gongzuodongtai/201611/t20161114_2457909.htm。

销批准预算的决议的,上级政府应当依法按程序提请本级人民代表大会常务委员会审议决定。六是改进财政管理。相关市县政府应当实施中期财政规划管理,妥善安排财政收支预算,严格做好与化解政府债务风险政策措施的衔接。

中国目前已有财政整顿的先例。据媒体报道,此前,2018年,四川资阳市的雁江区和安岳县率先实施"财政重整",并在2019年重整完毕。[①] 2021年12月23日,黑龙江省鹤岗市人力资源和社会保障局发布《关于取消公开招聘政府基层工作人员计划的通知》,原因是"因鹤岗市政府实施财政重整计划,财力情况发生重大变化",成为首个公开报告实施财政重整的地级市。

②存量政府债务风险防控不断加强

中国当前对于存量政府债务的风险防控也得到加强,突出表现为政府债务债券化和去担保化两方面。

一是非政府债券形式的存量政府债务债券化。新《预算法》实施后,地方政府举债只能采取发行政府债券方式。对于地方政府债券,地方政府依法承担全部偿还责任。对非政府债券形式的存量政府债务,目前的处置原则如下[②]:债务人为地方政府及其部门的,必须在国务院规定的期限内置换成政府债券,地方政府承担全部偿还责任;债务人为企事业单位等的,经地方政府、债权人、企事业单位等债务人协商一致,可以按照《合同法》有关规定分类处理。也就是说,债权人同意在规定期限内置换为政府债券的,地方政府不得拒绝相关偿还义务转移,并承担全部偿还责任;债权人不同意在国务院规定的期限内将偿债义务转移给地方政府的,仍由原债务人依法承担偿债责任,对应的地方政府债务限额由中央统一收回,地方政府作为出资人,在出资范围内承担有限责任,依法实现债权人的风险和收益相匹配。

二是去担保化。针对存量或有债务中的担保债务,依据《中华人民共和国预算法》《中华人民共和国担保法》《中华人民共和国合同法》及其司法解释等法律规定,存量担保债务不属于政府债务。除外国政府和国际经济组织贷款外,地方政府及其部门出具的担保合同无效,地方政府及其部门对其不承担偿债责

---

① 资料来源:财政部网站,《四川省2018年预算执行情况和2019年预算草案的报告》,http://www.mof.gov.cn/zhuantihuigu/2019ysbghb/201902/t20190211_3145564.htm。

② 资料来源:财政部网站,《依法做好应急政策储备、持续增强风险防控能力,着力助推国家治理能力提升——财政部有关负责人就出台〈地方政府性债务风险应急处置预案〉答记者问》,http://yss.mof.gov.cn/gongzuodongtai/201611/t20161114_2457909.htm。

任,仅依法承担适当民事赔偿责任。目前,政策规定民事赔偿最多不应超过债务人不能清偿部分的二分之一;担保额小于债务人不能清偿部分二分之一的,以担保额为限。具体金额由地方政府、债权人、债务人参照政府承诺担保金额、财政承受能力等协商确定。[①]

(2)"城投债"风险防控

近年来,"城投债"风险防控一直是债务风险防控的重点领域。特别是在财政部2017年发布的《关于进一步规范地方政府举债融资行为的通知》中,除了全国范围内摸底排查和整改之外,重点是建立"城投债"风险防控的基本框架和政策体系,主要体现在以下两个方面[②]:

①剥离平台的政府融资功能,厘清边界,推动转型

一是融资平台转型。推动融资平台公司尽快转型为市场化运营的国有企业,依法、合规地开展市场化融资。地方政府及其所属部门不得干预融资平台公司日常运营和市场化融资。同时,为了打破市场的以往认知,特别要求健全相应的信息披露机制。融资平台公司在境内外举债融资时,应当向债权人主动书面声明不承担政府融资职能,并明确自2015年1月1日起,其新增债务依法不属于地方政府债务,防止误导投资者决策行为。[③]

二是切断注资渠道。地方政府不得将公益性资产、储备土地注入融资平台公司,不得承诺将储备土地预期出让收入作为融资平台公司偿债资金来源,不得利用政府性资源干预金融机构的正常经营行为。

三是规范债务投资。地方政府不得以借贷资金出资设立各类投资基金,严禁地方政府利用PPP、政府出资的各类投资基金等方式违法违规变相举债。允许地方政府以单独出资或与社会资本共同出资方式设立各类投资基金,依法实行规范的市场化运作,按照利益共享、风险共担的原则,引导社会资本投资于经济社会发展的重点领域和薄弱环节,政府可适当让利。同时,为了消除"刚性兑

---

① 资料来源:财政部网站,《依法做好应急政策储备、持续增强风险防控能力,着力助推国家治理能力提升——财政部有关负责人就出台〈地方政府性债务风险应急处置预案〉答记者问》,http://yss.mof.gov.cn/gongzuodongtai/201611/t20161114_2457909.htm。

② 资料来源:财政部网站,《关于进一步规范地方政府举债融资行为的通知》(财预〔2017〕50号),http://yss.mof.gov.cn/zhuantilanmu/dfzgl/zcfg/201705/t20170503_2592801.htm。

③ 资料来源:财政部网站,《依法明确举债融资政策边界 严堵违法违规融资担保后门——财政部有关负责人就印发〈关于进一步规范地方政府举债融资行为的通知〉答记者问》,http://yss.mof.gov.cn/gongzuodongtai/201705/t20170504_2594076.htm。

付"和"明股实债"等现象,该文件规定,除国务院另有规定外,地方政府及其所属部门参与PPP项目、设立政府出资的各类投资基金时,不得以任何方式承诺回购社会资本方的投资本金,不得以任何方式承担社会资本方的投资本金损失,不得以任何方式向社会资本方承诺最低收益,不得对有限合伙制基金等任何股权投资方式额外附加条款变相举债。

②加强对融资平台的监管和联合执法

一是完善统计监测机制。由财政部会同发改委、人民银行、银监会、证监会等部门建立大数据监测平台,统计监测政府中长期支出事项以及融资平台公司举借或发行的银行贷款、资产管理产品、企业债券、公司债券、非金融企业债务融资工具等情况,加强部门信息共享和数据校验,定期通报监测结果。

二是开展跨部门联合监管。建立由财政部、发改委、司法行政机关、人民银行、银监会、证监会等部门以及注册会计师协会、资产评估协会、律师协会等行业自律组织参加的监管机制,对地方政府及其所属部门、融资平台公司、金融机构、中介机构、法律服务机构等的违法违规行为加强跨部门联合惩戒,形成监管合力。

三是明确违法违规行为处罚。对地方政府及其所属部门违法违规举债或担保的,依法依规追究负有直接责任的主管人员和其他直接责任人员的责任;对融资平台公司从事或参与违法违规融资活动的,依法依规追究企业及其相关负责人的责任;对金融机构违法违规向地方政府提供融资、要求或接受地方政府提供担保承诺的,依法依规追究金融机构及其相关负责人和授信审批人员的责任;对中介机构、法律服务机构违法违规为融资平台公司出具审计报告、资产评估报告、信用评级报告、法律意见书等的,依法依规追究中介机构、法律服务机构及相关从业人员的责任。

(3)国有经营性公路企业债务风险防控

国务院于2019年发布的《深化收费公路制度改革取消高速公路省界收费站实施方案》,要求推动政府收费公路存量债务置换。允许地方政府债券置换截至2014年底符合政策规定的政府收费公路存量债务,优化债务结构,减轻债务利息负担,防范化解债务风险,为取消高速公路省界收费站创造有利条件。该方案责成财政部、人民银行、银保监会、省级人民政府负责。[1] 近年来,该领域掀起一股债

---

[1] 资料来源:中央人民政府网站,《国务院办公厅关于印发深化收费公路制度改革取消高速公路省界收费站实施方案的通知》(国办发〔2019〕23号),http://www.gov.cn/zhengce/content/2019-05/21/content_5393377.htm。

务置换的高潮。从形式上看,债务置换的主体为当地省级交投公司,参与置换较多的则是国家开发银行。具体方式为,银团提供长达25—30年的贷款,将交投公司原债务置换、展期或重组,进而拉长债务期限,降低企业债务负担。交通领域较多采用债务置换的原因在于其债务形成的资产具有现金流,一方面符合监管规定,另一方面该类资产相对优质。其中,部分省份措施如表12—2所示。①

表12—2　　　　　　　　部分省级高速集团债务化解思路

省份	实施时间	具体思路
吉林省	2019年3月	吉林省高速公路集团和国开行等6家银行签订规模近700亿元的融资再安排银团贷款(期限25年、利率为基准利率4.9%),推动债务化解。公司新增借款主要用于购买吉林省交通厅名下高速公路资产、公路沿线设施、房建工程、土地等资产。
山西省	2019年5月	山西交控成立后,将原来34个政府还贷高速公路单位整合重新组建为16个高速公路分公司,将所属路桥集团、交投集团、高速集团等管辖的经营性高速公路按照行政区划逐步纳入16个高速公路分公司管理,创新运营体制机制,使其具有现金流。2019年上半年,该公司向国开行等银团平移置换债务2 337亿元。
内蒙古自治区	2019年5月	《内蒙古自治区本级存量公路建设政府性债务化解方案》和债务重组的主要方式即融资再安排模式,同时成立债委会,选举国开行为债委会主席单位。
甘肃省	2020年5月	由甘肃省内16家银行组建银团签订1 673亿元的债务重组协议,主要包括以下两项内容:一是借款期限结构调整,将甘公投高速公路的项目贷款1 673亿元的借款期限统一延长至30年,自2020年5月开始重新计算,平均每年的还本金额减少约200亿元;二是对该部分债务利率进行下调,平均每年利息支出减少约15亿元。
湖北省	2020年5月	与国家开发银行湖北省分行等9家金融机构签订《收费公路融资再安排银团贷款合同》,规模为1 200亿元,规定湖北交投先将所属22条收费公路的1 200亿元贷款提前还完,再重新签署贷款合同。新贷款与过去相比,平均贷款年限从10年延长至25年以上,贷款利率全部下调至基准利率以下,可累计为湖北交投省利息支出56亿元。到2025年末,债务还本金额减少553亿元。

资料来源:中国公路网。

---

① 资料来源:中国公路网,《七省份超7 000亿元高速公路债务置换:项目有收益是关键》,https://www.chinahighway.com/article/65383535.html。

(4)医院高校债务风险防控

为化解医院债务风险、规范医院的举债行为,各地纷纷通过债务置换化解公立医院债务。例如,2017 年,安徽省发布了《安徽省人民政府办公厅关于加强公立医院债务化解及管理工作的意见》。① 其中规定,通过地方政府债务置换方式化解公立医院一类存量债务。各级财政部门按照中央财政统一部署,在 2017—2018 年期间,通过发行地方政府置换债券,将截至 2016 年底地方政府债务平台中锁定的一类债务全部置换。债务置换后,全部由同级政府承担偿债主体责任,并纳入同级财政预算管理,及时足额偿还。

对于高校债务问题,2010 年财政部发布文件,提出了高校化债工作的具体方案:以土地置换、安排事业收入等方式积极偿还贷款,地方财政要加大支持力度,帮助高校化解债务。② 各地也纷纷制定了相应的政策。例如,山东省为鼓励高校积极化债,建立高校债务化解奖励机制。③ 湖南省根据各高校的在校学生人数、扩招贡献、化债工作努力程度等因素分配化债资金,避免"多贷多得、少贷少得"。④ 高校化债的成果也比较显著,吉林大学曾是高校债务的一个负面典型。2007 年 3 月,吉林大学发布校内通知称,学校举债高达 30 亿元左右,入不敷出,特向师生征集解决学校财务困难的建议。这份"求助通知"使高校债务危机浮出水面,引发社会高度关注和持续讨论。经过一系列化债工作,2015 年末,吉林大学的近 30 亿元银行贷款已经全部偿还完毕。⑤

(5)乡镇及村集体组织债务风险防控

"乡财县管"模式下,建立了乡镇债权债务备案制度和项目建设报告审批制度,严禁新增负债,并按照谁欠债谁清理的原则,逐年核定消化债务比例,列入

---

① 资料来源:安徽省人民政府网站,《安徽省人民政府办公厅关于加强公立医院债务化解及管理工作的意见》(皖政办〔2017〕5 号),https://www.ah.gov.cn/szf/zfgb/8126321.html。
② 资料来源:教育部网站,《财政部 教育部关于减轻地方高校债务负担化解高校债务风险的意见》(财教〔2010〕568 号),http://www.moe.gov.cn/jyb_xxgk/moe_1777/moe_1779/201308/t20130805_155148.html。
③ 资料来源:山东省人民政府网站,《山东省人民政府办公厅转发省教育厅等部门关于山东省高等学校债务化解工作的实施意见的通知》(鲁政办发〔2011〕35 号),http://www.shandong.gov.cn/art/2011/7/14/art_2259_25348.html?from=singlemessage&isappinstalled=0。
④ 资料来源:湖南省人民政府网站,《湖南省财政厅 湖南省教育厅关于减轻高校债务负担 化解高校债务风险的意见》(湘财教〔2011〕9 号),http://www.hunan.gov.cn/xxgk/wjk/szbm/szfzcbm_19689/sczt/gfxwj_19835/201901/t20190114_5258233.html。
⑤ 资料来源:凤凰网,《吉林大学化债工作成效显著 近 30 亿贷款全部偿还》,http://jl.ifeng.com/a/20160622/4671923_0.shtml。

考核目标。

2005年,《国务院办公厅关于坚决制止发生新的乡村债务有关问题的通知》对化解村集体债务做了明确的规定。[①] 该通知规定,"村委会不得以任何名义从金融机构贷款或为企业提供担保,严禁借(贷)款垫付各种税费和用于村级支出"。同时,对于乡镇级的债务问题,要求乡镇政府切实负起责任,坚决纠正经济管理活动中各种不规范行为,从源头上防止新的乡村债务发生,包括不得以任何名义向金融机构申请贷款弥补收支缺口、不得为企业贷款提供担保或抵押、不得采取由施工企业垫支等手段上项目、不得举债兴建工程等。

12.3.3.3 债务风险防控立法的思路

(1)立法明确公共债务规模上限。《财政部关于对地方政府债务实行限额管理的实施意见》[②]明确了地方各级政府债务限额的确定依据和程序,但是,目前却没有总的公共债务规模上限。并且,各地方的债务余额限额也不够公开、透明。在具体立法中,可以采用开口式设计思路,规定财政部联合发展规划部门、统计部门、审计部门、央行等职能部门,拟定公共债务规模的上限值,经国务院报全国人大审议,并受权根据经济周期等特定影响提出调整债务规模上限值的建议,报送全国人大审议后予以公开。

(2)要明确中央政府对地方政府债务的不救助、不置换的原则,从纵向层级之间厘清政府间债务关系。

(3)明确政府与各类型隐性债务之间的责任划分,从横向角度厘清政府与企事业单位和组织之间的债务关系。本章"债务规模与种类"部分提出对不同种类的债务规模进行余额限额管理的立法思路,在"债务风险预警"中提出区分债务种类、制定债务风险评估与预警体系的立法思路。与上述思路相对应,在确定公共债务规模上限的基础上,要针对不同重点行业领域,建立债务风险分类防控体系。其中,关键是不同重点行业领域中的存量救助债务的责任划分。存量救助债务不属于政府债务,是政府可能承担一定救助责任的存量或有债务。目前,政策规定地方政府可以根据具体情况实施救助,但保留对债务人的追偿权。在不同重点行业领域的债务风险防控体系下,政府责任的体现应当有

---

① 资料来源:中央人民政府门户网站,《国务院办公厅关于坚决制止发生新的乡村债务有关问题的通知》(国办发〔2005〕39号),http://www.gov.cn/zhengce/content/2008-03/28/content_3047.htm。

② 资料来源:财政部网站,《财政部关于对地方政府债务实行限额管理的实施意见》(财预〔2015〕225号),http://hb.mof.gov.cn/lanmudaohang/zhengcefagui/201609/t20160906_2412583.htm。

所差异,具体参见以下(4)—(8)的内容。

(4)"城投债"风险防控的立法重点如下:

①融资平台公司转型和监管。从法律上规定融资平台公司不允许承担政府融资功能,厘清地方政府与融资平台公司的边界,推动平台转型。立法明确针对融资平台公司的监管和联合执法,确立统计监测机制、部门信息共享和数据校验、监测结果定期通报等监管配套制度,明确违法违规行为处罚。

②偿还责任债务的显性化。对于部分由融资平台公司举借,但确定由财政资金偿还的"城投债",明确其政府债务属性,由政府承担偿还责任。

③担保合同无效。与《担保法》《担保法司法解释》《地方政府性债务风险应急处置预案》相一致,规定除外国政府和国际经济组织贷款外,地方政府及其部门出具的担保合同无效,地方政府及其部门对其不承担偿债责任,仅依法承担适当民事赔偿责任。

④不救助隐性债务。针对融资平台公司在政府融资功能"剥离"前所形成的存量或有政府债务,应当打破政府兜底和救助预期,在立法中明确不救助原则,对失去清偿能力的要依法实施破产重整或清算,参见本章"债务违约处理"部分。

(5)国有经营性公路企业债务风险防控的立法重点如下:

①对确定由财政资金偿还的存量债务,实施政府债务置换。政府还贷公路中以县级以上交通运输主管部门名义举借、使用财政资金还债的存量非债券债务,需要置换成政府债券,地方政府承担全部偿还责任。如果是企业举借的债务并确定由财政资金偿债的,在债权人优先同意原则下,要么置换为地方政府债券并由政府承担全部偿还责任,要么仍由原债务人依法承担偿债责任,地方政府作为出资人在出资范围内承担有限责任。

②对于该领域的隐性债务,即受让公路收费权并以通行费收入作为偿债资金来源的国有独资或控股的经营性公路企业债务,鼓励实施银企债务置换等形式的债务重组、资产重组和企业并购,改善公路企业经营绩效和偿债能力,政府提供必要支持。同样,须明确打破政府兜底预期,在法律中明确对失去清偿能力的要依法实施破产重整或清算。

(6)医院高校等事业单位从事政府委托的公益性事业或项目所举借的存量债务,应当在区分债务的公益性事业或项目属性基础上,甄别政府责任的范围和程度。通过发行地方政府债券,将这一类债务进行置换。债务置换后,全部由同级政府承担偿债主体责任,并纳入同级财政预算管理,及时足额偿还。同时,如同本章"举债主体""债务规模与种类"等部分的论述,未来,事业单位在从事政府委托的事业或项目中确需举借的公益性债务,应以政府作为举债主体发行事业专项债券,纳入公共债务监管体制。

(7)对于群众性自治组织和社会组织从事政府委托的公益性事业或项目所举借的存量债务,同样须在甄别的基础上对这一类债务进行置换,由政府承担偿还责任。未来社会组织在从事政府委托的事业或项目中确需举借的公益性债务,应以政府作为举债主体发行组织专项债券,纳入公共债务监管体制。

(8)政府对于社会保障基金收支缺口承担救助责任,使用包括但不限于财政补贴、国有资本经营收益、政府债券等作为救助资金。

(9)将专项债券项目的绩效管理从基本法层面加以确立。法律上应当明确债务绩效管理与债务风险防控相辅相成的关系。债务的绩效管理应包括事前绩效评估、绩效目标管理、绩效运行监控、绩效评价管理、评价结构应用等,并按照评价与结果应用主体相统一的原则,在分配新增地方政府专项债务限额时,将绩效评价结果等作为分配调整因素。

(10)将现有关于实施财政重整计划的政策规定在基本法层面加以确立。同时,结合本章"债务风险及预警"部分中关于分方法评估债务风险和适度放权的立法思路,允许各地方政府在制定实施财政重整计划的条件和依据时,更加全面和严格。

(11)要求地方政府滚动编制和实施中长期建设投融资规划。该规划中应重点做好本地专项债券项目库建设,推进项目的论证、审批、开工前准备等。要求地方政府从投向领域以及项目的成熟度、合规性、融资收益是否平衡等角度进行论证,提高项目储备质量。建立跨部门协调机制,推动加快办理项目用地、规划许可、环境评估、施工许可等审批手续,加快推进征地拆迁、市政配套等开工前准备,及时、高效地完成项目储备工作。实现专项债券项目储备入库一批、发行使用一批、开工建设一批的常态化滚动机制。

(12)立法规定实施信用评级和信用管理。财政部门按照公开、公平、公正原则,从具备中国境内债券市场评级资质的信用评级机构中依法竞争、择优选择信用评级机构,并按规定及时披露所选定的信用评级机构。地方财政部门与信用评级机构签署信用评级协议,明确双方的权利和义务。对中介机构、法律服务机构违法违规为融资平台公司出具审计报告、资产评估报告、信用评级报告、法律意见书等的,依法依规追究中介机构、法律服务机构及相关从业人员的责任。

(13)法律上确定财政部门要会同发改委、人民银行、银保监会、证监会、审计部门、统计部门、司法部门,以及注册会计师协会、资产评估协会、律师协会等行业自律组织,建立公共债务监管联合工作机制,以防控与化解系统性风险为目标,对公共债务的举借、偿还、违约等情况进行监督与管理。

12.4 债务偿还

12.4.1 偿债资金安排

12.4.1.1 偿债资金安排的立法要点

偿债资金安排的立法要点是对偿债资金的来源和使用作出规定。目前,世界各国立法中关于偿债资金的来源主要包括预算收入、政府资产和证券化工具。

(1)预算收入安排

包括税收、非税收入在内的预算收入是公共债务偿还资金的主要来源,因为在一国的财政收入中,税收收入相对稳定可靠。税收收入是政府财政收入的主要来源,但政府的征税权应当被加以约束,不可以无限地加以运用。除税收收入之外,非税收入也是重要的偿债收入来源,包括政府拥有的资产与资源的产权收入等。

(2)受权动用政府资产

授权政府处置资产以筹措偿债资金,这是债务立法中的要点之一。例如,面对债务上限不断被逼近的严峻挑战,美国国会于2020年提议的《债务上限替代法案》(Debt Ceiling Alternative Act)[①]中,一方面,明确要求实施减支,授权总统可以提交撤销未完成的预算支出的清单和解雇员工;另一方面,授权总统可以下令出售联邦国家抵押贷款协会(Federal National Mortgage Associa-

---

① 资料来源:U. S Congress, https://www. congress. gov/bill/116th-congress/house-bill/5083/text? q=%7B%22search%22%3A%5B%22debt+limit%22%2C%22debt%22%2C%22limit%22%5D%7D&r=3&s=4。

tion)、联邦住房贷款抵押公司(Federal Home Loan Mortgage Corporation)、美联储理事会(Board of Governors of the Federal Reserve System)或其他联邦储备银行所拥有的资产,所得存入财政部以弥补财政收支缺口。

(3)建立长期偿债基金

除了预算收入和资产处置收益,当前,为了应对高企的债务风险和蔓延速度极快的债务危机,设立长期性的、以满足偿债资金需求为目的的投融资制度创新应运而生。欧洲稳定机制(European Stability Mechanism,ESM)就是其中一个典型代表。ESM 是 2012 年由欧元区成员国成立的政府间组织和国际金融机构。ESM 扮演"最终贷款人"角色,通过任务贷款等形式的财政援助帮助面临严重财政困难的成员国。

ESM 明确规定,其"通过向投资者出售债券和票据为其财政援助筹集资金,纳税人的钱从来不会被用来贷款给受益国"。① 根据协议,ESM 的授权股本(Authorized Capital Stock)为 7 047.98 亿欧元。这些资金有两种存在方式:一种方式是金额约 800 亿欧元的 ESM 实收股份,由欧元区成员国分摊。表 12—3 显示了各成员国在 ESM 实收股本的份额,以及认缴和实缴的总金额。德国、法国、意大利、西班牙是实缴份额最高的四个国家。另一种方式则是总额约 6 200 亿欧元的可赎回股本。②

表 12—3　　　　　　　　ESM 主要成员国认购情况③

ESM 成员国	ESM 份额(%)	股份数	认缴(千欧元)	实缴(千欧元)
奥地利	2.758 1	194 388	19 438 800	2 221 580
比利时	3.445 4	242 832	24 283 200	2 775 220
塞浦路斯	0.194 5	13 705	1 370 500	156 630
爱沙尼亚	0.184 7	13 020	1 302 000	148 800
芬兰	1.781 1	125 531	12 553 100	1 434 640
法国	20.200 3	1 423 716	142 371 600	16 271 040

① 资料来源:European Stability Mechanism,https://www.esm.europa.eu/about-us。
② 资料来源:European Stability Mechanism,https://www.esm.europa.eu/legal-documents/esm-treaty。
③ 资料来源:European Stability Mechanism,https://www.esm.europa.eu/how-we-decide/esm-governance#headline-shares_and_capital_per_esm_member。

续表

ESM 成员国	ESM 份额(%)	股份数	认缴(千欧元)	实缴(千欧元)
德国	26.899 2	1 895 854	189 585 400	21 666 900
希腊	2.791 0	196 710	19 671 000	2 248 110
爱尔兰	1.577 7	111 195	11 119 500	1 270 800
意大利	17.750 6	1 251 062	125 106 200	14 297 850
拉脱维亚	0.274 6	19 353	1 935 300	221 200
立陶宛	0.406 3	28 634	2 863 400	327 200
卢森堡	0.248 2	17 490	1 749 000	199 890
马耳他	0.089 8	6 327	632 700	72 310
荷兰	5.665 0	399 267	39 926 700	4 563 050
葡萄牙	2.486 3	175 236	17 523 600	2 002 700
斯洛伐克	0.984 9	69 418	6 941 800	793 350
斯洛文尼亚	0.467 0	32 917	3 291 700	376 190
西班牙	11.795 3	831 332	83 133 200	9 500 940
小计	100	7 047 987	704 798 700	80 548 400

ESM 按照审慎性原则进行投资,确保其具有最高的信用评价水平,同时,ESM 通过贷款或者在一级市场直接购买债券等方式,提供包括预防危机性质的信贷在内的财政援助。ESM 设定用于财政援助的最大金额为 5 000 亿欧元。[①]

ESM 的鲜明特色在于,其不仅具有较强的金融市场投融资工具属性,而且具有跨行政区划的偿债资金"资金池"特征。在应对 2010 年欧洲主权债务危机以及近年的新冠肺炎疫情等重大冲击时,这一制度为各成员国提供了极大的帮助。

---

① 资料来源:European Stability Mechanism,https://www.esm.europa.eu/legal-documents/esm-treaty。

12.4.1.2 中国当前的偿债资金安排

中国目前对于地方政府显性债务的偿债资金安排已有明确的规定[①]：①地方政府一般债务纳入一般公共预算管理、专项债务纳入政府性基金预算管理。②一般债务应当有偿还计划和稳定的偿还资金来源。一般债务本金通过一般公共预算收入（包含调入预算稳定调节基金和其他预算资金）、发行一般债券等偿还。一般债务利息通过一般公共预算收入（包含调入预算稳定调节基金和其他预算资金）等偿还，不得通过发行一般债券偿还。③专项债务应当有偿还计划和稳定的偿还资金来源。专项债务本金通过对应的政府性基金收入、专项收入、发行专项债券等偿还。专项债务利息通过对应的政府性基金收入、专项收入偿还，不得通过发行专项债券偿还。

12.4.1.3 偿债资金安排的立法思路

首先，将现有关于一般债和专项债偿债资金安排的规定在法律中加以明确。

其次，除现有偿债方式外，在法律中还需要进一步明确规定国有资产、国有资源处置作为偿债资金来源。尤其需要在法律中强调，针对企事业单位、群众性自治组织、社会组织在受托从事公益性事业或项目过程中所形成的债务，政府应该对其接受政府出资所形成的资产进行处置，以偿还相应公益性债务，由此体现政府在处置债务过程中的权利与义务对等。

最后，法律允许政府通过发行债券等方式，建立长期偿债基金。

12.4.2 债务违约处理

12.4.2.1 违约处理的立法要点

当债务规模和还本付息压力过大，必然会出现债务违约风险以及相应的债务违约处理问题。债务立法中需要对相应的应急处理和救济机制，以及相应的责任追究做出规定。

（1）应急救济

应急救济应恪守有限原则，法律中往往会明确规定以下几种典型方式保证

[①] 资料来源：财政部网站，《关于印发〈地方政府一般债务预算管理办法〉的通知》（财预〔2016〕154号），http://yss.mof.gov.cn/zhuantilanmu/zfzw/201612/t20161206_2475317.htm；《关于印发〈地方政府专项债务预算管理办法〉的通知》（财预〔2016〕155号），http://yss.mof.gov.cn/zhengceguizhang/201612/t20161201_2471207.htm。

债务主体基本运转和市场稳定,防止经济社会风险蔓延。

①发放紧急贷款。必要时,向陷入财政困境的政府发放紧急性贷款,维持基本开支和运转。

②公开市场操作。通过直接在发行市场购买债券的方式,压低相关政府市场融资成本和压力;直接收购问题债券,干预债券流通市场。通过此举维系投资者信心,保持市场基本稳定。

③偿债基金介入。在2010年欧洲主权债务危机爆发前,欧盟没有成熟有效的债务危机应对机制。原有建立在《超额赤字程序》和《稳定与增长公约》基础上的政策工具,对解决债务危机束手无策(孙涵,2016)。为了防止债务危机继续蔓延,欧元区国家建立了应急危机救助基金,联合向爱尔兰、葡萄牙和希腊三国提供财政援助,维系国家运转和欧盟稳定。

(2)债务重组

对债务重组(又称债务重整)作出规定是财政立法中的重要内容。债务重组的本质是面对业已发生的本息支付困难和债务危机,债权人按照其与债务人达成的协议或者法院的裁定作出让步,此时的债务偿还条件不同于原协议。重组的方式包括:债务人将其现金、存货、金融资产、固定资产、无形资产等资产转让给债权人以(部分)抵销债务;债务人将债务转为资本,同时债权人将债权转为股权;修改债务条件,如减少债务本金、降低利率、免去应付未付的利息等。2010年欧洲主权债务危机中,希腊、葡萄牙、爱尔兰均实施了减计商业银行等债权人所拥有国债的票面价值。

(3)破产清算

对于地方政府违约严重的情形,一些国家规定政府破产机制。如美国《破产法》第九章规定了美国政府破产的具体细则:当地方政府陷入无力支付的状态(按现金流量法,地方政府已无法支付到期或即将到期的债务)时,地方政府可以申请破产。同时,美国《破产法》规定的破产主体不仅限于地方政府,而是一切市政部门(municipality),包括学校校区和公共区域,甚至包括一些由使用者付费维持运营的主体,如桥梁、高速公路等。地方政府需要发布债务调整计划书,并由法院认定,由地方政府独立按照债务调整计划进行整顿,直至破产状态得以消除。

12.4.2.2 中国当前的债务违约处理

当前,中国公共债务违约处理的焦点是隐性债务,而隐性债务违约的焦点又是以城投公司发行的非标准化"城投债",即对应于金融机构的"非标准化债权"资产。

"非标准化债权"是一个所谓"金融创新"旺盛的领域,其指未在银行间市场及证券交易所市场交易的债权性资产,包括但不限于信贷资产、信托贷款、委托债权、承兑汇票、信用证、应收账款、各类受(收)益权、带回购条款的股权性融资等。这类资产一般不公开发行,表现形式多、流动性差,而且形式不断变化和扩充。2018年,中国人民银行、银保监会、证监会、国家外汇管理局联合印发《关于规范金融机构资产管理业务的指导意见》,明确标准化债权类资产应当同时具备以下五个条件:①等分化,可交易;②信息披露充分;③集中登记,独立托管;④公允定价,流动性机制完善;⑤在银行间市场、证券交易所市场等国务院同意设立的交易市场(上交所、深交所等)交易。[①] 后续政策又对债权类资产进行了正列举。2020年7月3日,中国人民银行、中国银行保险监督管理委员会、中国证券监督管理委员会、国家外汇管理局制定了《标准化债权类资产认定规则》。[②] 该规则界定,标准化债权类资产是指依法发行的债券、资产支持证券等固定收益证券,主要包括国债、中央银行票据、地方政府债券、政府支持机构债券、金融债券、非金融企业债务融资工具、公司债券、企业债券、国际机构债券、同业存单、信贷资产支持证券、资产支持票据、证券交易所挂牌交易的资产支持证券、固定收益类公开募集证券投资基金,以及满足上述五个条件的其他债券类资产。这样,以排除法的形式对非标准化债权类资产给出了统一定义,即标准化债权类资产之外的债权类资产均为非标准化债权类资产,包括信托、保理、融资租赁公司等企业为城投公司服务所发行的债类贷款产品。

城投公司发行的各类标准化债券(即对应的金融机构标准化债权资产),统称为城投债券。统计显示,2020年全国城投发行债券约40 983亿元,共计5 209只,债券余额约10万亿元,自1993年至今的滚动发行规模约24万亿元,

---

① 资料来源:中国政府网,《人民银行 银保监会 证监会 外汇局关于规范金融机构资产管理业务的指导意见》(银发〔2018〕106号),http://www.gov.cn/gongbao/content/2018/content_5323101.htm。
② 资料来源:中国政府网,《中国人民银行 中国银行保险监督管理委员会 中国证券监督管理委员会 国家外汇管理局公告》(〔2020〕第5号),http://www.gov.cn/zhengce/zhengceku/2020-07/04/content_5524110.htm。

零实质性违约记录。① 相反,城投公司发行的非标准化债券(简称城投非标)违约的情况已并非罕见。据不完全统计,2018 年以来,中国境内城投非标违约事件已有数十次,涉及非标违约主体 117 家(包括融资方和担保方)。从地域分布上看,涉及城投非标违约的省份为贵州、河南、湖南、内蒙古、陕西、四川、天津、云南 8 省市。其中,贵州省违约城投平台数量最多,达 29 家、占比近七成;内蒙古次之,涉及 3 家平台;云南、河南、陕西、四川各涉及 2 家平台;天津、湖南各涉及 1 家平台。②

相对于城投债券,城投非标的高违约风险的原因包括融资期限短、融资成本高造成的还本付息压力较大;相对于城投债券的专业化投资市场具有的高门槛且债券发行条件和额度受到监管约束的情况,城投非标市场缺乏外部评级、估值难且信息不够透明,容易产生期限错配和风险积聚;城投债券的安全性审查更为严格,券商、银行等金融机构的尽调及投后监控,是城投非标产品所不具备的。

专业市场调查研究显示,目前的违约处置进度较慢,多数产品仍未兑付。仅有个别地区能在短期内兑付;其余大部分非标违约产品选择展期,截至 2021 年底仍未披露兑付信息。此外,2021 年利用司法手段加快非标违约处置的事件增加至 9 起。③ 根据违约处置进展较慢、大多数案例仍未进入司法程序的现状,有理由相信城投平台对地方政府信用的捆绑,并且亟须打破"两个幻觉",即坚决打消地方政府认为中央政府会"买单"的"幻觉",坚决打消金融机构(包括市场投资者)认为政府会兜底的"幻觉",这是必须在立法层面予以明确阐述的问题。

12.4.2.3 债务违约处理的立法思路

一方面,与债务法、公司法、破产法等法律法规相兼容,与金融监管政策法规相匹配,坚持明确融资平台公司的转型,以及政府责任的划分与明晰(详见本章"'城投债'风险防控立法的思路"部分),打破"财政幻觉"。

---

① 技术性违约一般是指兑付本息时筹措资金不及时导致逾期,但往往在较短时间有效偿还。实质性违约不同于技术性违约,是指到期后无法兑付本息,则会与投资人协商减款,多数采用展期还款并在原有利息标准上有所上浮,或在未来一段时间内分期兑付,偿还投资人本金和收益。资料来源:东方君基金网,《什么叫非标类私募基金》,http://www.dongfangjun.net/jijin/198985.html。

② 资料来源:搜狐网站,《2021 年城投非标违约分析:涉 42 家城投、21 起信托》,https://news.sohu.com/a/538855755_121205928,2022-04-18。

③ 资料来源:搜狐网站,《2021 年城投非标违约分析:涉 42 家城投、21 起信托》,https://news.sohu.com/a/538855755_121205928,2022-04-18。

另一方面,作为政府有限责任的体现,规定长期偿债金(详见本章"偿债资金安排"部分)可以针对特定国有企业实施有限的信用保障和增信,扶持这一类企业的资源整合以及为增强主体资信进行的公开融资,降低债务成本,防控化解潜在的系统性金融风险和社会风险。

12.4.3 责任追究

对于公共债务规模的法律控制,还应当加强超过法定规模举债的法律责任。对于超过举债规模举债的行为,如果不给予纠正和规定相应的法律责任,则公共债务的上限控制就会流于形式,成为一纸空文。因此,应当对于超过规模举债的行为规定一定的法律责任和惩戒措施。

12.4.3.1 责任追究的立法要点

(1)实施财政惩罚

立法中,关于财政惩罚的形式多样,一般包括以下几种类型:

①削减收入或停止拨款。对于地方政府超过规模举债或违反规定举债的行为,应当规定债务的举借者在一定期限内予以改正;如拒不改正者,减少或停止对其应当拨付的财政拨款。各国立法中采用较多的方式包括削减转移支付、削减地方政府的共享税收入。

②财政保证金和罚款。长期以来,欧盟《稳定与增长公约》中所达成的预算和财政纪律缺乏具有执行力的法律监管框架(叶斌,2013)。欧洲债务危机爆发后,欧盟明显加快财政纪律和惩罚机制的立法进程,引入财政保证金和财政罚款制度。例如,《欧洲议会和理事会关于在欧元区有效实施预算监督的第1173/2011号条例》规定,对于偏离谨慎性财政原则的成员国,会要求其按照上年GDP的0.2%支付有息保证金。① 欧盟《欧洲议会和理事会关于纠正欧元区宏观经济过度失衡的强制措施的第1174/2011号条例》②规定,如果成员国未采取

---

① 资料来源:European Union Law, Regulation (EU) No 1173/2011 of the European Parliament and of the Council of 16 November 2011 on the effective enforcement of budgetary surveillance in the euro area, https://eur-lex.europa.eu/legal-content/EN/TXT/? uri = CELEX%3A32011R1173&qid = 1653294897319。

② 资料来源:European Union Law, Regulation (EU) No 1174/2011 of the European Parliament and of the Council of 16 November 2011 on enforcement measures to correct excessive macroeconomic imbalances in the euro area, https://eur-lex.europa.eu/legal-content/EN/TXT/? uri = CELEX%3A32011R1174&qid=1653296849233。

相应的矫正措施,理事会应将相应保证金予以没收。

③限制或剥夺举债权。将地方政府的举债权限与债务规模挂钩,对于债务规模畸高的地区,限制其举债权限;一旦地方政府举债超过一定比例,就不得在本财政年度内再发行债务。在一定程度上迫使地方政府及时改正过度举债行为。

(2)追究官员责任

立法中需要对违反债务法律法规的官员责任进行追究,明确对官员的处罚。国外法律中通常有制裁官员的规定,包括从罢免官员(波兰甚至会解散地方政府委员会或执行机构)到意大利和土耳其等国规定的违法官员会受到的刑事制裁等(OECD,2016)。

12.4.3.2 中国当前的责任追究

当前,按照《国务院关于加强地方政府性债务管理的意见》(国发〔2014〕43号)关于建立考核问责机制的规定,《地方政府性债务风险应急处置预案》中专门对违法违规责任范围、追究响应机制、责任追究程序进行了明确。[①]

(1)违法违规责任范围

具体包括:政府债务余额超过经批准的本地区地方政府债务限额;政府及其部门通过发行地方政府债券以外的方式举借政府债务,包括但不限于通过企事业单位举借政府债务;举借政府债务没有明确的偿还计划和稳定的偿还资金来源;政府或其部门违反法律规定,为单位和个人的债务提供担保;银行业金融机构违反法律、行政法规以及国家有关银行业监督管理规定的;政府债务资金没有依法用于公益性资本支出;增加举借政府债务未列入预算调整方案并报本级人民代表大会常委会批准;未按规定对举借政府债务的情况和事项作出说明、未在法定期限内向社会公开等。

此外,还包括:政府及其部门在预算之外违法违规举借债务;金融机构违法违规向地方政府提供融资,要求地方政府违法违规提供担保;政府及其部门挪用债务资金或违规改变债务资金用途;政府及其部门恶意逃废债务;债务风险发生后,隐瞒、迟报或授意他人隐瞒、谎报有关情况等。

(2)追究机制响应

发生Ⅳ级以上地方政府性债务风险事件后,应当适时启动债务风险责任追

---

① 资料来源:财政部网站,《国务院办公厅关于印发地方政府性债务风险应急处置预案的通知》(国办函〔2016〕88号),http://www.gov.cn/zhengce/content/2016-11/14/content_5132244.htm。

究机制,地方政府应依法对相关责任人员进行行政问责;银监部门应对银行业金融机构相关责任人员依法追责。

(3)责任追究程序

一是省级债务管理领导小组组织有关部门,对发生地方政府性债务风险的市县政府开展专项调查或专项审计,核实认定债务风险责任,提出处理意见,形成调查或审计报告,报省级政府审定。二是有关任免机关、监察机关、银监部门根据有关责任认定情况,依纪依法对相关责任单位和人员进行责任追究;对涉嫌犯罪的,移交司法机关进行处理。三是省级政府将地方政府性债务风险处置纳入政绩考核范围。对实施财政重整的市县政府,视债务风险事件形成原因和时间等情况,追究有关人员的责任。属于在本届政府任期内举借债务形成风险事件的,在终止应急措施之前,政府主要领导同志不得重用或提拔;属于已经离任的政府领导责任的,应当依纪依法追究其责任。

12.4.3.3 责任追究的立法思路

首先,将目前的违法违规责任范围、追究机制的响应,以及责任追究程序在债务立法中进行明确规定。

其次,在立法中明确规定对地方政府债务违法违规行为实施财政惩罚,包括实施财政保证金或罚款、剥夺举债权限、削减债务发行规模等。财政惩罚,连同行政问责、依法依纪对相关责任单位和人员进行责任追究、涉嫌犯罪的移交司法机关处理等,共同构成责任追究下的处理方式。

最后,明确规定债务风险防控状况作为政绩考核和政府主要领导同志任免的依据,同时,明确规定对相关责任单位和人员的债务违法违规行为实行终身追责制。

12.5 本章小结

公共债务是指国家机关、企事业单位、基层群众性自治组织和社会组织(含社会团体、民办非企业团体、基金会等)等以各种形式举借的,或者是以收支缺口表现的,政府负有责任的债务。公共债务可分为政府性债务(政府偿还责任债务、政府担保责任债务和政府可能承担救助责任的债务)、其他国家机关与组织的债务,以及以社会保障收支缺口为代表的"隐性债务"。公共债务立法研究需要在公共债务的层次和范围基础上，准确把握政府需要承担相应责任的边界。目前，除政府偿还责任债务、政府担保责任债务中的责任边界和法律关系较为明晰外，大量公共债务中的政府责任边界并不明晰，构成了公共债务立法的重点所在。

在债务发行方面，当前中国公共债务规模较大，举债主体较多，债务种类繁多，部分债务举借不规范、不科学。一些企业举借的债务，存在"大而不能倒"的倒逼行为。医院高校、村委会等事业单位和组织的债务问题和社保基金收支缺口中，政府责任的体现不够明晰、缺乏长效机制。而且，各地在化债过程中表现出较大的差异，化债方式和政府责任体现程度不一，缺乏科学的依据和统一的标准。总体来看，公共债务"扩张—化债—扩张"的预算软约束现象和财政风险未得到根本治理。为此，需要在举债主体、举债权限、举债方式、债务规模和种类方面建立明确的约束。同时，坚持"疏堵结合"，建立更多的专项债券种类，设计事业单位债券、组织债券。

在债务使用中，分类型、分地区、分方法构建债务风险评估与预警体系。既需要建立流量风险评估指标体系，也需要结合中国国情，建立基于公共资产负债的存量评估指标体系。债务风险防控中，需要设立公共债务上限，并明确中央政府对地方政府债务不救助、不置换的原则。此外，在确定公共债务规模上限的基础上，针对不同重点行业领域，建立债务风险分类防控体系。针对不同重点行业领域中的存量救助责任债务，政府责任的体现应当有所差异。需要明确重点行业领域，如"城投债"、国有经营性公路企业债务、公立医院高校债务、社会保障基金收支缺口中的政府责任，从横向角度厘清政府的债务责任边界，打破"财政幻觉"。

在债务偿还方面，明确规定公共资产、资源等形式的偿还资金来源；同时，引入国外投融资制度经验，发挥长期偿债基金的作用，为企事业单位和组织提供信用保障和增信，体现政府的有限责任；必要时实施财政重整和债务重组；建立财政惩罚机制，将现有违法违规责任范围、追究机制响应、责任追究程度的规定上升到基本法层面；以债务风险防控状况作为政绩考核和政府主要领导同志任免的依据；对相关责任单位和人员的债务违法违规行为实行终身追责制。

第 13 章 政府间财政关系

政府间财政关系是我国财政的重要内容,也是财政改革的重要事项。在向现代财政制度转型的大背景下,如何构建与现代财政制度相适应的政府间财政关系已成为我国当下财政改革的重要内容,而实现政府间财政关系法制化是构建政府间财政关系的核心。2016 年 8 月 16 日,国务院下发的《关于推进中央与地方财政事权和支出责任划分改革的指导意见》(国发〔2016〕49 号,以下简称《指导意见》)指出:"2019—2020 年基本完成主要领域改革,形成中央与地方财政事权和支出责任划分的清晰框架。及时总结改革成果,梳理需要上升为法律法规的内容,适时修订相关法律、行政法规,研究起草政府间财政关系法,推动形成保障财政事权和支出责任划分科学合理的法律规范体系。督促地方完成主要领域改革,形成省以下财政事权和支出责任划分的清晰框架。"这是我国首次在中央层面上明确《政府间财政关系法》的建设目标,政府间财政关系由此进入法制化建设快速推进的时期。

13.1 政府间财政关系及其立法的重要性

13.1.1 政府间财政关系的含义

政府间财政关系通常也称为财政管理体制,是指同一国家内不同层级的政府以及同层级政府之间财政资源的分配原则、办法等调节机制的总和,是中央政府与地方政府以及地方各级政府之间在财政收支划分和财政管理权限划分上的一项根本制度,包括合理划分财权与事权,建立分级负责的政府体系。

政府间财政关系包括纵向财政关系和横向财政关系两种。纵向财政关系主要包括中央政府与地方政府之间的财政关系,以及地方政府上下级之间的纵向财政关系。处于纵向财政关系中的政府之间具有隶属关系。横向财政关系是指同级政府之间,或者同一级政府内部,由于某些社会目标以及经济发展因素的影响而产生的财政分配关系。与纵向政府间财政关系不同,处于横向财政关系中的政府之间不具有隶属关系,各参与主体地位平等。

政府间财政关系涉及的主要内容包括:确定预算管理的主体和级次;确定预算收支的划分原则和方法;确定预算管理权限的划分;确定预算调节制度和方法。其核心内容是政府间事权与支出责任的划分、财权与财力的配置以及建立规范的政府间转移支付制度。

分税制是现代财政管理体制的主要形式,在西方国家已存在上百年,至今已形成一套比较规范、完整、系统的财政管理体制。它以政府间事权划分为基础,以分税为主要特征,确定各级政府的支出责任和支出范围,划分各级政府的财政收入,并同时配套规范的财政转移支付制度。分税制下,全部税收划分为中央与地方两套税收体系,设置中央和地方两套税务机构,各自具有税收方面的立法权、征管权和减免权,分别管理和使用各自的税款。由于地方政府之间存在财政差异,因此分税制下,中央政府将以规范的形式将集中的一部分财政收入补助给地方,以满足地方政府的基本财政支出需要,实现基本公共服务均等化、地区间均衡发展等公平和效率目标。

13.1.2 政府间财政关系的范畴及其界定

政府间财政关系通常也称为财政管理体制,是指同一国家内不同层次政府以及同层次政府之间各种类型财政资源的分配原则、办法等调节机制的总和,包括合理划分财权与事权,建立分级负责的政府体系。

从政府间财政关系的不同层级划分、政府间财政关系涉及的财政管理活动、政府间财政关系的基本模式 3 个角度,可以较为完整地梳理政府间财政关系的范畴及其界定。

13.1.2.1 中央与地方政府的财政关系

按政府间财政关系的层级划分,主要包括中央政府与地方政府之间的财政关系,以及地方政府上下级之间的纵向财政关系。另外,在实践中还存在同级政府之间因为某种联系而存在的横向财政关系。从纵向的政府间财政关系来看,在任何多层次政府架构的国家都是一种客观存在,与国家的政体结构有着内在联系。按照行政级次划分,世界上很多国家纵向的财政关系是指中央政府与地方政府之间,或者地方上下级政府之间的财政关系。在我国,地方政府是指省以及省以下各级政府。在世界范围内,许多联邦制国家地方政府仅指联邦制三级政府中的最低一级。横向的政府间财政关系是同级政府之间或者同级政府内部由于某些社会目标以及经济发展的因素而产生的财政分配关系。横向的政府间财政关系是不具有隶属关系的,各参与主体之间地位平等的政府间财政关系,包括省级政府之间、市级政府之间、县级政府之间和乡级政府之间的财政关系,是中国经济竞争性发展的源泉。目前,纵向的政府间财政关系受到社会各界广泛的重视,而横向的政府间财政关系也逐渐被关注。

13.1.2.2 政府间财政关系涉及的财政管理活动

从政府间财政关系涉及的基本要素来看,政府间财政关系是在政府架构以及行政制度安排的基础之上所形成的包括政府间财政收入的分配、政府间支出责任划分、政府间转移支付制度安排以及其他一些财政管理活动。

具体来看,财政收入的划分包括税收立法、征管权的配置以及税收收入的分享,还包括非税收入以及诸如地方政府债务的管理与控制等活动。

政府间支出的划分包括政府间事权、财权以及财力的匹配与划分等活动。转移支付制度中各级政府的财政关系也是重要的领域。此外,政府间财政关系还涉及预算制度、国库制度等。

13.1.2.3 政府间财政关系的基本模式

从现有政府间财政关系的基本模式来看,第一种是"收入集权、支出集权",该模式是指中央政府掌握绝大部分收入,财政支出也由中央政府来管理;第二种是"收入集权、支出分权",该模式是指中央政府掌握主要财政收入,但大部分收入交地方政府支出;第三种是"收入分权、支出集权",该模式是指中央政府的自主收入较少,地方的自主收入较多、支出较少;第四种是"收入分权、支出分权",在该模式下,中央政府可支配的收入较少,大部分支出责任由地方政府来负担。

我国政府间财政关系的模式在经历了"收入集权、支出集权"的双集权模式之后,又过渡到"收入分权、支出分权"的双分权模式;分税制改革之后,采取"收入集权、支出分权"模式。主要特征是按税种划分收入,中央控制主要的财政收入,用以调节地区间收入分配和进行宏观调控,并且以中央政府自上而下完善的转移支付制度满足支出需要。

13.1.3 政府间财政关系立法的重要性

制定我国《政府间财政关系法》具有重要的制度价值和实践意义。

13.1.3.1 制定我国《政府间财政关系法》是对我国《宪法》有关央地关系基本精神和原则的贯彻落实

我国《宪法》对央地关系的规定条款可以分为四类，即原则性条款（如第3条第4款）、中央与特殊地方关系条款（如第31条）、央地静态条款（如第89条和第107条）、央地动态条款（如第110条）等。这些条款提出了规范我国央地关系的基本精神和一般原则，但因其过于笼统和抽象，不能提供处理央地财政关系的具体规则，因此实践中落实有限。政府与市场、社会的界限不清；央地事权同质化严重。除了少数事权，如外交、国防等专属中央政府外，地方政府拥有的事权与中央政府事权基本相似，形成"上下对口，职责同构"的现象。各级政府共同承担管理经济、教育、科学、文化、卫生、体育事业、城乡建设事业和财政、民政、公安、民族事务、司法行政、计划生育等行政工作。

制定《政府间财政关系法》，将《宪法》有关条款的基本精神和一般性原则具体化，能够在法律层面充分落实我国《宪法》中有关央地关系的条款。

13.1.3.2 制定《政府间财政关系法》是对政府间财政关系的规范调整

目前，我国有关政府间财政关系的制度规定存在以下问题：

(1) 政府间财政关系分散立法，没有形成统一的法律规定

我国幅员辽阔、人文地理复杂，因而在地方管理上划分了不同的类型，实施不同的管理规则。根据我国《宪法》，我国的地方大致可分为一般地方（即第30条规定的省、市、县、乡）、民族自治地方（即第30条规定的自治区、自治州和自治县）和特别行政区（即第31条）等，从而形成了不同类型的央地财政关系。这些关系主要通过相应的宪法相关法律具体实现。

中央与一般地方的关系，主要由我国《地方组织法》《立法法》《预算法》和《税收征收管理法》等法律进行规制。中央与民族自治地方的关系除了受到上述法律规定外，还受我国《民族区域自治法》的集中调整；中央与特别行政区的关系还受我国《香港特别行政区基本法》和《澳门特别行政区基本法》的集中调整。

一方面，分散立法的传统模式虽然能够实现对各具体领域的针对性规制，但大量杂乱分散的条文也造成相当规模的内部协调成本，为体系化适用带来难

题。另一方面，除了香港、澳门特别行政区体制特殊外，根据我国《宪法》第115条，中央与民族自治地方的财政事权划分首先以中央同一般地方的财政事权划分框架为一般性规制，在此基础上增加民族区域自治的特殊性。因此，构建央地财政事权划分的一般法律制度就具有基础性和普遍性价值，而相应能实现这一构建目标的《政府间财政关系法》也就自然而然地成为相关法律规范体系的核心。

(2) 政府间财政关系多以行政法规和规章予以规定，制度层次低

在目前我国五级政府体系下，不同级别政府间事权和支出责任缺乏一部统一、完整的法律法规予以规定，政府间财政关系的处理主要以"通知""决定"等党和政府的指导性文件形式出现，内容比较模糊和笼统、法律层次较低。例如，我国政府间最基本的财政制度——《国务院关于实行分税制财政管理体制的决定》(国发〔1993〕85号)——就是以国务院的行政规章形式推出的。我国现有18个税种，其中6个税种由法律规定，另外12个税种是在全国人大常务委员会授权的基础上，在1985年第六届全国人大三次会议上，由国务院制定行政法规加以规定。[①]

为了厘清政府间众多的共同事权，目前的财政管理体制依赖行政性制度安排，中央与地方政府之间的支出责任、收入划分、财政平衡机制等多是通过行政手段完成的。

虽然政策文件的实施具有灵活性、实验性的优势，对于1994年财政管理体制改革后中央与地方财政发展具有积极作用，但长远来看，除通过预算途径约束之外，各级权力机关缺乏对政府部门财政行为的外部监督和约束。因此，基于宪法秩序建构的财税管理体制、政府间财政关系法制化，才是实现财政治理水平、治理能力现代化、国家长治久安的基础和保障。

---

① 1985年4月，第六届全国人民代表大会第三次会议通过《关于授权国务院在经济体制改革和对外开放方面可以制定暂行的规定或者条例的决定》；授权国务院对于有关经济体制改革和对外开放方面的问题，必要时可以根据《宪法》，在同有关法律和全国人民代表大会及其常务委员会的有关决定的基本原则不相抵触的前提下，制定暂行的规定或者条例，颁布实施，并报全国人民代表大会常务委员会备案。经过实践检验，条件成熟时由全国人民代表大会或者全国人民代表大会常务委员会制定法律。

13.2 政府间财政收入划分立法

13.2.1 政府间收入划分的立法现状

当前我国政府的收入主要包括税收收入和非税收入,而有关政府间收入划分的制度包括两个层面的规定:一是法律规定,二是行政规定。

国务院及国务院下属部委出台的行政法规和规章制度,主要为《预算法》中涉及的对中央与地方预算收入的划分,由国务院进行规定并报全国人大常务委员会备案。其他法律中对政府间财政收入的划分少有提及,我国 13 部税收成文法律中均未对政府间税收收入划分进行规定,包括关于税收收入及非税收入划分的行政规定。其中,关于税收收入划分的行政规定包括《预算法实施条例》中对各级预算收入的划分主体和监督主体进行规定,《国务院关于实行分税制财政管理体制的决定》中对分税制改革的指导思想进行论述,对中央地方的收入的划分原则、固定收入、分成比例进行具体规定。后续发布的一些行政规定包括:《财政部关于完善省以下分税制财政管理体制意见的通知》,对进一步完善分税制财政管理体制的执行提出具体意见;《关于完善省以下财政管理体制有关问题的意见》,结合分税制改革以来省以下财政管理体制运行情况,提出完善省以下财政管理体制的意见;《财政部、国家税务总局关于取消集贸市场税收分成问题的通知》《国务院关于印发所得税收入分享改革方案的通知》《国务院关于印发全面推开营改增试点后调整中央与地方增值税收入划分过渡方案的通知》,通过法规的方式对我国具体税种的中央和地方共享比例进行调整。关于非税收入划分的法规,如《政府非税收入管理办法》等,对政府非税收入在政府间的分成决策主体做出了规定。

13.2.1.1 政府间税收收入划分的制度规定

(1)法律规定

目前对我国政府间税收收入划分的法律规定主要体现在《预算法》中。根据《预算法》第二章第 29 条,中央预算与地方预算有关收入和支出项目的划分、地方向中央上解收入、中央对地方税收返还或者转移支付的具体办法,由国务院规定,报全国人民代表大会常务委员会备案。法律明确规定,我国政府间收入划分的具体规定主体是国务院。

(2)行政规定

我国政府间收入划分的主要制度是行政规定,包括国务院制定的条例和决定,以及财政部、国家税务总局颁布的有关意见、通知等。

具体来说,这些行政规定主要包括《预算法实施条例》《国务院关于实行分税制财政管理体制的决定》《财政部关于完善省以下分税制财政管理体制意见的通知》《关于完善省以下财政管理体制有关问题的意见》《财政部、国家税务总局关于取消集贸市场税收分成问题的通知》《国务院关于印发所得税收入分享改革方案的通知》《国务院关于印发全面推开营改增试点后调整中央与地方增值税收入划分过渡方案的通知》等。

这些行政规定及其相关内容如下:

①《预算法实施条例》。2020年实施的《预算法实施条例》对《预算法》的有关规定做了进一步细化。其第二章第17条规定,地方各级预算上下级之间有关收入和支出项目的划分以及上解、返还或者转移支付的具体办法,由上级地方政府规定,报本级人民代表大会常务委员会备案。第十八条规定,地方各级社会保险基金预算上下级之间有关收入和支出项目的划分以及上解、补助的具体办法,按照统筹层次由上级地方政府规定,报本级人民代表大会常务委员会备案。

②对中央与省级政府间财政关系的行政规定。对中央与省级政府间财政关系的行政规定主要体现在两个文件中,即《国务院关于实行分税制财政管理体制的决定》(以下简称《决定》)和《国务院关于印发全面推开营改增试点后调整中央与地方增值税收入划分过渡方案的通知》(以下简称《过渡方案通知》)。

《决定》于1993年12月15日发布,自1994年1月1日起施行。《决定》对分税制改革的原因、指导思想、具体内容等做了详细的说明和阐述。其第三部分对中央与地方收入的划分做了具体的规定:"根据事权与财权相结合的原则,按税种划分中央与地方的收入。将维护国家权益、实施宏观调控所必需的税种划为中央税;将同经济发展直接相关的主要税种划为中央与地方共享税;将适合地方征管的税种划为地方税,并充实地方税税种,增加地方税收入。"此外,该文件还确定了中央财政对地方的税收返还数。

2016年4月29日发布的《过渡方案通知》主要对增值税在中央与地方政府之间的分配进行了规定:所有行业企业缴纳的增值税均纳入中央和地方共享范

围;中央分享增值税的 50%;地方按税收缴纳地分享增值税的 50%;中央上划收入通过税收返还方式给地方,确保地方既有财力不变。

③完善省以下财政管理体制的行政规定。《决定》只是针对中央与省级政府的财政关系做出规定和安排,而未涉及省以下政府间的财政关系。省以下政府间财政关系的安排主要体现在《财政部关于完善省以下分税制财政管理体制意见的通知》(以下简称《通知》)和《关于完善省以下财政管理体制有关问题的意见》(以下简称《意见》)两个文件中。

1996 年 3 月 26 日财政部发布《财政部关于完善省以下分税制财政管理体制意见的通知》,针对省以下政府间的财政关系提出以下指导意见:

A. 各地区在执行分税制财政管理体制的过程中,要认真贯彻国发〔1993〕85 号文件精神,严格按体制规定划分中央与地方的收入。已经划归中央的收入,不得列入地方性收入范围(《通知》第二条)。

B. 为保护各级财政培养财源和组织征收"两税"的积极性,在"两税"收入分配方面,各地区对增值税 25% 的部分和中央对地方税收返还收入的增量,原则上应按中央对省的办法执行。确因实际情况需要进行调整的,应保证县级财政获得的收入增量不低于上述收入总增量的 70%。在地方税收入分配方面,应充分考虑县级财政困难,尽量按税种划分收入,充分调动基层财政组织收入的积极性(《通知》第三条)。

2002 年 12 月 9 日,财政部发布《关于完善省以下财政管理体制有关问题的意见》。《意见》结合省以下财政管理体制运行情况,对完善省以下财政管理体制提出合理划分省以下各级政府的财政收入的具体意见:

A. 各地要根据各级政府的财政支出责任以及收入分布结构,合理确定各级政府财政收入占全省财政收入的比重。省以下地区间人均财力差距较小的地区,要适当降低省市级财政收入比重,保证基层财政有稳定的收入来源,调动基层政府组织收入的积极性;省以下地区间人均财力差距较大的地区,要适当提高省市级财政收入比重,并将由此增加的收入用于对县、乡的转移支付,调节地区间财政收入差距。省市级财政不得将因完善体制增加的收入用于提高本级财政支出标准或增加本级财政支出。

B. 省以下各级政府间财政收入的划分,要按照完善省以下财政管理体制的原则,结合各地实际,采用按税种或按比例分享等规范办法,打破按企业隶属关系划分收入的做法,为推进企业的改组改制、兼并重组和建立现代企业制度创造条件。

C. 为了降低县、乡财政收入风险，保证县、乡财政收入的稳定，应当在兼顾税收征管效率的前提下，将年度间波动幅度大、流动性强、地区之间税基分布悬殊的税种作为省市级财政收入或主要由省市级财政分享。

④1995 年 2 月 11 日发布的《财政部、国家税务总局关于取消集贸市场税收分成问题的通知》（以下简称《分成通知》）中，对《关于加强集贸市场税收征收管理的规定》（财税〔1983〕13 号）确定的对城乡集贸市场征收的税收 70% 缴入国库、30% 留给地方的规定进行了调整。《分成通知》规定，从 1995 年 1 月 1 日起，取消城乡集贸市场税收分成，所征税款全部缴入国库。在《分成通知》发出之前，如有的地区今年仍按原规定分成的，要全部按原退库科目补缴入库。

13.2.1.2　政府间非税收入划分的行政规定

对政府间非税收入划分进行行政规定的文件是《政府非税收入管理办法》（财税〔2016〕33 号，以下简称《办法》）。《办法》于 2016 年由财政部印发。其中，第 28 条对政府非税收入在政府间的分成决策主体做出规定。根据第 28 条，非税收入实行分成的，应当按照事权与支出责任相适应的原则确定分成比例，并按下列管理权限予以批准：

①涉及中央与地方分成的非税收入，其分成比例由国务院或者财政部规定；

②涉及省级与市、县级分成的非税收入，其分成比例由省级人民政府或者其财政部门规定；

③涉及部门、单位之间分成的非税收入，其分成比例按照隶属关系，由财政部或者省级财政部门规定。

未经国务院和省级人民政府及其财政部门批准，不得对非税收入实行分成或者调整分成比例。

此外，《办法》第 30 条规定，上下级政府分成的非税收入，由财政部门按照分级划解、及时清算的原则办理。

13.2.2　政府间收入划分存在的问题

目前，我国政府间财政收入划分立法存在以下问题：

13.2.2.1　我国政府间收入划分的立法层次较低

从上文对我国政府间收入划分制度现状的介绍可以看出，当前我国政府间收入划分主要以国务院、财政部和地方政府的行政规定为主,由全国人大制定的法律和地方人大制定的地方法规严重不足。

就收入立法权而言,全国人大及其常委会并没有成为我国政府收入法律规范的制定主体。相反,在授权立法的条件下,国务院逐渐成为政府收入法律法规的制定主体,制定了一系列收入行政法规,形成了我国以收入行政法规为主、法律规定为辅的具有独特意义的政府收入法律体系。

从实践来看,我国政府收入规范的制定模式主要是由国务院以条例、暂行条例、《决定》的形式颁行,财政部、国家税务总局根据国务院的授权制定实施细则,各省、自治区、直辖市再根据财政部的授权颁行补充规定。这种行政主导型收入立法模式存在以下问题:

(1)不符合收入法定原则

收入或税收法定是公权力机构获取公共收入的首要原则。该原则要求所有政府的收入都必须经过立法机构同意(公众同意)才能征收。没有立法同意,政府不能征收和花费任何公共资金。我国在改革开放初期使用授权立法形式是适应当时的客观要求的,但长期实行授权立法则违背收入法定原则。授权立法导致先有决定、制定暂行条例,待"条件成熟"时再上升为法律的逆向立法顺序,一方面,弱化了立法机关在收入立法上的主导作用,与建立民主法治的现代财政制度背道而驰;另一方面,授权立法模式导致规则的执行者同时也是规则的制定者,从而影响收入规则的公正性和科学性。

(2)影响了制度的权威性和统一性

当前我国政府的收入制度大多停留在暂行规定、条例、决定、办法的层面上。这些行政规定立法层次不高,而且缺乏应有的明确性、稳定性和严肃性,从而导致执行过程中的随意性。不仅如此,立法主体的多元化以及相互之间缺乏有效的协调,使得制度规范名称各异、结构分散,甚至出现规定之间以及条文内容前后矛盾、相互冲突的现象,给执行者和公众带来困惑。

13.2.2.2 收入立法权主要集中在中央政府

在分税制改革之前,我国上下级政府之间很少涉及税权分配问题。在中央集中财政管理体制下,政府统一征税,税款集中分配。分税制改革后,财政体制的转变不仅要求中央与地方政府之间划分税种,还要求适度划分各自的税权,实现责、权、利的有机结合。这是分税制下处理政府间财政关系不能回避的问题。

从实践来看,中央税与地方税基本得到明确划分,地方税的征管权也基本下放到地方一级,但税收立法权却过分集中于中央,地方没有相应和必要的立法权。我国宪法规定,省、自治区、直辖市的人大及其常委会在与宪法、法律和行政法规不相抵触的前提下,可以制定地方性税收法规。而在实际操作中,中央税、共享税以及全国统一实行的地方税的立法权都集中在中央。① 地方税的税收优惠政策也完全集中在中央。

收入立法权过度集中于中央导致地方税收立法权的不足,从而给地方经济的发展和中央、地方关系的协调带来了不利影响。为履行政府职能,地方政府则通过变通方式来突破现行税收立法体制的束缚。地方政府虽无权开征税种,却可以通过收费获取收入,由此各地巧立名目收费的现象层出不穷。这些收费和基金不仅增加公众和企业负担、削弱经济活力、引发社会矛盾,而且侵蚀税制、挤占税源,导致税费不分。此外,各地为促进本地经济发展,擅自出台各种减免税措施。地方越权减免税、包税或变相包税、擅自先征后返等问题普遍存在,严重破坏了税制的统一。

我国目前实行的税权高度集中的税收立法体制已很难适应各地经济发展的客观需要,严重影响了地方政府的积极性,不利于地方政府加强税收征管和利用税收手段调控区域经济发展,不利于各地建立和形成符合当地实际的科学完整的地方税体系,从而不利于建立良好的政府间财政关系。

13.2.2.3 中央和地方之间的税种划分不尽合理

我国的分税制是在"放权让利"的改革开放后,出现了"两个比重"(即全国财政收入占国内生产总值的比重和中央财政收入占全国财政收入的比重)下降的背景下推行的。因此,分税制的推行旨在提高"两个比重",特别是中央财政收入占全国财政收入的比重。中央与地方政府的税收划分并非根据各自的职能和承担事权以及各税种的特性进行,而是建立在保障中央财政收入占全部财政收入60%的基础上。省以下政府间税收划分也比照中央与省级政府的划分模式进行,由此必然导致财力层层上收并集中于中央的结果。分税制改革后,那些税基广、税源充足的税收都集中在中央。中央税主要包括关税、证券交易印花税、车辆购置税、消费税等,而那些零星、分散、小规模的税种,如土地增值税、印花税、城市维护建设税、城镇土地使用税、房产税、车船税、契税、环境保护税、赠与税、耕地占用税以及已经废止的营业税等都划归地方政府。"营改增"

---

① 参见国发〔1993〕85号文和国发〔1993〕90号文规定。

之前,营业税是地方税体系中最大的税种,在地方财政收入中占有较大比重。"营改增"后,这一最大的税种也消失了,留给地方政府的税种都因规模太小而构不成地方税的主体税种,地方税收收入进一步萎缩,只能依靠中央与地方共享税维持财政运转。这些共享税主要包括增值税、企业所得税、个人所得税、资源税等,成为地方财政收入的主要税收收入来源。据统计,目前我国地方政府税收收入的70%来自增值税和企业所得税。

在地方税缺乏稳定的主体税种、税源零星分散、分享税又被四级地方政府共享的情况下,地方政府收入严重不足。很多地方政府在支出责任没有减轻的前提下,面临较大的财政困难。一些地方政府通过向上级财政借款、银行贷款等途径寻求财政收入来源,另一些地方则通过土地财政、各种收费和隐性债务来弥补本级财政支出所需资金,形成较大的财政风险。

13.2.2.4 非税收入没有立法,行政规定亦不尽完善

我国政府的收入分为两部分,即税收收入和非税收入。从近年的统计数字看,非税收入(包括一般公共预算中的非税收入、政府性基金收入和国有资本经营收入)占政府全部收入的40%左右。税收收入的管理相对规范,其制度规定或者是法律,或者是国务院制定的行政法规。而非税收入包括土地出让金、各种政府性基金、各种规费和罚没收入等,其收费标准往往由各地政府自行制定,稳定性差、随意性大。作为一笔与税收收入不相上下的政府收入,其征收管理制度应与税收制度一样,由立法机构立法规定,而不能任由政府及其部门立法征收。

13.2.3 政府间收入划分的理论和原则

由于不同层级的政府治理的地域范围和职能不同,而各种财政收入又具有不同的性质和功能,因而需要根据政府的治理范围、职能和各种收入的性质、特点和功能划分政府间的收入。学界对此进行了充分的讨论,并从不同角度提出了政府间收入划分的原则。

13.2.3.1 有关政府间收入划分原则的主要观点

(1)马斯格雷夫的七项原则

对政府间收入划分原则,美国著名财政学家马斯格雷夫(Richard Musgrave)根据政府的三大职能实现的需要提出了税收划分的七项原则:

①以收入再分配为目标的累进税应划归中央。此类税如由地方征收,会造

成高收入人群和低收入人群的非正常流动,不仅扭曲人口的地理分布,也干扰社会公正目标的实现。

②可能影响宏观经济稳定的税收应划归中央,下级政府征收的税应不与经济周期相关。否则,地方政府的税收政策可能会破坏中央稳定宏观经济的努力。

③税基在各地分布严重不均的税种应由中央征收。例如,许多自然资源的分布很集中,如果自然资源税由地方政府征收,就会造成各地之间严重的不平等。

④税基有高度流动性的税种应由中央征收。如果此类税种不由中央统一征收,就可能造成税基跨地区流动,以致扭曲经济活动。

⑤依附于居住地的税收,如销售税,较适合划归地方。

⑥课征于非流动性生产要素的税收应划归为地方。

⑦只要可能,各级政府都应向公共服务的受益人收取使用费,并以此作为财政收入的一个补充来源。但是,这种方法主要适用于基层政府。

马斯格雷夫的税收划分原则是严格建立在其政府职能理论的基础之上的。他认为,税收的划分应有利于政府实现收入分配的公平目标、资源配置的效率目标、经济稳定和增长目标。

(2)杰克·明孜的五项原则

加拿大学者杰克·M.明孜从政治学和管理学的角度提出了税收划分的五项原则:

①效率原则,即税收的划分应以资源配置效率为原则,尽量避免对资源配置效率的不利作用。

②简化原则,即税收的划分应尽量简化税制,简单易懂,方便公众理解和执行,提高税务行政效率。

③灵活原则,即税收的划分应有利于各级政府方便地使用税收工具,实现其职能。

④公平原则,即税收的划分应使地区间财政保持均衡,各地居民税负大致相当。

⑤责任原则,即税收的划分应使各级政府的支出与税收的责任关系协调。

(3)鲍德威等的六项原则

世界银行专家罗宾·鲍德威等人在考察和总结世界各国的财税体制后,提出了税收划分的六项原则：

①所得税因其具有收入再分配功能，关乎全社会公平目标的实现，应划归中央。

②将与全国统一市场的形成和资源在全国范围内自由流动和优化配置有关的资本税、财产转移税等税种划归中央。

③资源税因其涉及公平与效率目标之间的权衡，应由中央与地方共享。

④具有非流动性特征的税收应划归地方政府。

⑤具有受益性特征的社会保障税，应由中央与地方共享。

⑥多环节征收的增值税、销售税等税种应划归中央；而单一销售税、零售税等适宜于划归地方。

罗宾·鲍德威等人的原则与马斯格雷夫的七项原则基本一致，所不同的是，更为具体、更具有可操作性。

(4) 塞力格曼的三项原则

美国财政学家塞力格曼对政府间的税收划分提出了三项原则：效率、适应、恰当。

①效率原则。该原则以征税效率的高低为依据来确定税种的归属。例如土地税，因其具有非流动性，加之地方政府的税务人员更了解实际情况，稽征便利，因而更适宜划归地方政府；而类似所得税这样的税种，因其具有较强的流动性，由地方政府征收则容易造成较大的效率损失，应划归中央政府。

②适应原则。以税基的宽窄为划分标准，税基较宽的税种划归中央，税基较窄的税种划归地方。

③恰当原则。该原则以税负公平为划分标准。税源分布遍及全国、在全国范围内征收的税种，因其有利于实现全社会的税负公平目标，应该划归中央；而税源只在部分地区存在，纳税人具有明显的地域性特征的税种，则应划归地方。

塞力格曼的税收划分三项原则是建立在提高税收行政效率的基础之上的，强调税收的行政效率。

美国学者迪尤则从经济利益角度提出税收划分的原则。他认为，税种要划归哪一级政府，关键要看其对经济效益的影响。将货物销售税划归中央，有利于货物在全国范围内流通，从而促进经济发展。而如果将其划归地方，则会出现区域限制问题，由此提高经济成本，制约经济的发展。

英国学者大卫·金提出了地方政府征税的禁止原则。一是地方政府无权征收大额累进税,原因在于高额累进税制具有收入再分配功能,而地方政府并不具备此功能;二是地方政府不适宜征收具有较大流动性税基的税种;三是地方政府不能征收容易转移给非本地居民的税种,以免破坏公平原则;四是地方政府不能征本地居民无感的税种,以利于纳税人参与公共事务。

13.2.3.2 我国政府间收入划分的原则

根据政府间收入划分理论,结合我国的实际情况,提出我国政府间收入划分的原则。

(1)我国政府间税收收入的划分应遵循的原则

①事权与财权匹配原则。这一原则包含以下两层含义:

第一,职能收入匹配原则。这一原则要求,政府间收入划分应与各级政府的职能相适应。中央政府承担宏观调控、收入再分配和全国性公共产品提供的职能,而地方政府承担提供地方性公共产品和服务的职能。据此,那些具有宏观调控、收入再分配功能以及为全国性公共产品和服务提供收入的税种,因其功能与中央政府的职能相匹配,因而应划归中央。例如,累进所得税具有收入再分配功能,适宜于划给中央。如果把收入再分配功能较强的税收划归地方,地方政府开征这样的税收,就会导致富人流出、穷人流入本地区,进而导致地方政府的收入减少和支出增加。要通过财政手段实现公平目标,就需要将收入再分配功能较强的税收划归中央政府。而那些具有突出的区域性特征并且对经济影响不大的税种,则应划归地方。

第二,事权与财力相匹配原则。这一原则要求,政府间收入划分应保证各级政府履行职能所必需的财力。鉴于我国目前地方政府,特别是省以下地方政府承担的支出责任过多,而财力严重不足,并由此影响地方公共产品和服务的提供以及地方政府其他职能的履行,我国政府间收入划分立法应特别重视事权与财力匹配的原则。一方面,各级政府都有自己独立的税种;另一方面,对于本级收入无法满足支出需求的地方政府,应以分享税和转移支付的方式满足地方的财力要求。一级政府有多少事权和支出责任,就应匹配多少相应的财力,并以法律形式加以保障。

②效率原则。这一原则包含以下两层含义:

第一,税收征管效率。税收征管效率是指政府间收入的划分有利于征收主体,以达到征收成本最小、征收效率最高的目的。根据这一原则,那些税基跨区域、收入波幅大、流动性强的税种,应划归中央;而那些地方享有信息充分、对区域资源配置有一定作用、税基不具有流动性或流动性小的税种,应纳入地方。这是因为,如果把税基流动性大的税种划归地方政府,由地方政府对其征税,一方面,如果税率高,将会导致课税对象流出,造成本地税基的缩小;另一方面,如果各地为避免税基流失,对具有流动性的课税对象不征税或者从轻征税,将会导致地方政府收入受到限制。把税基流动性大的税种划归中央政府、流动性小的划归地方政府,这样既能够保证地方政府有较为稳定的收入来源,同时也有利于提高管理方面的效率。

税收征管效率还要求考虑收入征管上的便利性。某些特定的税种需要由中央政府统一管理,采取全国统一的标准,如果划归地方政府的话,会导致各地方采取不同的标准,造成市场的混乱。对于一些税源杂乱分散的税种,如果划归中央政府,则管理成本过大,不利于提高效率,因此需要划归各个地方政府,由地方政府进行管理。

第二,税收经济效率。税收经济效率是指政府间收入的划分要考虑其对经济的影响,应最大可能地促进社会整体经济的发展。例如,有利于全国商品流通的销售税税种,应划归中央,而不能归属于地方;否则,会出现区域限制,制约经济发展。

③公平原则。公平原则是指政府间税收收入的划分应有利于各地纳税人的税收负担均衡。由此,税基在各地不平衡的税种应划归中央。

(2)我国政府间非税收入的划分原则

我国政府提供公共产品和服务的收入除了税收收入外,还有大量的非税收入。非税收入是指除税收以外,由各级国家机关、事业单位、代行政府职能的社会团体及其他组织依法利用国家权力、政府信誉、国有资源(资产)所有者权益等取得的各项收入。具体包括行政事业性收费收入、政府性基金收入、罚没收入、国有资源(资产)有偿使用收入、国有资本收益、彩票公益金收入、特许经营收入、中央银行收入、以政府名义接受的捐赠收入、主管部门集中收入、政府收入的利息收入、其他非税收入。本文所指非税收入不包括社会保险费和住房公积金(指计入缴存人个人账户部分)。这些非税收入种类不同,因此其在政府间划分的原则也有所不同。

①对于国有资本经营收益,应按所有者权益原则划分,即"谁出资,谁分红"。

②对各种收费,应按"支付与受益对等"原则划分归属。哪一级财政提供服

务,就应该由哪一级政府收费。

13.2.4 我国政府间收入划分的立法要点

政府间收入划分包括税收收入划分和非税收入划分两种形式。两种收入在政府间的划分都需要在法律上予以规定和保障。

13.2.4.1 税收收入划分立法

各级政府都应有自己独立的税收收入。应根据政府的职能和税种的功能、特点,按照效率和公平原则划分政府间的收入。那些具有宏观调控、收入再分配功能以及为全国性公共产品和服务提供收入的税种,那些税基跨区域、收入波幅大、流动性强的税种,那些有利于全国商品流通和经济发展的税种,那些税基在各地不平衡的税种,都应划归中央。而那些具有突出的区域性特征但对经济影响不大的税种,那些地方享有信息充分、对区域资源配置有一定作用、税基不具有流动性或流动小的税种,都应划归地方。据此,关税、海关代征的消费税和增值税、消费税、船舶吨位税、车辆购置税、未纳入共享范围的中央企业所得税、证券交易印花税应划为中央税。城镇土地使用税、城市维护建设税、房产税、车船税、印花税(不含证券交易印花税)、耕地占用税、契税、烟叶税、土地增值税、环境保护税应划为地方税。

为保证中央政府的调控能力和地方政府履行职能的财力,我国需要设置共享税。中央与地方的共享税种包括增值税、纳入共享范围的企业所得税和个人所得税、资源税等。增值税的共享比例为:中央分享50%,地方分享50%。纳入共享范围的企业所得税和个人所得税分享比例为:中央分享60%,地方分享40%。资源税将不同资源品种作为分享依据:海洋石油资源税为中央收入,其他资源税为地方收入。

13.2.4.2 非税收入的划分

(1)作为公共收入的一部分,非税收入在政府间的划分应与税收收入一样法定。对非税收入项目的设立、收费标准、收费期限以及在政府间划分的方法和比例,应实现通过法律做出规定。

全国统一的行政事业性收费项目的设立、标准、变更与废止,由全国人民代表大会常务委员会作出决定,收入划归中央财政;地方行政事业性收费项目的设立、标准、变更与废止,由全国人民代表大会常务委员会授权省级人民代表大会常务委员会作出决定,收入划归地方财政。

(2)非税收入实行分成的,应当按照事权与支出责任相适应的原则确定分成比例,并按下列权限予以批准:

①涉及中央与地方分成的非税收入,其分成比例由全国人民代表大会决定;

②涉及省级与市、县级分成的非税收入,其分成比例由省级人民代表大会决定;

③涉及部门、单位之间分成的非税收入,其分成比例按照隶属关系由全国人民代表大会或省级人民代表大会决定。

未经全国或省级人民代表大会批准,不得对非税收入实行分成或者调整分成比例。

13.3 政府间财政支出划分立法

13.3.1 政府间支出划分的立法现状

我国目前有关政府间事权和支出责任划分的制度规定主要体现在两个方面,即法律规定和行政规定。

13.3.1.1 法律规定

《宪法》作为国家的根本大法,在其第三条第四款中针对央地关系进行了原则性的划分,一是明确划分央地关系的依据是国家机构职权,二是明确央地财政事权划分的基本原则,即在中央的统一领导下,充分发挥地方的主动性和积极性。随后在第八十九条和第一百零七条第一款中分别列举了国务院和地方政府的事权,但从具体款项中来看,两者的事权区分有限。最后在第一百一十五条中强调民族区域自治的特殊性,即在中央同一般地方政府事权划分的基础上尊重民族区域自治权。

除《宪法》外,《行政许可法》第十二条和第十三条对政府、市场和社会的功能进行了简要划分,尽管划分并不细致,但也在一定程度上明确了国家机构的职责。

有关政府间事权与支出责任划分的具体法律条款如表13-1所示。

表 13-1　　　　　　政府间事权与支出责任划分的法律条款

名　称	条　款	内　容
《宪法》	第三条第四款	中央和地方的国家机构职权的划分，遵循在中央的统一领导下，充分发挥地方的主动性、积极性的原则。
	第八十九条	国务院行使下列职权： (一)根据宪法和法律，规定行政措施，制定行政法规，发布决定和命令； (二)向全国人民代表大会或者全国人民代表大会常务委员会提出议案； (三)规定各部和各委员会的任务和职责，统一领导各部和各委员会的工作，并且领导不属于各部和各委员会的全国性的行政工作； (四)统一领导全国地方各级国家行政机关的工作，规定中央和省、自治区、直辖市的国家行政机关的职权的具体划分； (五)编制和执行国民经济和社会发展计划和国家预算； (六)领导和管理经济工作和城乡建设、生态文明建设； (七)领导和管理教育、科学、文化、卫生、体育和计划生育工作； (八)领导和管理民政、公安、司法行政等工作； (九)管理对外事务，同外国缔结条约和协定； (十)领导和管理国防建设事业； (十一)领导和管理民族事务，保障少数民族的平等权利和民族自治地方的自治权利； (十二)保护华侨的正当的权利和利益，保护归侨和侨眷的合法的权利和利益； (十三)改变或者撤销各部、各委员会发布的不适当的命令、指示和规章； (十四)改变或者撤销地方各级国家行政机关的不适当的决定和命令； (十五)批准省、自治区、直辖市的区域划分，批准自治州、县、自治县、市的建置和区域划分； (十六)依照法律规定决定省、自治区、直辖市的范围内部分地区进入紧急状态； (十七)审定行政机构的编制，依照法律规定任免、培训、考核和奖惩行政人员； (十八)全国人民代表大会和全国人民代表大会常务委员会授予的其他职权。
	第一百零七条第一款	县级以上地方各级人民政府依照法律规定的权限，管理本行政区域内的经济、教育、科学、文化、卫生、体育事业、城乡建设事业和财政、民政、公安、民族事务、司法行政、计划生育等行政工作，发布决定和命令，任免、培训、考核和奖惩行政工作人员。
	第一百一十五条	自治区、自治州、自治县的自治机关行使《宪法》第三章第五节规定的地方国家机关的职权，同时依照《宪法》《民族区域自治法》和其他法律规定的权限行使自治权，根据本地方实际情况贯彻执行国家的法律、政策。

续表

名　称	条　款	内　容
《行政许可法》	第十二条	下列事项可以设定行政许可： （一）直接涉及国家安全、公共安全、经济宏观调控、生态环境保护以及直接关系人身健康、生命财产安全等特定活动，需要按照法定条件予以批准的事项； （二）有限自然资源开发利用、公共资源配置以及直接关系公共利益的特定行业的市场准入等，需要赋予特定权利的事项； （三）提供公众服务并且直接关系公共利益的职业、行业，需要确定具备特殊信誉、特殊条件或者特殊技能等资格、资质的事项； （四）直接关系公共安全、人身健康、生命财产安全的重要设备、设施、产品、物品，需要按照技术标准、技术规范，通过检验、检测、检疫等方式进行审定的事项； （五）企业或者其他组织的设立等，需要确定主体资格的事项； （六）法律、行政法规规定可以设定行政许可的其他事项。
	第十三条	本法第十二条所列事项，通过下列方式能够予以规范的，可以不设行政许可： （一）公民、法人或者其他组织能够自主决定的； （二）市场竞争机制能够有效调节的； （三）行业组织或者中介机构能够自律管理的； （四）行政机关采用事后监督等其他行政管理方式能够解决的。

资料来源：《中华人民共和国宪法》和《中华人民共和国行政许可法》。

13.3.1.2　行政规定

除了上述法律规定外，我国还制定了一系列行政规定来指导和规范政府间的事权和支出责任的划分。2016年《国务院关于推进中央与地方财政事权和支出责任划分改革的指导意见》（以下简称《指导意见》）将财政事权和支出责任划分作为央地财政关系改革的核心。此后，我国根据《指导意见》制定了一些具体公共服务领域里的行政规定，用于指导政府事权的具体划分。这些行政规定包括 2018 年的《基本公共服务领域中央与地方共同财政事权和支出责任划分改革方案》(国办发〔2018〕6号)、《国务院办公厅关于印发医疗卫生领域中央与地方财政事权和支出责任划分改革方案的通知》(国办发〔2018〕67号)，2019年的《国务院办公厅关于印发科技领域中央与地方财政事权和支出责任划分改革方案的通知》(国办发〔2019〕26号)、《国务院办公厅关于印发教育领域中央与地方财政事权支出责任划分改革方案》(国办发〔2019〕27号)、《国务院办公厅关于印发交通运输领域中央与地方财政事权和支出责任划分改革方案的通知》(国办发〔2019〕33号)，2020年的《国务院办公厅关于印发生态环境领域中央与地方财政事权和支出责任划分改革方案的通知》(国办发〔2020〕13号)、《国务院办公厅关于印发公共文化领域中央与地方财政事权和支出责任划分改革方案的通知》（国办发〔2020〕14号）、《国务院办公厅关于印发自然资源领域中央与地方财政事权和支出责任划分改革方案的通知》（国办发〔2020〕19号）和《国务院办公厅关于印发应急救援领域中央与地方财政事权和支出责任划分改革方案的通知》（国办发〔2020〕22号）。这些行政规定分别聚焦基本公共服务、医疗卫生、科技、教育、交通运输、生态环境、公共文化、自然资源和应急救援等具体领域，具体内容如表13—2所示。

表13—2　　　　各具体领域中央与地方财政事权和支出责任的划分

名　称	主要内容
《基本公共服务领域中央与地方共同财政事权和支出责任划分改革方案》	主要基本公共服务事项目前暂定为八大类：义务教育、学生资助、基本就业服务、基本养老保险、基本医疗保障、基本卫生计生、基本生活救助、基本住房保障。 基本公共服务领域中央与地方共同财政事权的支出责任实行中央与地方按比例分担，中央分担比例的确定以分档分担的方式为主，也有部分事项依据地方财力状况、保障对象数量等因素确定。
《国务院办公厅关于印发医疗卫生领域中央与地方财政事权和支出责任划分改革方案的通知》	从公共卫生、医疗保障、计划生育、能力建设四个方面划分财政事权和支出责任。公共卫生方面主要包括基本公共卫生服务和重大公共卫生服务；医疗保障方面主要包括城乡居民基本医疗保险补助和医疗救助；计划生育方面主要包括农村部分计划生育家庭奖励扶助、计划生育家庭特别扶助、计划生育"少生快富"补助三个计划生育扶助保障项目；能力建设方面主要包括医疗卫生机构改革和发展建设、卫生健康能力提升、卫生健康管理事务、医疗保障能力建设、中医药事业传承与发展。 其中，基本公共卫生服务、城乡居民基本医疗保险补助、农村部分计划生育家庭奖励扶助、计划生育家庭特别扶助、计划生育"少生快富"补助明确为中央与地方共同财政事权，由中央财政和地方财政共同承担支出责任，实行中央分档分担的办法；医疗救助明确为中央与地方共同财政事权，由中央财政和地方财政共同承担支出责任，中央财政根据救助需求、工作开展情况、地方财力状况等因素分配对地方转移支付资金；重大公共卫生服务为中央财政事权，由中央财政承担支出责任；能力建设方面根据受益原则分别确认为中央或地方财政事权，由同级财政承担支出责任。
《国务院办公厅关于印发科技领域中央与地方财政事权和支出责任划分改革方案的通知》	科技领域财政事权和支出责任划分为科技研发、科技创新基地建设发展、科技人才队伍建设、科技成果转移转化、区域创新体系建设、科学技术普及、科研机构改革和发展建设等方面。 科技研发、科技创新基地建设发展、科技成果转移转化、区域创新体系建设、科学技术普及确认为中央与地方共同财政事权，由中央财政和地方财政区分不同情况承担相应的支出责任；科技人才队伍建设、科研机构改革和发展建设根据受益原则分别确认为中央或地方财政事权，由同级财政承担支出责任。

续表

名　称	主要内容
《国务院办公厅关于印发教育领域中央与地方财政事权支出责任划分改革方案》	教育领域财政事权和支出责任划分为义务教育、学生资助、其他教育(含学前教育、普通高中教育、职业教育、高等教育等)三个方面。 　　教育领域总体为中央与地方共同财政事权,并按照具体事项细化,中央支出责任分担比例的确定方法包括:分档分担;由地方财政统筹安排,中央财政通过转移支付统筹支持;按照隶属关系等由中央与地方财政分别承担,中央财政通过转移支付对地方统筹给予支持。
《国务院办公厅关于印发交通运输领域中央与地方财政事权和支出责任划分改革方案的通知》	交通运输领域分别从公路、水路、铁路、民航、邮政、综合交通六个方面划分中央与地方财政事权和支出责任。 　　交通运输领域的事权划分相对复杂,对于共同事权的分担比例尚未出台明确规定。
《国务院办公厅关于印发生态环境领域中央与地方财政事权和支出责任划分改革方案的通知》	生态环境领域主要从生态环境规划制度制定、生态环境监测执法、生态环境管理事务与能力建设、环境污染防治、生态环境领域其他事项五个方面划分中央与地方财政事权和支出责任。 　　其中,涉及国家生态环境、跨区域生态环境、重点流域生态环境的确认为中央财政事权,由中央承担支出责任;其他生态环境领域根据属地原则确认为地方财政事权,由地方承担支出责任;在环境污染防治方面,将放射性污染防治、影响较大的重点区域大气污染防治、长江、黄河等重点流域以及重点海域、影响较大的重点区域水污染防治等事项,确认为中央与地方共同财政事权,由中央与地方共同承担支出责任。
《国务院办公厅关于印发公共文化领域中央与地方财政事权和支出责任划分改革方案的通知》	公共文化领域主要从基本公共文化服务、文化艺术创作扶持、文化遗产保护传承、文化交流和能力建设五个方面划分中央与地方财政事权和支出责任。 　　其中,基本公共文化服务方面确认为中央与地方共同财政事权,由中央与地方共同承担支出责任,主要是分档分担方式;文化艺术创作扶持方面和能力建设方面的有关事项,按政策确定层级和组织实施主体分别划分财政事权和支出责任;文化遗产保护传承方面和文化交流方面存在中央与地方共同事权,且划分比例不明晰。
《国务院办公厅关于印发自然资源领域中央与地方财政事权和支出责任划分改革方案的通知》	自然资源领域主要从自然资源调查监测、自然资源产权管理、自然资源有偿使用和权益管理、国土空间规划和用途管制、生态保护修复、自然资源安全、自然资源领域灾害防治和自然资源领域其他事项八个方面划分中央与地方财政事权和支出责任。 　　其中,涉及全国性、跨区域的确认为中央财政事权,由中央承担支出责任;地方性的确认为地方财政事权,由地方承担支出责任。另外,自然资源领域也存在共享事权,分担比例尚不明晰。

续表

名 称	主要内容
《国务院办公厅关于印发应急救援领域中央与地方财政事权和支出责任划分改革方案的通知》	应急救援领域主要从预防与应急准备、灾害事故风险隐患调查及监测预警、应急处置与救援救灾三个方面划分中央与地方财政事权和支出责任。 　　其中,将具有全国性、重大性特点的确认为中央财政事权,由中央承担支出责任;地方性的确认为地方财政事权,由地方承担支出责任。另外,应急救援领域也存在共享事权,分担比例尚不明晰。

13.3.2　政府间支出划分立法存在的问题

13.3.2.1　政府间事权与支出责任划分的法制化程度较低

政府间事权与支出责任划分本质上体现的是中央与地方权力的配置问题。长期以来,从财政包干制到分税制,再到分税制以来的历次调整,中国财政体制改革采用的是行政性权力配置模式。事权和支出责任的划分主要通过国务院和政府相关管理部门的行政规定进行,缺少相关法律的硬性约束。新中国成立以来,我国陆续发布了各种行政规定、决定,对中央和地方财政事权进行划分。[①] 分税制改革以后,国务院又相继通过各项决定明确了政府间财政关系划分的五条原则,政府间财政关系趋于稳定。[②] 近年来对基本公共服务、医疗卫生、科技、教育、交通运输、生态环境、公共文化、自然资源和应急救援等领域的事权和支出责任划分也是通过行政规定进行的。虽然行政规定也有一定的指导意义,但其规范性和约束性较法律规定弱。而从法律角度看,我国仅在《宪法》第三条、第八十九条、第一百零七条和第一百一十五条中提到了我国政府间财政事权的划分,且相关条款的表述较为笼统、原则,难以有效指导具体实践工作,我国政府间财政关系的法制化程度有待加强。

在政府间财政关系行政性权力配置模式下,"决策权在上、执行权在下、监

[①] 包括《关于统一国家财政经济工作的决定》《政务院关于1951年度财政收支系统划分的决定》《1951年政务院关于进一步整理城市地方财政的决定》《1951年中央人民政府关于划分中央与地方在财政经济工作上管理职权的决定》《1957年关于改进财政管理体制的规定》《1961年中共中央关于调整管理体制的若干暂行规定》《1962中共中央、国务院关于严格控制财政管理的决定年关于改进财政管理体制的规定》《1971年财政收支包干试行方案》《关于经济工作的几点意见》。

[②] 包括《国务院关于实行分税制财政管理体制的决定》《十六届六中全会中共中央关于构建社会主义和谐社会若干重大问题的决定》《十八届三中全会中共中央关于全面深化改革若干重大问题的决定》《国务院关于推进中央与地方财政事权和支出责任划分改革的指导意见》。

督权缺位"的状况不利于提高地方政府的责任意识,造成权责分离下的事权与支出责任不相适应。[①] 尤其是在实施执行权的过程中,机会主义盛行,从而变通乃至扭曲执行中央政府的政策。此外,行政性权力配置模式下财政体制频繁地调整与变动,容易造成地方政府行为短视,不利于地区经济的长期稳定发展。

13.3.2.2 政府、市场和社会之间的界限仍不清晰

政府间事权与支出责任的清晰划分是以政府与市场、社会之间界域的清晰界定为前提的。没有政府与市场、社会界限的清晰界定,政府间事权与支出责任的划分则没有确定的范围。

关于国家与社会的关系,《宪法》第二条第三款规定,"人民依照法律规定,通过各种途径和形式管理社会事务"。关于国家和市场的关系,《宪法》第十五条规定,"国家实行社会主义市场经济。国家加强经济立法,完善宏观调控"。这些原则性规定过于抽象、笼统,不具有实践可操作性,从而导致我国政府的职权范围无法明确界定。从目前政府与市场的关系来看,一方面,政府对市场经济存在着"越位"问题,政府职能过于广泛导致政府支出责任过大,没有充分发挥市场在资源配置中的决定性作用;另一方面,政府职能又存在"缺位"现象,主要体现在教育、医疗卫生、社会保障等公共产品和服务的提供上严重不足,不能满足广大人民日益增长的需求。就政府与社会的关系而言,由于没有明确、具体和可操作性的社会组织活动的范围界定,因而我国的社会组织发育严重不足,很多应由社会组织行使的职能无法实现。纵使《行政许可法》第十二条和第十三条提及可以设定行政许可的事项,然而这些零星条款规定依旧不够具体,政府与市场、社会的功能分配始终缺乏规范的基础。

13.3.2.3 中央与地方政府以及地方政府之间的纵向事权划分不清

(1)共享事权分担比例难以确定

当前我国各级政府间除了少数事权,如外交、国防等专属中央政府外,地方政府拥有的事权与中央政府事权几乎没有本质性的区别,中央和地方提供基本公共服务的职责交叉重叠,共同承担的事项较多。根据《宪法》第八十九条和第一百零七条,国务院和地方政府都承担着经济、教育、科学、文化、卫生、体育事业、城乡建设事业和财政、民政、公安、民族事务、司法行政、计划生育领域内的事权。在政府间事权划分中,最难以明确的就是共同事权,这里的共同事权既

[①] 马万里:《政府间事权与支出责任划分:逻辑进路、体制保障与法治匹配》,《当代财经》2018年第2期。

包括基于事权属性所导致的"策略性共同",又包括由于规范不清而导致的"技术性共同"。① 在"策略性共同"中,中央与地方承担的职责并不完全相等,要么以中央为主,要么以地方为主,这种内部的结构性分配需要明确规定。然而,在具体实践中,共同事权下的各方职责难以完全细化。"技术性共同"能够通过改革进行完善,然而,就目前的改革进展来看,改革方案的出台数不及预期。从已经颁布的具体领域的行政规定来看,在确定中央和地方政府各自事权和支出责任划分时主要有两种方式,分别是分档分担和根据实际情况具体划分。其中,分档分担方式下,中央政府的承担比例有明确规定,但仅在少数领域实施,大部分领域还是遵循具体情况具体分析的原则,划分比例相对模糊。另外,在全面深化改革背景下,政府事权范围还在动态调整中,如大规模的简政放权改革导致政府的事权范围在不断变化,这无疑给政府间财政事权的划分增添了难度。

(2)省以下事权和支出责任划分不规范

传统上,所谓的"中央与地方关系"中的"地方"实际特指省级地方。这是由于在单一制下,中央对事权以及各种财政资源的纵向配置是依照纵向府际关系逐层实现的,省级政府是直接面向中央的主要地方类型。因而央地关系中的地方政府实际指的就是省级政府,而不包括省以下地方政府。长期以来,由于对省以下纵向政府关系的关注不足,使事权中心下移的同时财权重心上移,导致省级地方留置并汇集了大量本应继续转移至下级地方的制度资源,最终造成省以下财政事权关系的异化。结合我国的改革现状,2016年以来,我国财政事权和支出责任划分改革取得了阶段性成果,目前省级层面改革总体进度为65%,地区之间进展较为均衡。然而市级层面改革缓慢,总体进度仅为19%②,省以下政府间事权及支出责任的划分依旧处于攻坚期。然而,从规范化程度来看,我国对于省以下政府间财政关系的关注极度缺乏,即使在已经出台的基本公共服务等具体领域的事权和支出责任划分的通知中,也并未提及省以下政府间事权和支出责任的划分。

(3)政府间事权和支出责任不匹配

---

① "策略性共同"是指根据特定事权属性,本来就应由央地共同承担;"技术性共同"是指根据特定事权属性,本不应属于央地共同事权,但在实践中由于区分技术不足而事实上被央地共同行使,属于应正本清源的单独事权异化的情形。

② 胡凯:《中国财政事权和支出责任划分改革:进程评估和政策文本分析》,《经济体制改革》2021年第4期。

在我国政府间事权关系没有理顺,尤其是省以下政府事权关系不清晰的背景下,不可避免地会出现中央与地方政府事权和支出责任的错位。从2020年中央与地方的支出项目来看,中央政府仅在外交、国防、债务发行及债务付息方面承担了绝大多数支出责任,其余支出主要由地方政府承担。如表13—3所示,外交和国防领域属于中央事权,其支出责任应该由中央政府全部承担,然而实际情况是,地方政府也承担了相应的支出责任,虽然其承担比例非常小,但这也违背了"谁的财政事权,谁承担支出责任"的原则。其次,根据公共财政理论和国际惯例,具有再分配性质的社会保障和社会救济的职能几乎都是由中央政府提供的,然而我国社会保障和就业领域以及住房保障领域中地方政府均承担了90%以上的支出责任。最后,教育和医疗卫生这种应该实现基本均等化的领域应该由中央和地方政府共同承担,而且根据国际经验,中央和地方政府都是教育和卫生的主要提供者,而我国的实际情况是地方政府负责95%以上的支出责任,可以说中央政府的支出责任几近为零。上述数据表明,我国政府的支出安排呈现公共支出地方化的特征,地方政府是政府支出的主要承担者和政府职能的实际主要履行者。中央政府通过大量转移支付的形式,将原本应由自己承担的支出责任下放到了地方政府。尽管中央政府对地方政府转移支付有其内在的合理性,但是,转移支付规模庞大与结构不合理,必然会产生诸多的不利影响。因此,如何按照"谁的财政事权,谁承担支出责任"的原则确定各级政府支出责任,依旧是亟待规范的问题。

表13—3　　　　　2020年央地一般公共预算支出占比　　　　　单位:%

支出项目	中央支出占比	地方支出占比
一般公共服务支出	8.65	91.35
外交支出	99.73	0.27
国防支出	98.15	1.85
公共安全支出	13.24	86.76
教育支出	4.60	95.40
科学技术支出	35.67	64.33
文化旅游体育与传媒支出	5.89	94.11
社会保障和就业支出	3.44	96.56

续表

支出项目	中央支出占比	地方支出占比
卫生健康支出	1.78	98.22
节能环保支出	5.44	94.56
城乡社区支出	0.39	99.61
农林水支出	2.10	97.90
交通运输支出	9.56	90.44
资源勘探工业信息等支出	5.09	94.91
商业服务业等支出	3.01	96.99
金融支出	50.03	49.97
援助其他地区支出	0.00	100.00
自然资源海洋气象等支出	11.23	88.77
住房保障支出	8.54	91.46
粮油物资储备支出	0.58	0.42
灾害防治及应急管理支出	22.15	77.85
债务付息支出	56.45	43.55
债务发行费用支出	67.76	32.24
其他支出	30.35	69.65

资料来源：根据《中国财政年鉴》相关数据整理而得。

13.3.3 政府间支出划分立法的理论和原则

13.3.3.1 财政事权与支出责任的内涵

在学术理论界，"事权"已经成为一个通用名词，然而在我国的改革实践中常常存在"事权"与"支出责任"相混淆的现象。为了厘清"事权"和"支出责任"的概念，我国学者进行了大量的研究。王国清、吕伟（2000）认为，"事权"是某一级政府所拥有的从事一定社会经济事务的责任和权力。宋卫刚（2003）认为，政府事权是根据政府职能产生的、通过法律授权的管理国家具体事务的权力。马万里（2012）认为，事权即公共产品的供给职责，体现在财政支出上就是支出责任。王浦劬（2016）提出，"事权"关键就在于每一级政府应该做什么"事"，即每一级政府应该承担的职责,是政府职能的合理配置:如果这"事"该由一级政府承担的话,应该拥有多大的"权"来做"事",并承担相应的责任。因此,"事权"一词是对于政府承担的公共事务及相应权力的特有称谓,实际是指特定层级政府承担公共事务的职能、责任和权力。这个"权"应该包括"决策权""支出权(筹资权)""管理权"和"监督权"。也就是说,"事权"由"决策权""支出权""管理权""监督权"四个维度组成。其中,"决策权"就是"谁决定干这件事","支出权"即支出责任,通俗地讲就是"谁负责掏钱";"管理权"就是"谁负责做这件事";"监督权"就是"谁负责监督做这件事"。简单来讲,事权就是由"谁决定谁掏钱、谁干事谁监管"组成(倪红日,2012)。

有学者将事权等同于支出责任,即哪些支出应由哪一级政府承担(张永生,2007)。一般来说,政府履行其职能需要财政的支持,因而政府的职能又体现在财政支出的范围、规模和结构上,在政府的财政活动和公共收支中,又常常多使用"支出责任"来反映政府的事权。然而,事权并不等于支出责任,因为一级政府的事权主要是指其必须要履行的职能,而支出责任更强调事权的成本和花费。某一级政府的支出并不一定就能够完全反映出其应该承担的职能,原因在于,政府做事并不一定都是自己掏钱,可以用别人的钱办自己的事,当然也有可能是掏了钱,却承担了上一级或低一级政府的职能。因此,事权和支出责任是两个不同的概念,但是考虑到支出责任是根据事权确定的,所以支出责任也可以视为事权的衍生概念。

2016年《关于推进中央与地方财政事权和支出责任划分的指导意见》中明确提出了财政事权和支出责任的相关概念。财政事权是一级政府应承担的运用财政资金提供基本公共服务的任务和职责;支出责任是政府履行财政事权的支出义务和保障。这一概念的界定,从财政支出的角度将"事权"界定为需要财政掏钱承担的基本公共服务职责。实际上,"事权"的概念显然比"财政事权"的外延大,因为有些公共服务并不一定完全需要财政拿钱来提供,市场和社会也可以参与提供。显然,本章所提及的政府间事权主要是指"财政事权",但是考虑到政府机构职能是划分政府间关系的依据,因此,划分政府职能的范围,合理界定政府、市场和社会的关系也成为厘清政府间财政关系时不容忽视的前提。

13.3.3.2 政府间事权和支出责任划分的理论基础

财政分权体制是当前世界各国普遍采用的财政制度。从财政实践来看,财政分权体制在不同政治制度下都发挥了积极的作用。在实践的推动下,经济学家对财政分权理论的研究也逐渐深化,其发展历程可以划分为第一代财政分权理论和第二代财政分权理论。第一代财政分权理论由蒂布特首次提出,后来马斯格雷夫和奥茨等学者对其进行了扩充和发展。第一代财政分权理论的核心观点是,中央政府向地方政府分权可以提高效率,在此基础上研究政府间公共产品提供责任的划分。马斯格雷夫还提出了"新财政联邦主义",指出财政运作机制是由各级政府或辖区的多级单位执行的,并对政府之间配置、分配和稳定职能的划分进行了研究。在配置职能方面,他认为公共产品的受益范围是受空间限制的,应当由受益辖区支付费用。奥茨认为,地方政府更能够充分了解当地情况,可以根据当地公共需求偏好调整公共产品及服务的供给,即每一种公共服务应当由面积小到足够内部化该服务的成本和受益的辖区来提供,从而实现公共产品供给的帕累托最优。奥尔森也提出类似的"财政对等原则",即地方公共服务的收益限于支付税款的人,税负也仅限于享受公共服务的人。第二代财政分权理论引入了激励相容的思想,认识到政府官员在政治制度的吸引下会偏离追求社会福利最大化的目标,研究重心从财政分权与公共产品供给效率的关系,转向财政分权与地方政府行为和经济增长之间的关系。第二代财政分权理论的主要思想是,政府和官员不再是毫无利益需求的个体,而是会产生寻租行为的理性经济人,在财政分权制度下,中央政府放弃了对地方经济的直接管控,地方政府可以从本地经济的发展中直接获益,激励地方政府刺激经济发展。

目前,在世界范围内对于财政分权的概念已经形成共识,即中央政府赋予地方政府在债务安排、税收管理方面一定的自主权,并允许其自主决定预算支出规模与结构,使处于基层的地方政府能自由选择其所需要的政策类型,并积极参与社会管理,其结果便是使地方政府能够提供更多更好的服务。财政分权的实质在于中央政府和地方政府间职责和权力范围的划分。我国1994年的分税制改革就是通过明确政府间的职责、硬化地方财政的预算约束进行适当的财政分权,建立财政分权体制,从而调动地方政府的积极性,推动中国经济在没有进行政治体制改革的情况下持续、健康、快速地发展。

13.3.3.3 政府间事权与支出责任划分的基本原则

针对如何科学合理地划分政府间财政事权与支出责任,不同国家在不同阶段有不同的划分原则。Vazquez(1999)提出了事权划分的效率原则和收益范围原则。Guess(2007)除了强调效率原则和收益范围原则以外,还提出了财力匹配原则。西方在事权划分上的主流思想是英国学者巴斯特布尔提出的三项原则,即受益原则、行动原则、技术原则。结合我国的具体国情,楼继伟(2013)提出政府间事权与支出责任划分的三条原则,分别是外部性原则、信息处理的复杂性原则和激励相容原则。刘尚希等(2018)强调,财政事权的划分原则应该兼顾效率和公平,二者缺一不可。马万里(2019)认为,财政事权划分必须遵循信息优势、规模经济与满足地方辖区民众偏好三个原则。借鉴国外政府间事权划分原则,结合我国财政分权的实践,对我国政府间事权和支出责任划分提出以下原则:

(1)受益范围原则

财政事权是一级政府应承担的运用财政资金提供基本公共服务的任务和职责,因此政府间财政事权的划分要考虑辖区内居民的需要,减少外溢性。受益范围覆盖全国的公共产品及服务应该确认为中央政府事权,由中央政府承担支出责任,如国防、外交、大型公共设施等。受益范围具有区域性特征的警察、消防以及区域内公共设施等公共产品及服务由地方政府承担,这部分公共产品及服务的共同点是都不具备外溢性,因此属于地方政府财政事权,由地方政府承担支出责任。相对而言,那些具备外溢性的跨区域的公共产品及服务应该由中央政府和地方政府共同承担,属于央地共享事权,具体分担比例根据收益程度确定,相应的支出责任也应该根据事权的承担比例进行划分。

(2)效率原则

考虑到公共产品及服务的供给效率问题,中央政府和地方政府应该根据各自的信息优势划分财政事权。对于信息比较容易获得的全国性公共产品及服务,应交由中央政府负责;而那些信息难以收集且需要详细了解后才能做出判断的公共产品及服务,应该优先由地方政府负责,尤其是要充分利用基层政府获取信息便利的优势,这样不仅能够发挥地方各级政府的主动性,而且能够降低行政成本、提高行政效率。

(3)技术原则

即按技术水平划分政府提供公共产品及服务的支出责任。政府提供的公共产品及服务不仅覆盖范围广,而且品类复杂。规模庞大并且技术要求程度高的产品及服务应该由中央政府统筹,属于中央事权,支出责任也划归中央;反之,规模不大并且技术要求不高的公共产品及服务应属于地方事权,由地方政府承担其支出责任。

(4)支出责任与财力匹配原则

支出责任是政府履行财政事权的支出义务和保障，通常按照"谁的财政事权，谁承担支出责任"的原则进行划分。对属于中央并由中央组织实施的财政事权，原则上由中央承担支出责任；对属于地方并由地方组织实施的财政事权，原则上由地方承担支出责任；对属于中央与地方共同财政事权，根据基本公共服务的受益范围、影响程度，区分情况确定中央和地方的支出责任以及承担方式。也就是说，拥有财政事权越多，其支出责任就越大，需要的财政资金也就越多。因此，在划分各级政府共享事权时，必须考虑其支出责任与自有财力之间的收支缺口问题。对于自有财力受限的地区，要相应减少其支出责任，将支出责任上移给中央政府。相反，对于财力充裕的地区，中央政府应该赋予其更多的支出责任，但同时也要赋予该地区更多的决策权。

13.3.4 政府间支出划分的立法要点

纵向的政府间事权与支出责任的划分本质上体现了上下级政府间的权力配置问题。多层级的行政管理体制使得我国在事权和支出责任划分上面临诸多挑战，在各级政府事权重叠过多的情况下，上级政府对于下级政府的政治优先地位很容易造成支出责任的下移，这就意味着对政府"事权"的分割，只有"支出权"下移，而其他三项权力依然在上级政府手中。这一行为不仅会加重下级政府的财政负担，还会降低下级政府的积极性。因此，各层级政府间如何合理划分事权，同时匹配相应的支出责任是亟待解决的问题。根据相对成熟的划分原则以及国内外成功的经验，我们提出以下立法建议：

(1) 适度上划中央事权

在事权划分方面，将涉及保障国家安全、维护全国统一市场、体现社会公平正义、推动区域协调发展等方面的事权划归中央政府，中央事权原则上由中央政府直接行使。中央事权确需委托地方政府行使的，报经党中央、国务院批准后，由有关职能部门委托地方行使。对中央委托地方行使的财政事权，受委托地方在委托范围内，以委托单位的名义行使职权，承担相应的法律责任，并接受委托单位的监督。

将国防、外交、国家安全、出入境管理、国防公路、国界河湖治理、全国性重大传染病防治、全国性大通道、全国性战略自然资源使用和保护等基本公共服务确定为中央事权。

(2) 保障地方事权自主性

将直接面向基层、量大面广、与当地居民密切相关、由地方提供更方便有效的基本公共服务确定为地方的财政事权，赋予地方政府充分的自主权，依法保障地方的财政事权履行，更好地满足地方基本公共服务需求。地方的财政事权由地方行使，中央对地方的财政事权履行提出规范性要求，并承担监督责任。

将基层社会治安、市政交通、农村公路、城乡社区事务等受益范围具有高地域性和低外溢性、信息较为复杂且主要与当地居民密切相关的基本公共服务确定为地方事权。

(3) 规范中央与地方共享事权

将涉及全局性资源配置、保障社会公平分配等方面的事权确定为中央和地方政府共享事权，并根据基本公共服务的受益范围、影响程度，按事权构成要素、实施环节，明确各承担主体的职责。

将义务教育、高等教育、科技研发、公共文化、基本养老保险、基本医疗和公共卫生、城乡居民基本医疗保险、就业、粮食安全、跨省（区、市）重大基础设施项目建设和环境保护与治理等体现中央战略意图、跨省（区、市）且具有地域管理信息优势的基本公共服务确定为中央与地方共同事权。

(4) 明确开发区、省财政直接管理县、飞地等特殊行政区域的事权划分

直接面向中央政府、同中央政府发生财政关系的，在事权和支出责任划分时参照省政府处理；直接面向省政府的，在事权和支出责任划分时参照地级市处理；直接面向地级市政府的，在事权和支出责任划分时参照县处理。

(5) 在支出责任划分方面

一是必须严格遵循"谁的事权，谁负责决策、支出、管理和监督"的原则，严禁切割政府"事权"，避免支出责任下移；二是上级政府委托下级政府行使的事权，其支出责任依然由上级政府承担；三是对于中央和地方的共享事权，必须明确各自承担的支出责任比例。

属于中央的财政事权，应当由中央财政安排经费。中央的财政事权如委托地方行使，要通过中央专项转移支付安排相应经费，不得要求地方安排配套资金。

属于地方的财政事权，原则上由地方通过自有财力安排。对地方政府履行财政事权、落实支出责任存在的收支缺口，除部分资本性支出通过依法发行政府性债券等方式安排外，主要通过上级政府给予的一般性转移支付弥补。地方的财政事权如委托中央机构行使，地方政府应负担相应经费。

根据基本公共服务的属性,体现国民待遇和公民权利、涉及全国统一市场和要素自由流动的事权,如基本养老保险、基本公共卫生服务、义务教育等,要制定全国统一标准,并由中央承担主要支出责任;对受益范围较广、信息相对复杂的事权,如跨省(区、市)重大基础设施项目建设、环境保护与治理、公共文化等,根据事权外溢程度,由中央和地方按比例或中央给予适当补助方式承担支出责任;对中央和地方有各自机构承担相应职责的事权,如科技研发、高等教育等,中央和地方各自承担相应的支出责任;对中央承担监督管理、出台规划、制定标准等职责,地方承担具体执行等职责的事权,中央与地方各自承担相应的支出责任。

(6)促进省以下事权和支出责任的划分

省以下政府间事权和支出责任的划分应交由各省负责,各省要根据省以下财政事权划分、财政体制及基层政府财力状况,合理确定省以下各级政府的支出责任,避免将过多支出责任交给基层政府承担,具体划分情况要向中央政府备案,中央政府承担监管责任。

13.4　政府间转移支付立法

13.4.1　政府间转移支付的立法现状

我国现行的转移支付制度包含两个层面的规定:一是法律规定,具体包括《预算法》及其实施条例;二是国务院及国务院下属部委出台的转移支付制度构建的指导意见及某些重点支出领域的转移支付管理办法,包括国务院《关于改革和完善中央对地方转移支付制度的意见》(国发〔2014〕71号)、《中央对地方专项转移支付管理办法》(财预〔2015〕230号)、《关于完善农业相关转移支付"大专项+任务清单"管理方式的通知》(农业农村部办公厅、财政部办公厅,2020)、《农业相关转移支付资金绩效管理办法》《农业相关转移支付资金绩效管理办法》(2019)。

作为统领我国转移支付制度规定和实践的法律,《预算法》及其实施条例主要规定了我国转移支付制度的以下内容:

(1)转移支付的类型、目标、各类转移支付的定义(《预算法》第16条、《预算法实施条例》第 9 条和第 10 条）；

（2）转移支付设立和调整的权限(《预算法》第 16 条、《预算法实施条例》第 10 条、《国务院关于改革和完善中央对地方转移支付制度的意见》《关于印发〈农业相关转移支付资金绩效管理办法〉的通知》）；

（3）中央对地方转移支付的管理主体(《预算法》第 29 条)和地方各级政府转移支付的管理主体(《预算法实施条例》第 17 条)；

（4）转移支付预算编制的具体方法(《预算法》第 38 条、《国务院关于改革和完善中央对地方转移支付制度的意见》）；

（5）各级转移支付下达的时间(《预算法》第 52 条、《预算法实施条例》第 48 条)；

（6）预算审批过程中人民代表大会对于转移支付预算的审查权限(预算法第 48 条)和预算执行过程中转移支付的审查权限(《预算法》第 71 条)、决算中转移支付的审查权限(《预算法》第 79 条)；

（7）预算执行过程中转移支付资金的指标下达和拨付权限(《预算法实施条例》第 59 条)；

（8）转移支付预决算信息的公开主体和相关规定(《预算法》第 14 条、《预算法实施条例》第 6 条)。

13.4.2　政府间转移支付立法存在的问题

13.4.2.1　现行法律法规对各级政府的事权缺乏清晰的划分

现代政府设计转移支付制度的初衷，一是为了平衡地区间财力差距，二是为了保障各级政府能够履行事权范围内应承担的支出责任。为此，需要设计委托性转移支付、共同负担性转移支付、补助性转移支付三个类别的转移支付，以满足中央政府独自承担的事权、多级政府共同承担的事权、地方特定层级政府承担的事权的需求。只有通过法律法规清晰地划分各级政府的支出责任，转移支付制度的设计才有明确的法律依据，转移支付制度运转中各级政府的权力才可能得到充分保护。

但是，现行《预算法》《预算法实施条例》针对转移支付制度阐述的目标仅包括平衡地区财力和基本公共服务均等化，而未涉及如何帮助各级政府合理履行其应承担的支出责任。现行法律法规也未对中央和地方政府、地方各级政府的事权进行原则性划分，从而造成部分纵向转移支付项目设置缺乏法律依据，转移支付的资金分配规制和配套要求也缺乏必要的法律授权。

13.4.2.2 现行法律法规没有覆盖全部转移支付的收支范围

我国现行法律法规针对转移支付立法仅涉及各级政府的一般公共预算收支。当前的《预算法》第 16 条对于转移支付制度的定义，仅涉及各级政府一般公共预算中的一般性转移支付和专项转移支付；《预算法》第 38 条涉及转移支付预算编制的表述，也仅包含一般性转移支付和专项转移支付。虽然各级政府在政府性基金预算、国有资本经营预算、社会保险基金预算中安排转移支付支出已经成为实践中的常态，且 2020 年颁布的《预算法实施条例》第 14 条、第 15 条、第 16 条明确规定各级政府的政府性基金预算、国有资本经营预算和社会保险基金预算支出中也包含转移支付支出，但是对于这部分预算如何编制、转移支付指标如何下达、资金如何拨付、信息如何公开、哪一主体应对此类转移支付负有管理责任，现行法律法规则完全没有涉及。

13.4.2.3 现行法律法规对地方政府的权力缺乏保护

现行与转移支付相关的法律法规，将转移支付制度的设计权、转移支付资金的分配权、资金的拨付权基本划归上级政府，对于接受转移支付资金、履行支出责任的下级政府的权力，则缺乏必要的保障机制，地方政府在转移支付制度的运作过程中处于极为弱势的地位。现行《预算法》第 16 条规定："按照法律、行政法规和国务院的规定可以设立专项转移支付，用于办理特定事项。建立健全专项转移支付定期评估和退出机制。市场竞争机制能够有效调节的事项不得设立专项转移支付。"《预算法》第 16 条规定："上级政府在安排专项转移支付时，不得要求下级政府承担配套资金。但是，按照国务院的规定应当由上下级政府共同承担的事项除外。"《预算法实施条例》第 17 条规定："地方各级预算上下级之间有关收入和支出项目的划分以及上解、返还或者转移支付的具体办法，由上级地方政府规定，报本级人民代表大会常务委员会备案。"

显然，对于上下级政府共同承担的事权或支出责任，乃至上级政府委托事权，是否需要安排转移支付资金、安排多少规模、对下级政府的配套要求，现行法律法规都没有提出原则性规定。当地方政府对于转移支付资金的指标或拨付规模、配套规模存在异议时，如何反映诉求，现行法律法规同样完全没有涉及。依据现行的法律法规，即使上级政府提出不合理的配套要求、拨付的转移支付资金不足以支持下级政府履行支出责任时，地方政府也没有反映诉求、改变上级政府资金分配结果的合理手段。

13.4.2.4 现行法律法规对转移支付制度安排、预决算信息的公开缺乏必要规定

现行法律法规对于政府间转移支付的制度安排做出了一些规定,然而这些规定整体来看是不充分的。《预算法》第 14 条规定:"经本级人民代表大会或者本级人民代表大会常务委员会批准的预算、预算调整、决算、预算执行情况的报告及报表,应当在批准后二十日内由本级政府财政部门向社会公开,并对本级政府财政转移支付安排、执行的情况以及举借债务的情况等重要事项作出说明。"《预算法实施条例》第 6 条规定:"一般性转移支付向社会公开应当细化到地区。专项转移支付向社会公开应当细化到地区和项目。"《预算法实施条例》第 17 条规定:"地方各级预算上下级之间有关收入和支出项目的划分以及上解、返还或者转移支付的具体办法,由上级地方政府规定,报本级人民代表大会常务委员会备案。"

现行法律法规涉及预算信息公开的方面,并未对涉及转移支付相关管理制度、转移支付收支预算的关键信息的公开做出详尽的规定。具体包括两个方面:①未涉及对转移支付项目的具体管理办法,如立项审核、资金申请办法等内容;②未涉及政府预决算报告中,应如何公开已有一般和专项转移支付的资金分配方法、配套要求、专项转移支付的立项目标、绩效指标等信息。

13.4.2.5 缺乏涉及横向转移支付的法律法规

在我国,发达地区的省市级政府通过政府预算安排对经济欠发达地区和边疆地区给予各种形式的资金补助,促进受帮扶地区的经济社会发展,已经成为我国地方政府预算管理实践的常态。然而,现有的法律法规却根本没有涉及横向转移支付的条款。横向转移支付资金是由特定地方政府辖区纳税人提供的,其设置的目的也是为了维持接受区域的社会稳定、促进其经济社会发展。显然,横向转移支付设立的依据、资金拨付的规模、受助对象的遴选、资金拨付和使用的监管,都需要通过法律法规作出原则性规定。

13.4.3 政府间转移支付立法的理论和原则

13.4.3.1 基本理论

(1)程序正义理论

公权力是国家和社会发展不可缺少的制度构成,同时权力又是一把双刃剑,如何实现公权力合法规范的运作和行使已经成为现代民主法治制度国家必须高度重视的问题。程序价值不但要实现,还应由具有具体性和操作性的制度来实现。程序正义理论关注程序的内在独立价值,强调结果判断标准的程序导向。同时,程序正义理论不仅致力于程序理念的探讨和论证,更进一步提出了程序正义的基本要求,为我们提供了程序规制权力的独特视角,也为公权力决策及结果正义标准提供了新的、科学的判断标准。

财政转移支付是指国家为实现公共服务的均等化而进行的国家财政收入的再分配。财政转移支付需要调控主体从宏观上把握财政转移支付的规模、方向和重心,弥补地方政府财政缺口,促进地区间公共服务水平的均等化,实现社会公平。由于社会经济的不断发展变化、宏观调控的及时灵活等特点以及调控主体的利益偏好等因素的影响,财政转移支付的资金分配方式及分配数额等不可能总是完全符合社会经济发展及地方政府和民众对财政转移支付的实际需求。实际上,政府对一般财政转移支付的测算标准或对某一专项财政转移支付的设定,其准确性和合理性并不能立即凸显,其实际效果可能要假以时日才能显现。上述财政转移支付的调控性、专业性等特点,经常会导致相关利益主体在对某一财政转移支付形式的合法性和合理性认识上难以达成共识。

财政转移支付是国家对财政收入的再分配,其以社会利益为本位,属于国家干预行为,是国家财政权力的体现。权力的天然特点是侵犯性和极易被滥用,财政转移支付在性质上属于给付性行为,其主要发生在各级政府之间,民众不直接参与,所以其侵犯性表现不明显。但是,政府作为财政转移支付的设定主体和实施主体,极可能在权力行使过程中出现冲动和恣意,造成权力的不当或违法行使。在控制行政权滥用的问题上,程序控权获得越来越多的关注,人们越来越注意到程序在权力控制方面的独特价值。长期以来,在我国,无论是理论研究还是制度设计方面,较受关注的是财政转移支付实体问题,而对程序制度建设却鲜有提及。现行相关法律文件中涉及财政转移支付程序的内容较为粗糙,"行政手续"色彩明显而程序规范不足,缺乏财政转移支付程序的一般原则与具体制度的设计。我国财政转移支付程序法的缺失在一定程度上造成了财政转移支付行为的失控,财政转移支付的透明性及参与性不强妨碍了财政转移目标的实现和资金运行的效果,并在一定程度上引发了"跑部钱进"及财政转移支付资金的寻租、挪用、挤占、截留等诸多不当和违法现象。

财政转移支付制度作为法律程序的一种,其程序价值同样表现为内在价值与外在价值两个方面。财政转移支付的外在价值是指财政转移支付程序所具有的对于实现财政转移支付公共服务均等化目标的效果和功能；财政转移支付的内在价值体现为程序的参与、平等、理性、自愿、及时等内在属性，这些内在的程序价值不依赖于结果而独立存在。基于财政转移支付的宏观性及自由裁量性等权力属性，在财政转移支付的制度设计中，与其纠结结果正义的判断与实现，不如关注程序的理念与设计。财政转移支付程序作为法律程序的一种，具有独立的价值和功能，在实现财政转移支付均等化目标、有效规范和控制财政转移支付权力、保障财政转移支付相对一方知情权和参与权的实现等方面有着积极的作用。以程序正义理论为指导，将财政转移支付纳入程序法的控制，是实现财政转移支付法治化和良性运作的保障。

(2)法律控权理论

在财政转移支付过程中，行政机关事实上主要掌握资金的分配权和支配权。这种分配权具有权力的一般属性，同时也具有宏观调控和自由裁量的性质。财政转移支付资金来自人民的税款，财政转移支付权的违法和不当使用便是对公民权利的侵害。权力控制理论强调权力的有限和依法行使。因此，必须将财政权纳入法律的控制，以法律规范权力行使的范围、方式，建立有效的权力防范机制，防止权力的恣意和专断。

随着政府管理职能和管理领域的不断扩张，实体法需要不断对权力部门进行授权，以应对复杂化国家治理活动的需要。在现代国家中，行政机关对国家的全方位管理更能突出这一发展趋势。而由于原理的广泛性、具体性及专业性等特点，实体法对于权力的授予不可能是入细入微的，必然给行政机关保留充分的裁量空间。以财政权为例，在现代福利社会中，国家财政承担了很大一部分的福利给付职能。那么，这些福利给付应投入哪些领域及投入多少数额，便是行政机关的裁量权所在。同理，在财政转移支付领域，上级政府拥有财政转移支付的项目设定及资金分配的权力。尽管这一权力应接受权力机关的批准和监督，但无论权力机关的审查监督愿望有多强烈、审查能力有多强大，也不可能实现事无巨细的、全方位的审查。由此，实体法对于权力的控制便出现了心有余而力不足的情形。程序法与实体法相比较，更注重过程中信息与证据的公开及通过相关方的参与来听取意见，从而实现控权目的。作为一种全新的控权模式，程序控权模式已成为当今世界性潮流。世界各国均非常重视程序立法，充分发挥程序在控权方面的独特作用。没有程序控权，法律控权就会为成一句空话。

(3)交易成本理论

罗纳德·科斯1937年在《企业的性质》一书中提出了"交易费用"的概念，它所包含的就是交易成本的内容。科斯认为，利用价格机制是有成本的，而市场上发生的每一笔交易谈判签约的费用也必须考虑在内。科斯在《社会成本问题》一书中，对交易成本的内容作了进一步的界定，即为获得准确的市场信息所需要付出的费用及谈判和经常性契约的费用。科斯在该书中强调了"产权"在经济问题中的重要地位，并提出了科斯定理。"科斯定理"的本质意义可理解为通过产权界定来实现资源的优化配置。从科斯定理中可获得如下认识：如果交易成本大于零，清晰界定产权将有助于降低人们在交易过程中的成本及提高经济效率，明确产权对减少交易成本具有决定性的作用。

交易成本理论发现了交易费用及其与产权安排的关系，提出了交易费用对制度安排的影响。依据交易成本理论，制度的使用、安排及变更都是有成本的，都离不开交易费用的影响。交易费用理论不仅适用于经济领域问题的研究，同时也适用于研究和解释社会生活中的诸多现象和问题。尤其是在社会制度的安排中，应充分考虑制度设计及运行的成本，应尽可能用较少的成本获得相对较大的收益。

法律制度属于"稀缺"资源，是一种通过降低交易成本来促进社会发展的制度形态。因此，法律制度的设计和安排也是有成本的。对财政转移支付的法律制度的设计，必须考虑财政转移支付交易成本的减少程度及守法和违法的成本收益。具体而言，就是要以最小的财政转移支付制度交易成本，获得较高的财政转移支付效率；财政转移支付法的设计及运行成本应当小于制度运行所带来的收益；财政转移支付立法设计中应提高政府违法的成本，实行财政法治。例如，地方政府为争取上级政府的财政资金，经常动用各种方法和手段，力争采取一对一谈判的方式达到自己的目标。为压缩上下级之间的谈判成本、避免公共资金的浪费，我们可在财政转移支付立法中建立上下级政府之间交流和沟通机制，实现资金分配的规范化及透明化，而这正是财政转移支付程序法所要规范的基本内容。财政转移支付的信息公开制度、听证制度，在提升财政转移支付的透明度、促进财政转移支付决策的理性及可接受性、保障财政转移支付的良性运转方面，发挥着积极的作用。

(4)公共选择理论

公共选择理论是19世纪50年代由公共选择学派建立和发展起来的西方

经济学理论之一。在研究方法上，公共选择理论提出了著名的"经济人假设"。依据公共选择理论，在"经济人假设"的前提下，政治家官员也具有经济人的本性，他们在办理公共事务、进行公共决策时也会考虑个人利益问题。政治家们对个人利益的追求极容易践踏社会公众的权益。出于经济人的本性，政治家们难免会在公共决策中对资源分配掺杂一些利益因素，如为某一利益集团服务或为己谋利等。为实现利益的最大化，他们可能会不惜牺牲选民的利益。公共选择学派的代表人物布坎南指出，政府是政策制定者，但也具有理性经济人的特征，由于信息的不对称和选民投票的理性不足，被选出的政府极可能为特殊利益集团的实际代言人，从而脱离其公共利益代理人的角色。

在公共选择学派看来，公共财政的本质是，政府的财政活动必须符合和体现公共意志，因而必须建立一种公共选择机制。对此，布坎南提出财政立宪的主张。财政立宪的规范对象是政府财政行为的合适边界。布坎南强调公共财政的决策必须要受制于宪法的约束。而这种约束应以宪法中的政治平等性为前提，应通过宪法来规制政府财政行为，减少财政分配不平等及资金浪费等现象发生，满足财政的公共性需求。公共选择学派的财政立宪思想指明了宪法在控制财政行为方面的根本性及权威性的地位，其理论包含财政民主与财政法治的理念，对于财政法治建设具有深刻的指导意义。

预算体现财政资源的再分配过程，《预算法》总体上是一种程序法，是保障预算资源配置规范化、制度化的程序法律制度。预算程序规范化意味着，如果预算程序是合理的，那么其结果也是合理的。财政转移支付资金分配方案是预算文件的重要组成部分。作为"经济人"的政府部门，在预算草案的编制中，难免会存在出于部门利益考虑或不通过深入统计分析而进行转移支付资金分配的情形。在财政转移支付预算的执行过程中，政府部门及官员也可能会出现为满足自身利益需求而截留、挪用财政资金，或利用手中的资金审批权进行权力寻租等行为。为遏制上述的"经济人"的利益需求，法律制度的健全是非常关键的要素。

13.4.3.2 转移支付立法的基本原则

(1)事权与财权相一致原则

所谓事权，是指各级政府基于不同职能而享有的处理社会公共事务和经济事务的权力；所谓财权，是指各级政府组织各种财政收入、安排各种财政支出的权力。就事权与财权的关系而言，事权决定财权，是财权取得的依据，而财权是事权行使的物质基础。对各级政府而言，应当根据事权大小来配置相应财权；

反之亦然。明确划分各级政府的事权和财权,是建立完善的转移支付制度的前提。从市场经济国家的实践来看,只有科学合理地划分各级政府的事权,并依据事权合理确定财政支出的规模,然后才能合理划分财权。这是因为,根据财政分权理论划分的全国性公共产品和地方性公共产品,其范围具有确定性,在此基础上划分财权不但可以保障各类公共产品的有效供给,还可以使得一国的财政体制保持相对稳定,免受国家财力变化、中央与地方讨价还价等因素的冲击。从理论上说,一级政府有多大的事权,就应当有多大的财权作保障。坚持该原则,不仅有利于规范中央政府与地方各级政府之间的分配关系,而且有助于各级政府积极履行职能,充分调动地方政府发展本地经济的积极性。

(2) 公平原则

所谓财政转移支付公平原则,主要是指财政资金在中央政府与地方政府之间以及地方各级政府之间的转移应当符合公平理念,使全国各地都能享受大体相等的公共服务水平。

之所以应坚持公平原则,是因为财政转移支付制度是基于各级政府收入能力与支出需求的不一致、为实现各地区公共服务水平均等化目标而实行的一种财政平衡制度。作为社会总产品再分配范畴的财政转移支付,应当坚持公平优先的原则,重点解决各级政府间财政横向不平衡的问题。财政转移支付的目标虽然表现在诸多方面,但概括起来无非包括纵向平衡和横向平衡两个方面。所谓纵向平衡,主要是指通过中央政府向地方政府转移财政收入,以解决地方政府财力不足的问题;所谓横向平衡,主要是指通过财政转移支付,解决地区间财政能力或公共服务水平横向失衡的问题。其中,横向平衡在政府转移支付目标体系中有着更为重要的地位。这一方面是因为,就规范政府转移支付制度的终极目标来说,就是要在提高财政收支效率的基础上,使全国各地都能提供大体相等的公共服务水平。换言之,横向平衡的目标本身是规范的政府转移支付制度设计所追求的根本目标。另一方面是因为,政府间的转移支付即使是出于其他目标的考虑,也不能不同时考虑区域间的横向平衡效应问题,否则将违背社会公平原则。与此同时,政府作为财政转移支付的主体,追求和保证财政转移支付的公平也是其应尽之责。

(3) 公开原则

所谓财政转移支付的公开原则,是指财政转移支付的依据、程序以及财政转移支付资金的用途、使用等必须依法通过相应方式向社会公开。具体包括四个方面的内容:财政转移支付的依据,亦即财政转移支付所依据的背景材料、说明、各项数据和信息等必须依法公开;财政转移支付的决策、审批、执行、调整等过程必须公开;财政转移支付的用途及具体使用必须公开;财政转移支付的结果必须公开。

之所以强调公开原则,主要是公共财政的要求。"公开性"强调的是,无论是公共财政的收入还是支出,都应当通过一定的方式向社会公开。尤其是财政收入如何被使用以及使用是否合法、合理和有效率,包括纳税人在内的社会公众都应享有知情权、监督权。作为财政重要范畴的转移支付,自然也应当公开。财政转移支付公开是财政公开的主要内容,也是财政转移支付法应当确立的原则。与此同时,财政转移支付公开原则不仅是落实公民知情权的需要,也是对政府财政转移支付行为进行有效监督和制约的现实需要。换言之,只有将政府财政转移支付行为纳入公众的视野,使财政权力在阳光下运行,才有可能解决财政转移支付过程中存在的各种腐败问题。

(4)法定原则

所谓财政转移支付的法定原则,是指财政转移支付的主体、方式、程序等必须由法律事先加以规定,财政转移支付的审批、执行、调整等整个过程必须依法进行。具体来说,法定原则包括:①财政转移支付的要素法定,亦即财政转移支付的主体、方式等必须符合法律规定;②财政转移支付的程序法定,亦即财政转移支付的审批、执行、调整等整个过程必须依法进行;③财政转移支付的责任法定。换言之,财政转移支付资金的运行必须合法,不得擅自变更、挪用,否则就要承担相应的法律责任。

之所以强调财政转移支付的法定原则,是因为公共财政的本质是公共性,即社会公众的财政,是社会公众通过法律程序对政府财政收支活动进行约束、规范和监督的财政。如果财政转移支付缺乏法制的规范和约束,那么政府及其官员就可以随心所欲地进行财政的转移支付且不必为此承担任何责任,政府间财政转移支付制度的目标也就无法实现。强调财政转移支付的法定原则,有利于规范政府财政转移支付行为,同时有效遏制财政转移支付过程中存在的各种违纪违法行为。

13.4.4 政府间转移支付的立法要点

13.4.4.1 政府间转移支付的目标及形式

为保证区域基本公共服务的均衡提供、外部性的有效治理以及中央政策的贯彻执行,我国实行政府间转移支付制度,具体包括中央和地方政府间、地方上下级政府间的纵向转移支付,以及无行政隶属关系的地方政府间的横向转移转移支付,所有转移支付收支均需要通过各级政府的政府预算安排与核算。

纵向转移支付为常态化的政府间转移支付制度,上级政府必须在每个财政年度通过提供转移支付,弥补下级政府的收支缺口,帮助下级政府有效履行需要上下级政府共同履行的支出责任。接受转移支付的下级政府需要按照上级政府的要求提供配套资金,合理安排相关支出。横向转移支付制度则由各级地方政府在平等自愿的基础上协商设计并实施。

政府间纵向转移支付的形式主要包括一般转移支付、共同事权转移支付和专项转移支付。除上述常态化转移支付形式外,为了应对突发公共事件、促进地方政府辖区内社会经济正常发展,中央和地方政府还可以临时性地设置特殊转移支付机制。政府间纵向转移支付应以一般性转移支付和共同事权转移支付为主,以专项转移支付作为补充。

一般性转移支付,包括均衡性转移支付、老少边穷地区转移支付、重点生态功能区转移支付、资源枯竭城市转移支付、县级基本财力保障机制奖补资金等,主要用于均衡地区间财力配置,保障地方日常运转和加快区域协调发展。

共同财政事权转移支付,包括城乡义务教育补助经费、学生资助补助经费、就业补助资金、困难群众救助补助资金、基本公共卫生服务补助资金、城镇保障性安居工程资金等,主要是配合财政事权和支出责任划分改革,用于履行中央承担的共同财政事权的支出责任,保障地方落实相关政策所需财力,提高地方履行共同财政事权的能力。

专项转移支付,主要用于保障中央决策部署的有效落实,引导地方干事创业,包括文化产业发展专项资金、可再生能源发展专项资金、城市管网及污水治理补助资金、农村环境整治资金等。

政府间横向转移支付的形式,则由转移支付提供方政府和接受方政府协商确定。

13.4.4.2 转移支付制度运作过程中政府的权力和责任

在政府间纵向转移支付制度的运作过程中,中央政府和地方政府的上级政府享有的权力包括:设立和中止转移支付项目的权力;针对共担事权类型的转移支付要求下级政府足额提供配套资金的权力;监督下级政府分配、使用转移支付资金的权力;对于下级政府违规分配使用转移支付资金进行行政问责的权力。上述权力主要由上级政府的财政部门会同各职能部门行使。

在政府间纵向转移支付制度的运作过程中,中央政府和地方政府中的上级政府需要履行的责任包括:通过转移支付向下级政府转移财力,实现基本公共服务均等化,弥补因政府间收入划分机制而导致地方收支缺口;在预算编制过程中,及时告知转移支付资金分配金额指标的信息;在预算执行过程中,及时足额向下级政府拨付转移支付资金;对下级政府转移支付资金的使用绩效进行考察评估的责任。

在政府间纵向转移支付制度的运作过程中,下级政府享有的权力包括:分配和使用转移支付资金的权力;对上级政府转移支付项目设立、取消以及资金安排额度和配套要求提出建议的权力。

下级政府应履行的责任包括:贯彻上级政府的施政目标、合规高效分配和使用转移支付资金的责任;将转移支付资金的分配使用信息全面及时向上级政府进行报告的责任;接受上级政府对于转移支付分配的合理性、转移支付资金使用的合规性和有效性进行质询和评估的责任。

对于中央政府和县级以上地方政府,同一级政府中的行政机关主要履行编制和执行转移支付预算的责任,享有转移支付预算草案的编制权。这一权力主要由本级政府财政部门会同本级政府的各职能部门行使,本级政府中的国库部门和审计部门享有对转移支付资金分配和使用的内部监督权;本级人民代表大会及其代表享有对转移支付预算草案的审批权和转移支付预算执行的监督权,并拥有就下级政府有关转移支付资金分配的异议进行调查和裁定的权力。各类转移支付项目的设置和取消,需要报本级人民代表大会常务委员会审查批准。

13.4.4.3 转移支付的设立和退出

设立政府间纵向转移支付项目必须有合理充分的依据,目的是为了弥补地方政府的收支缺口、帮助下级政府承担上下级政府需要共同承担的事权、落实中央政府的大政方针。设置转移支付项目需要本级政府各职能部门和财政部门进行系统的可行性评估,转移支付项目实施前必须有明确的实施方案,包括分配方法、配套方式、资金用途、合规控制和绩效评价机制等基本内容。

对于纵向转移支付的一般转移支付和共同事权转移支付,可以长期设置该类项目。对于专项转移支付,需要明确设定项目周期,在项目目标完成后应及时结束该类项目。当专项转移支付项目实施过程中项目目标无法达成时,则应在开展全面、科学的项目评估后取消该项目。

政府间横向转移支付应明确设定项目周期,在项目目标完成后,作为援助方的地方政府应及时结束该类项目。

13.4.4.4 转移支付的预算管理

政府间转移支付支出应通过各级政府的一般公共预算、政府性基金预算、国有资本经营预算和社会保险基金预算安排相关支出,接受转移支付的下级政府需要对应在其本级一般公共预算、政府性基金预算、国有资本经营预算和社会保险基金预算中编列相关转移性收入。

各级政府严禁无预算安排的纵向和横向转移支付支出。对于提供转移支付的地方政府,应在年度政府预算中完整编列相关预算支出。一般转移支付、共同事权转移支付以及专项转移支付中的委托类、共担类、引导类项目,应当由本级政府在预算编制过程中向下级政府及时告知分配指标的预计数;救济类、应急类专项转移支付,则可视实际情况,在整个预算年度向下级政府告知分配指标的预计数。

上级政府通过政府性基金预算、国有资本经营预算、社会保险基金预算安排对下级政府转移支付时,应在预算编制过程中及时告知下级政府分配指标的预计数。

下级政府在知悉转移支付分配指标后,应将转移支付资金计划安排的支出完整、足额编入本级政府支出预算。

地方政府通过一般公共预算、政府性基金预算、国有资本经营预算、社会保险基金预算安排的对其他政府的横向转移支付,应在预算编制过程中及时告知受援助地方政府分配指标的预计数。受援助地方政府在知悉转移支付分配指标后,应将横向转移支付资金计划安排的支出完整、足额编入本级政府预算。

13.4.4.5 转移支付的分配计算

政府间纵向转移支付中,一般转移支付和共同事权转移支付的分配方案应采用因素法,结合受补助地区政府的自然环境条件、地理位置、社会经济情况通过固定公式进行计算,共同事权转移支付的资金配套方案应通过因素法分地区进行计算。专项转移支付在各地区间的分配方案,则应通过因素法和项目法分地区进行计算。政府性基金预算、国有资本经营预算、社会保险基金预算转移支付的分配方法,应通过因素法和项目法分地区进行计算。除共同事权转移支付项目外,中央和上级地方政府不得要求接受转移支付资金的地方政府提供配套资金。

横向转移支付的分配则应由援助方和受援助方政府协商,结合项目目标,采用因素法和项目法进行分配。

中央对地方政府转移支付的具体办法,由国务院规定,报全国人民代表大会常务委员会备案。地方政府对下级政府转移支付的具体办法,由本级政府规定,报本级人民代表大会常务委员会备案。

13.4.4.6 转移支付的指标下达

中央对地方的一般性转移支付,应当在全国人民代表大会批准预算后 30 日内正式下达。中央对地方的专项转移支付,应当在全国人民代表大会批准预算后 90 日内正式下达。

省、自治区、直辖市政府接到中央一般性转移支付和专项转移支付后,应当在 30 日内正式下达到本行政区域县级以上各级政府。

县级以上地方各级预算安排对下级政府的一般性转移支付和专项转移支付,应当分别在本级人民代表大会批准预算后的 30 日和 60 日内正式下达。

对自然灾害等突发事件处理的转移支付,应当及时下达预算;对据实结算等特殊项目的转移支付,可以分期下达预算,或者先预付后结算。

中央政府通过政府性基金预算、国有资本经营预算、社会保险基金预算安排的转移支付,应当在全国人民代表大会批准预算后 30 日内正式下达。省、自治区、直辖市政府接到中央上述转移支付后,应当在 30 日内正式下达到本行政区域县级以上各级政府。

县级以上地方政府通过政府性基金预算、国有资本经营预算、社会保险基金预算安排对下级政府的转移支付,应当分别在本级人民代表大会批准预算后的 30 日和 60 日内正式下达。

县级以上地方各级预算安排对其他地区地方政府的横向转移支付,应当分别在本级人民代表大会批准预算后的 30 日内正式下达。

13.4.4.7 转移支付的绩效管理

政府间纵向转移支付和横向转移支付项目,均应实行全过程绩效管理。提供转移支付的上级政府应在下达转移支付指标的同时,设计定量和定性指标,并应通过重点评估的方式,从整体上对转移支付资金所取得的产出、社会经济效益、群众满意度等方面进行测评。使用转移支付资金的各级政府,也应通过定量和定性绩效评价指标,对转移支付资金使用的有效性进行评价。转移支付绩效评价的结果,应被作为下一财年编制政府预算时分配转移支付资金的重要参考因素。

13.4.4.8 转移支付的信息公开

政府间转移支付的制度设计、收支信息应当透明公开。政府间转移支付的项目内容、项目目标、实施周期、年度资金分配方案、绩效目标和评价指标应面向社会公众公开。中央和县级以上地方政府安排的转移支付支出预算应当分项目、分地区进行公开,接受转移支付的地方政府应当分项目公开其转移支付预算收入,并分项目公开转移支付资金的具体配套方案。中央和县级以上地方政府安排的转移支付支出预算执行情况应当分项目、分地区进行公开,接受转移支付资金的地方政府应当分项目公开其转移支付收入预算的实际执行情况。

13.4.4.9 转移支付的监督管理

中央政府和县级以上地方政府审计机关负责对本级政府和下级政府实施的各种转移支付项目设置、资金分配使用过程和支出绩效情况进行审计,中央政府和县级以上地方政府国库部门负责对转移支付资金的拨付情况进行审核和监督。全国人民代表大会及其代表有权对中央转移支付项目的设置、资金分配办法、转移支付预算编制和执行情况、转移支付支出绩效进行监督审查,对于转移支付制度的设计和运行情况,有权对本级政府和接受转移支付的下级政府进行质询。县级以上人民代表大会及其代表有权对本级政府转移支付项目的设置、资金分配办法、转移支付预算编制和执行情况、转移支付支出绩效进行监督审查,对于转移支付制度的设计和运行情况,有权对本级政府和接受转移支付的下级政府进行质询。

13.5 本章小结

政府间财政关系通常也称为财政管理体制,是指同一国家内不同层级的政府以及同层级政府之间财政资源的分配原则、办法等调节机制的总和。政府间财政关系包括纵向财政关系和横向财政关系两种。政府间财政关系的核心内容是政府间事权与支出责任的划分和财权与财力的配置以及建立规范的政府间转移支付制度。

政府间财政关系是现代财政制度的重要组成部分,在建立以民主与法治为核心的现代财政制度的过程中，政府间财政关系的法治化建设是必不可少的内容和环节。当前，我国政府间财政关系的处理依据主要是"通知""决定"等党和政府的指导性文件，内容比较笼统，法律层次较低，约束力较差，缺少对政府间财政行为的外部规范、约束和监督。基于宪法秩序，从法律上构建政府间财政关系、实现政府间财政关系的法制化，是落实宪法基本精神、建设现代财政制度的必然要求。

针对目前我国政府间财政收入划分中存在的收入立法不足、立法权过度集中于中央、中央与地方税种划分不合理、地方政府的财权和财力相对于事权而言严重不足等问题，应按照各级政府的职能、税种的功能和特点、事权与财权财力相匹配原则以及效率和公平原则划分政府间收入。将那些具有宏观调控、收入再分配功能，税基跨区域、收入波幅大、流动性强的税种和有利于全国商品流通和经济发展的税种，以及税基在各地不平衡的税种都划归中央。将那些具有突出的区域性特征、对经济影响不大的税种，以及那些地方享有充分信息、对区域资源配置有一定作用、税基不具有流动性或流动小的税种，都划归地方。

为保证中央政府的调控能力和地方政府履行职能的财力，我国需要设置共享税。中央与地方的共享税种包括增值税、纳入共享范围的企业所得税和个人所得税、资源税等。

非税收入在政府间的划分应与税收收入一样法定。对非税收入项目的设立、收费标准、收费期限以及在政府间划分的方法和比例，应由立法机关通过法律做出规定。

当前，我国政府间财政支出划分存在着立法层次低、政府间支出职责不清、省以下事权和支出责任划分不规范、政府间事权和支出责任不匹配等问题。政府间事权与支出责任立法应按照受益范围、效率、技术以及事权、支出责任与财权、财力相匹配的原则，合理划分政府间事权和支出责任。将涉及保障国家安全、维护全国统一市场、体现社会公平正义、推动区域协调发展等方面的事权划归中央政府；将直接面向基层、量大面广、与当地居民密切相关、由地方提供更方便有效的基本公共服务确定为地方事权。

规范中央与地方的共享事权，将涉及全局性资源配置、保障社会公平分配等方面的事权确定为中央和地方政府共享事权，并根据基本公共服务的受益范围、影响程度，按事权构成要素、实施环节，明确各承担主体的职责。

属于中央的财政事权，应当由中央财政安排经费；属于地方的财政事权，原则上由地方通过自有财力安排；对于中央和地方共享事权，必须明确各自承担的支出责任比例。

我国政府间转移支付包括中央和地方政府间、地方上下级政府间的纵向转移支付以及无行政隶属关系的地方政府间的横向转移支付。

纵向转移支付的形式主要包括一般转移支付、共同事权转移支付和专项转移支付。政府间纵向转移支付应以一般性转移支付和共同事权转移支付为主，以专项转移支付作为补充。政府间纵向转移支付中，一般转移支付和共同事权转移支付的分配方案应采用因素法，结合受补助地区政府的自然环境条件、地理位置、社会经济情况，通过固定公式进行计算；共同事权转移支付的资金配套方案，应通过因素法分地区进行计算；专项转移支付在各地区间的分配方案，则应通过因素法和项目法分地区进行计算；政府性基金预算、国有资本经营预算、社会保险基金预算转移支付的分配方法，应通过因素法和项目法分地区进行计算。政府间横向转移支付的形式和分配方法，则由转移支付提供方政府和接受方政府协商确定。

在政府间纵向转移支付制度的运作过程中，上级政府需要履行的责任包括：通过转移支付向下级政府转移财力，实现基本公共服务均等化，弥补因政府间收入划分机制而导致的地方收支缺口；在预算编制过程中，及时告知转移支付资金分配金额指标的信息；在预算执行过程中，及时足额向下级政府拨付转移支付资金；对下级政府转移支付资金的使用绩效进行考察和评估。下级政府应履行的责任包括：贯彻上级政府的施政目标、合规高效地分配和使用转移支付资金；将转移支付的分配使用信息，全面、及时地向上级政府进行报告；接受上级政府对于转移支付资金分配的合理性、转移支付资金使用的合规性和有效性进行质询和评估。

政府间转移支付的项目目标、项目内容、实施周期、年度资金分配方案、绩效目标和评价指标，应面向社会公众公开，并接受立法机关和社会的监督。

第 14 章 财政组织和机构

本章讨论在"统一领导、分级管理"的财政体制下,政府财政功能实施过程中各财政职能机构的组织与设立,研究在"一体化"或"分设制"条件下,财政职能实现的特点及其长处和不足,以便为财政基本法立法的相关内容和条款提供理论依据。

14.1 财政收入与财政支出的组织和机构

14.1.1 财政收支机构的职能、地位和组织

现代国家治理中的财政三大基本职能,包括资源配置、收入分配和经济稳定与发展,都要通过具体的收支活动来实现,因此,财政的"收入行为"和"支出行为"就成为财政实现其基本职能的主要表现形式。相应地,如何组织收入活动和支出活动、建立怎样的组织机构、构建怎样的激励与约束机制、实行怎样的管理体制,不但直接影响到财政职能的实现形式和实现路径,而且影响到财政活动能否顺利实施以及财政活动的效率。

十八届三中全会指出,"财政是国家治理的基础和重要支柱"。财政作为国家理财工具,历来被赋予资源配置、收入分配和经济稳定与发展三大功能。"财政职能主要包括三大内容,首先是财政的资源配置职能,即对不能由市场提供的产品,通过政府预算政策来提供;其次是财政的收入分配职能,即调节收入分配与财富的分配,使之符合社会公认的公平或公正状态;最后是财政稳定经济的职能,即运用财政政策实现经济稳定持续健康发展。"[①]"财政政策的目标总体

---

① 马国贤主编:《财政学原理》,中国财政经济出版社 1998 年版,第 96 页。

上分为微观和宏观目标。财政政策会影响社会资源的使用方式和产品结构,因此财政具有资源配置职能,财政政策会影响收入分配状况,因此财政具有收入分配职能,财政政策对宏观经济具有重要影响,因此财政具有宏观调控职能。"[1]可见,财政理财的功能在现代国家功能中的作用和地位不仅表现为收支活动,而且在收支活动中具有提供公共品、收入再分配和调控宏观经济的职能。党的十八届三中全会在布局深化财税体制改革时,首次提出了"财政是国家治理的基础和重要支柱"[2],认为"科学的财税体制是优化资源配置、维护市场统一、促进社会公平、实现国家长治久安的制度保障。必须完善立法、明确事权、改革税制、稳定税负、透明预算、提高效率,建立现代财政制度,发挥中央和地方两个积极性"。[3] 显然,党的十八届三中全会是从国家治理的层面,围绕市场在资源配置中起决定性作用的深化经济体制改革,坚持和完善基本经济制度,加快完善现代市场体系、宏观调控体系、开放型经济体系,加快转变经济发展方式,重新认识财政的地位和作用,强调财政不仅是国家治理的组成部分,而且是整个国家治理的"基础"和重要"支柱",这就把财政理财职能的整体性、全局性和重要性完整地描述出来。财政工作实践和财政职能实现的重大意义从此进入一个"新时代"。

作为国家治理的基础和重要支柱,财政组织和机构要顺应国家治理的基本架构。国家治理通过政府组织体系和具体机构设置来实现,因此,国家治理的组织体系和机构设置非常复杂和庞大,总体上,可以划分为纵向和横向两个方面。

纵向看,我国作为单一制国家,其政府组织和机构首先划分为中央政府组织与机构和地方政府组织与机构两个层次。地方政府组织与机构又划分为省级(省、自治区、直辖市)、地市级(市、自治州、区)、县级(县、市、区、自治县)、乡级(乡、镇、街道),共四个层级。因此,我国政府组织和机构总体上划分为中央、省、市、县、乡共五个层级。

横向看,按照中央政府的统一部署,一级政府按职能设置组织和机构。例如,2018年国务院主要由国务院办公厅1个、国务院组成部门26个、国务院直属特设机构1个、国务院直属机构10个、国务院办事机构2个、国务院直属事

---

[1] 蒋洪主编:《财政学》,高等教育出版社、上海社会科学院出版社2000年版,第15—16页。
[2] 党的十八届三中全会,《中共中央关于全面深化改革若干重大问题的决定》,2013年11月12日。
[3] 党的十八届三中全会,《中共中央关于全面深化改革若干重大问题的决定》,2013年11月12日。

业单位共 6 类 10 个机构组成(国发〔2018〕6 号)。

其中,26 个国务院组成部门是:外交部、国防部、国家发展和改革委员会、教育部、科学技术部、工业和信息化部、国家民族事务委员会、公安部、国家安全部、民政部、司法部、财政部、人力资源和社会保障部、自然资源部、生态环境部、住房和城乡建设部、交通运输部、水利部、农业农村部、商务部、文化和旅游部、国家卫生健康委员会、退役军人事务部、应急管理部、中国人民银行、审计署。10 个国务院直属机构是:海关总署、国家税务总局、国家市场监督管理总局、国家广播电视总局、国家体育总局、国家统计局、国家国际发展合作署、国家医疗保障局、国务院参事室、国家机关事务管理局。

在国务院 26 个组成部门和 10 个直属机构中,承担财政收支职责的是中华人民共和国财政部、国家税务总局和国家海关总署。

14.1.2　财政部主要职能[①]

(1)拟订财税发展战略、规划、政策和改革方案并组织实施。分析预测宏观经济形势,参与制定宏观经济政策,提出运用财税政策实施宏观调控和综合平衡社会财力的建议。拟订中央与地方、国家与企业的分配政策,完善鼓励公益事业发展的财税政策。

(2)起草财政、财务、会计管理的法律、行政法规草案,制定部门规章,并监督执行。组织涉外财政、债务等国际谈判并草签有关协议、协定。

(3)负责管理中央各项财政收支。编制年度中央预决算草案并组织执行。组织制定经费开支标准、定额,审核批复部门(单位)年度预决算。受国务院委托,向全国人民代表大会及其常委会报告财政预算、执行和决算等情况。负责政府投资基金中央财政出资的资产管理。负责中央预决算公开。

(4)负责组织起草税收法律、行政法规草案及实施细则和税收政策调整方案。参加涉外税收谈判,签订涉外税收协议、协定草案。提出关税和进口税收政策,组织制定免税行业政策和有关管理制度。拟订关税谈判方案,参加有关关税谈判,提出征收特别关税的建议。承担国务院关税税则委员会具体工作。

(5)按分工负责政府非税收入管理。负责政府性基金管理,按规定管理行政事业性收费。管理财政票据。制定彩票管理政策和有关办法,监管彩票市

[①] 中华人民共和国财政部网站。

场,按规定管理彩票资金。

(6)组织制定国库管理制度、国库集中收付制度,指导和监督中央国库业务,开展国库现金管理工作。制定政府财务报告编制办法并组织实施。负责制定政府采购制度并监督管理。负责政府采购市场开放谈判工作。

(7)拟订和执行政府国内债务管理制度和政策。依法制定中央和地方政府债务管理制度和办法。编制国债和地方政府债余额限额计划。统一管理政府外债,制定基本管理制度。

(8)牵头编制国有资产管理情况报告。根据国务院授权,集中统一履行中央国有金融资本出资人职责。制定全国统一的国有金融资本管理规章制度。拟订行政事业单位国有资产管理规章制度并组织实施,制定需要全国统一规定的开支标准和支出政策。

(9)负责审核并汇总编制全国国有资本经营预决算草案,制定国有资本经营预算制度和办法,收取中央本级企业国有资本收益。负责制定并组织实施企业财务制度。负责财政预算内行政事业单位及社会团体的非贸易外汇和财政预算内的国际收支管理。

(10)负责审核并汇总编制全国社会保险基金预决算草案,会同有关部门拟订资金(基金)财务管理制度,承担社会保险基金财政监管工作。

(11)负责办理和监督中央财政的经济发展支出、中央政府性投资项目的财政拨款,参与拟订中央基建投资有关政策,制定基建财务管理制度。

(12)承担国务院交办的与有关国家和地区多双边财经对话,开展财经领域的国际交流与合作。按规定管理多边开发机构和外国政府的贷(赠)款。代表我国政府参加有关国际财经组织。

(13)负责管理全国会计工作,监督和规范会计行为,制定并组织实施国家统一的会计制度,指导和监督注册会计师和会计师事务所的业务,指导和管理社会审计。依法管理资产评估有关工作。

(14)管理全国社会保障基金理事会。

(15)完成党中央、国务院交办的其他任务。

(16)职能转变。

①完善宏观调控体系,创新调控方式,构建发展规划、财政、金融等政策协调和工作协同机制,强化经济监测预测预警能力,建立健全重大问题研究和政策储备工作机制,增强宏观调控前瞻性、针对性、协同性。

②深化财税体制改革。加快建立现代财政制度,推进财政事权和支出责任划分改革,理顺中央和地方收入划分,建立权责清晰、财力协调、区域均衡的中央和地方财政关系。完善转移支付制度,优化转移支付分类,规范转移支付项目,增强地方统筹能力。逐步统一预算分配,全面实施绩效管理,建立全面规范透明、标准科学、约束有力的预算制度。全面推行政府性基金和行政事业性收费清单管理,完善监督制度。深化税收制度改革,健全地方税体系,逐步提高直接税比重,形成税法统一、税负公平、调节有度的税收制度体系。

③防范化解地方政府债务风险。规范举债融资机制,构建"闭环"管理体系,严控法定限额内债务风险,着力防控隐性债务风险,牢牢守住不发生系统性风险的底线。

(17)有关职责分工。

①税政管理职责分工。财政部负责提出税收立法建议,与国家税务总局等部门共同提出税种增减、税目税率调整、减免税等建议。财政部负责组织起草税收法律、行政法规草案及实施细则和税收政策调整方案,国家税务总局具体起草税收法律、行政法规草案及实施细则并提出税收政策建议,由财政部组织审议后与国家税务总局共同上报和下发。国家税务总局负责对税收法律、行政法规执行过程中的征管和一般性税政问题进行解释,事后向财政部备案。

财政部负责组织起草关税法律、行政法规草案及实施细则,海关总署等部门参与起草,由财政部组织审议后与海关总署共同上报。关税税目税率调整由国务院关税税则委员会负责。关税税收政策调整方案,由财政部会同有关部门研究提出。

②非税收入管理职责分工。财政部负责制定和组织实施非税收入国库集中收缴制度,负责非税收入账户、收缴方式、退付退库等管理。国家税务总局等部门按照非税收入国库集中收缴等有关规定,负责做好非税收入申报征收、会统核算、缴费检查、欠费追缴和违法处罚等工作,有关非税收入项目收缴信息与财政部及时共享。

③中央行政事业单位国有资产管理职责分工。财政部负责制定行政事业单位国有资产管理规章制度,并负责组织实施和监督检查。国家机关事务管理局负责中央行政事业单位(即国务院各部门、各直属事业单位,最高人民法院,最高人民检察院,有关人民团体等)机关和机关服务中心等的国有资产管理,承担产权界定、清查登记、资产处置工作,制定中央行政事业单位国有资产管理具

体制度和办法并组织实施,接受财政部的指导和监督检查。中央行政事业单位按规定负责所属事业单位(机关服务中心等除外)及派出机构的国有资产管理。

14.1.3　国家税务总局主要职能[①]

(1)具体起草税收法律法规草案及实施细则并提出税收政策建议,与财政部共同上报和下发,制定具体措施并贯彻落实。负责对税收法律法规执行过程中的征管和一般性税政问题进行解释,事后向财政部备案。

(2)承担组织实施税收及社会保险费、有关非税收入的征收管理责任,力争税费应收尽收。

(3)参与研究宏观经济政策、中央与地方的税权划分并提出完善分税制的建议,研究税负总水平并提出运用税收手段进行宏观调控的建议。

(4)负责组织实施税收征收管理体制改革,起草税收征收管理法律法规草案并制定实施细则,制定和监督执行税收业务、征收管理的规章制度,监督检查税收法律法规、政策的贯彻执行。

(5)负责规划和组织实施纳税服务体系建设,制定纳税服务管理制度,规范纳税服务行为,制定和监督执行纳税人权益保障制度,保护纳税人合法权益,履行提供便捷、优质、高效纳税服务的义务,组织实施税收宣传,拟订税务师管理政策并监督实施。

(6)组织实施对纳税人进行分类管理和专业化服务,组织实施对大型企业的纳税服务和税源管理。

(7)负责编报税收收入中长期规划和年度计划,开展税源调查,加强税收收入的分析预测,组织办理税收减免等具体事项。

(8)负责制定税收管理信息化制度,拟订税收管理信息化建设中长期规划,组织实施金税工程建设。

(9)开展税收领域的国际交流与合作,参加国家(地区)间税收关系谈判,草签和执行有关的协议、协定。

(10)办理进出口商品的税收及出口退税业务。

(11)以国家税务总局为主,与省区市党委和政府对全国税务系统实行双重领导。

[①]　国家税务总局网站。

(12)承办党中央、国务院交办的其他事项。

14.1.4　海关总署主要职能[①]

(1)负责全国海关工作。拟订海关(含出入境检验检疫,下同)工作政策,起草相关法律法规草案,制定海关规划、部门规章、相关技术规范。

(2)负责组织推动口岸"大通关"建设。会同有关部门制定口岸管理规章制度,组织拟订口岸发展规划并协调实施,牵头拟订口岸安全联合防控工作制度,协调开展口岸相关情报收集、风险分析研判和处置工作。协调口岸通关中各部门的工作关系,指导和协调地方政府口岸工作。

(3)负责海关监管工作。制定进出境运输工具、货物和物品的监管制度并组织实施。按规定承担技术性贸易措施相关工作。依法执行进出口贸易管理政策,负责知识产权海关保护工作,负责海关标志标识管理。组织实施海关管理环节的反恐、维稳、防扩散、出口管制等工作。制定加工贸易等保税业务的海关监管制度并组织实施,牵头审核海关特殊监管区域的设立和调整。

(4)负责进出口关税及其他税费征收管理。拟订征管制度,制定进出口商品分类目录并组织实施和解释。牵头开展多双边原产地规则对外谈判,拟订进出口商品原产地规则并依法负责签证管理等组织实施工作。依法执行反倾销和反补贴措施、保障措施及其他关税措施。

(5)负责出入境卫生检疫、出入境动植物及其产品检验检疫。收集分析境外疫情,组织实施口岸处置措施,承担口岸突发公共卫生等应急事件的相关工作。

(6)负责进出口商品法定检验。监督管理进出口商品鉴定、验证、质量安全等。负责进口食品、化妆品检验检疫和监督管理,依据多双边协议实施出口食品相关工作。

(7)负责海关风险管理。组织海关贸易调查、市场调查和风险监测,建立风险评估指标体系、风险监测预警和跟踪制度、风险管理防控机制。实施海关信用管理,负责海关稽查。

(8)负责国家进出口货物贸易等海关统计。发布海关统计信息和海关统计数据,组织开展动态监测、评估,建立服务进出口企业的信息公共服务平台。

---

① 国家海关总署网站。

(9)负责全国打击走私综合治理工作。依法查处走私、违规案件,负责所管辖走私犯罪案件的侦查、拘留、执行逮捕、预审工作,组织实施海关缉私工作。

(10)负责制定并组织实施海关科技发展规划、实验室建设和技术保障规划。组织相关科研和技术引进工作。

(11)负责海关领域国际合作与交流。代表国家参加有关国际组织,签署并执行有关国际合作协定、协议和议定书。

(12)垂直管理全国海关。

(13)完成党中央、国务院交办的其他任务。

14.1.5 小结

作为国务院组成部门之一,财政部主要负责财政收支的组织和管理职责,"负责管理中央各项财政收支"(财政部职能第3条)。具体包括:

收入方面:"负责组织起草税收法律、行政法规草案及实施细则和税收政策调整方案"(财政部职能第4条);"负责政府非税收入管理"(财政部职能第5条)。

支出方面:"编制年度中央预决算草案并组织执行。组织制定经费开支标准、定额,审核批复部门(单位)年度预决算"(财政部职能第3条);"组织制定国库管理制度、国库集中收付制度,指导和监督中央国库业务,开展国库现金管理工作。制定政府财务报告编制办法并组织实施。负责制定政府采购制度并监督管理"(财政部职能第6条);"拟订和执行政府国内债务管理制度和政策"(财政部职能第7条);"负责办理和监督中央财政的经济发展支出、中央政府性投资项目的财政拨款,参与拟订中央基建投资有关政策,制定基建财务管理制度"(财政部职能第11条)。

作为国务院直属机构,国家税务总局"承担组织实施税收及社会保险费、有关非税收入的征收管理责任,力争税费应收尽收"(国家税务总局职能第2条)。

作为国务院直属机构,国家海关总署"负责进出口关税及其他税费征收管理"(海关总署职能第4条)。

从上可见,收入方面:财政部主要负责各项收入(包括税收和非税)政策制定和管理,国家税务总局主要负责实施对各项收入(包括除关税外各项税收收入和非税收入)的征收管理。海关总署主要负责对关税收入的征收管理。支出方面:履行中央政府职能的各部门支出和中央经济发展支出以及中央投资项目支出，由财政部负责安排并管理。

表 14—1　　　　　　　　我国财政收入职能部门分工表

	财政部	国家税务总局	海关总署
税收	负责： 税收立法 税收政策 制定细则	起草： 税收法律 执行中解释 实施细则	参与起草： 关税法律 进出口商品目录
		日常征管	日常征管
非税	制定制度	征收检查	

在明确财政管理体制、解决各级政府之间财政关系的基础上，就一级财政组织而言，如何设置财政收入和支出组织与机构，关系到财政职能实现的进程及其效率。具体有以下三个关键问题：第一，财政收支组织和机构的设置，即财政收支关系；第二，财政收入部分的组织和机构设置，即财政收入间关系；第三，财政资金管理的组织和机构设置，即财政资金管理关系。

总体来看，对上述三个关键问题即三种关系的处理，是由一个机构统一管理，还是由两个或两个以上不同机构分别管理，换句话说，财政收入组织和财政支出组织是采取"一体化"设置，还是采取"分设制"设置，将会影响财政职能实现的进程和效率，因而必然成为财政立法中不可回避的重大问题之一。

14.2　财政收支机构"一体化"与"分设制"

新中国成立以来，除关税外，我国长期实行财政收入"一体化"管理的组织形式，即由财政部统一管理各项财政收入包括税收收入和非税收入。新中国成立之初，政务院就确定建立副部级税务总局，1950年1月，财政部正式设立税务总局，1988年5月，税务总局改成国家税务局，仍归口财政部管理。为适应1994年分税制改革，更好地发挥财政职能作用，把财政部门从具体组织征收管理的事务性工作中解放出来，进一步增强财政宏观调控能力，促进社会主义市场经济体制的建立和国民经济持续快速健康发展，同时，也为适应我国开始实施的分税制财政管理体制需要，我国对税务管理机构也进行了相应的配套改革，1993年4月，国务院设立国家税务总局作为主管税收工作的直属机构，并升格为正部级。自此,我国财政收入组织和机构改为由财政部和国家税务总局"分设",即税收由国家税务总局征管,非税由财政部征管。

随着国家治理机构的逐步深化,财政部在社会主义市场经济中承担的"宏观调控"职能和支出分配职能日益强化,其所承担的非税收入征管职能也逐步释放出来。2016年3月,财政部发布《关于〈政府非税收入管理办法〉的通知》(财税〔2016〕33号),规定"各级财政部门是非税收入的主管部门"(《政府非税收入管理办法》第七条)。同时,各级财政部门作为非税收入的主管部门,在对"非税收入实行分类分级管理"(《政府非税收入管理办法》第五条)的情况下,"财政部负责制定全国非税收入管理制度和政策,按管理权限审批设立非税收入,征缴、管理和监督中央非税收入,指导地方非税收入管理工作。县级以上地方财政部门负责制定本行政区域非税收入管理制度和政策,按管理权限审批设立非税收入,征缴、管理和监督本行政区域非税收入"(《政府非税收入管理办法》第七条)。

另外,从释放具体征管业务上,规定"非税收入可以由财政部门直接征收,也可以由财政部门委托的部门和单位(以下统称执收单位)征收",但"未经财政部门批准,不得改变非税收入执收单位""法律、法规对非税收入执收单位已有规定的,从其规定"(《政府非税收入管理办法》第十一条)。

显然,自财政部发布《政府非税收入管理办法》之后,财政部门在非税收入方面所履行的主要职责是"加强非税收入执收管理和监督"(《政府非税收入管理办法》第十四条)。

综上可知,在历经了对税收收入的直接征管到制定政策与征管分离之后,财政部又逐步释放了对非税收入直接征管的职责,除整体管理收入政策和基本制度,以及对收入的预算管理外,财政部的职责业已过渡到以支出管理为主。我国财政对收入的管理实行"分设制"。

收入组织和机构一统财政部,并由财政部统一制定政策制度,同时实施征管的收入组织架构,其本质是财政部统管财政收入和支出,即财政收支管理"一体化"。

财政收支组织和机构"一体化"模式的基本优点表现为:其一,财政收支管理的权力集中在一个部门,对贯彻中央和国务院的有关方针政策,不存在部门理解上的差异,贯彻效率高、落实速度快;其二,财政部门统管收入和支出,有利于预算平衡,收支平衡在一个部门里实现,减少了部门沟通的障碍和矛盾,"量入为出"和"量出为入"的理财思想比较容易得到现实结合;其三,基于对征管实践的了解,政策调控和制度制定更符合实际需要,政策面和征管面比较容易匹配,既使得政策和制度易于贯彻落实,也利于征收管理与政策制度和谐,征管工作顺利进行。

相应地,"一体化"也客观存在一些不足:其一,财政部门一个机构既负责财政收入的组织和管理,也负责支出的组织和管理,可能导致政府财政部门的权力过大,其职能范围和管理的实际影响力远远超过一般的政府职能部门。结果可能是,财政部门职能庞大,宏观和微观政策以及具体管理实务过多、不堪重负,从而顾此失彼,不利于集中精力管方向、管大事。其二,一个部门管理全部财政收支,虽有利于预算平衡,但也可能导致在经济困难时期,由于收入增长缓慢或未达预期目标时,通过减少支出来实现预算平衡,理财上可能偏于保守。其三,一个部门管理收支在易于平衡的同时,可能掩盖收支之间已经存在或潜在存在的不平衡矛盾。

收入组织和机构从财政部门分离出来,财政部门主要负责收入立法、制定收入政策和基本制度,收入制度的细则和征收管理从财政部门独立出来,由其他机构如国家税务总局、海关总署和其他政府部门负责的组织架构,就是财政收入组织和机构的"分设制"。

财政收支组织和机构"分设制"模式的优点表现为:其一,有利于财政部门在贯彻落实党中央和国务院大政方针时,能集中精力致力于宏观调控,专职于政策研究和调整,更好地服务于政府各职能部门履行职责的需要,从而真正成为"国家治理的基础和重要支柱";其二,收支组织分离后,有利于收入机构专注于经济与财政收入关系,尊重经济财政规律,避免"过头税",从平衡"压力"中解放出来,及时暴露收支不平衡的矛盾,从而将"量入为出"与"尽力而为"结合起来;其三,两个不同的政府部门分别司职收入组织和支出组织,虽然有可能增加工作协调精力,但同时也是一种部门"约束"机制,有利于相互制约和监督。

财政收支组织和机构"分设制"模式也同样存在不足,具体表现为:其一,两个政府部门分别司职收入职能和支出职能,可能"人为"增加部门之间的协调工作量、增加工作难度,特别是在两个部门同级别的情况下,"交易成本"增大。其二,财政收支平衡是财政理财思想的核心,也是财政工作中的重点,收支机构分设后,收支之间的"天然"关系被组织机构的"人为"分设割裂开来,平衡的困难加大,支出主管部门更多考虑政府履职和现有开支规模的需要,收入主管部门更多考虑经济发展所能提供收入的可能,两个部门考虑问题的站位和思路有所不同。其三,在财政部门仍然负责收入立法和基本政策与制度制定的情况下,其政策制度有可能与具体执行困难之间出现差异,政策制定部门对征管实践的了解可能不足,从而导致执行难度加大。

财政收支组织和机构分设模式下,财政部门负责立法、制定政策制度、偏向宏观管理,不再具体管理收入的模式。财政部好像变成了"支出部"(见图14—1)。

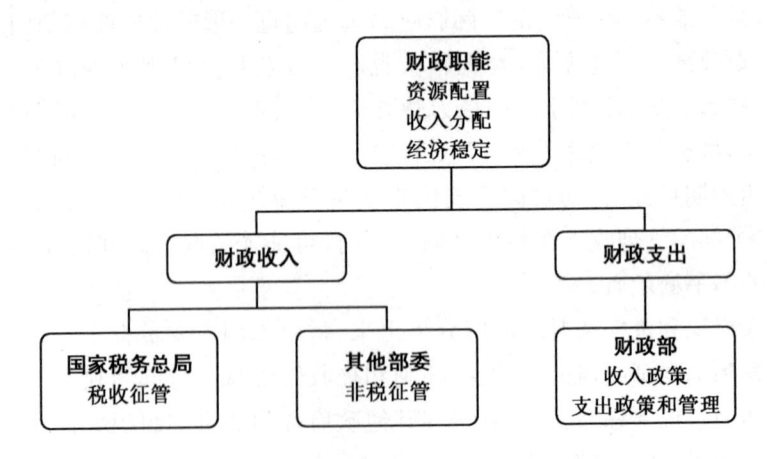

```
                    财政职能
                    资源配置
                    收入分配
                    经济稳定
                   /         \
              财政收入       财政支出
              /      \            |
        国家税务总局  其他部委    财政部
         税收征管    非税征管    收入政策
                              支出政策和管理
```

图14—1　财政职能实现的收支机构分设图

其实不然,从图14—1可见,事实上,财政部不仅仅是"支出部",而且是收入宏观政策部。这种状况决定了财政部在制定国家宏观调控政策和编制国家整体预算方面,仍然具有更大的权力;更确切地说,是在宏观决策和预算安排上具有更重要的地位。在我国现行收支组织和机构"分设"安排下,我国财政收支职能分工如表14—2所示。

表14—2　　　　　　　我国财政收支职能部门分工表

	财政部	国家税务总局	海关总署
宏观方面	"四本预算"① 财政政策		
收入方面	收入政策制度	税收征管 非税征管	关税征管

---

① "四本预算"是指一般公共预算、政府基金预算、国有资本经营预算和社会保障预算。

续表

	财政部	国家税务总局	海关总署
支出方面	支出分配和管理 国库管理 政府采购管理		
职能概括	除收入征管外 全部财政职能	收入征管(除关税)	关税征管

14.3 财政支出机构"一体化"与"分设制"

14.3.1 财政支出与财政职能的实现

财政支出是财政收支基本活动的两个方面之一,成为财政工作的半壁江山,与财政收入工作一起完成财政理财的全部职能。实践中,相对于财政收入工作,支出安排和管理工作往往比收入管理更困难、工作量更大。这是因为,第一,财政收入的组织相对比较稳定,税制和非税制度一旦确定,除局部和临时性的优惠政策外,税制和非税制度的变动不大,长期处于稳定状态。相比较,财政支出受政府调控职能的需要而变动较大,支出名目繁多,支出名目和项目变化较快,经常伴随政府换届或人事变动而发生调整和变化。第二,收入受经济规模和经济成长的影响更大,从经济规律看,具有更大的"客观性","过头税"对经济的损害比较大,常常难以实行。而支出受政府履职的影响更大,就政府履职需要看,支出往往越多越好,支出的安排受"主观"影响也相对更大,同时,支出增大对经济具有正面效应,所以,管理者对支出易产生追逐动机,从而产生"瓦格纳法则"。第三,我国各地经济和社会发展水平客观存在较大差异,收入政策和制度会"自动识别"这种差异,从而便于实现收入的"能力原则",使得经济欠发达地区通过"自动少缴",促进经济和社会的成长。相对而言,支出的"刚性"特征难以区分收入充裕地区和收入欠缺地区的"能力差别",在"刚需"必须满足的情况下,财政支出安排的"机动性"就必然更强,支出安排的难度显然更大。

相对于财政收入的不同特征,财政支出安排中客观存在的难度,导致其不仅工作量大,而且更需要深入实践、深入基层,了解实际问题、了解基层的"急、难、烦、缺"。所以,就财政理财职能方面而言,支出对政府职能实现更直接、更紧迫、更重要。

财政支出机构主要包括预算编制机构、预算执行和支出日常管理机构、政府采购管理机构、政府项目招投标机构,以及国库资金管理机构。如何设置各个支出管理机构,关系到财政支出管理中各种关系的处理,关系到支出管理的科学性和合理性,因此成为财政立法研究的另一个重要内容。

14.3.2 预算编制机构和预算执行机构的"一体化"与"分设制"

国家预算是财政工作的核心。"国家预算是一个重大问题,里面反映着整个国家的政策,因为它规定政府活动的范围和方向。"[①]财政收支的全部内容和全部过程都要通过预算形式予以反映,通过预算安排具体落实。在财政支出组织和机构设置中,预算编制机构和预算执行机构如何设置,直接关系到财政支出执行状况和执行效果。更确切地说,在收入征管机构从财政部门分离出去之后,财政支出执行是否也应当分离出去,形成"裁判员"与"运动员"分设,这也是财政法立法需要解决和明确的重要问题之一。

14.3.2.1 预算编制机构和预算执行机构"一体化"

预算是立法通过的年度财政收支计划,预算编制由立法机构授权行政部门负责。《预算法》第23条规定:"国务院编制中央预算、决算草案;向全国人民代表大会作关于中央和地方预算草案的报告。"一般来说,负责预算编制的行政部门同时负责决算编制和预算在执行中的调整以及预备费的动用方案。《预算法》第25条规定,"国务院财政部门具体编制中央预算、决算草案;具体组织中央和地方预算的执行""地方各级政府财政部门具体编制本级预算、决算草案;具体组织本级总预算执行;提出本级预算预备费动用方案;具体编制本级预算的调整方案"。

由此可见,我国实行预算编制"一体化"模式,即由财政部门负责编制预算。实践中,我国财政部下设预算司,专职预算编制和管理工作。

预算司主要职责为:提出财政政策、财政体制、预算管理制度、政府债务管理制度的建议,组织编制中期财政规划;编制年度中央预决算草案和预算调整方案;组织中央一般公共预算、政府性基金预算、国有资本经营预算、社会保险

---

① 毛泽东:1949年12月在中央人民政府委员会第四次会议上的讲话。

基金预算的编制、审核等工作；组织中央部门支出标准体系建设及项目库管理工作；承担中央对地方转移支付工作，汇总年度地方财政预算；承担政府债务管理有关工作；承担预算绩效管理制度体系建设；归口管理财政部各地监管局业务工作。具体职责如下：

（1）分析预测国家宏观经济运行情况和全国财政预算执行情况，提出运用财税政策实施宏观调控的建议；研究提出财政收支政策、平衡预算措施和加强预算管理的建议。

（2）编制中期财政规划；研究提出编制年度预算的指导思想和原则；编制年度中央财政预算草案，汇总全国财政年度预算；研究提出年度政府债务限额的建议。

（3）跟踪分析全国财政预算执行情况；编制中央财政决算草案，汇总编制全国财政决算；办理中央财政收支预算调整的申报和预算追加追减等调剂工作；办理动用中央预备费的申报事项。

（4）负责政府性基金预算和国有资本经营预算管理；拟订国有资本经营预算收支政策，提出编制政府性基金预算和国有资本经营预算的指导意见，组织社会保险基金预算的编制、审核等工作。

（5）拟订中央部门预算管理制度和规程；负责基本支出定员定额管理，组织开展支出标准体系建设；组织项目库管理；组织中央部门预算编制、审核、批复、调剂等工作。

（6）会同国家税务总局和海关总署做好年度收入执行分析和下一年预测；参与国内税收政策和进出口税收政策的研究并负责出口退税的指标管理。

（7）拟订国家财政管理体制，并组织实施；研究明确中央与地方财政事权和支出责任；理顺中央和地方财政收入划分关系；督导地方完善省以下财政体制。

（8）拟订财政转移支付制度和管理办法，研究提出国家对革命老区、民族地区、边境地区的财政政策和支持区域发展的财政政策；负责办理中央对地方的转移支付、税收返还以及年终结算等有关事项。

（9）汇总年度地方财政预算。

（10）拟订政府债务管理的制度和政策；编制中央政府债务余额限额计划和地方政府债务限额计划；指导并监督地方政府债务管理工作，监督地方政府债券资金使用，指导地方政府债务信息公开和绩效评价；统计政府债务并评估债务风险，拟订政府债务风险预警和应急处置政策；会同有关司局组织实施和指导地方财政部门开展隐性债务问责工作。

(11)牵头组织全面实施预算绩效管理工作,拟订研究建立预算绩效政策和管理制度,组织建设全方位、全过程、全覆盖的预算绩效管理体系,实施预算编制、执行和决算各个环节的绩效管理,组织指导中央部门和地方预算绩效管理工作。

(12)拟订预算管理制度,制定政府收支分类科目;拟订中央预决算公开方案,组织指导中央部门预算公开;参与研究制定国家外汇管理的方针政策,研究制定非贸易外汇管理制度。

(13)研究中央对新疆生产建设兵团的财政体制和财政政策,指导新疆生产建设兵团预算管理工作,负责其年度财政预决算的审核、批复,统筹协调部内新疆生产建设兵团有关工作。

(14)承担与全国人大财经委员会和全国人大常委会预算工作委员会有关预算事项的联络事宜;负责对审计署审计中央预算执行和其他财政收支情况的联络协调工作。

(15)归口管理财政部各地监管局业务工作。负责监管局年度工作计划的制定、下达和调整,制定监管局业务归口管理办法,指导和协调监管工作的开展,落实监管局工作成果的应用,对监管局业务工作进行考核,统筹推进监管局信息化建设等。

(16)制定政府投资基金管理制度办法,负责政府投资基金的预算管理。

(17)办理部领导交办的其他事项。

归纳上述财政部预算司承担的十七项职责,预算司的主要职责包括四个方面。第一,研究和制定宏观财政政策。在分析预测国家宏观经济运行情况和全国财政预算执行情况的基础上,提出运用财税政策实施宏观调控的建议,研究提出财政收支政策、平衡预算措施和加强预算管理的建议。第二,编制中央一般公共预算和决算、汇总全国预决算。具体包括:编制中期财政规划,编制年度中央财政预决算草案,汇总全国财政年度预决算,办理中央财政收支预算执行中调整和预算追加追减事项,办理中央预备费动用事项;组织中央级政府性基金预算、国有资本经营预算、社会保险基金预算的编制和审核。第三,为预算平衡提出政府债务计划。包括拟订政府债务政策和管理制度;编制中央政府债务余额限额计划和地方政府债务限额计划。第四,预算管理工作。具体包括:中央部门预算管理制度;中央部门预算编制、审核、批复、调剂;基本支出定员定额管理,支出标准体系建设;项目库管理;全面实施预算绩效管理工作;制定政府收支分类科目;等等。

毫无疑问,从我国财政部门承担的主要职能来看(详见本章表14-2),宏观财政政策、财政体制、预算编制与管理、预算平衡的职能,基本统筹在预算司。预算司是财政部的核心部门。所以,就预算编制与执行的体制而言,我国实行财政部"一体化"的模式。

"一体化"的预算编制与执行模式有显著的优点:其一,将预算编制与支出预算的执行"一体化"于财政部,有利于编制与执行之间的衔接,能够从编制到执行保持一致性,有利于财政部在执行国务院有关大政方针时,将统一的原则精神落实到各部委。其二,将预算编制及其相关宏观政策和平衡控制统一集中在预算司,可以将对经济发展的判断和预测、年度预算与中期预算的衔接,以及如何实现预算平衡进行有效统筹,理财理念易于得到连贯和落实。其三,财政部统管预算编制和执行,有利于在充分了解支出实践中所发生问题的基础上编制预算,从而使得预算更符合实际需要,保障支出执行和管理工作的顺利进行。

反过来,"一体化"的优点可能正好是"一体化"的不足:其一,财政部既负责预算编制,又负责预算执行和执行中的管理,那么执行中的困难也极有可能成为编制预算的约束条件,为使得预算执行顺利,可能在编制中对困难考虑过多,而影响预算总盘子和总方向的设定,弱化预算的宏观性或整体性。其二,财政部门全面管理预算编制和执行,一般有利于预算平衡。但在经济困难、改革和其他特殊时期,需要较大规模压缩支出来实现预算平衡,当压缩支出压力较大时,可能会产生增发公债的解决思路。

14.3.2.2 预算编制机构和预算执行机构"分设制"

预算编制机构与预算执行机构分设,通常是指将预算编制机关从财政部门分离出来,独立形成一个与财政部门并列的机构,类似于国家税务总局,可称之为"国家预算署"。"分设制"模式有国际实践,如美国联邦政府的"行政管理和预算办公室"或之前的"联邦预算局"。

显然,"分设制"显著提高了预算编制在预算工作全过程中的地位,独立的预算编制责任机构便于直接对国务院负责,有利于国务院直接下达指令和进行沟通,同时也有利于编制机构摆脱执行中的种种困难与约束条件,更全面、更科学、更直接地贯彻国务院的指示以及党和国家的大政方针。但整体来看,财政理财的机构体制可能存在烦琐复杂的状态,国务院需要增设一个办事机构,即

"国家预算署",同时,鉴于"国家预算署"的预算编制和平衡功能,必须配套其宏观政策功能和预算平衡功能,财政部的功能相应变成"支出部",作为"支出部"原有的收入立法和政策功能也就不再适用。显然,这种"分设制"既不适应我国领导体制,也不符合财政部司职理财的基本职能。

总体来看,预算编制与预算执行集中于财政部门的"一体化"模式,优于预算编制与预算执行分离的"分设制"模式。同时,从财政部理财功能定位和发展来看,应当进一步提高财政部预算管理的地位,将财政部预算司升格为国务院的"国家预算局"[①],交由财政部管理。

14.3.3　政府采购机构与一般支出管理机构的关系

政府采购通常是指使用财政性资金的行政事业单位,为完成行政事业目标任务而进行的货物、工程和服务采购活动。由于采购使用的是财政资金,本质上是"公共"属性的资金,加之汇总后量大,所以从节约资金和提高资金使用效果考虑,采取"集中"方式,通过公开招投标的市场竞争机制,实现其政府集中采购提高使用效果的既定目的。显而易见,政府集中采购与财政支出直接关联,政府采购的组织和机构设置也必然成为财政立法建设不可回避的一个重要问题。

《政府采购法》第 12 条规定:"各级人民政府财政部门是负责政府采购监督管理的部门,依法履行对政府采购活动的监督管理职责。"《政府采购法》第 13 条规定:"各级人民政府其他有关部门依法履行与政府采购活动有关的监督管理职责。"

财政部门在政府采购中的具体职责,是指"根据国家的经济和社会发展政策,会同国务院有关部门制定政府采购政策,通过制定采购需求标准、预留采购份额、价格评审优惠、优先采购等措施,实现节约能源、保护环境、扶持不发达地区和少数民族地区、促进中小企业发展等目标"[《政府采购法实施条例》(国务院令〔2015〕658 号)第 6 条]。在财政部国库司主要职责中,则被表述为:"拟订政府采购制度并监督管理,承担政府采购市场开放谈判工作。"[②]

为更好地推进政府采购工作,2016 年 6 月,国务院成立政府采购工作领导

---

① 国务院现行组织机构中,由国务院部委管理的国家局有 16 个,分属 12 个部委管理。另有 4 个国家局与中共中央有关部门合署办公,列为中共中央直属机关下属机构。

② 财政部国库司网站。

小组,时任副总理张高丽担任组长,时任财政部部长楼继伟担任副组长,中央编办、发改委、民政部、财政部、人社部、人民银行、国家税务总局、国家工商总局、国务院法制办等部门担任委员,领导小组办公室设在财政部,承担领导小组日常工作。时任财政部部长助理戴柏华兼任办公室主任,领导小组成员单位有关司局负责同志担任办公室成员。①

政府采购事关大额公共资金的用途和使用效果,国家对政府采购规定了十分严格的监管制度。除行政系列的上下级之间的监管、政府各用款部门对负责政府采购财政部门的监管外,《政府采购法》还规定了审计机关对政府采购活动的监督责任,"审计机关应当对政府采购进行审计监督。政府采购监督管理部门、政府采购各当事人有关政府采购活动,应当接受审计机关的审计监督"(《政府采购法》第68条);并且规定了监察机关对参与政府采购活动当事人的监察责任,"监察机关应当加强对参与政府采购活动的国家机关、国家公务员和国家行政机关任命的其他人员实施监察"(《政府采购法》第69条)。

政府采购的责任部门设在财政部门,表明我国采取政府采购管理机构与财政一般支出管理机构"一体化"模式。由于采购本身就是一种支出活动或支出行为,所以由支出执行机构直接负责采购当然是一种比较有效率的模式,实践中,我国各级地方政府大致也采取这种模式。举例如下:

上海市财政局设立政府采购管理处,主要职责为:拟订政府采购管理政策、制度,编制政府集中采购目录、限额标准,承担政府采购监督管理工作;处理政府采购供应商投诉以及政府采购相关信访举报事项;承担政府采购业务信息和数据统计分析工作;承担政府采购市场开放谈判应对工作。②

北京市财政局设立政府采购管理处(控制社会集团购买力办公室),主要职责为:负责起草本市政府采购方面的地方性法规草案、政府规章草案;拟订规范政府采购机构行为的办法;提出政府采购年度预算编制建议;监督政府采购机构依法实施政府采购;承担《政府采购协议》谈判相关工作;指导本市政府采购工作;承担市级部门行政执法用车、特种专业技术用车定编工作。③

江苏省财政厅设立政府采购管理处,其主要职责为:负责拟订政府采购政策法规;研究提出政府采购预算管理政策;管理和监督政府采购活动;研究调整

---

① 《国务院办公厅关于成立政府购买服务改革工作领导小组的通知》(国办发〔2016〕48号)。
② 上海市财政局网站。
③ 北京市财政局网站。

省级政府集中采购目录、政府采购限额标准及公开招标数额标准；组织拟订政府购买服务政策；承担政府采购代理机构登记和监管工作；承担《政府采购协议》谈判相关工作；对全省政府采购工作进行指导和信息统计分析。①

广东省设立政府采购监管处，主要职责为：拟订全省政府采购制度并组织实施；拟订政府集中采购目录、政府采购限额标准和公开招标数额标准；负责全省政府采购评审专家库建设及动态管理；负责政府采购信用监管；负责处理省级政府采购活动投诉、举报等；对省级集中采购机构进行考核；对代理机构实施监督检查。②

新疆维吾尔自治区财政厅设立政府采购管理处，主要职责为：研究拟订政府采购的制度、办法等行政性规章；负责自治区本级政府采购监督管理工作；负责开展政府采购代理机构名录登记备案和监督管理工作；负责自治区政府采购专家库的建设、管理工作；指导全区的政府采购工作，对中介机构、供应商和咨询专家的资格进行审核；确定政府采购目录。③

财政部门直接负责采购政策和管理，不仅效率高，而且有利于突出财政资金的特点，强化从财政资金使用绩效角度平衡各部门资金使用的特殊性。

但从不同的角度审视，政府采购活动的实际参与单位很多。其中，财政部门作为支出执行的理财部门要参与政府采购，政府各职能部门在其履职活动中需购置物资和劳务以及工程项目，都要参与政府采购，以及参与招投标的供给方、中介代理和评价机构等，财政部门只是众多参与方的一方，理论上讲，政府也可以设立一个独立于各参与方之外的专门机构，如政府采购局、政府采购办公室等，专职负责政府采购政策制定和管理工作。独立的政府采购管理机构或政府采购管理机构与财政部门的一般支出管理机构分设，可以保证政府采购活动更具有独立性，采购管理机构不偏于各参与方中任何一方的立场和观点，有利于兼顾和协调各参与方的利益，其不足之处在于，财政理财政策与支出管理政策可能增加与独立的政府采购机构的采购政策协调问题，还要增加国务院的办事机构。

总体来看，由财政部门直接负责政府采购事务，上有国务院政府采购领导小组，下有由各部委相关司局组成的、设立在财政部的办公室。由财政部门具

---

① 江苏省财政厅网站。
② 广东省财政厅网站。
③ 新疆维吾尔自治区财政厅网站。

体组织实施政府采购事宜的基本模式,既是我国《政府采购法》的规定,也符合我国财政管理的实际和政府采购效率的要求。

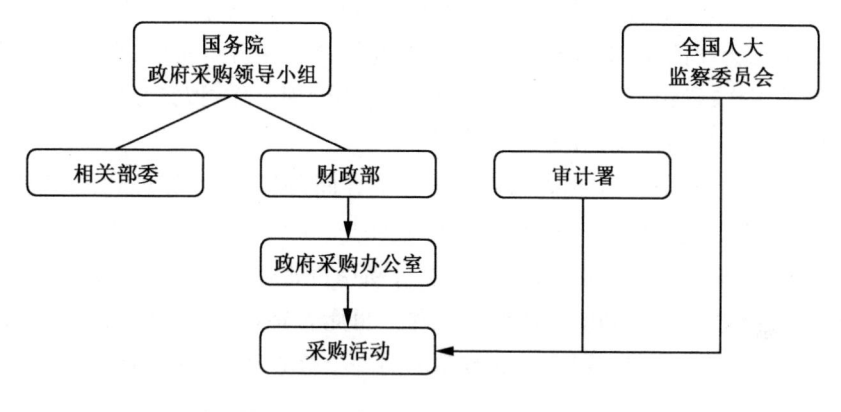

图 14—2 我国政府采购机构示意图

14.4 财政资金管理机构(国库制度)

14.4.1 财政资金管理是财政管理的核心

财政部门理财的标的物是财政资金。财政部门在实现职能过程中,通过财政收入和支出形式,将筹集的资金再分配给政府各个职能部门和社会事业发展的各个单位,成为国家治理的基础和重要支柱。从这个意义上,财政资金的管理方式和管理效率就具有关键性的实践意义,从而成为财政管理的核心。

财政部门的主要业务直接与财政资金的分配和管理相关。其中,最主要的是国库管理机构。"在预算执行过程中,预算资金的收纳、保管和拨出业务,通称国家预算的出纳业务,它是一项频繁的日常工作,由国家金库(简称国库)负责办理。"[1]因此,国库作为财政资金收纳、保管和拨出的管理机构,不仅是财政收支执行的基础,而且关系到收支预算进行过程乃至国家财政资金的安全与否。

---

[1] 张弘力主编:《公共预算》,中国财政经济出版社 2001 年版,第 282 页。

国库司(政府采购管理办公室、国库支付中心)的主要职责为:组织预算执行、监控及分析预测;拟订财政总预算会计制度;组织拟订国库管理和国库集中收付制度;组织实施政府非税收入国库集中收缴;管理财政和预算单位账户、财政决算及总会计核算;拟订政府财务报告编制制度并组织实施;承担国库现金管理有关工作;承担政府内债发行、兑付等有关管理工作;拟订政府采购制度并监督管理,承担政府采购市场开放谈判工作。

可见,财政部国库司职能主要包括四个方面:拟定国库管理和国库集中收付制度,组织实施非税收入缴库;管理财政账户、预算单位账户和财政总会计核算,承担国库现金管理工作;政府内债发行和兑付管理;作为政府采购办公室所在部门,负责政府采购制度和监管等工作。毋庸置疑,如上所述,预算司是财政部的一个核心部门,国库司则是财政部的另一个核心部门,其重要性不言而喻。

14.4.2 国库集中制和代理国库制

国库又称国家金库,是财政资金储存、保管和分派之地,财政资金来源于经济各种形式的贡献,对经济来说同时也是一个"负担"和一种"代价",尽管这种负担和代价是必要的和不可或缺的。为此,国库管理就必然以"安全"和"效率"为基本原则。

国库管理通常有两种基本体制,即独立国库制和代理国库制。

独立国库制是指国家专门设立国库,办理财政资金的收纳、储存、支付和保管业务,本质上是财政部门专设金库用于上述功能。独立国库需要独立的运行费用,并且大量财政资金在运行中以沉淀资金的形式"闲置"在库内,形成"浪费",资金有效利用率低。因此,各国财政实践中较少实行独立国库制。

代理国库制也称委托国库制,是指国家利用中央银行庞大的金库体系,委托中央银行代为收纳、储存、支付和保管数量同样庞大的财政资金,事实上是由中央银行代理财政金库的职能,这样既节约了国库建设资金,更主要的是节省了大量的国库日常运行费用。目前,国际上采用代理国库制的国家较多。

在国库管理两种基本体制之外,还有一种做法,就是政府不设立国库,财政资金收纳、储存、支付和保管功能均采取市场机制,以银行存款的方式运作,因而也称为银行存款制。

银行存款制是指国家既不单独设立国库,也不需要中央银行代理,而是根本就不需要国库,采取普通存款的方式将国家财政资金存在商业银行;换言之,国家财政在商业银行开设专门账户,办理其收纳、储存、支付和保管业务,实行商业银行的一般原则,存款计息,转账付费。极少国家和一些地方政府实行此种方式。

我国实行代理国库制度。从内容上看,我国的代理国库制有两个基本特点:

其一,县及县以上财政部门委托人民银行经理国库,办理相应的财政资金收缴支付业务。县以下由于不设人民银行,则由人民银行委托商业银行办理国库业务。因此,我国的国库代理制度实质是双重代理,即县以上财政委托人民银行、县以下人民银行委托商业银行。

其二,我国国库代理制在运行中存款不计息,转账结算不付费,实行无偿运作。

人民银行遍布城乡、深入至县,商业银行更是无处不在,这为财政收支的收纳和支付带来极大的方便,企业缴纳税利通过银行转账即可实现,财政库款上解下拨通过银行内部转账即可完成,"沉淀"资金可用于银行周转,成为信贷资金的来源,有利于充分利用财政资金。同时,人民银行还可以利用国库资金的运行情况,监督财政预算的执行情况。

关于国库管理体制改革和完善,通常有以下三种观点:

第一,维持现有体制,即继续实行人民银行代理制,但要解决商业银行分离后央行与商业银行对国库的二级代理关系。商业银行作为独立的经济实体有其自身利益问题,存款计息、转账付费应当成为正常的机制,以避免不计息、不付费带来的其他后果,特别是要避免商业银行对财政转账的拖延。

第二,在财政部门内部设立国库管理机构,也可以理解为将人行现有的国库机构划转到财政部门,由财政部归口管理。这种思路虽有利于财政部门对国库的直接运作和管理,但可能导致机构膨胀,国库体系的单独运行会增加运行费用。

第三,国家成立独立的国库银行,由独立的国库银行统一办理财政资金的收纳、储存、支付和保管。显然,这种体制仍然增加了独立成本,同样不利于充分有效地利用商业银行庞大的机构和机制。

《预算法》第56条规定:"政府的全部收入应当上缴国家金库,任何部门、单位和个人不得截留、占用、挪用或者拖欠。"《预算法》第59条规定:"中央国库业务由中国人民银行经理,地方国库业务依照国务院有关规定办理。各级国库应当按照国家有关规定,及时准确地办理预算收入的收纳、划分、留解、退付和预算支出的拨付。"

总体来看,继续实行央行代理国库是一种比较有利的选择,是资源节约的必然途径。与此同时,需要进一步完善央行对商业银行的二级代理,从体制和日常管理机制上保证国家财政资金的安全和有效。

14.4.3 财政资金记账和结算制度

国库管理除了金库之外,还需要有账户制度和核算制度。其中,资金记账和结算是账户制度和核算制度的关键内容。我国实行国库单一账户制度。

国库单一账户体系是指以财政国库存款账户为核心的各类财政性资金账户的集合。所有财政性资金的收入、支付、存储及资金清算活动均在该账户体系进行。通常包括国库单一账户和零余额账户。国库单一账户是财政部门在中国人民银行开设的国库存款账户,用于记录、核算和反映纳入预算管理的财政收入和支出活动,零余额账户则是财政部门在商业银行开设的清算账户。

分别开设在央行和商业银行的两个账户相互配合,当财政收支活动发生时,先由代理银行支付,每日终了再由代理银行向国库单一账户进行清算。

在国库单一账户条件下,可以有效开展国库集中收付。国库集中收付制度是指所有财政性资金都纳入国库单一账户管理,收入直接入库,支出通过国库单一账户体系,按照不同支付类型,采用财政直接支付与授权支付两种方法,直接支付或授权支付给商品和货物供应者或用款单位。

可见,国库集中收付制度是预算执行中的关键性制度,也是许多国家普遍采用的、有利于提高财政资金使用效率的制度。我国《预算法》第61条规定:"国家实行国库集中收缴和集中支付制度,对政府全部收入和支出实行国库集中收付管理。"

14.5 财政监督与被监督

财政部管理的是公共资金,其如何征集、征集多少、如何使用、使用效果,必然受到各个方面的监督。监督主要来自四个方面:行政监督包括行政体系的上级监督;审计监督和部门自我监督(财政监督);立法监督;社会监督。

实现良好的监督需要具备三个基本条件:内部监督和外部监督兼备;完善的自我监督体系;信息公开透明。

14.5.1 财政部对财政运行和中央重大支出项目的监督

财政部作为政策制定、预算编制和预算执行部门,理所当然地承担自我监督职能。

财政监督机构分为两大类:一类是内设机构,主要是财政部的监督评价局,承担从收入到支出、从管理到核算、从过程到绩效、从地方债务到内控内审各方面的监督工作;同时,将财政绩效视为广义监督。另一类为派出机构,主要是财政部派驻各地的财政监察局。

监督评价局的主要职能包括:拟定财政监督和绩效评价的政策制度;承担财税政策法规执行情况、预算管理有关监督工作,承担监督监察会计信息质量、注册会计师和资产评估行业职业质量有关工作,牵头预算绩效评价工作;负责地方政府债务及隐性债务的监察工作,负责财政部内部控制管理和内部审计工作。

财政部派驻各地监管局的主要职责如下[①]:

(1)贯彻落实党中央关于财经工作的方针政策和决策部署,在履行职责过程中坚持和加强党对财政工作的集中统一领导,履行全面从严治党责任。

(2)调查研究属地经济发展形势和财政运行状况。根据财政部授权管理属地中央各项财政收支,承担财税法规和政策在属地的执行情况、预算管理有关监督工作,向财政部提出相关政策建议。

(3)对属地中央预算单位预决算编制情况进行评估并向财政部提出审核意见。根据财政部授权,对属地中央预算单位预算执行情况进行监控及分析预测。组织对中央重大财税政策和专项转移支付在属地的执行情况进行绩效评价,提出相关改进措施建议并跟踪落实。

(4)根据财政部授权对地方政府债务实施监控,严控法定限额内债务风险,防控隐性债务风险,一旦发现风险隐患,及时提出改进和处理意见并向财政部、地方人民政府反映报告。

(5)按规定权限审核审批属地中央行政事业单位国有资产配置、处置等事

[①] 财政部派驻各地财政监察局网站。

项。根据财政部授权监管属地中央金融企业执行财务制度等情况。

(6)根据财政部统一部署,承担有关会计信息质量、注册会计师行业执业质量、资产评估行业执业质量监督检查工作,参与跨境会计监管合作。

(7)完成财政部交办的其他任务。

1994年分税制改革之时,财政部成立派驻部分地区的财政专员办,实施对属地中央财政收入和中央财政支出监管,监督检查有关部门和单位执行国家财税政策、法规的情况,反映属地中央财政收支管理中的重大问题,提出加强中央财政管理的相关建议,监督检查中央驻属地二级以下预算单位及有关企业的会计信息质量等。监控属地中央预算单位预算执行,审核中央财政直接支付资金,监控授权支付资金,监控预算执行进度和政府采购预算执行,审批管理银行账户。审核属地中央预算单位决算编制。之后又逐步补充了对地方债务的监管。

2019年4月,财政部派驻各地专员办更名为各地监管局。时任财政部部长刘昆强调,要把思想和行动统一到党中央关于深化党和国家机构改革的决策部署上来,增强"四个意识"、坚定"四个自信"、做到"两个维护",坚持从战略全局和长远发展的高度来认识这场深刻变革,扎实推进财政部各地监管局职能转变,严格落实财政部各地监管机构改革各项工作任务。刘昆指出,各地监管局要深刻把握"三定"规定明确的职能内涵,切实转变工作重心,充分发挥职能作用。特别是,要坚决推动党中央方针政策和决策部署在属地贯彻落实;加强属地经济发展形势和财政运行状况研究;提升财政资源配置效率和财政资金使用效益;切实加强地方政府债务监督。刘昆强调,各地监管局要牢固树立依法行政理念,严格执行与审计的业务分工,准确把握同中央部门驻所在地监管部门的工作关系,切实厘清同地方财政部门的职责定位,不断健全财政监管履职体制机制。要牢牢把握改革契机,既注重解决事关长远的体制机制问题,又有针对性地加强干部职工能力素质建设,努力开创财政监管工作新局面。

我国《预算法》规定了财政部门内部监督的各个环节和要求。《预算法》第87条规定:"各级政府监督下级政府的预算执行;下级政府应当定期向上一级政府报告预算执行情况。"《预算法》第88条规定:"各级政府财政部门负责监督检查本级各部门及其所属单位预算的编制、执行,并向本级政府和上一级政府财政部门报告预算执行情况。"

总体来看,行政系统的自身监督包含三个层次:第一,政府对财政的检查和监督;第二,财政对本级政府各职能部门的监督;第三,上级财政对下级财政的检查和监督。这三个层次的检查和监督构成了行政系统自我监督的完整体系。

14.5.2 国家审计监督

作为国务院组成部门,中央审计委员会办公室设在审计署。审计署贯彻落实党中央关于审计工作的方针政策和决策部署,在履行职责过程中坚持和加强党对审计工作的集中统一领导。需要特别强调的是,国家审计机关设立和存在的重大使命之一,就是对国家财政收支的检查和监督。正如我国《宪法》第九十一条所规定的,"国务院设立审计机关,对国务院各部门和地方各级政府的财政收支,对国家的财政金融机构和企事业组织的财务收支,进行审计监督"。

审计署的主要职责如下:

(1)主管全国审计工作。负责对国家财政收支和法律法规规定属于审计监督范围的财务收支的真实、合法和效益进行审计监督,对公共资金、国有资产、国有资源和领导干部履行经济责任情况实行审计全覆盖,对领导干部实行自然资源资产离任审计,对国家有关重大政策措施贯彻落实情况进行跟踪审计。对审计、专项审计调查和核查社会审计机构相关审计报告的结果承担责任,并负有督促被审计单位整改的责任。

(2)起草审计法律法规草案,拟订审计政策,制定审计规章、国家审计准则和指南并监督执行。制定并组织实施专业领域审计工作规划。参与起草财政经济及其相关法律法规草案。对直接审计、调查和核查的事项依法进行审计评价,作出审计决定或提出审计建议。

(3)向中央审计委员会提出年度中央预算执行和其他财政支出情况审计报告。向国务院总理提出年度中央预算执行和其他财政收支情况的审计结果报告。受国务院委托向全国人大常委会提出中央预算执行和其他财政收支情况的审计工作报告、审计查出问题整改情况报告。向党中央、国务院报告对其他事项的审计和专项审计调查情况及结果。依法向社会公布审计结果。向中央和国家机关有关部门、省级党委和政府通报审计情况和审计结果。

(4)直接审计下列事项,出具审计报告,在法定职权范围内作出审计决定,具体包括:国家有关重大政策措施贯彻落实情况;中央预算执行情况和其他财政收支,中央和国家机关各部门(含直属单位)预算执行情况、决算草案和其他财政收支;省级政府预算执行情况、决算草案和其他财政收支,中央财政转移支付资金;使用中央财政资金的事业单位和社会团体的财务收支;中央投资和以中央投资为主的建设项目的预算执行情况和决算,国家重大公共工程项目的资金管理使用和建设运营情况;自然资源管理、污染防治和生态保护与修复情况;中国人民银行、国家外汇局的财务收支,中央国有企业和金融机构、国务院规定的中央国有资本占控股或主导地位的企业和金融机构境内外资产、负债和损益,国家驻外非经营性机构的财务收支;有关社会保障基金、社会捐赠资金和其他基金、资金的财务收支;国际组织和外国政府援助、贷款项目;法律法规规定的其他事项。

(5)按规定对省部级党政主要领导干部及其他单位主要负责人实施经济责任审计和自然资源资产离任审计。

(6)组织实施对国家财经法律法规、规章、政策和宏观调控措施执行情况、财政预算管理及国有资产管理使用等与国家财政收支有关的特定事项进行专项审计调查。

(7)依法检查审计决定执行情况,督促整改审计查出的问题,依法办理被审计单位对审计决定提请行政复议、行政诉讼或国务院裁决中的有关事项,协助配合有关部门查处相关重大案件。

(8)指导和监督内部审计工作,核查社会审计机构对依法属于审计监督对象的单位出具的相关审计报告。

(9)与省级党委和政府共同领导省级审计机关。依法领导和监督地方审计机关的业务,组织地方审计机关实施特定项目的专项审计或审计调查,纠正或责成纠正地方审计机关违反国家规定作出的审计决定。按照干部管理权限,协管省级审计机关负责人。

(10)组织开展审计领域的国际交流与合作,指导和推广信息技术在审计领域的应用。

(11)完成党中央、国务院交办的其他任务。

(12)职能转变。进一步完善审计管理体制,加强全国审计工作统筹,明晰各级审计机关职能定位,理顺内部职责关系,优化审计资源配置,充实加强一线审计力量,构建集中统一、全面覆盖、权威高效的审计监督体系。优化审计工作机制,坚持科技强审,完善业务流程,改进工作方式,加强与相关部门的沟通协调,充分调动内部审计和社会审计力量,增强监督合力。

由上述内容可见,审计部门对财政工作的审计主要包括以下四个方面:

第一,对财政收支的合法性进行审计。"负责对国家财政收支和法律法规规定属于审计监督范围的财务收支的真实、合法和效益进行审计监督"(审计职能第1条)。

第二,向中央审计委、国务院和人大常委会分别提交年度预算执行情况的审计报告。"向中央审计委员会提出年度中央预算执行和其他财政支出情况审计报告。向国务院总理提出年度中央预算执行和其他财政收支情况的审计结果报告。受国务院委托向全国人大常委会提出中央预算执行和其他财政收支情况的审计工作报告、审计查出问题整改情况报告"(审计职能第3条)。

第三,对中央部门预算和省级预算执行情况、决算草案、中央转移支付、中央投资项目执行情况作出审计决定。"在法定职权范围内作出审计决定,具体包括:国家有关重大政策措施贯彻落实情况;中央预算执行情况和其他财政收支,中央和国家机关各部门(含直属单位)预算执行情况、决算草案和其他财政收支;省级政府预算执行情况、决算草案和其他财政收支,中央财政转移支付资金;使用中央财政资金的事业单位和社会团体的财务收支;中央投资和以中央投资为主的建设项目的预算执行情况和决算,国家重大公共工程项目的资金管理使用和建设运营情况"(审计职能第4条)。

第四,对国家财政收支有关特定事项实施专项审计。"组织实施对国家财经法律法规、规章、政策和宏观调控措施执行情况、财政预算管理及国有资产管理使用等与国家财政收支有关的特定事项进行专项审计调查"(审计职能第6条)。

《预算法》第89条规定:"县级以上政府审计部门依法对预算执行、决算实行审计监督。"

总体来看,作为国家的专职检查和监督部门,审计署带领全国审计系统,对财政收支和预算执行情况实施自始至终的全过程审计监督,并将审计结果报告给政府,同时向全社会公开。审计监督成为国家监督的主要支柱,也是社会监督和公民监督的重要基础。

14.5.3　立法机构对财政机构和财政职能的监督

全国人民代表大会是国家的最高权力机构,代表全国人民意志决定国家的大政方针。作为国家的最高权力机构,全国人大当然要对财政工作实施审查和监督。例如,《全国人大常委会2022年度监督工作计划》第五条专门规定了对财政预决算工作的审查和监督内容。

《全国人大常委会2022年度监督工作计划》第五条规定:加强预算决算审查监督和国有资产管理情况监督。[①]

贯彻落实党中央有关改革部署,加强对政府全口径预算决算的审查和监督,继续推进人大预算审查监督重点拓展改革,加强国有资产管理情况监督,不断完善国务院向全国人大常委会报告国有资产管理情况相关制度,提高报告质量、健全监督机制、增强监督实效,进一步加强对审计查出突出问题整改情况的跟踪监督,健全完善全国人大预算审查联系代表机制,发挥预算工委基层联系点作用,持续推进预算联网监督系统建设和使用工作。

(1)听取和审议国务院关于2021年中央决算的报告,审查和批准2021年中央决算。

(2)听取和审议国务院关于2021年度中央预算执行和其他财政收支的审计工作报告。

以上两项报告请国务院按照《预算法》《监督法》《全国人民代表大会常务委员会关于加强中央预算审查监督的决定》规定和党中央关于人大预算审查监督重点向支出预算和政策拓展的指导意见等改革举措要求,重点报告支出预算和政策的执行及其效果情况、存在问题和改进建议,审计查出的主要问题及审计建议等。报告拟安排在6月份举行的全国人大常委会会议上听取和审议。由财政经济委员会和常委会预算工作委员会负责做好相关工作。

(3)听取和审议国务院关于今年以来预算执行情况的报告。听取和审议的重点是执行十三届全国人大五次会议关于批准2022年预算决议的情况、贯彻落实中央经济工作会议决策部署情况、2022年1—7月财政收支执行情况和重点支出预算与政策执行情况等。报告拟安排在8月份举行的全国人大常委会会议上听取和审议。由财政经济委员会和常委会预算工作委员会负责做好相关工作。

(4)听取和审议国务院关于2021年度中央预算执行和其他财政收支审计查出问题整改情况的报告。听取和审议的重点是2021年度中央预算执行和其他财政收支审计查出突出问题的整改情况,落实全国人大常委会有关2021年中央决算的决议、研究处理关于中央决算和审计工作报告的审议意见情况等。

---

① 全国人大网站。

报告拟安排在 12 月份举行的全国人大常委会会议上听取和审议。由财政经济委员会和常委会预算工作委员会负责做好相关工作。

人大常委会的监督工作计划十分详尽地规定了对预决算监督的内容和进度安排以及要求。

2006 年 8 月,第十届全国人民代表大会常务委员会第二十三次会议通过《中华人民共和国各级人民代表大会常务委员会监督法》(以下简称《监督法》)。《监督法》第三章规定:"审查和批准决算,听取和审议国民经济和社会发展计划、预算执行情况报告,听取和审议审计工作报告。"

《监督法》第三章第 15 条明确规定:"国务院应当在每年 6 月,将上年度的中央决算草案提请全国人民代表大会常务委员会审查和批准。县级以上地方各级人民政府应当在每年 6 月至 9 月期间,将上年度的本级决算草案提请本级人民代表大会常务委员会审查和批准。决算草案应当按照本级人民代表大会批准的预算所列科目编制,按预算数、调整数或者变更数以及实际执行数分别列出,并作出说明。"

《监督法》第三章第 16 条明确规定:"国务院和县级以上地方各级人民政府应当在每年 6 月至 9 月期间,向本级人民代表大会常务委员会报告本年度上一阶段国民经济和社会发展计划、预算的执行情况。"

《监督法》第三章第 17 条明确规定:"国民经济和社会发展计划、预算经人民代表大会批准后,在执行过程中需要作部分调整的,国务院和县级以上地方各级人民政府应当将调整方案提请本级人民代表大会常务委员会审查和批准。严格控制不同预算科目之间的资金调整。预算安排的农业、教育、科技、文化、卫生、社会保障等资金需要调减的,国务院和县级以上地方各级人民政府应当提请本级人民代表大会常务委员会审查和批准。国务院和县级以上地方各级人民政府有关主管部门应当在本级人民代表大会常务委员会举行会议审查和批准预算调整方案的一个月前,将预算调整初步方案送交本级人民代表大会财政经济委员会进行初步审查,或者送交常务委员会有关工作机构征求意见。"

《监督法》第三章第 18 条明确规定:"常务委员会对决算草案和预算执行情况报告,重点审查下列内容:预算收支平衡情况;重点支出的安排和资金到位情况;预算超收收入的安排和使用情况;部门预算制度建立和执行情况;向下级财政转移支付情况;本级人民代表大会关于批准预算的决议的执行情况。除前款规定外,全国人民代表大会常务委员会还应当重点审查国债余额情况;县级以上地方各级人民代表大会常务委员会还应当重点审查上级财政补助资金的安排和使用情况。"

人大常委会预算工作委员会是最高权力机构安排的专门审查和监督财政预算的常设机构，其主要工作基本上按照对预算编制、执行和决算的进程展开。1998年，为加强全国人大及其常委会对中央预算的审查监督、促进依法理财、保障国民经济和社会事业健康发展，九届全国人大常委会第六次会议决定设立全国人大常委会预算工作委员会。

人大常委会预算工作委员会主要职责如下：

协助全国人大财政经济委员会承担全国人民代表大会及其常委会审查预决算、审查预算调整方案和监督预算执行方面的具体工作；受全国人大常委会委员长会议委托，承担有关法律草案的起草工作，协助财政经济委员会承担有关法律草案审议方面的具体工作；承办常委会、委员长会议交办以及财政经济委员会需要协助办理的其他有关财政预算的具体事项；经委员长会议专项同意，要求政府有关部门和单位提供预算情况，并获取相关信息资料及说明；经委员长会议专项批准，对各部门、各预算单位或重大建设项目的预算资金和专项资金的使用进行调查，政府有关部门和单位应积极协助、配合。

《预算法》第83条规定："全国人民代表大会及其常委会对中央和地方预算、决算进行监督。"《预算法》第84条规定："各级人民代表大会和乡级以上各级人民代表大会常委会有权就预算、决算中的重大事项或者特定问题组织调查。"《预算法》第85条规定："人民代表或常委会组成人员，依照法律规定程序就预算、决算中的有关问题提出询问或者质询，受询问或者质询的有关政府或者财政部门必须及时给予答复。"《预算法》第86条规定："国务院和县级以上地方各级政府应当在每年6月至9月期间向本级人民代表大会常委会报告预算执行情况。"

总体来看，最高权力机构全国人大对预算工作给予高度重视，设置了严格的审查和监督机制，包括四个层次：全国人大大会期间对预决算草案进行审查和批准；人大常委会对预算执行和决算等工作进行定期审查和监督；休会期间通过常设机构预算工作委员会对预算编制、执行和决算进行审查和监督；其他专项审查和监督制度。

14.5.4 社会监督

社会监督是指各政党、社会组织和公民，以及媒体对财政公共资金的自发监督。社会监督可以是对预算执行情况和结果的事中和事后意见及建议，也可以是在预算开始前，在编制过程中的参与和建议。"社会监督主体广泛、方式灵活，没有严格的程序规定。""社会监督在公共预算监督体系中占有重要地位，是人民群众当家做主、参与国家事务管理的重要手段。"[1]《预算法》第 91 条规定："公民、法人或者其他组织发现有违反本法的行为，可以依法向有关国家机关进行检举、控告。"

社会监督有赖于财政收支信息的公开。公开是监督的基础和必要条件。

我国《预算法》第一章第 1 条就明确规定："建立健全全面规范、公开透明的预算制度。"《预算法》第 89 条规定："对预算执行和其他财政收支的审计工作报告应当向社会公开。"

《中华人民共和国政府信息公开条例》(国务院令第 711 号)第二章第 10 条第 4 款将财政预算、决算报告列为政府信息公开的内容之一。

2020 年 4 月，财政部发布《财政部政府信息公开实施办法》(财办发〔2020〕32 号)。该实施办法将财政部门主动公开的内容界定为 11 个方面[2]：

(1)机关职能、机构设置、领导简介、办公地址、联系方式等组织机构情况；

(2)财政规章、规范性文件及有关财政政策；

(3)财政行政许可事项；

(4)月度和年度全国财政收支情况及经全国人民代表大会或者全国人民代表大会常务委员会批准的中央预算、预算调整、决算、预算执行情况的报告和报表；

(5)相关预算绩效信息；

(6)办理对外管理服务事项的依据、条件、程序以及办理结果；

(7)实施行政处罚、行政许可、行政检查、行政强制的主体、权限、依据、程序、执法决定、救济渠道等信息；

(8)公务员招考的职位、名额、报考条件等事项以及录用结果；

(9)政府采购实施情况，作出的政府采购监管处理处罚信息；

(10)行政事业性收费项目及其依据；

(11)法律、法规、规章和国家有关规定所规定的应当主动公开的其他政府信息。

---

[1] 张弘力主编：《公共预算》，中国财政经济出版社 2001 年版，第 337 页。
[2] 《财政部政府信息公开实施办法》第三章"主动公开"第 17 条。

主管财政部信息公开工作的办公厅从推进财政预决算信息公开、转移支付信息公开、国债信息公开、地方债务管理信息公开、政府采购信息公开、国有金融资本管理信息公开、国有资产报告信息公开、人大代表建议和政协委员提案办理结果公开八个方面，对2021年信息公开工作情况进行了总结。这充分表明了财政信息公开工作的逐步发展。

总体来看，社会监督是财政监督体系中被监督不可或缺的重要环节，随着自媒体和现代信息技术的不断发展，社会监督的形式越来越多样化。诚然，一位公民和一个社会组织受自身利益和所在位置不同，监督过程中可能会有不同见解，也有可能对事物的判断有误差甚至误解，财政部门要进一步适应社会监督越来越多、越来越复杂的新形势，尊重监督人的权利。相信只有更公开、更透明的财政信息，才能不断减少误差和误判，增强财政理财和政府治理的公信力。因此，必须进一步加大对财政收支信息的公开力度，更好地贯彻国务院关于信息公开工作的精神，不断提升国家治理水平，提高财政治理能力。

14.6　本章小结

本章研究财政组织和机构在财政立法中的各种关系，主要包括收入机构与支出机构的组织设置、预算编制机构与预算执行机构的组织设置、一般支出执行机构与政府采购机构的组织设置、财政资金管理中的国库体制和财政账户与结算制度，以及财政监督与被监督机构之间的关系。

研究认为，收支机构分设，财政部统管收入政策，海关总署、国家税务总局分理关税、税收和非税收入的管理体制，有利于财政部门整体理财，同时不为具体征管事务所累。预算编制与执行统设财政部门保证了财政部门统一理财，有利于将宏观财政调控、预算平衡、收支管理一体化。同时，从财政部门"预算、收入、支出"三大基本功能看，有必要进一步提升预算地位，将现有预算司升格为"国家预算局"，继续由财政部管理。作为公共预算支出的重要内容，政府采购在国务院政府采购领导小组的领导下，在财政部设置由各主要相关部门共同组成的采购办公室体制，较好地体现支出管理与公共采购的关系，有利于提高管理效率。

国库作为财政资金收纳、储存、支付和保管的重要之地，应当坚持由央行代理国库制,并利用央行与商业银行的密切关系,由央行根据实际情况实行再代理,从而构建国库事实上的两级代理制。同时,为保证财政资金的安全有效,有必要坚持和完善国库集中收付账户管理模式。

在财政监督与被监督的关系方面,上级财政部门监督指导下级财政部门,尤其是中央财政部门对属地财政部门的监督事关中央收入保障、中央重大支出项目落实,派驻各地监管局业已形成规范。审计监督遵从国务院指令重点审查和监督预算执行和决算。人大常委会审查和批准预决算,常委会重点监督预算执行情况,人大预算工作委员会司职对财政预决算审查和执行情况的日常监督。社会监督在现代社会的发展中起到越来越重要的作用,财政部门必须尊重事物发展规律,不断加大财政信息公开程度,增加财政信息透明度,持续提升财政治理能力。

第 15 章 财政管理

15.1 导 论

　　财政管理一直是财政立法的核心内容之一。我国现有的《预算法》和《政府采购法》及其各自的实施条例、其他关于财政的法规规章都涉及财政管理的内容。财政管理包含的范围很广,财政支出的财政管理、财政收入的财政管理、资产和负债的财政管理和预算管理都是财政管理的内容。其中,预算管理是财政管理的核心,收支管理和资产负债管理都要遵循预算管理的基本原则、基本流程和基本管理方式方法。另外,由于前文已经涉及收支、资产及负债的财政管理,所以本章只讨论预算管理的一般内容,具体包含预算体系、预算程序、中期预算、国库管理制度四部分内容。

　　预算体系部分主要讨论预算体系的范围和预算体系的类型。介绍理想的预算体系的范围和类型、国内外预算体系的现状,分析我国预算体系存在的问题,并结合理论、国际经验和我国实际情况提出我国预算体系的范围和类型。

　　预算程序部分主要讨论不同预算模式下的预算程序。传统预算模式下的预算程序与全面预算绩效管理下的预算程序有很大不同,特别是我国目前正处于从传统预算模式向全面预算绩效管理模式的转变中,所以这部分主要介绍两者的预算程序、国内外的现状,以及如何结合理论、国际经验和我国实际情况完善预算程序,合理配置预算权利。

　　中期预算是政府为了实现经济和财政的可持续发展,在中期预测的基础上,根据经济社会发展的政策目标和优先次序合理确定政府中期支出水平和结构,并以此作为年度预算编制依据的一种财政政策工具和财政管理方式。中期预算其实是政府战略管理的内容,也是政府实现政府战略管理目标的手段。所以这部分主要介绍中期预算框架、中期预算与战略管理及其与跨年度预算平衡之间的关系。

国库管理制度长期以来是预算执行的核心支撑。我国自 21 世纪初期开始进行国库管理制度改革,现在已经取得了一定的成绩。在国库制度完善层面,我们可以进一步优化的方面是国库资金范围的扩大、国库集中收付制度的提升和国库现金管理的全覆盖。所以本部分从这三个方面进行分析和讨论。

15.2 预算体系

为了更好地提高预算资金的使用效益,我们必须建设一个科学的预算制度,而预算制度的基础和核心就是政府预算体系。好的政府预算体系可以为实现预算资金使用效益提供技术基础,达到事半功倍的效果;而不科学的政府预算体系则会事倍功半。所以,任何一种高效的预算制度必须有一个科学的政府预算体系。

政府预算体系的概念有广义和狭义之分,广义的政府预算体系又有两种不同的观点:一种观点认为,广义的政府预算体系指的是政府预算组织和政府预算内容的形式及结构;另一种观点认为,广义的政府预算体系就是与政府预算相关的所有制度,即政府预算制度(不仅包括政府预算组织、形式及结构,还包括政府预算编制审批、执行、决算监督全过程的管理制度)。狭义的政府预算体系仅指政府预算内容的形式和结构。本文中所指的政府预算体系,特指狭义的政府预算体系。

15.2.1 预算体系的范围

在确定预算内容的形式和结构前,我们首先应该确定预算的内容。所以本部分我们讨论哪些内容应该被纳入预算。

15.2.1.1 预算内容的全面性

虽然大家一致认为所有权属于政府的资金都是财政资金,都应该纳入预算,但对所有权是否属于政府的理解各有不同。

2014 年 IMF《财政透明度守则》在其"财务报告"和"财务预测和预算"中都提到了财务报告的范围和预算的范围。其中对于预算范围确认的原则是,收入、支出和所有中央政府机构的融资(这里的融资是指资金来源)都应该在预算文件中提交和被立法机关授权。基本做法是,预算文件应纳入所有的国内税收收入、支出以及中央政府各部门和机构的融资。良好做法是,预算文件应纳入所有国内税收收入、非税收入、支出、中央政府各部门和机构的融资,以及预算外基金(extra-budgetary funds)。优秀做法是,预算文件应纳入国内和国外的收入、支出、中央政府各部门和机构的融资、预算外基金和社会保障基金(IMF,2014)。

2007年,IMF《财政透明度守则》第三部分"方便公众获得信息"规定:预算文件(包括决算)以及公布的其他财政报告应该涵盖中央政府预算和预算外的全部活动;预算文件应对中央政府的税收支出、或有负债以及准财政活动的性质及其财政意义予以说明,并对其他所有的重大财政风险予以评估;年度预算报告应将所有重大税收来源的收入(包括与资源有关的活动以及国外援助)单列;中央政府应公布其债务、金融资产、重大非债务责任(包括退休金、担保风险和其他合同义务)以及自然资源资产的水平和构成(IMF,2007)。

OECD《经济合作与发展组织预算透明度最佳做法》中提出,预算透明度应该被定义为:所有相关的财务信息应及时和系统地被全面披露。预算应该是全面的,包含全部的政府收入和支出。该做法还提到预算报告的特殊披露,包括税收支出、金融资产和金融负债、非金融资产、雇员的养老金负债、或有负债(OECD,2001)。

美国按照1967年总统委员会对预算的定义,预算活动包括联邦政府所有项目和机构的财务活动。因此,美国政府预算包含所有15个行政部门、所有独立机构和全部政府企业的财务行为信息。这一规定沿用至今。虽然预算活动分为预算内(on-budget)和预算外(off-budget),但不管是预算内还是预算外,都是预算活动,相关支付和结果都被计入政府的收支账户,形成美国的统一预算。一些非预算活动并没有被纳入统一预算,但在预算文件中体现,具体包括税收支出、联邦信贷项目、存款基金、政府支持企业、其他联邦建立的非预算实体、公共管制、货币政策(OMB,2017)。这些方面共同构成了美国预算文件的内容。可见,美国政府预算的范围非常全面,不仅包括政府和公共部门财务信息,还包括一些非预算活动。影响政府收支但本身并没有被纳入预算收支的政府活动,就是准财政活动,美国政府预算提供的这些非预算活动正好符合准财政活动的定义。所以,美国政府预算也反映了准财政活动的信息,符合2014年IMF《财政透明度守则》中关于优秀做法的定义。

我国《预算法》第 4 条第 2 款规定,政府的全部收入和支出都应该纳入预算。我国对预算的内容只提到了政府的收支。从我国的预算文件看,我国预算收入包括税收收入、社会保险基金收入、非税收入、贷款转贷回收本金收入、债务收入和转移性收入。非税收入包括专项收入、行政事业性收费收入、罚没收入、国有资本经营收入、国有资源(资产)有偿使用收入、国有土地使用权出让收入等。但与美、英、日三国相比,我国政府预算报告:①没有体现税收支出,更没有税收支出报告;②没有准财政活动信息,更没有准财政活动报告;③没有将事业单位的事业收入、经营收入和其他收入及其安排的支出纳入四大预算(地方政府情况各异),其他三国都将其纳入政府预算;④只将国有企业上缴的利润纳入政府本级预算,而英美国家则将国企的财务收支纳入政府预算;⑤没有详细的债务预算,特别是分偿还期限的债务预算是各国必备的;⑥没有四大预算或者三大预算合并的详细预算信息,整体性较差(徐曙娜,2021)。

从上文的论述可见,不论是 IMF、OECD 还是美国政府,都认为政府的预算文件应该体现政府的全部收入支出、债务收入、税收支出等隐性收支,还应该包括预算外基金和社会保险基金收支。我们认为,除上面提到的收支应该包含在预算体系中外,公共企业的一些准财政活动也会引起公共资源的变化,这些准财政活动未能直接体现在政府预算资金的直接变化上,但会间接影响政府的收入和支出,准财政活动也应纳入预算体系。为了更好地体现预算透明度,我们建议借鉴国际经验、结合我国实际,我国的财政基本法中应该明确预算涵盖的范围,具体包括:①政府的全部收入和全部支出,包括预算内基金、预算外基金;②税收支出等隐性收支;③准财政活动;④政府各部门和机构的融资;⑤社会保障基金;⑥金融资产、非金融资产、雇员的养老金负债、或有负债等(徐曙娜,2021)。

15.2.1.2 政府和公共部门的界定

什么样的部门是政府部门? 只有界定清楚政府部门,才能厘清政府收入和支出。IMF1998 年和 2007 年的《财政透明度手册》规定了政府的范围和财政管理的框架。由于准财政活动涉及除政府外的其他公共部门,所以我们同样必须界定清楚其他公共部门。公共部门包括各级政府部门和公共法人机构。公共法人机构主要分为非公共金融法人机构与公共金融法人机构,后者包括货币主管当局(中央银行)和非货币金融公司(IMF,2007)。

(1) 各级政府部门

各级政府部门应该包括行使政府职能的政府单位,资金主要来源于政府的非营利机构。前者的资金更是来自政府,所以是否是政府部门,应以资金来源和非营利性作为判断依据。只要同时符合这两个特征,就是政府部门。也就是说,政府部门一般都具有以下两个特征:①资金主要来源于政府。以行使政府职能为其主要活动的国家和地方机构单位,即政府单位的资金来源主要是税收。但有些公共服务或准公共服务由于政治压力、法律等原因,不能由政府单位直接提供,而由非市场非营利的机构进行提供,这些机构也不可能通过市场筹集主要资金,所以其资金来源主要是由政府通过各种转移、专项收入和其他政府来源进行提供。②非营利性。不论是政府单位还是非营利机构,都不以营利为目的。政府单位直接提供公共服务和公共产品。非市场非营利机构提供的往往是准公共服务和准公共产品,也无法通过市场取得补偿资金,更不可能取得营利。政府提供给政府单位和非营利机构的资金只能弥补或大部分弥补其成本,这些机构不可能以营利为目标。因此,2001年《政府财政统计手册》将广义政府部门定义为:广义的政府部门包括所有政府单位,以及所有由政府单位控制并主要由政府单位提供融资的非市场非营利机构(IMF,2001)。

(2) 公共法人机构

公共法人机构主要分为非公共金融法人机构与公共金融法人机构,后者包括货币主管当局(中央银行)和非货币公共金融公司。政府拥有公共法人机构的全部或部分所有权,一般财政活动都由政府实体执行,但一些非商业的准财政活动则由公共法人机构执行。那么,什么是准财政活动呢?公共法人机构按照行政决定实行对公共资源产生影响的活动,这些活动不会直接体现为财政收支的增减,而且不被记录在传统的正式预算和预算报告中,立法机构和公众也就无法进行监督,这样的活动就是准财政活动。

①中央银行。中央银行进行的很多活动属于准财政活动,包括补贴贷款、定向贷款等金融体系业务和多重汇率、进口保证金等外汇体制业务。这些业务虽然不是政府直接的财政活动,但是它们对经济会产生同样重要的影响。为了配合货币活动,政府会对财政活动进行相应的调整,进而影响财政收入和支出。这些活动同时也会影响中央银行的营业差额,进而影响公共资源和财政收支。

②非货币公共金融公司。这里的非货币公共金融公司包括国有商业银行、公共政策性银行、国有保险公司、国有证券公司等除中央银行外的国有金融机

构。非货币公共金融公司的准财政活动也较多元化。例如，国有银行会按照行政命令，以低于市场利率的利率提供给特定的个人和机构；国有证券在股市中的救市行为。这些非货币公共金融公司的准财政活动也反映了政府活动的范围和性质，都会影响到公共资源，甚至是财政收支。

③非公共金融法人机构。非公共金融法人机构是指政府拥有全部所有权和部分所有权的非金融的公共法人机构。在很多时候，政府会要求这些非公共金融法人机构提供准财政活动。例如，按高于合理市场价或低于合理市场价提供自然垄断产品。高于合理市场价时，利润增加；而低于合理市场价时，利润就减少。这些行为不仅影响了非公共金融法人机构的利润，同样反映了政府活动的范围和性质，也会影响到公共资源和财政收支。

所以，为了更好地明确政府预算的范围，在财政基本法中应明确政府部门、公共法人机构（非公共金融法人机构与公共金融法人机构）作为预算资金的主体。

15.2.2　政府预算体系的类型

政府预算体系一般分为综合预算体系和分类预算体系两大类，也可表述为单一预算体系和复式预算体系。综合预算体系又称为单一预算体系，是指政府把每年度所有的收支项目全部纳入统一的预算来进行编制、报告和管理等，即只有一本预算，最早的预算就是这种预算体系。分类预算体系又称为复式预算体系，是指政府把每年度的收入和支出按不同分法分成两个或两个以上的预算进行编制、报告和管理，形成两本或两本以上的预算。分类预算体系按照预算的数量分为双重预算体系和多重预算体系。双重预算体系就是将预算分成两大类预算，最早的复式预算体系就是双重预算体系，双重预算体系也有多种，如英国的经常性预算和资本性预算、法国的经常性业务预算和临时业务预算等。多重预算体系就是把预算分为两本以上的预算，如日本、韩国、菲律宾等国，由于预算分法的不同，各国的多重预算也不一样。例如，在我国分为一般公共预算、政府性基金预算、国有资本经营预算和社会保险基金预算"四本预算"；在日本分为一般会计预算、特别会计预算和政府关联机构预算等。需要指出的是，有些国家会将综合预算体系和分类预算体系紧密结合起来，典型的代表就是美国。美国既分预算内和预算外（两者都要议会审批）两本预算，又有包含两者的统一预算，而且统一预算是主体预算，我们将这种预算体系称为混合预算体系。

分类预算体系下势必会涉及预算的分类方法。预算的分类方法主要是按照不同管理目的进行分类。目前有按流动性分类、按固定性分类、按收入性质的特殊性分类、按所有权分类等，不同的预算分类方法形成不同的预算分类模式。按流动性分类，预算可以分为前面提到的经常性预算和资本性预算。经常性预算的收入和支出是流动性较强的税收收入和行政管理及社会服务支出，而流动性差的债务收入和投资性支出构成了资本性预算。按固定性分类，就是法国的经常性业务预算和临时性业务预算，前者是固定性的，后者是临时性的。按照收入性质的特殊性分类也是非常普遍的做法：收入性质普通、没有特殊指定用途、统筹使用的资金形成一般政府基金预算；收入性质特殊，有特殊指定用途、专款专用的资金形成特殊政府基金预算，比如我国香港地区的一般收入账户预算和基金预算、日本的一般会计预算和特别会计预算等。按照所有权分类，一般将社保基金预算与其他政府预算分开，因为前者一般认为是信托基金，是投保人的资金，所有权属于社保投保人；而后者所有权属于国家。例如，美国将前者归为预算外、后者归为预算内。有些国家的预算分类是为了满足多种管理目的，将不同预算分类结合起来，形成一些复杂的分类，如我国将按收入性质的特殊性、经营性及所有权结合起来，按照所有权分为社会保险基金预算和其他预算，其他预算又按经营性分为国有资本经营预算和非国有资本经营预算，非国有资本经营预算又按收入性质的特殊性分为一般公共预算和政府基金预算，前者是一般性质的、后者是特殊性质的，至此形成一般公共预算、政府性基金预算、国有资本经营预算和社会保险基金预算"四本预算"（徐曙娜，2021）。

我国政府预算体系因为实行多重预算，而且没有将四大预算信息或者三大预算进行科学的合并，导致我国预算体系的整体性较差。多元的预算分类带来不同预算分类的优点，但缺乏按流动性分类的预算分类，不利于债务风险的控制和宏观政策的实施，也不利于代际公平的实现。单独设立经营性国有资本经营预算，将其他三大类预算与社会保险预算放在同一个层次上，不利于对真正由政府委托代理使用的财政资金的监督，也会导致用国有资本经营预算资金优先保障国有资本经营预算相关利益方的利益，从而不利于代内公平的实现。社会保险基金预算的预算内独立编制有利于代内公平和代际公平的综合平衡；预算按收入性质的特殊性分类，有利于特殊公平目标的实现（徐曙娜，2021）。

结合我国的国情、国外的经验及预算理论，我们认为，我国的政府本级预算应该包含两部分：一是正式预算，二是补充预算。①正式预算是政府本级预的主体内容,涵盖所有的政府收支。通过正式预算不仅可以了解政府本级预算的整体收入、整体支出和整体平衡状况;还可以了解所有政府收支的具体信息。而补充预算主要是反映准财政活动和分析正式预算的一些补充内容。在正式预算中,我们按照所有权对预算进行分类,将其分为政府公共预算和社会保障基金预算。为了增强预算的整体性,我们建议建立一个涵盖两者的统一预算,即将政府公共预算和社会保障基金预算合并为一个统一预算。这个统一预算与美国的统一预算不同,它只是起到合并政府公共预算和社会保障预算的作用,不是主体预算,我国的主体预算是政府公共预算。在统一预算下又细分为政府公共预算和社会保障基金预算,前者是主体预算,这是第二层;第三层是政府公共预算,又按照收入性质的特殊性设置一般政府基金预算和特殊政府基金预算,社会保障基金预算又细分为若干子预算;第四层是特殊政府基金预算,再按照经营性进行分类,分为经营性国有资本金预算和非经营性特殊政府基金预算。为了便于合并,必须在每个预算中设置调剂科目,这样整个正式预算的具体框架就建立起来了。②为了提高预算资金的效率和公平、提高预算的透明度、提高公众对预算的可理解性,政府必须提供补充预算。我们应该提供所有准财政活动的信息,包括准财政报告、国有企业财务预算、政策性银行财务预算、财政投融资预算、税收支出预算。为了控制债务风险,我们应该编制按流动性分类的经常性预算和资本性预算、财政投融资预算,更应该编制债务预算(徐曙娜,2021)。

所以我们可以在财政基本法中明确:我国的政府预算是由正式预算和补充预算组成。正式预算包括政府公共预算和社会保障预算,政府公共预算又细分为一般政府基金预算和特殊政府基金预算,特殊政府基金预算包括经营性国有资本金预算和非经营性特殊政府基金预算。补充预算包括准财政报告、国有企业财务预算、政策性银行财务预算、财政投融资预算、税收支出预算、债务预算、经常预算和资本预算等。

15.3 预算程序

预算程序决定预算活动进行的顺序,即在预算活动中先做什么后做什么,从而保证预算目标的顺利实施,不同的预算模式下预算程序不同。按预算编制的导向不同，一般分为传统预算模式下的预算程序和全面预算绩效管理下的预算程序（李燕，2016）。下面简单介绍传统预算模式和绩效预算模式。

传统预算模式为投入导向型预算，产生于19世纪的欧洲。其主要存在两个阶段的发展历程：第一阶段为总量投入预算，仅列示部门预算总额资金，不列示具体支出细项；第二阶段为线性预算，又称为条目预算，即将资金用途以明细分类列示出来，不同条目之间不可交叉支出（王雍君，2005）。总体而言，投入预算首先将预算根据部门或机构进行分解，进而在每个部门或机构内部将资金按项目分配。其主要特点为，强调以"遵从"为目标的合规性控制，而无须考虑资金使用产生的结果。投入预算的优点在于，管理过程信息量小且便于管理；缺点在于，忽视产出效果，使得预算支出效率低下，难以辅助政府政策目的达成。

绩效预算模式为结果导向型预算，其将预算决策的重点从投入转向结果，即更多地关注产生公共服务的数量和质量，而非投入的多少。这种管理模式以预算主体最终执行的结果作为考核标准（童伟，2019），将对绩效的追求贯穿预算程序全过程，强调以结果为导向，反映了政府机构对目标的完成度，并说明政府活动的效果。在这种前提下，预算资金的归属与某种明确的结果产生紧密联系，使得预算资金的配置能很好地体现公共支出的目的（谭立满，2005）。

这两种不同的预算模式都需要经历完整的预算周期，才能使得预算资金成功实现公共治理目标，一个相对完整的预算管理过程主要涵盖预算编制、预算审批、预算执行及预算决算这几个核心环节。两种预算模式的预算程序不同之处在于，投入预算以是否严格遵从明细分类标准定额为目标，对预算进行编制、审查、执行和决算；而绩效预算将绩效管理的理念方法贯穿预算周期全过程，关注预算资金是否得到有效利用。下面将分别阐述不同预算模式下的预算程序。

15.3.1 传统预算模式下的预算程序

15.3.1.1 一般程序

投入预算模式以条目为预算管理要素，对应的预算程序较为简单。一般来说，核心程序有预算编制、预算审批、预算执行和预算决算四个阶段。

第一，预算编制阶段。政府将预算问题纳入议事日程后，财政部门依据法律法规要求以及经济社会发展计划等各项指标对主要财政收支指标进行测算，提出预算编制指导方针和技术要求，各预算部门根据"完成某个政策目标需要投入多少钱"的主导思想，以将一个个互不交叉的项目进行分类和编列的形式进行预算申报并呈报财政部门审核,财政部门对各部门预算进行审核并汇编后形成政府预算草案,报立法机构审议。

第二,预算审批阶段。政府作为公众委托的代理机构,其行为需要得到委托人的认可,因此政府部门所做出的预算草案需要通过审批环节予以确认,一般而言会由公众选举出的立法机关代表行使预算审批权。经财政部门审核后的预算草案将交由立法机关审批,立法机关审查预算草案时"就投入论投入",不用考虑资金数量和投入后可能产生的效果是否有联系。审查通过后,财政部需要在规定时限内予以批复。一般来说,预算审批结束后需要向社会公众公开整个预算文件,从而保障社会公众对政府收支计划的知情权和监督权。

第三,预算执行阶段。预算批准后,各支出部门领导对使用资金负责,财政部门审核后批准拨款,由于预算所列示资金都已规定具体用途,预算执行过程中各项目间的资金转移将受到严格管控,如有部门擅自挪用预算资金到非指定用途,相关人员将受到惩处。

第四,预算决算阶段。预算年度终了后,部门编制预算收支和结余的年度执行结果,即决算草案,预算执行结果需要接受审计部门审计,审计的关注点为预算资金是否使用得当,而无须评估产生的结果,立法机构确认审计结果后再向大众公布。

15.3.1.2 我国的现状及问题

20世纪50年代以前,全球大多数国家采用投入模式进行预算管理,如美国在1949年以前就采用投入预算模式严格控制科目出入。由于投入预算模式拥有便于控制支出和监管投入的优点,目前不少国家仍采用投入预算,如以色列和瑞士等国,也有的国家在处于转向绩效预算的过程中仍保留投入预算的某些特性,如中国。当前中国的预算管理实践介绍如下:

第一,法律方面。在预算编制方面,《预算法》第35条规定,地方各级预算按照量入为出、收支平衡的原则编制。在预算审批阶段,《预算法》第43条规定,中央预算由全国人民代表大会审查和批准,地方各级预算由本级人民代表大会审查和批准。在预算执行阶段,《预算法》第53条规定,各级预算由本级政府组织执行,具体工作由本级政府财政部门负责。《预算法》第55条规定,有关预算部门必须依照法律、行政法规规定及时、足额征收预算收入。《预算法》第56条规定,政府的全部收入应当上缴国家金库,任何部门、单位和个人不得截留、占用、挪用或者拖欠。《预算法》第57条规定,各级政府财政部门必须依照法律、行政法规和国务院财政部门的规定，及时、足额地拨付预算支出资金。各级政府、各部门、各单位的支出必须按照预算执行，不得虚假列支。在预算决算阶段，《预算法》第74条规定，决算草案由各级政府、各部门各单位，在每一预算年度终了后按照国务院规定的时间编制；编制决算草案的具体事项，由国务院财政部门部署。《预算法》第76条规定，各部门对所属各单位的决算草案，应当审核并汇总编制本部门的决算草案，在规定的期限内报本级政府财政部门审核；各级政府财政部门对本级各部门决算草案审核后发现有不符合法律、行政法规规定的，有权予以纠正。《预算法》第77条规定，国务院财政部门编制中央决算草案，经国务院审计部门审计后，报国务院审定，由国务院提请全国人民代表大会常务委员会审查和批准。县级以上地方各级政府财政部门编制本级决算草案，经本级政府审计部门审计后，报本级政府审定，由本级政府提请本级人民代表大会常务委员会审查和批准。乡、民族乡、镇政府编制本级决算草案，提请本级人民代表大会审查和批准。

第二，执行方面。根据《预算法》和《预算法实施细则》要求，在预算编制阶段，我国形成了"二上二下"编制流程："一上"为部门编报预算建议数，基层预算单位提起预算请求，一级预算单位审核汇编为部门预算建议数并上报至财政部；"一下"为财政部下达预算控制数，财政部审核各部门上报的预算建议数，汇总成中央本级预算初步方案并上报国务院，经批准后向各部门下达预算控制限额；"二上"为部门上报预算，各部门根据财政部下达的预算控制限额，细化编制部门预算草案并上报财政部；"二下"为财政部批复预算，财政部根据本级人民代表大会批准的预算草案批复部门预算。在预算审批阶段，在召开人大会议之前，各级人大财政经济委员会将对预算草案的初步方案进行初步审查并报告政府预算草案的审查结果，各级人大审批预算草案，并在批准后由本级政府财政部门向社会公开。在预算执行阶段，各级政府财政部门每月向本级政府报告预算执行情况。在预算决算阶段，财政部会在每年第四季度部署决算草案的具体事项，各级政府、部门和单位在每一预算年度终了后编制决算草案，并由国务院提请全国人大常委会审批。

整体而言，由于投入预算模式下的整套预算程序只要围绕资金使用合规即可说明政府行为得当，政府和人大并不关注支出机构在使用资金后得到何种结果，而实际上支出部门普遍存在支出冲动，很可能出现"先有支出，后有预算"这样缺乏计划性和科学性的做法，从而降低资金使用效率，甚至滋生腐败问题。

解决支出冲动的根本途径是设置绩效目标对预算予以约束，同时，将预算纳入绩效计划对财政部门有效掌握各支出机构的收支情况也有帮助。各国在认识到这一点之后纷纷引入预算绩效管理体系，例如第二次世界大战后的美国政府开始注重发展国民经济，这就需要更具高效性的财政支出，于是1949年胡佛委员会提出了绩效预算改革建议方案，正式引入绩效预算理念，尽管后续改革因跟进不足而失败，但预算绩效管理的理念开始进入政府财政管理视角。

15.3.2 全面预算绩效管理下的预算程序

15.3.2.1 一般程序

绩效预算要求在每一个预算程序都增加对绩效目标的考量，即在预算编制、审批、执行、决算和监督的全过程都要求政府关注资金的产出和效果，从而将预算与资金使用产生的效果联系起来，督促政府部门改进服务水平和质量，花尽量少的资金，办尽量多的实事，更好地满足公共需求。

第一，预算编制阶段。政府机构需要通过编制战略计划来说明自己的工作与公众需求息息相关，进而制定年度绩效目标。绩效目标需要细分为部门绩效目标和具体工作计划，一般由财政部门制定绩效管理指引，以推动各级政府部门的绩效管理。接着各部门需要根据指引制定部门绩效目标，并依照绩效目标编制部门预算。在预算编制申请过程中，部门需要将自己的战略目标、绩效目标、所需资金数额以及对应的绩效指标一并上报审核。

第二，预算审批阶段。立法机构需要对预算草案和相应绩效目标及其关键评估指标进行审查，并决定最终的预算草案、核心绩效目标和绩效评价标准。审查通过后予以批准，预算方案正式生效，由核心预算部门向各部门予以批复。

第三，预算执行阶段。绩效预算中政府赋予预算部门较大的灵活性和自主权，且在执行过程中，立法机构和行政机构在绩效方面的灵活性应当保持一致（王海，2010）。各部门围绕各自的绩效目标开展工作时，允许其在自身预算限额内按照项目优先次序灵活安排预算收支，并在执行年度终了报告绩效目标的完成情况。在该阶段，还需要通过内部信息系统及时收集绩效数据，立法机构或相关预算委员会对部门支出和实际绩效情况进行跟踪监控。

第四，预算决算阶段。一方面，评价机构按照事先确定的方法和标准对绩效目标的实现情况进行评价；另一方面，各部门在预算年度终了撰写绩效报告，审计办公室对部门报告的绩效信息进行审计，并将产出评估结果上报立法机构。绩效报告需要向公众公开。

15.3.2.2 各国的实践及存在问题

为解决财政支出低效率问题，化解社会公众对政府的信任危机，许多国家开始引入预算绩效管理来进行改革。早期引入绩效预算制度的有美国、英国和澳大利亚等国家，后来如法国、中国等众多国家也陆续在预算中引入绩效管理办法，从而提高公共支出的效率。

美国于 1993 年颁布的《政府绩效与结果法案》强制要求所有政府部门在申请预算时向国会和总统预算管理办公室提交五年战略发展计划、年度绩效计划和年度绩效报告，并强调绩效目标与预算的联系。澳大利亚于 1997 年通过《公共服务法案》《财务管理与责任法案》等法律，构建出国家绩效预算的法制框架。法国于 2006 年开始实施的新《财政组织法》规定，国家预算结构呈现为"任务—项目—行动"三个层次，其中针对每个项目规定了详细的战略计划、预算结果目标及对应绩效指标，相关目标和绩效会以年度预算绩效草案的形式上报议会，预算执行结束后，预算负责人须将执行效果以年度预算绩效报告的形式上报议会。韩国的《国家财政法》规定，行政机关在提交预算请求时，应同时向战略和财政部提交年度绩效管理计划和上年度绩效预算报告。

中国自 21 世纪开始摸索预算绩效管理改革。随着《预算法》修订完成和《中共中央国务院关于全面实施预算绩效管理的意见》（以下简称《意见》）等重要文件的出台，当前中国已开始全面实施预算绩效管理工作。具体来看：

第一，法律方面。中国于 2015 年以法律形式确定了政府预算绩效管理制度。预算原则方面，新《预算法》第 12 条规定，各级预算应当遵循统筹兼顾、勤俭节约、量力而行、讲求绩效和收支平衡的原则。预算编制阶段，新《预算法》第 32 条规定，各级预算的编制应参考上一年预算执行情况、有关支出绩效评价结果和本年度收支预测，各部门各单位应当按照国务院财政部门制定的政府收支分类科目、预算支出标准和要求，以及绩效目标管理等预算编制规定，根据其依法履行职能和事业发展的需要以及存量资产情况，编制本部门、本单位预算草案。预算审查阶段，新《预算法》第 49 条规定各地人民代表大会有关专门委员会、县、自治县、不设区的市、市辖区人民代表大会常务委员会，向本级人民代表大会主席团提出关于总预算草案及上一年总预算执行情况的审查结果报告，审查结果报告包括对执行年度预算、改进预算管理、提高预算绩效、加强预算监督等提出意见和建议。绩效评价阶段，新《预算法》第 57 条规定，各级政府、各部门各单位应当对预算支出情况开展绩效评价。预算决算阶段,新《预算法》第79条规定,县级以上各级人民代表大会常务委员会和乡、民族乡、镇人民代表大会对本级决算草案进行审查,重点审查内容包括支出政策实施情况和重点支出、重大投资项目资金的使用及绩效情况。

我国尽管已将绩效管理理念融入法律条文,但仍存在预算法律制度不够完善的问题。预算硬约束机制的不充分在一定程度上导致我国当前预算绩效管理程序缺乏科学性和规范性,一方面使得实践中的预算绩效管理常常流于表面,另一方面地方政府制定政策时缺乏明确的法律依据作为参考,导致上下级制度一致性难以保证,影响政策权威性。

第二,制度方面。为进一步深化预算绩效管理、提高财政资金使用效益,中国出台一系列制度规章以推进预算绩效管理工作。其中,国家层面,主要有国务院出台的《预算法实施条例》和《意见》;财政部出台的《财政支出绩效评价管理暂行办法》《关于推进预算绩效管理的指导意见》《预算绩效管理工作规划(2012—2015)》《预算绩效评价共性指标体系框架》《中央部门预算绩效目标管理办法》《中央部门预算绩效运行监控管理暂行办法》《财政管理绩效考核与激励暂行办法》等。地方层面,例如,上海市发布了《上海市市级预算部门(单位)整体支出绩效管理办法(试行)》《上海市财政项目支出预算绩效管理办法(试行)》《上海市政府性基金预算绩效管理办法(试行)》和《上海市地方政府专项债券项目资金绩效管理办法》等;浙江省财政厅发布了《浙江省预算绩效运行监控管理办法》《浙江省项目支出绩效评价管理办法》等。事实上,绩效预算的全面实行需要更详细的基础性制度予以支撑,因此,国家层面还需构建更多的制度以明晰政府职能边界,保障预算绩效管理的有效推行。

第三,执行方面。自2018年的《意见》出台后,我国对预算绩效管理开展了大量工作。具体而言,各部门各单位设定绩效目标并逐级上报至财政部后,由财政部或中央部门按照"谁分配资金,谁审核目标"和"谁批复预算,谁批复目标"的原则对绩效目标进行审批,随后中央部门及所属单位执行预算并具体实施绩效监控与分析工作,在形成本部门绩效监控报告后将其报送财政部。预算绩效管理的核心在于绩效评价,当前我国的事后绩效评价工作正稳步推进,比如浙江省温岭市举办的民主恳谈会和上海市闵行区人大常委会举办的项目预算绩效听证会,这些地方实践都取得了良好成效。然而,良好的预算绩效管理应是由绩效目标事前评估、绩效运行过程跟踪监控、绩效评价结果反馈和应用组成的综合管理系统,我国的预算管理执行仍流于表面,缺乏事前评估和结果应用的工作落实。因此,我国在构建绩效评价常态化机制方面,还有许多工作亟待完成。

15.3.3 建议

我国当前正处于从传统投入预算到全面绩效预算的转型期,为更好地推进全面预算绩效管理工作,提出如下建议:

15.3.3.1 立法层面

建议将绩效预算管理模式写进财政基本法。

第一,明确"实施政府预算绩效管理、部门和单位预算绩效管理、政策和项目预算绩效管理"的全方位预算绩效管理理念。

第二,将绩效管理嵌入预算的各个阶段。①预算准备阶段,应该结合项目库管理建立事前的绩效评估制度,规定各部门各单位对新出台的重大政策和项目开展事前绩效评估。②预算编制阶段,要求实行绩效目标申报和审批制度,规定各地区各部门结合实际情况全面设置部门和单位的整体绩效目标、政策及项目绩效目标;部门对所属单位的绩效目标进行审批,财政部对同级部门的绩效目标进行审批;绩效目标审批与预算审批应同步进行。③预算执行阶段,对预算的绩效运行进行监控,规定各级政府和各部门各单位对绩效目标实现程度和预算执行进度实行"双监控"。④决算阶段,进行事后的绩效评价,并将绩效评价结果作为下一年预算编制和当年问责的依据。规定各单位对预算执行情况以及政策、项目实施效果开展绩效自评,各部门对所属预算单位及本机关的重点支出和重大项目进行再评价,五年内对所有的支出和项目进行一轮绩效评价,财政部门对部门和单位的整体预算或项目预算进行抽评,及时将所有的评价结果公布于众,并将评价结果作为下一年预算编制的依据。各部门和各单位对本单位的绩效结果负责。

15.3.3.2 制度方面

建议借鉴上海、浙江等地方实践,在改革和规范现有预算管理制度的基础之上,健全和完善预算绩效管理制度,构建涵盖绩效评估机制、绩效目标管理、绩效运行监控、绩效评价、结果应用和绩效问题整改问责在内的全流程预算管理制度。具体而言,完善已有的《预算绩效目标管理办法》《预算绩效运行监控管理办法》和《预算支出绩效评价管理办法》;出台《预算绩效评估办法》以明确评估方法、评估指标和评估主体；出台《预算绩效管理问责办法》，从预算绩效管理职责分工、问责方式和流程、结果处理等方面规范预算管理主体的工作。

15.3.3.3 执行方面

在绩效事前评估阶段，各部门各单位应结合项目要求，对新出台的重大政策对应的项目开展事前绩效评估，必要时可组织第三方机构参与评估过程；在绩效目标管理阶段，各级财政部门应统一设置和维护绩效目标，各部门再根据预算绩效管理的需要，设置、动态维护本部门绩效目标，在编制本部门本单位预算时须规范填报绩效目标，同级财政部门应严格审核确认，各财政部门将绩效目标和预算同步批复下达；在预算执行阶段，各级政府和各部门各单位同时监控绩效目标实现程度和预算执行进度；在预算决算阶段，以部门单位自评和第三方机构外评相结合的方式对预算执行情况开展绩效评价，建立由被评价单位、第三方机构、财政局组成的三方会商工作机制，逐一分析、核实绩效评价过程中发现的问题，形成绩效评价报告；在结果应用阶段，对绩效评价报告提出的问题和建议，指导被评单位落实整改。

15.4 中期预算

自 20 世纪 80 年代开始，西方国家为实现财政可持续发展而对年度预算管理制度实施改革，从而开始推行中期预算，数十年的发展过后，几乎所有的发达国家都已经实施中期预算（Grigoli 等，2012）。截至 2013 年，全球已经有 143 个国家和地区建立了中期预算框架（World Bank，2013）。

当前，国际上对中期预算的定义主要采用世界银行和国际货币基金组织的相关描述。世界银行将中期预算定义为"旨在连接政策、计划和预算制定的中期支出框架（MTEF）"。根据世界银行 1998 年《公共支出管理手册》中的描述，中期支出框架是由自上而下的资源范围、对现有政策的当前和中期成本的自下而上的估算以及成本与可用资源的匹配三部分组成。2007 年，国际货币基金组织在其修订的《财政透明度手册》中，将中期预算定义为：将财政总量预测体系与各部委保持现行政府政策的详细中期预算估计过程联系起来，从而将中期财政政策和中期预算编制统一起来的框架。对支出的远期估计将作为以后年度预算协商的基础，并且将远期估计与财政执行结果报告的最终结果相协调。

中期预算也称中期预算框架、多(跨)年期(度)预算(李俊生、姚东旻，2016)。中期预算是政府为了实现经济和财政的可持续发展，在中期预测的基础上，根据经济社会发展的政策目标和优先次序合理确定政府中期支出水平和结构，并以此作为年度预算编制依据的一种财政政策工具和财政管理方式。Castro和Dorotinsky(2008)根据中期预算所处不同阶段的递进关系，将中期支出框架划分为中期财政框架(Medium-Term Fiscal Framework，MTFF，阶段1)、中期预算框架(Medium-Term Budgetary Framework，MTBF，阶段2)和中期绩效框架(Medium-Term Performance Framework，MTPF，阶段3)三个阶段，为各国构建中期预算制度提供了阶段性建设的目标。三个阶段的核心内容主要表现在：中期财政框架自上而下地制定宏观经济和财政中期目标，进行中期财政收入预测和支出预测，关注总量财政纪律的控制；中期预算框架在中期财政框架的基础上，对中期内支出项目进行成本估计，按照国家的战略优先配置资源，保证这些配置与财政整体目标相一致；中期绩效框架除了强调财政纪律和支出安排的战略优先之外，实现以投入为重点到以产出和绩效为重点的转移，强调绩效的评估。

15.4.1 中期预算框架

国家战略管理是为了实现国家使命或长远目标而确定的整体行动规划，而中期预算是为了实现国家某一段时间的发展目标编制的。国家战略管理决定了中期预算的起点和导向，要求国家立足于自身战略规划及国家所处的发展周期和环境来选择适合当前阶段的预算模式。中期预算是战略管理目标的具体化，由于战略目标是一个长远的方向性目标，因而在国家发展中难以落实到具体的执行流程及考核，通过中期预算可以将战略目标分解成短期目标，从而使战略计划能够具体落实，使战略目标得到保障。我国的国民经济和社会发展五年规划是确定中期财政政策目标的基础，中期预算规划的目标是按照国家的战略优先顺序配置资源，保证资源配置符合财政总目标的要求。

15.4.1.1 我国现状及存在的问题

从1953年开始，我国借鉴俄罗斯经验，实施了国民经济和社会发展五年规划纲要。1998年预算管理体系改革，我国政府逐渐开始考虑引入中期预算管理框架，探索滚动预算制度。2008年，我国分别在河北省、河南省焦作市、安徽省芜湖县开展"一省一市一县"部门滚动预算编制试点工作。

2018年12月,第十三届全国人民代表大会常务委员会第七次会议通过修订的《中华人民共和国预算法》,其中第12条明确规定,"各级政府应当建立跨年度预算平衡机制",为我国中期财政规划制度建设提供了法律层面保障。2014年10月,国务院颁布《国务院关于深化预算管理制度改革的决定》(国发〔2014〕45号),文件第三部分提出:"中期财政规划要与国民经济和社会发展规划纲要及国家宏观调控政策相衔接,强化三年滚动财政规划对年度预算的约束。"2015年1月,国务院颁布《国务院关于实行中期财政规划管理的意见》(国发〔2015〕3号),文件第二部分提出:"中期财政规划是中期预算的过渡形态,是在对总体财政收支情况进行科学预判的基础上,重点研究确定财政收支政策,做到主要财政政策相对稳定,同时根据经济社会发展情况适时研究调整,使中期财政规划渐进过渡到真正的中期预算。"

2015年,江苏省财政厅发布的《省政府关于深化预算管理制度改革的通知》(苏政发〔2015〕10号)第二部分第三条提出:"中期财政规划要与国民经济和社会发展规划纲要及国家宏观经济政策相衔接。按照财政部部署,争取省级财政在编制2016年年度预算时,同时编制2016—2018年三年滚动财政规划,对未来三年重大财政收支情况进行分析预测,对规划期内一些重大改革、重要政策和重要项目,研究政策目标、运行机制、评价办法和资金保障措施,提高财政政策的前瞻性和可持续性,提高财政预算的统筹能力。"2016年,上海市政府发布的《上海市财政改革与发展"十三五"规划》(沪府发〔2016〕56号)第三部分第二条要求:"根据经济形势发展变化和财政政策逆周期调节的需要,建立跨年度预算平衡机制和实行中期财政规划管理。中期财政规划涵盖政府'四本预算',统筹当前和长远,坚持问题导向,按照三年滚动方式编制,与经济社会发展总体规划、专项规划、区域规划和宏观经济政策相衔接,聚焦规划期内重大改革、重要政策、重大项目,实施滚动调整。"2021年,浙江省发改委发布的《浙江省财政"十四五"规划》(浙发改规划〔2021〕134号)第五条要求深化预算管理制度改革:"加强财政资源统筹,构建以绩效为核心的集中财力办大事财政政策体系和资金管理机制,理清大事要事,分轻重缓急,长短结合,注重投入产出效益。完善跨年度预算平衡机制,实现财力的动态平衡,强化中期财政规划的约束力。"

按照《国务院关于实行中期财政规划管理的意见》规定,财政部牵头编制全国中期财政规划。全国中期财政规划对中央年度预算编制起约束作用,对地方中期财政规划和年度预算编制起指导作用。财政部要在下一年度预算编制启动之前,提前编制中期财政规划草案。草案应征求相关部门和社会有关方面的意见,报国务院批准后实施。各部门应结合国民经济和社会发展五年规划纲要及相关专项规划、区域规划进行实施,按照部门职责分工,研究未来三年涉及财政收支的重大改革和政策事项,并测算收支数额,及时提交财政部汇总平衡。同时,各部门还要编制部门三年滚动财政规划,按照部门预算管理有关规定执行。《江苏省财政厅关于实行中期财政规划管理的通知》(苏财预〔2015〕98 号)指出,江苏省本级在编制 2016 年度预算时,须同步编制 2016—2018 年财政规划,编制流程主要分为前期准备、部门建议、财政初审、部门修改、审核批准、批复告知六个阶段。中期财政规划制度设计包含了支出部门自下而上确定支出需求的过程,以及财政资源和支出需求匹配的过程。

我国的中期财政规划作为中期预算的过渡形态,从制度要素方面来看,中期财政规划具备中期预算的一般要素,但当前中期财政规划制度的实施中仍存在许多问题。第一,中期财政规划法律效力相对较低,中期财政规划仍然属于"规划"的范畴,没有形成"预算",不具有预算的法律效力,对财政收支的控制约束能力低于预算,较低的法律效力降低了财政收支计划的执行约束力度,导致中期预算与年度预算之间无法有效衔接,难以发挥中期预算规划的效力。第二,在整体制度设计上,中央出台的中期财政规划指导框架内容较为粗略,对收支预测方式、宏观经济预测方法等未进行明确规定和规范,缺乏实施细则,指导作用有限。第三,目前国民经济和社会发展五年规划纲要更多的是经济发展的战略政策和目标文件,缺乏对我国经济、财政收支的准确预测,并且五年规划是固定的,与滚动的中期财政规划衔接较为困难。

15.4.1.2 美国的中期预算

目前,所有的 OECD 国家都已转向中期预算,但各国所采取的形式差异较大,比较各国之间中期预算的法律基础和执行情况,对我国进行最适合中期预算形式的改革具有积极的意义。

美国作为一个联邦制国家,联邦政府、州政府和地方政府在每个财政年度均会独立编制本级财政预算报告,经过本级议会讨论通过后实行。从 20 世纪 60 年代开始,美国通过中长期分析,逐步完善预算管理制度,运用中期预算这一工具,充分实现了财政的可持续发展。

美国在 1974 年颁布的《国会预算和控制截留法》规定,相关部门需要定期发布关于未来 5 年的财政收支,并将其纳入年度预算文件;1990 年颁布的《首席财务官法》提出,要提高公共支出的配置效率;1993 年颁布的《政府绩效与成果法》要求,政府各部门要制定至少覆盖未来 5 年的发展战略规划书,并且每 3 年修订一次;1997 年颁布的《预算平衡法》规定,所有的预算议案要以 5 年为期,并逐渐实现联邦预算跨周期平衡的目标。

美国中期预算的编制是基于未来 5 年的国家战略发展规划,联邦政府编制中期预算是与编制年度预算同步进行的。在编制过程中,由总统和预算办公室(OMB)牵头、协调多个部门共同实施,OMB 根据掌握的数据和资料制定一套预算草案,经过总统审查后,由总统在每年 2 月递交给国会,国会审议通过后即成为具有法律效力的预算方案。OMB 协助总统编制预算草案并监督其执行情况,就项目的实施效果及资金的绩效等问题进行评估与监督。国会预算办公室负责发布预算报告和决算报告,研究当期的法律法案对预算的影响,监督各机构部门项目开展的情况。

美国地方政府普遍采用两年期预算的形式,Nooree 将其总结为以下三种情况:两年期财政计划、滚动两年预算以及标准的两年预算。第一种是年度拨款与下一年的支出计划相关联;第二种是一个两年的支出计划,即由两个单年度的拨款组成,这些拨款每年都要进行调整;第三种是两年的支出,也就是 24 个月的拨款同时获得批准(Nooree,2008)。实践中这三种形式都被采用,究竟采用哪种形式的两年预算需要考虑州的法律以及预算的种类,而第二种预算形式更加符合我国中期滚动预算的含义,美国大部分州也采用第二种两年预算。

虽然美国州及地方政府预算期限较短,但是预测期限却较长,5 年、10 年、25 年甚至 75 年的预测都有,这些长期预测能够提供长期的趋势预测,从而为短期的规划和预算提供必要的参考,因此科学预测也是中期预算成功的保障。Pagano 和 Jimenez(2012)认为,在公共部门推动改革从来不是易事,尤其是关系到基本的预算程序改革时,相关部门协同作战是推进改革的重要保证。

美国在编制和执行中期预算时,有明确的法律法案和实施细则,详细、明确地规定了中期预算编制的主体、程序和内容等,使得中期预算在实施时做到有法可依,因而我国应明确中期预算的法律地位,明确中期预算的法律地位也是保障对预算部门约束力的必要手段。并且美国中期预算成功实施离不开各部门的协作,目前在我国提出并推广中期预算实施的部门主要是财政部,可以考虑由财政部组织各地方交流学习,由地方政府的相关负责部门和领导人按照财政部有关精神来统筹安排,做好相关部门的协调工作(王淑杰,2017)。

15.4.1.3 英国的中期预算

自 20 世纪 60 年代开始,英国为了改善财政状况、提高政府公共管理能力,尝试在预算编制的过程中引入中长期财政收支预算。

英国推动实施中期预算的法律法案主要有三部,分别是:①《普洛登委员会报告》,它要求政府对公共预算进行重大改革,并提出要实施与年度预算相结合的多年期中期滚动预算,这就为英国进行中期预算改革做了铺垫。②1998 年颁布的《财政稳定法案》(Code for Fiscal Stability,CFS),该法案旨在实现长期的经济稳定、高速稳定的增长水平和就业水平,以及健康的公共财政。英国财政部遵循《财政稳定法案》的要求,从 2002 年开始每年发布《长期公共财政报告》(Long-term Public Finance Report),分析长期发展及其对公共财政的影响,从而有助于政府管理公共财政,实现其财政目标。③2011 年颁布实施的《预算责任和国家审计法》(The Budget Responsibility and National Audit Act),它确定了预算责任办公室(Office for Budget Responsibility,OBR)的法定地位,并要求财政部列出强化中期预算改革的具体方式方法。

英国中期财政规划采取自上而下的编制流程,议会批准政府根据《预算责任章程》制定中期财政战略。此外,在秋季预算声明及预算案中,也就整体财政政策立场展开辩论。预算案中列出的开支限额并非按自上而下的顺序列出;而是国会在整个年度逐个部门批准支出(IMF,2014),因此不需要在财政年度开始之后很久才核准预算。一旦财政大臣向国会提交预算案或秋季预算声明,OBR 就会公布对经济和公共财政的预测,并将财政大臣宣布的政策决定考虑在内。

英国中期财政规划保障了财政的长期可持续发展并为控制政府支出提供了有效约束(牛美丽、崔学昭,2016)。但地方中期预算的涵盖年限较短,这与地方的预算编制能力弱于中央政府有关,而且与经常性预算相比,地方更重视资本预算,因为资本预算与地方发展战略、收入规划、支出重点的相关性更强,对地方的收支平衡更为重要(王朝才等,2016)。IMF 曾建议英国政府对预算责任办公室的财政可持续分析做出实质性的回应,编制一份综合的财政风险报告,在对中期预算进行评估时,既要考虑财政目标如何能对财政收支更有约束力,又能在处理外部风险时具有灵活性,议会在背书和监督政府中期财政战略方面应该发挥更加积极、及时的作用(IMF,2014)。

英国的中期财政规划为中国的改革提供了很好的借鉴,英国的中期财政规划的编制源于中长期的政策优化的需求,因而成为整合政策与预算的典范。若要真正做好中长期财政规划,中国必须要改进政策制定方法,提升宏观经济分析的能力和上级政府的自我约束。英国的中期财政规划在总额(相对值)、部门支出、年度变动支出部分等方面严格设定上限,以确保财政收入可以负担。中国也制定了控制数,但是这个控制数通常只对单个支出部门进行约束。同时可以仿效英国的做法,在风险评估的基础上,定期编写财政风险报告(牛美丽、崔学昭,2016)。

15.4.1.4 澳大利亚的中期预算

澳大利亚被视为发达国家进行中期预算改革的先行者,其从20世纪50年代就开始构建中期财政框架。

澳大利亚实施中期预算的法律法案依据主要有两部:一部是1997年国会颁布的《财务管理和受托责任法案》,该法案要求联邦政府在制定预算前必须做出报告,以阐明联邦政府的中期经济发展规划和财政政策的具体目标;另一部是1998年国会颁布的《预算诚信章程》,该法案要求建立能够反映财政政策实施情况的5年中长期框架和40年长期预算框架。《预算诚信章程》有两个目标:一是为政府制定财政政策提供一个框架;二是推动财政政策产生更好的实际效果。《预算诚信章程》规定,健全的财政管理原则主要包含五方面内容:第一,联邦政府必须审慎地管理可能遇到的财政风险,在充分考虑经济环境等影响因素的情况下,将联邦政府债务维持在一个谨慎的水平;第二,确保财政政策有助于保证国民储蓄维持在足够充沛的水平,有助于调节经济活动的周期性,或在国民经济遭受威胁时,采用逆周期方法加以调节;第三,在充分考虑税负水平的稳定性和可预见性的基础上,设计支出和税收政策;第四,维持完整的税制;第五,财政政策和战略的制定充分考虑了对未来可能产生的财政影响。这些内容为澳大利亚政府制定中期预算和财政政策提供了坚实的法律保障。

澳大利亚联邦政府自1998年开始编制中期预算,涵盖当年和之后3个财年的共4个财年预算。具体编制程序分为五个步骤:一是国库部与财政部分别对经济运行和财政收支进行前瞻性预测,对未来4年的财政收支总量和结构进行基准性估计;二是由高级部长会议确立中期政策发展战略,分析研判中长期财政和经济发展趋势,决定政府支出的重点和优先领域;三是由内阁支出审查委员会审查重大项目,确定各部门的支出预算限额,审查各部门与财政部协商后上报的部门预算及收支建议;四是预算内阁审批预算;五是预算内阁将所有报告上报国会，经过参、众两院审查通过后，成为预算法案。主要有如下特点：中期预算中第一年的预算约束力强；中期预算中后3年的预算是指引性的；中期预算限额自上而下设定，涵盖所有资金；中期预算依法制定，分工明确。

从澳大利亚的实践来看，中期预算对于科学规划政府收支、有效展现财政前景和施政纲领、加强和改善宏观调控、保障规划决策落实、合理配置公共资源、提高资金使用效益、控制支出总量、强化债务管理、促进债务评级具有重要意义。澳大利亚的中期预算管理经验对于我国实行中期财政规划管理并逐步过渡到中期预算管理，具有较大的借鉴意义。澳大利亚中期预算的经验表示，顺利实施中期预算管理，需要具备稳定的宏观经济环境、强有力的政治支持、较强的预测分析及战略规划能力、严格执行的财经纪律等条件。就我国而言，需要做好中期预算管理理念的培育，加强中期预算管理系统性研究并完善相关法律法规（王宏武，2015）。

15.4.1.5　我国中期财政规划的改革建议

第一，健全法律基础。为提高中期预算的科学性与前瞻性，适应经济形势发展变化和财政政策逆周期调节的需要，新《预算法》第12条第2款明确规定"建立跨年度预算平衡机制"，这是中期财政规划管理的法律依据。但在现有的法律框架下进行相应的制度设计，仍存在法律地位不够的问题。为了进一步落实中期财政规划，发挥中期预算的作用，需要进一步增强相关法律规定，使中期财政规划管理的决策程序、控制方式等做到有法可依，进而强化中期财政规划与"五年规划"和年度预算之间的衔接。在财政基本法中，应该明确结合国家和本级政府的战略管理，特别是"五年规划"的目标和任务，编制滚动的三年期中期财政规划；第一年的财政规划必须与年度预算完全一致，对预算执行具有严格的约束作用；第二年和第三年的财政规划对第二年和第三年的年度预算具有参考作用，第二年和第三年的年度预算应该在中期财政规划的一定幅度里变化，如有较大变化，应该向人大说明原因；同时应该将中期财政规划提交人大备案并向公众公布，接受人大和公众的监督。

第二，建立相关制度。各省政府、财政厅及发改委制定的相关制度是各地区能否严格实施中期预算规划的重要保障。法规中可明确项目库储备工作指引，指导部门提前规划储备项目，从而加强项目库建设管理，为中期财政规划提供支持。建立科学的预测和编制体系，增强我国中期财政规划中收入预测的可靠性、科学性及准确性，充分发挥各级发改部门在宏观经济预测方面的优势，科学拟定经济和社会发展政策。通过出台相应的法规来夯实中期财政规划基础，完善配套机制，完善财政体制，增强制度的确定性。

第三，提升政策与执行的一致性。政府发展规划为中期财政规划的制定确立基本方向，中期财政规划从预算视角对政府发展规划中的重大项目进行综合平衡与分年排序并通过年度预算加以落实，同时也为跨年度预算调整提供指导。年度预算同年度政府工作报告及国民经济和社会发展年度计划进行对接，增加对规划重大工程项目资金安排的内容（申现杰，2021）。健全政府发展规划、财政中期规划与年度预算的匹配机制，有利于提升政策和执行的一致性，从而提升政府发展规划对政府履行公共职责的约束能力，使得政府战略和中期预算更好地衔接。

15.4.2　中期预算与跨年度预算平衡

跨年度预算平衡机制，旨在提高国家治理能力，建立现代化的财政制度。在这个体系下，编制预算不再局限于每年度的预算平衡，而是着眼于实现宏观经济目标，注重财政的可持续性和长远战略规划，以利于财政资源更加合理分配，财政收支规范化，提高财政政策的有效性和财政风险的防控能力（朱俊立，2017）。

2013年11月，党的十八届三中全会通过的《中共中央关于全面深化改革若干重大问题的决定》中首次明确提出"建立跨年度预算平衡机制"的改革方向。2014年10月，国务院出台的《国务院关于深化预算管理制度改革的决定》（国发〔2014〕45号）提出，应根据经济形式发展变化和财政政策逆周期调节的需要，建立跨年度预算平衡机制。2018年12月，全国人大常委会发布的《中华人民共和国预算法（2018年修订版）》第十二条要求，各级政府应建立跨年度预算平衡机制。

15.4.2.1　跨年度预算平衡机制的主要内容

为确保财政的可持续发展，需要建立跨年度预算平衡机制：一方面是建立跨年度弥补超预算赤字的机制，另一方面是建立中长期重大事项科学论证的机制。白景明（2015）认为，为实现财政的可持续性，在预算编制和执行环节，建立跨年度的动态平衡机制，硬化支出预算约束。马蔡琛、张莉（2016）认为，跨年度预算平衡机制是指，在预算决策中结合财政政策的相机变化，进行多年期的财政收入与支出预测，实现预算收支从强制约束性向展望预期性的转变，更加强调预算收支在一个动态经济周期的大致均衡,而不再过多强调年度预算的收支平衡,从而兼顾预算的逆周期调节作用和预算在经济周期内的平衡。

关于跨年度预算与年度预算之间的关系,李燕(2015)和李慈强(2015)认为,跨年度预算平衡机制强化了年度预算的约束力,而非完全替代年度预算制度,跨年度预算平衡体现了长期平衡、动态平衡和整体平衡的预算理念,具有计划性、渐进性的特点。李燕等(2016)认为,跨年度预算平衡的提出并不应该是对年度预算平衡的否定或代替,而是在构建现代预算制度的改革中,针对现实问题,在预算收支平衡的规范性与预算宏观调控的灵活性有机结合基础上的一种预算管理的重大制度创新,是满足经济形势发展变化和财政政策逆周期调节的需要,目的是为了规范收入取得及解决"顺周期"调节问题,硬化支出预算约束,为依法理财打下基础,是对预算制度的改革与优化,是走向现代预算之路的重要举措。

在分析其理论基础时,杨志勇(2014)认为,虽然周期平衡理论是跨年度预算平衡机制的基础,但在跨年度预算平衡机制建设中又不必过于拘泥于周期平衡理论,而要更多地从财政运行规律入手来探讨跨年度预算平衡机制建设的问题。马蔡琛(2014)认为,跨年度预算平衡机制试图以经济周期代替财政年度,不要求财政收支在每一年度内的平衡,而是期望在一个经济周期中实现预算收支平衡,至少从理论上说,既能实施反周期的宏观政策,又有望实现预算平衡。然而,经济周期的非对称性、周期拐点预判的困难性,以及官员的道德风险问题,将增加跨年度预算平衡机制的实施难度。

15.4.2.2 中期财政规划与跨年度平衡机制之间的联系

跨年度预算平衡机制是一个多主体协调机制,既要处理好与财政规划之间的协同关系,也要处理好财政规划与国家战略协同之间的关系。国家发展战略(包括国民经济和社会发展五年规划)通过跨年度预算来细化、落实各项目标;中期财政规划则通过滚动编制三年预算来预判总体财政收支和财政经济政策,为跨年度预算提供合理的收支计划和周期性预算管理依据。

跨年度预算平衡机制力图以对中期预算执行的有效调控和经济的周期性波动来约束政府收支活动,合理控制负债规模,实现财政可持续发展。跨年度预算平衡机制和中期财政规划管理两者需要进行互动、磨合和协调。

目前,我国国民经济和社会发展规划以及中期财政规划均为跨年度的规划,而跨年度预算平衡机制和中期财政规划是实施中期预算的制度基础,这两项制度的建立和改革与政府的跨期预算决策问题紧密相关联,有助于建立现代财政制度、完善国家治理体系。因此,在预算决策中需要进行跨年度的分析,将预算决策所覆盖的时间从短期向中长期拓展。

15.4.2.3 跨年度预算平衡机制的国际经验及借鉴

在预算管理实践中,出于应对经济危机、控制政府支出和财政赤字的需要,各国自 20 世纪 70 年代开始广泛实施跨年度预算管理机制。在发展初期,跨年度预算机制主要用于审核新项目并为其提供资金,进入 80 年代中期后,逐渐转变为支出控制和收入分配的工具,进而达成约束并改进年度预算的目标。

各国在实施跨年度预算改革中,往往根据具体国情选择适当的跨年度预算管理工具,多年期预算的时间跨度也不尽相同。

美国的跨年度预算管理机制主要在地方层面广泛开展,多数政府采用的工具为预算稳定基金。美国在 20 世纪 60 年代早期就具有了某些跨年度预测的雏形,当时实施的规划—计划—预算制度强调预算与政府五年计划相联系;在 20 世纪 70 年代,通过立法规定行政主管部门、总统、国会、预算局等机构在预算过程中需要进行跨年度财政预测。与通常 3—5 年期的跨年度预算方案相比,美国地方政府广泛实施的双年度预算则属于较为特殊的跨年度预算管理机制。

英国针对 20 世纪 80 年代财政状况恶化的现实,引入以经济周期为基础的财政框架,主要由两部分组成:一是利用短期弹性来保证财政稳定性的"黄金法则",要求在经济周期内保持预算的平衡或盈余;二是增加财政可预见性的跨年度支出框架。英国早在 1961 年就开始实施公共支出调查,该调查涉及五年期的公共支出,1998 年开展了三年期预算,各部门需要估算新年度及之后两年的经费需求,由支出委员会确定未来三年的总支出规模及各部门的支出限额,并报送内阁审议通过。为了更好地加强政府政策、规划和预算之间的关联,实现中期财政目标,英国停止了已实施三十多年的公共支出调查,于 1998 年开始实行中期视野下的财政规划制度——开支审查。这一审查每隔 2—3 年进行一次,自下而上地审查每个部门对未来三年的预算需求。由政府的中期财政政策指导跨年度预算的生成,在财政政策确定之后,进一步设定跨年度时间范围内各部门的支出限额以及针对所有政府部门的开支总限额,并通过《公共服务协议》确定各部门的绩效目标。在开支审查的年份,英国政府向议会提交开支审查白皮书,其中包含 25 个主要政府部门三年期支出限额的完整预测。总体而言,英国的跨年度财政规划集中体现在支出方面,政府会生成三年期的支出计划,而收入领域则只有跨年度的收入估计,税收政策提案仅包含在年度预算中,当然跨年度的收入估计也会使政府在确定年度财政政策时,考虑未来若干年的资源约束。

澳大利亚自1973年开始实施跨年度支出预测。澳大利亚的跨年度预算制度要求对现行政策的成本以及未来四年预算中涉及的政府活动成本进行量化,这些跨年度预算估计包含在政府的预算文件当中。在预算编制的初始阶段,需要对支出估计进行及时更新,以便确定需要增加多少支出,才能使预算与政府的中期财政目标及政策优先性相吻合。澳大利亚2012—2013财年的财政报告提出了构建财政战略的技术路线图,其中就包括跨年度的信息管理项目,为实施跨年度预算平衡机制提供了技术保障。

马蔡琛、张莉(2016)认为,构建中国跨年度预算平衡机制应科学估计跨年度预算收入和支出,跨年度支出估计是未来年度预算的非正式起点,为制定年度预算提供科学依据。借鉴英国改革经验,我国应该尝试将跨年度支出估计融入预算草案,以反映正在实施及将要出台的政府支出项目和政策在未来几年的成本。尝试建立跨年度收入估计,以反映基于目前已实施及拟提出的税收法案中预计的多年期税收数额。在利用跨年度收入和支出估计的基础上,分析当前政策的中期财政影响,有序推进中期财政规划改革,实现公共政策与预算决策的有机关联。

结合发达国家跨年度预算平衡机制运行情况来看,建立规范的预算稳定调节基金管理制度对健全跨年度预算平衡机制具有积极意义。预算稳定调节基金既可以发挥调节预算平衡的作用,也是实施逆周期财政政策的重要工具。在我国2014年及2018年两次修订的《预算法》中,明确了预算稳定调节基金对政府预算的储备作用和债务调节作用。席毓、孙玉栋(2021)分析提出,可以通过调整规划预算稳定调节基金规模、充分发挥预算稳定调节基金在中期预算调整与跨年度预算平衡机制间的链接作用、践行预算稳定调节基金的绩效管理等方面,健全预算稳定调节基金制度。

15.4.2.4 跨年度预算平衡的立法建议

在财政基本法中应明确,跨年度预算平衡必须与国家战略相一致,与国家财政政策和五年计划相配合;各级政府的中期财政规划应该做到跨年度预算平衡;对于预算稳定调节基金的建立、使用和结余,应该建立公布制度;对于预算单位的项目管理,应该实行全生命周期管理制度,对于收费项目应该有从筹集资金到偿还资金的全部预算。

15.5 国库管理制度

国库支持政府预算的收入和支出,是负责现金收支的机构,从这一意义上说,国库是政府财政收支的出纳机关,负责财政收支的具体调拨。但这只是国库最基本的职能,目前现代国库除了负责财政资金收支外,还承担着许多其他财政管理的职能。IMF(2014)认为,国库是负责控制预算执行、保管政府资产和负债等的监督管理机关。我国学者王雍君(2010)也认为,现代意义上的国库主要是财政部代表政府行使关于预算的职能。

早在国民革命时期,我国就颁布了《国库暂行条例》以管理革命根据地地区的财政。国库管理制度经过 90 余年的发展和演变,已逐渐由过去的传统国库管理转向现代国库管理的建设。传统国库管理以财政资金运营的安全性为核心,主要就是确保按照相关法律法规筹集财政资金,按照支付指令完成款项拨付。而现代国库管理在原有总额征收、按时拨付以及保障安全的基础上,还要承担规范政府收支行为、提高财政资金运作效率以及保障收益性等责任。从本质上来说,现代国库管理是一个科学的财政管理体系,其相较于传统国库管理,更加注重国库集中收付制度及国库现金管理制度的建设和完善。本节主要就从国库集中收付制度和国库现金管理制度两个层面进行深入分析,通过比较国内外国库管理制度的发展现状,旨在得出我国仍存在的问题并为今后的发展方向提供建议。

15.5.1 纳入国库的财政资金的范围

讨论纳入国库财政的资金范围是分析我国国库集中收付制度和国库现金管理制度的前提与基础。我国政府预算体系由四大预算组成:一般公共预算、政府性基金预算、国有资本经营预算和社会保险基金预算。但并不是所有的财政管理的资金都纳入政府四大预算,也即并没有将所有的财政资金纳入国库范围。

15.5.1.1 我国现状及存在的问题

我国政府预算收入应该包括税收收入、社会保险基金收入、非税收入、贷款转贷回收本金收入、债务收入和转移性收入六大类。我国的新《预算法》第 4 条规定,"政府的全部收入和支出都应纳入预算",但新《预算法》和相关的规章制度并没有明确,什么是政府的收入和政府的支出。目前,我国财政部门的银行账户有两大类:一类设置在国库,另一类设置在商业银行。放在商业银行的资金也有两大类:一类是社会保险基金的资金,另一类则是其他资金。因为社会保险基金要追求保值增值,而国库存款的利息只能是活期存款利息,比商业银行利息低很多,所以国家允许将社会保险基金的资金放在商业银行进行保值增值。商业银行的第二类资金俗称为"财政专户资金",这部分资金的来源大致分为四个方面:①事业单位的事业收入,如公立学校非义务教育阶段的学费收入;②事业单位的其他收入,如投资收益、出租收入;③部分行政收费(包括一些社会保障收费);④从四大预算(主要是从一般公共预算)调出到财政专户的资金。由于法律上没有明确规定,哪些财政管理资金被纳入财政专户在各地的处理上存在一定差异。按照《预算法》第 10 条的规定:国有资本经营预算是对国有资本收益做出支出安排的收支预算。收入主要来源于国有企业的利润收入、股利及股息收入、产权转让收入、其他国有资本经营预算收入四项。即使法律上有所规定,但国有资本经营预算的范围并没有涉及所有的国有企业,有些国有企业(特别是委托其他部门监管的国企)没有纳入国有资本经营预算的范围。有些国有企业并不向政府上缴利润,也没有涉及股利及股息收入、产权转让收入及其他,这样就没有体现在国有资本经营预算中,这样的企业并不是没有经营收益或者利润,只是不上缴而已。所以没上缴的国有资本经营收入也没有纳入国库管理(徐曙娜,2021)。

《中华人民共和国国家金库条例》(2020)规定了国库有监督财政存款开户的责任,且按规定,财政专户开户必须依据省级以上财政部门文件开设,作为开户依据的文件必须是正式文件。但实际上,我国并没有明确财政专户开户的具体要求,国库对于财政专户的监督职责并没有得到落实。此外,财政专户资金信息隐蔽,专户名称既有以财政部门及其二级单位命名的,也有以内部科室命名的,还有以资金性质、用途命名的,财政专户资金透明度不高。在财政专户使用过程中,部分财政专户未按照规定的预算、用款计划、项目进度和规定程序支付使用,使得财政资金大量滞留财政专户(杨梅,2020)。这些滞留在财政专户的政府财政资金一旦脱离监管,就难以监控其后续实际用途。

15.5.1.2 国际经验及借鉴

美国国库的收入明确为四类:一是税收收入,为联邦政府统一征收的主要税种,包括社会保障税、个人所得税、公司所得税、特别消费税等;二是非税收入,包括投资收益和收费,投资收益主要是美联储的储备收益和政府特别投资账户收益,收费是指使用费、规费、受益费、损害费等;三是债务收入,即通过向公众借债或向政府基金账户借款产生的收入;四是基金收入,即通过特定的方式来确认和筹集的收入(宋瑞晰,2018)。尽管美国财政部在商业银行开设有账户,但其开设在商业银行的税收与储蓄账户主要用于国库现金管理,同样纳入国库管理的范畴。只有在特殊情况下,联邦政府部门才可向财政服务局申请开设库外账户。由此可见,美国近乎所有的财政资金都纳入国库范围。

尽管财政部在特殊情况下允许联邦政府部门申请开设库外账户,但政府部门在账户开设前被要求与财政部进行讨论和分析,只有二者确认不存在除开设库外账户外其他替代方案时,财政部才会批准政府部门的申请,其开设条件极为严格。并且在账户被批准开立后,仅具有 5—7 天的较短有效期,政府部门需要在有效期内在账户内支取现金并完成支付。有效期限一到,该库外账户就不存在效力。可见,美国财政部对于库外财政资金的存在具有极其严格的监控和审批程序。

15.5.1.3　改革建议

第一,在立法层面。国际上大部分市场经济较为发达的国家在相关法律规章中明确了纳入国库的政府收入和支出的具体内容,清晰界定哪些应当纳入政府收入和支出、哪些不应该纳入,并且近乎所有的财政资金都纳入国库范围。而我国法律和相关的规章制度并没有明确政府收入和支出的具体内容,还有较多的财政资金游离在国库管理体系之外。针对该问题,应当将财政专户资金纳入政府本级预算。在财政基本法中,须明确将事业单位的事业收入、其他收入和经营收入,以及这些收入安排的支出纳入一般政府基金预算,纳入国库管理。此外,扩大国有资本经营预算范围,将所有国有企业向政府上缴的利润、股利及股息收入、产权转让收入和其他都纳入国有资本经营预算,也就意味着纳入国库。

第二,在执行层面。我国并没有明确财政专户开户的具体要求,国库对于财政专户的监督职责并没有得到落实。且财政专户资金信息透明度不高,对于该部分资金的监管具有较大难度。为了杜绝将预算内资金调入财政专户,脱离预算监督,我们必须严控财政专户的建立,通过人民银行结算系统,杜绝地方政府设立未经中央财政批准的财政专户,并由人民银行对批准的财政专户实行实时监控。此外，对于经批准建立的财政专户，也应当向公众公开财政专户信息，包括其资金来源、用途、结余等信息。由此，一方面可以使地方政府的行政事业收费全部纳入国库和政府公共预算；另一方面也监督地方政府不能为脱离监管而将预算内资金转移至财政专户。

15.5.2 国库集中收付制度

规范国家财政资金收付既是支持财政资金正常运转的有效途径，也是落实国家财政政策的制度保障。我国曾经在相当长的一段时期内采取分散收付制度，但随着我国公共财政管理框架的建立和完善，财政资金分散收付制度不再适合我国国情。2000年6月，财政部发布的《关于实行国库集中收付制度改革的报告》中正式提出集中收付制度的概念。2001年3月《财政国库管理制度改革试点方案》的批准以及相关试点工作的开展，标志着我国的国库集中收付制度改革正式实施，此项改革初步构建了我国现代国库管理制度的核心框架。2007年财政部文件《关于深化地方国库集中收付制度改革的指导意见》要求，集中收付改革在2011年以前全面落实到县区甚至是乡镇财政，吹响了地方国库集中收付制度建设的号角。此后的新《预算法》更是要求政府的全部收入和支出都纳入预算，实行国库集中收付管理，并对财政专户的开立进行了严格限制，这不仅为深化国库集中收付制度改革奠定了法律基础，而且对加快推动建立国库单一账户提供了法律支持。

国库集中收付制度具体包含国库集中支付制度和国库集中收缴制度，核心是将所有财政性资金都进行集中统一的管理。所有财政收入通过国库单一账户体系缴入国库或财政专户，所有支出也是通过单一账户直接支付给收款单位。施行国库集中收付制度有利于政府财政信息的公开透明和财政资金动态监管机制的完善，可以遏制腐败并有利于推进公共财政管理体系的建设。针对国库集中收付改革，我国始终走在路上。然而，由于起步较晚且受客观条件的限制，我国国库集中收付制度改革仍不完善，运行也存在诸多问题。通过借鉴部分发达国家先进的经验，可以发现我国与其他国家之间在法律、制度、执行等层面上的差距，并针对问题，为完善我国国库集中收付制度提供建议。

15.5.2.1 我国的现状及存在的问题

我国目前与国库集中收付制度相关的法律法规较多，新《预算法》中规定，"国家实行国库集中收缴和集中支付制度，对政府全部收入和支出实行国库集中收付管理";《预算法实施条例》中明确,"各级国库应当依照有关法律、行政法规、国务院以及财政部、中国人民银行的有关规定,加强对国库业务的管理,及时准确地办理预算收入的收纳、划分、留解、退付和预算支出的拨付";《国家金库条例》《国家金库条例实施细则》从国库的职责和权限角度,强调国库工作是办理预算收支的重要基础工作,要求准确及时地收纳各项国家预算收入、办理财政库款的直拨;此外,《国库会计管理基本规定》《国库监督管理基本规定》等相关规定也从会计和监管的角度对国库集中收付制度进行了规范。新《预算法》和《预算法实施条例》对国库集中收付制度的规定过于笼统,不便于规范国库集中收付制度的具体实施;而《国家金库条例》《国家金库条例实施细则》《国库会计管理基本规定》《国库监督管理基本规定》虽有涉及,但一方面不够全面和系统,另一方面又存在立法层级不高等问题。

目前,我国逐步形成了以国库单一账户体系为核心的国库集中收付制度。我国的单一账户制度体系,除了包括在中国人民银行开设的国库存款账户(简称国库单一账户)外,还包括在商业银行开设的财政部零余额账户、用于财政授权支付的预算单位零余额账户、为预算单位开设的小额现金账户以及经国务院或国务院授权财政部批准预算单位开设的特殊专户。不同的账户具体对应着不同的用途,其中财政零余额账户以及预算单位零余额账户被用来进行财政资金支付;小额现金账户则用于记录、核算和反映预算单位零星支出活动;特殊专户属于过渡性账户,其作用在于记录、核算和反映预算单位的特殊专项支出活动。

我国在预算收入方面有直接缴库、集中汇缴两种缴库方式,财政支出有财政直接支付及财政授权支付两种方式。随着我国国家信息处理系统的建立与完善,目前我国已经基本实现了税收收入全部直缴国库账户,但一些非税收入还是存在着过渡户的现象,并没有直接缴入国库,另外电子缴付还没有全覆盖。在财政支出执行过程中,直接支付和授权支付的适用范围还需要进一步优化;在预算管理一体下,财政、国库、商业银行之间的系统建设也需要进一步完善。

15.5.2.2 国际经验及借鉴

大部分发达国家和兴起的发展中国家在实行国库集中收付制度。

(1)英国

1787年英国议会发布的《统一基金法案》明确规定,政府获得的所有收入都归入"统一基金",存入英格兰银行,所有政府公开活动开支都由这个基金统一提供。此外，议会每年都会起草并表决《拨款法案》，该法案成为规范年度财政支出的法律文件。

英国的国库单一账户体系分为负责债务管理账户、国家贷款基金账户以及合并基金账户三个部分。其中，债务管理账户是政府的现金和债务管理总账户；国家贷款基金账户是政府的借贷账户；合并基金账户是政府的收支账户，用于核算税收部门的收入和政府机构支出活动。该账户体系均开设在英格兰银行下，以此避免在商业银行开户的信用风险。每日终了时，英格兰银行会自动清算各个账户的余额，最后余额全部汇总集中在债务管理账户中，该账户可以反映所有的金融交易信息。

英国国内收入局分别在苏格兰和英格兰设立核算办公室，该核算办公室每两年就负责预算收入的收缴和划转业务的商业银行进行招标。对于预算收入的收纳，其具体流程为：苏格兰和英格兰核算办公室分拣并审核纳税人统一格式的税票和专用支票后，将支票存入中标的商业银行；如果纳税人通过转账方式缴纳税款，则直接将账款划到核算办公室在该商业银行的账户上，商业银行当天将税款转入国库在英格兰银行的账户中。从收入流程看，英国的中间环节较少，纳税人向征税机关或任一家商业银行缴纳税款，资金通过银行清算系统，直接上划至财政部在央行开立的主账户中，实现各项收入直缴入库。实际操作中，大部分纳税人是通过转账的方式直接汇入商业银行账户的。从支出流程看，英国先将支付资金转入各部门在公共会计出纳署的子账户，然后再支付给最终收款人，存在中间环节（陈西果等，2018）。

(2) 日本

根据《日本银行法》第 35 条的规定，日本银行行使管理国库的职能。1947年日本《会计法》颁布实施，该法延续了国库管理存款制的规定，要求所有国库资金的收支原则上均通过在日本银行开立的政府存款账户办理，日本银行统一出纳、保管，需要支付时则以政府支票的方式由日本银行从国库账户支付。

在国库账户设置方式上，日本实行的也是国库单一账户制度。所有的财政资金全部存入设在日本银行的国库单一账户，日本银行负责财政资金的出纳事务，具体办理财政资金收支。日本所有的财政资金都必须经过国库单一账户才能进行收支，唯一的例外是各部门的出纳官经大藏大臣批准后，在法律限额范围内可以保留数额较小的手头现金。

针对收入程序，税收收入一般由纳税者或其税务代理人自行计算和申报，税收征收机关负责审核,审核通过后向国库单一账户转账既可。而对于非税收入,则缴纳义务人要根据征收官的征收命令进行缴纳。针对支付程序,日本的财政资金支付程序一般可以分为四步:第一步,预算单位负责人向财政机关发出支付指令;第二步,财政部门在财政预算的计划额度内进行审核,审核通过后开具支票;第三步,收款人出示支票,出纳机构办理支付;第四步,国库会同日本银行进行会计账务处理,也就是日本银行各分支机构在从事规定的国库支付业务后,向日本银行总店汇报,进行统一的会计处理后,结算国库单一账户的资金余额(马海涛,2004)。从支出流程看,日本已实现无中间环节的国库直接支付,所有政府支出经相关部门审核通过后,由国库单一账户凭借签发相应的支付凭证或支票,直接支付到最终收款人账户中。

(3)法国

1962 年法国颁布的法律明确规定,所有国库资金必须存放在法兰西银行,1993 年颁布的《法兰西银行地位法》明确了两项原则:一是国库资金存放在法兰西银行;二是法兰西银行不能给予国库透支便利。2014 年 6 月 30 日正式推行的预算与财务管理法令重申了各公共机构均有义务将其资金存入国库账户的原则(梁远川等,2016)。上述法律及法令为国库集中收付制度提供了法律保障。此外,法国的财政资金收付还受到《财政法》和《法兰西共和国宪法》的双重约束。每年国会也会通过《预算法案》来对制度进行补充,同时在财政资金的收支程序方面也有十分严格的法律规定。

法国实行国库单一账户制度,即由财政部门在法国央行法兰西银行设立国库单一账户,政府所有的财政资金都要经过该账户。法国在国库单一账户下设置许多国库分账户,由国家会计人员负责对接一个或若干个交易账户。法兰西银行将各账户资金进出信息实时汇总到法兰西银行的共同账户,即"国库单一账户"中,通过法兰西银行交易系统,财政部门可以实时查询账户交易情况。此外,法国的国库单一账户体系要求所有预算单位都在主账户下开立分账户,不允许在商业银行开立账户。

针对法国的财政资金收支程序,从收入流程来看,可以区分税收收入和非税收入两类。对于税收收入,纳税人或其税务代理人向征税机关申报并获得相关部门审核确认后,资金通过代理银行的清算系统直接划入国库单一账户;对于非税收入,则是缴纳人在收到征收指令时,在一定期限内去代理银行办理支付。无论是税收收入还是非税收入,法国基本上都实现了直缴国库单一账户。

从支出流程来看,法国同样采取的是集中支付的方式,即只有当发票审核通过并且财政资金已经到最后需要支付给商品或者劳务的提供者时,才可以发出支付指令,将财政资金从国库单一账户中划出(马海涛,2004)。

15.5.2.3 完善我国国库集中收付制度的建议

结合国际经验和我国现状,我们可以进一步完善我国的国库集中收付制度。

第一,立法层面。总体而言,我国关于国库集中收付制度在立法上以行政法规和部门规章为主,相较于发达国家而言,存在立法层级不高、约束力较弱、法律规范不够系统全面等诸多问题。在财政基本法中应该明确,国库资金实行国库集中收缴和集中支付制度,取消收入过渡户,不允许国库资金坐收坐支;建立包括国库单一账户、财政专户、财政零余额账户和预算单位零余额账户的国库单一账户体系;原则上实行电子化缴付全覆盖。

第二,制度层面。建议制定《国库集中收付制度实施条例》,具体规范国库集中收缴和集中支付的流程、方式,以及对国库单一账户体系的规范。从国际经验上看,大部分国家只在国家中央银行建立单一账户,并在每日终了时自动清算现金余额并汇总收支情况。完善的国库单一账户不仅可以帮助国家准确掌握国库现金余额,还可以有效监控财政资金的收付情况,有效缓解贪污腐败现象,也便于发现问题,从而及时做出政策上的调整。我国也应当在中国人民银行建立更加严格的国库单一账户。待条件成熟后,逐步取消开设在商业银行的财政零余额账户和预算单位零余额账户,并在国库单一账户中为预算单位开设专门用于资金支付的子账户,使国库单一账户成为国库资金收支的唯一路径。

第三,执行层面。从收入流程看,各个国家都趋向于简化收入缴入国库单一账户,我国也应尽量减少中间环节,实现直缴。但在财政资金支出过程中,直接支付和授权支付的适用范围各地不一致,有些地方合理、有些地方不合理,中央财政可以通过制定操作指南或者在《国库集中收付制度实施条例》中规定各自具体的实施范围。另外,完善预算管理一体化系统,将授权支付的动态监控系统纳入预算管理一体化系统,用预算会计和预算额度控制国库资金的支付。

15.5.3 国库现金管理

国库现金管理是在保证资金流动性的前提下,实现财政资金保值增值的财政管理活动。随着我国经济的不断发展,财政国库中的资金存储量逐年上升,过大的资金储蓄量敦促着国库现金管理改革。我国国库现金管理分为中央国库现金管理和地方国库现金管理两大部分。早在2006年人民银行和财政部相继发布《中央国库现金管理暂行办法》《中央国库现金管理商业银行定期存款业务操作规程》后,中央国库现金管理操作就正式开展,而地方国库现金管理操作则起步较晚。2014年12月,财政部、中国人民银行联合发布《地方国库现金管理试点办法》,实现了地方国库管理的突破。2017年2月发布的《关于全面开展省级地方国库现金管理的通知》标志着省级地方国库现金管理在全国范围内的全面展开。2020年10月1日正式施行的新《预算法实施条例》,进一步细化了与国库现金管理密切相关的预算制度,改善和优化了国库现金管理的制度环境。

过去,地方财政部门主要通过财政专户定期存款的方式开展类似现金管理的工作,将国库现金按照制定的评分体系来向商业银行分配,从而提高国库现金的收益性。然而,各地的评分体系均有所差异,财政专户定期存款的操作模式也有明显不同。各地差异造成了监管上的问题,资金风险具有极大的不确定性。尽管后续新《预算法》和《地方国库现金管理试点办法》等以法律条款维护了国库现金管理相关制度的权威性,但我国国库现金管理制度仍然还有很多方面需要得到改善。国库现金管理在西方发达国家经过了数十年的发展历程,积累了许多可借鉴的成果经验。通过对我国现状的分析以及与国外发达国家之间进行比较,可以发现制约我国国库现金管理制度发展的突出问题并提出相关建议。

15.5.3.1 我国的现状及存在的问题

2006年财政部联合中国人民银行根据《中华人民共和国预算法》《中华人民共和国国家金库条例》等相关规定颁布了《中央国库现金管理暂行办法》(以下简称《办法》)。《办法》中明确了国库管理的安全性、流动性、收益性原则,并从操作方式、职能划分等角度进行了具体描述,标志着中央国库现金管理正式开始。2014年新修订的《中华人民共和国预算法》规定,"各级政府应当加强对本级国库的管理和监督,按照国务院的规定完善国库现金管理",明确赋予地方政府开展现金管理的权力,确立了地方政府开展国库现金管理的法律基础。此后的《地方国库现金管理试点办法》对改革范围、操作原则、操作流程和操作工具等方面均进行了明确的规定,为地方国库现金管理设定了基本框架,规范了地方国库现金管理的操作。此外,财政部、人民银行和银监会联合发布的《2015年采用定向承销方式发行地方政府债券有关事宜的通知》《关于中央和地方国库现金》《中央国库现金管理商业银行定期存款业务操作规程》等国库现金管理配套政策文件也在近20年间相继出台。

近年来,我国国库现金管理始终保持高位运行,这也是我国国库现金管理亟待解决的问题之一。出现这一现象的原因主要有:第一,我国预算管理水平不足,常常出现的预算高于实际资金需要的现象导致结余资金堆积在国库账户中;第二,存在一定的体制性原因,我们通过货币当局资产负债表看到的政府存款,是我国中央、省、市、县、乡五级政府存款的总和,故总量很大;第三,我国国库现金流量预测的精准度不高,库底目标余额制度没有建立完善,这是我们需要重点探讨的话题。

设定库底目标余额可以在维系国库资金日常支付的同时,减少闲置资金的浪费,从而在保障安全性的同时,最大限度地实现现金管理收益。库底目标余额的设定应当综合考量财政收支状况、短期融资的可获得性与便利性以及国库现金流预测的水平。其中,国库现金流预测极为重要,它是进行库底目标余额管理的依据,更是国库现金管理制度的重要组成部分。我国财政部自2001年开始国库现金预测工作,在每月月末对下月国库现金收支进行预测。然而,由于现金收支具有偶然性和极大的不确定性,故而应当动态地确定现金目标金额,对现金流进行滚动式精准预测。于是,我国在2003年进一步改进了国库现金流量预测方法,于每月月初对未来三个月的国库现金收支进行滚动预测,在分析上个月的预测结果与实际执行之间差异的基础上,对国库现金预测进行动态调整。

这里主要就国库现金管理操作工具以及国库现金管理与中央银行公开市场操作的相互关系作为切入点,探讨国库现金管理执行层面的现状及问题。就国库现金管理操作工具而言,我国的操作方式仅有商业银行定期存款和买回国债两种,商业银行定期存款是各地地方国库普遍采取的现金管理操作工具。商业银行定期存款的管理方式安全性较高、操作相对简单,但其收益性不高。我国《地方国库现金管理试点办法》规定,国库现金管理的商业银行定期存款参照普通资金存入银行,存款期限只有3个月和6个月两项选择,期限结构极其匮乏。由于我国国库现金流量波动幅度较大,故而3个月和6个月定期存款的管理方式可能难以与国库资金的收入和支出达到很高程度的匹配,从而限制了现金管理的滚动操作,不利于国库现金管理操作规模的扩大。此外,定期存款需要等到期后取出,在期限上不够灵活,难以应付突然的财政支出活动。针对国库现金管理与中央银行公开市场操作的相互关系,我国财政部和中国人民银行以"三台原则"为基础,共同负责国库现金管理工作。其中,财政部主要负责现金预测并根据预测结果制定操作规划,中国人民银行主要负责监测货币市场情况,负责具体操作,实际起到"中央国库现金管理操作室"的作用。这样的管理体制导致我国当前国库现金管理的主要工具——商业银行定期存款——实际上成为中国人民银行公开市场操作的附属工具,也成为货币政策实施的组成部分。国库现金管理本质上是为了提高国库现金的投资收益,避免过多的资金闲置,而货币政策主要是为了调整利率来保持经济上的稳定。两者目标之间的明显差异,一方面可能导致国库现金收益达不到要求,另一方面国家的货币政策所取得的效果可能也会大打折扣,最终使二者目标均无法实现。此外,随着国库现金管理的不断成熟,操作频率和管理金额都大幅上升,由中国人民银行以公开市场操作的方式来开展会增加货币政策实施的管理难度。

15.5.3.2　国际经验及借鉴

(1)美国

西方发达国家在国库现金管理上的建设起步较早,在经过长期稳定发展后,已经为国库现金管理建设形成了相对完善的外部环境,这就包括与各自国家行政体制相适应的较为完善的法律体系。美国早在1981年就针对政府资金不必要的利息损失问题提出了总统管理促进计划,正式开启了美国联邦政府的国库现金管理。之后三年间,又相继通过了《支付促进法案》和《收缴和存款法案》,从收缴和支付的角度,严格要求各部门加强现金流的监控,强调提高资金缴入国库效率的重要性。此外,美国国会还出台了《现金管理促进法案》《财务主管法案》《债务收缴促进法案》等相关法律法规,强化了各部门的责任,除了对电子资金转账方式做严格要求外,还强调使用相关财务信息与制度的重要性。美国针对国库现金管理的诸多法律,为联邦政府财政资金缴库和支付的顺利开展提供了坚实的法律保障,为财政部门记录、监控、调整和预测国库现金流量打下了基础,对保障后续国库现金管理的执行起到积极作用。

美国建有完善的国库资金预测分析制度,且其国库资金的分析和预测工作贯穿于联邦政府的整个预算编制和执行过程中。美国专门设有财政预测办公室,主要负责收集各其他部门的信息和分析预测报告,具体包括联邦政府各部门下设预算及财务部提交的收入支出分析报告、财政部税收分析办公室提交的预测税收情况分析报告以及纽约联邦储备银行的每日国库账户现金流入流出的有关信息和分析预测报告。财政预测办公室收到上述报告,将联邦预算分解成不同项目,细化到每一天的收入和开支。

此外,美国推出"国库税收与贷款计划项目",该计划项目的核心之一就是通过精密计算,确定一个日常的现金余额存放在联储,以满足收支平衡。在国库资金使用量较大的时段,比如3月、6月、9月和12月,美联储的国库资金余额一直处于大约70亿美元的水准,其他时期则为50亿美元左右。根据每日预测的国库收支情况,美国财政部在联邦储备银行下的国库账户同商业银行的税收与贷款账户之间调动资金来满足日常支付需求(李红玫等,2019)。

美国国库现金管理操作工具具体包括发行短期国债、商业银行存款、买回长期国债三类。其中,短期国债发行的国库券期限并不固定,有4周、13周、26周的短期债券,也有几天至十几天不等的短期债券类型;商业银行存款是三类操作工具中使用最为频繁的一种,是为调节由于现金流预测的误差和国库现金余额的日常波动而采取的一种方式,具体通过调节开设在纽约联邦储备银行的国库单一账户和商业银行账户间的存款余额来实现;买回长期国债主要是在预算连年盈余时,为避免国库现金余额过高而采取的一种国库现金管理方式。虽然通过减少短期国债的发行,也可以在预算盈余时降低国库现金余额,但减少短期国债发行会使长期国债比例增加,进而增加国债筹资成本。因此,买回长期国债作为国库现金管理一种必要的补充工具,能够在某些特定时期发挥其重要作用。

美国在国库现金管理方面,财政部和美国联邦储备银行职责分工明确。财政部下设财政预测办公室,主要承担国库现金预测的职能。美国联邦储备银行主要设有纽约联邦储备银行和圣路易斯联邦储备银行这两家分支机构负责国库现金管理工作,其中纽约联邦储备银行又是主要的分支银行,具体负责发布国库现金管理操作指令、代理发行国库券和买回国债。而圣路易斯联邦储备银行主要负责商业银行存款操作、代理财政部与商业银行签署存款协议、制定操作规则、监测质押品价值变化、提供实时数据信息,并管理每天从中午12点到下午5点的现金提取或动态投资,以此保障在国库总账户中的现金余额平稳(朱苏荣,2006;李思敏,2012)。

(2)法国

2003年12月29日，法国宪法委员会明确表示，国库现金管理应确保国库及时取得进行交易所需要的资金，并积极地运作政府部门和公共机构存入国库账户的资金，提高国库管理整体水平，以此促进公共资金的使用效率。此外，国库现金管理还应避免国库账户出现赤字。由此从法律上明确规定了国库现金管理的两个主要目标：保障财务连续性、积极管理可支配资金（梁远川等，2016）。

法国每年年初都会对国库账户未来12个月内的每日现金流进行初步预测，再根据信息变化对预测数据进行日常更新。对于收入的预测，税收收入是以历史政府部门的收入数据为依据来进行预测的，非税收入则通过统计学中估计的方法来开展，收入预测依据实际情况的变化进行每月更新。对于支出的预测，主要是来自各系统、部门的信息收集工作。1999年，法国公共会计总局设立国库署公告系统，旨在为国库现金管理提供及时准确的信息，使政府账户库存现金在每日收盘时大幅下降，实现了流动资金的积极管理。根据法国规定，支出部门必须提供每日现金流量详细信息，现金管理部门根据各部门支出计划，能够较好地把握支出情况。此外，法国政府设定的库存现金目标余额为1亿欧元，超过1亿欧元的部分将被用于投资，近年来法国在国库现金余额控制方面相当稳定（李海，2009）。

法国国库现金管理操作工具包括银行存款、国库券逆回购或向与法国国库署签订流动资金交换协定的欧元区国家提供贷款。国库署的现金管理绩效采用三个指标来衡量，这三个指标的目标及结果每年均上呈国民议会审议。三个指标分别为：每日收盘前法兰西银行国库账户余额、流动资金的投资收益以及国库相关方必须对其影响国库账户的交易预先予以信息通告。

法国于2001年成立国库署，由此法国国库由法国央行和国库署共同管理。法国央行负责资金收支，而将国库现金管理的职能赋予国库署，由其负责管理和运营国库财政资金。根据规定，法国央行须对国库沉淀资金支付利息，同时还向国库署收取账户管理费。国库署根据流动性管理要求，在充分保障国库资金支付需求的基础上，追求一定的收益性。基于此，法国也实现了国库现金管理与中央银行公开市场操作相互分离。

15.5.3.3 完善我国国库现金管理的建议

第一，立法层面。无论是主体法律法规还是配套政策文件，大多从操作原则、职能划分、操作工具等角度去规范，对于国库现金流量的监控和管理，设定库底目标余额等关于国库现金管理的具体措施和内容,并没有相应的法律法规作支撑,不利于后续制度的设计以及执行上的落实。对此,应为国库现金管理的具体内容提供法律支撑。我国应当就规范财政资金缴库和支付行为,如何监控、管理国库现金流量,如何精准设定库底目标余额等具体内容提供相关法律支撑,以保障后续制度建设和执行落实的顺利开展。建议在财政基本法中明确我国各级政府可以进行国库现金管理,实行库底目标余额制度。明确财政部门和中央银行在国库现金管理中的各自职责:各级财政部门对国库现金流量进行预测、分析、规划和决策,同时对国库现金管理发出指令;中央银行也同步对国库现金流量进行统计、分析和预测,为财政部门决策提供依据,中央银行执行各级财政部门关于国库现金运营的具体指令。

第二,制度层面。我国没有建立一套完善的库底目标余额管理制度。对此,首先要建立准确的现金流量预测机制,对国库现金流量进行短期和中长期预测,特别是实现国库现金流量的每日精准预测。在准确预测国库现金流量变化的基础上,建立完善的财政库底目标余额制度,保持国库现金余额的相对稳定,从而缓解目前我国高额国库现金余额的问题。另外,西方发达国家大多建立了先进的国库现金管理系统,通过信息技术的应用来提升现金流预测以及财政库底目标余额管理的效率和效果。我国也应当大力发展和推行"国家金库工程"建设,建立先进的国库信息化系统。

第三,执行层面。我国在国库现金管理执行上,需要丰富现金管理操作工具并实现国库现金管理与中央银行公开市场操作相分离。具体建议如下:针对国库现金管理操作工具,除商业银行定期存款工具外,国际上普遍采用的购买国债或地方债以及银行间市场债券质押式回购交易方式等其他操作工具均具有安全性高、收益性好的特点,尤其是银行间市场债券质押式回购交易期限灵活,可以满足国库现金流动性的要求。但是,我国地方国库目前并没有银行间债券市场的交易资格,不能作为投资主体参与银行间市场国债的买卖,并且这种运作方式操作难度比较大,对人员的素质和金融市场以及国库现金管理配套制度的要求都很高,故在我国地方国库现金管理发展初期并不适用,这也是我国目前仅采用商业银行定期存款的重要原因之一。待我国配套制度完善并且有运作经验后,可以适当考虑将债券质押式回购作为短期国库资金的运作方式,并且可以允许地方政府进行国债购买与回购,从而使国债满足现金管理中投资增值与弥补支付缺口的内在要求。就我国目前发展阶段来看,商业银行定期存款工具仍然是国库现金管理的最优考量,但建议可以增添多类存款方式或期限,如通知存款及 1 个月、2 个月定期存款品种等。同时允许地方政府在现金管理定期存款协议中加入提前支取的条款,从而保障国库的突发现金需求。就国库现金管理与中央银行公开市场操作的相互关系而言,应当借鉴大多数发达国家,将国库现金管理职责全部交由财政部,实现国库现金管理操作与货币政策实施的相互分离。但是,国库现金管理与中央银行公开市场操作相分离并不意味着绝对的独立,在政策实施上还需要财政部和人民银行相互协作配合,通过完善国库现金管理的制度机制实现与货币政策的协同发展。

15.6 本章小结

本章只讨论预算管理的一般内容,具体包括预算体系、预算程序、中期预算、国库管理制度四个部分。

目前,我国没有明确具体的预算收支范围和预算资金的主体。一般认为,政府的预算文件不仅应该体现政府的全部收入支出、债务收入、税收支出等隐性收支,还应该包括预算外基金和社会保险基金收支和公共企业的准财政活动。所以,我国的财政基本法中应该明确预算涵盖的范围。同时,应明确政府部门、公共法人机构为预算资金的主体。我国政府预算体系整体性较差,预算分类的不完善以及预算层次的不合理,不利于宏观财政政策执行、债务的控制,也不利于代际公平等。我们可以在财政基本法中明确:我国的政府预算是由正式预算和补充预算组成。正式预算包括政府公共预算和社会保障预算;补充预算包括准财政报告、按流动性分类的预算等。

传统预算模式下的预算程序与全面预算绩效管理下的预算程序有很大的不同,我国目前正处于从传统预算模式向全面预算绩效管理模式转变。由于投入预算模式下的整套预算程序只要求对合规性负责,从而降低资金使用效率,将绩效管理纳入预算各阶段,有效提高了财政的管理效率,我国可以将绩效预算管理模式写入财政基本法。首先,明确全方位预算绩效管理理念;其次,将绩效管理融入预算的各个阶段。

中期预算是战略管理目标的具体化,通过中期预算,可以将战略目标分解成短期目标,从而使战略计划能够具体落实,使战略目标得到保障。在财政基本法中,应该明确结合国家和本级政府的战略管理,特别是五年规划的目标和任务,编制滚动的三年期中期财政规划,规范好年度预算和中期预算的关系。跨年度预算平衡机制是中期预算的一个表现,两者相辅相成。五年规划要求的财政政策往往通过跨年度平衡机制进行逆周期调整来实现。所以我们建议在财政基本法中应明确:跨年度预算平衡必须与国家战略、国家财政政策和五年规划相配合。各级政府通过预算稳定调节基金实现跨年度预算平衡。

完善国库管理制度,首先应该完善国库资金的范围,我们建议在财政基本法中明确纳入国库管理的具体资金范围。相较于发达国家而言,我国的国库集中收付制度存在立法层级不高、约束力较弱、法律规范不够系统全面等诸多问题。在财政基本法中应该明确国库资金实行国库集中收缴和集中支付制度,取消收入过渡户,不允许国库资金坐收坐支。设定库底目标余额进行国库现金管理可以在维系国库资金日常支付的同时,减少闲置资金的浪费,从而在保障安全性的同时,最大限度地实现现金管理收益。我们建议,在财政基本法中明确我国各级政府可以进行国库现金管理,实行库底目标余额制度。

第 16 章 财政监督

《中华人民共和国国民经济和社会发展第十四个五年规划和 2035 年远景目标纲要》中明确指出,在建立现代财税金融体制过程中,我们要更好地发挥财政在国家治理中的基础和重要支柱作用。而在现代财政制度中,理所当然地需要与之相适应的现代财政监督体系。本章在结合财政监督的内涵及外延的基础上,简要介绍财政监督的重要性,然后通过介绍各国在财政监督层面的立法经验并对比我国财政监督的沿革及立法现状,给出对于我国财政监督的立法建议。

16.1 财政监督概述

16.1.1 财政监督的内涵和外延

"十四五"规划中关于加快建立现代财政制度的部分,对财政制度的建设完善提出了任务目标和推进要求。我们需要深化预算管理制度改革,强化对预算编制的宏观指导和审查监督;加强财政资源统筹,推进财政支出标准化,强化预算约束和绩效管理;完善跨年度预算平衡机制,加强中期财政规划管理,增强国家重大战略任务财力保障;建立权责清晰、财力协调、区域均衡的中央和地方财政关系,适当加强中央在知识产权保护、养老保险、跨区域生态环境保护等方面事权,减少并规范中央和地方共同事权;健全省以下财政体制,增强基层公共服务保障能力;完善财政转移支付制度,优化转移支付结构,规范转移支付项目;完善权责发生制政府综合财务报告制度;建立健全规范的政府举债融资机制。

财政监督是指监督主体为保障财政政策的贯彻落实及财政管理的有序、有效进行,依法对财政运行相关主体的财政财务行为进行监控、检查、稽核、制裁、督促和反映的活动的总称。其包含于上述财政制度运行的全过程之中,在严格财政预算管理、增强财政收支规范、保障财政政策运行、维护财经市场秩序、提供决策制定参考等方面发挥重要的作用,可以说是现代财政制度中不可或缺的一部分。

财政监督是一个涉及多环节、多部门的监督体系,其外延除了包含狭义层面上财政机关依法对财政管理中财政直接运行的监督,还涵盖立法部门、审计部门、司法部门和社会公众对于财政运行管理的监督。在这样一个监督体系中,各个环节既相互独立又相互联系,共同构成了我国的财政监督体系。

16.1.2 财政监督的机构和职责

财政监督涉及的监督机构包括财政部门、立法部门、审计部门、司法部门等,本部分依次对这些部门在财政监督体系中承担的职责进行简要介绍。

16.1.2.1 财政部门

履行财政监督职责的财政部门主要包括财政监督的专门机构和财政业务的管理机构。前者主要包括财政部门专司财政监督职责的机构,后者主要包括预算执行机构、国库管理机构等。

财政监督的专门机构以财政部及其下设的各级监管局为代表。财政部起草财政、财务、会计管理的法律、行政法规草案,制定部门规章,并监督执行;负责管理中央各项财政收支,编制年度中央预决算草案并组织执行,并受国务院委托向全国人民代表大会及其常务委员会报告财政预算、执行和决算等情况;负责政府投资基金中央财政出资的资产管理;组织制定国库管理制度、国库集中收付制度,指导和监督中央国库业务,开展国库现金管理工作等。下设的各级监管局则负责调查研究属地经济发展形势和财政运行状况,根据财政部授权管理属地中央各项财政收支,承担财税法规和政策在属地的执行情况、预算管理有关监督工作,向财政部提出相关政策建议。

财政业务的管理机构则负责对财政税收、财务会计法规制度具体执行情况进行监督管理;对下级财政预算实施动态监控;对预算编制、执行情况进行监督管理;对转移支付资金进行监督管理,对专项资金进行跟踪问效和绩效评价;指导和监督国库业务,并对国库集中收付进行监督管理;对政府采购制度的执行情况进行监督管理;对行政事业单位资产实施监督管理;对行政事业性收费、政府性基金等非税收支进行管理;对会计工作进行监督管理等。

16.1.2.2 其他部门

我国的立法机关为各级人民代表大会及其常务委员会，是我国最高的权力机关。立法部门依据《宪法》及相关国家的相关法律法规，对政府及其财政部门执行国家有关财政政策和法律法规情况以及预算编制和执行情况执行监督。

审计机关的财政监督是指国家审计机关按照《审计法》，对国家财政收支和法律法规规定属于审计监督范围的财务收支的真实、合法和效益进行审计监督，对公共资金、国有资产、国有资源和领导干部履行经济责任情况实行审计全覆盖，对领导干部实行自然资源资产离任审计，对国家有关重大政策措施贯彻落实情况进行跟踪审计。审计部门对审计、专项审计调查和核查社会审计机构相关审计报告的结果承担责任，并负有督促被审计单位整改的责任。

司法部门执行的财政监督主要涉及财政违法犯罪行为的监督、检查、处罚环节，体现了我国社会主义法制化"有法可依，有法必依，执法必严，违法必究"的基本要求。对于单位和个人的违法犯罪行为，纪检监察和公安司法部门应依照法律法规和规章制度的规定，对财政监督的对象进行规范的执法行为，充分发挥处罚措施的震慑作用和财政监督的预防功能。

16.1.3 财政监督的重要性

16.1.3.1 现代财政制度的内在要求

财政是政府利用国家权力筹集、使用和管理公共资金的活动，因此，财政活动管理监督从本质上讲是公共权力的行使过程，财政部门作为公共权力的受托者，承担着公民的受托责任，并代理行使公共权力，从这个意义上讲，财政部门行使财政职能首先就要受制于公民的监督和制约。不论是现代预算制度、现代税收制度，还是事权与支出责任相结合的现代政府间关系中，都包含着财政监督的过程。财政监督机制的不断优化完善，有利于夯实财政运行的基础，确保财政工作的有序展开，这是建立完善现代财政制度的内在要求。

16.1.3.2 实现财政职能的有力保障

在社会主义市场经济条件下，财政监督与资源配置、收入分配、调控经济职能都是财政固有的职能，它们彼此相互关联、相辅相成。财政监督对资源配置、收入分配、稳定经济三项职能的实现具有促进、规范、优化和保障的作用。财政监督通过反映、督促、检查和制裁等活动，及时发现并纠正预算编制和执行中的偏差，保证财政资金分配的合规性、合理性和有效性。财政监督的执行可谓各环节中财政职能实现的有力保障。

16.1.3.3 支撑国家治理的重要手段

财政是国家治理的基础和重要支柱。随着财税体制改革不断向前推进,适应我国基本国情和社会主义国家治理要求的财政制度日臻完善。随着我国财政活动规模的不断扩大,经济主体之间的关系愈发复杂,加强财政监督,有助于发挥财政宏观调控作用,有利于建立中国特色社会主义现代财政体系,并进一步推进国家治理体系和治理能力现代化。加强财政监督建设、充分发挥财政监督作用,自然成为夯实财政这一国家治理基础的重要手段。

16.2 国际立法经验

各代表性国家的财政监督一般都包括政府自身的内部控制、作为独立机构的审计部门的事后审计监督、最高权力机关的监督以及通过政府信息公开等方式实现民众对政府财政的监督四个方面的监督。完善的财政监督离不开公开透明、经历严格程序的预算编制、独立审计机构的审计、公众的广泛参与以及完善的法律约束。下文将以英国、美国、加拿大、日本和澳大利亚为代表介绍各国针对财政监督的立法情况,并对国际立法经验进行一定的总结。

16.2.1 英国

英国的财政监督法律体系由《议会法》《国库与审计部法》《国家审计法》等共同组成,英国由此形成这样一种财政格局:议会对于财政具有最高的权威,政府只负责足额高效地征集和使用税款,议会对财政收入和支出的整个过程拥有控制权,并且以对政府的独立审计来确保这一权利的实现,这样就以法令的形式完成了议会控制财政权制度的构建过程。

英国国家的审计监督制度和国家审计权的配置直接起源于英国民刑法制度的设计和国家公权及财政预算监督职能的安排。1866年《国库和审计部法案》第一次在法律上明确了国家审计代表议会对政府收支的审查与控制,是当代国家审计独立于行政部门的开始,标志着立法型国家审计权的配置模式的形成。该法案开篇指出:为了巩固国库与审计部的职能,规范公共资金的收入、保管和使用,规定公共账户审计,制定本法。根据该法案规定,设立国库审计部这一国家审计机关,政府的一切收支应由代表议会、独立于政府之外的主计审计长实施审查,主计审计长有权随时查阅会计部门的账簿和其他文件,并要求对经济业务进行详细审计。下议院负责批准财政支出,主计审计长负责审计所有政府部门的账目并控制款项的支付,最终由议会专门委员会作出结论,向下议院报告。随着英国财政支出规模的扩张,1921年议会对1866年法案进行了修改,不再要求主计审计长对所有的支出项目都进行审计。修正案规定主计审计长应检查:政府拨款和赠款的使用是否符合议会的要求;支款程序是否符合授权权限;政府部门及其下属机构的商业、生产活动账目是否真实和正确。1957年又进行了修改,进一步细化了主计审计长的报酬与职责。

1983年通过的《国家审计法》开篇指出:制定本法旨在通过规定主计审计长任命及其地位,成立公共账目委员会和审计署,并制定促进政府部门及其他机构、团体使用公共资金的经济性、效率性和效果性的新规定,加强议会对公共资金支出的控制和监督以及相关目的。《国家审计法》规定,审计署有权就政府部门和其他公共机构使用公共资源的经济性、效率性和效果性开展检查,而公共账目委员会负责讨论并审议国家财政事务和审查审计长的审计报告。此外,该法还规定主计审计长应当因其职务而成为下议院的一名官员,审计署的经费应当由议会提供,其职员应当按照主计审计长决定的报酬和其他工作条件进行聘用,其审计师应当按照议会公共账目委员会确定的报酬和其他条件任命。

在公众监督方面,2000年11月英国正式通过《信息公开法》(Freedom of Information Act)。该法规定任何人都有权获取政府信息,政府对于公众的请求必须答复;如有所需信息,政府一般应立即提供。该法还规定设立信息专员与专门委员会,接受公众相关投诉并进行答辩。如果被投诉的政府部门依法应提供信息,信息专员有权要求其提供,或者由专门委员会向其发出执行令。

16.2.2 美国

美国国会通过的法律和其他相关法规条款中都具体规定了财政监督的职责和任务,法律体系比较完备。《宪法》第1条第7、8、9项及其修正案第16条都规定了国会的征税、举债和拨款权,作为国会的权力依据。国会先后通过《监察官法》《财政主管法》《政府管理改革法》和《单项否决权法》等,赋予监察官独立监督的权力,为财政监督提供法律依据。除此之外,美国建立了一套体系完整、职责明确、依据充分的预算监督系统,其中,1921年《预算和会计法案》、1974

年《国会预算和截流控制法案》、1985 年《平衡预算和赤字紧急控制法案》、1993 年《政府绩效及结果法案》等都是美国预算控制和监督方面比较重要的法律。

财政监督的程序层面,美国对于预算管理的全过程有着严密的制度设计和保障。例如,在预算执行阶段,美国国会最有效的监督途径是对拨款的控制,按照预算程序,授权是预算监督的第一关,拨款是预算监督的第二关。国会通过了授权法案只是同意立项,政府拿到钱还需要通过拨款程序。即便是在预算法案生效以后要完成拨款活动,仍须国会批准。

此外,1921 年《预算和会计法案》统一了预算编制权,赋予总统提交联邦预算的权力,并将总统提交预算的过程法律化,规定了总统向国会提交预算的时间、预算主要内容、补充预算提交条件及方式等。同时,为协助行政当局做好预算准备和执行工作,该法规定设立预算局(原设在财政部,1939 年移至总统行政办公室,1970 年重组并更名为管理和预算办公室),属于总统办公室系统,负责监督行政机构预算的执行。管理和预算办公室的主要职责是审查预算报告的准确性、可靠性,评估其与总统财政目标的契合度,以及对可支配收入的建议性分配进行协调。为了有效监督行政机构的预算执行,该法还规定设立审计署(2004 年更名为政府问责办公室),属于国会机构,职责是对行政机构账目进行独立审计,向国会提交审计报告和行政机构违反财政法律情况的报告。

16.2.3 加拿大

加拿大在财政收支上坚持公开透明原则,在预算收支管理的各个环节中有所体现。有关财政公开透明的法律主要在《联邦问责法案》和《财政管理法案》中有所涉及。地方政府也出台了具体的预算公开法律,如不列颠哥伦比亚省的《预算透明度和问责法案》、安大略省的《财政透明度和问责法案》等。这些法律对预算公开透明管理原则做出了具体规定:①法律要求政府管理必须问责,预算公开透明是问责的重要内容,政府要为其绩效对公众负责;②政府必须向公众公开与预算有关的信息;③依法赋予审计部门很大的职责和权力,以监督预算的运行管理;④规范预算文件披露内容,包括预算文件或其背景资料、明确的财政政策目标、财政规则、主要财政风险、财政可持续性分析、会计准则、支出估算的格式和内容等;⑤对预算执行情况定期采取多种方式(如中期报告、年度决算报告等),及时向社会各阶层发布,以接受广泛的监督和评价。

此外,加拿大也通过相关法案对财政监督进行了规范。在 1985 年成文法案中,规定拨款法案的各项法规和章程都要向公众发布。在加拿大议会、财政部,放有全套的政府预算文本,供来访者翻看。为便于公众全面了解政府预算内容,政府在预算报告中增加了详细的经济假设和多年度宏观经济预测数据,将税式支出、金融负债与金融资产、非金融资产、或有负债等内容全部纳入预算报告。同时,预算案、经济财政预测等文件都公布于财政部网站,而估算案、政府支出计划、部门计划等都公布于国库委员会网站。

依据《总审计长法案》和《财政管理法案》,总审计长需要进行以下几类审计:①部门和机构的绩效审计。包括审查项目运行的经济性、效率等。②总财务报表的认证审核。审查其是否客观呈现了政府整体财务状况。必须审计的内容包括年度公共账目第一卷第二部分中包含的政府财务报表。其他的财务信息是否需要被总审计署审查,则视其运行的阶段和内容而定。③对皇家公司、地区政府和其他组织的审计。确定其财务信息的合法性、真实性、客观性。④对皇家公司的特别审查。审查其制度和实务中是否合理保证了资产的安全性、资源管理的有效性以及运营的效率。

16.2.4 日本

日本在现行《宪法》第 7 章"财政"中的很多内容对财政监督进行了一定程度的约束。首先,《宪法》第 83 条规定,处理国家财政的权限必须依据国会决议执行。此外,《宪法》还规定,国费支出或者国家负担债务、内阁每年制定的年度预算、为防止难以预计的预算不足设置的预备费、皇室费用及财产、国家所有收入支出的决算均需要向国会提交并接受审议。同时,内阁必须定期且至少每年一次向国会及国民报告国家的财政状况。以《宪法》为依据,日本财政法对国家财政的预决算制度进行了原则性的规定。《宪法》第 7 章和《财政法》形成了日本财政基本法的主体躯干和核心内容。

其次,在财政收入、支出、资产管理以及中央地方财政关系等各个方面也有非常具体细致的法律或者法规法令来规范和控制国家财政活动。根据日本《财政法》的规定,预算成立以后,内阁要根据国会决议,依据各省厅长官所负执行责任对其分配财政收支预算、跨年度经费及国库债务负担行为,分配完之后,财务大臣须通知会计检查院。同时,在分配财政收支预算和跨年度经费时,须将项细分到目。对于财政支出预算及跨年度经费,各省厅长官不得将其用于预算确定的目的以外的事项,也不得在各部局之间或者部局内部的各项之间挪用。

每个预算年度,各省厅长官都必须根据财务大臣的要求,编制与其管辖范围内财政收入和财政支出相关的决算报告书,以及与中央政府债务相关的计算书,并报送财务大臣。财务大臣须根据上述财政收入决算报告书,参照财政收入预算明细书中相同的项目划分,编制财政收入决算明细书。当与跨年度经费有关的项目竣工后,相关省厅长官必须根据财务大臣的要求,编制跨年度经费决算报告书,并报送财务大臣。财务大臣须根据财政收入决算明细书和财政支出决算报告书,编制财政收支决算。

16.2.5 澳大利亚

澳大利亚《审计长法》明确规定了审计署的绩效审计职责和内容。其规定,联邦审计署可以对政府任何机构、企业、项目、行业进行绩效审计。绩效审计是通过检查和评估资源使用、信息系统、风险管理、提供产品和服务、遵守法规和职业道德、监督控制和报告系统以及运营考核等,来衡量公共部门管理的经济性、效率性和效果。其目标在于,通过有效的审计过程和提供良好的实务指南等审计成果,强化公共机构的行政效率及社会责任,并帮助公众对这些机构和事业进行有效的监督。

《审计长法》确立了审计长和审计署的法律地位,明确了审计长是议会的独立议员,确立了审计长的独立性及其与议会之间的唯一关系;规定了审计长作为联邦公共部门的外部审计人员,享有对联邦政府部门(agency)、事业单位和公司(authority and company)及其下属单位进行绩效审计的权力,并根据部长、财务大臣和议会会计审计联合委员会的要求,对政府企业进行绩效审计。

同时,根据《公共服务法》规定,政府部门的年终绩效报告在获得公共财务和审计联合委员会的批准后才可以报送给议会。该法案由"责任条款""目标条款"和"如何完成目标"三部分组成。"责任条款"部分规定,各部门的部长应对协约负责,并负责提交协约;"目标条款"部分规定,各部门在相应的财政支出状况下,要完成哪些目标;"如何完成目标"部分规定,各部门在实践中,计划要采取哪些具体的行为,以实现其确定的目标。

16.2.6 国际立法经验

从国外财政监督实践来看,各国都十分重视法律制度的建设,法制化程度比较高,容易保障财政监督活动的进行,各国大多通过议会立法的形式来调整财政监督职能,部分国家甚至在宪法中对财政监督制度予以规定。同时,注重立法的可操作性和及时性,以立法的形式对财政监督主体依法履行职责,提供保障优势,结合社会发展现状,及时修订法律,从而不断完善财政监督法制。

在程序层面,财政监督工作必须依据相关法律进行,监督人员由法定程序任免,处罚由相应法规规定,做到有法可依、依法监督,这是欧美等市场经济国家的一个显著特征。同时,各国都高度重视预算编制和层级审批,讲究监督程序的完整性,结构严密、运作高效,对经济预测较为准确。

此外,各国在财政监督的立法上也十分重视公众的参与。几乎所有市场经济国家均在法律层面规定,政府财政运营情况须定期向国会及国民公示。这增强了新闻媒体和社会舆论对于财政的公共监督,在保障公民参与财政监督权利的基础上,一定程度上促进了政府财政高效地运转。

16.3 我国财政监督沿革

新中国成立以来,我国财政监督的实践随着政治、经济环境的变化不断发展,不断适应国家不同时期宏观环境的基本特征及财政运行的规律。主要分为以下三个时间段:新中国成立至改革开放前(1949—1978年);改革开放后至建立社会主义市场经济体制的提出(1978—1993年);社会主义市场经济体制下的财政监督(1994年至今)。

16.3.1 新中国成立至改革开放前

从1949年新中国成立到1978年党的十一届三中全会召开之前,我国处于计划经济体制下,与当时统收统支的财政体制相适应,财政监督的主要任务是加强经济监督和控制,堵塞财政流失漏洞,维护财经纪律,促进增产节约。财政监督的对象和内容主要是企事业单位财务收支,执行财税政策等经济事项;监督方式以对企业财务管理和经济核算的直接干预式监督为主。这一时期,财政监督作为财政基本职能的特征得到了充分体现,形成了财政监察机构和财政驻厂厂员制度互为补充的财政监督格局。虽然受到"大跃进"和"文化大革命"的影响,财政监督机构历经两次撤销和恢复,但是,财政监督的重要作用和地位也由此得到反复验证和加强。

新中国伊始,为巩固新生政权,国家不得不支付规模庞大的军政开支,再加上国内外反动势力的封锁、破坏,财政状况不容乐观。国家在这一阶段的财政监督主要是集中物力财力,统一全国的财政工作。具体举措包括:公粮和税收由中央统一调拨使用;支出厉行节约,统一编制和供给,严格执行预决算制度、会计制度和财政监察制度;成立全国仓库物资清理调配委员会,统一物资管理等。通过一系列财政监督管理的举措,迅速平稳物价,稳定政权。1951 年建立了国营企业经济核算制度,旨在加强工业经济管理和提高经营水平,这也为"一五"期间以国营企业利润为支柱的财政力量壮大奠定了基础。

到了"大跃进"期间,急于求成的"左"倾思想成为经济工作中占据主导的思想,带来了财政中的虚假现象,导致大量的财政结余有名无实,账面数据并无实际物资与之对应。在清查缘由后,中央对于财政体制进行了改革,将"大跃进"期间很多下放的权力收了回来,加强了财政监督管理的工作。1963 年,中共中央要求严格财政信贷纪律,并根据集中领导和分级管理相结合的精神,进一步健全各项财政、财务制度,加强基本建设投资的拨款监督,坚决按计划、按程序、按预算、按工程进度拨款,杜绝不按计划和不按制度办事的现象。

在"文化大革命"期间,财政管理体制也遭到严重破坏,有章不循、各行其是的现象非常普遍,从收入层面侵占节流国家财政收入到支出层面花钱无节制的情况均反映了这一点。1975 年,国务院发出《关于进一步加强财政工作和严格检 1974 年财政收支的通知》。通知规定:①凡属任意减免税收、扣留国家收入、乱摊生产成本、虚报企业亏损,以及化大公为小公的,都要清理收回、补缴国库。②对各项开支,特别是基本建设拨款,必须逐笔核算,不准采取预算外支出转到预算内开支,不准用任何手法转移资金。③1974 年国家预算内的基本建设拨款结余,除经中央批准结转使用的以外,全部上缴中央财政。未完工程需要的拨款,在 1975 年基本建设计划内统一安排。这些措施的贯彻落实,对扭转财政收支的不正常情况和纠正违反财经纪律的现象,起到了很好的作用。

16.3.2 改革开放后至建立社会主义市场经济体制的提出

1978 年党的十一届三中全会以后到 1993 年党的十四届三中全会决定建设社会主义市场经济体制目标之前,我国处于以放权让利、搞活经济为改革基本方略的发展时期,财政管理的中心是为保障改革开放和增加财政收入服务,财政监督工作的主要目的是平衡财政收支、严肃财经纪律,治理整顿经济秩序;监督的对象和内容是企业的财务收支活动；监督方式主要是专项检查、事后检查等，以查办案件和查补收入为主要方式。

在这一阶段，随着市场因素的逐步引入，计划经济下的国有企业与财政的分配关系开始发生变化。在经济体制改革大背景下，政府调控逐渐由直接调控向间接调控转变，主要通过市场参数(包括税率、汇率、利率等方式)调节微观主体企业的运行是现实的必然选择。在价格不能大幅度调整的情况下，税收应更多地被赋予组织政府财政收入，调节政府、各类企业、个人等多方利益，贯彻执行经济政策的职能。工商税收在经济中的作用被重新定位。

在这样的背景下，这一时期财政监督层面的重点则在于企业财务会计制度的改革。当时我国实行的财务会计制度，基本上是在计划经济年代形成的。随着市场化的进程，财务会计制度与市场经济体制的矛盾越来越尖锐。突出的问题是，财务会计制度不统一、不规范，企业财务会计管理权限小，同国际通行会计惯例的差距大，直接制约了对外经济技术的交流与合作。因此，企业财务会计制度的改革很快被提上了议事日程。

作为计划经济年代国家财政基础环节的企业财务会计制度，它的调整所牵涉的不仅仅是国有企业制度本身，也包括财政运行机制。事实上，财务会计制度的改革就是作为整体财政运行机制改革方案的一个组成部分而设计和提出的。从这项改革的初衷和意义看，它实质是构建财税体制的微观管理基础。

随着1985年《中华人民共和国会计法》的出台，财政部很快便发布了《企业会计准则》。这一系列企业财务会计制度的制定，规范了会计行为、保证了会计资料的质量，为政府部门审查税基、保护国家税收利益提供了会计核算的微观基础，从制度的角度保障了财政监督的有效施行。

16.3.3 社会主义市场经济体制下的财政监督

1993年以来，我国的改革开放事业进入建设社会主义市场经济体制的新时期，财政监督事业也开始进入一个新的发展阶段。为适应经济体制改革的需要，我国于1994年实行分税制财政体制改革，并于1998年开始推进公共财政体系建设。这些都赋予了财政监督更重要而艰巨的历史使命，也为财政监督提供了更为广阔的发展空间。尤其是在我国的经济规模越来越大、财政收支高速增长的情况下，财政监督主动适应形势需要，适时调整监督思路，不断加大监督力度的作用日益凸显。在监督理念上，实现了从检查型监督向管理型监督转变；在监督内容上，实现了从注重查补收入向收支并重转变，从外部监督向内部监督相结合转变；在监督方式上，实现了从注重事后专项检查向事前审查审核、事中跟踪监控和事后检查处理有机结合的全过程监督转变；在监督目的上，注重把财政政策落实当作根本目的，实现了从关注和查处财政违规事项的"纠错"型监督向建立和完善内控机制、促进财政管理的"预防"型监督转变，从安全性和合规性监督向效益性监督转变。

1993年十四届三中全会上审议通过了《中共中央关于建立社会主义市场经济体制若干问题的决议》，其中就指出要"积极推进财税体制改革"。在此背景下，1994年财税体制改革就此展开。结合税收改革，涉及财政监督的一些税收制度也相应得到了规范，具体包括：严格控制减免税，除税法规定的减免税以外，各级政府和任何部门都不能开减免税的口子；应从价计征的税收坚持从价计征，取消原先对某些行业提价收入不征税的政策；税务机关依法征税。任何地方、部门、企业都不能"包税"或者任意改变税率；采取有效措施，最大限度地减少偷税、漏税、避税、骗税、欠税、压税等现象；加强出口退税的管理，通过实行专用税票以及采用电子计算机管理等措施，堵住出口退税的漏洞；积极推行纳税申报制度和税务代理制度，建立严格的税务稽核制度等。

在1998年的全国财政工作会议上，对于我国财税体制改革的总体目标定位为"构建公共财政体制"，中央部门预算制度改革和国库集中收付制度改革依次展开。前者从规范管理的角度入手，使得预算的编制和执行更加公正、公平、公开，从而使得财政监督更加"公共化"；后者解决了在传统国库制度下的各项问题，结合我国具体国情，建立和完善了以国库单一账户体系为基础、资金缴拨以国库集中收付为主要形式的财政国库管理制度，进一步加强财政监督，提高资金使用效益，更好地发挥财政在宏观调控中的作用。

16.4 我国立法现状

财政监督是现代化财政制度不可或缺的重要组成部分，推进财政监督法制建设则是充分发挥财政监督职能的前提和基础。我国现行的财政法律体系中已有涉及财政监督内容的法律法规。作为具有最高法律效力的《宪法》，在其条文中规定，"中华人民共和国的一切权力属于人民。人民行使国家权力的机关是全国人民代表大会和地方各级人民代表大会。人民依照法律规定,通过各种途径和形式,管理国家事务,管理经济和文化事业,管理社会事务";"国务院设立审计机关,对国务院各部门和地方各级政府的财政收支,对国家的财政金融机构和企事业组织的财务收支,进行审计监督。审计机关在国务院总理领导下,依照法律规定独立行使审计监督权,不受其他行政机关、社会团体和个人的干涉",分别从公共监督和审计监督的角度对财政监督予以规范。

除《宪法》外,我国对于财政监督进行规范的法律法规,可以大致分为针对全过程进行监督的一般性财政监督法律体系和针对某具体财政环节进行监督的特别财政监督法律体系。其中,前者主要包括预决算管理制度、内部监督制度,以及行政复议和执法制度中涉及财政监督的内容;后者则是对财政收入、财政支出、债务管理、财政资产管理进行有针对性的财政监督立法。

16.4.1 一般性财政监督法律体系

16.4.1.1 预决算管理

为了规范政府收支行为,强化预算约束,加强对预算的管理和监督,建立健全全面规范、公开透明的预算制度,保障经济社会的健康发展,1994年第八届全国人民代表大会第二次会议通过了《中华人民共和国预算法》,并于2014年和2018年经过两次全国人大常委会的修订,《中华人民共和国预算法实施条例》也随之进行修改。预算管理作为财政管理的重要组成部分,为确保国家预算资金规范运行而进行一系列组织、调节、控制、监督活动,通过预算管理来进行财政监督自然就成为我国财政监督体系下的核心。

自《预算法》颁布以来,我国现行的预决算管理体系就在规范预算管理、增强预算编制和执行的科学性等方面发挥重要作用。在不断修改和优化过程中,我国的预决算管理明确政府预算收支范围和编制内容,使得政府预算体系更加清晰完整;规范部门预算管理,提高预算编制的完整性;加强地方政府债务管理,可以有效防范债务风险;规范预算执行,强化全流程管理;完善转移支付制度,规范政府间财政关系;深化预算绩效管理,提高资金使用效益;加大预算信息公开力度,增强预算透明度。

随着财税体制改革的深入,预算管理体系也在不断调整和完善。随着标准科学、规范透明、约束有力的预算制度不断完善,我国的预决算管理体系将财政监督融入预算管理的各个环节,对于财政资金使用的效率、预算透明度和预算执行的管理有着显著的提高和促进作用,是我国通过预算管理进行财政监督的重要立法成果。

16.4.1.2 内部监督

对于财政监督的内部监督进行规范的法律法规主要包含《中华人民共和国会计法》等会计监督体系中涉及财政监督的内容,以及专门针对财政部门内部监督进行规范的《财政部门监督办法》和《财政部门内部监督检查办法》等。

1985年第六届全国人民代表大会常务委员会第九次会议通过《中华人民共和国会计法》,并分别于1993年、1999年和2017年进行三次修订,其中明确指出,国家机关、社会团体、企事业单位和其他组织(以下统称单位)必须依照本法办理会计事务。《会计法》第二十七条也强调了各单位应当建立健全本单位内部会计监督制度。单位内部会计监督制度应当符合下列要求:①记账人员与经济业务事项和会计事项的审批人员、经办人员、财物保管人员的职责权限应当明确,并相互分离、相互制约;②重大对外投资、资产处置、资金调度和其他重要经济业务事项的决策和执行的相互监督、相互制约程序应当明确;③财产清查的范围、期限和组织程序应当明确;④对会计资料定期进行内部审计的办法和程序应当明确。

依据《会计法》制定的《财政部门实施会计监督办法》也对国务院财政部门及其派出机构和县级以上地方各级人民政府财政部门对国家机关、社会团体、公司、企事业单位和其他组织执行《会计法》和国家统一的会计制度的行为实施监督检查以及对违法会计行为实施行政处罚做出了相应的规定。

为了规范财政部门监督行为和内部监督检查行为,加强财政管理,保障财政资金安全规范有效使用,维护国家财经秩序,保障财政部门内部监督检查有效实施,财政部分别于2010年和2012年制定了《财政部门内部监督检查办法》(中华人民共和国财政部令第58号)和《财政部门监督办法》(中华人民共和国财政部令第69号)。其中,《财政部门内部监督检查办法》规定,财政部门应当按照依法监督、注重预防和规范管理的原则开展内部监督检查工作,促进本部门及其工作人员遵守国家法律制度、强化内部控制、防范管理风险、提高管理效能、推进廉政建设;上级财政部门应当督促和指导下级财政部门开展内部监督检查工作。《财政部门监督办法》指出,财政部门应当按照财政管理体制、财务隶属关系对财政、财务等事项实施监督;按照行政区域对会计事项实施监督。上级财政部门应当加强对下级财政部门监督工作的指导;下级财政部门应当及时将监督中发现的重大问题向本级人民政府和上级财政部门报告。

16.4.1.3 司法监督

通过司法监督进行的财政监督必然涉及对于财政行为主体和客体两个层面的司法监督。对于财政行为主体，即各个财政监督执行机关的司法监督涉及行政复议和行政诉讼；对于财政行为客体，即财政监督对象的司法监督涉及行政处罚。在立法体系层面上，司法监督层面设计的主要法律涵盖了《行政复议法》《行政诉讼法》《行政处罚法》及依据这些法律制定的实施条例、细则和针对财政监督行为所专门制定的法律、法规。

《中华人民共和国行政复议法》是为了防止和纠正违法的或者不当的具体行政行为，保护公民、法人和其他组织的合法权益等而制定的。其于1999年第九届全国人民代表大会常务委员会第九次会议通过，并分别于2009年和2017年进行修订。《行政复议法》第二条规定，公民、法人或者其他组织认为具体行政行为侵犯其合法权益，向行政机关提出行政复议申请，行政机关受理行政复议申请，作出行政复议决定。这其中也就包括具体的财政行政行为，申请人也可依法向财政监督机关提出财政复议申请，并由财政监督机构受理，有效防范财政监督工作中出现的公权侵犯私权的风险。财政部也在1999年制定了《财政部行政复议和应诉工作规则》以规范财政部行政复议和应诉工作，保证正确、及时地办理行政复议和应诉事项。

《中华人民共和国行政诉讼法》为保证人民法院公正、及时地审理行政案件，解决行政争议，保护公民、法人和其他组织的合法权益，监督行政机关依法行使职权，于1989年第七届全国人民代表大会第二次会议通过，并于2014年和2017年经过了两次修正。公民、法人或者其他组织认为行政机关和行政机关工作人员的行政行为侵犯其合法权益，有权依照本法向人民法院提起诉讼。行政行为包括法律、法规、规章授权的组织作出的行政行为，自然也包含财政部门行政行为。该法通过立法规定了人民法院应当保障公民、法人和其他组织的起诉权利，对应当受理的行政案件依法受理，通过司法监督的渠道保障了财政监督的公平、公正。

《中华人民共和国行政处罚法》旨在规范行政处罚的设定和实施，保障和监督行政机关有效实施行政管理，维护公共利益和社会秩序，保护公民、法人或者其他组织的合法权益，于1996年由第八届全国人民代表大会第四次会议通过，并分别于2009年、2017年和2021年经过了三次修正。在财政监督层面上，该法分别对监督主体及其监督行为和监督对象及其违法行为责任的追究进行了规范。为了纠正财政违法行为、维护国家财政经济秩序,国务院于2004年制定《财政违法行为处罚处分条例》,并规定县级以上人民政府财政部门及审计机关在各自职权范围内,依法对财政违法行为作出处理、处罚决定。

16.4.2 特别财政监督法律体系

16.4.2.1 财政收入

我国的财政收入可以根据不同的类型划分为税收收入和非税收入,对于二者进行财政监督的法律法规则有着不同的立法体系。

对税收收入的监督规定多涵盖在税法体系的行政法规中。其中,《中华人民共和国税收征收管理法》加强税收征收管理,规范税收征收和缴纳行为,保障国家税收收入,保护纳税人的合法权益,促进经济和社会发展;对于税收的开征、停征以及减税、免税、退税、补税,均需要依照法律的规定执行。国家税务总局也分别制定了《税务案件调查取证与处罚处决定分开制度实施办法》《税务行政处罚听证程序实施办法》和《税务行政复议规则》,用以对税务执法机关和工作人员执法进行监督和规范。此外,在税收等财政收入优惠制度层面,发布《国务院关于清理规范税收等优惠政策的通知》(国发〔2014〕62号),严肃财经纪律,预防和惩治腐败,维护正常的收入分配秩序。

在非税收入层面,财政部制定《政府非税收入管理办法》,其约束了除税收以外,由各级国家机关、事业单位、代行政府职能的社会团体及其他组织依法利用国家权力、政府信誉、国有资源(资产)所有者权益等取得的各项收入。其规定各级财政部门是非税收入的主管部门;财政部负责制定全国非税收入管理制度和政策,按管理权限审批设立非税收入,征缴、管理和监督中央非税收入,指导地方非税收入管理工作;县级以上地方财政部门负责制定本行政区域非税收入管理制度和政策,按管理权限审批设立非税收入,征缴、管理和监督本行政区域非税收入。

16.4.2.2 财政支出

对于财政支出的财政监督法律体系包含了对于支出内容的财政监督和对于支出程序的财政监督。前者主要包括财政购买性支出等的立法,后者则包含对国库资金管理等的相关规定。

《中华人民共和国政府采购法》对政府购买性财政支出进行了相应的规范

和规定,其于 2002 年第九届全国人民代表大会常务委员会第二十八次会议通过,并在 2014 年完成修正。法律中明确规定,除涉及商业机密,政府采购的信息应当在政府采购监督管理部门指定的媒体上及时向社会公开发布;各级人民政府财政部门是负责政府采购监督管理的部门,依法履行对政府采购活动的监督管理职责。《中华人民共和国政府采购法实施条例》进一步对财政部门需要进行的考核事项进行更具体的规定和阐述。

《中华人民共和国国家金库条例》对于国家财政收支和国家金库的监督管理进行了规范。其中,规定了国库应督促检查各经收处和收入机关所收之款是否按规定全部缴入国库;监督财政存款的开户和财政库款的支拨。同时,各级国库应加强会计核算工作,严密核算手续,健全账簿报表,保证各项预算收支数字完整、准确。此外,各级人民政府应加强对同级国库的领导,监督所属部门、单位不得超越国家规定的范围动用国库库款。

16.4.2.3 债务管理

政府债务是指政府在国内外发行的债券或向外国政府和银行借款所形成的政府债务。具体是指政府凭借其信誉,政府作为债务人与债权人之间按照有偿原则发生信用关系来筹集财政资金的一种信用方式。对于政府债务的监督,现行的《预算法》和《预算法实施条例》从举债方式、举债规模、举债用途、举债主体和举债责任等方面进行政策细节的明确和实际操作的要求。此外,国务院、财政部等制定一些规章,进一步对政府债务的监督进行规范。

2014 年,国务院颁布《国务院关于加强地方政府性债务管理的意见》(以下简称《意见》)。《意见》有效发挥地方政府规范举债的积极作用,切实防范化解财政金融风险,促进国民经济持续健康发展。《意见》指出,对地方政府债务实行规模控制,严格限定政府举债程序和资金用途,把地方政府债务分门别类纳入全口径预算管理,实现"借、用、还"相统一;加强政府或有债务监管,地方政府要加强对或有债务的统计分析和风险防控,做好相关监管工作;建立地方政府性债务公开制度,加强政府信用体系建设;完善地方政府性债务统计报告制度,加快建立权责发生制的政府综合财务报告制度,全面反映政府的资产负债情况;各地区要定期向社会公开政府性债务及其项目建设情况,自觉接受社会监督等。

16.4.2.4 国有资产管理

国有资产在法律上确定为国家所有并能为国家提供经济和社会效益的各

种经济资源的总和，是国家财政的基础和实现政府职能的载体。除了对采购国家资产产生的财政支出和由资产产生的收益进行财政监督外，对于国有资产本身，也需要有一定的财政监督。

其中，国务院直属特设国务院国有资产监督管理委员会，其职能包括监督所监管企业国有资产保值增值的责任。建立和完善国有资产保值增值指标体系，制定考核标准，通过统计、稽核对所监管企业国有资产的保值增值情况进行监管，负责所监管企业工资分配管理工作，制定所监管企业负责人收入分配政策并组织实施。

2015年，国务院印发《关于改革和完善国有资产管理体制的若干意见》（以下简称《若干意见》），准确把握国有资产监管机构的职责定位，明确国有资产监管重点，推进国有资产监管机构职能转变，改进国有资产监管方式和手段。《若干意见》指出，加强对国有资本运营质量及监管企业财务状况的监测，强化国有产权流转环节监管，加大国有产权进场交易力度。按照国有企业的功能界定和类别实行分类监管。改进考核体系和办法，综合考核资本运营质量、效率和收益，以经济增加值为主，并将转型升级、创新驱动、合规经营、履行社会责任等纳入考核指标体系。推动监管企业不断优化公司法人治理结构，把加强党的领导和完善公司治理统一起来，建立国有企业领导人员分类分层管理制度。强化国有资产监督，加强和改进外派监事会制度，建立健全国有企业违法违规经营责任追究体系、国有企业重大决策失误和失职渎职责任追究倒查机制。

16.5 财政监督立法建议

16.5.1 财政监督法制化

依法治国是国家治理的根本之道，也是我国新一轮深化改革的基本理念。我国各项社会经济改革举措都应以法律为依据，所有的行政与民事行为也必须以法律为准绳。对于财政进行立法契合坚持全面依法治国的治国理念，财政监督作为覆盖国家财政活动的各个方面和各个环节的重要组成部分，理应对其进行法制化规范。

我国当前财政监督主体及其监督职权过于分散，需要以立法明确划分职责,理顺关系。此外,从法律效力渊源和法律表现形式上看,我国当前有关财政监督的立法、效力层次和权威性不高。国家最高权力机关制定的法律不多,大量的是行政法规、部门规章或地方性法规和规章。其中有些规定互相矛盾,甚至同国家有关法律不一致。

对于我国的财政监督,其基本原则和各项基本法律制度应当由国家最高权力机关制定为法律。立法机关对于预算法、税法、国有资产法和国有企业法等基本法律,应进一步加强有关财政监督规定,并在这些基本法律的基础上,颁布各有关财政领域的专门财政监督法律。对于财政监督中发现的问题,特别是各种违法行为,其法律后果和制裁方式以及处理程序也需要在立法体系中加以完善,从而健全我国的财政监督法律体系。

16.5.2　全过程财政监督

使用财政监督来约束包括财政收支在内的各项财政行为,需要在立法层面明确财政监督的内容,合理设计财政监督的流程和程序,细化财政监督的手段,从而在国家财政活动的各个方面和各个环节实现全流程的财政监督。

应从法律层面规定财政监督的内容为财政运行的各个环节,从而为全过程的财政监督提供法律依据。对于流程和程序的设计,可以对财政监督的主体行为进行约束和规范,立法层面对于流程规定的明晰,可以使得财政监督的每个具体环节都有章可循。对于财政监督手段的细化,即从立法角度对于财政监督执法进行保障,提高财政监督工作的效率。

此外,对于财政监督的具体内容进行立法规范,应该充分考虑到社会经济的发展。随着数字信息化和全球化的冲击,财政活动的形式也变得更加多样。作为财政体制的重要组成部分,财政监督体系也势必面临着诸如信息化等现代化趋势的影响。在立法层面上应该对财政监督的内容和方式进行不断革新,建立更具效率的财政监督体系。

16.5.3　提高财政效率监督

受传统财政管理和监督方式的影响,财政监督对于财政资金的安全以及财政运行过程中的合规性更为重视,而对于财政效率则有所忽视。随着我国各级财政部门越来越重视绩效管理,财政效率监督也逐渐被人们重视。财政效率监督包含两个层面的内容:一是对财政运行效率的监督;二是对财政监督自身的绩效评价。

在立法层面,应该在财政安全性和合规性的基础上,对财政资金的筹集、分配、管理和使用的绩效进行关注,制定明确合理的目标,通过科学的绩效监督方法,对财政全过程及其运行结果进行客观公正的约束及反馈。而对于财政监督自身的绩效评价,则需要设计一套合理有效的财政监督绩效评价机制,并按照信息公开的方法,对绩效评价结果、目标实现情况和处理处罚决定等内容进行公开。

16.5.4 加强财政社会监督

我国现行的财政监督法律体系,更多地注重公共部门内各个财政监督执法主体进行财政监督的约束和规范,而对于社会公众监督财政活动的提及并不多。社会监督作为国家监督体系的重要组成部分,是推进国家治理现代化的重要力量,社会监督的参与能够促进财政的高效运转。理应在立法层面对财政的社会监督予以保障。

财政的社会监督需要本着公开、透明的原则,切实保障公民对于财政预决算及运行过程的知情权和监督权,进而更好地保障财政资金的"取之于民,用之于民"。

在立法层面,除涉密信息外,财政信息应该最大限度地向社会公众公开,同时从社会监督的机制和渠道上予以立法保障。通过立法对社会监督进行强化,从而提升财政的整体效率,使得财政资金被更加合理高效地使用。

参考文献

[1]《公共财政概论》编写组:《公共财政概论》,高等教育出版社 2019 年版。
[2]安百杰、宁辛:《中国地方政府债务管理制度改革七十年:制度变迁、实践困境与路径选择》,《学术探索》2019 年第 8 期。
[3]安体富:《中国转移支付制度:现状·问题·改革建议》,《财政研究》2007 年第 1 期。
[4]白景明、石英华:《依法加快建立跨年度预算平衡机制》,《中国财政》2015 年第 1 期。
[5]财政部干部教育中心组编:《现代财政监督研究》,经济科学出版社 2017 年版。
[6]财政部干部教育中心组编:《现代政府间财政关系研究》,经济科学出版社 2017 年版。
[7]财政部条法司编:《中华人民共和国预算法》中国财政经济出版社 2014 年版。
[8]财政部条法司第一党小组:《政府间财政关系研究及立法建议》,《中国财政》2019 年第 8 期。
[9]蔡洁洁:《关于加强国有企业资产管理的思考》,《中国集体经济》2022 年第 6 期。
[10]蔡金隼、万桦:《横向转移支付的立法研究——以贵州生态补偿为视角》,《法制与社会》2015 年第 18 期。
[11]蔡芸蔓、周伟:《我国行政收费制度存在的问题及对策》,《决策与信息》2022 年第 1 期。
[12]陈平:《政府财政投资的法律规制》,《国家行政学院学报》2006 年第 6 期。
[13]陈向阳:《论我国政府采购法律制度的完善》,武汉大学博士学位论文,2016 年。
[14]陈旭佳:《中国均等化财政转移支付制度研究》,暨南大学博士学位论文,2016 年。
[15]陈永平:《日本财政转移支付制度法初探》,《法学杂志》2001 年第 1 期。
[16]陈媛:《城镇居民基本养老保险的财政补贴政策研究》,湘潭大学硕士学位论文,2019 年。
[17]成义敏:《国防资产管理制度立法研究》,《西安政治学院学报》2011 年第 5 期。
[18]程宗璋:《美、英、日三国公共财政法律体系及其特点》,《财经科学》2003 年第 3 期。
[19]丛树海:《公共支出分析》,上海财经大学出版社 1999 年版。
[20]丛树海:《中国预算体制重构》上海财经大学出版社 2000 年版。
[21]丛树海:《财政支出学》中国人民大学出版社 2002 年版。

[22]杜倩倩、罗叶:《地方政府债务管理及危机处置的国际经验借鉴》,《西南金融》2020年第1期。

[23]樊丽明、黄春蕾:《中国地方政府债务全责划分:实践探索与改革建议》,《中央财经大学学报》2006年第8期。

[24]高波:《中美待议机关财政权比较研究》,吉林大学博士学位论文,2011年。

[25]高培勇:《论重构财政运行机制》,《经济理论与经济管理》1995年第3期。

[26]高培勇:《市场经济体制与公共财政框架》,《税务研究》2000年第3期。

[27]高培勇:《中国财税改革40年:基本轨迹、基本经验和基本规律》,《经济研究》2018年第3期。

[28]高培勇等:《中国财政70年》,经济科学出版社2019年版。

[29]高以晴:《完善转移支付制度的法律思考》,《法制博览》2018年第21期。

[30]葛乃旭、宋静:《德国转移支付制度改革及对我国的启示与借鉴》,《地方财政研究》2013年第1期。

[31]郭冬梅:《三新法体制的形成与日本近代地方自治》,《社会科学战线》2016年第2期。

[32]郭玉清、毛捷:《新中国70年地方政府债务治理:回顾与展望》,《财贸经济》2019年第9期。

[33]洪亮:《我国财政法体系构建研究》,中国政法大学硕士学位论文,2007年。

[34]胡凯:《中国财政事权和支出责任划分改革:进程评估和政策文本分析》,《经济体制改革》2021年第4期。

[35]胡泽恩:《国有资产管理的立法研究》,《中南政法学院学报》1991年第12期。

[36]黄景驰、蔡红英:《英国财政事权及支出责任机制研究》,《河南大学学报(社会科学版)》2016年第1期。

[37]黄正刚:《中国财政体制立法之完善》,《湖北警官学院学报》2003年第4期。

[38]吉多伍呷:《行政收费的法律性质与诉讼问题探究》,西北师范大学博士学位论文,2021年。

[39]贾康:《中国财政改革:政府层级、事权、支出与税收安排的思路》,《地方财政研究》2004年第1期。

[40]贾康:《财政学通论》,东方出版中心2019年版。

[41]江君琴、韩德军、甘华军:《中外自然资源资产管理与核算的比较与启示》,《中国管理信息化》2021年第5期。

[42]江湧:《美国联邦政府采购制度述评》,《中国政府采购》2003年第10期。

[43]姜颖:《行政事业单位国有资产管理优化研究》,《行政事业资产与财务》2021年第11期。

[44]蒋洪:《财政学》,高等教育出版社、上海社会科学院出版社 2000 年版。

[45]蒋洪、朱萍、刘小兵编:《公共经济学:财政学(第三版)》,上海财经大学 2016 年版。

[46]蒋震:《新中国财政支出 70 年》,中国财政经济出版社 2020 年版。

[47]焦麦青:《我国财政转移支付法立法目标与模式》,《天津大学学报(社会科学版)》2007 年第 6 期。

[48]景朝阳:《我国国家所有制之回溯:中央与地方关系以及国有资产管理体制的演进的视角》,《兰州学刊》2008 年第 5 期。

[49]景婉博:《完善我国转移支付制度的路径探讨——基于日本经验》,《财政监督》2018 年第 14 期。

[50]李波:《财政支出绩效评价法制化研究》,华南理工大学博士学位论文,2017 年。

[51]李慈强:《跨年度预算平衡机制及其构建》,《法商研究》2015 年第 1 期。

[52]李海:《法国国库现金管理框架及其对我国的启示》,《金融电子化》2009 年第 5 期。

[53]李红玫、赵鑫鑫、李鹤:《借鉴国际经验助推我国国库现金管理精准化改革的思考》,《吉林金融研究》2019 年第 2 期。

[54]李俊生、姚东旻:《中期预算框架研究中术语体系的构建、发展及其在中国应用中的流变》,《财政研究》2016 年第 1 期。

[55]李秦:《中国地方债务风险的法律治理》,华东政法大学博士学位论文,2020 年。

[56]李思敏:《中美国库现金管理比较及借鉴》,《南方金融》2012 年第 10 期。

[57]李文生、田凯:《论〈政府采购法〉有关内容的缺失及其完善》,《河南社会科学》2007 年第 4 期。

[58]李艳鹤:《预算绩效管理的改革逻辑:比较研究》,上海财经大学博士学位论文,2015 年。

[59]李燕:《实施跨年度预算平衡机制的思考》,《中国财政》2015 年第 2 期。

[60]李燕:《政府预算管理(第二版)》,北京大学出版社 2016 年版。

[61]李燕、彭超、张晓蕾:《跨年度预算平衡机制有效运行的难点及改革思路》,《地方财政研究》2016 年第 12 期。

[62]李永柱:《美国的财政法律体系探视》,《辽宁财税》2002 年第 3 期。

[63]李兆宜、苏利阳:《绩效导向的自然资源资产管理与改革》,《中国行政管理》2019 年第 9 期。

[64]梁煊:《法国政府间财政关系及其借鉴》,《中国物价》2020 年第 11 期。

[65]梁远川、李建军:《法国国库管理制度及启示》,《经济研究参考》2016 年第 31 期。

[66]廖明月:《衡平理念下财政转移支付法律规制研究》,西南政法大学博士学位论文,2018 年。

[67]林翰卿:《关于行政事业资产立法问题的思考》,《审计与理财》2011 年第 1 期。

[68]林翰文、林火平:《完善我国政府采购法律制度的思考》,《江西社会科学》2010年第7期。

[69]刘畅、华国庆:《我国政府性投资监管法律制度研究》,《长春理工大学学报(社会科学版)》2016年第29期。

[70]刘剑文:《中国财政转移支付立法探讨》,《法学杂志》2005年第5期。

[71]刘剑文:《财税法学》,高等教育出版社2012年版。

[72]刘剑文:《域外财税法学发展及其对中国的启示》,《科技与法律》2014年第5期。

[73]刘尚希:《央地财政关系改革的理论解析》,《债券》2018年第4期。

[74]刘尚希:《财政政策实证分析与对策(一)》,中国财政经济出版社2019年版。

[75]刘婷婷:《政府采购法律制度探析——英国法的视角》,《法制与社会》2007年第4期。

[76]刘烨:《现代财政的历史演进与我国财政立法的路径选择》,《财政监督》2009年第11期。

[77]柳甜田:《我国事业保险法律制度研究》,吉林大学硕士学位论文,2016年。

[78]柳学信、孔晓旭、牛志伟:《新中国70年国有资产监管体制改革的经验回顾与未来展望》,《经济体制改革》2009年第5期。

[79]楼继伟:《中国政府间财政关系再思考》,中国财政经济出版社2013年版。

[80]马蔡琛:《现代预算制度的演化特征与路径选择》,《中国人民大学学报》2014年第5期。

[81]马蔡琛、张莉:《构建中的跨年度预算平衡机制:国际经验与中国现实》,《财政研究》2016年第1期。

[82]马蔡琛、赵早早:《新中国预算建设70年》,中国财政经济出版社2020年版。

[83]马国贤:《财政学原理》,中国财政经济出版社1998年版。

[84]马海涛:《国库集中收付制度问题研究》,经济科学出版社2004年版。

[85]马万里:《政府间事权与支出责任划分:逻辑进路、体制保障与法治匹配》,《当代财经》2018年第2期。

[86]马万里、李齐云:《公共品多元供给视角下的财政分权:一个新的分析框架》,《当代财经》2012年第6期。

[87]马永欢、吴初国、黄宝荣、苏利阳、林慧、曹庭语:《构建全民所有自然资源资产管理体制新格局》,《中国软科学》2018年第11期。

[88]孟伟:《评论:人大监督国有自然资源资产管理迈出坚实步伐》,《中国人大》2021年第11期。

[89]木下康司:《図説日本の財政》,東洋経済新報社2006年版。

[90]倪红日:《对中国政府间财政关系现状的基本判断和发展趋势分析》,《经济社会体

制比较》2007年第1期。

[91]倪红日、张亮:《基本公共服务均等化与财政管理体制改革研究》,《管理世界》2012年第9期。

[92]倪志龙:《财政转移支付法律制度研究》,西南政法大学博士学位论文,2009年。

[93]牛美丽、崔学昭:《英国中期财政规划:公共政策转型下的预算改革》,《公共行政评论》2016年第6期。

[94]汝思思:《央地政府间事权划分的法治建构方法——以日本行政事权划分制度为中心的探讨》,《法学家》2019年第3期。

[95]申现杰:《健全国家发展规划对财政政策的战略引导作用:逻辑演进、主要问题与完善策略》,《宏观经济研究》2021年第2期。

[96]宋瑞晰:《美国国库集中收付制度经验浅析及我国改革路径思考》,《浙江金融》2018年第2期。

[97]宋卫刚:《政府间事权划分的概念辨析及理论分析》,《经济研究参考》2003年第27期。

[98]孙涵:《欧洲主权债务危机的特殊性研究》,吉林大学博士学位论文,2016年。

[99]孙红梅、林森、易岚:《〈税收征管法〉的修订历程是中国税收征管发展的印证》,《税务研究》2020年第3期。

[100]孙硕:《中国预算分类体系研究》,上海财经大学博士学位论文,2021年。

[101]谭立满:《新绩效预算的美国经验及其对我国的启示》,武汉大学硕士学位论文,2005年。

[102]汤林闽、汪德华:《国债恢复发行以来管理改革的回顾与评价》,《当代中国史研究》2015年第2期。

[103]唐峻:《政府非税收入法律制度研究》,西南政法大学博士学位论文,2015年。

[104]唐铁军:《公开透明是推进行政事业性收费改革的关键——从收费目录清单视角分析》,《价格理论与实践》2018年第11期。

[105]陶勇:《县治的财政基础》,复旦大学出版社2019年版。

[106]童伟:《基于编制本位和流程再造的预算绩效激励机制构建》,《财政研究》2019年第6期。

[107]涂缦缦:《制定我国〈政府间财政关系法〉的重点与难点》,《政治与法律》2019年第8期。

[108]汪波:《论我国〈政府采购法〉之缺陷与完善》,《经济视角(上旬刊)》2014年第9期。

[109]汪佳丽、李心佩、徐焕东:《美国联邦政府采购监督管理体系》,《中国行政管理》2012年第7期。

[110]王豹:《关于国有资产立法工作的几个问题》,《国有资产管理》1996年第10期。

[111]王朝才编译:《日本财政法》,经济科学出版2007年版。

[112]王国清、吕伟:《事权、财权、财力的界定及相互关系》,《财经科学》2000年第4期。

[113]王海:《预算过程中的决策机制研究》,复旦大学硕士学位论文,2010年。

[114]王宏武:《澳大利亚中期预算和绩效预算管理的启示》,《财政研究》2015年第7期。

[115]王明世:《〈税收征管法〉修订研究:文献综述与研究展望——基于2008－2020年度CSSCI文献的回顾》,《税务研究》2021年第11期。

[116]王鹏:《财政转移支付制度改革研究》,吉林大学博士学位论文,2012年。

[117]王浦劬:《中央与地方事权划分的国别研究及启示》,人民出版社2016年版。

[118]王淑杰:《美国地方政府中期预算改革的经验和镜鉴》,《宏观经济研究》2017年第12期。

[119]王雍军:《公共预算管理》,经济科学出版社2010年版。

[120]王雍君:《从投入预算到产出预算》,《河北经贸大学学报》2005年第3期。

[121]王玉华:《行政事业单位国有资产管理存在的问题与方法》,《财经界》2021年第11期。

[122]王治国:《政府干预与地方政府债券发行中的"利率倒挂"》,《管理世界》2018年第11期。

[123]温切姆·尼亚孜:《法国的社会保障法律制度及对我国的启示》,《法制与经济(中旬)》2013年第2期。

[124]闻梦溪:《我国基本养老金保险法律制度研究》,哈尔滨工程大学硕士学位论文,2018年。

[125]邬峥杰、金峰:《从〈企业国有资产法〉看国有资产管理立法的完善》,《法治论丛》2009年第4期。

[126]吴春燕:《我国现有国有资产管理立法问题及其克服》,《新疆大学学报(哲学·人文社会科学版)》2005年第2期。

[127]吴园林、赵福昌:《我国央地财政事权划分动态调整机制研究》,《财政科学》2021年第11期。

[128]伍芯锐:《关于加强事业单位资产管理的思考》,《质量与市场》2022年第3期。

[129]席毓、孙玉栋:《基于跨年度预算平衡视角对预算稳定调节基金的思考》,《财经论丛》2021年第5期。

[130]谢芳:《关于加强行政事业单位国有资产管理的思考》,《中国产经》2022年第1期。

[131]辛英:《事业单位资产管理的问题及措施分析》,《质量与市场》2021年第12期。

[132]徐虎:《论政府投资的法律规制》,南京师范大学硕士学位论文,2014年。

[133]徐曙娜:《公共财政责任视角下的政府预算体系改革研究》,上海财经大学出版社2021年版。

[134]徐阳光:《横向财政转移支付立法与政府间财政关系的构建》,《安徽大学学报(哲学社会科学版)》2011年第5期。

[135]许宁:《新时期加强行政事业单位国有资产管理的研究》,《财经界》2021年第12期。

[136]闫坤、鲍曙光:《中期财政规划管理的困境摆脱》,《改革》2021年第9期。

[137]杨梅:《财政专户纳入国库实施收支存管理的探索与研究》,《商业会计》2020年第18期。

[138]杨世能:《行政收费标准的法律规制》,武汉大学博士学位论文,2020年。

[139]杨雅琴:《中国地方政府债务管理制度的演进及改革》,《现代经济探讨》2013年第8期。

[140]杨志勇:《关于新预算法四个问题的探讨》,《南方金融》2014年第11期。

[141]叶斌:《欧债危机下欧盟经济治理与财政一体化的立法进展》,《欧洲研究》2013年第3期。

[142]叶平:《我国财政转移支付法律问题研究》,中国政法大学博士学位论文,2009年。

[143]张秉国等:《加快推进国债立法进程》,《中国财政》2012年第24期。

[144]张弘力:《公共预算》,中国财政经济出版社2001年版。

[145]张璐:《国有自然资源资产管理的主要问题与应对思路》,《中国国土资源经济》2021年第2期。

[146]张强、湛志伟:《比较视角下我国财政制度的历史演进》,《东北财经大学学报》2019年第3期。

[147]张通、许宏才、张宏安:《德国政府间财政转移支付制度考察报告》,《财政研究》1997年第3期。

[148]张馨:《"公共财政"与"国家财政"关系辨析》,《财政研究》1997年第11期。

[149]张妤婕:《医疗救助法律制度研究》,西南政法大学博士学位论文,2016年。

[150]张志华、周娅、尹李峰、吕伟、刘谊:《巴西整治地方政府债务危机的经验教训及启示》,《经济研究参考》2008年第4期。

[151]赵梦涵:《改革开放新时期的国债与经济增长析论》,《山东大学学报(哲学社会科学版)》2003年第4期。

[152]赵晔:《改革开放以来中国财税体制改革研究》,西南交通大学出版社2017年版。

[153]郑凯平:《国务院立法强力推动行政事业性国有资产市场化处置》,《产权导刊》2021年第6期。

[154]郑卓:《略论我国税收征管法的变革与发展》,《河南财政税务高等专科学校学报》2020年第6期。

[155]中央编办二司课题组:《关于完善自然资源管理体制的初步思考》,《中国机构改革

与管理》2016 年第 5 期。

[156]钟真真:《国有资产立法与国有资产管理体制改革》,《中国人大》2008 年第 1 期。

[157]朱俊立:《提高跨年度预算平衡机制与中期财政规划管理协同性研究》,《经济研究参考》2017 年第 50 期。

[158]朱萍:《我国医疗救助的法律制度探究》,甘肃政法学院硕士学位论文,2019 年。

[159]朱苏荣:《美国国库现金管理经验借鉴与中国改革路径分析》,《金融研究》2006 年第 7 期。

[160]普雷姆詹德著,王卫星等译:《公共支出管理》,中国金融出版社 1995 年版。

[161]Castro, I. and Dorotinsky, W. (2008). Medium-Term Expenditure Frameworks: Demystifying and Unbundling the Concepts. *Forthcoming Journal of Public Budgeting*, Washington D. C. : The World Bank.

[162]Grigoli, F. , Mills, Z. , Verhoeven, M. , & Vlaicu, R. (2012). MTEFs and Fiscal Performance: Panel Data Evidence. Policy Research Working Paper, Washington D. C. : The World Bank.

[163]Guess, G. M. (2007). Adjusting Fiscal Decentralization Programs to Improve Service Results in Bulgaria and Romania. *Public Administration Review*, 67(4): 731—744.

[164]Johansen, S. (1995). *Likelihood-Based Inference in Cointegrated Vector Autoregressive Models*. Oxford: Oxford University Press.

[165]Nooree, L. (2008). Congressional Budget and Impoundment Control Act of 1974 Reconsidered. Harvard Law School Federal Budget Policy Seminar, Briefing Paper, No. 34.

[166]Pagano, M. and Jimenez, B. (2012). What Factors Affect Management Quality. *Public Works Management and Policy*, Vol. 70, No. 11.

[167]Vazquez, J. (1999). The Assignment of Expenditure Responsibilities. Washington D. C. : The World Bank.

[168]Mills, Z. , MIN, S. Y. and Vlaicu, R. (2012). Beyond the Annual Budget: Global Experience with Medium-Term Expenditure Frameworks. Washington D. C. : The World Bank.

[169]Wind 资讯数据库,http://www.wind.com.cn/。

[170]《〈中华人民共和国政府采购法实施条例〉立法背景释义》,https://bgpc.beijing.gov.cn/news/nid/6795,2019-09-30。

[171]《2013 年第 32 号公告:全国政府性债务审计结果》,https://www.audit.gov.cn/oldweb/n5/n25/c63642/content.html。

[172]《2020 年财政收支情况网上新闻发布会文字实录》,http://www.mof.gov.cn/zhengwuxinxi/caizhengxinwen/202101/t20210128_3650521.htm。

［173］《2020 年全国教育事业统计主要结果》，http：//www. gov. cn/xinwen/2021-03/01/content_5589503. htm。

［174］《2020 年全国收费公路统计公报》，https：//xxgk. mot. gov. cn/2020/jigou/glj/202110/t20211027_3623195. html。

［175］《安徽省人民政府办公厅关于加强公立医院债务化解及管理工作的意见》（皖政办〔2017〕5 号），https：//www. ah. gov. cn/szf/zfgb/8126321. html。

［176］《财政部 教育部关于减轻地方高校债务负担化解高校债务风险的意见》（财教〔2010〕568 号），http：//www. moe. gov. cn/jyb_xxgk/moe_1777/moe_1779/201308/t20130805_155148. html。

［177］《财政部关于对地方政府债务实行限额管理的实施意见》（财预〔2015〕225 号），http：//hb. mof. gov. cn/lanmudaohang/zhengcefagui/201609/t20160906_2412583. htm。

［178］《财政部关于进一步做好地方政府债券发行工作的意见》（财库〔2020〕36 号），http：//www. mof. gov. cn/gkml/caizhengwengao/202001wg/wg202011/202103/t20210323_3674656. htm。

［179］《财政部关于开展通过商业银行柜台市场发行地方政府债券工作的通知》（财库〔2019〕11 号），http：//gks. mof. gov. cn/ztztz/guozaiguanli/difangzhengfuzhaiquan/201903/t20190315_3193925. htm。

［180］《财政部关于做好地方政府债券发行工作的意见》（财库〔2019〕23 号），http：//gks. mof. gov. cn/ztztz/guozaiguanli/difangzhengfuzhaiquan/201904/t20190430_3237973. htm。

［181］《财政部关于做好地方政府专项债券发行工作的意见》（财库〔2018〕72 号），http：//www. mof. gov. cn/gkml/caizhengwengao/wg2018/wg201808/201811/t20181122_3073912. htm。

［182］《财政部门监督办法》，http：//tfs. mof. gov. cn/caizhengbuling/201203/t20120319_635916. htm。

［183］《财政部门内部监督检查办法》，http：//tfs. mof. gov. cn/caizhengbuling/201002/t20100225_272861. htm 。

［184］《财政部门实施会计监督办法》，http：//www. gov. cn/gongbao/content/2002/content_61884. htm。

［185］《财政部新闻发布会介绍 2021 年上半年财政收支情况》，http：//www. ctba. org. cn/list_show. jsp？record_id＝288306。

［186］《财政违法行为处罚处分条例》，http：//jdjc. mof. gov. cn/fgzd/201912/t20191221_3447440. htm。

［187］《关于 2019 年中央和地方预算执行情况与 2020 年中央和地方预算草案的报告》，http：//www. mof. gov. cn/zhengwuxinxi/caizhengxinwen/202103/t20210314_3670203. htm。

［188］《关于 2021 年中央和地方预算执行情况与 2022 年中央和地方预算草案的报告》，

http://www.mof.gov.cn/zhengwuxinxi/caizhengxinwen/202203/t20220314_3794760.htm。

[189]《关于贯彻〈国务院关于加强地方政府融资平台公司管理有关问题的通知〉相关事项的通知》(财预〔2010〕412号),http://yss.mof.gov.cn/zhengceguizhang/201008/t20100817_333515.htm。

[190]《关于进一步规范地方政府举债融资行为的通知》(财预〔2017〕50号),http://yss.mof.gov.cn/zhuantilanmu/dfzgl/zcfg/201705/t20170503_2592801.htm。

[191]《关于进一步做好地方政府债券柜台发行工作的通知》(财库〔2020〕49号),http://gks.mof.gov.cn/ztztz/guozaiguanli/difangzhengfuzhaiquan/202101/t20210113_3643329.htm。

[192]《关于印发〈财政总预算会计制度〉的通知》(财库〔2015〕192号),http://gks.mof.gov.cn/guizhangzhidu/201510/t20151022_1517735.htm。

[193]《关于印发〈地方政府专项债券项目资金绩效管理办法〉的通知》(财预〔2021〕61号),http://yss.mof.gov.cn/zhuantilanmu/dfzgl/zcfg/202106/t20210628_3725972.htm。

[194]《关于印发〈地方政府专项债券用途调整操作指引〉的通知》(财预〔2021〕110号),http://yss.mof.gov.cn/zhuantilanmu/dfzgl/zcfg/202111/t20211110_3764807.htm。

[195]《关于印发〈地方政府一般债务预算管理办法〉的通知》(财预〔2016〕154号),http://yss.mof.gov.cn/zhuantilanmu/zfzw/201612/t20161206_2475287.htm。

[196]《关于印发〈地方政府债券发行管理办法〉的通知》(财库〔2020〕43号),http://gks.mof.gov.cn/ztztz/guozaiguanli/difangzhengfuzhaiquan/202012/t20201217_3635347.htm。

[197]《关于印发〈地方政府专项债务预算管理办法〉的通知》(财预〔2016〕155号),http://yss.mof.gov.cn/zhengceguizhang/201612/t20161201_2471207.htm。

[198]《国家卫生健康委办公厅关于2019年度全国二级公立医院绩效考核国家监测分析有关情况的通报》(国卫办医函〔2021〕596号),http://www.nhc.gov.cn/cms-search/xxgk/getManuscriptXxgk.htm?id=00cb616b2a2c47c8aeb752ea377fcd41。

[199]《国家卫生健康委办公厅关于2019年度全国三级公立医院绩效考核国家监测分析有关情况的通报》(国卫办医函〔2021〕135号),http://www.nhc.gov.cn/cms-search/xxgk/getManuscriptXxgk.htm?id=559684cae3e6485fb309976b081ac3f0。

[200]《国务院办公厅关于坚决制止发生新的乡村债务有关问题的通知》(国办发〔2005〕39号),http://www.gov.cn/zhengce/content/2008-03/28/content_3047.htm。

[201]《国务院办公厅关于印发地方政府性债务风险应急处置预案的通知》(国办函〔2016〕88号),http://www.gov.cn/zhengce/content/2016-11/14/content_5132244.htm。

[202]《国务院办公厅关于印发深化收费公路制度改革取消高速公路省界收费站实施方案的通知》(国办发〔2019〕23号),http://www.gov.cn/zhengce/content/2019-05/21/content_5393377.htm。

[203]《国务院关于2019年中央决算的报告》,http://www.mof.gov.cn/zhengwuxinxi/caizhengxinwen/202006/t20200622_3536392.htm。

[204]《国务院关于加强地方政府融资平台公司管理有关问题的通知》(国发〔2010〕19号),http://www.gov.cn/zwgk/2010-06/13/content_1627195.htm。

[205]《国务院关于加强地方政府性债务管理的意见》(国发〔2014〕43号),http://www.gov.cn/zhengce/content/2014-10/02/content_9111.htm。

[206]《国务院关于进一步深化预算管理制度改革的意见》(国发〔2021〕5号),http://yss.mof.gov.cn/gongzuodongtai/202104/t20210413_3685503.htm。

[207]《国务院关于清理规范税收等优惠政策的通知》,http://www.gov.cn/zhengce/content/2014-12/09/content_9295.htm。

[208]《湖南省财政厅 湖南省教育厅关于减轻高校债务负担 化解高校债务风险的意见》(湘财教〔2011〕9号),http://www.hunan.gov.cn/xxgk/wjk/szbm/szfzcbm_19689/sczt/gfxwj_19835/201901/t20190114_5258233.html。

[209]《全国人民代表大会常务委员会关于修改〈中华人民共和国预算法〉的决定》(主席令第十二号),http://www.gov.cn/zhengce/2014-09/01/content_2743208.htm。

[210]《人民银行 银保监会 证监会 外汇局关于规范金融机构资产管理业务的指导意见》(银发〔2018〕106号),http://www.gov.cn/gongbao/content/2018/content_5323101.htm。

[211]《山东省人民政府办公厅转发省教育厅等部门关于山东省高等学校债务化解工作的实施意见的通知》(鲁政办发〔2011〕35号),http://www.shandong.gov.cn/art/2011/7/14/art_2259_25348.html?from=singlemessage&isappinstalled=0。

[212]《四川省2018年预算执行情况和2019年预算草案的报告》.http://www.mof.gov.cn/zhuantihuigu/2019ysbghb/201902/t20190211_3145564.htm。

[213]《政府采购法的立法目的》,http://cgzx.hubei.gov.cn/fbjd/xxgkml/zcjd/201612/t20161202_842188.shtml,2016-12-02。

[214]《政府非税收入管理办法》,http://www.mof.gov.cn/gkml/caizhengwengao/wg2016/wg201606/201610/t20161021_2440102.htm。

[215]《中国人民银行 中国银行保险监督管理委员会 中国证券监督管理委员会 国家外汇管理局公告》(〔2020〕第5号),http://www.gov.cn/zhengce/zhengceku/2020-07/04/content_5524110.htm。

[216]《中华人民共和国国家金库条例2020》,http://sjj.jiyuan.gov.cn/falv/cyfg/202108/t20210831_740888.html 2022.5.25。

[217]《中华人民共和国国民经济和社会发展第十四个五年规划和2035年远景目标纲要》,http://www.gov.cn/xinwen/2021-03/13/content_5592681.htm。

[218]《中华人民共和国行政处罚法》,http://www.npc.gov.cn/npc/c30834/202101/49b50d96743946bda545ef0c333830b4.shtml。

[219]《中华人民共和国行政复议法》,http://www.npc.gov.cn/npc/c30834/201709/ff2f2aadd940478999f6ef01d4daeeb7.shtml。

[220]《中华人民共和国会计法》,http://www.npc.gov.cn/zgrdw/npc/xinwen/2017-11/28/content_2032722.htm。

[221]《中华人民共和国预算法》,http://www.npc.gov.cn/npc/c30834/201901/d68f06b9ab3e4fa9b8225ad2034c654e.shtml。

[222]《中华人民共和国预算法实施条例》(2020年8月3日中华人民共和国国务院令第729号修订),http://www.gov.cn/zhengce/2020-12/26/content_5574848.htm。

[223]《中华人民共和国预算法实施条例》,http://www.gov.cn/zhengce/content/2020-08/20/content_5536179.htm。

[224]《转移支付法的作用》,https://wiki.12reads.cn/%E8%BD%AC%E7%A7%BB%E6%94%AF%E4%BB%98%E6%B3%95。2017-06-29。

[225]财政部条法司:《日本财税立法及执行法研修报告(二)》,财政部网站。

[226]国际货币基金组织:《财政透明度手册》(2007年版),http://www.imf.org/external/np/fad/trans/chi/manualc.pdf 2021.4.15。

[227]国际货币基金组织:《财政透明度守则》(2014年版),http://blog-pfm.imf.org/files/ft-code.pdf 2021.4.15。

[228]国际货币基金组织:《政府财政统计手册》(2001年版),http://www.imf.org/external/pubs/ft/gfs/manual/chi/pdf/all.pdf,2021-04-16。

[229]国家金融与发展实验室(NIFD),http://www.nifd.cn/。

[230]律商网,https://hk.lexiscn.com/。

[231]美国预算管理办公室(OMB):《分析与展望——2017财年美国政府预算》,www.budget.gov/budget/Analytical_Perspectives,2021-04-15。

[232]日本《地方财政法》(地方财政法,昭和二十三年法律第百九号),https://elaws.e-gov.go.jp/document?lawid=323AC0000000109_20220401_503AC0000000066&keyword=%E5%9C%B0%E6%96%B9%E8%B2%A1%E6%94%BF%E6%B3%95。

[233]日本《地方债省令》(地方债に関する省令,平成十八年総務省令第五十四号),https://elaws.egov.go.jp/document?lawid=418M60000008054_20210401_503M60000008042&keyword=%E5%9C%B0%E6%96%B9%E5%82%B5。

[234]日本《地方自治法》(地方自治法,昭和二十二年法律第六十七号),https://elaws.e-gov.go.jp/document?lawid=322AC0000000067_20220401_503AC0000000054&keyword=%E5%9C%B0%E6%96%B9%E8%87%AA%E6%B2%BB%E6%B3%95。

[235]万其刚:《当代中国财税法制的历史及其发展》,http://www.npc.gov.cn/npc/c222/201209/a337b3ead708440b9b002217ed11e13f.shtml,2012-09-29。

[236]国务院国有资产监督管理委员会,http://www.sasac.gov.cn/。

[237]中国人民银行,http://www.pbc.gov.cn/。

[238]中华人民共和国财政部,http://www.mof.gov.cn/index.htm。

[239]中华人民共和国国家统计局,http://www.stats.gov.cn/。

[240]中华人民共和国海关总署,http://www.customs.gov.cn/。

[241]中华人民共和国商务部,http://www.mofcom.gov.cn/。

[242]中华人民共和国审计署,https://www.audit.gov.cn/index.html。

[243]中经网统计数据库,http://db.cei.cn/。

[244]European Parliament and the Council, Regulation (EU) No 1173/2011 of the European Parliament and of the Council of 16 November 2011 on the effective enforcement of budgetary surveillance in the euro area, https://eur-lex.europa.eu/legal-content/EN/TXT/?uri=CELEX%3A32011R1173&qid=1653294897319.

[245]European Parliament and the Council, Regulation (EU) No 1174/2011 of the European Parliament and of the Council of 16 November 2011 on enforcement measures to correct excessive macroeconomic imbalances in the euro area, https://eur-lex.europa.eu/legal-content/EN/TXT/?uri=CELEX%3A32011R1174&qid=1653296849233.

[246] http://www.mof.gov.cn/pub/tfs/zhengwuxinxi/faguixinxifanying/201212/t20121221_719310.html,2015-02-20。

[247]OECD/KIPF(2016), Fiscal Federalism 2016: Making Decentralisation Work, OECD Publishing, Paris. http://dx.doi.org/10.1787/9789264254053-en.

[248]OECD:《经济合作与发展组织预算透明度最佳做法》(2001年版),http://www.oecd.org/dataoecd/33/13/1905258.pdf,2021-04-15。

[249]U.S Congress, Debt Ceiling Alternative Act, https://www.congress.gov/bill/116th-congress/house-bill/5083/text?q=%7B%22search%22%3A%5B%22debt+limit%22%2C%22debt%22%2C%22limit%22%5D%7D&r=3&s=4.

[250]《2021中国财政运行分析及2022展望》(NIFD季报)。

[251]《国外财政法情况概览》,中国公共财政研究院,内部报告。

后 记

　　党的十八届四中全会强调,法律是治国之重器,良法是善治之前提。建设中国特色社会主义法治体系,必须坚持立法先行,发挥立法的引领和推动作用。作为国家治理的基础和重要支柱,总体来看,我国财政法治化建设虽然取得很大进步,但距党中央要求的法治化国家建设目标还有差距,主要表现在:财政类规章多于财政法律,各财税法规之间的关联性与衔接不够严密,系统性不够。财政法律与财政规章之间、中央法规与中央部门法规之间、地方法规与地方部门规章之间、中央与地方的相关法规之间、地方上下级法规之间,尚未形成一个条理清晰的法律体系,缺少一个统领性的财政基本法。因此,财政基本法的立法越来越体现其必要性。

　　"中国财政发展报告"始于1999年,已持续发布24年,每年选取一个专题进行研究。《2022中国财政发展报告》以财政基本法立法为题,从理论角度,开展对我国财政基本法立法研究,期待服务于我国财政立法实践。本书的研究体系和内容反映了研究者之管见,难免存在偏颇和错误,期待读者教正。

　　《2022中国财政发展报告》撰写分工如下:第1章由刘伟撰写,第2章由徐静撰写,第3章由郑睿撰写,第4章由宗庆庆撰写,第5章由刘小川、刘詠贺撰写,第6章由温娇秀撰写,第7章由单飞跃撰写,第8章由范子英撰写,第9章由郭长林撰写,第10章由朱为群撰写,第11章由曾军平撰写,第12章由汪冲撰写,第13章由邓淑莲撰写,第14章由丛树海撰写,第15章由徐曙娜撰写,第16章由刘小兵撰写。